ÍSIS SEM VÉU

VOLUME III – TEOLOGIA

ÍSIS SEM VÉU

UMA CHAVE-MESTRA PARA OS MISTÉRIOS DA CIÊNCIA E DA TEOLOGIA ANTIGAS E MODERNAS

de
H. P. BLAVATSKY
FUNDADORA DA SOCIEDADE TEOSÓFICA

VOLUME III – TEOLOGIA

Tradução
MÁRIO MUNIZ FERREIRA
CARLOS ALBERTO FELTRE

Revisão Técnica
JOAQUIM GERVÁSIO DE FIGUEIREDO

Editora
Pensamento
SÃO PAULO

Título original: *Isis Unveiled.*

Originalmente publicada pela The Theosophical Publishing House, Adyar, Madras, Índia.

Copyright da edição brasileira © 1991 Editora Pensamento-Cultrix Ltda.

1ª edição 1991.

12ª reimpressão 2021.

Plano desta Edição:

Vol. I – Ciência
Vol. II – Ciência
Vol. III – Teologia
Vol. IV – Teologia

Todos os direitos reservados. Nenhuma parte deste livro pode ser reproduzida ou usada de qualquer forma ou por qualquer meio, eletrônico ou mecânico, inclusive fotocópias, gravações ou sistema de armazenamento em banco de dados, sem permissão por escrito, exceto nos casos de trechos curtos citados em resenhas críticas ou artigos de revistas.

A Editora Pensamento não se responsabiliza por eventuais mudanças ocorridas nos endereços convencionais ou eletrônicos citados neste livro.

Obs.: As Notas do Organizador aparecem ao longo do texto, marcadas com asteriscos entre colchetes, para se diferenciarem das notas de rodapé alocadas no fim de cada capítulo.

Direitos reservados
EDITORA PENSAMENTO-CULTRIX LTDA.
Rua Dr. Mário Vicente, 368 – 04270-000 – São Paulo, SP – Fone: (11) 2066-9000
E-mail: atendimento@editorapensamento.com.br
http://www.editorapensamento.com.br
Foi feito o depósito legal.

A AUTORA
DEDICA ESTA OBRA
À
SOCIEDADE TEOSÓFICA,
QUE FOI FUNDADA EM NOVA YORK, NO ANO DE 1875,
A FIM DE ESTUDAR OS ASSUNTOS NELA ABORDADOS.

SUMÁRIO

PREFÁCIO   11

Sra. Elizabeth Thompson e Baronesa Burdett-Coutts.

A "INFALIBILIDADE" DA RELIGIÃO

CAPÍTULO I. A IGREJA: ONDE ESTÁ ELA?   13
As estatísticas da Igreja
"Milagres" católicos e "fenômenos" espiritistas
As crenças cristãs e pagãs comparadas
A magia e a feitiçaria praticadas pelo clero cristão
A teologia comparada – uma nova ciência
Tradições orientais concernentes à Biblioteca de Alexandria
Os pontífices romanos, imitadores do Brahmâtma hindu
Dogmas cristãos derivados da filosofia pagã
A doutrina da Trindade de origem pagã
Querelas entre os Gnósticos e os Padres da Igreja
Anais sangrentos do Cristianismo

CAPÍTULO II. CRIMES CRISTÃOS E VIRTUDES PAGÃS   60
As bruxarias de Catarina de Médicis
Artes ocultas praticadas pelo clero
A queima de bruxas e os autos de fé das crianças
As mentiras dos santos católicos
As pretensões dos missionários na Índia e na China
Os artifícios sacrílegos do clero católico
São Paulo, um cabalista
São Pedro não foi o fundador da Igreja romana
As vidas exemplares dos hierofantes pagãos
O caráter elevado dos "mistérios" antigos
Os faquires hindus relatados por Jacolliot

Simbolismo cristão derivado do culto fálico
A doutrina hindu dos Pitris
A comunhão bramânica dos espíritos
Os perigos da mediunidade *não adestrada*

CAPÍTULO III. AS DIVISÕES ENTRE OS CRISTÃOS
PRIMITIVOS   116

Semelhança entre o cristianismo primitivo e o budismo
São Pedro nunca esteve em Roma
O significado de *Nazar* e *Nazareno*
Batismo, um direito derivado
Zoroastro, um nome genérico?
Os ensinamentos pitagóricos de Jesus
O *Apocalipse* cabalístico
Jesus considerado como um adepto por alguns filósofos pagãos e por alguns cristãos primitivos
A doutrina da transmutação
O significado do Deus Encarnado
Dogmas dos Gnósticos
As idéias de Marcion, o "heresiarca"
Os preceitos de Manu
Jeová, idêntico a Baco

CAPÍTULO IV. AS COSMOGONIAS ORIENTAIS E OS RELATOS
BÍBLICOS   153

As discrepâncias do Pentateuco
Comparação entre os sistemas indiano, caldeu e ofita
Quem eram os primeiros cristãos?
Cristos e Sophia-Akhamôth
A doutrina secreta ensinada por Jesus
Jesus jamais afirmou ser Deus
As narrativas do Novo Testamento e as lendas hindus
A antiguidade do *Logos* e do *Cristo*
A adoração da Virgem comparada

CAPÍTULO V. OS MISTÉRIOS DA CABALA   191

Ain-Soph e as Sephîrôth
A primitiva religião da sabedoria
O livro da *Gênesis*, uma compilação das lendas do Mundo Antigo
A Trindade da Cabala
Os sistemas gnóstico e nazareno contrastados com os mitos hindus
O cabalismo no livro de *Ezequiel*

A história da ressurreição da filha de Jairo encontrada na história de Krishna
Os falsos ensinamentos dos primeiros Padres
O seu espírito persecutório

CAPÍTULO VI. AS DOUTRINAS ESOTÉRICAS DO BUDISMO PARODIADAS NO CRISTIANISMO — 223

As decisões do Concílio de Nicéia, como se chegou a elas?
O assassínio de Hipatia
A origem do símbolo vishnuíta do peixe
A doutrina cabalística da Cosmogonia
Diagramas dos sistemas hindu e caldaico-judeu
Os dez Avatâras míticos de Vishnu
A trindade do homem ensinada por São Paulo
A alma e o espírito segundo Sócrates e Platão
O que é o verdadeiro Budismo

CAPÍTULO VII. AS PRIMEIRAS HERESIAS E AS SOCIEDADES SECRETAS — 256

Nazarenos, ofitas e drusos modernos
Etimologia de IAÔ
Os "Irmãos Herméticos" do Egito
O verdadeiro significado do Nirvâna
A seita jaina
Cristãos e Crestãos
Os Gnósticos e os seus detratores
Buddha, Jesus e Apolônio de Tiana

PREFÁCIO À PARTE II [*]

Se fosse possível, manteríamos esta obra fora do alcance de muitos cristãos, aos quais a sua leitura não faria nenhum bem e para os quais ela não foi escrita. Referimo-nos àqueles cuja fé em suas respectivas igrejas é pura e sincera, e cujas vidas imaculadas refletem o glorioso exemplo do Profeta de Nazaré, por cuja boca o espírito da Verdade falou veementemente aos homens. Em todas as épocas existiram pessoas como essas. A História preserva o nome de muitas delas como heróis, filósofos, filantropos, mártires e homens e mulheres santos; mas quantas mais não viveram e morreram desconhecidas de todos, salvo os conhecidos mais íntimos, não abençoados senão por seus humildes beneficiários! Elas enobreceram a cristandade, mas teriam irradiado o mesmo brilho sobre qualquer outra fé que tivessem professado – pois elas são maiores do que o seu credo. A benevolência de Peter Cooper e Elizabeth Thompson, da América, que não são cristãos ortodoxos, não é menos cristã do que a da Baronesa Ângela Burdett-Coutts, da Inglaterra, que o é. No entanto, em comparação com milhares de pessoas que se dizem cristãs, esses sempre formaram uma pequena minoria. Encontramo-los hoje no púlpito e nos bancos da igreja, nos palácios e nas cabanas; mas o materialismo crescente, a prolixidade e a hipocrisia lhes têm reduzido o número. A sua caridade, a sua fé simples e ingênua na infalibilidade de sua *Bíblia*, de seus dogmas, e de seu clero, movimentam todas as virtudes de que é dotada a natureza humana. Conhecemos pessoalmente tais sacerdotes e clérigos tementes a Deus, e sempre evitamos debater com eles, por receio de ferir-lhes os sentimentos; e tampouco despojaríamos um único leigo de sua cega confiança, se esta lhe permite viver santamente e morrer em paz.

Uma análise das crenças religiosas em geral, este volume dirige-se particularmente contra o Cristianismo teológico, o principal adversário da liberdade de pensamento. Não contém nenhuma palavra contra os puros ensinamentos de Jesus, mas denuncia impiedosamente a sua degradação nos perniciosos sistemas

---

*   Há alguma evidência de que esse breve Prefácio do vol. II, t. I, de *Ísis sem véu* possivelmente tenha sido escrito em parte pelo Dr. Alexander Wilder e muito provavelmente corrigido ou alterado pela própria H. P. B. Numa carta de 6 de dezembro de 1876, enviada ao Dr. Wilder, ela diz:

"Caro Doutor, o Senhor poderia fazer o favor de escrever meia página de algo como uma 'Profissão de Fé' para ser inserida na primeira página ou entre as primeiras da Parte II? Apenas para dizer breve e eloqüentemente que não é contra Cristo ou a religião de *Cristo* que eu batalho. E que também não batalho contra qualquer religião *sincera, verdadeira*, mas contra a teologia e o catolicismo pagão. Se o Senhor a escrever, eu saberei como tecer variações sobre esse tema sem me tornar culpada de notas falsas aos seus olhos e à visão de Bouton. Por favor, escreva-a; pode fazê-la em três minutos (. . .)". (N. do Org.)

eclesiásticos que são ruinosos à crença do homem em sua Imortalidade e em seu Deus, e subversiva a toda restrição moral.

Desafiamos os teólogos dogmáticos que procuram escravizar a história e a ciência; e especialmente ao Vaticano, cujas despóticas pretensões se tornaram odiosas a quase toda a cristandade esclarecida. À parte o clero, somente o lógico, o investigador e o explorador infatigável deveriam imiscuir-se com livros como este. Esses pesquisadores da verdade sustentam corajosamente as suas opiniões.

CAPÍTULO I

"Sim, chegará o tempo, em que todo aquele que vos matar pensará que está a serviço de Deus."
Evangelho segundo São João, XVI, 2.

"Que haja ANÁTEMA (...) para aquele que disser que as ciências humanas deveriam ser seguidas com tal espírito de liberdade que seria permitido tomar as suas asserções como verdadeiras mesmo quando opostas às doutrinas reveladas."
Concílio Ecumênico de 1870.

"GLOUCESTER. – A Igreja! Onde está ela?"
SHAKESPEARE, *King Henry VI,* parte I, ato i, cena i, linha 33.

Nos Estados Unidos da América, sessenta mil homens (60.428) recebem salários para ensinar a ciência de Deus e as Suas relações com as Suas criaturas.

Esses homens comprometem-se, por contrato, a transmitir-nos o conhecimento que trata da existência, caráter e atributos de nosso Criador; Suas leis e Seu governo; as doutrinas em que devemos acreditar e as obrigações que precisamos praticar. Cinco mil desses teólogos (5.141)[1], com o auxílio de 1.273 estudantes, ensinam esta ciência a cinco milhões de pessoas, de acordo com a fórmula prescrita pelo Bispo de Roma. Cinqüenta e cinco mil (55.287) ministros fixos e itinerantes, representando quinze diferentes denominações[2], cada uma contradizendo todas as outras, no que toca a questões teológicas maiores ou menores, instruem, em suas respectivas doutrinas, outras trinta e três milhões (33.500.000) de pessoas. Muitos desses ensinam de acordo com os cânones do ramo cisatlântico de um estabelecimento que reconhece uma filha do falecido Duque de Kant como seu chefe espiritual. Existem algumas centenas de milhares de judeus; alguns milhões de fiéis orientais de todas as espécies; e uns poucos que pertencem à Igreja grega. Um homem de Salt Lake City, com dezenove esposas e mais de uma centena de filhos e netos, pois os mórmons são polígamos, assim como politeístas, é o mentor espiritual supremo de noventa mil seguidores, que acreditam que ele está em freqüente contato com os deuses e seu deus principal é apresentado como habitante de um planeta a que chamam Kolob.

O Deus dos unitaristas é um celibatário; a Divindade dos presbiterianos, metodistas, congregacionistas e as outras seitas protestantes ortodoxas, é um Pai sem esposa com um Filho idêntico ao próprio Pai. No esforço de se superarem umas às outras na ereção de suas sessenta e duas mil e tantas igrejas, casas de oração e salas de reunião em que se ensinam essas conflitantes doutrinas teológicas, gastou-se a soma de 354.485.581 dólares. Somente o valor dos presbitérios protestantes, nos quais se abrigam os pastores e as suas famílias, é estimado em cerca de 54.114.297 dólares. Dezesseis milhões (16.179.387) de dólares são destinados todo ano para cobrir as despesas correntes apenas das seitas protestantes. Uma igreja presbiteriana em Nova York custa cerca de um milhão de dólares; um altar católico, um quarto de milhão!

Não mencionaremos a multidão de seitas menores, de comunidades e de extravagantes pequenas heresias originais desse país, que nascem num dia para morrer no outro, como os esporos de cogumelos, após um dia chuvoso. Não nos deteremos, também, para considerar os pretensos milhões de espiritistas, pois à maior parte deles falta a coragem de escapar-se de suas respectivas seitas religiosas. Eles são os nicodemos clandestinos.

Pois bem, perguntaremos como Pilatos, "O que é a Verdade?" Onde devemos procurá-la, no meio dessa multidão de seitas em guerra? Cada uma delas pretende basear-se na revelação divina, e cada uma afirma possuir as chaves das portas do céu. Estará qualquer uma delas na posse dessa rara Verdade? Ou devemos exclamar como o filósofo budista, "Há apenas uma verdade sobre a Terra, e ela é imutável; ei-la: – a *Verdade* não está na *Terra!*"

Embora tenhamos a intenção de trilhar por um caminho que foi exaustivamente batido pelos sábios eruditos que demonstraram que todo dogma cristão tem a sua origem num rito pagão, não obstante os fatos que eles exumaram desde a emancipação da ciência, nada perderão se forem repetidos. Além disso, propomo-nos a examinar esses fatos de um ponto de vista diferente e talvez original: o das antigas filosofias esotericamente compreendidas. Referimo-nos, de passagem, a elas em nosso primeiro volume. Vamos utilizá-las como o modelo para a comparação dos dogmas cristãos e dos milagres, com as doutrinas e fenômenos da magia antiga, e da moderna "Nova Revelação", como o Espiritismo é chamado por seus devotos. Como os materialistas negam os fenômenos sem investigá-los, e como os teólogos, admitindo-os, oferecem-nos a pobre escolha de dois manifestos absurdos – o Demônio e os milagres –, pouco perderemos recorrendo aos teurgistas, e eles podem realmente ajudar-nos a lançar uma grande luz sobre um assunto muitíssimo obscuro.

O prof. A. Butlerof, da Universidade Imperial de São Petersburgo, observa num opúsculo recente, intitulado *Manifestações mediúnicas*, o seguinte: "Que os fatos [do Espiritismo moderno] pertençam, se quiserdes, ao número daqueles que eram mais ou menos conhecidos pelos antigos; que eles sejam idênticos àqueles que nas épocas sombrias deram importância ao ofício do sacerdote egípcio ou do áugure romano; que eles formem ainda a base da feitiçaria de nosso xamã siberiano; (...) que eles sejam tudo isso, e, se são *fatos reais*, não é nossa tarefa decidi-lo. Todos os fatos da Natureza *pertencem à ciência*, e todo acréscimo ao depósito da ciência a enriquece em vez de empobrecê-la. Se a Humanidade admitiu outrora uma verdade e depois, na cegueira de seu orgulho, a negou, voltar a compreendê-la é um passo à frente, não para trás".

Desde o dia em que a ciência moderna deu o que se pode considerar o golpe de misericórdia na teologia dogmática, deixando por assente que a religião está cheia de mistérios, e que o mistério é anticientífico, o estado mental das classes instruídas tem apresentado um aspecto curioso. A sociedade parece manter-se em equilíbrio, apoiada numa única perna sobre uma corda invisível estendida do universo visível ao universo invisível, temerosa, se a ponta presa à fé, não romperá de súbito, precipitando-a na aniquilação final.

A grande massa dos que se dizem cristãos pode ser dividida em três partes desiguais: materialistas, espiritistas e cristãos propriamente ditos. Os materialistas e os espiritistas pelejam em comum contra as pretensões hierárquicas do clero; o qual, em retaliação, os denuncia com igual aspereza. Os materialistas harmonizam-se tão pouco entre si quanto as próprias seitas cristãs – sendo os comtistas, ou como eles se chamam, os positivistas, execrados e odiados em grau extremo pelas escolas de pensadores, uma das quais Maudsley representa, com honra, na Inglaterra. O Positivismo, convém lembrar, é a "religião" do futuro, contra cujo fundador o próprio Huxley se insurgiu indignado em sua famosa conferência *A base física da vida*. E Maudsley sentiu-se obrigado, para benefício da ciência, a expressar-se nos seguintes termos: "Não nos espantemos se os homens de ciência estão ansiosos para rejeitar Comte como seu legislador, e para protestar contra a imposição de um tal rei para governar sobre eles. Não tendo nenhum compromisso pessoal com os seus escritos – e reconhecendo que até certo ponto Comte falseou o espírito e as pretensões da ciência – , eles repudiam a vassalagem que os discípulos entusiastas daquele procuram impor-lhes, e que a opinião pública está propensa a acreditar como uma coisa natural. Eles fariam bem em emitir uma oportuna afirmação de independência, pois, se esta não for feita a tempo, será muito tarde para fazê-lo convenientemente"[3]. Quando uma doutrina materialista é repudiada tão firmemente por dois materialistas como Huxley e Maudsley, devemos pensar que ela é de fato absurda.

Entre os cristãos nada há senão desacordo. As suas várias igrejas representam todos os graus de crença religiosa, desde a onívora credulidade da fé cega até a condescendência e a deferência altamente moderada pela Divindade que mascara tenuamente uma evidente convicção de sua própria sabedoria divina. Todas essas seitas acreditam mais ou menos na imortalidade da alma. Algumas admitem a relação entre os dois mundos como um fato; outras tratam o assunto como uma questão de opinião; algumas positivamente a negam; e apenas umas poucas mantêm uma atitude de atenção e expectativa.

Mordendo o freio que a retém, desejando o retorno dos dias sombrios, a Igreja romana desaprova as manifestações *diabólicas*, e dá a entender o que faria a esses campeões, se ainda detivesse o poder de outrora. Se não fosse evidente o fato de que ela própria foi posta em julgamento pela ciência, e que está algemada, a Igreja estaria pronta para num dado momento repetir, no século XIX, as cenas revoltantes dos séculos passados. Quanto ao clero protestante, tão furioso é o seu ódio comum contra o Espiritismo, que um jornal secular assinalou judiciosamente: "Eles parecem estar dispostos a minar a fé pública em todos os fenômenos espiritistas do passado, tais como são relatados na *Bíblia*, já que não vêem senão a pestilenta heresia moderna instalada no coração das gentes"[4].

Retornando às leis mosaicas há muito esquecidas, a Igreja romana pretende possuir o monopólio dos milagres, o direito de julgá-los, por ser a sua única herdeira por direito de sucessão contínua. *O Velho Testamento*, proscrito por Colenso, seus predecessores e contemporâneos, é chamado de seu exílio. Os profetas, que Sua Santidade o Papa consente enfim em colocar, se não no seu próprio nível, pelo menos a uma distância respeitável[5], foram espanados e limpos. A lembrança de todo o abracadabra demoníaco é novamente evocada. Os *horrores* blasfemos perpetrados pelo Paganismo, seu culto fálico, os prodígios taumatúrgicos executados por Satã, os sacrifícios humanos, os encantamentos, a bruxaria, a magia e a feitiçaria são relembrados e o DEMONISMO é confrontado com o *Espiritismo* para reconhecimento e identificação mútuos. Nossos modernos demonólogos esquecem-se convenientemente de uns poucos detalhes insignificantes, entre os quais a inegável presença do falicismo pagão nos símbolos cristãos. Um poderoso elemento espiritual desse culto pode ser facilmente demonstrado no dogma da Imaculada Conceição da Virgem Mãe de Deus; e pode-se igualmente apontar um elemento físico do mesmo culto na adoração fetichista dos santos *membros* de São Cosme e São Damião, em Isérnia, nas proximidades de Nápoles, com cujos *ex-votos* em cera o clero, anualmente, promovia um rendoso comércio, há não mais do que cinqüenta anos[6].

É portanto insensato os autores católicos despejarem a sua bílis em frases como estas: "Em inúmeros pagodes, a pedra fálica assume com freqüência, como o *baetylos* grego, a forma brutalmente indecente do *linga* (...) o Mahâdeva"[7]. Antes de macularem um símbolo, cujo sentido metafísico é por demais profundo para os modernos campeões dessa religião do sensualismo *par excellence*, o Catolicismo romano, eles deveriam destruir as suas igrejas mais antigas e modificar a forma da cúpula de seus próprios templos. O Mahâdeva de Elefanta, a Torre Redonda de Bhagalpur, os minaretes do Islão – redondos ou pontudos – são os modelos originais do *Campanile* de São Marcos, em Veneza, da Catedral de Rochester, e do moderno Duomo de Milão. Todos esses campanários, torrinhas, zimbórios e templos cristãos reproduzem a idéia primitiva do *lithos*, o falo ereto. "A torre ocidental da Catedral de São Paulo, em Londres", diz o autor de The Rosicrucians, "é um dos dois *litóides* que sempre se encontram na frente de todos os templos, sejam cristãos ou pagãos." Além disso, em todas as igrejas cristãs, "particularmente nas Igrejas protestantes, onde figuram de modo mais conspícuo, as duas tábuas de pedra da Providência Mosaica são colocadas sobre o altar, disposta em díptico, como uma única pedra, cuja parte superior é arredondada. (...) A da direita é *masculina*, a da esquerda, *feminina*"[8]. Portanto, nem os católicos, nem os protestantes têm o direito de falar das "formas indecentes" dos monumentos pagãos, visto que eles ornamentam as suas próprias igrejas com seus símbolos do *linga* e do *yoni*, e até mesmo escrevem as leis de seu Deus sobre eles.

Outro detalhe que não honra de forma particular o clero cristão poderia ser traduzido pela palavra Inquisição. As torrentes de sangue humano derramadas por essa instituição *cristã* e o número de seus sacrifícios humanos não têm paralelo nos anais do Paganismo. Outro ponto ainda mais importante em que o clero superou os seus mestres, os pagãos, é a *feitiçaria*. De fato, em nenhum templo pagão foi a magia negra, em seu verdadeiro e real sentido, mais exercida do que no Vaticano. Mesmo praticando o exorcismo como uma importante fonte de rendas, eles deram tanta atenção à Magia quanto os antigos pagãos. É fácil provar que o *sortilegium*, ou feitiçaria, foi amplamente praticado pelo clero e pelos monges até o século passado, e ainda hoje o é, ocasionalmente.

Anatematizando todas as manifestações de natureza oculta que não ocorrem no âmbito da Igreja, o clero – não obstante as provas em contrário – qualifica-as de "obra de Satã", "armadilhas dos anjos caídos", que "sobem e descem no abismo sem fundo", mencionados por São João em seu *Apocalipse* cabalístico, "do qual sai uma fumaça como a fumaça de uma imensa fornalha". *"Intoxicados por suas emanações, milhões de espiritistas se reúnem diariamente ao redor desse buraco para adorar o Abismo de Baal."*

Mais arrogante, obstinada e despótica do que nunca, agora que foi subjugada pela pesquisa moderna, não ousando haver-se com os poderosos campeões da ciência, a Igreja latina vinga-se nos fenômenos impopulares. Um déspota sem vítimas é um contra-senso; um poder que não procura fazer-se reconhecer por efeitos exteriores e bem calculados corre o risco de, ao final, ser posto em dúvida. A Igreja não tem intenção alguma de cair no esquecimento dos mitos antigos ou de permitir que sua autoridade seja tão fortemente questionada. É por essa razão que ela prossegue, tanto quanto lhe permite o tempo, a sua política tradicional. Lamentando a forçada extinção de sua aliada, a Santa Inquisição, ela faz da necessidade uma virtude. As únicas vítimas ao seu alcance, no momento, são os espiritistas da França. Os últimos acontecimentos demonstram que a dócil esposa de Cristo não desdenha tirar a forra sobre vítimas indefesas.

Tendo exercido com sucesso o seu papel de *Deus ex machina* sob os auspícios do Tribunal Francês, que não teve escrúpulos em prostituir-se por ela, a Igreja de Roma põe mãos à obra e mostra, no ano de 1876, aquilo de que é capaz. Das mesas girantes e dos lápis dançantes do Espiritismo profano, o mundo cristão é instado a voltar-se aos "milagres" divinos de Lourdes. Entrementes, as autoridades eclesiásticas empregam o seu tempo para providenciar triunfos mais fáceis, planejados para aterrorizar os supersticiosos. Assim, agindo sob ordens, o clero brada anátemas dramáticos, se não impressionantes, de todas as dioceses católicas; ameaça por todos os lados; excomunga e prague ja. Percebendo, enfim, que mesmo os seus raios dirigidos contra as cabeças coroadas caem de modo tão inofensivo como os relâmpagos jupiterianos das *Calchas* de Offenbach, Roma volta-se em sua fúria impotente contra os pobres *protégés* do Imperador da Rússia – os desafortunados búlgaros e sérvios. Impassível diante das evidências e do sarcasmo, intocado pelas provas, "o cordeiro do Vaticano" divide imparcialmente a sua ira entre os liberais da Itália, "esses ímpios cujo hálito exala o fedor dos sepulcros"[9], os "sarmatas russos cismáticos", e os heréticos e os espiritistas "que praticam seu culto no abismo sem fundo onde o grande Dragão espreita de emboscada".

O Rev. Gladstone deu-se ao trabalho de catalogar o que ele chama de "flores de retórica", disseminadas pelos discursos papais. Colhamos alguns poucos termos utilizados por esses representantes d'Aquele que dizia "todo aquele que chamar seu irmão de *louco* será réu do fogo do inferno" (Mateus, 5,22). Foram selecionadas de discursos autênticos. Os que se opõem ao Papa são "lobos, fariseus, ladrões, mentirosos, hipócritas, filhos edematosos de Satã, filhos da perdição, do pecado e da corrupção, satélites de Satã em carne humana, monstros do inferno, demônios encarnados, cadáveres nauseabundos, homens saídos dos abismos do inferno, traidores e judas guiados pelo espírito do inferno; filhos dos abismos mais profundos do inferno; etc., etc. Todo esse piedoso vocabulário foi recolhido e publicado por Don Pasquale di Franciscis, que Gladstone chamou, com perfeita propriedade, "um perfeito professor de *servilismo* nas coisas espirituais"[10].

Visto que Sua Santidade o Papa possui um vocabulário tão rico de invectivas, não nos devemos surpreender se o bispo de Toulouse não tem escrúpulos em emitir as mais indignas falsidades contra os protestantes e espiritistas da América – pessoas duplamente odiosas a um católico – num sermão à sua diocese: "Nada" – observa ele – "é mais comum, numa era de descrença do que ver uma *falsa revelação substituir a verdadeira*, e as mentes negligenciarem os ensinamentos da Santa Igreja, para devotarem-se ao estudo da adivinhação e das ciências ocultas". Professando o desdém episcopal pelas estatísticas, e confundindo estranhamente, em sua memória, as audiências dos evangelizadores Moody e Sankey e os diretores das sombrias salas de sessões, ele pronuncia a asserção falsa e injustificada de que "está provado que o Espiritismo, nos Estados Unidos, causou a sexta parte de todos os casos de suicídio e insanidade". Ele diz que não é possível que os espíritos "ensinem uma ciência exata, porque estes são demônios mentirosos, ou uma ciência útil, porque o caráter do mundo de Satã, como o próprio Satã, é estéril". Adverte aos seus queridos *collaborateurs* que "os escritos em favor do Espiritismo estão sob anátema", e deixa bem claro para eles que "a frequência aos círculos espiritistas com a intenção de aceitar a doutrina constitui uma apostasia da Santa Igreja, correndo risco de excomunhão". Finalmente, diz: "Divulgai o fato de que nenhum ensinamento de um espírito deve prevalecer sobre o do púlpito de Pedro, que é o ensinamento do Próprio Espírito de Deus!!"

Conhecendo os inúmeros falsos ensinamentos que a Igreja romana atribui ao Criador, preferimos não dar crédito à última afirmação. O famoso teólogo católico Tillemont assegura-nos em sua obra que "todos os ilustres pagãos foram condenados às tormentas eternas do inferno, *porque* viveram antes da época de Jesus e, por conseqüência, não puderam ser beneficiados pela Redenção"!![11] Ele também nos assegura que a Virgem Maria pessoalmente testificou essa verdade com a sua própria assinatura numa carta a um santo. Portanto, eis-nos diante de uma revelação – o "Próprio Espírito de Deus" ensinando doutrinas tão "caridosas".

Lemos, também, com grande proveito, a descrição topográfica d'*O Inferno e o Purgatório,* no célebre tratado que leva esse nome, escrito por um jesuíta, o Cardeal Bellarmine[12]. Um crítico afirmou que o autor, que expõe a sua descrição segundo uma visão *divina* com que foi favorecido, "parece possuir todos os conhecimentos de um topógrafo", ao falar dos tratos secretos e das formidáveis divisões do "abismo sem fundo". Como Justino, o Mártir, realmente formulou a noção herética de que afinal Sócrates poderia não estar definitivamente fixado no Inferno[13], seu editor beneditino critica esse padre benévolo de maneira bastante severa. Quem quer que duvide da "caridade" cristã da Igreja de Roma a esse respeito, está convidado a ler com atenção a *Censura* da Sorbonne, no *Belisarius* de Marmontel. O *odium teologicum* nele brilha sobre o céu negro da Teologia ortodoxa como uma aurora boreal – precursor da cólera de Deus, segundo o ensinamento de alguns padres medievais.

Tentamos mostrar na primeira parte desta obra, por meio de exemplos históricos, até que ponto os homens de ciência merecem a sarcástica mordacidade do falecido prof. de Morgan, que a esse respeito observava: "eles trajam as batinas abandonadas dos sacerdotes, tingidas de modo a não serem reconhecidas". O clero cristão veste-se também com os trajes dos sacerdotes *pagãos*, agindo de modo diametralmente oposto aos preceitos morais de *Deus*, mas, não obstante, permitindo-se julgar o mundo inteiro.

Ao morrer na cruz, o Homem das Dores, martirizado, perdoou seus inimigos. Suas últimas palavras foram uma prece em seu benefício. Ele ensinou os seus discípulos a não amaldiçoar, mas a abençoar até mesmo os inimigos. Mas os herdeiros de São Pedro, os auto-impostos representantes na Terra desse mesmo doce Jesus, amaldiçoam, sem hesitar, todo aquele que resiste à sua vontade despótica. Aliás, não relegaram eles o "Filho" há tanto tempo crucificado, a um plano secundário? Eles rendem obediência apenas à Mãe de Deus, pois – segundo seus ensinamentos – e ainda por meio do "Espírito direto de Deus", só ela age como mediadora. O Concílio Ecumênico de 1870 transformou esse ensinamento em dogma, cuja desobediência acarreta a condenação perpétua ao "abismo sem fundo". A obra de Don Pasquale di Franciscis é positiva a esse respeito; pois ele nos diz que, como a Rainha do Céu deve ao Papa Pio IX "a jóia mais preciosa de sua coroa", visto que lhe foi conferida a honra inesperada de tornar-se subitamente imaculada, não há nada que ela não possa obter de seu Filho para a "sua Igreja"[14].

Anos atrás, os viajantes podiam ver em Barri, Itália, uma estátua da Madonna adornada com uma saia rosa de babados sobre uma elegante *crinolina*! Esta mesma indumentária faz parte do guarda-roupa oficial da mãe de Deus na Itália Meridional, na Espanha e na América católica do Norte e do Sul. A Madonna de Barri deve ainda estar lá – entre duas vinhas e uma *locanda* (uma casa de bebidas). Na última vez que foi vista, tentou-se com certo sucesso vestir o menino Jesus. Cobriram-lhe as pernas com um par de calças sujas de barras rendadas. Como um viajante inglês tivesse presenteado a "Mediadora" com uma sombrinha de seda verde, a população agradecida dos *contadini*, acompanhada pelo sacerdote da aldeia, foi em procissão ao local. Eles conseguiram colocar a sombrinha, aberta, entre as costas do menino e o braço da virgem que o abraçava. A cena e a cerimônia foram solenes e altamente gratificantes. Para avivar os sentimentos religiosos, pôs-se a imagem da deusa em um nicho, cercada por uma fila de lâmpadas sempre acesas, cujas chamas, tremeluzindo na brisa, infestavam o puro ar de Deus com um repugnante aroma de óleo de oliva. A Mãe e o Filho representam sem dúvida os dois ídolos mais conspícuos do Cristianismo *monoteísta*!

Um digno par para o ídolo dos pobres *contadini* de Barri, havia na cidade do Rio de Janeiro. Na Igreja da Candelária, num corredor que se estende ao longo da igreja, podia-se ver, há alguns anos, uma outra Madonna. Ao longo das paredes do átrio havia uma fila de santos, cada um colocado sobre uma caixa de esmolas, que assim formavam um excelente pedestal. No centro dessa linha, sobre um maravilhoso e rico dossel de seda azul, exibia-se a Virgem Maria apoiando-se nos braços de Cristo. "Nossa Senhora" trajava um autêntico vestido de cetim azul decotado com mangas curtas, que revelava pescoço, ombros e braços brancos como neve, e primorosamente moldados. A saia, igualmente de cetim azul com uma sobressaia de soberba renda e plumas de gaze, tão curta quanto a de uma bailarina, permitia ver um par de pernas finamente torneadas cobertas com meias de seda cor-de-carne e botas de cetim francês azul com saltos vermelhos altíssimos! A cabeleira loura dessa "Mãe de Deus", penteada à moda, com um volumoso *chignon* e cachos. Apoiada nos braços de Jesus, a face amorosamente voltada para o Filho Único, cuja roupa e atitude são igualmente dignas de admiração. Cristo veste uma casaca com fraque, calças pretas, e um longo colete branco; botas envernizadas e luvas brancas, sobre uma das quais brilha um rico anel de diamante, de muito milhões, o que se supõe – uma jóia preciosa do Brasil. Sobre esse corpo de um moderno janota português, uma cabeça com o cabelo repartido ao meio; um rosto triste e solene e um paciente olhar que parece refletir toda a amargura desse último insulto lançado à majestade do Crucificado[15].

A Ísis egípcia também era representada como uma Virgem Mãe por seus devotos, e segurando o seu filho, Horus, nos braços. Em algumas estátuas e baixos-relevos, quando aparece só, ela está completamente nua ou velada da cabeça aos pés. Mas nos mistérios, em comum com quase todas as outras deusas, ela figura inteiramente velada da cabeça aos pés, como símbolo da castidade materna. Nada perderíamos se emprestássemos dos antigos um pouco do sentimento poético de suas religiões e da inata veneração que eles tinham por *seus* símbolos.

Não é injusto dizer que o último dos *verdadeiros* cristãos morreu com o último dos apóstolos diretos. Max Müller pergunta convincentemente: "Como pode um missionário em tais circunstâncias fazer face à surpresa e às perguntas de seus alunos, a não ser que se refira à semente[16] e lhes diga o que o Cristianismo pretendeu ser? A menos que lhes mostre que, como todas as outras religiões, o Cristianismo também tem a sua história; que o Cristianismo do século XIX não é o Cristianismo da Idade Média, e que o Cristianismo da Idade Média não era o dos primeiros Concílios; que o Cristianismo dos primeiros Concílios não era o dos apóstolos, e que só o que foi dito por Jesus foi verdadeiramente bem dito?"[17]

Podemos assim inferir que a única diferença característica entre o Cristianismo moderno e as antigas fés pagãs é a crença do primeiro num demônio pessoal e no inferno. "As nações arianas não tinham nenhum demônio", diz Max Müller."Plutão, embora de caráter sombrio, era um personagem respeitabilíssimo; e Loki (o escandinavo), embora uma pessoa maligna, não era um diabo. A deusa alemã Hel, como Proserpina, também havia conhecido dias melhores. Assim, quando aos alemães se falava na idéia de um semítico Seth, Satã ou Diabolus semita, não se lhes infundia temor algum."[18]

Pode-se dizer o mesmo do inferno. O Hades era um lugar muito diferente de nossa região de danação eterna, e poderíamos qualificá-lo antes como um estágio intermediário de purificação. Tampouco o *Hel* ou *Hela* escandinavo implica um estágio ou um lugar de punição; pois quando Frigga, a mãe de Balder, o deus branco que morreu e se viu na morada tenebrosa das sombras (Hades), caída em desgraça, enviou Hermod, um dos filhos de Thor, à procura de sua amada criança, o mensageiro encontrou-a na região inexorável – sim, mas sentada confortavelmente numa rocha, e lendo um livro[19]. O reino nórdico da morte situa-se, ademais, nas latitudes mais altas das regiões polares. É uma morada fria e desolada, e nem os gélidos átrios do Hela, nem a ocupação de Balder apresentam a menor semelhança com o inferno flamejante de fogo eterno e os miseráveis pecadores "danados" com que a Igreja tão generosamente o povoa. Também não o é o Amenti egípcio, a região de julgamento e purificação; nem o Andhera – o abismo de trevas dos hindus, pois mesmo os anjos caídos que nele foram precipitados por Śiva são autorizados por Para-Brahman a considerá-lo como um estágio intermediário, no qual uma oportunidade lhes é concedida para se prepararem para graus mais elevados de purificação e redenção de seu miserável estado. O Gehenna do *Novo Testamento* era uma localidade situada fora dos muros de Jerusalém; e, ao mencioná-lo, Jesus empregava apenas uma metáfora comum. Donde então provém o triste dogma do inferno, essa alavanca de Arquimedes da Teologia cristã, com a qual se conseguiu subjugar milhões e milhões de cristãos por dezenove séculos? Seguramente não das Escrituras judaicas, e aqui chamamos em testemunho qualquer erudito hebreu bem-informado.

A única menção, na *Bíblia*, a algo que se aproxima do inferno é o *Gehenna* ou Hinnom, um vale próximo a Jerusalém, onde se situava *Tophet*, local em que se mantinha perpetuamente acesa uma fogueira queimando os detritos para fins de higiene. O profeta Jeremias informa-nos que os israelitas costumavam sacrificar suas crianças a Moloch-Hércules nessa região; e mais tarde descobrimos os cristãos substituindo calmamente essa divindade por seu deus do *perdão*, cuja ira não pode ser aplacada, a não ser que a Igreja lhe sacrifique suas crianças não batizadas e os seus filhos mortos em pecado no altar da "danação eterna"!

Como chegaram os padres a conhecer tão bem as condições do inferno, a ponto de dividir as suas tormentas em duas categorias, a *poena damni* e a *poena sensus*, sendo a primeira a privação da visão beatífica; a segunda, as penas *eternas num lago de fogo e enxofre*? Se eles responderem que foi através do *Apocalipse* (XX, 10), "E *o demônio* que os seduzira foi arrojado no lago de fogo e enxofre, onde já se achavam *a besta* e o falso profeta que serão atormentados para todo o sempre", estamos preparados para demonstrar de onde o próprio teólogo João retirou a idéia. Deixando de lado a interpretação esotérica de que o "demônio" ou o demônio tentador significa o nosso próprio corpo terrestre, que depois da morte certamente se dissolverá nos elementos *ígneos* ou etéreos[20], a palavra "eterna" pela qual os nossos teólogos interpretam as palavras "para todo o sempre" não existe na língua hebraica, nem como palavra, nem como sentido. Não há nenhuma palavra hebraica que expresse exatamente a *eternidade*; עולם *olam*, segundo Le Clerc, significa apenas um tempo cujo começo e cujo fim não são conhecidos[21]. Embora demonstre que essa palavra não significa duração infinita, e que no *Velho Testamento* a expressão *para sempre* significa apenas um longo espaço de tempo, o Arcebispo Tillotson deturpou-lhe completamente o sentido, no que toca à idéia das tormentas do inferno. De acordo com a sua doutrina, quando se diz que Sodoma e Gomorra pereceram no "fogo eterno", devemos entender a expressão apenas no sentido de que o fogo não se extinguiu até as duas cidades terem sido inteiramente consumidas. Quanto ao fogo do inferno, deve-se entender as palavras no sentido estrito da duração infinita. Tal é a sentença do sábio teólogo. Pois a duração da punição dos depravados deve ser proporcional à beatitude eterna dos justos. Diz ele, "Esses [falando dos depravados] terão εἰς κόλασιν αἰώνιον, *punição eterna*; mas os justos, εἰς ζωὴν αἰώνιον, *vida eterna*"[22].

O Rev. T. Swinden[23], comentando as especulações de seus predecessores, preenche todo um volume com argumentos, segundo ele incontestáveis, visando mostrar que o *Inferno se localiza no Sol*. Suspeitamos que o reverendo comentador leu o *Apocalipse* na cama e teve em conseqüência um pesadelo. Há dois versículos do *Apocalipse de São João* que dizem o seguinte: "E o quarto anjo derramou sua taça sobre o Sol, e concedeu-lhe o poder de abrasar os homens pelo fogo. E os homens então abrasados por um calor intenso puseram-se a blasfemar contra o nome de Deus"[24]. Isto é simplesmente uma alegoria pitagórica e cabalística. A idéia não é nova nem para Pitágoras nem para São João. Pitágoras colocava a "esfera de purificação no Sol", Sol esse que, com a sua esfera, ele localizava, ademais, no centro do universo[25], tendo a alegoria um duplo sentido: 1. Simbolicamente, o Sol físico representa a Divindade Suprema, o sol espiritual central. Chegando a essa região, todas as almas purificam-se de seus pecados, e unem-se para sempre com seu espírito, depois de sofrerem anteriormente em todas as esferas inferiores. 2. Colocando a esfera do fogo *visível* no centro do universo, Pitágoras simplesmente insinuou o sistema heliocêntrico, que fazia parte dos mistérios, e era comunicado apenas no grau mais elevado de iniciação. São João dá a seu Verbo um significado puramente cabalístico, que nenhum "padre", exceto aqueles que pertenceram à escola neoplatônica, foi capaz de compreender. Por ter sido um discípulo de Amônio Saccas, Orígenes o entendeu, sendo por essa razão que o vemos negar corajosamente a perpetuidade das tormentas do inferno. Ele sustenta que não apenas os homens, mas inclusive os demônios (e por esse termo ele entendia os pecadores humanos desencarnados), após um período mais ou menos longo de punição, serão perdoados e finalmente reconduzidos ao céu[26]. Em conseqüência dessa e de outras heresias, Orígenes foi, naturalmente, exilado.

Numerosas foram as especulações eruditas e verdadeiramente inspiradas sobre a localização do inferno. As mais populares foram as que o colocaram no centro da Terra. Entretanto, numa certa época, algumas dúvidas céticas que perturbaram a placidez da fé nessa doutrina altamente consoladora surgiram como conseqüência da intromissão dos cientistas daqueles dias. Como observa o Sr. Swinden em nosso próprio século, a teoria é inadmissível por duas objeções: 1º, é impossível supor que possa existir uma reserva suficiente de combustível ou enxofre para manter um fogo tão furioso e constante; e 2º, faltam as partículas nitrosas do ar necessárias para mantê-lo em combustão. "E como" – diz ele – "pode um fogo ser eterno, quando toda a substância da Terra seria desse modo gradualmente consumida?"[27]

O cético cavalheiro esqueceu-se evidentemente de que Santo Agostinho solucionou há séculos a dificuldade. Temos a palavra desse sábio teólogo de que o inferno, não obstante estas dificuldades, *está* no centro da Terra, pois "Deus fornece ar ao fogo central *por mercê de um milagre*"? O argumento é irrespondível, de sorte que não procuraremos refutá-lo[28].

Os cristãos foram os primeiros a fazer da existência de Satã um dogma da Igreja. E uma vez que o estabeleceu, ela teve de lutar por mais de 1700 anos pela repressão de uma força misteriosa que a sua política fazia parecer de origem diabólica. Infelizmente, manifestando-se, essa força invariavelmente tende a refutar uma tal crença pela ridícula discrepância que ela apresenta entre a suposta causa e os pretensos efeitos. Se o clero não exagerou o verdadeiro poder do "Arquiinimigo de Deus", deve-se confessar que ele toma sérias precauções para não ser reconhecido como o "Príncipe das Trevas" que deseja as nossas almas. Se os modernos "espíritos" são de fato demônios, como ensina o clero, então eles só podem ser esses "demônios pobres" ou "estúpidos" que Max Müller afirma figurarem com freqüência nos contos alemães e norugueses.

Não obstante isso, o clero, acima de tudo, teme ser obrigado a renunciar ao seu domínio sobre a Humanidade. Eles não estão dispostos a deixar-nos julgar a árvore por seus frutos, pois isso poderia colocá-los em perigosos dilemas. Eles se recusam, destarte, a admitir, com as pessoas sem preconceitos, que os fenômenos do

Espiritismo, inquestionavelmente, espiritualizaram e recuperaram das trilhas do mal muitos ateus ou céticos renitentes. Mas, como eles próprios confessam, qual seria a utilidade de um Papa, se o Diabo não existisse?

E assim Roma envia os seus advogados e pregadores mais hábeis para salvar aqueles que perecem no "abismo sem fundo". Roma empregou os seus escritores mais talentosos para esse propósito – embora todos eles repudiem indignados essa afirmação – e no prefácio de todos os livros publicados pelo prolífico des Mousseaux, o tertuliano francês de nosso século, encontraremos provas inegáveis desse fato. Entre outros certificados de aprovação eclesiástica, todos os volumes são ornamentados com o texto de uma certa carta original endereçada ao piedoso autor pelo mundialmente conhecido Padre Ventura di Raulica, de Roma. Poucos são aqueles que não ouviram esse nome. Trata-se de uma das principais colunas da Igreja Latina, o ex-Geral da Ordem dos teatinos, Consultor da Sagrada Congregação dos Ritos, Examinador dos Bispos e do Clero Romano, etc., etc., etc. Esse documento notavelmente característico ficará para surpreender as futuras gerações por seu espírito de genuína demonolatria e despudorada sinceridade. Dele traduzimos um fragmento, palavra por palavra, e assim, contribuindo para a sua divulgação, esperamos merecer as bênçãos da Madre Igreja[29]:

"CARO SENHOR E EXCELENTE AMIGO:
. . . .
'Satã conquistou a sua maior vitória no dia em que conseguiu que negassem sua existência.
'Demonstrar a existência de Satã é restabelecer *um dos dogmas fundamentais da Igreja*, que serve de base ao Cristianismo, e, sem o qual, Satã seria apenas um nome. (. . .)
'A Magia, o Mesmerismo, o sonambulismo, o Espiritismo, o hipnotismo (. . .) não passam de outros nomes para o SATANISMO.
'Revelar tal verdade e mostrá-la em sua plena luz é desmascarar o inimigo: é revelar o imenso perigo de certas práticas *reputadas como inocentes*; é bem servir à Humanidade e à religião (. . .)'

PADRE VENTURA DI RAULICA."

A-mém!

Eis, de fato, uma inesperada honra para os nossos "guias" americanos em geral, e para os inocentes "guias indianos" em particular. Serem assim apresentados em Roma, como os príncipes do Império de Eblis, é mais do que eles jamais poderiam esperar em outras terras.

Sem ao menos suspeitar que está trabalhando para o futuro bem-estar de seus inimigos – os espiritualistas e os espíritas –, a Igreja, tolerando, há tantos anos, des Mousseaux e de Mirville como os biógrafos do Demônio, e dando-lhes a sua aprovação, confessou tacitamente a sua colaboração literária.

M. de Chevalier Gougenot des Mousseaux, e seu amigo e colaborador, o Marquês Eudes de Mirville, a julgar por seus longos títulos, devem ser aristocratas *pur sang*, e são, ademais, escritores de talento e de grande erudição. Se se mostrassem um pouco mais parcimoniosos com os duplos pontos de exclamação que seguem a todas as vituperações e invectivas contra Satã e seus adoradores, o seu estilo seria irrepreensível. De qualquer forma, a cruzada contra o inimigo da Humanidade foi feroz e durou mais de vinte anos.

Com os católicos tomando como prova os fenômenos psicológicos para provar a existência de um demônio pessoal, e o Conde de Gasparin, um antigo ministro de Louis Philippe, coletando inúmeros outros fatos para provar o contrário, os espíritas da França contraíram uma dívida eterna de gratidão para com os seus adversários. A existência de um universo espiritual invisível povoado de seres invisíveis foi, então, inquestionavelmente demonstrada. Esquadrinhando as bibliotecas mais antigas, eles destilaram de seus relatos históricos a quintessência das provas. Todas as épocas, desde os tempos de Homero até os dias atuais, forneceram os seus materiais mais preciosos a esses infatigáveis autores. Tentando provar a autenticidade dos prodígios produzidos por Satã nos dias que precedem a era cristã, assim como por toda a Idade Média, eles simplesmente estabeleceram as bases para o estudo do fenômeno em nossos tempos modernos.

Entusiasta ardente e inflexível, des Mousseaux transforma-se, contudo, inconscientemente, no demônio tentador, ou – como ele costuma qualificar o Diabo – na "serpente da *Gênese*". Em seu desejo de apontar a presença do Maligno em todas as manifestações, ele apenas consegue demonstrar que o Espiritismo e a Magia não são coisas novas no mundo, mas irmãs gêmeas muito antigas, cuja origem deve ser buscada na remota infância de antigas nações como Índia, Caldéia, Babilônia, Egito, Pérsia e Grécia.

Ele prova a existência dos "espíritos", sejam anjos ou demônios, com tal clareza de argumentos e lógica, e com tal acúmulo de provas históricas irrefutáveis e estritamente autênticas, que pouco é deixado aos autores espiritistas que o sucedem. É uma pena que os cientistas, que não acreditam nem no demônio, nem no espírito, tenham o hábito de ridicularizar os livros de des Mousseaux sem os ler, pois estes contêm realmente muitos fatos de profundo interesse científico!

Mas o que podemos esperar em nosso século de descrença, quando vemos Platão queixando-se, há mais de vinte e dois séculos, da mesma coisa? "A mim também", diz ele, em seu *Eutífron*, "quando digo qualquer coisa em assembléia pública a respeito dos assuntos divinos, *e lhes predigo* o que está para acontecer, eles me ridicularizam como a um louco *embora nada do que eu haja predito se tenha deixado de cumprir*. Eles invejam todos os homens iguais a nós. Não devemos, entretanto, dar-lhes crédito, mas sim prosseguir em nosso caminho."[30]

É evidente que des Mousseaux e de Mirville devem ter-se utilizado livremente das fontes literárias do Vaticano e de outros repositórios de conhecimentos católicos. Quando se tem tais tesouros em mãos – manuscritos originais, papiros, e livros pilhados das mais ricas bibliotecas pagãs; antigos tratados sobre Magia e Alquimia; e registros de todos os processos sobre feitiçaria, e das sentenças decorrentes, tais como cavalete, fogueira e tortura, pode-se facilmente escrever volumes de acusações contra o Demônio. Temos boas razões para afirmar que há centenas de obras valiosíssimas sobre as ciências ocultas que foram condenadas a permanecer para sempre interditas ao público, porém que são lidas e estudadas com atenção pelos privilegiados que têm acesso à Biblioteca do Vaticano. As leis da Natureza são as mesmas tanto para o feiticeiro pagão, quanto para o santo católico; e um "milagre" pode ser produzido tanto por um, como por outro, sem a menor intervenção de Deus ou do Demônio.

Mas os fenômenos psíquicos tinham começado a atrair a atenção na Europa, e o clero iniciou a grita de que o seu tradicional inimigo reaparecera sob outro nome, e os "milagres divinos" começaram também a surgir em lugares isolados. Eles foram confiados inicialmente a indivíduos humildes, alguns dos quais afirmaram que os milagres tinham sido produzidos pela intervenção da Virgem Maria, dos santos e dos anjos; outros – de acordo com o clero – começaram a sofrer de *obsessão* e *possessão*; pois o Demônio deve ter o seu quinhão de fama, tanto quanto a Divindade. Descobrindo que, não obstante as advertências, os fenômenos *independentes*, ou pretensamente espirituais aumentavam e multiplicavam-se, e que essas manifestações ameaçavam refutar os dogmas solidamente estabelecidos da Igreja, o mundo foi sacudido subitamente por uma extraordinária notícia. Em 1864, toda uma comunidade foi possuída pelo Demônio. Morzine, e as terríveis histórias de seus endemoninhados; Valleyres, e as narrativas de suas exibições autênticas de feitiçaria; e as do Presbitério de Cideville, gelaram o sangue nas veias de todos os católicos.

É curioso notar, e a questão foi mais de uma vez suscitada, mas por que os "milagres divinos" e os casos de obsessão confinam-se tão estritamente às dioceses e aos países católicos romanos? Por que desde a Reforma não ocorreu um único milagre "divino" num país protestante? Naturalmente, a resposta que se deve esperar dos católicos é a seguinte: este último é povoado de *heréticos* e foi abandonado por Deus. Então por que não ocorrem mais milagres da Igreja na Rússia, um país cuja religião difere da católica romana apenas na forma externa dos ritos, sendo os seus dogmas exatamente os mesmos, exceto o da emanação do Espírito Santo? A Rússia possui os seus próprios santos, as suas relíquias taumatúrgicas, e as imagens miraculosas. O Santo Mitrofano de Voroneg é um autêntico fazedor de milagres, mas estes se limitam às curas; e embora milhares de pessoas tenham sido curadas *pela fé*, e embora a velha catedral esteja repleta de eflúvios magnéticos, e gerações inteiras continuem a *crer* em seu poder, e algumas pessoas sejam sempre curadas, não obstante não se ouve falar, na Rússia, de milagres como o da Madonna que anda, a Madonna que escreve cartas, e o das estátuas que falam dos países católicos. Por que é assim? Simplesmente porque os governantes russos proibiram estritamente esse gênero de coisas. O Czar Pedro, o Grande, pôs fim a todos os milagres divinos com um franzir de suas augustas sobrancelhas. Ele declarou que não queria ouvir falar de *falsos milagres* produzidos pelos ícones sagrados, e eles desapareceram para sempre[31].

Relatam-se casos de fenômenos isolados e independentes produzidos por certas imagens no século passado; o último deles foi o sangramento da face de uma imagem da Virgem, ocorrido quando um soldado de Napoleão lhe partiu o rosto ao meio. Este milagre, que teria ocorrido em 1812, nos dias da invasão do "grande exército", foi o adeus final[32]. Mas desde então, embora os imperadores tenham sido homens de piedade religiosa, as imagens e os santos ficaram em silêncio, e dificilmente se fala deles a não ser em relação ao culto religioso. Na Polônia, terra de furioso ultramontanismo, houve, de tempos em tempos, desesperadas tentativas de produzir milagres. Contudo, elas morreram no berço, pois a polícia lá estava com olhos de lince; um milagre católico na Polônia, tornado público pelos sacerdotes, geralmente significa revolução política, derramamento de sangue e guerra.

Não é lícito então supor que, se num país os milagres divinos podem ser impedidos pela lei civil e militar, e em outros *nunca ocorrem*, devemos buscar a explicação para os dois fatos em alguma causa natural, em vez de atribuí-los a Deus ou ao demônio? Em nossa opinião – se é ela digna de algum crédito –, todo o segredo reside no seguinte. Na Rússia, o clero sabe mais do que ninguém como impressionar os seus paroquianos, cuja piedade é sincera e a fé, poderosa sem milagres; e sabe que nada é melhor do que os milagres para semear a suspeita, a dúvida e finalmente o ceticismo que conduz diretamente ao ateísmo. Além disso, o clima é o menos propício, e o magnetismo da população média positivo e *são* demais para produzir fenômenos independentes; e a fraude não seria a solução. Por outro lado, nem na Alemanha protestante, nem na Inglaterra, nem mesmo na América, desde a época da Reforma, teve o clero acesso a qualquer uma das bibliotecas secretas do Vaticano. Em conseqüência, nada sabem sobre a magia de Alberto Magno.

Quanto ao fato de a América ter sido inundada de sensitivos e de médiuns, a razão para isso deve-se em parte à influência climática e especialmente ao estado psicológico da população. Desde a época da feitiçaria de Salem, há 200 anos, quando os comparativamente poucos colonos tinham um sangue puro e não adulterado em suas veias, apenas se ouviu falar a respeito de "espíritos" não de "médiuns" até 1840[33]. Os fenômenos apareceram pela primeira vez entre os membros da "Igreja do Milênio", cujas aspirações religiosas, cujo modo peculiar de vida e cuja pureza moral e castidade física conduzem à produção de fenômenos independentes de natureza tanto psicológica como física. A partir de 1492, milhares e mesmo milhões de homens de vários climas e de diferentes hábitos e costumes invadiram a América do Norte e, casando-se entre si, modificaram substancialmente o tipo físico dos habitantes. Em que país do mundo a constituição física das mulheres pode ser comparada com a constituição delicada, nervosa e sensível da parte feminina da população dos Estados Unidos? Em nossa chegada a esse país, surpreendemo-nos com a delicadeza semitransparente da pele dos nativos de ambos os sexos. Comparai um operário ou operária irlandesa que trabalhe duramente com um representante de uma genuína família americana. Olhai as suas mãos. Um trabalha tão duro quanto o outro; ambos têm a mesma idade, e ambos são igualmente saudáveis; entretanto, ao passo que as mãos de um, após uma hora de ensaboamento, exibirão uma pele um pouco mais macia do que a de um jovem crocodilo, as do outro, não obstante o seu uso constante, permitir-vos-ão observar a circulação do sangue sob a fina e delicada epiderme. Não deve surpreender, portanto, que enquanto a América é a estufa dos sensitivos, a maioria de seu clero, incapaz de produzir milagres divinos ou de qualquer outra espécie, nega intransigentemente a possibilidade de qualquer fenômeno exceto aqueles produzidos por truques e prestidigitação. É natural também que o clero católico, que conhece praticamente a existência dos fenômenos mágicos e espirituais, e que acredita neles, embora temendo as suas conseqüências, tente atribuir todos eles à influência do Demônio.

Queremos aduzir mais um argumento como prova acessória do que afirmamos. Em que países os "milagres divinos" mais floresceram, e foram mas freqüentes e mais extraordinários? Na Espanha católica e na Itália pontifícia, sem dúvida alguma. E qual desses dois países teve mais acesso à literatura antiga? A Espanha era famosa por suas livrarias; os mouros eram conhecidos por seus profundos conhecimentos a respeito da Alquimia e de outras ciências. O Vaticano é o depósito de um volume imenso de manuscritos antigos. Durante o longo espaço de aproximadamente 1500 anos, eles acumularam, julgamento após julgamento, os livros e os manuscritos confiscados de suas vítimas para seu próprio benefício. Os católicos podem alegar que os livros foram geralmente confiados às chamas; que os tratados de famosos feiticeiros e encantadores pereceram com os seus execrados autores. Mas o Vaticano, se quisesse falar, contaria uma história diferente. Ele está perfeitamente a par da existência de certos gabinetes e salas, cujo acesso só é permitido a

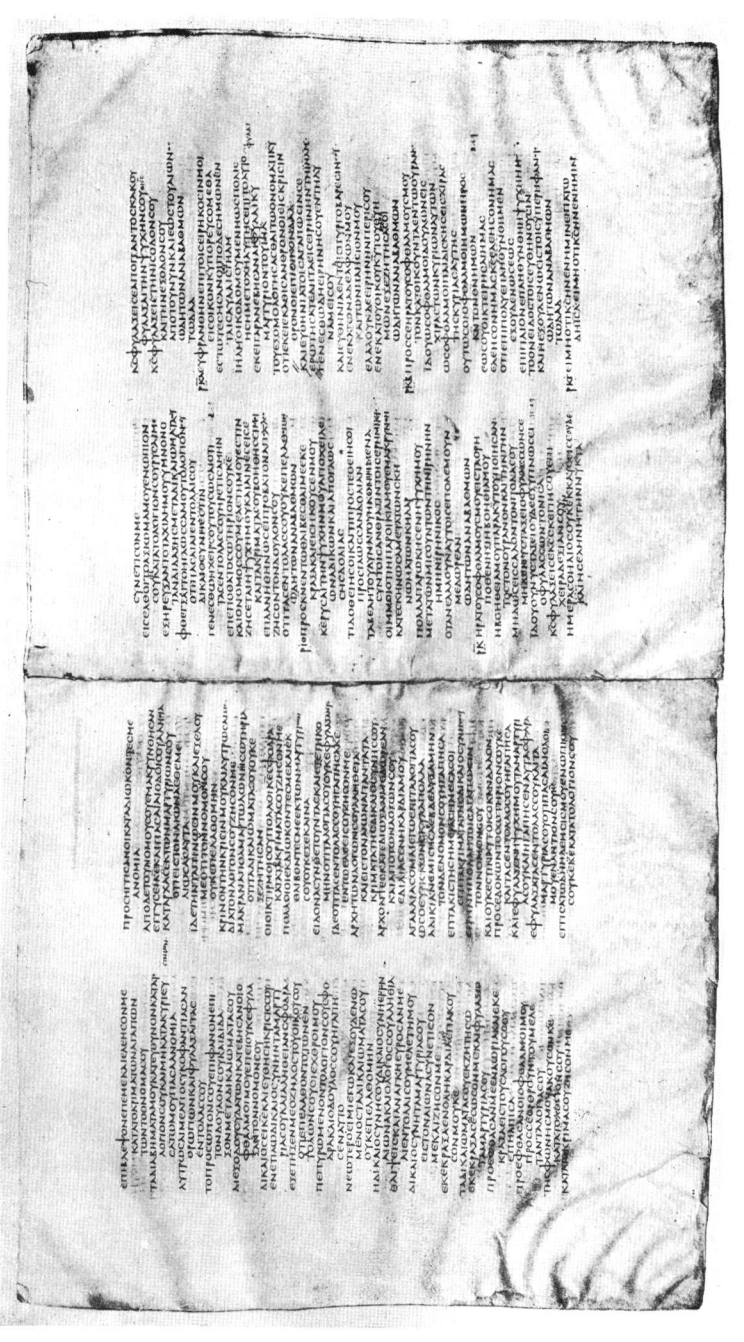

CODEX SINAITICUS. SALMOS CXVIII, 132 – CXIII, 2

(Salmos CXIX, 132 - CXXIV, 1 no Saltério Inglês)
Reproduzido do original existente no Museu Britânico.

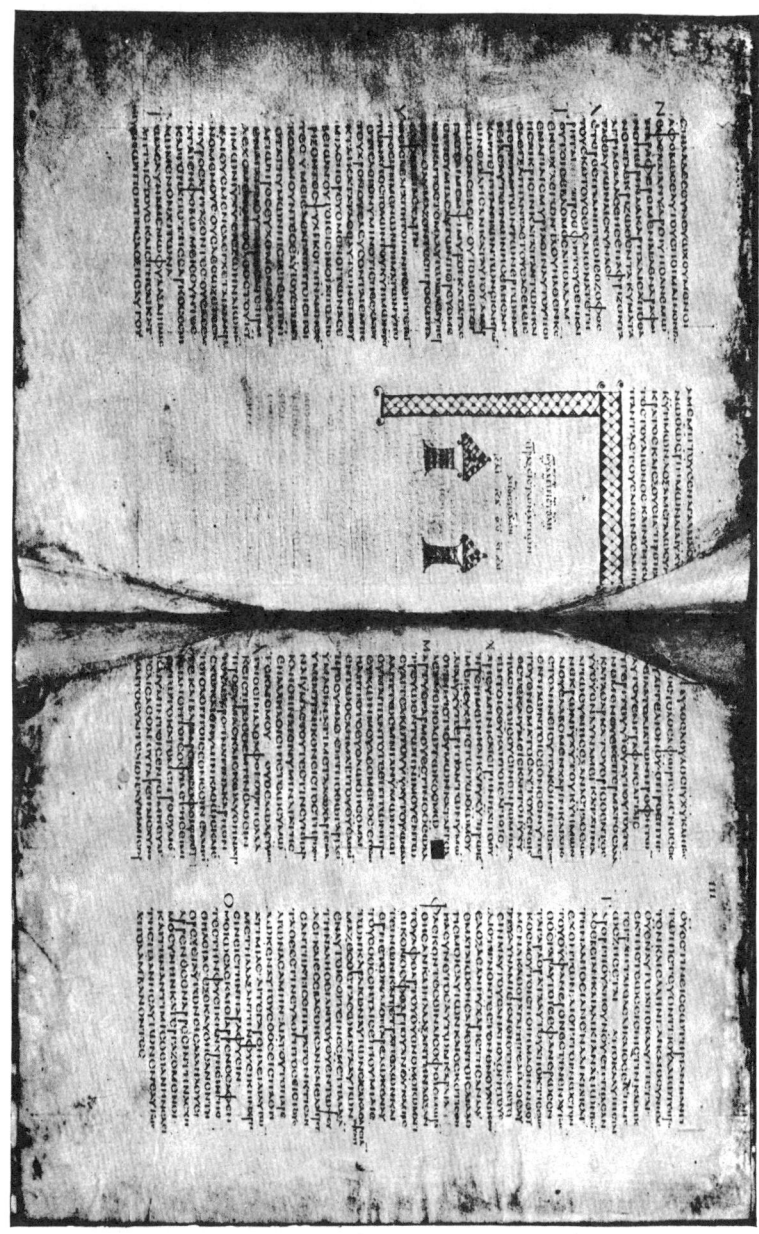

CODEX ALEXANDRINUS, JUDAS 12-25 (fim); ROMANOS I, 1-27
Reproduzido do original existente no Museu Britânico.

uns poucos. Sabe-se que as entradas desses lugares secretos são tão habilmente dissimuladas nas esculturas das paredes e sob a profusa ornamentação das paredes da biblioteca que houve mesmo alguns papas que viveram e morreram nos recintos do palácio sem jamais terem suspeitado de sua existência. Mas esses papas não foram nem Silvestre II, nem Bento IX, nem João XX, nem o sexto e oitavo Gregório; nem o famoso Bórgia de toxicológica memória. Não ignoraram também a tradição secreta da sabedoria oculta, os amigos dos filhos de Loiola.

Onde podemos encontrar, nos anais da Magia européia, encantadores mais hábeis do que na misteriosa solidão dos claustros? Alberto Magno, o famoso bispo e feiticeiro de Ratisbona, jamais foi superado em sua arte. Roger Bacon era um monge, e Tomás de Aquino um dos mais eminentes discípulos de Alberto. Trithemius, abade dos beneditinos de Spanheim,[*] foi o mestre, amigo e confidente de Cornélio Agripa; e enquanto as confederações de teósofos se disseminaram amplamente pela Alemanha, onde nasceram, ajudando-se mutuamente, e lutando durante anos pela aquisição de conhecimentos esotéricos, todo aquele que conseguisse tornar-se o discípulo favorito de certos monges poderia ser rapidamente iniciado em todos os ramos importantes da sabedoria oculta.

Tudo isso faz parte da história e não pode ser negado. A Magia, em todos os seus aspectos, foi amplamente e quase abertamente praticada pelo clero até a Reforma. E mesmo aquele que foi outrora chamado de "Pai da Reforma", o famoso John Reuchlin[34], autor de *Mundo maravilhoso* e amigo de Pico della Mirandola, o mestre e instrutor de Erasmo, de Lutero e de Melanchton, era um cabalista e ocultista.

O antigo *Sortilegium*, ou adivinhação por meio da *Sorte* – uma arte e uma prática agora amaldiçoada pelo clero como uma abominação, designada pelo *Stat. 10, Jac.* como felonia, e excluída pelo *Stat. 12 Carolus II* dos perdões gerais, devido ao fato de ser *bruxaria*[35] – era amplamente praticado pelo clero e pelos monges. Não obstante isso, ele foi sancionado pelo próprio Santo Agostinho, que não "desaprovava esse método de conhecer o futuro, desde que não fosse utilizado para fins seculares". E mais, ele próprio confessa tê-lo praticado[36].

Sim; mas o clero lhe dava o nome de *Sortes Sanctorum*, quando era ele quem as praticava; ao passo que *Sortes Praenestinae*, seguidas pelas *Sortes Homericae* e *Sortes Virgilianae*, eram paganismo abominável, adoração do demônio, quando utilizadas por qualquer outro.

Gregório de Tours informa-nos que quando o clero recorria às *Sortes* era costume depor a *Bíblia* sobre o altar e pedir ao Senhor que revelasse a Sua verdade, e lhe fizesse conhecer o futuro em um dos versículos do livro[37]. Gilbert de Nogent escreve que em seus dias (por volta do século XII) era costume, na consagração dos bispos, consultar as *Sortes Sanctorum*, para desse modo conhecer os sucessos e o

---

* Johannes Tritheim (na verdade Heidenberg) nasceu em Trittenheim, perto de Trier, Alemanha, a 1º de fevereiro de 1462 e morreu em Würzburg, a 13 de dezembro de 1516. Era um humanista e em 1485 tornou-se abade de Sponheim, perto de Kreuznach. Posteriormente foi abade de Schottenkloster St. Jacob, em Würzburg. Esse erudito, mais conhecido por Trithemius, seu nome latinizado, escreveu grande número de obras importantes, tais como: *De scriptoribus ecclesiasticis* (1494); *Steganographia* (1500, e edições posteriores de 1606, 1621, 1635); *Annales Hirsangiensis* (1514); *Annales de origine francorum* (não concluída); *Polygraphia* (1518). (N. do Org.)

destino do episcopado. Por outro lado, somos informados que as *Sortes Sanctorum* foram condenadas pelo Concílio de Agda, em 506. Nesse caso, somos instados novamente a perguntar: em que ocasião a infalibilidade da Igreja falhou? Foi quando ela proibiu o que fora praticado pelo seu maior santo e mentor, Agostinho, ou no século XII, quando a prática foi exercida pelo clero e com a sanção da mesma Igreja, com vistas à eleição dos bispos? Ou devemos então acreditar que, em ambos os contraditórios casos, o Vaticano foi diretamente inspirado pelo "espírito de Deus"?

Se há qualquer dúvida de que Gregório de Tours aprovava uma prática que ainda vigora até hoje, em diferentes graus, mesmo entre os rigorosos protestantes, que se leia o seguinte: Avisado de que Lendastus, Conde de Tours, que desejava indispor-se com a Rainha Fredegonda, vinha a Tours, cheio de maus desígnios contra mim, refugiei-me com profunda inquietação em meu oratório, onde tomei os *Salmos*. (. . .) Meu coração reviveceu dentro de mim quando lancei os olhos sobre o salmo 77: 'Guiou-os com segurança, e o mar recobriu seus inimigos'. De fato, o conde não pronunciou uma única palavra contra mim; e deixando Tours naquele mesmo dia, o barco em que ele estava naufragou numa tempestade, mas a sua habilidade na natação o salvou"[38].

O santo bispo simplesmente confessa aqui que praticou um pouco de feitiçaria. *Todo mesmerizador conhece o poder da vontade quando um desejo intenso é dirigido para um sujeito particular.* Coincidência ou não, o versículo em questão sugeriu à sua mente vingar-se pelo afogamento. Passando o resto do dia em "profunda inquietação", e possuído por esse pensamento obsedante, o santo – talvez inconscientemente – fixou sua vontade sobre a pessoa do conde, e assim, embora imaginasse ver, no acidente, o dedo de Deus, ele simplesmente se transformou num feiticeiro exercendo a sua vontade magnética que reage sobre a pessoa de seu inimigo; e o conde escapou por um triz da morte. Se Deus tivesse decretado o acidente, o réu certamente se afogaria; pois um simples banho não teria alterado a sua malévola resolução contra São Gregório, se estivesse realmente propenso a isso.

Vemos, ademais, anátemas fulminados contra essa loteria do destino, no Concílio de Vannes, que proíbe "todos os eclesiásticos, sob pena de excomunhão, de praticarem essa espécie de adivinhação; ou de procurarem conhecer o futuro, consultando um livro ou um manuscrito qualquer". A mesma proibição foi pronunciada nos Concílios de Agda, em 506, de Orléans, em 411, de Auxerre, em 595, e, finalmente, no concílio de Aenham em 1110 [*]; este último, condenando "feiticeiros, bruxos, adivinhos, que causaram a morte por operações mágicas, e que praticaram a leitura da sorte pela consulta dos livros sagrados"; e o protesto do clero, reunido

---

* Os Concílios referidos no texto são, na melhor das hipóteses, convocações sobre as quais pouco se sabe. O Concílio de Agda foi realizado em setembro de 506; o de Orléans, conhecido como o primeiro Concílio realizado naquela cidade, ocorreu em 511; a data do de Auxerre, conhecido como o Sínodo de Auxerre, varia entre 570 e 590, de acordo com várias autoridades. O Concílio realizado em Aenham (ou Enham), uma vila para soldados inválidos situada a cerca de duas milhas ao norte de Andover, N. W. Hampshire, apresenta uma incerteza ainda maior quanto à data de sua realização: de acordo com Mansi, ocorreu entre 1100 e 1116, ao passo que Hefele situa-o em 1009. O período em que Alexandre III foi Papa vai de 1159 a 1181. *Vide* Mansi, *Sacrorum conciliorum nova et amplissima collectio*, Florença, 1759-1798, tomo XIX, col. 308; *Dictionnaire de théologie catholique*, III, 886: V, 2188; C. J. von Hefele, *Conciliengeschichte*, Friburgo, 1855-74, vol. IV. (N. do Org.)

contra de Garlande, seu bispo em Orléans, endereçado ao Papa Alexandre III, termina por estas palavras: "Que vossas mãos apostólicas se encarreguem de *pôr a nu* a iniqüidade desse homem, a fim de que se cumpra a maldição contra ele prognosticada no dia da sua consagração; pois, abrindo-se os evangelhos sobre o altar *segundo o costume*, as primeiras palavras eram: *e o jovem, deixando as vestes de linho, escapou-se deles nu*"[39].

Por que então condenar à fogueira os mágicos leigos e os consultores de livros, e canonizar os eclesiásticos? Simplesmente porque os fenômenos medievais, assim como os modernos, manifestados pelos leigos, e produzidos mediante conhecimentos ocultos ou por manifestação independente, contradizem as pretensões das Igrejas católica e protestante quanto aos milagres divinos. Em face das evidências reiteradas e incontestáveis, tornou-se impossível, para a primeira, manter com sucesso a afirmação de que semelhantes manifestações miraculosas, executadas pelos "anjos bons" e pela intervenção direta de Deus, só podiam ser produzidas por seus ministros eleitos e seus santos. E tampouco a Igreja protestante podia sustentar convincentemente, pelo mesmo motivo, que os milagres terminaram com os tempos apostólicos. Pois, se da mesma natureza ou não, os fenômenos modernos reclamam uma estreita semelhança com os fenômenos bíblicos. Os magnetizadores e curadores de nosso século entraram em competição direta e aberta com os apóstolos. O zuavo Jacob, da França, suplantou o profeta Elias, chamando à vida pessoas que estavam aparentemente mortas; e Alexis, o sonâmbulo, mencionado pelo Sr. Wallace em sua obra[40], por sua lucidez, envergonhou os apóstolos, os profetas e as Sibilas de antigamente. Depois da queima do último feiticeiro, a grande Revolução Francesa, tão diligentemente preparada pela liga das sociedades secretas e seus hábeis emissários, explodiu sobre a Europa e despertou o terror no seio do clero. Como um furacão destruidor, ela varreu em seu curso os melhores aliados da Igreja, a aristocracia católica romana. A partir de então, o direito à opinião pessoal foi solidamente estabelecido. O mundo livrou-se da tirania eclesiástica, abrindo um caminho desimpedido para Napoleão, o Grande, que deu o golpe de misericórdia na Inquisição. Este grande matadouro da Igreja cristã – no qual ela assassinou, em nome do Cordeiro, todas as ovelhas que arbitrariamente declarava desprezíveis – estava em ruínas, e ela se viu abandonada à sua própria responsabilidade e recursos.

Enquanto os fenômenos ocorreram apenas de modo esporádico, ela se sentiu suficientemente poderosa para reprimir-lhes as conseqüências. A superstição e a crença no Demônio eram mais fortes do que nunca, e a ciência ainda não tinha ousado medir publicamente as suas forças com as da Religião sobrenatural. Nesse ínterim, o inimigo lentamente, mas seguramente, ganhava terreno. E de repente a guerra explodiu com inesperada violência. Os "milagres" começaram a ocorrer em plena luz do dia, e passaram de sua reclusão mística ao domínio da lei natural, em que a mão profana da ciência estava pronta para arrancar a máscara sacerdotal. Entretanto, ainda por algum tempo, a Igreja manteve a sua posição, e, com o poderoso auxílio do medo supersticioso, refreou o progresso da força inoportuna. Mas quando, em seguida, surgiram os mesmeristas e os sonambulistas, reproduzindo o fenômeno físico e mental do êxtase, que até então era, como se acreditava, um dom específico dos santos; quando a paixão pelas mesas girantes atingiu, na França e em outros países, o seu clímax de fúria; quando a psicografia – atribuída aos espíritos – passou de uma simples curiosidade e despertou um interesse inesgotável, e finalmente degenerou em misticismo religioso; quando os ecos despertados pelas primeiras pancadas de Rochester, e, cruzando os oceanos, se difundiram até repercutir em todos os cantos do mundo – então, e apenas então, a Igreja latina teve plena consciência do perigo que corria. Prodígios e mais prodígios ocorreram nos círculos espiritistas e nas salas de conferência dos mesmeristas; os doentes foram curados, os cegos voltaram a ver, os paralíticos a andar, os surdos a ouvir. J. R. Newton, na América, e Du Potet, na França, curaram multidões sem reclamar a menor intervenção divina. A grande descoberta de Mesmer, que revela ao investigador zeloso o mecanismo da Natureza, dominava, como que por mágica, os corpos orgânicos e inorgânicos.

Mas isso não foi o pior. Uma calamidade ainda mais terrível para a Igreja foi a evocação de inúmeros "espíritos" dos mundos superiores e inferiores, cujo comportamento privado e cujas mensagens trouxeram o desmentido direto aos dogmas mais sagrados e mais lucrativos da Igreja. Esses "espíritos" pretendiam ser as próprias entidades, em estado desencarnado, dos pais, mães, filhos e filhas e amigos e conhecidos das pessoas que assistiam ao estranho fenômeno. O Demônio parecia não ter uma existência objetiva, e isso desmoronou as próprias fundações em que repousava a cadeira de São Pedro[41]. Nenhum espírito, a não ser os de zombeteiras manifestações, confessaria um parentesco, ainda que remoto, com a majestade satânica, ou lhe atribuiria o governo de uma simples polegada de seu território. O clero sentia o seu prestígio decrescer a cada dia, pois via as pessoas sacudindo impacientemente, à plena luz da verdade, os véus sombrios com que tinham sido vendadas por tantos séculos. E finalmente, a sorte, que tinha estado anteriormente de seu lado no longo conflito entre a Teologia e a Ciência, passou para o campo de seus adversários. A ajuda que estes trouxeram ao estudo do lado oculto da Natureza era de fato preciosa e oportuna, e a ciência inconscientemente ampliou a outrora trilha tão estreita dos fenômenos numa larga e espaçosa avenida. Se este conflito não tivesse terminado a tempo, poderíamos ter visto reproduzirem-se em menor escala as cenas vergonhosas dos episódios de feitiçaria de Salem e das freiras de Loudun. Seja como for, o clero tinha sido amordaçado.

Mas se a ciência auxiliou involuntariamente o progresso dos fenômenos ocultos, estes ajudaram reciprocamente à própria ciência. À época em que a Filosofia novamente reencarnada reivindicava corajosamente o seu lugar no mundo, havia pouquíssimos eruditos entregues à difícil tarefa de estudar a Teologia comparada. Tal ciência ocupa um domínio até agora pouco penetrado pelos exploradores. Esse estudo, que exige um conhecimento das línguas mortas, limitou obrigatoriamente o número de estudantes. Ademais, ele não era visto como muito necessário, já que as pessoas não haviam substituído a ortodoxia cristã por algo mais tangível. É um dos fatos mais inegáveis da Psicologia, o de que o homem comum é tão pouco capaz de viver fora de um elemento religioso, quanto o peixe fora da água. A voz da verdade, "uma voz mais forte do que a do trovão", falava ao homem interior no século XIX da era cristã, como lhe falava no século XIX a. C. É inútil e ocioso tentar oferecer à humanidade a escolha entre uma vida futura e a aniquilação. A única chance que resta aos amigos do progresso humano que procuram estabelecer uma fé para o bem da Humanidade, inteiramente despida de superstição e de grilhões dogmáticos, é dirigir-se a eles nas palavras de Josué: "Escolhei hoje a quem quereis servir: se aos deuses aos quais serviram vossos pais do outro lado do rio, ou aos deuses dos amorreus em cujo país agora habitais"[42].

"A ciência da religião", escreveu Max Müller, em 1860, "está apenas no começo. (...) Durante os últimos cinqüenta anos os documentos autênticos das religiões mais importantes do mundo *foram recuperados de maneira inesperada e quase miraculosa*[43] [*]. Temos agora diante de nós os livros canônicos do Budismo; o *Zend-Avesta* de Zoroastro não é mais um livro selado; e os hinos do *Rig-Veda* revelaram os estágios de religiões anteriores aos primórdios daquela mitologia que em Homero e Hesíodo se nos afiguram como uma ruína carcomida."[44]

Em seu insaciável desejo de estender o domínio da fé cega, os primeiros arquitetos da Teologia cristã foram forçados a ocultar, na medida do possível, as suas verdadeiras fontes. Para esse efeito, eles queimaram ou destruíram, como se afirma, todos os manuscritos originais sobre *Cabala*, Magia e ciências ocultas que lhes caíram nas mãos. Eles supunham, em sua ignorância, que os escritos mais perigosos dessa espécie tinham desaparecido com o último gnóstico; mas um dia eles descobrirão o seu engano. Outros documentos autênticos e igualmente importantes reaparecerão, talvez, "de maneira inesperada e quase miraculosa".

Existem estranhas tradições correntes em várias partes do Oriente – no Monte Athos e no Deserto de Nítria, por exemplo – entre certos monges, e entre doutos rabinos da Palestina, que passam suas vidas comentando o *Talmude*. Eles dizem que nem todos os rolos e manuscritos, que segundo a história teriam sido queimados por César, pela turba cristã em 389, e pelo general árabe Omar, desapareceram como se acredita comumente; e a história que eles contam é a seguinte: "Ao tempo da disputa pelo trono em 51 a. C. entre Cleópatra e o seu irmão Dionísio Ptolomeu, o Bruckion, que continha mais de setecentos mil rolos, todos guarnecidos de madeira e de pergaminhos *à prova de fogo*, estava em reparos, e uma grande porção dos manuscritos originais, que eram considerados os mais preciosos, e que não tinham duplicatas, foram guardados na casa de um dos bibliotecários. Como o fogo que consumiu o resto foi apenas resultado de um acidente, não se tomou nenhuma precaução nesse momento. Mas, acrescentam eles, várias horas se passaram entre o incêndio da frota, por ordem de César, e o instante em que os primeiros edifícios situados nas proximidades do posto queimaram por sua vez, e em que todos os bibliotecários, auxiliados por várias centenas de escravos afetos ao museu, conseguiram salvar os rolos mais preciosos. Tão perfeita e sólida era a fabricação do pergaminho, que enquanto, em alguns rolos, as páginas internas e a guarnição de madeira foram reduzidas a cinza, em outros, a guarnição de pergaminho permaneceu intata. Esses detalhes foram todos escritos em grego, latim e em dialeto caldaico-siríaco, por um jovem douto de nome Theodas, um dos escribas empregados no museu. Acredita-se que um desses manuscritos teria sido preservado até hoje num

---

[*] Como exemplos de descobertas *inesperadas* feitas no decorrer da sucessão de tradições e escritos místicos antigos deve-se mencionar os *Manuscritos Coptas Gnósticos* descobertos em 1945 próximo do sítio da antiga aldeia de Chenoboskion, no Egito, aos pés da montanha chamada Gebel et-Tarif; e também os agora famosos textos dos Pergaminhos do Mar Morto encontrados a partir de 1947, em muitas cavernas próximas do sítio de uma ruína antiga chamada Khirbet Qumran. (N. do Org.)

convento grego; e a pessoa que nos narrou a tradição o viu com os seus próprios olhos. Ela diz que muitos outros o verão e saberão onde buscar outros importantes documentos, quando uma certa profecia se cumprir; e acrescenta que muitas dessas obras poderiam ser encontradas na Tartária e na Índia[45]. O monge mostrou-nos uma cópia do original, que, naturalmente, mal pudemos ler, devido à nossa pouca erudição no que toca às línguas mortas. Mas fomos tão vivamente tocados pela vívida e pitoresca tradução do piedoso padre que lembramos perfeitamente de alguns curiosos parágrafos, que rezam, na medida do que podemos lembrar, assim – "Quando a Rainha do Sol (Cleópatra) foi reconduzida à cidade em ruínas, após o fogo ter devorado a *Glória do Mundo*; e quando viu as montanhas de livros – ou rolos – cobrindo os pisos semidestruídos da estrada; e quando percebeu que o interior tinha desaparecido e que só restavam as capas indestrutíveis, ela chorou de raiva e fúria, e amaldiçoou a mesquinhez de seus ancestrais que haviam relutado em adquirir o verdadeiro Pérgamos, tanto para o interior como para o exterior dos preciosos rolos". Além disso, nosso autor, Theodas, permite-se uma facécia às custas da rainha, por acreditar que quase toda a livraria tinha sido queimada, quando, na verdade, centenas e milhares dos livros escolhidos estavam seguramente guardados em sua própria casa e nas de outros escribas, bibliotecários, estudantes e filósofos.

A crença de que as bibliotecas posteriores à de Alexandria não foram totalmente destruídas é compartilhada por vários doutos coptas disseminados por todo o Oriente, na Ásia Menor, no Egito e na Palestina. Por exemplo, eles dizem que nenhum volume da biblioteca de Attalus III de Pérgamo, presenteada por Antônio a Cleópatra, foi destruído. Àquele tempo, segundo as suas afirmações, desde o momento em que os cristãos começaram a ganhar poder em Alexandria – por volta do fim do século IV – e Anatólio, bispo de Laodicéia, começou a insultar os deuses nacionais, os filósofos pagãos e os sábios teurgistas adotaram medidas efetivas para preservar os repositórios de seus conhecimentos sagrados. Teófilo, um bispo, que deixou atrás de si a reputação de canalha mesquinho e mercenário, foi acusado por Antônio, um célebre teurgista e eminente erudito da ciência oculta de Alexandria[*], de pagar os escravos de Serapião para roubarem livros, que ele vendia por grandes somas aos estrangeiros. A História diz-nos como Teófilo chegou a possuir as melhores obras dos filósofos em 389; e como seu sucessor e sobrinho, o não menos infame Cirilo, assassinou Hipatia. Suidas dá-nos alguns detalhes sobre Antonino, que chama de Antônio, e de seu eloqüente irmão Olimpo, o defensor de Serapião. Mas a história está longe de conhecer os fatos relativos ao resto insignificante dos livros, que, atravessando tantos séculos, atingiram o nosso próprio século instruído; ela falha em fornecer os fatos relativos aos primeiros cinco séculos do cristianismo que são preservados em numerosas tradições correntes no Oriente.

---

*   Antoninus foi um neoplatônico que viveu no século IV da nossa era e possuía uma escola em Canopus, perto de Alexandria, no Egito. Devotou-se totalmente àqueles que procuravam seus ensinamentos. Previu claramente o fim do ciclo das escolas ditas pagãs religiosas e predisse que após a sua morte todos os templos dos deuses seriam transformados em túmulos. Diz-se que sua conduta moral foi exemplar. Os únicos dados que possuímos sobre Antoninus estão em *Vidas dos sofistas*, escrito por Eunapius, um sofista grego e historiador de Sardis, que nasceu em 347 d. C. Fala de Antoninus em sua *Vida de Aedesius* (p. 68, ed. de Antuérpia, 1568), um eminente discípulo de Jâmblico. (N. do Org.)

Por menos autênticas que possam parecer, há sem dúvida muito boas sementes na pilha de refugos. Não estranha que essas tradições não sejam comunicadas com mais freqüência aos europeus, quando consideramos quão aptos são nossos viajantes para se tornarem odiosos aos nativos por sua atitude cética e, ocasionalmente, sua intolerância dogmática. Quando homens excepcionais como alguns arqueólogos, que souberam como conquistar a confiança e mesmo a amizade de certos árabes, são favorecidos com preciosos documentos, declara-se simplesmente que tudo não passa de uma "coincidência". E no entanto não faltam tradições muito difundidas, da existência de certas galerias subterrâneas imersas, na vizinhança de Ishmonia – a "cidade petrificada", na qual estão armazenados incontáveis manuscritos e rolos[*]. Os árabes não se aproximam dela por dinheiro algum. À noite, dizem eles, das frinchas das ruínas desoladas, enterradas profundamente na areia ressequida do deserto, brilham raios de luzes carregados de uma galeria a outra por mãos não humanas. Os afrites estudam a literatura das épocas antediluvianas, segundo acreditam, e os djins aprendem dos rolos mágicos a lição do dia seguinte.

A *Enciclopédia Britânica*, em seu artigo sobre Alexandria, diz: "Quando o templo de Serapis foi demolido (...) a valiosa biblioteca foi *pilhada* e destruída; e vinte anos depois as *prateleiras vazias* suscitaram o arrependimento (...) etc"46[**]. Mas não relata a sorte posterior dos livros *pilhados*.

Rivalizando com os ferozes adoradores de Maria do quarto século, os modernos perseguidores clericais do liberalismo e da "heresia" encerrariam voluntariamente todos os heréticos e seus livros em algum moderno Serapião e os queimariam vivos47. A causa desse ódio é natural. A pesquisa moderna nunca desvelou tanto, como agora, o segredo. "Não é hoje a adoração dos santos e anjos" – disse o Bispo Newton, anos atrás – "em todos os respeitos, idêntica à adoração dos demônios dos primeiros tempos? Só o nome é diferente, a coisa é exatamente a mesma (...) exatamente os mesmos templos, as mesmas imagens, que eram outrora consagrados a Júpiter e outros demônios, são agora consagrados à Virgem Maria e a outros santos (...) todo o Paganismo converteu-se e aplicou-se *ao Papismo*."

Por que não ser franco e acrescentar que "uma boa porção dele foi adotada também pelas religiões protestantes?"

A própria designação apostólica de *Pedro* origina-se dos mistérios. O hierofante ou pontífice supremo portava o título caldeu פתר, *pether*, ou intérprete. Os nomes Phtah, Peth'r, a residência de Balsam, Patara, e Patras, os nomes das cidades oraculares, *pateres* ou *pateras* e, talvez, Buddha48, tudo provém da mesma raiz. Jesus diz: "Sobre esta *petra* edificarei minha Igreja, e as portas do Hades não prevalecerão contra ela"49, entendendo por *petra* o templo sobre a rocha, e por metáfora, os mistérios cristãos, cujos adversários eram os antigos deuses dos mistérios do mundo subterrâneo, adorados nos ritos de Ísis, Adônis, Átis, Sabásio, Dionísio e

---

* Uma extensa pesquisa levada a efeito por muitos eruditos competentes não conseguiu identificar *Ishmonia*, uma localidade que talvez seja conhecida atualmente por outro nome. (N. do Org.)

** Paulus Orosius foi um presbítero espanhol, nativo de Tarragona, que viveu em fins do século IV da nossa era e no começo do século V. Autor de *Historiarum adversus paganus libri VII*, dedicado a Santo Agostinho, que lhe sugeriu a composição da obra. (N. do Org.)

Elêusis. Nenhum *apóstolo* Pedro jamais esteve em Roma; mas o Papa, tomando o cetro de *Pontifex Maximus*, as chaves de Jano e Cibele, e adornando a sua cabeça cristã com o capelo da *Magna Mater*, copiado da tiara de Brahmâtma, o Supremo Pontífice dos iniciados da Índia antiga, tornou-se o sucessor do alto pagão, o verdadeiro Peter-Roma, ou *Petroma*[50].

A Igreja Católica Romana tem dois inimigos bem mais poderosos do que os "heréticos" e os "infiéis"; e esses são – a Mitologia Comparada e a Filologia. Quando eminentes teólogos, como o Rev. James Freeman Clarke, se dão ao trabalho de provar aos seus leitores que "a Teologia crítica, desde a época de Orígenes e Jerônimo (...) e a Teologia polêmica, durante quinze séculos, não consistiram em aceitar como autoridade as opiniões de outras pessoas", mas apresentou, ao contrário, "argumentos muito agudos e sutis", só podemos lamentar que tanta erudição tenha sido gasta na tentativa de provar aquilo que um exame superficial da história da Teologia contradiz a cada passo. Nessas "controvérsias" e nesse tratamento crítico das doutrinas da Igreja encontram-se de fato inúmeros "argumentos agudos", mas sobretudo um número ainda maior de sofismas sutis.

Recentemente a massa de provas acumuladas foi reforçada a ponto de não dar margem a controvérsias futuras. A prova conclusiva é fornecida por muitos eruditos, e não cabe dúvida de que a Índia foi a *alma mater*, não apenas da civilização, das artes e das ciências, mas também de todas as grandes religiões da antigüidade, do Judaísmo e, por conseqüência, do Cristianismo, inclusive. Herder localiza o berço da humanidade na Índia, e mostra Moisés como um hábil e relativamente *moderno* compilador das antigas tradições bramânicas: "O rio que circunda o país (a Índia) é o sagrado Ganges, que toda a Ásia considera como o rio paradisíaco. Lá está também o bíblico Gihon, que não é outro senão o Indo. Os árabes o chamam assim até hoje, e os nomes dos países banhados por ele ainda entre os hindus"[51]. Jacolliot afirma ter traduzido todos os antigos manuscritos de folhas de palmeira que teve a sorte de ver por permissão dos brâmanes dos pagodes. Numa dessas traduções, encontramos passagens que nos revelam a *indiscutível origem das chaves* de São Pedro, e o motivo da subseqüente adoção do símbolo por Suas Santidades, os Papas de Roma.

Ele nos mostra, baseado no testamento do *Agrushada Parikshai*, que traduz livremente como "o Livro dos Espíritos" (Pitris), que, séculos antes de nossa era, os *Iniciados* do templo escolhiam um Conselho Superior, presidido pelo *Brahmâtma*, ou chefe supremo de todos esses *Iniciados*; que esse pontificado só podia ser exercido por um brâmane que alcançasse a idade de oitenta anos[52]; que o *Brahmâtma* era o único guardião da fórmula mística, resumo de toda ciência, contida nas três misteriosas letras:

$$A$$
$$U \qquad M$$

que significam *criação, conservação* e *transformação*. Só ele podia expor-lhe o significado na presença dos iniciados do terceiro e superior grau. Dentre os iniciados, todo aquele que revelasse aos profanos uma única verdade, ou mesmo o menor dos segredos confiados a seu cuidado, era condenado à morte. Aquele que recebia a confidência partilhava do mesmo destino.

"Finalmente, para coroar esse hábil sistema", diz Jacolliot, "existia uma palavra ainda superior ao misterioso monossílabo A U M, que tornava aquele que lhe possuía a chave igual ao próprio Brahmâ. Só o *Brahmâtma* possuía esta chave, e a transmitia ao seu sucessor numa caixa fechada.

"Essa palavra desconhecida, que nenhuma força humana pôde, mesmo hoje – quando a autoridade bramânica foi esmagada sob as invasões mongólicas e européias; quando todo pagode tem o seu *Brahmâtma*[53] –, *forçar-lhe a revelação*, era gravada num triângulo de ouro e preservada num santuário do templo de Asgartha, cujas chaves apenas o *Brahmâtma* possuía[*]. Ele também portava sobre sua tiara *duas chaves cruzadas*, seguras por dois brâmanes ajoelhados, símbolo do precioso depósito que tinha em guarda (...). Essa palavra e esse triângulo estavam gravados sobre a placa do anel que esse chefe religioso utilizava como um dos signos de sua dignidade; ambos eram também reproduzidos num sol dourado sobre o altar, onde toda manhã o Sumo Pontífice oferecia o sacrifício do *sarvamedha*, ou sacrifício a todas as forças da natureza"[54].

Não é isso bastante claro? E afirmarão ainda os católicos que foram os brâmanes de há 4.000 anos que copiaram o ritual, os símbolos e as vestes dos Pontífices romanos? Não ficaríamos nem um pouco surpresos.

Sem recuar em demasia na antiguidade em busca de comparações, se parássemos nos séculos IV e V de nossa era, e comparássemos o chamado "Paganismo" da terceira Escola Eclética Neoplatônica com o Cristianismo nascente, o resultado não seria favorável ao segundo. Mesmo nesse primitivo período, quando a nova religião mal havia esboçado seus contraditórios dogmas; quando os campeões do sanguinário Cirilo não sabiam ainda se Maria deveria tornar-se "a Mãe de Deus" ou enfileirar-se como um "demônio" na companhia de Ísis; quando a memória do manso e humilde Jesus ainda persistia ternamente em todos os corações cristãos, e suas palavras de misericórdia e caridade ainda vibravam no ar, mesmo então os cristãos superavam os pagãos em toda sorte de ferocidade e intolerância religiosa.

Se recuarmos ainda mais, e procurarmos exemplos de verdadeiro *Cristianismo*, nas épocas em que o Budismo acabara de superar o Bramanismo na Índia, e em que o nome de Jesus só iria ser pronunciado três séculos mais tarde, o que encontraremos? Qual a santa coluna da Igreja que já se elevara ao nível da tolerância

---

* O termo *Asgartha* ou *Asgarta* ocorre também no cap. XXVII da narrativa de H. P. B. *From the Caves and Jungles of Hindostan* e é referida como "a cidade do Sol", supostamente localizada, nos tempos antigos, no sítio da atual cidade de Jâjmau. Ela diz que, "de acordo com os *Purânas*", Asgarta "foi construída pelos Filhos do Sol, dois séculos depois da conquista da ilha de Lankâ pelo rei Râma, em outras palavras, 5.000 anos a. C., segundo a afirmação dos *Brâhmanas*". Ela não indica qual seja o *Purâna* particular que tem em mente. O uso original desse termo, portanto, não foi consubstanciado e demanda uma pesquisa. Todavia, seu aspecto mais interessante é o de que apresenta uma semelhança notável com o termo mitológico norueguês *Asgard* ou *Asgarth*, mais corretamente *Âsgarthr* (de *âss*, um ser divino e *garthr*, um lugar), que aparece tanto no Velho, quanto no Novo *Edda*. Os *Aesir* (plural de *âss*) eram os deuses principais do panteão teutônico, incluindo figuras como Odin, Thor, Balder e outros. *Asgard* era a morada ou a cidadela dos deuses, situada no zênite e que só podia ser alcançada pela ponte *Bifrost*, o arco-íris. Também é representada como saindo do centro de *Midgard*. Em Asgard está o *Ithavoll*, onde os deuses se reuniam em assembléia sob a árvore Yggdrasill. Em Asgard havia *doze* mansões ou reinos de deuses, uma lenda que contém um eco de uma verdade esotérica relativa à estrutura do universo. Se essa lenda tem sua contrapartida, ou mesmo sua origem, em algum dos *Purânas*, isso é algo que tem de ser deslindado por algum erudito competente. (N. do Org.)

religiosa e da nobre simplicidade de caráter de algum ateu? Comparemos, por exemplo, o hindu Asoka, que viveu em 300 a.C., e o cartaginês Santo Agostinho, que viveu três séculos depois de Cristo. Segundo Max Müller, eis o que se achou gravado sobre as rochas de Girnâr, Dhauli e Kapûrdigiri:

"Piyadasi, o rei amado dos deuses, deseja que os ascetas *de todos os credos* possam residir em todos os lugares. Todos esses ascetas professam igualmente o império sobre si mesmos e a pureza de alma que cada um deveria exercer. *Mas as pessoas têm diferentes opiniões, e diferentes inclinações.*"[55]

E aqui está o que Agostinho escreveu depois de sua conversão: "O' meu Deus! Maravilhosa é a profundidade dessas tuas palavras com que convidas os humildes. Amedronta-me tanta honra e me estremeço de amor ante profundidade tão maravilhosa. A teus inimigos (os pagãos) eu os *odeio* veementemente. Digna-te atravessá-los com tua espada de dois gumes para que deixem de ser teus inimigos, porque me comprazeria vê-los mortos.[56]

Maravilhoso espírito do Cristianismo; e isso oriundo de um maniqueu convertido à religião d'Aquele que mesmo em Sua cruz suplicava por Seus inimigos!

Não é difícil de imaginar quem eram os inimigos do "Senhor", de acordo com os cristãos; as raras ovelhas no rebanho de Agostinho eram Seus novos filhos e favoritos, que suplantaram em Sua afeição os filhos de Israel, Seu "povo eleito". O resto da Humanidade eram Seus inimigos naturais. As inumeráveis multidões de gentios consistiam em bom alimento para as chamas do inferno; só os poucos da comunhão cristã eram os "herdeiros da salvação".

Mas se tal política proscritiva era justa, e sua política "doce sabor" para as narinas do "Senhor", por que não desprezar também os ritos e a Filosofia pagã? Por que haurir tão profundamente dos poços da sabedoria, abertos e preenchidos até a boca pelos mesmos pagãos? Ou então, em seu desejo de imitar o povo eleito, quiseram os pais da Igreja evocar o episódio da espoliação do *Êxodo* [XII, 35-6]? Pretendiam eles, fugindo do Paganismo como os judeus do Egito, carregar suas valiosas alegorias religiosas, como os "eleitos" o fizeram com os ornamentos de ouro e prata?

Poderíamos acreditar que os eventos dos primeiros séculos do Cristianismo foram apenas os reflexos das imagens lançadas pelo espelho do futuro, ao tempo do *Êxodo*. Durante os tempestuosos dias de Irineu, a Filosofia Platônica, com a sua mística submersão na Divindade, não era tão odiosa à nova doutrina ao ponto de impedir os cristãos de se apoiarem nela para a sua abstrusa metafísica de todos os modos e maneiras. Aliando-se com os terapeutas ascéticos – precursores e modelos dos monges e eremitas cristãos –, foi em Alexandria, não nos esqueçamos, que eles fincaram as primeiras fundações da doutrina puramente platônica da Trindade. Esta se tornou mais tarde a doutrina platônico-filônica, tal como a encontramos hoje. Platão considerava a natureza divina sob uma tríplice modificação da *Causa Primeira*, a razão ou o *Logos*, e a alma ou espírito do universo. "Os três princípios árquicos ou originais", diz Gibbon[57], "eram representados no sistema platônico como três deuses, unidos entre si por uma misteriosa e inefável geração". Unindo essa idéia transcendental com a figura mais hipostática do *Logos* de Fílon, cuja doutrina era a da antiga *Cabala*, e que considerava o Rei Messias como o *Metatron*, ou "o anjo do Senhor", o *Legatus* descido à carne, mas não o próprio *Ancião dos Dias*[58]; os cristãos vestiram, com essa representação mística do Mediador para a raça decaída de Adão, a Jesus, o filho de Maria. Sob essa inesperada veste, sua personalidade se perdeu por completo. No moderno Jesus da Igreja cristã, encontramos o ideal do imaginativo Irineu, não o adepto dos essênios, o obscuro reformador da Galiléia. Nós o vemos sob a desfigurada máscara platônico-filônica. Não como os discípulos o ouviram sobre a montanha.

Assim veio a Filosofia pagã em socorro da edificação do dogma principal. Mas quando os teurgistas da terceira escola neoplatônica, privados de seus antigos mistérios, se esforçaram por unir as doutrinas de Platão com as de Aristóteles, e, combinando as duas Filosofias, acrescentaram à sua teosofia as doutrinas primevas da *Cabala* oriental, então os cristãos transformaram-se de rivais, em perseguidores. Assim que as alegorias metafísicas de Platão fossem discutidas em público sob a forma de dialética grega, todo o elaborado sistema da Trindade cristã seria desvelado, e o seu prestígio divino ficaria completamente transtornado. A escola eclética, alterando a ordem, adotou o método indutivo; e esse método se tornou o seu dobre de finados. De todas as coisas do mundo, as explicações lógicas e racionais tornaram-se as mais odiosas à nova religião de mistério; pois elas ameaçavam revelar todo o pano de fundo da concepção trinitária, divulgar à multidão a doutrina das emanações, e assim destruir a unidade do todo. Isto não podia ser permitido, e não o foi. A história nos lembra dos meios *cristãos* a que se recorreu para tanto.

A doutrina universal das emanações, adotada desde tempos imemoriais pelas maiores escolas em que ensinaram os filósofos cabalistas alexandrinos e orientais, explica o pânico que estalou entre os padres cristãos. Esse espírito de astúcia jesuítica e clerical, que induziu Parkhust, muitos séculos depois, a suprimir, em seu *Dicionário hebraico-inglês*, o verdadeiro significado das primeiras palavras do *Gênese*, tem sua origem nesses dias de guerra contra a agonizante escola neoplatônica. Os padres tinham decidido adulterar o sentido da palavra "*daimôn*"[59] e temeram, acima de tudo, que o verdadeiro sentido esotérico da palavra *Rêshîth* fosse revelado às multidões, pois se o seu verdadeiro sentido, assim como o da palavra hebraica *ashdoth* (traduzida na *Septuaginta* por "anjos", quando significa *emanações*)[60], fosse corretamente compreendido, o mistério da Trindade cristã se teria esfacelado, levando em sua ruína a nova religião, juntamente com os escombros dos antigos mistérios. Essa é a verdadeira razão pela qual os dialéticos, assim como o próprio Aristóteles, o "filósofo indagador", sempre foram odiosos à Teologia cristã. Mesmo Lutero, enquanto preparava sua obra de reforma, sentindo o chão inseguro sob seus pés, não obstante tenha reduzido os dogmas à sua mais simples expressão, deu plena vazão ao seu medo e ódio por Aristóteles. A quantidade de ofensas que ele acumulou contra a memória do grande lógico só pode ser igualada – jamais ultrapassada – aos anátemas e calúnias papais contra os liberais do governo italiano. Compilando-as, elas encheriam todo um volume de uma nova enciclopédia de modelos para as diatribes monacais.

É natural que o clero cristão jamais se tenha reconciliado com uma doutrina baseada na aplicação da lógica estrita ao raciocínio discursivo. O número daqueles que abandonaram a Teologia por essa razão jamais se fez conhecer. Eles fizeram perguntas e foram proibidos de fazê-las; como resultado, separação, ódio, e amiúde um mergulho desesperado nos abismos do Ateísmo. A concepção órfica do éter como o principal *meio* entre Deus e a matéria criada foi igualmente denunciada. O éter órfico lembrava por demais vivamente o *Archaeus*, a alma do mundo, estando o segundo estreitamente relacionado em seu sentido metafísico com as *emanações*, por ser a primeira manifestação – *Sephîrâh*, ou luz divina. Quando então poderia ele inspirar maior medo, a não ser nesse momento crítico?

Orígenes[61], Clemente de Alexandria[62], Calcídio[63], Metódio[64] e Maimônides[65], com base na autoridade do *Targum de Jerusalém*, a maior autoridade ortodoxa dos judeus, afirmavam que as duas primeiras palavras no *Gênese* – BE-RÊSHÎTH, significam *Sabedoria*, ou *Princípio*, e que a idéia de que tais palavras significam "*no princípio*" jamais foi partilhada fora dos meios profanos, que não tinham permissão para penetrar mais profundamente no sentido esotérico da sentença. Beausobre, e depois dele Godfrey Higgins, demonstraram o fato. "Todas as coisas", diz a *Cabala*, "derivam, por emanação, de um princípio; e esse princípio é o Deus [*desconhecido e invisível*]. DEle emana imediatamente um poder substancial, que é a *imagem de Deus*, e a fonte de todas as subseqüentes emanações. Esse segundo princípio produz, pela *energia* [ou *vontade* e *força*] da emanação, outras naturezas, que são mais ou menos perfeitas, de acordo com seus diferentes graus de distância, na escala da emanação, da Fonte Primeira de existência, e que constitui diferentes mundos, ou ordens de ser, todos unidos ao poder eterno de que emanam. *A matéria não é senão o efeito mais remoto da energia emanativa* da Divindade. O mundo material recebe sua forma da ação imediata dos poderes bem abaixo da Fonte Primeira do Ser[66] (...) Beausobre afirma ter Santo Agostinho, o maniqueu, dito o seguinte: 'E se por *Rêshîth* entendemos o *Princípio ativo* da criação, e não o seu *início*, nesse caso perceberemos claramente que Moisés jamais pretendeu dizer que o céu e a Terra foram as primeiras obras de Deus. Ele apenas disse que Deus criou o céu e a Terra *por meio do Princípio*, que é Seu Filho. Não é ao *tempo* que ele se refere, mas ao autor imediato da criação'."[67] Os anjos, segundo Agostinho, foram criados antes do firmamento, e, de acordo com a interpretação esotérica, o céu e a Terra foram criados depois deles, emanando do *segundo* Princípio, ou o Logos – a Divindade criadora. "A palavra *princípio*", diz Beausobre[68], "não significa que o céu e a Terra foram criados antes de qualquer outra coisa, pois, para começar, os *anjos* foram criados antes disso; porém que Deus fez tudo através de Sua Sabedoria, que é Seu *Verbum*, e que a Bíblia cristã chamou de *Princípio*", adotando assim o sentido exotérico da palavra conferido às multidões. A *Cabala* – tanto a oriental, quanto a judia – mostra que inúmeras *emanações* (as Sephîrôth judias) originaram-se do *Primeiro* Princípio, o principal dos quais era a Sabedoria. Essa Sabedoria é o Logos de Fílon e Miguel, o chefe dos Aeôns gnósticos; é o Ormasde dos persas; *Minerva*, deusa da sabedoria, dos gregos, que emanou da cabeça de Júpiter; e a Segunda Pessoa da Trindade cristã. Os primeiros padres da Igreja não tiveram de quebrar a cabeça em demasia; eles encontraram uma doutrina adrede preparada que existia em todas as teogonias milhares de anos antes da era cristã. Sua Trindade não é senão o trio das Sephîrôth, as primeiras três *luzes* cabalísticas que, segundo Moisés Nachmanides, "*jamais foram vistas por alguém*, não havendo nenhum defeito nelas, nem qualquer desunião". O primeiro número eterno é o Pai, ou o *caos* primitivo, invisível e incompreensível dos caldeus, do qual emana o *Inteligível*. O Phtah egípcio, ou "o *Princípio de Luz* – não a luz em si, e o Princípio de Vida, embora não tenha em si *nenhuma* vida". A *Sabedoria* pela qual o Pai criou os céus é o *Filho*, ou o andrógino cabalista Adão-Cadmo. O Filho é ao mesmo tempo o *Râ* Masculino, ou Luz da Sabedoria, Prudência ou *Inteligência*, Sephîrâh, a Sua parte feminina, e desse ser dual procede a terceira emanação, Binah ou Razão, a segunda Inteligência – o Espírito Santo dos cristãos. Por conseguinte, trata-se, estritamente falando, de uma TETRAKTYS ou quaternidade, consistindo da Primeira Mônada Ininteligível, e de sua tríplice emanação, que constitui propriamente a nossa Trindade.

Como então não constatar de imediato que, se os cristãos não tivessem propositadamente desfigurado em sua interpretação e tradução o texto do *Gênese* mosaico, para adaptá-lo às suas próprias concepções, teria sido impossível sua religião com seus dogmas atuais. Uma vez compreendida a palavra *Rêshîth* em seu novo sentido de *Princípio* e não de *Início*, e aceita a doutrina anatematizada das emanações, a posição da Segunda Pessoa da Trindade torna-se insustentável. Pois, se os anjos são as *primeiras* emanações divinas oriundas da Substância Divina, que existiam *antes* do Segundo Princípio, então o *Filho* antropomórfico é, na melhor das hipóteses, uma emanação como aqueles, e pode tanto ser o Deus *hipostaticamente* quanto nossas obras visíveis são nós mesmos. Que essas sutilezas metafísicas jamais entraram na cabeça do honesto e sincero Paulo é evidente; e tanto mais o é porque, como todos os judeus eruditos, ele estava bem familiarizado com a doutrina das emanações e jamais pensou em deturpá-la. Como pode alguém imaginar que Paulo identificava o *Filho* com o *Pai*, quando ele nos diz que Deus criou Jesus "*um pouco menor* do que os anjos" (*Hebreus*, II, 9), e *um pouco maior* do que Moisés! "Pois esse HOMEM foi considerado de maior glória do que Moisés" (*Hebreus*, III, 3). Ignoramos quais ou quantas falsidades foram interpoladas posteriormente nos *Atos* pelos padres da Igreja; mas é evidente que Paulo sempre considerou a Cristo como um homem "cheio do Espírito de Deus", eis um ponto que não admite discussão: "No *archê* era o *Logos*, e o *Logos* estava com *Theos*"[69].

A *Sabedoria*, a primeira emanação de Ain-Soph; o Protogonos, a Hypostasis; o Adão-Cadmo dos cabalistas, o Brahmâ dos hindus; o Logos de Platão, e o "*Início*" de São João – são o *Rêshîth* – ראשית, do *Livro Gênese*. Se corretamente interpretado, ele subverte, como assinalamos, o elaborado sistema da teologia cristã, pois prova que atrás da Divindade *criadora* há um deus SUPERIOR; um planejador e arquiteto; e que o primeiro é apenas o Seu agente executor – uma simples FORÇA!

Eles perseguiram os gnósticos, assassinaram os filósofos e queimaram os cabalistas e os maçons; e quando o dia do grande acerto chegar, e a luz brilhar na escuridão, o que terão eles para oferecer no lugar da fenecida religião? O que responderão, esses pretensos monoteístas, esses adoradores e pseudo-servos do único Deus vivo, ao seu Criador? Como justificarão a longa perseguição daqueles que eram os verdadeiros seguidores do grande Megalistor, o supremo grande mestre dos Rosa-cruzes, o PRIMEIRO dos maçons? "Pois ele é o Construtor e Arquiteto do Templo do universo; Ele é o *Verbum Sapienti*"[70].

"Todos sabem", escreveu Fausto, o grande maniqueu do século IV, "que os Evangelhos não foram escritos por Jesus Cristo, nem por seus apóstolos, mas muito tempo depois por algumas pessoas desconhecidas, que, julgando com razão que não lhes dariam crédito quando contassem coisas que não haviam testemunhado, encabeçaram suas narrativas com os nomes dos apóstolos ou dos discípulos contemporâneos"[71].

Ao comentar o assunto, A. Franck, o sábio e erudito judeu do Instituto e tradutor da *Cabala*, expressa a mesma idéia. "Não temos razão", pergunta ele, "em considerar a *Cabala* como um precioso vestígio da filosofia religiosa do Oriente, que, transportado para Alexandria, se misturou à doutrina de Platão, e sob o nome usurpado de Dionísio, o Areopagita, bispo de Atenas, convertido e consagrado por São Paulo, foi assim capaz de penetrar no misticismo da Idade Média?"[72]

Diz Jacolliot: "O que é então essa filosofia religiosa do Oriente, que penetrou no simbolismo místico da cristandade? Respondemos: Essa filosofia, traços da qual encontramos entre os magos, os caldeus, os egípcios, os cabalistas hebreus e os cristãos, não é outra senão a dos brâmanes hindus, discípulos dos *pitris*, ou espíritos residentes nos mundos invisíveis que nos cercam"[73].

Mas se os gnósticos foram destruídos pelas perseguições, a *Gnose*, baseada na secreta ciência das ciências, ainda vive. Ela é a terra que ajuda a mulher e está destinada a abrir sua boca para engolir o Cristianismo medieval, o usurpador e assassino da doutrina do grande Mestre. A *Cabala* antiga, a *Gnose*, ou o conhecimento tradicional *secreto*, jamais ficou sem os seus representantes, em qualquer época ou país. As trindades dos iniciados, reveladas à história ou ocultadas sob o véu impenetrável do mistério, foram preservadas e fixadas através das idades. Elas foram conhecidas como Moisés, Aholiab e Bezaleel, o filho de Uri, o filho de Hur, como Platão, Fílon e Pitágoras, etc. Na Transfiguração, vemo-las como Jesus, Moisés e Elias, os três Trismegisti; e os três cabalistas Pedro, Tiago e João – cuja *revelação* é a chave de toda a sabedoria. Descobrimo-las no crepúsculo da história judia como Zoroastro, Abraão e Terah, e depois como Henoc, Ezequiel e Daniel.

Quem, dentre aqueles que sempre estudaram as filosofias antigas, que compreende intuitivamente a grandeza de suas concepções, a infinita sublimidade de seus conceitos sobre a Divindade Desconhecida, pode hesitar, por um instante, de dar preferência às suas doutrinas sobre a Teologia incompreensível, dogmática e contraditória das centenas de seitas cristãs? Quem, tendo uma vez lido Platão e penetrado o seu τὸ ὄν, "*a quem ninguém jamais viu, exceto o Filho*", pode duvidar de que Jesus foi um discípulo da mesma doutrina secreta que instruiu o grande filósofo? Pois, como já mostramos antes, Platão nunca afirmou ser o criador de tudo que escreveu, mas deu todo o crédito a Pitágoras, que, por sua vez, assinalava o remoto Oriente como a fonte de que derivaram sua informação e sua filosofia. Colebrooke mostra que Platão o confessa em suas epístolas, e diz que ele extraiu seus ensinamentos das doutrinas antigas e sagradas![74] Além disso, é inegável que as teologias de todas as grandes nações concordam entre si e mostram que cada uma é parte de "um todo estupendo". Como os demais iniciados, vemos Platão em grandes dificuldades para ocultar o verdadeiro significado de suas alegorias. Toda vez que o assunto toca os maiores segredos da *Cabala* oriental, segredos da verdadeira cosmogonia do universo e do mundo *ideal* preexistente, Platão esconde sua filosofia na mais profunda escuridão. Seu *Timeu* é tão confuso que só um *iniciado* pode comprender-lhe o sentido secreto. E Mosheim[75] pensa que Fílon encheu suas obras com passagens diretamente contraditórias com o único propósito de ocultar a verdadeira doutrina. Pelo menos uma vez, vemos um crítico na pista certa.

E essa própria idéia da Trindade, assim como a doutrina tão amargamente condenada das emanações, qual é a sua mais remota origem? A resposta é fácil, e as provas estão agora às mãos. Na mais sublime e profunda de todas as filosofias, a da universal "Religião da Sabedoria", os primeiros traços da qual a pesquisa histórica agora encontra na antiga religião pré-védica da Índia. Como assinala o muito caluniado Jacolliot, "Não é nas obras religiosas da Antiguidade, tais como os *Vedas*, o *Zend-Avesta*, a *Bíblia*, que temos de procurar a exata expressão das dignas e sublimes crenças daquelas épocas"[76].

"A sagrada sílaba primitiva, composta das três letras A–U–M, na qual está contida a Trimûrti [Trindade] Védica, deve ser mantida em segredo, como outro triplo *Veda*", diz *Manu*, no Livro XI, śloka 266.

Svayambhû é a Divindade não revelada; é o Ser que existe por si e de si; é o germe central e imortal de tudo que existe no universo. Três trindades emanam e nele se confundem, formando uma *unidade* Suprema. Essas trindades, ou a tríplice *Trimûrti*, são: Nara, Nârî e Virâj – a Tríada *inicial*; Agni, Vâyu e Sûrya – a Tríada *manifesta*; Brahmâ, Vishnu e Śiva, a Tríada *criadora*. Cada uma dessas Tríadas torna-se menos metafísica e mais adaptada à inteligência vulgar à medida em que desce. A última torna-se assim apenas o símbolo em sua expressão concreta; conclusão necessária de uma concepção puramente metafísica. Ao lado de Svayambhû, há as dez *Sephîrôth* dos cabalistas hebreus, os dez *Prajâpatis* hindus – o Ain-Soph dos primeiros, que corresponde ao grande *Desconhecido*, expresso pelo A U M místico dos últimos.

Diz Franck, o tradutor da *Cabala*:

"Os dez Sephîrôth (...) dividem-se em *três classes*, cada uma das quais nos apresenta a divindade *sob um aspecto diferente*, embora o todo permaneça uma *Trindade indivisível*.

"Os primeiros três Sephîrôth são puramente intelectuais no que concerne à Metafísica; expressam a identidade absoluta da existência e do pensamento, e formam o que os modernos cabalistas chamam de mundo inteligível" – que é a primeira manifestação de Deus.

"Os três seguintes (...) fazem-nos conceber Deus em um de seus aspectos, como a identidade entre bondade e sabedoria; noutro aspecto, eles nos mostram, no bem Supremo, a origem da beleza e da magnificência [na criação]. Por isso, eles se chamam *virtudes*, ou constituem o *mundo sensível*.

"Finalmente, sabemos, pelo último desses atributos, que a Providência Universal, o Artista Supremo, é também *Força absoluta*, a causa todo-poderosa, e que, ao mesmo tempo, essa causa *é o elemento gerador de tudo que existe*. São estes últimos Sephîrôth que constituem o *mundo natural*, ou a natureza em sua essência e em seu princípio *ativo, natura naturans*"[77].

Essa concepção cabalística revela-se assim idêntica à da filosofia hindu. Todo aquele que ler Platão e seu diálogo *Timeu* encontrará essas idéias fielmente reproduzidas pelo filósofo grego. Além disso, a imposição do segredo era tão estrita para os cabalistas, como o era para os iniciados de Adyta e os iogues hindus.

"Fecha tua boca, para que não fales *disto* [o mistério], e teu coração, para que não penses em voz alta; e se teu coração escapar, trá-lo de volta, pois tal é o objetivo de nossa aliança"[78].

"Esse é o segredo que dá morte: fecha tua boca para não revelá-lo ao vulgo; comprime teu cérebro para que nada escape dele e caia noutra parte" (*Agrushada-Parikshaî*).

Na verdade, o destino de muitas gerações futuras esteve suspenso por um frágil fio, nos dias do terceiro e quarto séculos. Não tivesse o Imperador enviado, em 389, a Alexandria, um édito – a que o obrigaram os cristãos – para a destruição de todos os ídolos, nosso próprio século jamais teria tido um panteão mitológico de sua própria lavra. A escola neoplatônica jamais atingira tal profundidade filosófica como quando próxima de seu fim. Unindo a teosofia mística do velho Egito com a filosofia refinada dos gregos; mais próximos dos antigos mistérios de Tebas e Mênfis como nunca o haviam sido; versados na ciência da predição e da adivinhação, assim como na arte dos terapeutas; amigos dos homens mais agudos da nação judia, que estavam profundamente imbuídos das idéias zoroastrianas, os neoplatônicos visavam amalgamar a antiga sabedoria da *Cabala* oriental com as concepções mais refinadas dos teósofos ocidentais. Não obstante a traição dos cristãos, que, por razões políticas, houveram por bem repudiar, após os dias de Constantino, os seus tutores, a influência da nova filosofia platônica é visível na adoção subseqüente dos dogmas, cuja origem pode ser remontada com muita facilidade a essa notável escola. Embora mutilados e desfigurados, eles ainda preservam uma forte semelhança familiar, que nada pode obliterar.

Mas, se o conhecimento dos poderes ocultos da Natureza abre a percepção espiritual do homem, alarga-lhe as faculdades intelectuais, e o leva infalivelmente a uma veneração mais profunda do Criador, por outro lado a ignorância, a estreiteza dogmática e um medo infantil de contemplar o fundo das coisas levam invariavelmente ao fetichismo e à superstição.

Quando Cirilo, o Bispo de Alexandria, abraçou abertamente a causa de Ísis, a deusa egípcia, e a antropomorfizou em Maria, a mãe de Deus, e a controvérsia trinitária estalou, desde esse momento, a doutrina egípcia da emanação do Deus criador oriundo de Emepht[79] começou a ser torturada de mil maneiras, até que o Concílio concordou com a sua adoção na forma atual, que vem a ser o Ternário desfigurado dos cabalistas Salomão e Fílon! Mas como sua origem era ainda por demais evidente, deram o nome de Cristo ao *leste*", ao *Adão-Cadmo*, ao *Verbo*, ao *Logos*, identificando-o em essência e existência com o *Pai* ou *Ancião dos Dias*. A Sabedoria *oculta*, segundo o dogma cristão, tornou-se idêntica e coeterna com a sua emanação, o *Pensamento divino*.

Se pararmos agora para considerar outro dos dogmas fundamentais da cristandade, a doutrina da redenção, podemos remontá-lo com facilidade ao Paganismo. Essa pedra angular de uma Igreja que se acreditava erguida sobre rocha firme, há muitos séculos, foi agora escavada pela ciência, e revelou provir dos gnósticos. O Prof. Draper demonstra que esse dogma era pouco conhecido nos dias de Tertuliano, e que ele se "*originou* entre os gnósticos heréticos"[80]. Não nos permitiremos contradizer tão sábia autoridade, a não ser para sugerir que ele se *originou* tanto entre eles, como o seu Christos "ungido" e a Sophia. O primeiro, eles o modelaram com base no original do "Rei Messias", o princípio masculino da sabedoria, e a segunda, da terceira Sephîrôth, da *Cabala* caldaica[81], e ainda de Brahmâ e Sarasvatî, ambos hindus[82], e dos pagãos Dionísio e Demeter. E aqui estamos em solo firme, visto que está agora provado que o *Novo Testamento* jamais surgiu em sua forma completa, tal como agora o encontramos, a não ser 300 anos depois da época dos apóstolos[83], e que o *Zohar* e outros livros cabalísticos datam do primeiro século de nossa era, se é que não são ainda mais antigos.

Os gnósticos partilhavam de muitas das idéias essênias; e os essênios já possuíam os seus mistérios "maiores" e "menores", pelo menos dois séculos antes de nossa era. Eles eram os *ozarim* ou *iniciados*, os descendentes dos hierofantes egípcios, em cujo país haviam estado durante vários séculos antes de terem sido convertidos ao monasticismo budista pelos missionários do rei Aśoka, amalgamando-se depois com os cristãos primitivos. Existiram provavelmente antes de os antigos templos egípcios terem sido destruídos e arruinados durante as incessantes invasões dos persas, dos gregos e de outras hordas conquistadoras. Os hierofantes representavam sua *redenção* no mistério da Iniciação, muitos séculos antes do surgimento dos gnósticos e mesmo dos essênios. Tal mistério era conhecido entre os hierofantes como o BATISMO DE SANGUE, e considerado não como uma expiação para a "queda do homem" no Éden, mas simplesmente como uma expiação para os pecados passados, presentes e futuros da Humanidade ignorante, mas, não obstante, corrompida. O hierofante tinha a opção de oferecer sua vida pura e imaculada como um sacrifício para sua raça aos deuses com os quais procurava se reunir, ou a vida de uma vítima animal. A primeira opção dependia inteiramente de sua própria vontade. No último momento do solene "novo nascimento", o iniciador passava a "palavra" ao iniciado, e imediatamente após ter-lhe colocado nas mãos uma arma, ordenava-lhe que o *golpeasse*[84]. É essa a verdadeira origem do dogma cristão da redenção.

Na verdade, numerosos foram os "Cristos" dos séculos pré-cristãos. Mas eles morreram desconhecidos do mundo e desapareceram tão silenciosa como misteriosamente da vista dos homens, como Moisés do topo de Pisgah, a montanha de Nebo (sabedoria oracular), após ter deposto suas mãos sobre Josué, que assim se tornou "cheio do espírito da sabedoria" (*i. e., iniciado*).

O mistério da Eucaristia não é também propriedade exclusiva dos cristãos. Godfrey Higgins prova que ele foi instituído muitas centenas de anos antes da "Ceia Pascal", e diz que "o sacrifício do pão e do vinho era comum a muitas nações antigas"[85]. Cícero menciona-o em suas obras, e surpreende-se com a estranheza do rito. Um significado esotérico se lhe associou desde o início do estabelecimento dos mistérios, e a Eucaristia é um dos ritos mais antigos. Entre os hierofantes, ela tinha quase que o mesmo significado que para os cristãos. Ceres era o *pão*, e Baco era o *vinho*[86]; o primeiro significava a regeneração da vida a partir da semente, e o segundo – a uva – o emblema da sabedoria e do conhecimento; a acumulação do espírito das coisas, e a fermentação e a conseqüente força desse conhecimento esotérico, juntamente, simbolizadas pelo vinho. O mistério relacionava-se com o drama do Éden. Afirma-se que ele foi ensinado pela primeira vez por Jano, que foi também o primeiro a introduzir nos templos os sacrifícios do "pão" e do "vinho", em comemoração à "queda na geração" sob o símbolo da "semente". "Sou a verdadeira vinha, e meu Pai é o vinhateiro", diz Jesus [*João*, XV, 1], aludindo ao conhecimento secreto que podia comunicar. "Não mais beberei o fruto da vinha, até aquele dia em que beberei o vinho novo no Reino de Deus" [*Marcos*, XIV, 25].

O festival dos mistérios eleusinos tinha início no mês de Boedromion, que corresponde ao mês de setembro, o tempo da vindima, e se estendia do 15º ao 22º dia do mês, isto é, por *sete* dias[87]. O festival hebreu da Festa dos Tabernáculos começava no 15º dia e terminava no 22º dia do mês de Ethanim (outubro) que Dunlap mostra derivar de Adonim, Adonia, Attenim, Ethanim[88]; e essa festa é chamada no *Êxodo* (XXIII, 16) de festa da *colheita*. "Todos os homens de Israel se reuniram junto do rei Salomão, no mês de Ethanim, durante a festa, que é o *sétimo* mês"[89].

Plutarco pensa que as festas das tendas sejam ritos báquicos, não eleusinos.

45

Assim "evocava-se diretamente a Baco", diz ele. O culto *Sabaziano* era sabático; os nomes Evius, ou Hevius, e Luaios são idênticos a *Hivita* e *Levita*. O nome francês Louis provém do hebraico *Levi*; Iacchus é Iaô ou Jeová; e Baal ou Adon, como Baco, era um deus fálico. "Quem pode subir à montanha [o lugar elevado] do Senhor?", pergunta o santo rei Davi, "quem pode ficar de pé no lugar de seu *Kadesh* קדש?" (*Salmos*, XXIV, 3). *Kadesh* pode significar, num sentido, *consagrar, venerar, sacrificar,* e também iniciar ou pôr de lado; mas também significa o ministério de ritos lascivos (o culto de Vênus) e a verdadeira interpretação da palavra *Kadesh* é claramente traduzida em *Deuteronômio*, XXIII, 17; *Oséias*, IV, 14; e *Gênese*, XXXVIII, do versículo 15 ao 22. Os "santos" Kadeshuth da *Bíblia* eram idênticos, no que diz respeito aos deveres de seu ofício, às donzelas Nautch dos pagodes hindus mais recentes. Os *Kadeshim* hebraicos ou *galli* viviam "no Templo do Senhor, onde as mulheres teciam véus para o bosquete", ou busto de Vênus-Astartê, diz o sétimo verso do capítulo 23 de *II Reis*.

A dança executada por Davi ao redor da arca era a "dança circular" que teria sido prescrita pelas amazonas para os mistérios. Tal era a dança das filhas de Shiloh (*Juízes*, XXI, 21, 23 *et passim*), e a dos profetas de Baal (*I Reis*, XVIII, 26). Tratava-se simplesmente de uma característica do culto sabeu, pois denotava o movimento dos planetas em torno do Sol. Que a dança era um frenesi báquico, não resta dúvida. O sistro era utilizado nessa ocasião, e o motejo de Micol e a resposta do rei são muito expressivas. "O rei de Israel se fez louvar hoje, descobrindo-se na presença das servas como se descobriria um homem de nada". E Davi respondeu: "É diante de יהוה, que eu danço [ou ajo luxuriantemente], e ainda mais me humilharei"[90]. Quando lembramos que Davi esteve entre os tírios e os filisteus, onde esses ritos eram comuns; e que ele arrebatou essa terra da casa de Saul, com a ajuda de mercenários de seu país, a aceitação e talvez a introdução de tal culto pagão pelo frágil "salmista" parece muito natural. Davi nada sabia de Moisés, ao que parece, e, se ele introduziu o culto de Jeová, não o fez em seu caráter monoteísta, mas simplesmente no de muito deuses das nações vizinhas – uma divindade tutelar a quem deu preferência, e a quem escolheu dentre "todos os outros deuses".

Seguindo em sua ordem o estudo dos dogmas cristãos, se concentramos nossa atenção naquele que provocou as lutas mais ferozes até o seu reconhecimento, o dogma da Trindade, o que encontramos? Encontramo-lo, como já se mostrou, a Nordeste do Indo; e remontando à Ásia Menor e à Europa, reconhecemo-lo em vários povos que nada tinham de algo como uma religião estabelecida. As mais antigas escolas caldaicas, egípcias e mitraicas o ensinavam. O deus solar caldeu, Mithra, era chamado de "Triplo", e a idéia trinitária dos caldeus era uma doutrina dos acádios, que pertenciam a uma raça que foi a primeira a conceber uma Trindade metafísica. Os caldeus eram uma tribo dos acádios – de acordo com Rawlinson – que viviam na Babilônia desde tempos ancestrais. Eram os turânios, segundo outros, e instruíram os babilônios nas primeiras noções religiosas. Mas esses acádios, quem eram eles? Os cientistas que lhes conferem uma origem turaniana fazem-nos os inventores dos caracteres cuneiformes; outros os chamam de sumerianos; outros, ainda, chamam suas línguas, da qual (por muito boas razões) não subsiste nenhum vestígio, de casdeanas, caldaicas, protocaldaicas, casdo-cíticas, e assim por diante. A única tradição digna de crédito é que esses acádios instruíram os babilônios nos mistérios, e lhes ensinaram a língua sacerdotal ou dos *mistérios*. Esses acádios eram tão simplesmente uma tribo dos brâmanes hindus, agora chamados de arianos – e sua língua vernacular o sânscrito[91][*] dos *Vedas*; é a língua sagrada ou dos mistérios, aquela que, mesmo em nosso próprio século, é utilizada pelos faquires hindus e pelos brâmanes iniciados em suas evocações mágicas[92]. Essa língua tem sido empregada desde tempos imemoriais, e ainda o é pelos iniciados de todos os países, e os lamas tibetanos afirmam que é nesse idioma que surgem os misteriosos caracteres sobre as folhas e o córtex do Kumbum sagrado.

Jacolliot, que se deu ao trabalho de penetrar nos mistérios da iniciação bramânica traduzindo e comentando a *Agrushada-Parikshai*, confessa o seguinte:

"Pretende-se também, sem que tenhamos podido verificar a afirmativa, que as evocações mágicas eram pronunciadas numa língua particular, e que era proibido, sob pena de morte, traduzi-las nos dialetos vulgares. As raras expressões que fomos capazes de reter, como – *L'rhom, h'hom, sh'hrûm, sho'rhim*, são de fato muito curiosas, e não parecem pertencer a qualquer idioma conhecido."[93]

Todo aquele que viu um faquir ou um lama recitando seus mantras e suas conjurações sabe que ele jamais pronuncia as palavras de modo audível quando se dispõe a realizar algum fenômeno. Seus lábios se movem, e ninguém jamais ouvirá a terrível fórmula pronunciada, exceto no interior dos templos, e mesmo aí em cauteloso sussurro. Essa era então a língua agora batizada respectivamente por todos os cientistas, e, de acordo com suas propensões imaginativas e filológicas, de casdo-semíticas, cíticas, protocaldaicas, etc.

É raro que dois dos mais eruditos filósofos sânscritos estejam de acordo quanto à verdadeira interpretação das palavras védicas. Se um autor publica um ensaio, uma conferência, um tratado, uma tradução, um dicionário, sobre literatura sânscrita, imediatamente todos os outros começam a querelar entre si e contra aquele por causa de seus pecados de omissão e autoridade. O Prof. Whitney, o maior orientalista americano, diz que as notas do Prof. Müller sobre o *Rig-Veda-Samhitā* "estão longe de mostrar o profundo e sério julgamento, a moderação e a economia, que estão entre as qualidades mais preciosas de um exegeta"[94]. O Prof. Müller responde irado à sua crítica de que "não apenas a satisfação, que é a recompensa inerente de toda obra leal, é mesclada de amargura, mas o egoísmo, a inveja, e

---

*   A referência que aqui se faz é ao Major-General Vans Kennedy (1784-1846), homem e erudito notável, autor de duas obras importantes: *Researches into the Origin and Affinity of the Principal Languages of Asia and Europe,* Londres, 1828, 4 to; e *Researches into the Nature and Affinity of Ancient and Hindu Mythology,* Londres, 1831, 4 to. As idéias de Kennedy relativas à influência do Budismo primitivo sobre o Cristianismo nascente foram amplamente apoiadas pelo Gal. J. G. R. Forlong, em seu ensaio "Through what Historical Channels did Buddhism Influence Early Christianity" publicado em *The Open Court* de 18 de agosto e 1 e 18 de setembro de 1887.

Na virada do século, o Dr. Heinrich Zimmer, famoso professor de Indologia nas Universidades de Heidelberg, Oxford e Colúmbia, e outros estudiosos, tais como G. Bühler e Vincent A. Smith, tiveram a oportunidade de, durante seus estudos na Índia, visitar um velho mosteiro das colinas Barabar e Nagarjuni. Foi-lhes permitido entrar numa caverna sagrada onde viram – provavelmente os primeiros eruditos ocidentais a fazê-lo – o Edito XIII do Imperador Aśoka gravado na rocha. Informação pertinente a esse assunto está no artigo "The Barabar and Nagarjuni Hill Cave Inscriptions of Aśoka and Daśaratha", de Bühler, em *The Indian Antiquary*, XX (1891), p. 361 e s.; em *The Edicts of Aśoka,* de V. A. Smith (Londres, 1909), p. 20; e em duas obras de Zimmer: *Aśoka, the Buddhist Emperor of India* (Oxford, 1909) e *Philosophies of India* (publicado postumamente, em 1951), cap. "The Great Buddhist Kings". (N. do Org.)

mesmo a falsidade têm a palma, retardando assim o sadio crescimento da ciência". Ele difere "em muitos casos das explicações das palavras védicas dadas pelo Prof. R. Roth", em seu *Sanskrit-Wörterbuch*, e o Prof. Whitney passa em ambos um sabão, dizendo que há, inquestionavelmente, palavras e frases "para as quais ambos terão de aceitar uma imediata corrigenda".

No vol. I de suas *Chips*, o Prof. Müller estigmatiza todos os *Vedas*, exceto o *Rig*, inclusive o *Atharva-Veda* por serem "tolices teológicas", ao passo que o Prof. Whitney considera este último como "a mais completa e valiosa das quatro coleções, logo depois do *Rig*"[95]. Mas voltemos ao caso de Jacolliot. O Prof. Whitney o tacha de "ignorante e mentiroso", e, como assinalamos acima, é esse o veredito geral. Mas quando *La Bible dans l'Inde* veio a lume, a Société Académique de Saint Quentin solicitou a Textor de Ravisi, um erudito indianista, por dez anos governador de Karikal, Índia, que lhe julgasse os méritos. Ele era um ardente católico, e se opôs amargamente às conclusões de Jacolliot quando estas desacreditavam as revelações mosaicas e católicas; mas ele foi forçado a dizer: "Escrita com boa-fé, num estilo fácil, vigoroso e apaixonado, com uma argumentação simples e variada, a obra de L. Jacolliot é de absorvente interesse (...) uma obra douta sobre fatos conhecidos e com argumentos familiares"[96].

É o bastante. Que Jacolliot goze do benefício da dúvida, quando tais imponentes autoridades fazem o que podem para mostrar os colegas como artífices literários incompetentes. Estamos perfeitamente de acordo com o Prof. Whitney quanto a que "o truísmo, [para os críticos europeus?] de que é mais fácil demolir do que construir nunca foi tão verdadeiro quanto nos assuntos que afetam à arqueologia e a história da Índia"[97].

A Babilônia teve a sorte de estar situada no caminho da grande corrente da antiga migração hindu, e os babilônios foram os primeiros povos a tirar benefício dessa circunstância[98]. Esses khaldi eram adoradores do deus da Lua, Deus-Lunus, e desse fato podemos inferir que os acádios – se tal era o seu nome – pertenciam à raça dos Reis da Lua, que a tradição afirma ter reinado em Prayâga – atual Allâhâbâd. Para eles a trindade de Deus-Lunus manifestava-se nas três fases lunares, completando a quaternidade com a quarta, e representando a morte do deus da Lua em seu declínio gradual e desaparecimento final. Essa morte era para eles alegórica, e atribuída ao triunfo do gênio do mal sobre a divindade lucífera; assim como as nações posteriores simbolizaram a morte de seus deuses solares, Osíris e Apolo, nas mãos de Tífon e do grande Dragão de Píton, quando o Sol entrava no solstício de inverno. Babel, Arach e Akkad são nomes do Sol. Os *Oráculos caldeus* são bastante explícitos no que toca ao tema da Tríada Divina[99]. "Uma Tríada de Divindades refulge por todo o mundo, sendo sua cabeça uma Mônada", admite o Rev. Dr. Maurice.

"Todas as coisas são governadas nos seios desse Tríada", diz um oráculo caldeu[100]. Phos, Pur e Phlox de Sanchoniathon[101] são Luz, Fogo e Chama, três manifestações do Sol que é *um*. Bel-Saturno, Júpiter-Bel e Bel ou Baal-Chom são a trindade caldaica[102]; "O Bel babilônio era considerado sob o tríplice aspecto de Belitan, Zeus-Belus (o Mediador) e Baal-Chom que é Apollo Chomaeus. Esse era o aspecto tríplice do 'Deus Superior', que, de acordo com Berosus, é El [o hebraico], Bel, Belitan, Mithra ou Zervana, e tem o nome $\pi\alpha\tau\dot{\eta}\rho$, 'o Pai'."[103] Brahmâ, Vishnu e Śiva[104], que correspondem ao Poder, à Sabedoria e à Justiça, que por sua vez dizem respeito ao Espírito, à Matéria e ao Tempo, e ao Passado, ao Presente e ao Futuro, podem ser encontrados no templo de Gharapuri; milhares de brâmanes dogmáticos reverenciam esses atributos da Divindade védica, ao passo que os severos monges e monjas do Tibete budista só reconhecem a trindade sagrada das três virtudes cardeais: *Pobreza, Castidade* e *Obediência*, professadas pelos cristãos, mas praticadas apenas pelos budistas e por alguns hindus.

A tríplice Divindade persa também consiste de três pessoas, Ormasde, Mithra e Ahriman[105]. Trata-se daquele princípio de que fala o autor do *Sumário Caldaico*: *"Eles crêem que existe um princípio único de todas as coisas, e declaram que ele é único e bom"*[106]. O deus chinês Sanpao consiste de três pessoas iguais sob todos os aspectos[107]; e os peruanos "acreditavam que seu Tanga-tanga era um em três, e três em um", diz Faber[108]. Os egípcios tinham Emepht, Eikton e Phtah [09]; e o tríplice deus sentado sobre o Lótus pode ser visto no Museu de São Petersburgo, numa medalha dos tártaros do norte[110].

Entre os dogmas da Igreja que mais sofreram ultimamente nas mãos dos orientalistas, o da Trindade tem com certeza a palma. A reputação de cada uma das três personagens da divindade antropomórfica, como revelação original da vontade divina aos cristãos, ficou seriamente comprometida pela investigação de sua origem e de seus antecedentes. Os orientalistas fizeram publicar coisas sobre a similaridade entre Bramanismo, Budismo e Cristianismo que excederam os limites do conveniente para o Vaticano. A afirmação de Draper, segundo a qual "o Paganismo foi modificado pelo Cristianismo, e o Cristianismo pelo Paganismo"[111], verifica-se hoje diariamente. "O Olimpo foi restaurado, mas as divindades receberam outros nomes", diz ele, ao tratar do período de Constantino. "As províncias mais poderosas insistiam na adoção de suas honradas e antigas concepções. As noções sobre a Trindade, de acordo com as tradições egípcias, foram estabelecidas. Não apenas foi a adoração de Ísis restaurada sob um outro nome, mas mesmo a sua imagem, figurando sobre um crescente lunar, reapareceu. A conhecida efígie da deusa, com o filho Horus em seus braços, perpetuou-se até os nossos dias nas belas e artísticas criações da Madona e de seu Filho."[112]

Mas uma origem ainda mais antiga do que a egípcia e a caldaica pode ser atribuída à Virgem "mãe de Deus", Rainha do Céu. Embora Ísis seja também por direito a Rainha do Céu, sendo representada geralmente portando nas mãos a Cruz Ansata, composta da cruz cósmica e do Stauros dos gnósticos, ela é muito menos antiga do que a virgem celestial, Neith. Em uma das tumbas dos Faraós – a de Ramsés – no vale de Bibân al-Mulûk, em Tebas, Champollion Jr. descobriu uma pintura que, em sua opinião, é a mais antiga até agora descoberta. Ela representa os céus, simbolizados pela figura de uma mulher circundada de estrelas. O nascimento do Sol é representado pela forma de uma pequena criança, que sai do seio de sua "Mãe Divina"[113].

No *Livro de Hermes*, expõe "Poimandres" todo o dogma da Trindade aceito pelos cristãos enunciado em sentenças distintas e inequívocas. "A luz sou eu", diz Poimandres, o PENSAMENTO DIVINO. "Sou o *nous* ou inteligência, e sou teu deus, mais antigo do que o princípio humano que escapa das trevas. Sou o germe do pensamento, a PALAVRA resplendente, o FILHO de Deus. Sabe que o que assim vês e ouves em ti é o *Verbum* do Mestre, é o Pensamento, que é Deus, o Pai (...) O oceano celestial, o ÉTER, que flui de leste a oeste, é o Sopro do Pai, o Princípio dador de vida, o ESPÍRITO SANTO!" "Pois eles não estão separados, e sua união é VIDA."[114]

Por mais antiga que possa ser a origem de Hermes, perdida nos desconhecidos dias da colonização egípcia, existe no entanto uma profecia muito antiga, relacionada, segundo os brâmanes, diretamente ao Krishna hindu. É de fato estranho, para dizer o menos, que os cristãos pretendam basear sua religião numa profecia da *Bíblia*, que não existe em nenhum lugar nesse livro. Em que capítulo ou verso prometeu Jeová, o "Senhor Deus", enviar a Adão e Eva um Redentor que viria salvar a Humanidade? "Porei uma hostilidade entre ti e a mulher", diz o Senhor Deus à serpente, "e entre tua linhagem e a dela; ela te esmagará a cabeça e tu lhe ferirás o calcanhar"[115].

Nessas palavras, não há a menor alusão a um Redentor, e a mais sutil das inteligências não poderia extrair delas, tal como figuram no terceiro capítulo da *Gênese*, qualquer referência àquilo que os cristãos pretendem encontrar. Por outro lado, nas tradições e no *Livro de Manu*, Brahmâ promete diretamente ao primeiro casal enviar-lhes um Salvador que virá ensinar-lhes o caminho da salvação.

"É dos lábios de um mensageiro de Brahmâ, que nascerá em Kurukshetra, Matsya, e na terra de Pañchâla, também chamada Kanya-Kubja [montanha da Virgem], que todos os homens da Terra aprenderão seu dever", diz *Manu* (Livro II, slokas 19 e 20).

Os mexicanos chamam o Pai de sua Trindade de Izamna, o Filho, Bacab, e o Espírito Santo, de Echuak, "e dizem que a receberam [a doutrina] de seus ancestrais"[116]. Entre as nações semitas, podemos remontar a Trindade aos dias pré-históricos do fabuloso Sesostris, que é identificado por mais de um crítico com Nimrod, "o poderoso caçador". Manetho faz o oráculo recriminar o rei, e este pergunta em seguida: "Diz-me, ó forte no fogo, quem, mais do que eu, poderia subjugar todas as coisas? E quem, depois de mim?" E o oráculo disse: "Em primeiro lugar, Deus, logo o Verbo, e, depois, o Espírito"[117].

No que precede, repousa o fundamento do feroz ódio dos cristãos aos "pagãos" e aos teurgistas. Muito foi tomado de *empréstimo*; as antigas religiões e os neoplatônicos forneceram-lhes sua contribuição, suficiente o bastante para tornar o mundo perplexo por vários séculos. Não tivessem os antigos credos sido rapidamente obliterados, teria sido impossível pregar a religião cristã como uma Nova Revelação, ou como uma Revelação direta do Deus Pai, através do Deus Filho, e sob a influência do Deus Espírito Santo. Como uma exigência política, os pais – para satisfazer às exigências de seus ricos convertidos – instituíram até mesmo os festivais de Pã. Eles chegaram até mesmo a aceitar as cerimônias até então celebradas pelo mundo pagão em honra ao *deus dos campos*, em toda a sua primitiva *sinceridade*[118]. Chegara o tempo de cortar a ligação. Ou o culto pagão e a teurgia neoplatônica, com todo o cerimonial da Magia, seriam para sempre esmagados, ou os cristãos se tornariam neoplatônicos.

As violentas polêmicas e as insólitas batalhas entre Irineu e os gnósticos são demais conhecidas para ser repetidas. Elas continuaram por mais de dois séculos após o inescrupuloso Bispo de Lyons ter pronunciado seu último paradoxo religioso. Celso, o neoplatônico, e discípulo da escola de Amônio Saccas, lançou os cristãos em perplexidade, conseguindo até mesmo deter, por algum tempo, o progresso do proselitismo, ao provar com sucesso que as formas originais e mais puras dos dogmas mais importantes da cristandade se encontravam apenas nos ensinamentos de Platão. Celso os acusou de aceitarem as piores superstições do Paganismo e de interpolarem passagens dos livros das Sibilas, sem lhes entender corretamente o significado. As acusações eram tão plausíveis, e os fatos tão patentes que por longo tempo nenhum escritor cristão se arriscou a responder ao desafio. Orígenes, por fervoroso pedido de seu amigo Ambrósio, foi o primeiro a tomar a defesa em mãos, pois, tendo pertencido à mesma escola platônica de Amônio, passava por ser o homem mais competente para refutar acusações tão bem fundadas. Mas sua eloqüência fracassou, e o único remédio que se pôde encontrar foi destruir os escritos de Celso[119]. Isso só pôde ser feito no século V, quando se fizeram cópias dessa obra, e muitos foram aqueles que as leram e estudaram. Se nenhuma cópia chegou até a nossa presente geração de cientistas, isto não se deve ao fato de que não há nenhuma hoje, mas à simples razão de que os monges de uma certa igreja oriental do Monte Athos jamais mostrarão ou confessarão possuir uma[120]. Talvez eles próprios não conheçam o valor dos conteúdos de seus manuscritos, por causa de sua grande ignorância.

A dispersão da escola eclética transformara-se na mais profunda esperança dos cristãos. Haviam-na aguardado e contemplado com ardente ansiedade, e finalmente ocorreu. Seus membros foram dispersados pela mão dos monstros Teófilo, bispo de Alexandria, e seu sobrinho Cirilo – o assassino da jovem erudita e inocente Hipatia![121]

Com a morte da filha martirizada de Teon, o matemático, não tinham os neoplatônicos qualquer possibilidade de manter sua escola em Alexandria. Durante a vida da jovem Hipatia, sua amizade e sua influência sobre Orestes, governador da cidade, haviam propiciado segurança e proteção contra seus homicidas inimigos. Com sua morte, eles perderam seu amigo mais forte. Quanto era ela reverenciada por todos que lhe conheciam a erudição, as nobres virtudes e o caráter, podemos inferi-lo das cartas que Sinésio, o bispo de Ptolemais, lhe enviou, e fragmentos das quais nos chegaram. "Meu coração anseia pela presença de vosso divino espírito", escreveu ele em 413, "o qual, mais do que qualquer outra coisa, poderia aliviar a amargura de meu destino." Noutro passo, diz ele: "Ó minha mãe, minha irmã, meu mestre, meu benfeitor! Minha alma está muito triste. A lembrança dos filhos que perdi está me matando. (...) Quando tiver notícias vossas e souber, como espero, que sois mais feliz do que eu, ficarei apenas meio infeliz"[122].

Quais teriam sido os sentimentos desse nobre e digno bispo cristão, que havia abandonado família e filhos e a felicidade pela fé à qual tinha sido atraído, se uma visão profética lhe revelasse que a única amiga que lhe restava, sua "mãe, irmã, benfeitora", viria a se transformar em breve numa massa irreconhecível de carne e sangue, esmagada sob os golpes de bastão de Pedro, o leitor – que seu corpo jovem e inocente viria a ser cortado em pedaços, "a carne arrancada aos ossos" por meio de conchas de ostras, e o resto lançado ao fogo por ordem do mesmo bispo Cirilo que ele conhecia tão bem – Cirilo, o Santo CANONIZADO!![123][*]

---

* Esta nota encerra um erro infeliz. A própria H. P. B. ou qualquer outra pessoa que a tenha auxiliado na editoração confundiu o Bispo Cirilo de Alexandria com Cirilo, Bispo de Jerusalém. O primeiro, cujo ano de nascimento não é conhecido, depois de ter sido presbítero da igreja de

Nenhuma religião teve uma história tão sangrenta quanto o Cristianismo. Todas as outras, incluindo as ferozes batalhas do "povo escolhido" contra seus parentes próximos, as tribos idólatras de Israel, empalidecem diante do fanatismo homicida dos pretensos seguidores de Cristo! Mesmo a rápida difusão do Maometismo diante da espada conquistadora do profeta do Islão é uma conseqüência direta das batalhas e das rixas sangrentas entre os cristãos. Foi a guerra intestina entre os nestorianos e os cirilianos que engendrou o Islamismo; e foi no convento de Basra que a prolífica semente foi pela primeira vez semeada por Bahira, o monge nestoriano. Banhada por rios de sangue, a árvore de Meca cresceu a tal ponto que no presente século ela abriga aproximadamente duzentos milhões de almas. As recentes atrocidades búlgaras são o resultado natural do triunfo de Cirilo e dos adoradores de Maria.

O político cruel e ladino, o monge conspirador, glorificado pela história eclesiástica com a auréola de santo martirizado. Os filósofos despojados, os neoplatônicos e os gnósticos, anatematizados diariamente pela Igreja em todo o mundo, durante longos séculos. A maldição de uma Divindade indiferentemente invocada a todo instante por obra de ritos mágicos e da prática teúrgica, e o próprio clero cristão utilizando a *feitiçaria* durante séculos. Hipatia, a gloriosa filósofa virginal, despedaçada pelas turbas cristãs. E assim como Catarina de Médicis, Lucrécia Bórgia, Joana de Nápoles e as Isabelas de Espanha se apresentavam ao mundo como as fiéis filhas da Igreja – algumas até condecoradas pelo Papa com a ordem da "Rosa Imaculada", o emblema mais elevado da pureza e da virtude feminina, um símbolo sagrado consagrado à Virgem-Mãe de Deus! Tais são os exemplos da justiça humana! Quanto menos blasfemo parece uma rejeição de Maria como deusa imaculada do que uma adoração idólatra de Sua figura, acompanhada por tais práticas!

No capítulo seguinte, apresentaremos uns poucos exemplos da feitiçaria praticada sob o patrocínio da Igreja romana.

Alexandria, ocupou a cadeira episcopal após a morte de Theophilus, em 412 d. C. Cirilo de Jerusalém, por outro lado, talvez tivesse nascido em 315 d. C. e escolhido para ocupar a cadeira episcopal em 351 d. C., no reinado de Constantino. As acusações contra Cirilo, como aparecem na nota de H. P. B., aplicam-se a Cirilo de Jerusalém e não a Cirilo de Alexandria. Todavia, este último possuía um caráter que pode ser qualificado de tudo, menos de "santo". Foi acusado publicamente de simonia, de desonestidade e de prostituição de seu ofício com fins pessoais, e Neander (*Gen. Hist. of Christian Religion and Church*, IV, 133 ff.) retrata-o como violento, tirânico, hipócrita e mentiroso. Isidor, Bispo de Pelusium, numa carta dirigida ao próprio Cirilo (*Epistles*, nº 370), escreveu: "Não permita que a punição, que julgas necessário infligir aos homens mortais *por causa de seus agravos*, recaia sobre a Igreja. Não prepares o caminho da divisão perpétua da Igreja, sob o *pretexto de piedade*". Segue-se, assim, que a última frase da nota de H. P. B. é parcialmente fundada, embora a nota como um todo não o seja. (N. do Org.)

NOTAS

1. Cifras extraídas de *Religious Statistics of the United States for the year 1871*.
2. A saber: baptitas, congregacionalistas, episcopalistas, metodistas do norte, metodistas do sul, metodistas diversos, presbíteros do norte, presbíteros do sul, presbíteros unidos, irmãos unidos, irmãos em Cristo, presbíteros reformados holandeses, alemães, presbíteros de Cumberland.

3. H. Maudsley, *Body and Mind*; palestra sobre "The Limits of Philosophical Inquiry".

4. *Sunday Herald* de Boston, 5-11-1876.

5. Ver a autoglorificação do atual Papa na obra intitulada *Speeches of Pope Pius IX*, por Don Pasquale de Franciscis; e o famoso panfleto desse mesmo nome por W. E. Gladstone. Este último cita da referida obra a seguinte sentença pronunciada pelo Papa: "Meu desejo é que todos os governantes saibam que falo deste modo (. . .) E que tenho *o direito* de assim falar, mais do que o profeta Nathan ao rei Davi, e ainda mais do que Ambrósio o teve para com Teodósio"!! [p. 148.]

6. Ver C. W. King, *The Gnostics*, etc., e outras obras.

7. Des Mousseaux, *Les hauts phénomènes de la magie*, p. 24.

8. Hargrave Jennings, *The Rosicrucians*, 1870, p. 231, 239.

9. Don Pasquale de Franciscis, *Discorsi del Sommo Pontefice Pio IX*, parte I, p. 341.

10. W. E. Gladstone, *Rome and the Newest Fashions in Religion*, p. 154 (*Speeches of Pope Pius IX*); Londres, 1875.

11. [L. S. le Nain de Tillemont, *Mémoires*, etc., 1693, etc.]

12. [*De loco purgatorii*, em seu *De controversiis christianae fidei*. Cf. seu *Opera*, Ruão, 1619.]

13. [Cf. *Primeira Apologia*, cap. XLVI.]

14. Ver Don Pasquale, *op. cit.*, parte II, p. 325, 394; Gladstone, *op. cit.,* Draper, *Hist. of the Conflict*, etc., e outras obras.

15. O relato nos foi feito por uma testemunha ocular que visitou a igreja por várias vezes; um católico romano, que ficou *horrorizado*, conforme sua expressão.

16. Referência à semente plantada por Jesus e seus Apóstolos.

17. *Chips from a German Workshop*, vol. I, prefácio, p. XXVI.

18. *Chips*, etc., II, p. 235.

19. Mallet, *Northern Antiquities*, p. 448.

20. O éter é tanto um fogo *puro* como *impuro*. A composição deste último compreende todas as suas formas visíveis, tais como a "correlação de forças" – calor, chama, eletricidade, etc. O primeiro é o *Espírito* do Fogo. A diferença é puramente alquímica.

21. [Cf. Gensius, *A Hebrew and English Lexicon*, s. v. Olam.]

22. [John Tillotson, *Works*, 3ª ed., 1701, Sermão XXXV, p. 410-11, citando *Mateus*, XXV, 25.]

23. Cf. Tobias Swinden, *An Inquiry into the Nature and Place of Hell*, Londres, 1714, 1727.

24. *Apocalipse*, XVI, 8-9.

25. Aristóteles faz menção aos pitagóricos, que colocaram a esfera de fogo no Sol, e a chamaram de *Prisão de Júpiter*. Ver *De caelo*, livro II, 293b.

26. Orígenes, *De princ.,* I, VI. Cf. Agostinho, *De civitate Dei*, XXI, XVII.

27. *Demonologia*, Londres, 1827, p. 289.

28. [Swinden, *op. cit.*, p. 75.]

29. *Les hauts phénomènes de la magie*, p. IV; cf. *La Magie au XIXme siècle*, p. I.

30. [*Euthyphron*, Estrofe I, 3 C.]

31. Dr. A. P. Stanley, *Lectures on the Hist. of the Eastern Church*, p. 407; conf. XII.

32. No governo de Tambov ocorreu um caso curioso na família de um rico fazendeiro, durante a campanha húngara de 1848. Seu único e muito querido sobrinho que ele, por não ter filho, havia adotado como de sua própria prole, estava no exército russo. O velho casal tinha um retrato dele – uma aquarela –, que costumava colocar, durante as refeições, na mesa à frente do assento comum do jovem. Certa tarde, quando a família, com alguns amigos, tomava o chá, o vidro sobre o retrato, sem que ninguém o tocasse, foi reduzido a pó com uma forte explosão. Quando a tia

do jovem soldado tomou o retrato nas mãos, viu-lhe a fronte e a cabeça cobertas de sangue. Os convidados, a fim de tranqüilizá-la, atribuíram o sangue ao fato de ela ter cortado os dedos, com o vidro quebrado. Mas, após o devido exame, não encontraram qualquer vestígio de corte em seus dedos, e ninguém havia tocado o retrato além dela. Alarmado com o seu estado de excitação, o marido, pretendendo examinar o retrato mais atentamente, cortou o dedo de propósito, e então procurou assegurar-lhe que era seu sangue e que, em sua excitação, havia tocado a moldura sem que ninguém o percebesse. Tudo foi em vão; a velha senhora tinha a certeza de que Dimitri estava morto. Ela fez rezar missas diárias por ele na igreja da cidade, e pôs a casa em profundo luto. Muitas semanas depois, receberam um comunicado oficial do coronel do regimento, no qual se dizia que seu sobrinho havia sido morto por um fragmento de obus que lhe havia arrancado a parte superior da cabeça.

33. Execuções por feitiçaria foram feitas, há não mais de um século, em outras províncias americanas. Houve um, notório, em que dois negros foram queimados vivos em Nova Jersey – uma penalidade proibida em vários Estados. Mesmo na Carolina do Sul, em 1865, quando o governo do Estado foi "reconstruído", depois da Guerra da Secessão, as leis que infligiam a morte por feitiçaria ainda estavam em vigor. Não faz um século que elas foram aplicadas à assassina letra de seu texto.

34. Ver a página de rosto da tradução inglesa de *Johann Reuchlin und seine Zeit*, Berlim, 1830. *The Life and Times of John Reuchlin, or Capnion, the Father of the German Reformation*, por F. Barham, Londres, 1843.

35. Lord Coke, *3 Institutes*, fol. 44.

36. [*Epístola II a Januarius*, § 37.]

37. *Histoire des François, de S. Grégoire, évêque de Tours*, Paris, 1668, II, 37; V, 14, etc.

38. [Forsyth, *Demonologia*, 1827, p. 76.]

39. Traduzido do documento original dos Arquivos de Orléans, França; ver também "Sortes – Sortilegium", *in Demonologia*, p. 279, e *Lettres de Pierre de Blois*, Paris, 1667.

40. *On Miracles and Modern Spiritualism*, p. 65.

41. Havia dois tronos do apóstolo titular em Roma. O clero, aterrorizado com a evidência ininterrupta fornecida pela pesquisa científica, decidiu, por fim, enfrentar o inimigo, e descobrimos a *Chronique des Arts* dando a mais hábil e ao mesmo tempo a mais jesuística explicação para o fato. De acordo com a sua história, "Com o aumento do número de fiéis, Pedro decidiu fazer de Roma o centro de seus atos. O cemitério de Ostrianum era distante demais, e *não seria grande o bastante para as reuniões dos cristãos*. O motivo que induziu o Apóstolo a conferir a *Lino* e a *Cleto*, sucessivamente, o caráter episcopal, a fim de torná-los capazes de partilhar das solicitações de uma igreja cuja extensão não teria limites, levou naturalmente à multiplicação dos locais de encontro. A residência particular de Pedro foi então fixada em Viminal; e lá, estabelecida sua misteriosa Cadeira, símbolo do poder e da verdade. O augusto assento que era venerado nas catacumbas de Ostria não foi contudo removido. Pedro ainda visitava esse berço da Igreja romana e com freqüência exercia aí, sem dúvida, suas sagradas funções. Uma *segunda* Cadeira, expressando o mesmo mistério que a primeira, foi assentada em Cornélia, sendo esta a que nos chegou através dos séculos". ["La fête de la chaire de saint Pierre", 1876, p. 47-8, 73.]

Ora, além de ser bem pouco possível que tenham existido duas genuínas cadeiras dessa espécie, a maioria dos críticos mostra que Pedro jamais esteve em Roma; as razões são muitas e irrespondíveis. Talvez devamos começar citando as obras de Justino, o Mártir. Esse grande campeão do Cristianismo, escrevendo na primeira parte do segundo século *em Roma*, onde havia fixado residência, desejoso de reunir as menores provas em favor da verdade pela qual sofria, parece *ignorar perfeitamente a existência de São Pedro*!!

Nenhum escritor de alguma notoriedade menciona Pedro, em relação à Igreja de Roma, isto, antes da época de Irineu, quando se pôs a inventar uma nova religião, extraída das profundezas de sua imaginação. Remetemos o leitor, que deseja mais detalhes, à hábil obra do Sr. George Reber, intitulada *The Christ of Paul*. Os argumentos desse autor são conclusivos. O artigo acima citado da *Chronique des Arts* fala do *aumento* dos fiéis numa tal extensão que Ostrianum não poderia conter o número dos cristãos. Ora, se Pedro esteve em Roma – assim reza o argumento do Sr. Reber –, deve ter sido entre os anos 64 e 69; pois, em 64, ele estava na Babilônia, de onde escreveu epístolas e cartas a Roma, e em algum tempo entre 64 e 68 (o reino de Nero) ele morreu, ou como mártir, ou em seu leito, já que Irineu o faz passar a Igreja de Roma, juntamente com Paulo (!?) (a quem ele perseguiu e com quem disputou durante toda a sua vida), às mãos de *Lino*, que se tornou bispo, em 69 (ver *The Christ of Paul*, de Reber, p. 122). Trataremos desse assunto com mais extensão no cap. III.

Ora, perguntamos, em nome do senso comum, como poderiam os fiéis da Igreja de Pedro *aumentar* em tão pouco tempo, se Nero os prendeu e matou como ratos durante seu reinado? A história mostra os poucos cristãos fugindo de Roma, sempre que podiam, para evitar a perseguição do imperador, e a *Chronique des Arts* fá-los crescer e multiplicar! "Cristo" – prossegue o artigo – "desejava que este signo visível da autoridade doutrinal de seu vigário também tivesse sua porção de imortalidade; podemos segui-lo de século em século nos documentos da Igreja Romana." Tertuliano atesta-lhe formalmente a existência em seu livro *De praescr. haeret.*, XXXVI. Desejosos de saber algo a respeito de assunto tão interessante, gostaríamos de ser informados sobre quando *Cristo* DESEJOU algo desse gênero. Contudo: "Ornamentos de marfim foram incrustados na frente e na traseira da cadeira, mas apenas nas partes restauradas com acácia. As que cobriam o painel na frente foram divididas em três fileiras superpostas, cada qual contendo seis placas de marfim, sobre as quais estão gravados vários temas, entre outros os "Trabalhos de Hércules". Várias placas foram colocadas erroneamente, e parecem ter sido fixadas na cadeira numa época em que os vestígios da antiguidade eram empregados como ornamentos, sem muita consideração por sua conveniência". Este é o ponto. O artigo foi escrito simplesmente como uma hábil resposta a vários fatos publicados no presente século. Bower, em sua *History of the Popes* (vol. I, p. 7), narra que no ano de 1662, quando limpavam uma das cadeiras, "os Doze Trabalhos de Hércules desafortunadamente surgiram gravados sobre ela", após o que a cadeira foi removida e substituída por outra. Mas em 1795, quando as tropas de Bonaparte ocuparam Roma, a cadeira foi novamente examinada. Dessa vez encontrou-se a profissão de fé maometana, em caracteres arábicos: "Não há nenhuma Divindade, a não ser Alá, e Maomé é seu Apóstolo". (Ver o apêndice, p. 96-7, de *Ancient Symbol-Worship*, de H. M. Westropp e C. Staniland Wake.) No apêndice, o Prof. Alexander Wilder assinala com razão: "Presumimos que o 'apóstolo da circuncisão', como Paulo, seu grande rival, o denomina, jamais esteve na Cidade Imperial, nem fez aí seu sucessor, nem mesmo no Gueto. A "Cadeira de Pedro", por conseguinte, é antes *sagrada* do que católica. Sua santidade deriva, contudo, da religião esotérica dos primeiros tempos de Roma. O hierofante dos mistérios a ocupava provavelmente no dia das iniciações, quando exibia aos candidatos a *petroma* [uma placa de pedra contendo a última revelação feita pelo hierofante ao neófito para a sua iniciação]."

42. *Josué*, XXIV, 15.

43. Um dos fatos mais curiosos que se mostram à nossa observação é que os estudantes da pesquisa profunda não tenham notado a freqüente repetição dessas "inesperadas e quase miraculosas" descobertas de documentos importantes, nos momentos mais oportunos, com um desígnio premeditado. É tão estranho que os custodiadores da tradição "pagã", percebendo que o momento adequado tenha chegado, façam o documento, o livro ou a relíquia necessária, cair como que por acidente no caminho do homem? Geólogos e exploradores tão competentes como Humboldt e Tschudi não descobriram as minas secretas de onde os incas peruanos extraíram seus tesouros, embora o segundo confesse que os atuais índios degenerados têm o segredo. Em 1839, Pering, o arqueólogo, ofereceu ao xeque de uma aldeia árabe duas bolsas de ouro, caso ele o ajudasse a descobrir a entrada da passagem secreta que conduzia às câmaras sepulcrais da Pirâmide setentrional de Dahshûr. Mas embora seus homens estivessem sem emprego e famintos, o xeque recusou-se orgulhosamente a "vender o segredo dos mortos", prometendo mostrá-lo *gratuitamente*, quando *fosse o momento*. Será então impossível que em algumas outras regiões da Terra estejam guardados os vestígios dessa gloriosa literatura do passado, que foi o fruto de sua majestosa civilização? O que há de tão surpreendente na idéia? Visto que a Igreja romana engendrou o livre pensamento por reação contra sua própria crueldade, rapacidade e dogmatismo, quem sabe se a opinião pública não terá prazer em seguir o guia dos orientalistas, oriundos de Jerusalém em direção a Ellora; quem sabe se então muito do que atualmente está oculto não será descoberto?

44. *Chips from a German Workshop*, vol. I, "Semitic Monotheism", p. 377-78.

45. Uma reflexão posterior fez-nos compreender o sentido das seguintes palavras de Moisés de Choren: "Os antigos asiáticos", diz ele, "cinco séculos antes de nossa era – e especialmente os hindus, os persas e os caldeus possuíam inúmeras obras históricas e científicas. Essas obras foram parcialmente apropriadas, parcialmente traduzidas para a língua grega, mormente depois que os ptolomeus estabeleceram a biblioteca de Alexandria e encorajaram os autores por suas liberalidades, de modo que a língua grega se tornou o depósito de todas as ciências" (*History of Armenia*, livro I, II). Por conseguinte, a maior parte da literatura enfeixada nos 700.000 volumes da Biblioteca de Alexandria provinha da Índia e dos países vizinhos.

46. [8ª ed., 1853, vol. 2, p. 470.] Cf. B. N. Bonamy, "Dissertation historique sur la Bibliothèque d'Alexandrie", *in Histoire de l'Académie Royale des Inscriptions et Belles Lettres*, 1763, vol. 9, p. 414 e s. O presbítero P. Orosius, que foi uma testemunha ocular, diz "vinte anos" (*Hist. adv. paganos*, livro VI, sec. 15.)

47. Desde que tal foi escrito, o estado de espírito aí retratado encontrou seu belo exemplo em Barcelona, Espanha, onde o Bispo Fray Joachim convidou os espiritistas locais a testemunharem uma queima formal de livros espiritistas. Descobrimos os relatos num jornal intitulado *La Revelación*, publicado em Alicante, que acrescenta, com sensibilidade, que o espetáculo foi "uma caricatura da memorável época da Inquisição".

48. E. Pococke dá as seguintes variações do nome Buddha: Bud'ha, Buddha, Booddha, Boutta, Pout, Pote, Pto, Pte, Phthe, Phtha, Phut, etc., etc. Ver *India in Greece*, Apêndice, p. 397.

49. [*Mateus*, XVI, 18.]

50. A tiara do Papa é igualmente uma perfeita cópia da do Dalai-Lama do Tibete.

51. [Ver sua *Ideen zur Philosophie der Geschichte der Menschheit*, livro X, cap. 6.]

52. É política tradicional do Colégio de Cardeais eleger, sempre que possível, o novo Papa dentre os mais velhos valetudinários. O hierofante de Eleusinia era igualmente um velho e celibatário.

53. Isto não é correto.

54. *Le Spiritisme dans le monde*, p. 27-8.

55. [*Chips*, etc., I, p. 256.]

56. Agostinho, *Confissões*, livro XII, cap. XIV (17); citado pelo Prof. Draper em *The Hist. of the Conflict*, etc., cap. II, p. 60-1.

57. *Decline and Fall of the Roman Empire*, cap. XXI.

58. *Zohar*, Comentário sobre *Gênese*, XL, 10; *Kabbala Denudata*, vol. I, p. 528.

59. "Os seres que os filósofos de outros povos distinguem pelo nome de 'demônios', Moisés dá-lhes o nome de 'anjos'", diz Fflon, o Judeu. – *De gigantibus*, § 2; *De opificio mundi*, § 3.

60. *Deuteronômio*, XXXIII, 2; אשרת é traduzido por "lei do fogo" na Bíblia Inglesa.

61. [*De princ.*, III, V.]

62. [*Strom.*, VI, VII.]

63. [*Comm. in Timaeum*.]

64. [Frag. sobre "Coisas Criadas", § 8, ap. Photius, *Bibliotheca*, Cod. CCXXXV.]

65. [*Moreh Nebûkhîm*, II, cap. XXX.]

66. Ver Rees, *Cyclopaedia*, art. "Cabala". [Cf. Godfrey Higgins, *Anacalypsis*, vol. I, p. 72-3.]

67. *Histoire critique* (. . .) *du Manichéisme*, vol. II, livro VI, cap. I, p. 290-91. [Cf. Higgins, *op. cit.*, I, p. 74.]

68. [*Ibid.*, citando Santo Agostinho, *De civitate Dei*, XI, XXII.]

69. [*João*, I, 1.]

70. "O colorido místico do Cristianismo harmonizava-se com as regras e as concepções dos essênios, e não é improvável que Jesus e João Baptista tenham sido iniciados nos mistérios essênios, aos quais o Cristianismo teve mais de uma forma de expressão; assim, como a comunidade dos Terapeutas, uma derivação da ordem essênia, foi logo depois incorporada totalmente ao Cristianismo" (I. M. Jost, *The Israelite Indeed*, I, 411; citado por Dunlap em *Söd, the Son of Man*, p. 62).

71. [*Faustus, apud August*, XXXII, 2; XXXIII, 3; cf. Beausobre, *Hist. crit. du Manich.*, I, p. 297.]

72. *La Kabbale*, Paris, 1843, parte III, cap. IV, p. 341.

73. *Le Spiritisme*, etc., p. 215.

74. *Transactions of the Royal Asiatic Society of Great Britain and Ireland*, Londres, 1827, vol. I, pp. 578-79.
75. [Nota in Cudworth, *True Intelectual System*, II, p. 324; Londres, 1845.]
76. *Le Spiritisme*, etc., p. 13.
77. A Franck, *La Kabbale*, Paris, 1843, parte II, cap. III, p. 197-98.
78. *Sepher Yetzîrah* (Livro da Criação), I, § 7.
79. [Cf. A Kircher, *Sphinx mystagoga*, Amstelodami, 1676, parte III, cap. III, p. 52.]
80. *The Hist. of the Conflict*, etc., p. 224.
81. Ver *Zohar; Kabbala denudata; Siphra Dtzeniuthah*, o livro mais antigo dos cabalistas; e Milman, *The Hist. of Christianity*, 1840, p. 212-15.
82. Milman, *op. cit.*, p. 280. *Kurios* e *Kora* são mencionados repetidamente em Justino, o Mártir. Ver *I^a Apologia*, cap. 64, etc.
83. Ver Olshausen, *Biblischen Commentar über sämtlich Schriften des Neuen Testaments*, p. 11.
84. Existe sobretudo entre os eslavos e os russos uma difundida *superstição* (?), segundo a qual o *mágico* ou o feiticeiro não pode morrer antes de ter passado a "palavra" a um sucessor. Tão enraizada está ela nas crenças populares que não podemos imaginar uma pessoa na Rússia que não a tenha ouvido. Não é difícil traçar a origem dessa superstição aos antigos mistérios que durante séculos se difundiram por todo o globo. A antiga *Variago-Russ* tinha seus mistérios tanto no norte como no sul da Rússia; e há muitas relíquias da antiga crença espalhadas nas terras banhadas pelo sagrado Dnieper, o Jordão batismal de toda Rússia. Nenhum *Znachar'* (aquele que sabe) ou *Koldun* (feiticeiro), masculino ou feminino, pode morrer de fato sem antes ter passado a misteriosa palavra a alguém. A crença popular afirma que ele, se não o fizer, resistirá com grandes sofrimentos à morte por semanas e meses, e quando por fim se libertar será apenas para errar pela Terra, incapaz de deixar sua região, a menos que encontre um sucessor mesmo depois da morte. Em que medida a crença pode ser verificada por outros, não sabemos, mas fomos testemunhas de um caso que, por seu *dénouement* [desfecho] trágico e misterioso, merece ser aqui dado como ilustração do assunto em pauta. Um velho, de mais de cem anos, camponês-servo no governo de S–, que granjeara uma grande reputação como feiticeiro e curandeiro, estava moribundo há vários dias, mas não conseguia morrer. A notícia se espalhou como um relâmpago, e o pobre homem foi abandonado até mesmo pelos membros de sua própria família, pois esta tinha medo de receber a incômoda herança. Por fim o rumor público na aldeia era tal que ele enviou uma mensagem a um colega menos versado do que ele na arte e que, embora vivesse num distante distrito, atendeu não obstante ao chamado, prometendo chegar na manhã seguinte. Nessa ocasião estava em visita ao proprietário da aldeia um jovem médico que, pertencendo à famosa escola do *Nihilismo* daqueles dias, riu bastante da idéia. O dono da casa, sendo um homem muito pio, mas pouco inclinado a zombar da "superstição", riu – por assim dizer – com o canto da boca. Entrementes, o jovem cético, para satisfazer sua curiosidade, fez uma visita ao moribundo, descobriu que ele não poderia viver por mais de vinte e quatro horas e, determinado a provar o absurdo da "superstição", tomou providências para deter o "sucessor" numa aldeia vizinha.

Na manhã seguinte, um grupo de quatro pessoas, o médico, o dono do lugar, sua filha e a autora destas linhas, foi à cabana onde se deveria cumprir o triunfo do ceticismo. O moribundo aguardava seu libertador a todo instante, e sua agonia se tornou extrema com a demora. Tentamos persuadir o médico a fazer a vontade do paciente, por amor à humanidade. Ele riu. Tomando numa das mãos o pulso do velho feiticeiro, e com a outra o relógio, afirmando em francês que tudo estaria terminado, permanecendo absorto em sua experiência profissional. A cena era solene e aterradora. Subitamente, a porta se abriu, e um jovem entrou com a informação, dirigida ao médico, de que o *kum* estava caído de bêbado numa aldeia vizinha e que, de acordo com *suas ordens*, não poderia estar com o "avô" senão no dia seguinte. O jovem médico ficou confuso, e estava prestes a se dirigir ao velho, quando, rápido como um relâmpago, o *Znachar's* retirou sua mão da dele e se levantou no leito. Seus olhos encovados chisparam; sua barba e o cabelo brancos que enquadravam o rosto lívido deram-lhe um semblante terrífico. Em seguida, seus longos braços descarnados agarraram o pescoço do médico, e com uma força sobrenatural trouxeram a cabeça do jovem para perto de sua face, mantendo-a como que num torno, enquanto murmurava em seu ouvido palavras para nós inaudíveis. O cético lutou para libertar-se, mas antes que tivesse tempo para fazer qualquer movimento efetivo, o trabalho evidentemente já fora feito; as mãos relaxaram a pressão, e o velho feiticeiro caiu de costas – um cadáver! Um estranho e fantasmagórico sorriso pousava sobre seus pétreos lábios – um sorriso de diabólico triunfo e de vingança satisfeita; mas o médico parecia mais pálido e mais cadavérico do que o próprio morto. Olhou à volta com uma expressão de terror difícil de descrever, e sem responder às nossas perguntas, correu selvagemente da cabana, em direção à floresta. Mensageiros foram enviados em seu encalço, mas não puderam encontrá-lo em parte alguma. Ao entardecer, ouviu-se um estrondo na floresta. Uma hora depois seu corpo foi trazido à casa, com a cabeça atravessada por uma bala, pois o cético havia estourado os miolos!

O que o levou a cometer suicídio? Que encantamento mágico de feitiçaria a "palavra" do moribundo feiticeiro produziu em seu cérebro? Quem poderá dizê-lo?

85. *Anacalypsis*, II, 58 e s., 253; também Tertuliano, *De praescr. haer.*, XL.

86. [Cícero, *De natura deorum*, III, 16.]

87. Anthon, *Dict. of Greek and Roman Antiq.*, art. "Eleusinia".

88. Sŏd, *the Mysteries of Adoni*, p. 71.

89. *I Reis*, VIII, 2.

90. [2 *Samuel*, VI, 20-2.]

91. Lembremos a esse respeito que o Cel. Vans Kennedy há muito externou sua opinião de que a Babilônia fora, outrora, sede da língua sânscrita e da influência bramânica.

92. "O *Agrushada-Parikshai*, que revela, com alguma extensão, a ordem da iniciação, não dá a fórmula de evocação", diz Jacolliot, que acrescenta que, de acordo com alguns brâmanes, "essas fórmulas jamais foram escritas, pois eram e ainda são murmuradas no ouvido dos adeptos" ("*da boca ao ouvido, em voz baixa*", dizem os maçons).

93. *Le spiritisme dans le monde*, p. 108.

94. [*Oriental and Linguistic Studies*, p. 138.]

95. [*Ibid.*, p. 147.]

96. [L. Jacolliot, *Christna et le Christ*, p. 339.]

97. [W. D. Whitney, *Oriental and Linguistic Studies*, p. 98.]

98. Jacolliot parece ter demonstrado de modo bastante lógico as absurdas contradições de alguns filólogos, antropólogos e orientalistas, quanto à sua mania acádio-semítica. "Não há talvez, muito boa-fé em suas negativas", escreve ele. "Os cientistas que inventaram os povos turanianos sabem muito bem que apenas no *Manu* há muito mais verdadeira ciência e filosofia do que em tudo que o pretenso semitismo até agora nos forneceu; mas eles são escravos de um caminho que alguns deles têm seguido há quinze, vinte e mesmo trinta anos (. . .) Nada esperamos, por conseguinte, do presente. A Índia deverá sua reconstituição aos cientistas da próxima geração". (*La Genèse de l'humanité*, p. 60-1).

99. [Cory, *op. cit.*, p. 6.]

100. [J. Lydus, *De mensibus*, 20; cf. Cory, *op. cit.*, p. 245.]

101. [Cory, *op. cit.*, p. 6.]

102. Movers, *Die Phönizier*, vol. I, p. 263.

103. Dunlap, *Vestiges*, etc., p. 281.

104. Śiva não é um deus dos *Vedas*, estritamente falando. Quando os *Vedas* foram escritos, ele pertencia à ordem dos Mahâ-Deva ou Bel entre os deuses da Índia aborígene.

105. [Plutarco, *On Isis and Osiris*, § 46.]

106. [Gallaeus, *Summ. Chald.* (Psel1i exps.), *in* Apênd (p. 111) a *Sib. oracula*, Amsterdam, 1689.]

107. Navarette, *Tratados hist., etc. de China*, livro II, cap. X.

108. *On the Origin of Pagan Idolatry*, vol. I, p. 269; ed. 1816.

109. [Jâmblico, *De myst.*, VIII, 3.]

110. [Faber, *A Dissert. on the Myst. of the Cabiri*, I, p. 315, nota.]

111. Segundo os livros sagrados do Egito, Ísis e Osíris teriam aparecido (*i. e.*, sido adorados), na Terra, depois de Thoth, o *primeiro* Hermes, chamado Trismegistus, que escreveu todos os

seus livros sagrados de acordo com a ordem de Deus ou pela "revelação divina". O companheiro e instrutor de Ísis e Osíris era Thoth, ou Hermes II, uma encarnação do Hermes celestial.

112. [Draper, *The Hist. of the Conflict*, etc., p. 47-48.]

113. [Champollion-Figeac, *Égypte ancienne*, p. 104.]

114. [L. Ménard, *Hermès Trismégiste*, Paris, 1867, livro I, cap. I.]

115. [*Gênese*, III, 15.]

116. [Lord Kingsborough, *The Antiquities of Mexico*, Londres, 1830-1848, p. 165.]

117. Joannes Malala, *Hist. Chronica*, Oxford, 1691, livro I, cap. IV.

118. R. Payne Knight, *A Discourse on the Worship of Priapus*, Londres, 1865, p. 171 e s.

119. O Celso acima mencionado, que viveu entre os séculos II e III, não é Celso, o Epicuro. Este último escreveu várias obras contra a Magia, e viveu num período anterior, durante o reino de Adriano.

120. Recebemos os fatos de uma testemunha fidedigna, que não tinha nenhum interesse em inventar tal história. Tendo ferido a perna ao saltar do vapor para o bote que o levaria ao Monte, ele foi tratado por esses monges, e durante a sua convalescença, através de doações em dinheiro e presentes, tornou-se grande amigo deles, e finalmente conquistou-lhes a inteira confiança. Tendo pedido em empréstimo alguns livros, foi ele levado pelo Superior a uma grande cela na qual guardavam seus vasos sagrados e outros bens. Abrindo um grande baú, cheio de velhos e embolorados manuscritos e rolos, o Superior o convidou a "*divertir-se*". Esse cavalheiro era um erudito, muito versado em textos gregos e latinos. "Fiquei maravilhado", diz ele, em carta particular, "e perdi a respiração, ao descobrir entre esses velhos pergaminhos, tratados de modo tão negligente, algumas das relíquias mais valiosas dos primeiros séculos, que até então se acreditava estarem perdidos". Entre outros, ele encontrou uma manuscrito semidestruído, que ele estava convencido de ser uma cópia da "Verdadeira Doutrina", o $\lambda \acute{o} \gamma os \ \grave{\alpha} \lambda \eta \theta \acute{\eta} s$ de Celso, do qual Orígenes citou páginas inteiras. O viajante tomou todas as notas que podia, mas quando se mostrou disposto a comprar alguns desses escritos, ele descobriu, para sua surpresa, que nenhum dinheiro, segundo o Superior, poderia tentar os monges. Eles não conheciam o conteúdo dos manuscritos, e nem "lhes importava", disseram. Mas o "lote de escritos", acrescentaram, lhes fora transmitido de geração em geração, e era uma tradição entre eles que esses papéis se tornariam um dia os meios de esmagar a "Grande Besta do Apocalipse", seu inimigo hereditário, a Igreja de Roma. Eles estavam em constante querela e batalha contra os monges católicos, e dentre todo o "lote" eles *sabiam* que se achava uma relíquia "sagrada" que os protegia. Eles não sabiam o que era, e portanto, em sua dúvida, eles se abstinham. Parece que o Superior, um astuto grego, compreendeu seu equívoco e se arrependeu de sua amabilidade, pois, de início, fez o viajante dar-lhe sua mais sagrada palavra de honra, fortalecida por um juramento sobre a imagem da Santa Padroeira da Ilha, de nunca trair-lhes o segredo, e de nunca mencionar, pelo menos, o nome de seu convento. E finalmente, quando o ansioso erudito, que havia passado uma quinzena lendo toda sorte de tolices antiquadas antes de topar com alguns manuscritos preciosos, expressou o desejo de ter a chave, para "divertir-se" mais uma vez com os escritos, foi ele informado candidamente que "a chave havia sido perdida", e que eles não sabiam onde procurá-la. E assim ele teve que se contentar com as poucas notas que havia tomado.

121. Ver o romance histórico de Canon Kingsley, *Hypatia*, para um relato altamente pitoresco do trágico destino desta jovem mártir.

122. [*Epistolae*, X e XVI.]

123. Pedimos ao leitor que tenha em mente que foi esse mesmo Cirilo que foi acusado e reconhecido como culpado de ter vendido os ornamentos de ouro e prata de sua igreja, e gasto o dinheiro. Ele se declarou culpado, mas tentou excusar-se com a alegação de que havia usado o dinheiro em favor dos pobres, mas não pôde prová-lo. Sua conduta dúplice para com Arius e seu partido é bem-conhecida. Assim, um dos primeiros santos cristãos, e fundador da Trindade, aparece nas páginas da história como assassino e ladrão!

CAPÍTULO II

"Em escalas de milhas eles prometeram dizer-nos
Das fronteiras, das dimensões e da extensão do inferno;
(..)
Onde almas bêbedas estão suspensas em fumarenta prisão
Como um toucinho da Westphalia ou um chouriço de fogão
Para serem redimidas com missas e uma canção."
J. OLDHAM, *Satires upon the Jesuites*, 1678.

"*York* – Mas sois mais desumano, mais inexorável,
Sim, dez vezes mais – do que os tigres da Hircânia."
SHAKESPEARE, *Henrique VI*, parte III, ato I, cena iv, versos 154-55.

"*Warwick* – E ouvi, Senhores; porque ela é uma donzela,
Não poupeis nenhum feixe, que hajam muito deles;
Colocai barris de breu sob o mastro fatal
Para que sua tortura seja abreviada."
SHAKESPEARE, *Henrique VI*, parte I, ato V, cena iv, versos 55-7.

No famoso livro de Bodin sobre a bruxaria[1], conta-se uma história terrível sobre Catarina de Médicis. O autor foi um publicista culto que, durante vinte anos da sua vida, coligiu documentos autênticos dos arquivos de quase todas as cidades importantes da França para elaborar uma obra completa sobre bruxaria, magia e o poder de vários "demônios". Empregando uma expressão de Éliphas Lévi, o seu livro oferece uma das mais notáveis coleções de "fatos sangrentos e hediondos; atos de superstição revoltante, prisões e execuções de ferocidade estúpida. Queimai qualquer corpo! – parece querer dizer a Inquisição – Deus arranjará as coisas facilmente! Pobres mulheres loucas e histéricas e pobres idiotas que eram assados vivos, sem mercê, pelo crime de Magia. Mas, ao mesmo tempo, quantos criminosos escaparam a essa *justiça* injusta e sanguinária! Isto é o que Bodin nos faz apreciar"[2].

Catarina, a cristã piedosa – que bem foi digna, aos olhos da Igreja de Cristo, do atroz e para sempre inesquecível massacre do dia de São Bartolomeu –, a Rainha Catarina tomou a seu serviço um padre jacobino apóstata. Bastante versado na "magia negra", tão bem favorecida pela família Médicis, granjeou ele a gratidão e a proteção da sua piedosa senhora, por sua habilidade incomparável de matar pessoas à distância, por torturar com várias encantações, valendo-se de seus simulacros de cera. O processo foi descrito muitas e muitas vezes; basta-nos resumi-lo.

Carlos estava acamado, vítima de uma doença incurável. A rainha-mãe, que poderia perder tudo no caso de sua morte, recorreu à necromancia e consultou o oráculo da "cabeça cortada". Esta operação infernal exigia a decapitação de um menino que fosse dotado de grande beleza e pureza. Ele foi preparado em segredo para a sua primeira comunhão, pelo *capelão* do palácio, que fora informado do assunto, e, à meia-noite do dia marcado, no quarto do homem doente, e na presença apenas de Catarina e de alguns dos seus cúmplices, a "missa do diabo" foi celebrada. Permitimo-nos fornecer o restante da história tal como ela vem contada em uma das obras de Lévi: "Nesta missa, celebrada diante da imagem do demônio, que tinha aos seus pés uma cruz virada de cabeça para baixo, o feiticeiro consagrou duas hóstias, uma negra e uma branca. A branca foi dada ao menino, a quem trouxeram vestido como que para um batismo, e que foi assassinado a poucos passos do altar, imediatamente após a sua comunhão. A sua cabeça, separada do tronco com um único golpe, foi colocada, ainda palpitante, sobre a grande hóstia negra que cobria o fundo da patena e depois levada para uma mesa sobre a qual ardiam algumas velas misteriosas. Teve início então o exorcismo e ao demônio se ordenou proferisse um oráculo e uma resposta, pela cabeça da criança, a uma pergunta secreta que o rei não ousava fazer em voz alta e que não fora confidenciada a ninguém. Então uma voz débil, uma voz estranha, que nada tinha de caráter humano, tornou-se audível na cabeça desse pobre e pequeno mártir"[3]. De nada valeu a feitiçaria; o rei morreu – e Catarina continuou a ser a fiel filha de Roma!

É muito estranho que des Mousseaux, que utiliza à vontade o material fornecido por Bodin para construir a sua formidável acusação contra os espiritistas e os feiticeiros, tenha passado por cima desse interessante episódio!

Já foi muitas vezes atestado o fato de que o Papa Silvestre II foi acusado publicamente pelo Cardeal Benno de ser feiticeiro e encantador. A impudente "cabeça oracular" feita por sua Santidade era da mesma espécie daquela fabricada por Alberto Magno. Esta última foi reduzida a pedaços por Tomás de Aquino, não porque fosse obra de um "demônio" ou fosse habitada por ele, mas porque o espectro que estava fixado no seu interior, por poder mesmérico, falava incessantemente e a sua verborréia atrapalhava o eloqüente santo na resolução dos seus problemas matemáticos. Essas cabeças e outras estátuas falantes, troféus da habilidade mágica dos monges e dos bispos, eram fac-símiles dos deuses "animados" dos templos antigos. A acusação contra o Papa foi validada naquela época. Demonstrou-se também que ele era constantemente servido por "demônios" ou espíritos. No capítulo anterior, mencionamos Benedito IX, João XX e os Gregórios VI e VII, todos conhecidos como mágicos. O último Papa, além disso, foi o famoso Hildebrando, de quem se dizia ser perito em "extrair relâmpagos das suas mangas". Uma expressão que faz o Sr. Howitt, um venerado escritor espiritista, pensar que "aí está a origem do famoso trovão do Vaticano"[4].

As consecuções mágicas do Bispo de Ratisbona e do "doutor angélico", Tomás de Aquino, são por demais conhecidas e não precisamos repeti-las aqui, mas podemos explicar como se produziam as "ilusões" do primeiro. Se o bispo católico era tão hábil em fazer as pessoas acreditarem que estavam desfrutando, numa implacável noite de inverno, das delícias de um esplêndido dia de verão e em fazer os sincelos que pendiam dos ramos das árvores do jardim parecerem muitos frutos tropicais, os mágicos hindus também praticam tais poderes biológicos até os dias atuais, sem despertar na platéia a idéia de deus ou de diabo. Tais "milagres" são produzidos pelo mesmo poder humano que é inerente a todo homem, se ele souber desenvolvê-lo.

À época da Reforma, o estudo da Alquimia e da Magia tornou-se tão predominante entre o clero, que chegou a produzir um grande escândalo. O Cardeal Wolsey foi acusado publicamente, diante da corte e do conselho privado, de conspiração com um homem chamado Wood, um feiticeiro, que disse que *"Meu Senhor Cardeal possuía um anel tão poderoso que tudo aquilo que solicitava à graça dos Reis ele o obtinha"*, acrescentando que *"O Mestre Cromwell, quando ele (...) servia na casa do senhor meu cardeal (...) leu muitos livros e especialmente o livro de Salomão (...) e estudou os metais e as virtudes que eles possuíam segundo o cânone de Salomão"*[*]. Este caso, com muitos outros igualmente curiosos, pode ser encontrado nos papéis de Cromwell que estão no Record Office of the Rolls House[5].

Um padre chamado William Stapleton foi preso como conjurador durante o reinado de Henrique VIII, e um relato de suas aventuras ainda está preservado nos registros da Rolls House. O padre siciliano que Benvenuto Cellini chama de necromante tornou-se famoso por meio das suas conjurações bem-sucedidas e nunca foi molestado. A notável aventura de Cellini com ele, no Coliseu, onde o padre conjurou toda uma hoste de diabos, é bastante conhecida do público leitor. O encontro posterior entre Cellini e sua senhora, como fora predito e realizado pelo conjurador, na época precisa fixada por ele, deve ser considerado, de fato, como uma "coincidência curiosa"[6]. Na última parte do século XVI era muito difícil encontrar uma paróquia em que os padres não estudassem Magia e Alquimia. A prática do exorcismo para afugentar diabos "à imitação de Cristo" – que, a propósito, nunca utilizou o exorcismo –, levou o clero a dedicar-se abertamente à magia "sagrada" em contraposição à magia negra, um crime de que foram acusados todos aqueles que não eram padres nem monges.

O conhecimento oculto compilado pela Igreja romana sobre os antes férteis campos da teurgia, ela o guardou diligentemente para seu próprio uso e mandou para o suplício apenas aqueles praticantes que "invadiram" os terrenos da *Scientia Scientiarum* e aqueles cujos pecados não podiam ser ocultados pelo hábito dos frades. A prova está nos anais da História. "No curso de apenas quinze anos, entre 1580 e 1595, e só na província de Lorraine, o Presidente Remigius queimou novecentas feiticeiras", diz Thomas Wright, em seu *Sorcery and Magic*[7]. Foi durante esses anos, prolíficos em assassinatos eclesiásticos e sem igual pela sua crueldade e pela sua ferocidade, que Jean Bodin escreveu.

Enquanto o clero ortodoxo provocou todas aquelas legiões de "demônios" por meio de encantações mágicas, sem ser molestado pelas autoridades, desde que

---

* Para mais exatidão, seria preferível alterar essa passagem. Da seguinte maneira:
"(...) um homem chamado Wood, um feiticeiro, que disse [com base na autoridade de um certo William Neville, um morador da casa do Cardeal] que 'meu Senhor Cardeal possuía um anel tão poderoso, que tudo aquilo que solicitava à graça do Rei o obtinha', acrescentando que [foi noticiado que] 'o Mestre Cromwell, quando ele (...) servia na casa do senhor meu Cardeal' [estava bastante avançado nessas artes e que se associara a Wood, que mais tarde reconheceu que], 'em muitos livros e especialmente o livro de Salomão (...) e estudou os metais e as virtudes que eles possuíam segundo o cânone de Salomão' (...)."
(N. do Org.)

se agarrava solidamente aos dogmas estabelecidos e não ensinava nenhuma heresia, por outro lado, atos de atrocidade sem igual eram praticados contra pobres loucos desafortunados. Gabriel Malagrida, um homem de oitenta anos, foi queimado por esses Jack Ketches evangélicos em 1761. Na biblioteca de Amsterdã há uma cópia do relato do seu famoso julgamento, traduzido da edição de Lisboa. Foi acusado de feitiçaria e de relação ilícita com o Diabo, que lhe "revelara o *futuro*" (?). A profecia comunicada pelo Arquiinimigo ao pobre jesuíta visionário está narrada nos seguintes termos: "O culpado confessou que o demônio, sob a forma da Virgem abençoada, tendo-lhe ordenado escrever a vida do Anticristo [?], disse-lhe que ele, Malagrida, era um segundo João, porém mais claro do que João, o Evangelista; que existiriam três Anticristos e que o último nasceria em Milão, de um monge e uma freira, no ano de 1920; que ele se casaria com Prosérpina, uma das fúrias infernais", etc.[8]

A profecia deverá cumprir-se daqui a 43 anos. Mesmo que todas as crianças nascidas de monges e de freiras realmente se transformassem em Anticristos, se lhes fosse permitido chegar à maturidade, este fato pareceria menos deplorável do que as descobertas feitas em tantos conventos, quando as fundações foram removidas por uma razão qualquer. Se não se deve crer na asserção de Lutero por causa da sua aversão ao papismo, então podemos enumerar descobertas do mesmo caráter feitas recentemente na Polônia austríaca e russa. Lutero[9] fala de um lago piscoso, em Roma, situado próximo de um convento de freiras, que, esvaziado por ordem do Papa Gregório, revelou a existência, no seu fundo, de cerca de seis mil crânios de crianças; e de um outro convento de freiras, em Neuburg, na Áustria, cujas fundações, quando investigadas, revelaram as mesmas relíquias de celibato e castidade!

"*Ecclesia non novit sanguinem!*" repetiam humildemente os cardeais vestidos de escarlate. E, para impedirem o derramamento de sangue que os horrorizava, eles instituíram a Santa Inquisição. Se, como afirmam os ocultistas, e a ciência quase confirma, os nossos atos e pensamentos mais insignificantes estão indelevelmente impressos no espelho eterno do éter astral, deve existir, em algum lugar no reino infinito do universo inobservado, a impressão de um quadro curioso. É o de um estandarte resplendente que tremula à brisa celestial aos pés do grande "trono branco" do Todo-poderoso. Sobre a sua face de damasco carmesim uma cruz, símbolo do "Filho de Deus que morreu pela Humanidade", com um ramo de *oliva* de um lado e uma espada, manchada até o punho com sangue humano, no outro. Uma legenda extraída dos *Salmos* blasonada em letras douradas, onde se lê: "*Exurge, Domine, et judica causam meam*". Assim parece ser o estandarte da Inquisição, numa fotografia que está em nosso poder, feita de um original conseguido no Escorial de Madri.

Sob este estandarte cristão, no breve espaço de catorze anos, Tomás de Torquemada, o confessor da Rainha Isabel, queimou cerca de dez mil pessoas e sentenciou à tortura outras oitenta mil. Orobio, escritor bastante conhecido, que foi detido durante muito tempo numa prisão e que escapou a duras penas das chamas da Inquisição, imortalizou essa instituição nas obras que escreveu quando estava em liberdade na Holanda. Não encontrou melhor argumento contra a Santa Igreja do que o de abraçar a fé judaica e se submeter à circuncisão. "Na catedral de Saragoça", diz um escritor sobre a Inquisição, "está o túmulo de um famoso inquisidor; seis colunas rodeiam o túmulo; *em cada uma delas está acorrentado um mouro*, em vias de ser queimado. A esse respeito, St. Fox observa ingenuamente: Se todo Jack Ketch de qualquer país fosse suficientemente rico para construir para si um túmulo tão esplêndido, esse serviria de um excelente modelo!"[10] Para completá-lo, todavia, os construtores do túmulo não deveriam omitir o baixo-relevo do famoso cavalo que foi queimado por bruxaria e feitiçaria. Granger conta a história, dando-a como ocorrida em sua época. O pobre animal "fora ensinado a contar marcas feitas sobre cartões e a dizer a hora do dia pelo relógio. Cavalo e proprietário foram ambos indiciados pelo Santo Ofício por estarem de acordo com o Diabo e ambos foram queimados, com uma grande cerimônia de *auto-da-fé*, em Lisboa, em 1601, como mágicos!"[11]

Esta instituição imortal do Cristianismo não ficou sem o seu Dante que lhe cantasse uma louvação. "Macedo, um jesuíta português", diz o autor de *Demonologia*, "descobriu a 'origem da *Inquisição*' no paraíso terrestre e se atreve a alegar que Deus foi o primeiro a exercer as funções de um inquisidor contra Caim e os operários de Babel!"[12]

Em lugar algum, durante a Idade Média, foram as artes da magia e da bruxaria mais praticadas pelo clero do que na Espanha e em Portugal. Os mouros eram profundamente versados em ciências ocultas e em Toledo, Sevilha e Salamanca estiveram, numa certa época, as grandes escolas de Magia. Os cabalistas desta última cidade eram hábeis em todas as ciências abstrusas; conheciam as virtudes das pedras preciosas e de outros minerais e extraíam da Alquimia os seus mais profundos segredos.

Os documentos autênticos, relativos ao grande julgamento da Marechala d'Ancre, durante a regência de Maria de Médicis, revelam que essa mulher desafortunada pereceu por causa dos erros dos padres com os quais ela, como verdadeira italiana, se cercara. Foi acusada pelo povo de Paris de bruxaria, porque se dizia que ela usara, depois de uma cerimônia de exorcismo, galos brancos recém-mortos. Acreditando-se constantemente enfeitiçada, e tendo a saúde muito delicada, a Marechala teve a cerimônia de exorcismo publicamente aplicada sobre si mesma na Igreja dos agostinianos; quanto às aves, ela as usou num cataplasma que colocou sobre a testa para se livrar de horríveis dores de cabeça; fora aconselhada a fazê-lo por Montalto, o médico judeu da rainha, e pelos padres italianos.

No século XVI, o cura de Bargota, da diocese de Calahorra, na Espanha, adquiriu fama universal por seus poderes mágicos. Conta-se que sua façanha mais extraordinária consistiu em se transportar para um país distante, tomar conhecimento de acontecimentos políticos e de outras naturezas e voltar em seguida a seu país e aí fazer predições a respeito deles. Ele possuía um demônio familiar, que o serviu fielmente durante longos anos, diz o *Chronicle*, mas o cura, tomado de ingratidão, o ludibriou. Tendo ouvido do seu demônio a revelação de um complô contra a vida do Papa, em conseqüência de uma intriga galante deste com uma nobre dama, o cura se transportou a Roma (na forma do seu duplo, naturalmente) e assim salvou a vida de Sua Santidade. Pouco depois arrependeu-se, confessou os seus pecados ao galante Papa e *recebeu a absolvição*. "À sua volta, foi entregue, por uma questão de forma, à custódia dos inquisidores de Logroño, mas foi inocentado e pouco tempo depois foi posto em liberdade"[13].

Frade Pietro, um monge dominicano do século XIV – o mágico que presenteou o famoso Dr. Eugenio Torralva, médico ligado à casa do almirante de Castela, com um *demônio* chamado Zequiel –, tornou-se célebre através do subseqüente processo de Torralva, Os procedimentos e as circunstâncias desse famoso processo estão relatados nos manuscritos originais preservados nos Arquivos da Inquisição. O

Cardeal de Volterra e o Cardeal de Santa Cruz viram Zequiel e falaram com ele, que provou, durante toda a vida de Torralva, ser um espírito elemental puro e bom, que cumpria muitos atos caridosos e que permaneceu fiel ao médico até a última hora de sua vida. A própria Inquisição inocentou Torralva desse fato; e, embora uma imortalidade de fama lhe fosse atribuída por uma sátira de Cervantes, nem Torralva, nem o monge Pietro são heróis fictícios, mas personagens históricos, registradas nos documentos eclesiásticos de Roma e de Cuenca, onde o processo do médico foi realizado a 29 de janeiro de 1530[14].

O livro do Dr. W. G. Soldan, de Stuttgart, tornou-se tão célebre na Alemanha quanto o livro de Bodin sobre a *Demonomania* na França. É o tratado alemão mais completo de feitiçaria do século XVI. Aquele que se interessar por conhecer o mecanismo secreto subjacente a essas milhares de mortes legais, perpetradas por um clero que pretendia acreditar no Diabo e conseguiu fazer com que os outros acreditassem nele, pode vê-lo divulgado na obra mencionada acima[15]. A verdadeira origem das acusações diárias e das condenações à morte por bruxaria estão habilmente atribuídas a inimizades pessoais e políticas e, sobretudo, ao ódio dos católicos aos protestantes. A obra engenhosa dos jesuítas pode ser reconhecida em cada página dessas tragédias sangrentas; e foi em Bamberg e em Würzburg, onde esses dignos filhos de Loiola eram mais poderosos naquela época, e os casos de feitiçaria foram mais numerosos. Nas páginas seguintes fornecemos uma lista curiosa de algumas dessas vítimas, muitas das quais eram crianças entre sete e oito anos de idade e protestantes. "Entre as milhares de pessoas que pereceram na fogueira, na Alemanha, durante a primeira metade do século XVII, por feitiçaria, o crime de muitas delas foi a sua ligação à religião de Lutero", diz T. Wright, "(. . .) e os pequenos príncipes não deixaram de aproveitar essa ocasião para encher os seus cofres (. . .) as pessoas mais perseguidas foram aquelas cujas propriedades eram matéria de discussão. (. . .) Em Bamberg, como em Würzburg, o bispo era um príncipe soberano em seus domínios. (. . .) O príncipe-bispo, João Jorge I, que reinou em Bamberg (. . .) depois de muitas tentativas infrutíferas de erradicar o Luteranismo (. . .) distinguiu o seu reino por uma série de sangrentos julgamentos de feiticeiras que são uma desgraça nos anais daquela cidade. (. . .) Pode-se ter uma idéia dos procedimentos de seu digno agente[16] a partir da afirmação dos historiadores mais autênticos (. . .) de que entre 1625 e 1630 ocorreram não menos de 900 processos nos tribunais de Bamberg e Zeil; e um panfleto publicado pela autoridade de Bamberg, em 1659, fixa em 600 o número de pessoas que o Bispo João Jorge fez queimar por bruxaria"[17].

Lamentamos que o espaço desta obra nos impeça de apresentar na íntegra uma das listas mais curiosas do mundo sobre as feiticeiras que pereceram na fogueira, mas forneceremos pelo menos alguns extratos da obra original, publicada na *Bibliotheca Magica* de Hauber[18]. Uma vista d'olhos neste horrível catálogo de assassinatos feitos em nome de Cristo é suficiente para descobrir que, das 162 pessoas queimadas, mais da metade é designada como *estrangeiros* (isto é, protestantes) nesta cidade hospitaleira; e, na outra metade, encontramos *34 crianças*, a mais velha das quais tinha catorze anos e a mais nova era o *bebê* do Dr. Schütz. Para abreviar o catálogo, não forneceremos senão as mais notáveis das 29 *execuções pelo fogo*[19].

NA PRIMEIRA EXECUÇÃO, 4 PESSOAS.
A esposa de Liebler.
A viúva do velho Ancker.
A esposa de Gutbrodt.
A esposa de Höcker.

NA SEGUNDA EXECUÇÃO, 4 PESSOAS.
A esposa idosa de Beutler.
Duas mulheres estrangeiras (nomes desconhecidos).

NA TERCEIRA EXECUÇÃO, 5 PESSOAS.
Tungersleber, um menestrel.
Quatro esposas de cidadãos.

NA QUARTA EXECUÇÃO, 5 PESSOAS.
Um homem estrangeiro.

NA QUINTA EXECUÇÃO, 9 PESSOAS.
Lutz, um eminente lojista.
A esposa de Baunach, um senador.

NA SEXTA EXECUÇÃO, 6 PESSOAS.
A esposa do gordo alfaiate.
Um homem estrangeiro.
Uma mulher estrangeira.

NA SÉTIMA EXECUÇÃO, 7 PESSOAS.
Uma menina estrangeira, de doze anos de idade.
Um homem estrangeiro, uma mulher estrangeira.
Um meirinho estrangeiro (Schultheiss).
Três mulheres estrangeiras.

NA OITAVA EXECUÇÃO, 7 PESSOAS.
Baunach, senador, o cidadão mais gordo do Würzburg.
Um homem estrangeiro.
Duas mulheres estrangeiras.

NA NONA EXECUÇÃO, 5 PESSOAS.
Um homem estrangeiro.
Uma mãe e sua filha.

NA DÉCIMA EXECUÇÃO, 3 PESSOAS.
Steinacher, um homem muito rico.
Um homem estrangeiro, uma mulher estrangeira.

NA DÉCIMA-PRIMEIRA EXECUÇÃO, 4 PESSOAS.
Duas mulheres e dois homens.

NA DÉCIMA-SEGUNDA EXECUÇÃO, 2 PESSOAS.
Duas mulheres estrangeiras.

NA DÉCIMA-TERCEIRA EXECUÇÃO, 4 PESSOAS.
Uma menina de nove ou dez anos de idade.
Uma mais nova, sua irmã.

NA DÉCIMA-QUARTA EXECUÇÃO, 2 PESSOAS.
A mãe das duas meninas mencionadas acima.
Uma moça de 24 anos de idade.

NA DÉCIMA-QUINTA EXECUÇÃO, 2 PESSOAS.
Um menino de doze anos de idade, da escola primária.
Uma mulher.

NA DÉCIMA-SEXTA EXECUÇÃO, 6 PESSOAS.
Um menino de dez anos de idade.

NA DÉCIMA-SÉTIMA EXECUÇÃO, 4 PESSOAS.
Um menino de onze anos de idade.
Uma mãe e sua filha.

NA DÉCIMA-OITAVA EXECUÇÃO, 6 PESSOAS.
Dois meninos de doze anos de idade.
A filha do Dr. Junge.
Uma mocinha de quinze anos de idade.
Uma mulher estrangeira.

NA DÉCIMA-NONA EXECUÇÃO, 6 PESSOAS.
Um menino de dez anos de idade.
Outro menino, de doze anos de idade.

NA VIGÉSIMA EXECUÇÃO, 6 PESSOAS.
A filha de Göbel, a mais bela menina de Würiburg,
Dois meninos, ambos com doze anos de idade.
A filhinha de Stepper.

NA VIGÉSIMA-PRIMEIRA EXECUÇÃO, 6 PESSOAS.
Um menino de catorze anos de idade.
O filhinho do senador Stolzenberger.
Dois ex-alunos.

NA VIGÉSIMA-SEGUNDA EXECUÇÃO, 6 PESSOAS.
Stürman, um rico tanoeiro.
Um menino estrangeiro.

NA VIGÉSIMA-TERCEIRA EXECUÇÃO, 9 PESSOAS.
O filho de David Croten, de nove anos de idade.
Os dois filhos do cozinheiro do príncipe, um de catorze e o
outro de dez anos de idade.

NA VIGÉSIMA-QUARTA EXECUÇÃO, 7 PESSOAS.
Dois meninos do hospital.
Um rico tanoeiro.

NA VIGÉSIMA-QUINTA EXECUÇÃO, 6 PESSOAS.
Um menino estrangeiro.

NA VIGÉSIMA-SEXTA EXECUÇÃO, 7 PESSOAS.
Weydenbush, um senador.
A filhinha de Valkenberger.
O filhinho do meirinho do Conselho da Cidade.

NA VIGÉSIMA-SÉTIMA EXECUÇÃO, 7 PESSOAS.
Um menino estrangeiro.
Uma mulher estrangeira.
Outro menino.

NA VIGÉSIMA-OITAVA EXECUÇÃO, 6 PESSOAS.
A filha, bebê ainda, do Dr. Schütz.
Uma jovem cega.

NA VIGÉSIMA-NONA EXECUÇÃO, 7 PESSOAS.
Uma nobre gorda (Edelfrau).
Um doutor em divindade.

Recapitulação

Sumário
{
Homens e mulheres "estrangeiros", isto é,
   protestantes 28
Cidadãos, todos eles pessoas aparentemente
   SAUDÁVEIS 100
Moços, moças e crianças 34
Em 19 meses 162   pessoas.
}

"Havia", diz Wright, "meninas de sete a dez anos de idade entre as feiticeiras, e *vinte e sete* delas foram condenadas e queimadas" em algumas das outras *Brände*, ou queimas. "O número de acusados levados a julgamento durante esses processos terríveis era tão grande, e eles eram tratados com tão pouca consideração, que era usual não se tomar nem os seus nomes e que eles fossem citados como os acusados nº 1, 2, 3 e assim por diante. Os jesuítas tomavam as suas confissões em particular"[20].

Que lugar deveriam ocupar as seguintes palavras de mansidão numa Teologia que exige tais holocaustos para apaziguar os apetites sangrentos dos seus padres:

"Deixai vir a mim os pequeninos, e não os impeçais de vir; pois deles é o reino dos céus." "Não é vontade de nosso Pai (...) que uma dessas crianças pereça." "Mas aquele que ofendesse um desses pequeninos que crê em mim, *melhor seria que uma grande pedra fosse amarrada ao seu pescoço* e que ele fosse atirado às profundezas do mar"[21].

Esperamos sinceramente que essas palavras não tenham sido só uma mera ameaça para esses queimadores de crianças.

Esta matança feita em nome do seu deus Moloch impediu esses caçadores de tesouros de praticarem eles mesmos a magia negra? Não, de modo algum; pois em nenhum lugar foram esses consultores de espíritos "familiares" mais numerosos do que entre o clero dos séculos XV, XVI e XVII. Sem dúvida, havia alguns padres católicos entre as vítimas, mas, embora fossem acusados geralmente de terem "sido levados a práticas revoltantes demais para ser descritas", as coisas não se passaram exatamente dessa maneira. Nas 29 execuções catalogadas acima encontramos os nomes de *doze vigários, quatro cônegos* e dois teólogos *queimados vivos*. Mas basta consultarmos as obras publicadas nessa época para verificar que todo padre papista executado foi acusado de "heresia condenável", isto é, uma tendência à reforma – um crime muito mais sério do que o de feitiçaria.

Remetemos 'aqueles que quiserem saber como o clero católico uniu o útil ao agradável, em matéria de exorcismo, vingança e caça de tesouros ao vol. II, cap. I, da *History of the Supernatural*, de W. Howitt. "No livro chamado *Pneumatologia occulta et vera* estão consignadas todas as formas de adjuração e de conjuração", diz esse venerável escritor. A seguir, fornece uma longa descrição do *modus operandi* favorito. O *Dogme et rituel de la haute magie* do falecido Éliphas Lévi, tratado com tantos insultos e com tanto desprezo por des Mousseaux, nada fala a respeito de cerimônias e práticas misteriosas, senão daquelas que eram praticadas legalmente pelos padres da Idade Média e com o consentimento tácito, senão manifesto, da Igreja. O padre-exorcista entrava à meia-noite num círculo; cobria-se com uma sobrepeliz nova e trazia ao redor do pescoço uma estola consagrada, coberta de caracteres sagrados. Usava sobre a cabeça um gorro alto e pontudo em cuja parte anterior estava escrita em hebraico a palavra sagrada, *Tetragrammaton* – o nome inefável. Era escrita com uma pena nova molhada no sangue de uma pomba branca. Aquilo em que os exorcistas mais se empenhavam era libertar os espíritos miseráveis *que rondam os lugares onde repousam os tesouros ocultos*. O exorcista aspergia o círculo com o sangue de um cordeiro preto e de um pombo branco. O padre tinha de adjurar os espíritos maus do inferno − Aqueronte, Magoth, Asmodi, Belzebu, Belial, e todas as almas danadas −, com os nomes poderosos de Jeová, Adonai, Elohah e Tsabaôth, sendo este último o deus de Abraão, Isaac e Jacó que mora no Urim e no Thummim. Quando as almas danadas diziam na cara do exorcista que ele era um pecador e que ele não retiraria delas o seu tesouro, o padre-feiticeiro tinha de replicar que "todos os seus pecados haviam sido lavados no sangue de Cristo[22] e que ele lhes ordenava que se retirassem porque eram fantasmas malditos e coisas abomináveis". Quando o exorcista finalmente os desalojava, a pobre alma era "confortada em nome do Salvador e *entregue aos cuidados dos anjos bons*", que eram menos poderosos, acreditamos, do que os dignos exorcistas católicos, "e o tesouro resgatado, naturalmente, era guardado pela Igreja".

"Certos dias", acrescenta Howitt, "são assinalados no calendário da Igreja como mais favoráveis à prática do exorcismo; e, se os diabos forem difíceis de ser caçados, recomenda-se uma fumigação de súlfur, assa-fétida, bílis de urso e arruda, que, pensava-se, poderia empestar até mesmo os diabos"[23].

Eis a Igreja e seu sacerdócio que, no século XIX, paga 5.000 padres para ensinar ao povo dos Estados Unidos a falibilidade da ciência e a infalibilidade do Bispo de Roma!

Já mencionamos a confissão de um eminente prelado a respeito de que a eliminação de Satã da Teologia seria fatal para a perpetuidade da Igreja. Mais isto só é parcialmente verdadeiro. O Príncipe do Pecado não mais existiria, mas o pecado sobreviveria. Se o Diabo fosse aniquilado, os *Artigos de fé* e a *Bíblia* continuariam a existir. Em suma, haveria ainda uma revelação pretensamente divina e a necessidade de intérpretes que se dizem inspirados. Devemos, portanto, considerar a autenticidade da *Bíblia* em si mesma. Devemos estudar as suas páginas e ver se elas, na verdade, contêm os mandamentos da Divindade ou se são apenas um compêndio de tradições antigas e de mitos antiquados. Devemos tentar interpretá-las por nós mesmos − se possível. Quanto aos seus pretensos intérpretes, a única assimilação possível que podemos encontrar para eles na *Bíblia* é compará-los ao homem descrito pelo sábio rei Salomão nos seus *Provérbios*, ao perpetrador dessas "seis coisas (...) ou *sete* (...) que o Senhor odeia" e que são uma abominação para Ele, a saber: "um olhar *altivo*, uma língua *mentirosa* e mãos que derramam *sangue inocente*; um coração *que maquina malvadíssimos projetos*, pés prontos para correr ao mal; uma *testemunha falsa* que profere mentiras e *o que semeia discórdias entre seus irmãos*"[24].

Qual, dentre estas acusações, não poderia ser acrescentada à longa lista de homens que deixaram a marca dos seus pés no Vaticano inocente?

"Quando os demônios", diz Agostinho, "se insinuam nas criaturas, começam por se conformar *à vontade de cada um*. (...) A fim de atrair os homens, começam por seduzi-los, simulando obediência. (...) *Como se poderia saber, sem instrução dos próprios demônios*, do que eles gostam e o que eles odeiam; *o nome que atrai, ou aquele que os força a obedecer*; toda essa arte, em suma, da *magia*, a síntese da ciência dos mágicos?"[25]

A esta impressionante dissertação do "santo", acrescentaremos que nenhum mágico jamais negou que tivesse aprendido a *arte* por intermédio dos "espíritos", quer estes tivessem agido sobre ele, sendo ele um médium, independentemente da sua vontade, ou tivesse sido ele iniciado na ciência da "evocação" por seus ancestrais que a conheceram antes dele. Mas quem ensinou o exorcista, o padre que se reveste de uma autoridade não só sobre o mágico, mas também sobre todos esses "espíritos", aos quais denomina demônios e *diabos* desde o momento em que eles obedecem apenas a ele? Ele deve ter aprendido em algum lugar e com alguém a manejar o poder que ele pretende possuir. Pois, pergunta Agostinho, "(...) *como se poderia saber, sem instrução dos próprios demônios (...) o nome que atrai, ou o que os força a obedecer?*"

É inútil observar que conhecemos de antemão a resposta: "A Revelação (...) o dom *divino* (...) o Filho de Deus; não, o próprio Deus, por intermédio do Seu Espírito, que desceu sobre os apóstolos como o fogo pentecostal e que agora se diz obscurecer todo padre que pretende exorcizar por glória ou por dom. Devemos então acreditar que o escândalo recente do exorcismo público, praticado por volta de 14 de outubro de 1876, pelo superior da Igreja do Espírito Santo, em Barcelona, na Espanha, também foi executado sob supervisão direta do Espírito Santo?"[26] Pretende-se que o "bispo não estava informado dessa fantasia do clero"; mas, mesmo que estivesse, como poderia ele ter protestado contra um rito considerado desde os dias dos apóstolos como uma das prerrogativas mais sagradas da Igreja de Roma? Já em 1852, apenas 25 anos atrás, esses ritos receberam uma sanção pública e solene por parte do Vaticano e um novo *Ritual de Exorcismo* foi publicado em Roma, Paris e outras capitais católicas. Des Mousseaux, escrevendo sob os auspícios do Padre Ventura, Geral dos teatinos de Roma, chega a nos fornecer longos extratos desse famoso ritual e a explicar a razão pela qual ele foi novamente posto em execução. Foi em conseqüência do ressurgimento da Magia sob o nome de Espiritismo Moderno[27]. A bula do Papa Inocêncio VIII foi exumada e traduzida para o benefício dos leitores de des Mousseaux. "Dizem-nos", exclama o Soberano Pontífice, "que um grande número de pessoas de ambos os sexos não teme entrar em relação com os espíritos do inferno; e que, praticando a bruxaria (...) esterilizam o leito conjugal, destroem os germes da Humanidade no seio da mãe e lançam encantamentos sobre eles e colocam uma barreira à multiplicação dos animais (...) etc., etc."; seguem-se maldições e anátemas contra práticas semelhantes[28].

Esta crença do Soberano Pontífice de um país cristão iluminado é uma herança direta, trazida pelas massas mais ignorantes, da ralé hindu meridional – os "gentios". As artes diabólicas de certos *kaṅgâlins* (feiticeiros)[*] e *jâdûgars* (bruxos) obtêm uma crença ilimitada por parte dessas pessoas. Eis alguns dos seus poderes mais temíveis: inspirar amor e ódio segundo a sua própria vontade; enviar um diabo para tomar posse de uma pessoa e torturá-la; expulsá-lo; causar morte súbita ou doença incurável; semear epidemias entre o gado ou preservá-lo delas; preparar filtros que tornam estéreis os homens e as mulheres ou que provocam paixões desen-

---

* Estritamente falando, *kaṅgâlin* em hindi significa um mendigo. Também deve ser o nome de uma pessoa ou de uma deusa local. H. P. B. usa o mesmo termo em sua narrativa "From the Caves and Jungles of Hindostan". (N. do Org.)

freadas nos homens e nas mulheres, etc., etc. A mera visão de um homem de quem se diz ser um bruxo excita num hindu um profundo terror.

E agora citaremos, a esse respeito, a observação confiável de um escritor que viveu durante muitos anos na Índia estudando a origem dessas superstições: "A magia vulgar na Índia, como uma infiltração degenerada, caminha de mãos dadas com as crenças mais nobres dos sectários dos *pitris*. Ela foi *obra do clero mais baixo* e seu objetivo era manter o povo num estado perpétuo de terror. É assim que, em todas as épocas e em qualquer latitude, lado a lado com as especulações filosóficas do mais nobre caráter, é possível encontrar a *religião da ralé*"[29]. Na Índia, foi obra do *clero mais baixo*; em Roma, dos *pontífices mais elevados*. Mas, então, não tinham eles como autoridade o seu santo maior, Agostinho, que declara que "aquele que não crê nos espíritos maus recusa-se também a crer na Sagrada Escritura"?[30]

É por essa razão que, na segunda metade do século XIX, vemos o conselheiro da Congregação Sagrada dos Ritos (incluído aí o exorcismo de demônios), Padre Ventura di Raulica, escrever o que segue, numa carta publicada por des Mousseaux em 1865:

> "Estamos em plena magia! e sob falsos nomes; o Espírito das mentiras e da impudicícia continua a perpetrar suas horríveis depredações. (. . .) O fato mais grave nisso tudo é que as pessoas mais sérias não dão aos fenômenos estranhos a importância que eles merecem, essas manifestações que testemunhamos e que a cada dia se tornam mais estranhas, surpreendentes e também fatais.
>
> "Não posso admirar e louvar suficientemente, deste ponto de vista, o zelo e a coragem que demonstrais em vossa obra. Os fatos que coligistes são suficientes para lançar luz e convicção nas mentes mais céticas; e, após ler essa obra notável, escrita com tanta erudição e consciência, não é mais possível invocar a cegueira.
>
> "Se algo nos puder surpreender, seria a indiferença com que esses fenômenos têm sido tratados pela *falsa* Ciência, que procura, como faz, levar ao ridículo um assunto tão sério com sua puerilidade de forjar absurdas e contraditórias hipóteses na explicação dos fatos."
>
> [Assinado] "*Padre Ventura di Raulica*, etc., etc."[31]

Assim, encorajado pelas maiores autoridades da Igreja de Roma, antiga e moderna, des Mousseaux conclui com a necessidade e a eficácia do exorcismo pelos padres. Ele tenta demonstrar – *pela fé*, como usualmente – que o poder dos espíritos do inferno está estreitamente relacionado com certos ritos, palavras e sinais formais. "No catolicismo diabólico", diz ele, "tanto quanto no catolicismo *divino*, a graça potencial está *ligada* (liée) a certos sinais". Enquanto o poder do padre católico provém de Deus, o do padre pagão procede do Diabo. O Diabo, acrescenta, "está forçado à submissão" ao santo ministro de Deus – "*ele não ousa* MENTIR"[32].

Pedimos ao leitor que observe bem a frase grifada, para que se examine a sua exatidão com toda imparcialidade. Estamos preparados para fornecer provas, irrefutáveis até mesmo pela Igreja papista – obrigada, como estava, à confissão –, provas de centenas de casos relacionados ao mais solene dos seus dogmas, em que os "espíritos" mentiram do começo ao fim. Que dizer de certas relíquias santas autenticadas por visões da Virgem abençoada e de toda uma legião de santos? Temos em mãos um tratado de um católico piedoso, Guibert de Nogent, sobre as relíquias dos santos. Ele confessa com um desespero honesto "o grande número de relíquias falsas, e mesmo de falsas lendas", e censura severamente os inventores desses milagres mentirosos. "Foi por causa de *um desses dentes de nosso Salvador*", escreve o autor de *Demonologia*, "que de Nogent tomou da pena e escreveu sobre esse assunto; foi devido a esse dente que os monges de Saint-Médard de Soissons pretendiam operar milagres; uma pretensão que ele disse ser tão quimérica quando a das pessoas que acreditavam possuir o umbigo, e outras partes mais íntimas, do corpo de Cristo"[33].

"Um monge de Saint-Antoine", diz Stephanus[34], "que viveu em Jerusalém, viu ali muitas relíquias, entre as quais uma falange do *dedo do Espírito Santo*, tão sadia e inteira como nunca; o nariz do serafim que apareceu a São Francisco; uma das unhas de um querubim; uma costela do *Verbo caro factum est* (o Verbo feito carne); alguns raios da estrela que apareceu aos três reis do Leste; um frasco do suor de São Miguel, que escorreu do seu corpo quando ele lutava contra o Diabo (...) 'Todas estas coisas', observa nosso colecionador de relíquias, 'eu trouxe comigo muito devotamente'."

Se o que precede for posto de lado como invenção de um inimigo protestante, que nos seja permitido remeter o leitor à história da Inglaterra e a documentos autênticos que afirmam a existência de uma relíquia não menos extraordinária do que a melhor dessas a que nos referimos. Henrique III recebeu do Grão-mestre dos templários um frasco que continha uma pequena porção do sangue sagrado que Cristo verteu quando estava sobre a cruz. Sua autenticidade foi garantida pela chancela do Patriarca de Jerusalém e de outros. A procissão que transportou o frasco sagrado da Catedral de São Paulo para a Abadia de Westminster foi descrita pelo historiador: "Dois monges receberam o frasco e o depositaram na Abadia (...) o que fez toda a Inglaterra brilhar de glória, dedicando-a a Deus e a São Eduardo"[35].

A história do Príncipe Radzivill é bastante conhecida. Foi a inegável decepção com os monges e as freiras que o cercavam e ao seu confessor que fez com que o nobre polonês se convertesse ao Luteranismo. Ele se sentiu tão indignado ao ver a "heresia" da Reforma expandindo-se pela Lituânia, que viajou a Roma para prestar sua homenagem de simpatia e de veneração ao Papa. Este o presenteou com uma preciosa caixa de relíquias. Ao voltar para casa, seu confessor viu a Virgem, que descia de sua morada gloriosa com o único propósito de abençoar essas relíquias e autenticá-las. O superior do convento vizinho e a abadessa de um convento de freiras também tiveram a mesma visão, reforçada por uma outra de muitos santos e mártires; eles profetizaram e "sentiram o Espírito Santo" subindo da caixa de relíquias e ocultando o Príncipe. Um endemoninhado, trazido rapidamente pelo clero, foi exorcizado com grande pompa e, tão logo foi tocado pela caixa, curou-se e rendeu graças ao Papa e ao Espírito Santo. Terminada a cerimônia, o guardião do tesouro em que as relíquias estavam guardadas atirou-se aos pés do príncipe e confessou que, durante a viagem de volta de Roma, havia perdido a caixa de relíquias. Temendo a cólera do seu senhor, providenciou uma caixa semelhante "dentro da qual colocou ossos pequenos de cães e de gatos"; mas, vendo agora como o príncipe fora enganado, ele preferiu confessar o seu crime e a sua participação nessas fraudes blasfemas. O príncipe nada disse, mas continuou a observar durante algum tempo, não as relíquias, mas o seu confessor e os visionários. O seu falso entusiasmo o fez descobrir tão completamente toda a fraude dos monges e das freiras, que ele abraçou a Igreja Reformada.

Isto é história. P. Bayle[36] demonstra que, quando a Igreja romana não mais pôde negar que existiram relíquias falsas, ela recorreu à sofisticação e afirmou que, se as falsas relíquias operaram milagres, foi "por causa das boas intenções dos crentes, que assim obtiveram de Deus um prêmio por sua boa-fé"! O mesmo Bayle mostra, numerosas vezes, que quando se provou que muitos corpos do mesmo santo, ou três cabeças, ou três braços (no caso de Agostinho) existiam em lugares diferentes e que em conseqüência eles não poderiam ser autênticos, a resposta fria e invariável da Igreja foi que todos eles eram autênticos – pois "Deus os multiplicou e reproduziu miraculosamente para maior glória de Sua Santa Igreja"! Em outras palavras, ela queria que o crente acreditasse que o corpo de um santo morto pode, por milagre divino, adquirir as peculiaridades fisiológicas de um lagostim!

Achamos que seria difícil demonstrar satisfatoriamente que as visões dos santos católicos são, em qualquer instância em particular, mais confiáveis do que as visões e profecias comuns dos nossos "médiuns" modernos. As visões de Andrew Jackson Davis – apesar do que dizem os críticos – são infinitamente mais filosóficas e mais compatíveis com a ciência moderna do que as especulações agostinianas. Quando as visões de Swedenborg, o maior dentre os videntes modernos, se afastam da filosofia e da verdade científica, é então que elas mais se aproximam da Teologia. Essas visões não são mais inúteis para a Ciência ou para a Humanidade do que as dos grandes santos ortodoxos. Na vida de São Bernardo conta-se que, estando certa vez numa igreja, numa véspera de Natal, ele pediu que a hora exata do nascimento de Cristo lhe fosse revelada; e quando a "hora verdadeira e correta chegou, ele viu o bebê divino surgir em sua manjedoura". Que pena que o bebê divino não tenha tido a oportunidade de fixar o dia e o ano corretos de sua morte e, assim, reconciliar as controvérsias dos seus historiadores putativos. Tischendorf, Lardner, Colenso e tantos outros teólogos católicos, que têm espremido em vão a medula dos anais da história e os seus próprios cérebros nessa pesquisa inútil, teriam pelo menos alguma coisa a agradecer ao santo.

Nestas circunstâncias, só nos resta supor que a maioria das visões beatíficas e divinas da *Golden Legend* e aquelas que se encontram nas biografias mais completas dos "santos" mais importantes, da mesma maneira que a maioria das visões dos nossos videntes masculinos e femininos perseguidos, foram produzidas por "espíritos" ignorantes e não-desenvolvidos que têm a mania de personificar grandes figuras históricas. Estamos prestes a concordar com o cavalheiro des Mousseaux, e com outros perseguidores infatigáveis da Magia e do Espiritismo em nome da Igreja, em que as entidades comunicantes são freqüentemente "espíritos mentirosos", sempre dispostos a ser indulgentes com as manias dos concorrentes às sessões. Eles os *enganam* e, por conseguinte, *nem sempre* são bons "espíritos".

Mas, tendo feito esta concessão, fazemos a seguinte pergunta a qualquer pessoa imparcial: é possível acreditar ao mesmo tempo que o *poder* dado ao padre-exorcista, esse poder supremo e *divino* de que ele se orgulha, lhe foi concedido por Deus com a intenção de enganar as pessoas? Que a prece que ele pronuncia *em nome de Cristo* e que, obrigando o *demônio* à submissão, faz com que ele se revele, essa prece deve ao mesmo tempo fazer o diabo confessar, *não a verdade*, mas apenas o que *é de interesse da igreja à qual o exorcista pertence, fazer passar por verdade*? É isto o que acontece invariavelmente. Comparai, por exemplo, as respostas dadas pelo demônio a Lutero, com aquelas que São Domingos obteve dos diabos. Um argumenta contra a missa privada e reprova Lutero pelo fato de este colocar a Virgem Maria e os santos antes de Cristo, desonrando assim o Filho de Deus[37]; ao passo que os demônios exorcizados por São Domingos, ao verem a Virgem que o santo padre chamara em seu socorro, gritam: "Oh! nossa inimiga! oh! nossa amaldiçoadora! (...) por que desceis do céu para nos atormentar? Por que intercedeis tão poderosamente pelos pecadores? Oh, *Vós, o caminho mais seguro para se chegar ao céu* (...) vós ordenais e nos comandais e *somos obrigados a confessar* que ninguém se danará se perseverar em vossa santa adoração, etc., etc[38]. O "São Satã" de Lutero assegura-lhe que, acreditando na transubstanciação do corpo e do sangue de Cristo, ele apenas estaria adorando o pão e o vinho; e os *diabos* de todos os santos católicos prometem *condenação eterna* a todos aqueles que não crêem no dogma ou o põem em dúvida!

Que nos seja permitido, antes de abandonarmos este assunto, apresentar um ou dois exemplos mais das *Crônicas das vidas dos santos*, escolhidas de narrativas amplamente aceitas pela Igreja. Poderíamos encher muitos volumes com provas de uma ligação inegável entre os exorcistas e os demônios. Sua própria natureza os trai. Em vez de ser entidades independentes e artificiosas, que se dedicam a fazer perder as almas dos homens, a maioria deles é tão-somente os elementais dos cabalistas; criaturas sem intelecto próprio, mas reflexos fiéis da VONTADE que os evoca, controla e guia. Não perderemos nosso tempo em chamar a atenção do leitor para taumaturgos e exorcistas duvidosos, mas tomaremos como modelo um dos maiores santos do catolicismo e selecionaremos um ramalhete do jardim mais florido de mentiras piedosas, *The Golden Legend*, de Jacobus de Voragine[39][*].

São Domingos, fundador da célebre ordem que leva o seu nome, é um dos santos mais poderosos do calendário. Sua ordem foi a primeira a receber uma confirmação solene do Papa[40] e ele é bastante conhecido na história como o assistente e conselheiro do infame Simon de Montfort, o general papal, a quem ajudou a massacrar os infelizes albigenses em Toulouse e nas suas imediações. Conta-se que esse santo, e a Igreja depois dele, pretendeu ter recebido da Virgem, *in propria persona*, um rosário cujas virtudes produziam milagres tão estupendos, que os dos apóstolos, e mesmo os de Jesus, seriam relegados à sombra. Um homem, diz seu biógrafo, um pecador inveterado, foi suficientemente corajoso para duvidar da virtude do rosário dominicano; e, por essa blasfêmia sem igual, foi punido incontinenti com sua possessão por 15.000 diabos. Ao ver o grande sofrimento do demoníaco torturado, São Domingos esqueceu o insulto e exigiu uma explicação dos diabos[41].

Eis o colóquio mantido entre o "exorcista bendito" e os demônios:

---

* Giacomo de Varaggio (ca. 1230 – ca. 1298) foi um cronista italiano nascido em Varazze, perto de Gênova, que ingressou nos dominicanos em 1244. Foi provincial da Lombárdia de 1267 a 1286 e representou sua própria província nos Concílios de Lucca (1288) e Ferrara (1290). Em 1292 foi consagrado arcebispo de Gênova, quando se distinguiu por seu esforço em apaziguar as dissensões civis daquela cidade. Além da sua *Crônica* da história de Gênova, escreveu *The Golden Legend* – uma das obras religiosas mais populares na Idade Média, que é uma coleção das vidas legendárias dos maiores santos, ornamentada com muitas informações curiosas de autenticidade duvidosa.
Vide também J. Bollandus, S. J., *Acta Sanctorum*, Augusti, t. XXXV, p. 409, 410. (N. do Org.)

Pergunta: – Como tomastes posse desse homem e quantos sois vós?

Resposta dos Diabos: – Entramos nele porque falou desrespeitosamente do rosário. Somos 15.000.

Pergunta: – Por que 15.000 entraram nele?

Resposta: – Porque há quinze décadas no rosário do qual ele zombou, etc.

Domingos: – É verdade tudo o que eu disse sobre as virtudes do rosário?

Diabos: – Sim! sim! (*lançam chamas pelas narinas do endemoninhado*) Que vós, cristãos, saibais que Domingos nunca disse uma única palavra a respeito do rosário que não seja verdadeira; e que saibais, além disso, que, se não acreditardes nele, grandes calamidades se abaterão sobre vós.

Domingos: – Quem é o homem que o Diabo mais odeia no mundo?

Diabos: – (*em coro*) Vós sois esse homem. (*Seguem-se cumprimentos loquazes*).

Domingos: – A que classe de cristãos pertence o maior número de condenados?

Diabos: – No inferno temos comerciantes, agiotas, banqueiros fraudulentos, merceeiros de especiarias, judeus, farmacêuticos, etc., etc.

Domingos: – Há padres ou monges no inferno?

Diabos: – Há grande número de padres, mas *não há monges*, com exceção daqueles que transgrediram a regra de sua Ordem.

Domingos: – Há dominicanos?

Diabos: – Ai! ai! Não os temos ainda, mas esperamos um grande número deles quando tiverem esfriada a sua devoção.

Não pretendemos dar as perguntas e as respostas literalmente, pois ocupam 23 páginas; mas a substância aí está, como poderá verificar qualquer pessoa que se dê ao trabalho de ler *The Golden Legend*. A descrição completa dos rugidos hediondos dos demônios, a sua glorificação reforçada pelos santos, etc. seriam longas demais para este capítulo. Basta dizer que, lendo as numerosas perguntas feitas por Domingos e as respostas dadas pelos demônios, convencemo-nos de que eles corroboram em todos os detalhes as afirmações duvidosas e apóiam os interesses da Igreja. A narrativa é muito sugestiva. A lenda descreve pitorescamente a batalha do exorcista com a legião do abismo sem fundo. As chamas sulfurosas que escapam do nariz, da boca, dos olhos e dos ouvidos do endemoninhado; a aparição repentina de cerca de uma centena de anjos, vestidos de armadura dourada; e, finalmente, a descida da própria Virgem bem-aventurada em pessoa, portando um ramo dourado, com o qual ela administra uma surra no possesso para forçar os diabos a dizer em seu louvor aquilo que seria ocioso repetir aqui. Todo o catálogo de verdades teológicas pronunciadas pelos diabos de Domingos foi incorporado a numerosos artigos de fé por sua Santidade, o Papa atual, em 1870, no último Concílio Ecumênico.

Com base no que dissemos acima, é fácil verificar que a única diferença essencial entre os "médiuns" infiéis e os santos ortodoxos repousa na utilidade relativa dos *demônios*, se tivermos que chamá-los de demônios. Enquanto o Diabo apóia lealmente o exorcista cristão nas suas intenções ortodoxas (?), o espectro moderno geralmente deixa o seu médium em apuros. Pois, mentindo, ele mais age *contra* os interesses do médium e, assim, lança um descrédito sobre a autenticidade da mediunidade. Se os "espíritos" modernos fossem *diabos*, eles exibiriam evidentemente um pouco mais de discriminação e de esperteza do que costumam fazer. Eles agiriam como os *demônios* do santo que, compelidos pela magia eclesiástica e pelo poder do "nome (...) que os força à submissão", *mentem de acordo com o interesse direto* do exorcista e da sua igreja. Deixamos à sagacidade do leitor o estabelecimento da moral deste paralelo.

"Observai", exclama des Mousseaux, "que há *demônios* que às vezes falam a verdade". "O exorcista", acrescenta, citando o *Ritual*, "deve ordenar ao demônio que diga se ele é mantido no corpo do endemoninhado por algum ato de magia ou por *sinais* ou quaisquer objetos que possam servir para essa prática do mal. No caso de a pessoa exorcizada ter engolido um desses objetos, ela deve vomitá-lo; e, se não estiverem em seu corpo, o demônio deve indicar o lugar exato em que estão; e uma vez encontrados, eles devem ser queimados"[42]. Assim, alguns demônios revelam a existência do feitiço, dizem quem é o seu autor e indicam os meios de destruir o *malefício*. Mas cuidado ao recorrer, nesse caso, a mágicos, bruxos ou médiuns. Para vos ajudar, deveis chamar o ministro da vossa Igreja! "A Igreja acredita na Magia, como vedes", acrescenta, "visto que o expressa formalmente. E aqueles que *não crêem na Magia*, podem ainda esperar poder partilhar da fé de sua própria Igreja? E quem, melhor do que ela, poderia ensiná-lo? A quem disse Cristo: Ide e ensinai as nações (...) e eu estarei sempre convosco, até o fim do mundo'?"[43]

Devemos acreditar que ele disse isso apenas àqueles que vestem os uniformes púrpura e negro de Roma? Devemos dar crédito à história que afirma que esse poder foi dado pelo Cristo a Simão, o Estilita, o santo que se santificou ao se encarapitar sobre uma coluna (*stylos*) de aproximadamente dezoito metros de altura durante 36 anos da sua vida, sem jamais descer de lá, a fim de que, entre outros milagres relatados em *The Golden Legend* ele pudesse curar um *dragão* que tinha um olho doente? "Perto da coluna de Simão havia a morada de um dragão tão venenoso, que o ar estava empestado por muitas milhas ao redor da sua caverna." Este ofídio-eremita sofreu um acidente: um espinho penetrou no seu olho e ele, sentindo-se cego, subiu à coluna do santo e apertou o seu olho contra ela durante três dias sem fazer mal a ninguém. Foi então que o santo bem-aventurado, do seu assento etéreo, "*de cerca de um metro de diâmetro*", ordenou que se atirasse terra e água no olho do dragão, do qual emergiu rapidamente um espinho do comprimento de um côvado; quando as pessoas viram o "milagre", glorificaram o Criador. Quanto ao dragão agradecido, ele se levantou e, "tendo adorado Deus por duas horas, voltou à sua caverna"[44] – um sáurio meio convertido, supomos.

E o que devemos pensar a respeito de outra narrativa, da qual desacreditar é correr o "*risco de comprometer a nossa salvação*", como nos informa um missionário do Papa, da Ordem dos Franciscanos? Quando São Francisco pregava no deserto, os pássaros se reuniram ao seu redor, vindos dos quatro quadrantes do mundo. Eles trinavam e aplaudiam cada frase; cantaram uma missa em coro; finalmente, dispersaram-se, para levar as boas novas aos confins do mundo. Um gafanhoto, aproveitando a ausência da Virgem Maria, que geralmente privava da companhia do santo, permaneceu pousado na cabeça do "abençoado" por toda uma semana. Atacado por um lobo feroz, o santo, que não tinha outra arma senão o sinal da cruz com que se persignava, em vez de correr para longe do seu agressor raivoso, pôs-se a argumentar com a fera. Tendo-lhe revelado o benefício que derivaria da santa religião, São Francisco não parou de falar até que o lobo se tornasse tão dócil quanto um cordeiro e vertesse lágrimas de arrependimento dos seus pecados passados.

Finalmente, ele "colocou suas patas nas mãos do santo, seguiu-o como um cão por todas as cidades em que ele pregou e tornou-se um meio-cristão!"[45] Maravilhas da zoologia! Um cavalo transformado em bruxo, um lobo e um dragão transformados em cristãos!

Esses dois episódios, tomados ao acaso entre centenas, não foram ultrapassados pelos romances mais desenfreados dos taumaturgos pagãos, dos mágicos e dos espiritistas! E, entretanto, quando se diz que Pitágoras domava os animais, e mesmo as bestas selvagens, apenas com o auxílio de uma poderosa influência mesmérica, metade dos católicos o tacha de impostor descarado e a outra metade o considera um bruxo que praticava magia em pacto com o Diabo! Nem a ursa, nem a águia, nem mesmo o touro que, conta-se, Pitágoras persuadiu a não mais se alimentar de favas, responderam com vozes humanas; ao passo que o "corvo negro" de São Benito, ao qual ele chamava de "irmão", discute com ele e crocita suas respostas como um bom casuísta que é. Quando o santo lhe oferece a metade de um pão envenenado, o corvo se indigna e o censura em latim, como se tivesse diplomado na Propaganda!

Se se disser que *The Golden Legend* é hoje defendida apenas pela metade por parte da Igreja; que se reconhece que ela foi compilada pelo seu autor a partir de uma coleção de vidas dos santos, sem comprovação na sua maioria – podemos demonstrar, pelo menos num caso, que a biografia não é o resultado de uma compilação legendária, mas a história de um homem, contada por um outro que foi seu contemporâneo. John Jortin e Gibbon[46] demonstraram anos atrás que os padres primitivos, para ilustrar as vidas de seus santos apócrifos, costumavam selecionar narrativas de Ovídio, Homero, Livy e até mesmo de lendas populares orais das nações pagãs. Mas este não é o caso dos exemplos citados acima. São Bernardo viveu no século XII e São Domingos foi quase contemporâneo do autor de *The Golden Legend*. De Voragine morreu em 1298 e Domingos, cujos exorcismos e cuja vida ele descreve tão minuciosamente, constituiu a sua Ordem no primeiro quarto do século XIII. Além disso, o mesmo de Voragine foi Vigário-geral dos próprios dominicanos na metade do mesmo século e, em conseqüência, descreveu os milagres executados por seu herói e protetor poucos anos após a sua ocorrência. Ele as escreveu no mesmo convento e, enquanto narrava essas maravilhas, tinha à mão talvez cinqüenta pessoas que haviam testemunhado o modo de vida do santo. O que pensar, nesse caso, de um biógrafo que descreve seriamente o seguinte fato: Um dia, quando o santo se ocupava dos seus estudos, o Diabo começou a importuná-lo sob a forma de uma pulga. Ela cabriolou e saltou sobre as páginas do livro até que o santo, já cansado, se bem que pouco disposto a praticar o mal, mesmo em um diabo, sentiu-se compelido a puni-lo, imobilizando o diabo importuno sobre a frase que estava lendo, fechando bruscamente o livro. Numa outra vez, o mesmo diabo apareceu sob a forma de um macaco. Careteou tão horrivelmente que Domingos, a fim de se desembaraçar dele, ordenou ao macaco-diabo que lhe segurasse a vela até que terminasse a sua leitura. O pobre diabinho o obedeceu e a segurou até que a vela se consumisse até o final de sua mecha; e, apesar dos gritos compassivos de perdão, o santo o obrigou a segurá-la até que os seus dedos fossem queimados até os ossos!

Basta! A aprovação com que esse livro foi recebido pela Igreja e a santidade peculiar que lhe foi atribuída são suficientes para mostrar a estima em que os seus defensores tinham por sua veracidade. Podemos acrescentar, para terminar, que a quintessência do *Decameron* de Boccaccio é de um imenso puritanismo, em comparação com o realismo repugnante de *The Golden Legend*.

Não devemos ver com tanto espanto as pretensões da Igreja católica em tentar converter hindus e budistas ao Cristianismo. Se o "pagão" continua fiel à fé dos seus ancestrais, ele tem pelo menos essa qualidade redentora – a de não apostasiar pelo mero prazer de trocar um conjunto de ídolos por outro. Talvez encontre alguma novidade se abraçar o Protestantismo, pois aí ele tem a vantagem, pelo menos, de restringir as suas noções religiosas à sua expressão mais simples. Mas, se um budista for obrigado a trocar o seu Sapato Dagon pela Sandália do Vaticano, ou os oito fios de cabelo da cabeça de Gautama e o dente de Buddha, que operam milagres, por uma madeixa de um santo cristão e um dente de Jesus, que operam milagres menos notáveis, ele não terá razão alguma para se gabar da sua escolha. Dirigindo-se à Sociedade Literária de Java, Sir T. S. Raffles – conta-se – narrou a seguinte anedota característica: "Visitando o grande templo, situado nas colinas de Nagasaki, o comissário inglês foi recebido com toda a consideração e todo o respeito pelo venerável patriarca das províncias setentrionais, um velho de oitenta anos de idade, que o hospedou suntuosamente. Conduzindo-o pelos corredores do templo, um dos oficiais ingleses presentes exclamou incautamente, surpreso, 'Jasus Christus!' O patriarca, virando-se, com um sorriso plácido, inclinou-se significativamente, dizendo: 'Conhecemos vosso Jasus Christus! Bem, não o imponhais em nossos templos e continuaremos a ser amigos'; então, com um amigável aperto de mão, os dois opositores se separaram"[47].

Quase todos os relatórios enviados pelos missionários da Índia, do Tibete e da China lamentam a "obscenidade" diabólica dos ritos pagãos, a sua lamentável impudicícia, que "sugerem, todos eles, a adoração do diabo", como nos conta des Mousseaux. Duvidamos que a moralidade dos pagãos pudesse ser pelo menos melhorada com uma pesquisa sobre a vida do Rei salmista, por exemplo, autor dos deliciosos *Salmos* que os cristãos repetem com tanto fervor. A diferença entre Davi executando uma dança fálica diante da arca sagrada – emblema do princípio feminino – e um vishnuíta hindu portando o mesmo emblema em sua testa favorece o primeiro apenas aos olhos daqueles que não estudaram nem a fé antiga, nem a sua. Quando uma religião que exigiu que Davi cortasse e entregasse ao Rei duzentos prepúcios dos seus inimigos para se tornar seu genro (*1 Samuel*, XVIII, 25-7) é aceita como modelo pelos cristãos, eles não deviam atribuir à figura dos pagãos as impudicícias de seus credos. Lembrando a sugestiva parábola de Jesus, eles deveriam primeiramente retirar a viga do seu olho antes de extrair a palha do olho do seu vizinho. O elemento sexual é tão marcante no Cristianismo quanto em qualquer uma das "religiões pagãs". Seguramente, em nenhum lugar dos *Vedas* se pode encontrar a crueza e a indecência da linguagem que os hebraístas agora descobrem na *Bíblia* mosaica.

Não nos seria de muita utilidade determo-nos na consideração de assuntos que foram tratados de maneira magistral por um autor anônimo, cuja obra eletrizou a Inglaterra e a Alemanha no ano passado[48][*]; quanto ao tópico particular de que

---

*   Walter Richard Cassels (1826-1907) foi um crítico teológico inglês que publicou, em 1874, uma obra anônima em dois volumes intitulada *Supernatural Religion; an Inquiry into the Reality of Divine Revelation*, impugnando a credibilidade dos milagres e a autenticidade do *Novo*

tratamos, não faríamos melhor do que recomendar os escritos eruditos do Dr. Inman. Embora parciais, e freqüentemente injustos para com as antigas religiões gentias, pagãs e judaicas, os *fatos* tratados em *Ancient Pagan and Modern Christian Symbolism* são inatacáveis. Nem podemos concordar com alguns críticos ingleses que o culpam de tentar destruir o Cristianismo. Se por *Cristianismo* se entendem as formas religiosas externas de adoração, então ele certamente procura destruí-la, pois, a seus olhos, como para todas as pessoas verdadeiramente religiosas que estudaram as crenças exotéricas antigas e a sua simbologia, o Cristianismo é puro paganismo, e o catolicismo, com a sua adoração de fetiches, é pior e mais pernicioso do que o Hinduísmo no seu aspecto mais idólatra. Mas, quando denuncia as formas exotéricas e desmascara os símbolos, não é a religião de Cristo que o autor ataca, mas o sistema artificial da Teologia. Deixemo-lo explicar a sua tese por sua própria boca e citemos um trecho de seu prefácio:

"Quando os vampiros eram descobertos pela perspicácia de um observador" – diz ele – "eles eram, disseram-nos, ignominiosamente mortos por uma estaca pontiaguda que lhes atravessava os corpos; mas a experiência mostrou que eles tinham uma tal tenacidade de vida, que ressuscitavam muitas e muitas vezes, apesar do empalamento repetido, e as pessoas só se livravam deles quando eram totalmente queimadas. Da mesma maneira, o gentilismo regenerado, que domina os seguidores de Jesus de Nazaré, ressuscitou muitas e muitas vezes depois de ter sido destruído. Favorecido por muitos, foi denunciado por poucos. Entre outros acusadores, ergo minha voz contra o paganismo que existe tão amplamente no Cristianismo eclesiástico e farei o que me for possível para revelar a impostura. Numa história de vampiro contada por Southey, no *Thalaba*, o ser ressuscitado assume a forma de uma virgem bem-amada e o herói é obrigado a matá-la com suas próprias mãos. Ele o faz; mas, ao destruir a forma da amada, ele acredita estar destruindo apenas um demônio. Da mesma maneira, quando pretendo destruir o gentilismo corrente, que assumiu a roupagem de Cristianismo, *eu não ataco a religião real*[49]. Ninguém vituperaria um operário que limpasse uma estátua recoberta de sujeira. Há alguns que se julgam delicados demais para tocar tal objeto repugnante, mas se regozijarão se uma outra pessoa remover a sujeira. É um varredor de rua desse tipo que se está a exigir"[50].

Mas são apenas aos pagãos e aos gentios que os católicos perseguem, os quais se dirigem a Deus, como Agostinho, gritando "Oh, meu Deus! *é assim que gostaria que vossos inimigos perecessem*"? Não, as suas aspirações são mais mosaicas e cainianas do que elas próprias. É contra os seus próprios irmãos de fé, contra os seus irmãos cismáticos que eles agora fazem intrigas dentro dos muros que escondiam os Bórgias assassinos. As *larvas* dos papas infanticidas, parricidas e fratricidas mostraram ser conselheiros apropriados para os Caim de Castelfidardo e de Mentana. Agora é a vez dos cristãos eslavos, dos cismáticos orientais – os filisteus da Igreja grega!

Testamento; essa obra, de grande erudição, chamou atenção imediatamente. Por volta de 1875, a obra chegara a seis edições. Um terceiro volume foi acrescentado em 1877 e uma edição revista da obra completa apareceu em 1879. H. P. B. tinha a obra de Cassels em particular estima e utilizou muitos dos seus argumentos em inúmeras ocasiões. (N. do Org.)

Sua Santidade o Papa, depois de ter esgotado, numa metáfora de autolouvação, todos os pontos de assimilação entre ele e os grandes profetas bíblicos, compara-se enfim ao patriarca Jacó "lutando contra seu Deus". Agora ele coroa o edifício da piedade católica simpatizando-se abertamente com os turcos! O vice-rei de Deus inaugura sua infalibilidade encorajando, com verdadeiro espírito cristão, os atos do Davi muçulmano, o moderno Bashi-Bazouk; e parece que nada seria mais agradável à Sua Santidade do que receber um presente deste último sob a forma de alguns milhares de "prepúcios" búlgaros ou sérvios. Fiel à sua política de ser todas as coisas para todos os homens a fim de promover os seus próprios interesses, a Igreja romana, no momento em que escrevemos este livro (1876), está considerando benevolamente as matanças búlgaras e sérvias e, provavelmente, manobrando em segredo a Turquia contra a Rússia[*]. Melhor o Islã, e o até aqui detestado Crescente, sobre o sepulcro de Cristo do que a Igreja grega estabelecida em Constantinopla e Jerusalém como religião do Estado. Como um ex-tirano decrépito e no exílio, o Vaticano está ansioso por uma aliança qualquer que prometa, se não uma restauração do seu próprio poder, pelo menos o menoscabo de seus rivais. O machado que os seus inquisidores manejaram outrora, ele agora o examina em segredo, tateando o seu fio. Na sua época, a Igreja papista deitou-se com estranhos companheiros de cama, mas nunca desceu à degradação ao dar seu apoio moral àqueles que durante mais de 1.200 anos estapearam a sua face, chamaram os seus adeptos de "cães infiéis", repudiaram os seus ensinamentos e negaram a divindade de seu Deus!

Até mesmo a imprensa da França católica se ergue contra essa indignidade e acusa abertamente a porção transmontana da Igreja católica e o Vaticano de se alinharem, durante o conflito oriental atual, com os muçulmanos contra os cristãos. "Quando o Ministro de Negócios Estrangeiros ergueu a voz na Câmara francesa em favor dos cristãos gregos, foi aplaudido apenas pelos católicos liberais e recebido friamente pela facção transmontana", diz o correspondente francês de um jornal de Nova York.

"Tão decidido foi isto, que Lemoinne, o conhecido editor do *Journal des Débats*, órgão católico liberal, viu-se obrigado a dizer que a Igreja romana tinha mais simpatia para com os muçulmanos do que para com os cismáticos, assim como preferia um infiel a um protestante. 'Há no fundo' – diz esse escritor – 'uma grande afinidade entre o *Syllabus* e o *Corão*, e entre os dois chefes dos crentes. Os dois sistemas têm a mesma natureza e se unem no terreno comum de uma mesma teoria imutável'. Na Itália, da mesma maneira, o Rei e os católicos liberais se unem numa simpatia viva para com os cristãos desafortunados, ao passo que o Papa e a facção transmontana se inclinam para os maometanos".

O mundo civilizado pode esperar ainda a aparição da Virgem Maria materializada nos muros do Vaticano. O "milagre" tão repetido da Visitadora Imaculada durante a Idade Média reproduziu-se recentemente em Lourdes; e por que ela não o faria uma vez mais, como um *coup de grace* para todos os hereges, cismáticos e

---

* A data de 1876, dada por H. P. B., é confirmada em sua carta ao Dr. Alexander Wilder escrita em 6 de dezembro de 1876, no dia em que o Cel. Olcott estava na pequena cidade de Washington, Washington Co., Pensilvânia, acompanhando a cremação do corpo do Barão de Palm. Ver também *Old Diary Leaves*, I, 166 e s. (N. do Org.)

infiéis? O círio miraculoso ainda pode ser visto em Arras, a cidade principal do Artois; e a cada nova calamidade que ameaça a sua amada Igreja, a "Senhora Bem-Aventurada" aparece pessoalmente e o acende com as suas próprias mãos imaculadas, à vista de toda a congregação "fanatizada". Essa espécie de "milagre", diz E. Worsley, executado pela Igreja católica romana, "sempre tem bons resultados e nunca foi desacreditada por ninguém"[51]. E nem a correspondência particular que a "Senhora Cheia de Graça" mantém com os seus amigos foi posta em dúvida. Há, nos arquivos da Igreja, duas missivas preciosas escritas por ela. A primeira, pretende-se, é uma carta escrita em resposta àquela que Inácio lhe enviou. Ela confirma todas as coisas que o seu correspondente aprendeu do "amigo dela" – o apóstolo João. Ela o convida a respeitar os seus votos e acrescenta, como encorajamento: *"Eu e João viremos juntos fazer-vos uma visita"*[52].

Nada se sabia dessa fraude descarada, até que as cartas fossem publicadas em Paris, em 1495. Por uma curiosa coincidência, ela foi levada a efeito numa época em que começaram a ser procedidas investigações ameaçadoras a respeito da autenticidade do quarto Sinótico. Quem poderia duvidar, após uma confirmação do quartel-general! Mas o cúmulo da desfaçatez aconteceu em 1534, quando outra carta foi recebida da "Mediadora", uma carta que mais se parece a um relatório de um político a um confrade. Foi escrita em excelente latim e encontrada na Catedral de Messina, com a imagem a que ela alude. Eis o seu conteúdo:

> "A Virgem Maria, Mãe do Redentor do mundo, ao Bispo, Clero e outros fiéis de Messina, envia a saúde e a bênção em *seu* nome e no de seu filho[53]:
>
> "Tendo em vista que vos dedicastes a estabelecer o culto a mim, remeto-vos esta para vos fazer saber que, ao fazê-lo, encontrastes graça aos meus olhos. Durante um longo tempo refleti com pena sobre a vossa cidade, que está exposta a grandes perigos por causa da sua proximidade do fogo do Etna, e tenho conversado freqüentemente com meu filho sobre esse assunto, pois ele estava aborrecido convosco porque estáveis negligenciando o meu culto, de maneira que se preocupava muito pouco com a minha intercessão. Agora, todavia, como readquiristes os vossos sentidos e felizmente recomeçastes a me adorar, ele me conferiu o direito de me tornar vossa protetora eterna; mas, ao mesmo tempo, eu vos advirto de que deveis prestar atenção ao que fazeis e não deveis dar motivo algum para que eu me arrependa da minha benevolência para convosco. As preces e as festas instituídas em minha honra agradam-me extraordinariamente e, se vos perseverardes sinceramente nessas coisas e se vos opuserdes, no máximo de vossas forças, aos hereges que se espalham atualmente por todo o mundo, acarretando um grande perigo à minha adoração e à de outros santos, masculinos e femininos, vós desfrutareis de minha proteção perpétua.
>
> Como sinal deste pacto, envio-vos do Céu esta imagem de mim mesma, feita por mãos celestiais; se a honrardes como ela merece, isto será uma prova da vossa obediência e da vossa fé. Adeus. No Céu, sentada perto do trono de meu filho, no mês de dezembro do ano 1534 da sua encarnação.
>
> "VIRGEM MARIA".

O leitor não deve imaginar que se trata de um falso documento anticatólico. O autor de quem o tomamos[54] afirma que a autenticidade da missiva foi "atestada pelo próprio Bispo, pelo seu vigário-geral, pelo Secretário e pelos seis cônegos da Catedral de Messina, que assinaram os seus nomes na atestação e a confirmaram sob juramento.

"A epístola e a imagem foram encontradas sobre o altar-mor, onde haviam sido colocadas por anjos descidos do céu."

É preciso que uma Igreja tenha caído na mais baixa degradação para que o seu clero recorra a tais embustes sacrílegos e que eles sejam aceitos pelo povo com ou sem questionamento.

Não! Longe do homem que sente o espírito imortal dentro de si, uma religião como esta! Nunca houve nem haverá uma filosofia verdadeira – pagã, gentia, judaica ou cristã – que tenha seguido a mesma linha de pensamento. Gautama Buddha reflete-se nos preceitos de Cristo; Paulo e Fílon, o Judeu, são ecos fiéis de Platão; e Amônio Saccas e Plotino conseguiram a sua glória imortal combinando os ensinamentos de todos os grandes mestres da verdadeira filosofia. "Provei todas as coisas; prendei-vos ao que é bom" – parece ser a divisa de todos os irmãos do mundo. Menos para os intérpretes da *Bíblia*. A semente da Reforma foi plantada no dia em que o segundo capítulo da *Epístola Católica de São Tiago* entrou em conflito com o capítulo 11 da *Epístola aos Hebreus*, no mesmo *Novo Testamento*. Quem acredita em Paulo não pode acreditar em Tiago, Pedro e João. Para serem cristãos como seu apóstolo, é preciso que os paulinos combatam Pedro "face a face"; e, se Pedro "deve ser censurado" e se *estava errado*, então ele não era infalível. Como pode então o seu sucessor (?) se orgulhar da sua infalibilidade? Todo reino dividido contra si mesmo está certo da ruína; e toda casa dividida contra si mesma com certeza ruirá. Uma pluralidade de mestres é tão fatal em religião, quanto em política. O que Paulo pregou foi pregado por qualquer outro filósofo místico. "Mantende-vos *firmes na liberdade* em que Cristo vos fez livres e não *vos sujeiteis novamente ao jugo da servidão!*" – exclama o honesto filósofo-apóstolo; e acrescenta, profeticamente inspirado: "Mas, se vos morderdes e vos devorardes uns aos outros, cuidado para que não sejais destruídos uns pelos outros"[55].

Na adoção, por parte da Igreja Romana, de seus ritos e de sua teurgia, temos a prova de que os neoplatônicos nem sempre foram desprezados ou acusados de demonolatria. As evocações idênticas e as encantações dos cabalistas pagãos e judeus repetem-se hoje no exorcismo cristão, e a teurgia de Jâmblico, adotada palavra por palavra. "Apesar da distinção entre os platonistas e os cristãos paulinos nos primeiros séculos" – escreve o prof. A. Wilder – "muitos dos mestres mais cultos da nova fé foram profundamente atingidos pelo fermento filosófico. Sinésio, o Bispo da Cirenaica, era o discípulo de Hipatia. *Santo Antonio reiterou a teurgia de Jâmblico.* O *Logos* ou palavra do *Evangelho segundo São João*, era uma personificação gnóstica. Clemente de Alexandria, Orígenes e outros padres beberam nas fontes da Filosofia. A idéia de ascetismo que conduziu a Igreja era semelhante àquela que foi praticada por Plotino (...) através de toda a Idade Média surgiram homens que aceitaram as doutrinas interiores promulgadas pelo célebre mestre da Academia"[56].

Para substanciar nossa acusação de que a Igreja latina roubou dos cabalistas e dos teurgos os seus ritos mágicos e as suas cerimônias antes de lançar anátemas sobre os seus chefes devotados, traduziremos agora para o leitor alguns fragmentos das formas de *exorcismo* empregadas pelos cabalistas e pelos cristãos. A identidade da fraseologia pode, talvez, revelar uma das razões pelas quais a Igreja romana sempre desejou manter os seus fiéis na ignorância do significado das suas preces e do ritual latinos. Apenas aqueles que estavam diretamente interessados na trapaça tinham oportunidade de comparar os rituais da Igreja e dos mágicos. Os melhores latinistas, até data relativamente recente, eram homens da Igreja, ou dependiam da Igreja. As pessoas comuns não liam latim e, se pudessem fazê-lo, a leitura dos livros de Magia estava proibida sob pena de anátema e de excomunhão. O artifício hábil da comunhão tornou impossível consultar, mesmo sub-repticiamente, o que os padres chamam de *grimoire* (um rascunho do diabo), ou *Ritual de Magia*. Para mais se precaver, a Igreja começou por destruir e ocultar todos os documentos em que ela pudesse pôr as mãos.

Eis a tradução do *Ritual cabalístico* e daquilo que se conhece geralmente como *Ritual romano*. Este último foi promulgado em 1851 e 1852, sob a sanção do Cardeal Engelbert, Arcebispo de Malines, e do Arcebispo de Paris. Falando sobre ele, o demonólogo des Mousseaux afirma: "É o ritual de Paulo V, revisto pelo mais erudito dos papas modernos, Benedito XIV, contemporâneo de Voltaire"[57].

CABALÍSTICO (judaico e pagão)

Exorcismo do Sal

O Padre-Mágico abençoa o Sal e diz: "*Criatura de Sal*[58], que a SABEDORIA [de Deus] esteja em ti; que ela preserve de toda corrupção *as nossas mentes e os nossos corpos*. Por Hokhmael [חכמאל , Deus da sabedoria] e pelo poder de *Ruah* Hokhmael [Espírito do Espírito Santo] que os Espíritos da matéria (espíritos maus) fujam diante dele. (. . .) *Amém*."

Exorcismo da Água (e das Cinzas)

"Criatura da Água, eu te exorcizo (. . .) pelos *três nomes* que são Netzah, Hod e Yesod [trindade cabalística], no começo e no fim, por Alfa e Ômega, que estão no Espírito Azoth [Espírito Santo, ou a '*Alma Universal*'], eu te exorcizo e adjuro. (. . .) Águia errante, que o Senhor te comande pelas *asas do touro e de sua espada flamejante*." (O querubim postado à porta leste do Éden.)

Exorcismo de um Espírito Elemental

"Serpente, em nome do Tetragrammaton, o Senhor; Ele te ordena, pelo anjo e pelo leão.

"Anjo da escuridão, obedece e foge com esta água santa [exorcizada]. Águia em cadeias obedece a esse sinal, e retira-te diante do sopro. Serpente móvel, arrasta-te a meus pés, ou sê torturada por *este fogo sagrado* e evapora-te diante desse incenso santo. Que a água volte à água [o espírito elemental da água]; que o fogo queime e o ar circule; que a terra volte à terra em virtude do Pentagrama, que é a Estrela da Manhã, e em nome do Tetragrammaton que é traçado no centro da *Cruz de Luz*. *Amém*."

CATÓLICO ROMANO

Exorcismo do Sal[59]

O Padre abençoa o *Sal* e diz: "*Criatura de Sal*, eu te exorcizo em nome do Deus vivo (. . .) *sê a saúde da alma e do corpo! Por toda parte onde fores lançado, que o espírito impuro seja posto em fuga.* (. . .) *Amém.*"

Exorcismo da Água

"Criatura da água, em nome do Deus Todo-poderoso, do Pai, do Filho e do Espírito Santo (. . .) *sê exorcizado*. (. . .) Eu te adjuro em nome do Cordeiro (. . .) [O mágico diz *touro* ou *boi – per alas tauri*] do Cordeiro que caminha sobre o basilisco e a alfazema e que esmaga sob seus pés o leão e o dragão."

Exorcismo do Diabo

(. . . . .)

"Ó Senhor, que aquele que carrega consigo o terror fuja, atacado pelo terror e que seja vencido. Ó tu, que és a Serpente Antiga (. . .) treme diante da mão daquele que, tendo triunfado das torturas do inferno [?] – *devictis gemitibus inferni* – chamou as almas à luz. (. . .) Quanto mais decaíres, mais terrível será a tua tortura (. . .) por parte d'Aquele que reina sobre os vivos e os mortos (. . .) e que julgará o século pelo fogo, *saeculum per ignem*, etc. Em nome do Pai, do Filho e do Espírito Santo. Amém."[60]

Não é necessário pôr à prova por mais tempo a paciência do leitor, embora possamos multiplicar os exemplos. Não se deve esquecer que citamos a última revisão do *Ritual*, a de 1851-1852. Se recorrermos à primeira, encontraremos aí uma identidade mais surpreendente, não só de fraseologia, mas também em forma de cerimonial. Para a comparação, não escolhemos o ritual da magia cerimonial dos cabalistas *cristãos* da Idade Média, no qual a linguagem modelada sobre a crença na divindade de Cristo é, exceto uma expressão aqui e ali, idêntica à do ritual católico[61]. Este, todavia, faz um progresso, e por essa nota original a Igreja tem direito a todo crédito. Seguramente, não se encontraria nada de fantástico num ritual de Magia. Apostrofando o "Demônio", ele diz: "Dá lugar a Jesus Cristo (...) *besta asquerosa, fedorenta e selvagem.* (...) Tu te revoltas? Ouve e treme, Satã; inimigo da fé, inimigo da raça humana, introdutor da morte (...) raiz de todo mal, promotor do vício, alma da inveja, origem da avareza, causa da discórdia, príncipe do homicídio, maldito de Deus; autor do incesto e do sacrilégio, inventor de toda obscenidade, *professor* das ações mais detestáveis e *Grão-mestre dos Hereges* [!!] – *doctor hereticorum*. Quê! (...) ousas resistir, e sabes que Cristo, Senhor nosso, está chegando? (...) Dá lugar a Jesus Cristo, dá lugar ao Espírito Santo, que, por Seu bem-aventurado apóstolo Pedro, te jogou ao chão diante do público, na pessoa de Simão, o Mago" (*te manifeste stravit in Simone mago*)[62].

Depois desta chuva de injúrias, nenhum diabo que tivesse a menor parcela de honra consentiria em permanecer em tal companhia; a menos, naturalmente, que fosse um liberal italiano, ou o próprio rei Vitor Emanuel – que, graças a Pio IX, se tornaram, ambos, imunes aos anátemas.

Seria realmente muito doloroso tirar de Roma, de uma única vez, todos os seus símbolos; mas é preciso fazer justiça aos hierofantes despojados. Muito tempo antes que o sinal da Cruz fosse adotado como símbolo cristão, ele era empregado como um sinal secreto de reconhecimento pelos neófitos e pelos adeptos. Diz Lévi: "O sinal da Cruz adotado pelos cristãos não pertence exclusivamente a eles. Ele é cabalístico e representa as oposições e o equilíbrio quaternário dos elementos. Constatamos, na estrofe oculta do *Pater*, à qual aludimos em volume anterior desta obra, que havia originalmente duas maneiras de fazê-lo, ou, pelo menos, duas fórmulas muito diferentes de expressar o seu significado – uma reservada aos padres e aos iniciados; e outra, comunicada aos neófitos e aos profanos. Assim, por exemplo, o *iniciado*, levando a mão à fronte, diz: *A Ti*; então ele acrescentava *pertencem*; e continuava, enquanto levava a mão ao peito – *o reino*; então, ao ombro esquerdo – *a justiça*; ao ombro direito – *e o perdão*. Então ele juntava as mãos, acrescentando: *através dos ciclos geradores: 'Tibi sunt Malkhuth, et Geburah et Hesed, per Aeonas'* – um sinal da Cruz *total* e magnificamente cabalístico, que as profanações do gnosticismo fizeram a Igreja militante e oficial *perder* completamente"[63].

Quão fantástica, então, nos parece a afirmação do Padre Ventura de que, sendo Agostinho um maniqueu, um filósofo, ignorante da "sublime revelação cristã", e recusando-se a se humilhar diante dela, ele não sabia nada, não compreendia nada de Deus, do homem ou do universo: "(...) continuou pobre, pequeno, obscuro e estéril e nada escreveu, nem fez de sublime ou útil". Mas, logo que se tornou um cristão, "(...) sua inteligência e seus poderes de raciocínio, iluminados pelo *luminar da fé*, elevaram-no às alturas mais sublimes da Filosofia e da Teologia". E a sua outra afirmação de que o gênio de Agostinho, em conseqüência, "desenvolveu-se em toda sua grandeza e prodigiosa fecundidade (...) seu intelecto brilhava com esse esplendor intenso que, refletindo-se nos seus escritos imortais, nunca cessou, por um momento sequer durante catorze séculos, de iluminar a Igreja e o mundo!"[64]

O que foi Agostinho como maniqueu, deixemos que o Padre Ventura o descubra; mas o fato de que a sua conversão ao Cristianismo estabeleceu uma inimizade eterna entre a Teologia e a Ciência está fora de dúvida. Forçado a confessar que "os gentios talvez tivessem algo de *divino* e de verdadeiro em suas doutrinas"[65], ele, entretanto, declarou que eles, por suas superstições, idolatria e orgulho, deviam "ser detestados e, a menos que progredissem, ser punidos pelo julgamento divino". Isto nos fornece a chave da política posterior da Igreja cristã, mesmo no que concerne à época atual. Se os gentios se recusavam a ir à Igreja, tudo o que havia de divino em suas filosofias não servia para nada e a cólera de Deus se abateria sobre as suas cabeças. Draper conta-nos em poucas palavras o efeito produzido por essa atitude: "Ninguém mais do que esse Padre contribuiu para semear discórdia entre a Ciência e a Religião. Foi principalmente ele quem desviou a *Bíblia* do seu verdadeiro objetivo – ser um guia para a pureza de vida – e a colocou na posição perigosa de ser um árbitro do conhecimento humano e exercer uma tirania audaciosa sobre a mente do homem. Uma vez dado o exemplo, os seguidores não se fizeram esperar; as obras dos filósofos gregos foram estigmatizadas como profanas; as consecuções transcendentalmente gloriosas do Museu de Alexandria fora ocultadas sob um véu de ignorância, de misticismo e de um jargão ininteligível, de onde partiam muito freqüentemente os relâmpagos destruidores da vingança eclesiástica"[66].

Agostinho[67] e Cipriano[68] admitem que Hermes e Ostanes[*] acreditavam num deus verdadeiro; os dois primeiros reconheciam, como os dois pagãos, que ele é invisível e incompreensível, exceto espiritualmente. Além disso, convidamos qualquer pessoa inteligente – desde que não seja um fanático religioso –, depois de ler fragmentos escolhidos ao acaso nas obras de Hermes e de Agostinho sobre a Divindade, a nos dizer qual dos dois dá uma definição mais filosófica do "Pai inobservado". Temos pelo menos um escritor famoso que é da nossa opinião. Draper chama as produções agostinianas de "conversação rapsódica" com Deus, um "sonho incoerente"[69].

O Padre Ventura apresenta o santo fazendo poses diante de um mundo espantado, "nas alturas mais sublimes da Filosofia". Mas aqui interfere o mesmo crítico imparcial, que faz as seguintes observações sobre o colosso da Filosofia Patrística: "É para esse projeto absurdo" – pergunta ele – "para esse produto da ignorância e da audácia que as obras dos filósofos gregos devem ser postas de lado? Os grandes críticos que apareceram com a Reforma, comparando as obras desses escritores umas com as outras, colocaram-nas no seu nível apropriado e nos ensinaram a olhá-las com desprezo"[70].

---

*   Ostanes, Osthanes ou Hosthanes, com grafia variada, foi um antigo ocultista e mestre a respeito do qual não se tem informação alguma. Talvez tenha sido um meda. A análise mais abrangente de todas as tradições conhecidas sobre ele pode ser encontrada na monumental *Real-Encyclopaedie der Classischen Alterthumswissenschaft*, de Pauly-Wissowa, s. v. *Ostanes*. (N. do Org.)

Parece tão absurdo acusar homens como Plotino, Porfírio, Jâmblico, Apolônio e mesmo Simão, o Mago, de terem feito um pacto com o Diabo – exista ou não esse personagem –, que nem vale a pena refutar essa idéia. Se Simão, o Mago – o mais problemático de todos, num sentido histórico –, nunca existiu senão na fantasia de Paulo e dos outros apóstolos, ele não era evidentemente pior do que qualquer um dos seus adversários. Uma diferença de pontos de vista religiosos, mesmo que seja grande, é insuficiente *per se* para enviar uma pessoa ao céu e outra ao inferno. Essas doutrinas autoritárias e pouco caritativas devem ter sido ensinadas na Idade Média; mas hoje é tarde demais para que mesmo a Igreja faça progredir esse espantalho tradicional. A pesquisa começa a fazer entrever o que, se se chegar a estabelecer a prova, lançará desgraça eterna sobre a Igreja do apóstolo Pedro, cuja imposição sobre esse discípulo deve ser considerada como uma das asserções menos verificadas e menos verificáveis do clero católico.

O erudito autor de *Supernatural Religion*[71] procura assiduamente provar que por *Simão, o Mago*, devemos entender o apóstolo Paulo, cujas Epístolas foram secreta e também abertamente caluniadas por Pedro e acusadas de conter "ensinamentos heréticos". O Apóstolo dos Gentios era corajoso, franco, sincero e muito culto; o Apóstolo da Circuncisão era covarde, cauteloso, *insincero* e muito ignorante. Não há nenhuma dúvida de que Paulo foi, parcialmente pelo menos, se não totalmente, iniciado nos mistérios teúrgicos. A sua linguagem, a fraseologia tão peculiar aos filósofos gregos, certas expressões usadas pelos iniciados são muitos sinais audíveis para essa suposição. Nossa suspeita foi reforçada por um artigo muito bem escrito, publicado em jornais nova-iorquinos, intitulado *Paul and Plato*, em que seu autor[72] emite uma observação notável e, para nós, muito preciosa. Nas suas *Epístolas aos Coríntios*, ele nos mostra um Paulo abundante em "expressões sugeridas pelas iniciações de Sabazius e Elêusis e pelas leituras dos filósofos [gregos]. Ele [Paulo] se diz um *idiôtês* – uma pessoa ignorante no que concerne à Palavra, mas não à *gnosis* ou conhecimento filosófico. 'Dizemos sabedoria entre os perfeitos ou iniciados' – escreve ele – 'não a sabedoria divina num mistério, secreta – que *nenhum dos arcontes deste mundo conheceu*'"[73].

O que mais quer o apóstolo dizer com estas palavras inequívocas, senão que ele próprio, que fazia parte dos *mystae* (iniciados), falava de coisas expostas e explicadas apenas nos mistérios? A "sabedoria divina num mistério que nenhum dos *arcontes deste mundo conheceu*" faz evidentemente alguma referência direta ao *basileus* da iniciação eleusiniana que *ele conhecia*. O *basileus* pertencia à comitiva do grande hierofante e era um *arconte* de Atenas; e, assim, era um dos principais *mystae*, pertencente aos mistérios *interiores*, aos quais apenas um número muito seleto e pequeno tinha acesso[74]. Os magistrados que supervisionavam os eleusinos eram chamados arcontes.

Uma outra prova de que Paulo pertencia ao círculo dos "iniciados" repousa no seguinte fato. Sua cabeça foi tosquiada em Anchrea (onde Lúcio Apuleio foi iniciado) porque "ele tinha um voto". Os *nazars* – ou os postos à parte –, como vemos nas Escrituras judaicas, tinham de cortar seus cabelos, que usavam longos, e que "nenhuma navalha tocou" em tempo algum, e sacrificá-los no altar da iniciação. E os *nazars* eram uma classe de teurgos caldeus. Veremos depois que Jesus pertenceu a essa classe.

Paulo declara que "De acordo com a graça de Deus que me foi dada, como sábio arquiteto lancei o fundamento"[75].

Esta expressão, arquiteto, usada apenas *uma vez* em toda a *Bíblia*, e justamente por Paulo, pode ser considerada como uma verdadeira revelação. Nos mistérios, a terceira parte dos ritos era chamada *Epopteia*, ou revelação, recepção dos segredos. Em substância, ela significa aquele estágio de clarividência divina em que tudo o que pertence a esta Terra desaparece e a visão terrena é paralisada e a alma pura e livre une-se ao seu Espírito, ou Deus. Mas a significação real da palavra é "vigilante", de ὅπτομαι – *eu me vejo*. Em sânscrito, a palavra *avâpta* tem o mesmo significado, e também o de *obter*[76]. A palavra *epopteia* é um composto, de ἐπί, sobre e de ὅπτομαι, ver, ou ser um vigilante, um inspetor – também utilizada para um arquiteto. O título de mestre-pedreiro, na Franco-maçonaria, deriva daí, no sentido que ele tinha nos mistérios. Em conseqüência, quando Paulo se diz ser um "arquiteto", ele está usando uma palavra eminentemente cabalística, teúrgica e maçônica, e que nenhum dos outros apóstolos utiliza. Assim, ele se declara um *adepto*, que tem o direito de *iniciar* outros.

Se pesquisarmos nessa direção, com esses guias seguros, os mistérios gregos e a *Cabala*, diante de nós, será fácil encontrar a razão secreta pela qual Paulo foi tão perseguido e odiado por Pedro, João e Tiago. O autor da *Revelação* era um cabalista judeu *pur sang*, com toda a aversão aos mistérios herdada por ele de seus ancestrais[77]. O ciúme que sentia durante a vida de Jesus estendeu-se a Pedro; e foi só depois da morte do seu Mestre comum que vemos os dois apóstolos – dos quais o primeiro vestiu a Mitra e o Petalon dos rabinos judaicos – pregar com tanto zelo o rito da circuncisão. Aos olhos de Pedro, Paulo, que o humilhara, e ao qual considerava ser superior a ele em "conhecimentos gregos" e Filosofia, devia parecer naturalmente um mágico, um homem poluído com a "*Gnosis*", com a "sabedoria" dos mistérios gregos – e, talvez, "Simão, o Mago"[78].

Quanto a Pedro, a crítica bíblica já mostrou que ele talvez não tivesse nada a ver com a fundação da Igreja latina em Roma, senão fornecer o pretexto de que o astucioso Irineu se aproveitou para fazer beneficiar essa Igreja com o novo nome do apóstolo – *Petros* ou *Kêphas*, um nome que se prestava tão bem, com um jogo de palavras, para ser associado ao de *Petroma*, o duplo jogo de tabletes de pedra usados pelo hierofante nas iniciações durante o mistério final. Nisso, talvez, repouse escondido todo o segredo das pretensões do Vaticano. Como o Prof. Wilder tão bem sugere: "Nos países orientais, a designação פתר , Pether [em fenício e em caldaico, um intérprete] parece ter sido o título desse personagem [o hierofante]. (...) Há nesses fatos uma reminiscência das circunstâncias peculiares da lei mosaica (...) assim como a pretensão do Papa de ser o sucessor de Pedro, o hierofante ou intérprete da religião cristã"[79].

Assim, devemos conceder a ele, em certa medida, o direito de ser esse intérprete. A Igreja latina tem preservado fielmente em símbolos, ritos, cerimônias, arquitetura e mesmo no vestuário do seu clero, a tradição do culto pagão – das cerimônias públicas ou exotéricas, podemos acrescentar; de outra maneira, os seus dogmas exibiriam mais bom-senso e menos blasfêmias contra a majestade do Deus Supremo e Invisível.

Uma inscrição encontrada no túmulo da Rainha Menthu-hetep, da 11ª dinastia (2.782 a.C), que se reconheceu ter sido transcrita do sétimo capítulo do *Livro dos mortos* (que data de pelo menos 4.500 a.C), é mais do que sugestiva. Esse texto monumental contém um grupo de hieróglifos que, interpretados, se lêem:

PTR. RF. SU.
Peter- ref- su.

O Barão Bunsen apresenta esta fórmula sagrada misturada com toda uma série de comentários e interpretações várias num monumento de quarenta séculos[*]. "Isto equivale a dizer que o registro [a verdadeira interpretação] não era mais inteligível naquela época. (...) Pedimos aos nossos leitores que entendam", acrescenta ele, "que um texto sagrado, um hino, que contém as palavras de um espírito desencarnado, existia nesse estado cerca de 4.000 anos atrás (...) a ponto de ser quase ininteligível para os escribas do rei"[80].

Também fica evidente que era ininteligível para os profanos que estavam entre esses últimos, quando se lê os comentários confusos e contraditórios que afirmam que se tratava de uma palavra–"mistério" conhecida dos hierofantes dos santuários, e, também, uma palavra escolhida por Jesus para designar a tarefa atribuída por ele a um dos seus apóstolos. Esta palavra, PTR, foi interpretada parcialmente devido a uma outra palavra escrita num outro grupo de hieróglifos, sobre uma estela, sob a forma de um olho aberto[81]. Bunsen menciona ainda outra explicação de PTR – "mostrar". "Parece-me" – observa ele – "que nosso PTR é literalmente a forma '*Patar*' do velho aramaico e do hebraico, que ocorre na história de José como a palavra específica para *interpretação*; donde *Pitrun* deva ser o termo para interpretação de um texto, de um sonho"[82]. Num manuscrito do século I, uma combinação de textos demóticos e gregos[83], provavelmente um dos poucos que escaparam miraculosamente ao vandalismo cristão dos séculos II e III, quando todos esses manuscritos preciosos foram queimados sob acusação de Magia, encontramos diversas vezes repetida uma frase que, talvez, possa lançar luzes sobre essa questão. Com relação a um dos heróis principais do manuscrito, constantemente referido como "o Iluminador Judeu" ou Iniciado, Τελειωτής, acredita-se que ele só se comunique com o seu *Patar*; esta palavra está escrita em caracteres caldaicos, e é associada, uma vez, com o nome *Shimeon*. Muitas vezes, o "Iluminador", que raramente interrompe sua solidão contemplativa, nos é mostrado habitando uma κρυπτή (caverna) e ensinando, não oralmente, mas por intermédio do *Patar*, as multidões de discípulos ávidos de aprender que se postavam do lado de fora. O *Patar* recebe as palavras de sabedoria aplicando o ouvido a um buraco circular escavado num tabique que oculta o instrutor dos seus ouvintes e as transmite à multidão, com explicações e comentários. Este era, com pequenas modificações, o método

---

* PTR RF SU significa "o que (ou quem) é isto?" O cap. XVII do *Livro dos mortos* surgiu pela primeira vez na XI Dinastia. Faz-se ali uma afirmação que termina com a pergunta: "o que (ou quem) é isto?" Vem então a primeira explicação, amiúde seguida pelas palavras KY DJED, "De outra maneira", seguidas por outra explicação. Podem haver, ainda, outras explicações para a mesma afirmação, etc. Budge, na sua tradução inglesa do *Livro dos mortos* (Introdução, p. XCVII), diz: "Como muitas seções do *Livro dos mortos*, esse capítulo foi composto pelos sacerdotes de Heliópolis, representando suas opiniões sobre a natureza dos deuses e provando que existiam várias opiniões quanto ao significado de suas passagens".

utilizado por Pitágoras, que, como sabemos, nunca permitiu que os seus neófitos o vissem durante os anos de provação, mas os instruía postado atrás de uma cortina que fechava a entrada da sua caverna.

Mas, fosse o "Iluminador" do manuscrito greco-demótico idêntico a Jesus ou não, continua válido o fato de que o vemos servir-se de um termo usado nos "mistérios" para designar aquele que mais tarde a Igreja católica elevará à categoria de porteiro do Reino do Céu e de intérprete da vontade de Cristo. A palavra Patar ou Peter coloca ambos, mestre e discípulo, no círculo da iniciação e em relação com a "Doutrina Secreta". O grande hierofante dos antigos mistérios nunca permitiu que os candidatos o vissem ou ouvissem pessoalmente. Ele era o *deus ex machina*, a Divindade invisível que preside, transmitindo sua vontade e suas instruções por meio de um intermediário; e, 2.000 anos depois, descobrimos que os Taley-Lamas do Tibete seguiram por séculos o mesmo programa tradicional durante os mistérios religiosos mais importantes do Lamaísmo. Se Jesus conheceu o significado secreto do título que ele atribuiu a Simão, então ele era um iniciado; de outra maneira, ele não o teria conhecido; e se ele era um iniciado dos essênios pitagóricos, dos magos caldaicos ou dos padres egípcios, então a doutrina ensinada por ele era apenas uma porção da "Doutrina Secreta" ensinada pelos hierofantes pagãos aos poucos adeptos selecionados admitidos aos áditos sagrados.

Porém, discutiremos essa questão mais tarde. Por ora indicaremos sumariamente a extraordinária similaridade – ou antes identidade, deveríamos dizer – de ritos e de vestimenta cerimonial do clero cristão com os dos babilônicos, dos assírios, dos fenícios, dos egípcios e de outros pagãos da Antiguidade.

Se quisermos descobrir o modelo da tiara papal, devemos procurar os anais das lâminas assírias antigas. Convidamos o leitor a prestar a sua atenção à obra ilustrada do Dr. Inman, *Ancient Pagan and Modern Christian Symbolism*. Na p. 64, reconhecerá prontamente a cobertura da cabeça de São Pedro no turbante usado pelos deuses ou anjos na antiga Assíria, "onde ela figura coroada por um emblema da trindade *masculina*" (a cruz cristã). "Podemos mencionar, de passagem", acrescenta o Dr. Inman, "que, da mesma maneira que os católicos romanos adotaram a mitra e a tiara da 'raça maldita de Ham', também adotaram o cajado episcopal dos áugures da Etrúria e a forma artística que emprestam aos seus anjos foi tomada aos pintores e aos fabricantes de urnas da Magna Grécia e da Itália Central".

E, se formos mais longe em nossas pesquisas e procurarmos a origem da auréola e da tonsura dos padres e dos monges católicos?[84] Encontraremos provas irrefutáveis de que elas são emblemas solares. Chas. Knight, em seu *Old England: a Pictorial Museum*, reproduz um desenho de Santo Agostinho que representa um antigo bispo cristão numa vestimenta provavelmente idêntica àquela que era usada pelo próprio "santo". O *pallium*, ou a antiga estola do bispo, é um signo feminino, quando é usado por um padre oficiante. Na gravura de Santo Agostinho, ela está coberta de cruzes budistas e, no conjunto, é uma representação do **T** (*tao*) egípcio que assume ligeiramente a forma da letra **Y**. "Sua extremidade inferior é (...) a marca da Tríada masculina", diz Inman; "a mão direita [da figura] tem o dedo indicador estendido, como o faziam os padres assírios quando rendiam homenagem ao *arvoredo*. (...) Quando um homem veste o *pallium* no curso de um culto, torna-se representante da trindade na unidade, o *Arba*, ou quaternário místico"[85].

"Imaculada é Nossa Senhora Ísis", é a legenda inscrita numa gravura de

Serapis e Ísis, descrita por King, em *The Gnostics and their Remains*, " Ἡ ΚΥΡΙΑ ΕΙCΙC ΑΓΝΗ, 'Imaculada é Nossa Senhora Ísis', termos idênticos que foram aplicados posteriormente à personagem que se lhe seguiu em forma, títulos, símbolos, ritos e cerimônias (...) Assim, seus devotos transferiram ao novo sacerdócio as antigas insígnias da sua profissão, a obrigação do celibato, a tonsura e a sobrepeliz, omitindo, infelizmente, as abluções freqüentes prescritas pelo antigo credo." – "As 'Virgens Negras', tão reverenciadas em certas catedrais francesas durante a longa noite da Idade Média, provaram ser, após um exame crítico, nada mais do que estátuas de Ísis esculpidas em basalto"![86]

Diante do santuário de Júpiter Ammon estavam suspensos sinos tilintantes, e era ao som dessas campainhas que os padres recebiam os seus augúrios; "um sino dourado e uma romã (...) ao redor da fímbria do manto", foi o resultado obtido entre os judeus mosaicos[87]. Mas no sistema budista, durante os serviços religiosos, os deuses do Deva-Loka são sempre invocados e convidados a descer sobre os altares por meio do soar dos sinos suspensos nos pagodes. O sino da mesa sagrada de Śiva, em Kuhama, está descrito em Kailâsa e todo *vihâra* ou Lamaseria budista tem os seus sinos.

Vemos, assim, que os sinos usados pelos cristãos provêm diretamente dos tibetanos budistas e dos chineses. As contas e os rosários têm a mesma origem e foram usados pelos monges budistas por cerca de 2.300 anos. Os *liṅgas* dos templos hindus são decorados em certas datas com grandes bagas provenientes de uma árvore consagrada a Mahâdeva e enfiadas em forma de rosário. O título de "monja" [*nun*, em inglês – N. T.] é uma palavra egípcia e tinha para os egípcios o mesmo significado atual; os cristãos nem se deram ao trabalho de traduzir a palavra *Nonna*. A auréola dos santos foi usada pelos artistas antediluvianos da Babilônia toda vez que desejavam honrar ou deificar a cabeça de um mortal. Numa célebre gravura do *Hindoo Pantheon* de Moor, intitulada "Krishna amamentado por Devakî, segundo um quadro admiravelmente executado", a Virgem hindu está representada sentada sobre um divã e aleitando Krishna. Os cabelos penteados para trás, o longo véu e a auréola dourada que circunda a cabeça da Virgem, assim como a do Salvador hindu, são surpreendentes. Nenhum católico, por mais versado que fosse no simbolismo misterioso da iconologia, hesitaria por um momento sequer em adorar naquele santuário a Virgem Maria, a mãe de seu Deus![88] Em Indra-Sabhâ, na entrada sul das cavernas de Ellora, pode-se ver ainda hoje a figura da esposa de Indra, *Indrânî*, sentada com seu deus-menino, apontando com um dedo para o céu, com o mesmo gesto da Madonna italiana e o seu menino[89]. Em *Ancient Pagan and Modern Christian Symbolism*, seu autor reproduz uma gravura de uma estampa xilográfica medieval – como aquelas que se pode ver às dezenas nos velhos saltérios – em que a Virgem Maria, com o seu menino, está representada como a Rainha do Céu sobre a Lua crescente, emblema da virgindade. "Estando diante do Sol, ela eclipsa em parte a sua luz. Nada melhor do que isto para identificar mais completamente a mãe cristã e o menino, com Ísis e Horus, Ishtar, Vênus, Juno e uma legião de outras deusas pagãs que têm sido chamadas de 'Rainha do Céu', 'Rainha do Universo', 'Mãe de Deus', 'Esposa de Deus', 'Virgem Celestial', 'Pacificadora Celeste', etc."[90]

Tais gravuras não são puramente astronômicas. Representam o deus masculino e a deusa feminina como o Sol e a Lua em conjunção, "a união da tríade com a unidade". Os chifres da vaca sobre a cabeça de Ísis têm a mesma significação.

E, assim, acima, abaixo, fora e dentro da Igreja cristã, nos paramentos sacerdotais e nos ritos religiosos, reconhecemos a marca do gentilismo exotérico. Em nenhum outro assunto, na extensa ordem dos conhecimentos humanos, foi o mundo mais cegado ou enganado com essas representações falsificadas, do que no que diz respeito à Antiguidade. Seu passado venerável e as suas crenças religiosas foram falsamente representadas e espezinhadas pelos seus sucessores. Seus hierofantes e profetas, os *mystai* e os *epoptai*[91] dos outrora sagrados áditos do templo, mostrados como endemoninhados e adoradores do Diabo. Vestido com os paramentos das vítimas despojadas, o padre cristão anatematiza hoje contra elas com ritos e cerimônias que aprendeu com os próprios teurgos. A *Bíblia* mosaica é usada como uma arma contra as pessoas que a forneceram. O filósofo gentio é amaldiçoado sob o mesmo teto que testemunhou a sua iniciação; e o "macaco de Deus" (isto é, o diabo de Tertuliano), "o criador e o fundador da teurgia mágica, da ciência das ilusões e das mentiras, cujo pai e autor é o demônio" é exorcizado com água benta pela mão de quem segura o mesmo *lituus*[92] com que o antigo áugure, após uma prece solene, costumava determinar as regiões do céu e evocar, em nome do ALTÍSSIMO, o deus menor (agora chamado de Diabo), que devia desvelar aos seus olhos o futuro e permitir-lhe profetizar! Da parte dos cristãos e do clero, isto é uma ignorância vergonhosa, preconceito e um orgulho desprezível tão corajosamente denunciado por um dos seus ministros, J. B. Gross[93], que se insurgem contra toda investigação tachando-a de "trabalho criminoso e inútil, quando se deve temer que resulte numa inversão de sistemas preestabelecidos de fé". Da parte dos cientistas é a mesma apreensão da possível necessidade de terem de modificar algumas das suas teorias científicas erroneamente estabelecidas. "Só esse preconceito miserável", diz Gross, "pode ter sido capaz de desnaturar a Teologia do gentilismo e distorcer – não, caricaturar – suas formas de adoração religiosa. É hora de a posteridade erguer a sua voz para reivindicar a verdade violada e de o século atual aprender um pouco daquele bom-senso de que *ele* se orgulha com tanta complacência, como se a prerrogativa da razão fosse o direito inato apenas dos tempos modernos"[94].

Tudo isto nos põe no caminho da verdadeira causa da aversão que os cristãos primitivos e medievais sentiam contra seus irmãos pagãos e perigosos rivais. Só odiamos aquilo que tememos. Tendo os taumaturgos cristãos rompido todo contato com os mistérios dos templos e com "essas escolas tão famosas pela Magia", descritas por Santo Hilário[95], eles não podiam senão rivalizar com os pagãos fazedores de milagres. Nenhum apóstolo, talvez com a exceção de curar por poder mesmérico, jamais se igualou a Apolônio de Tiana; e o escândalo criado entre os apóstolos pelo milagreiro Simão, o Mago, é notório demais para ser repetido aqui. "Como é que", pergunta Justino, o Mártir, evidentemente intimidado, "como é que os talismãs de Apolônio (os $\tau\epsilon\lambda\epsilon\sigma\mu\alpha\tau\alpha$) têm poder sobre certos objetos da criação, pois eles acalmam, *como vemos*, a fúria das ondas e a violência dos ventos e os ataques de bestas selvagens; enquanto os milagres de nosso Senhor são preservados apenas pela tradição, os de Apolônio *são mais numerosos* e se manifestam atualmente em fatos capazes de desorientar todos os espectadores?"[96] Esse mártir perplexo resolve o problema ao atribuir muito corretamente a eficácia e a potência dos encantamentos usados por Apolônio ao seu conhecimento profundo das simpatias e das antipatias (ou repugnâncias) da Natureza.

Incapazes de negar a superioridade evidente dos poderes dos seus inimigos, os padres recorreram ao método velho, mas sempre coroado de sucesso – o da calúnia. Eles honravam os teurgos com a mesma calúnia insinuante que os fariseus praticaram contra Jesus. "Tu tens um demônio", diziam-lhe os anciãos da sinagoga judaica. "Tu tens o Diabo", repetiam os padres astuciosos, com igual verdade, dirigindo-se ao taumaturgo pagão; e foi assim que a acusação, erigida mais tarde em artigo de fé, ganhou a luz do dia.

Mas os herdeiros modernos desses falsários eclesiásticos, que acusam a Magia, o Espiritismo e até mesmo o Magnetismo de serem produzidos por um demônio, esquecem-se dos clássicos ou talvez nunca os tenham lido. Nenhum dos nossos beatos jamais olhou com mais desdém para os *abusos* da Magia do que o verdadeiro iniciado de outrora. Nenhuma lei moderna ou mesmo medieval foi mais severa que a do hierofante. Seguramente, este último possuía mais discernimento, caridade e justiça do que o clero cristão; pois, ao mesmo tempo em que baniam o bruxo "inconsciente", a pessoa perturbada por um demônio, fora dos limites sagrados dos áditos, os padres, em vez de queimá-la impiedosamente, cuidavam do infeliz "possuído". Com a existência de hospitais expressamente construídos para esse fim na vizinhança dos templos, o "médium" antigo, quando possuído, era cuidado e restituído à saúde. Mas, para aquele que tivesse, por *feitiçaria* consciente, adquirido poderes perigosos para os seus semelhantes, os padres de outrora eram tão severos como a própria justiça. "Toda pessoa acusada *acidentalmente* de homicídio, ou de qualquer crime, ou condenada por *feitiçaria*, era excluída" dos mistérios eleusinos[97]. O mesmo acontecia em relação a todos os outros. Esta lei, mencionada por todos os escritores sobre a iniciação antiga, fala por si mesma. A pretensão de Agostinho de que todas as explicações dadas pelos neoplatônicos foram inventadas por eles mesmos é um absurdo. Pois quase todas as cerimônias, em sua ordem verdadeira e sucessiva, são mencionadas pelo próprio Platão de uma maneira mais ou menos velada. Os mistérios são tão velhos quanto o mundo e aquele que for bastante versado nas mitologias esotéricas de várias nações pode fazê-las remontar até os dias do período pré-védico da Índia. A virtude mais estrita e a pureza são condições exigidas do *Vatu*, ou candidato, na Índia, antes que ele se torne um iniciado, quer ele pretenda ser um simples faquir, um *purohita* (padre público) ou um *sannyâsin*, um santo do segundo grau de iniciação, o mais santo e o mais venerado de todos. Após sua vitória nas provas terríveis que precedem a sua admissão ao templo interior das criptas subterrâneas do seu pagode, o *sannyâsin* passa o resto da sua vida no templo, praticando as 84 regras e as 10 virtudes atribuídas aos iogues.

"Ninguém que não tenha praticado, durante toda a sua vida, as 10 virtudes que o divino Manu exige como um dever, pode ser iniciado nos mistérios do concílio", dizem os livros hindus de iniciação.

Essas virtudes são: "a resignação; o hábito de fazer o bem em vez do mal: a temperança; a probidade; a pureza; a castidade; o domínio dos sentidos físicos; o conhecimento das Escrituras Sagradas; o da alma [espírito] *Superior*; a veracidade; a paciência"[98]. Só essas virtudes devem dirigir a vida de um verdadeiro iogue. "Nenhum adepto indigno deverá sujar com a sua presença as fileiras de iniciados santos durante 24 horas". O adepto é tido como acusado, se violar qualquer um desses votos. Certamente a prática dessas virtudes é incompatível com a noção de uma adoração do *diabo* ou de uma vida de lascívia!

Tentaremos agora fornecer uma exposição resumida e clara de um dos objetivos principais desta obra. O que queremos provar é que, subjacente a toda religião popular antiga, havia a mesma antiga doutrina-sabedoria, una e idêntica, professada e praticada pelos iniciados de todos os países, cuja existência e importância só eles conheciam. Seria humanamente impossível pesquisar hoje a sua origem e a época precisa em que foi elaborada. Todavia, uma simples vista d'olhos é suficiente para fazer ver que ela não teria chegado a atingir a perfeição maravilhosa com que a encontramos representada nas relíquias dos vários sistemas esotéricos, senão após uma sucessão de séculos. Uma filosofia tão profunda, um código de moral tão nobre e resultados práticos tão conclusivos e tão uniformemente demonstráveis não são produto de uma única geração, ou mesmo de uma única época. Um fato deve ter sido empilhado sobre outro fato, uma dedução sobre outra dedução, a ciência deve ter engendrado a ciência e miríades das inteligências humanas mais brilhantes refletiram sobre as leis da Natureza antes que essa doutrina antiga assumisse uma forma concreta. As provas dessa identidade de doutrina fundamental nas religiões antigas encontram-se na persistência de um sistema de iniciação, nas castas sacerdotais secretas que guardavam as palavras místicas de poder e numa exibição pública de um controle fenomenal sobre as forças naturais, prova evidente de uma associação com seres supra-humanos. Toda aproximação dos mistérios de todas essas nações estava guardada com o mesmo cuidado zeloso e em todas elas a pena de morte era infligida aos iniciados de qualquer grau que divulgassem os segredos que lhe haviam sido confiados. Vimos que isso ocorria nos mistérios eleusinos e báquicos, entre os magos caldaicos e os hierofantes egípcios, ao passo que entre os hindus, de onde todos eles derivaram, a mesma regra prevaleceu desde tempos imemoriais. Não temos dúvida a esse respeito; o *Agrushada Parikshai* diz explicitamente que "Todo iniciado, não importa a que grau ele pertença, que revelar a grande fórmula sagrada será condenado à morte".

Muito naturalmente, essa mesma penalidade extrema foi prescrita em todas as seitas multifárias e irmandades que em épocas diferentes se originaram do antigo tronco. Encontramo-la nos essênios primitivos, nos gnósticos, nos neoplatônicos teúrgicos e nos filósofos medievais; e, nos nossos dias, até os maçons perpetuam a memória das antigas obrigações nas ameaças de degola, desmembramento e evisceração com que o candidato é ameaçado. Da mesma maneira como a "palavra do mestre" maçônica é comunicada apenas em "voz baixa", assim também esta precaução está prescrita no *Livro dos números* caldaico e na *Merkabah* judaica. Após a iniciação, o neófito era levado por um *ancião* a um lugar isolado e ali ouvia *ao pé do ouvido* o grande segredo[99]. O maçon jura, sob as penas mais severas, que não comunicará os segredos de qualquer grau "a um irmão de *grau inferior*"; e o *Agrushada Parikshai* diz: "Qualquer iniciado do terceiro grau que revelar antes da época prescrita aos iniciados do segundo grau as verdades superiores deve ser condenado à morte". Além disso, o aprendiz maçônico consente em que se lhe "arranquem a língua", se ele divulgar qualquer coisa a um profano; e, nos livros hindus de iniciação, o mesmo *Agrushada Parikshai*, lemos que qualquer iniciado do primeiro grau (o mais inferior) que trair os segredos da sua iniciação a membros de outras castas, para os quais a ciência deve ser um livro fechado, terá "sua *língua cortada*" e sofrerá outras mutilações.

Na continuação, colocaremos em relevo as provas dessa identidade de votos, fórmulas, ritos e doutrinas entre as fés antigas. Também mostraremos que não só a sua memória ainda está preservada na Índia, como também a Associação Secreta está mais viva e ativa do que nunca; que, depois de ter lido isto que temos para dizer, pode-se inferir que o supremo pontífice e hierofante, o *Brahmâtma*, ainda é acessível àqueles "que conhecem", embora talvez seja conhecido por outro nome; e que as ramificações da sua influência se estendem por todo o mundo. Mas voltaremos em outra ocasião ao período cristão primitivo.

Fingindo ignorar que havia uma significação esotérica qualquer nos símbolos exotéricos e que os próprios mistérios foram compostos em duas partes, os menores em Agrae e os maiores em Elêusis, Clemente de Alexandria, com a beatice rancorosa que se poderia esperar de um neoplatônico renegado, porém que espanta quando a vemos presente nesse padre geralmente leal e culto, estigmatizou os mistérios como indecentes e diabólicos. Fossem quais fossem os ritos praticados pelos neófitos antes de passarem a uma forma mais elevada de instrução; malcompreendidas como fossem as provas de *katharsis* ou purificação, durante as quais eles eram submetidos a toda espécie de provações; e a que ponto o aspecto imaterial ou físico tenha levado à calúnia – só um preconceito perverso levaria uma pessoa a dizer que sob este significado externo não existiria nenhuma significação mais profunda e espiritual.

É certamente absurdo julgar os antigos segundo o nosso ponto de vista sobre a adequação e a virtude. E, com mais certeza, não é a Igreja – que todos os simbologistas modernos acusam de ter adotado precisamente esses mesmos emblemas em seu aspecto mais grosseiro e que é, em conseqüência, impotente para refutar essas acusações – que deverá atirar pedras contra aqueles que foram os seus modelos. Quando homens como Pitágoras, Platão e Jâmblico, famosos por sua moralidade serena, tomavam parte nos mistérios e falavam dele com veneração, não convém aos nossos críticos modernos julgá-los tão precipitadamente tendo como base apenas o seu aspecto externo. Jâmblico fornece as descrições dos mais audaciosos; e a sua explicação, vinda de uma mente sem preconceito, deveria parecer perfeitamente plausível. "Exibições desse tipo", diz ele, "nos mistérios, pretendiam livrar-nos das paixões licenciosas, satisfazendo-nos a visão e ao mesmo tempo eliminando todo pensamento mau, por meio da *santidade terrível* que acompanhava esses ritos"[100]. "Os homens mais sábios e melhores do mundo pagão", acrescenta o Dr. Warburton, "são unânimes em dizer que os mistérios foram instituídos puros e se propunham aos fins mais nobres pelos meios mais louváveis"[101].

Embora pessoas de ambos os sexos e de todas as classes pudessem participar desses ritos célebres, e mesmo que uma certa participação fosse obrigatória, pouco numerosos eram aqueles que atingiam a iniciação final e mais elevada. A gradação dos mistérios foi-nos dada por Proclo, no quarto livro da sua *Teologia de Platão*[102]. "O rito perfectivo [τελετή, *teletê*] precede a *iniciação* [μύησις, *muêsis*] e a *iniciação*, o apocalipse final, *epopteia*." Teon de Esmirna, na sua *Matemática*, também divide os ritos dos mistérios em cinco partes: "a primeira consiste na purificação prévia, pois *os mistérios não são transmitidos a todos* que os querem receber; mas há algumas pessoas que são impedidas pela voz do arauto (κῆρυξ) (...) pois é necessário que aqueles que não desejam ser excluídos dos mistérios, sejam primeiramente, aprimorados por certas purificações às quais se seguem os ritos sagrados: mas a recepção dos ritos sagrados sucede à purificação. A terceira parte é denominada *epopteia*, ou recepção. E a quarta, que é o fim e o objetivo da revelação, consiste em *enfaixar a cabeça e cingi-la com as coroas*[103] (...) após o que ele [o iniciando] se torna um portador do archote, ou um hierofante dos mistérios, ou exerça outra função qualquer no ofício sacerdotal. Mas a quinta, que é o resultado de todas as anteriores, é *a amizade e a comunhão interior com Deus* (...)". E este era o último e o mais solene dos mistérios[104].

Houve escritores que perguntaram freqüentemente qual seria o significado desta pretensão de "amizade e comunhão interior com Deus". Autores cristãos negaram as pretensões dos "pagãos" em relação a essa "comunhão", afirmando que só os santos cristãos foram e eram capazes de desfrutá-la; céticos materialistas escarneceram das idéias de ambos. Após longos séculos de materialismo religioso e de estagnação espiritual, ficou bastante difícil, se não impossível, estabelecer com clareza as pretensões de cada parte. Os gregos antigos, que uma vez acorreram em multidões ao Ágora de Atenas, com o seu altar ao "Deus Desconhecido", não mais existem; e os seus descendentes acreditam firmemente que encontraram o "Desconhecido" no Jeová dos judeus. Os êxtases divinos dos cristãos primitivos deram lugar a visões de caráter mais moderno, em relação perfeita com o progresso e a civilização. O "Filho do Homem" que aparecia nos êxtases embevecidos dos primeiros cristãos, vindo do sétimo céu, numa nuvem de glória e cercado de anjos e serafins alados, cedeu lugar a um Jesus mais prosaico e ao mesmo tempo mais comercial. Este nos é mostrado agora fazendo uma visita matinal a Maria e Marta na Betânia; sentando-se na *"otomana"* com sua irmã caçula, admiradora da "ética", enquanto Marta passa o tempo na cozinha preparando a refeição. E logo a imaginação febril de um pregador blasfemo e arlequim do Brooklin, o Rev. Dr. Talmage, no-la representa atarefada, "suor na fronte, o jarro numa mão e pinças na outra (...) na presença de Cristo", repreendendo-o vivamente por permitir que sua irmã 'fizesse sozinha' todo o serviço"[105].

Desde o nascimento da concepção solene e majestosa da Divindade não-revelada dos antigos adeptos até essas descrições caricaturais daquele que morreu na Cruz por sua devoção filantrópica para com a Humanidade, muitos séculos se passaram e parece que o seu peso apagou, quase completamente, todo sentido de uma religião espiritual dos corações de seus seguidores confessos. Não espanta, então, que a frase de Proclo não seja mais compreendida pelos cristãos e seja rejeitada como um "capricho" pelos materialistas, que, em sua negação, são menos blasfemos e ateus do que muitos dos reverendos e membros das igrejas. Mas, embora os *epoptai* gregos não mais existam, temos hoje, em nosso século, um povo muito mais antigo do que os antigos helenos que pratica os chamados dons "supra-humanos", no mesmo grau que os seus ancestrais antes do cerco de Tróia. É sobre este povo que chamamos a atenção do psicólogo e do filósofo.

Ninguém precisa se aprofundar muito na literatura dos orientalistas para se convencer de que, na maior parte dos casos, eles nem mesmo suspeitam de que na filosofia arcana da Índia haja profundezas que eles não sondaram e *não podem* sondar, pois passaram por eles sem as perceberem. Há neles um tom de superioridade consciente e um toque de desprezo, no tratamento da metafísica hindu, como se só a mente européia fosse suficientemente iluminada para polir o diamante bruto dos antigos escritores sânscritos e separar o que é bom do que é mau, no interesse dos seus descendentes. Nós os vemos disputando sobre as formas exteriores de expressão, sem compreender as grandes virtudes vitais que essas formas ocultam à visão profana.

"Via de regra" – diz Jacolliot – "os brâmanes raramente se elevaram acima da classe dos *grihastha* [sacerdotes das castas vulgares] e dos *purohita* [exorcizadores, adivinhos, profetas e evocadores de espíritos]. E, entretanto, veremos (...) uma vez que tenhamos tocado a questão e estudado as manifestações e fenômenos, que esses iniciados do *primeiro* grau [o mais baixo] atribuíam a si mesmos e possuíam, aparentemente, faculdades desenvolvidas até um grau jamais igualado na Europa. Quanto aos iniciados da segunda e especialmente da terceira categoria, eles pretendem poder ignorar o tempo e o espaço e controlar a vida e a morte"[106].

O Sr. Jacolliot *não encontrou* esses iniciados; pois, como ele mesmo diz, eles só aparecem nas ocasiões mais solenes e quando a fé das multidões deve ser fortificada por fenômenos de ordem superior. "Eles nunca são vistos, nem na vizinhança dos templos, nem mesmo dentro deles, exceto no grande festival qüinqüenal do fogo. Nessa ocasião, eles surgem por volta da meia-noite, numa plataforma erigida no centro do lago sagrado, como fantasmas, e iluminam o espaço com as suas conjurações. Uma flamejante coluna de fogo se eleva ao seu redor, indo da terra para o céu. Sons estranhos vibram no ar e quinhentos ou seiscentos mil hindus, provenientes de todas as partes da Índia para contemplar esses semideuses, prostram-se com as faces na areia, invocando as almas de seus ancestrais"[107].

Que qualquer pessoa imparcial leia o livro *Le spiritisme dans le monde* e, assim, não acreditará que esse "racionalista implacável", como o próprio Jacolliot se orgulha de se intitular, disse uma palavra a mais do que aquilo que é corroborado por aquilo que ele viu. As suas afirmações apóiam as de outros céticos e são corroboradas por elas. Via de regra, os missionários, após ter vivido metade das suas vidas no país da "adoração do Diabo", como eles denominam a Índia, *negam* falsamente aquilo que eles não podem reconhecer como verdadeiro ou atribuem ridiculamente fenômenos a esse poder do Diabo que rivalizam com os "milagres" dos tempos apostólicos. E o que vemos esse autor francês, não obstante o seu racionalismo incorrigível, ser forçado a admitir depois de ter narrado as maravilhas mais surpreendentes? Tendo observado os faquires, viu-se compelido a render justiça à sua perfeita honestidade na produção de seus fenômenos miraculosos. "Nunca" – diz ele – "conseguimos surpreender um único deles em ato de fraude." Um fato deve ser considerado por todos aqueles que, sem ter estado na Índia, ainda se imaginam capazes de desmascarar a fraude dos *pretensos* mágicos. Esse observador hábil e refletido, esse materialista formidável, depois de uma longa permanência na Índia, afirma: "Confessamos, sem hesitar, que não encontramos, na Índia ou no Ceilão, um único europeu, mesmo entre os residentes mais antigos, que fosse capaz de indicar os meios empregados por esses devotos para a produção de tais fenômenos!"

E como poderiam fazê-lo? Esse orientalista zeloso não confessa que ele mesmo, que tinha tudo de que precisava para aprender em primeira mão os seus ritos e as suas doutrinas, falhou nas suas tentativas de fazer os brâmanes revelarem os seus segredos? "Tudo o que nossas pesquisas mais diligentes puderam extrair dos *purohitas*, em relação aos atos dos seus superiores (os iniciados invisíveis dos templos), reduz-se a muito pouca coisa." Depois, falando de um dos livros, confessa que, ao prometer revelar tudo aquilo que se desejaria saber, ele se limita "a dar fórmulas misteriosas, combinações de letras ocultas e mágicas, cujo segredo lhe foi impossível penetrar", etc.

Os faquires, embora nunca possam ir além do primeiro grau da iniciação, são, entretanto, os únicos agentes entre o mundo vivo e os "irmãos silenciosos", ou aqueles iniciados que nunca cruzam o solar das suas moradas sagradas. Os *Fukarâ-yogins* pertencem aos templos e quem poderia dizer se esses cenobitas dos santuários não teriam muito mais a ver com os fenômenos psicológicos dos faquires, que Jacolliot descreveu tão magistralmente, do que os próprios *pitris*? Quem nos dirá se o espectro fluídico do velho brâmane visto por Jacolliot era o *scîn-lâc*, o *duplo* espiritual, de um desses miteriosos *sannyâsins*?

Embora essa história tenha sido traduzida e comentada pelo prof. Perty, de Genebra, arriscamo-nos a fornecê-la nas próprias palavras de Jacolliot: "Um momento após o desaparecimento das mãos, continuando o faquir em suas evocações (*mantras*) mais seriamente do que antes, uma nuvem como a primeira, mas mais opalescente e mais opaca, começou a dar voltas ao redor do pequeno braseiro que, a pedido do hindu, eu realimentara constantemente com brasas ardentes. Pouco a pouco ela assumiu uma forma humana e eu distingui o espectro – pois não lhe posso dar outro nome – de um velho brâmane sacrificante, ajoelhado perto do braseiro.

"Ele trazia sobre a sua testa os sinais consagrados a Vishnu e, ao redor do seu corpo, uma corda tríplice, signo dos iniciados da casta sacerdotal. Juntou as mãos acima da cabeça, como fazia durante o sacrifício, e os seus lábios moveram-se como se recitassem preces. Num dado momento, tomou um punhado de pó perfumado e o lançou às cinzas; devia tratar-se de um composto muito forte, pois uma fumaça intensa se ergueu imediatamente e encheu as duas câmaras.

"Quando ela se dissipou, percebi o espectro, que, a dois passos de mim, estendia-me a mão descarnada; tomei-a nas minhas, fazendo uma saudação, e, para meu espanto, embora fosse ossuda e dura, estava quente e vibrante.

"'És, na verdade', disse eu nesse momento, em voz alta, 'um antigo habitante da Terra?'

"Nem havia terminado a pergunta, quando a palavra AM (sim) apareceu e desapareceu em letras de fogo no peito do velho brâmane, com um efeito semelhante àquele que a palavra produziria se fosse escrita na escuridão com um fósforo.

"'Vais deixar-me algo como prova da tua visita?' – continuei.

"O espírito desfez a corda tríplice, composta de três fios de algodão, que cingia a sua cintura, deu-ma e desapareceu bem perto dos meus pés."

"Ó Brahmâ! que mistério é esse que se reproduz a cada noite? (...) Quando estou deitado na rede, com os olhos fechados, o corpo se perde de vista e a alma escapa para entrar em conversação com os *pitris*. (...) Vede-a, ó Brahmâ, quando, abandonando o corpo que repousa, vai dar voltas ao redor das águas, errar na imensidade do céu e penetrar nos recantos sombrios e misteriosos dos vales e das imensas florestas do Himavat!" (*Agrushada Parikshai*)[108].

Quando pertencem a um templo, os faquires só agem quando se lhes ordena que ajam. Nenhum deles, a menos que tenha alcançado um grau de santidade extraordinária, está livre da influência e da orientação de seu guru, seu mestre, que foi o primeiro a iniciá-lo e a instruí-lo nos mistérios das ciências *ocultas*. Como o *paciente* do mesmerizador europeu, o faquir comum nunca pode subtrair-se inteiramente à influência psicológica exercida sobre ele por seu guru. Após ter passado duas ou três horas no silêncio e na solidão do tempo interior em prece e em meditação, o faquir, quando sai dali, está mesmericamente fortalecido e preparado; produz maravilhas mais variadas e mais poderosas do que antes de entrar. O "mestre" *impôs suas mãos sobre ele* e o faquir sente-se forte.

Pode-se mostrar, com base nos muitos livros sagrados bramânicos e budistas, que nunca existiu uma grande diferença entre os adeptos de uma ordem mais elevada e os indivíduos puramente psicológicos – como muitos desses faquires, que, de um certo ponto de vista, são médiuns. Na verdade, o faquir está sempre falando de *pitris*, e isto é natural, pois são as suas divindades protetoras. Mas os *pitris* são *seres humanos desencarnados de nossa raça*? Esta é a questão, e nós a discutiremos logo em seguida.

Dizemos que o faquir pode ser considerado como médium em certo grau; pois ele o é – e isso geralmente se desconhece – sob a influência mesmérica de um adepto vivo, o seu *sannyâsin* ou guru. Quando este morre, o poder do faquir, a menos que tenha recebido a última transferência de forças espirituais, declina e, muito freqüentemente, desaparece. Por que, de outra maneira, os faquires foram excluídos do direito de avançar do segundo para o terceiro grau? As vidas de muitos deles exemplificam um grau de auto-sacrifício e santidade desconhecido e incompreensível para os europeus, que tremem ao mero pensamento de tais torturas auto-impostas. Mas, embora protegido do controle por parte de espíritos vulgares e terrestres, tão grande quanto seja o abismo entre uma influência aviltadora e as suas almas auto-controladas; e embora esteja bem protegido pela vara mágica de bambu de sete nós que ele recebe do guru – o faquir ainda vive no mundo exterior do pecado e da matéria e é possível que sua alma seja tentada, talvez, pelas emanações magnéticas dos objetos e das pessoas profanas, dando assim acesso aos espíritos e *deuses* estranhos. Seria impraticável, tendo-se em vista os mistérios e os segredos inestimáveis da iniciação, admitir qualquer pessoa nesse estado, que não estivesse certa de conservar o domínio de si mesma em toda e qualquer circunstância. Isso não seria só colocar em perigo a segurança daquele que deve, sob quaisquer riscos, ser protegido da profanação, mas também admitir atrás do véu um ser cuja irresponsabilidade mediúnica arriscaria a todo instante fazê-lo perder a vida por uma indiscrição involuntária. A mesma lei que vigorava nos mistérios eleusinos, antes da nossa era, ainda é observada, hoje, na Índia.

O adepto não só deve ter domínio sobre si mesmo, mas também ser capaz de controlar os graus inferiores de seres espirituais, espíritos da Natureza e almas presas à Terra; em suma, todos aqueles que poderiam afetar o faquir.

Objetar que os adeptos-brâmanes e os faquires admitem que eles não podem nada por si mesmos e que não agem senão com a ajuda de espíritos humanos desencarnados, é afirmar que esses hindus não estavam familiarizados com as leis dos seus livros sagrados e nem mesmo com o significado da palavra *pitris*. As *Leis de Manu*, o *Atharva-Veda* e outros livros provam o que dizemos. "Tudo o que existe", diz o *Atharva-Veda*[109], "está em poder dos deuses. Os deuses estão sob o poder de conjurações mágicas. As conjurações mágicas estão sob o controle dos brâmanes. Por conseguinte, os deuses estão em poder dos brâmanes." Isso é lógico, embora pareça paradoxal, e o é de fato. E este fato explicará àqueles que até aqui não encontraram a chave do enigma (entre os quais Jacolliot deve ser enumerado, como constatamos com a leitura das suas obras) porque o faquir deve ser mantido no primeiro grau, ou o mais inferior, da seqüência da iniciação cujos adeptos superiores, ou hierofantes, são os *sannyâsins*, ou membros do antigo Concílio Supremo dos Setenta.

Além disso, no livro I do *Gênese* hindu, o *Livro da Criação* de Manu, os *pitris* são chamados de ancestrais *lunares* da raça humana. Eles pertencem a uma raça de seres diferente da nossa e eles não podem ser chamados propriamente de "espíritos humanos" no sentido em que os espiritualistas usam esse termo. Eis o que se diz deles:

"Eles [os deuses] criaram então os Yakshas, os Râkshasas, os Piśâchas[110], os Gandharvas[111], as Apsarasas, e os Asuras, os Nâgas[112], os Sarpas e os Suparnas e os Pitris – *ancestrais lunares da raça humana*" (Ver *Institutes of Manu*, livro I, śloka 37, onde os pitris são chamados de "progenitores da Humanidade")[113].

Os pitris são uma raça de espíritos distintos que pertencem à hierarquia mitológica, ou antes à nomenclatura cabalística, e devem ser incluídos entre os gênios bons, os daemons dos gregos, ou os deuses inferiores do mundo invisível; e, quando um faquir atribui os seus fenômenos aos pitris, ele só quer dizer aquilo que os antigos filósofos e teurgos pretendiam, quando afirmavam que todos os "milagres" eram obtidos com a intervenção dos deuses, ou dos *daemons* bons e maus, que controlam os poderes da Natureza, os *elementais*, que são subordinados ao poder daquele "que sabe". Um faquir chamaria uma aparição ou um fantasma humano de *palît*, ou *bhûtnâ*, e um espírito humano feminino de *pichalpâî*, não de *pitri*. É verdade que *pitarah* significa (no plural) pais, ancestrais; e *piratâî* é um parente; mas essas palavras são usadas com um sentido bastante diferente do que o dos pitris invocados nos mantras.

Afirmar, diante de um brâmane devoto ou de um faquir, que qualquer pessoa pode conversar com os espíritos dos mortos seria chocá-lo e isso lhe pareceria uma blasfêmia. A última estrofe do *Bhâgavata-Purâna* não diz que essa felicidade suprema só está reservada aos santos *sannyâsins*, aos gurus e aos iogues?

"Muito tempo antes de serem desembaraçadas de seus envoltórios mortais, as almas que só praticaram o bem, como as dos *sannyâsins* e dos *vanaprasthas*, adquirem a faculdade de conversar com as almas que as precederam no *svarga*."[114]

Nesse caso, os pitris, em vez de gênios, são os espíritos, ou antes, as almas dos desencarnados. Mas eles se comunicarão livremente apenas com aqueles cuja atmosfera for pura como as suas e a cujas *kalâśas* (invocações) piedosas eles podem responder sem risco de colocar em perigo a sua pureza celestial. Quando a alma do invocador alcançou o *sâyujya*, ou identidade perfeita de essência com a Alma Universal, quando a matéria é finalmente conquistada, então o adepto pode entrar livremente na comunhão de todos os dias e de todas as horas com aqueles que, embora aliviados de suas formas corpóreas, ainda estão progredindo por meio de uma série infindável de transformações inerentes na aproximação gradual do *Paramâtman*, ou a grande Alma Universal.

Levando-se em conta que os padres cristãos sempre reclamaram para si e para os seus santos o título de "amigos de Deus", e sabendo-se que eles emprestaram essa expressão, como muitas outras coisas, da terminologia dos templos pagãos, é natural esperar deles uma perda de paciência quando se faz uma alusão a esses ritos. Sendo ignorantes, via de regra, e tendo biógrafos tão ignorantes quanto eles, não podemos esperar encontrar nos relatos das suas visões beatíficas a beleza descritiva que constatamos nos clássicos pagãos. Se devemos duvidar das visões e dos fenômenos objetivos reclamados pelos padres do deserto e pelos hierofantes do santuário, ou aceitá-los como fatos, as imagens esplêndidas empregadas por Proclo e Apuleio, para narrar a pequena porção da iniciação final que eles ousaram revelar, lançam na escuridão completa os contos plagiadores dos ascetas cristãos, por mais fiéis que sejam essas *cópias*. A história da tentação de Santo Antônio no deserto pelo demônio feminino é apenas uma paródia das prosas preliminares do neófito durante os *Mikra*, ou mistérios menores de Agrae – aqueles ritos a cujo pensamento Clemente repreendia amargamente e que representavam a Deméter despojada à procura de sua filha e a sua boa anfitriã Baubo[115].

Sem voltar à demonstração de que nas igrejas cristãs, e especialmente nas católicas romanas irlandesas[116], os mesmos costumes, aparentemente indecentes como os descritos acima, prevaleceram até o final do último século, recorreremos aos trabalhos infatigáveis daquele honesto e corajoso defensor da fé antiga, Thomas Taylor, e às suas obras. Apesar de tudo o que os eruditos gregos dogmáticos possam ter dito em relação aos seus "erros de tradução", sua memória deve ser cara a todo verdadeiro platonista, que tenta apreender antes o pensamento interior do grande filósofo do que se deliciar com o mero mecanismo externo dos seus escritos. Tradutores mais clássicos e melhores poderiam sem dúvida ter traduzido, com uma fraseologia mais correta, as *palavras* de Platão, mas Taylor nos apresenta o *significado* de Platão, e isto é muito mais do que se pode dizer de Zeller, Jowett e seus predecessores. Entretanto, como escreve o prof. A. Wilder, as obras de Taylor "foram favoravelmente acolhidas por homens capazes de um julgamento profundo e obscuro; e é preciso reconhecer que ele era dotado de uma qualidade superior – uma percepção intuitiva do significado interior dos assuntos de que tratava. Outros podem ter sabido melhor o grego, mas ele conhecia melhor Platão"[117].

Taylor dedicou toda a sua vida útil à pesquisa de antigos manuscritos que lhe permitiram ter suas próprias especulações a respeito de muitos ritos obscuros dos mistérios corroboradas por escritores que se haviam iniciado. É de acordo com as afirmações de vários autores clássicos que dizemos que, se a adoração antiga parece ridícula e talvez licenciosa, em alguns casos, aos olhos dos críticos modernos, ela não deve ter parecido dessa maneira aos cristãos. Na Idade Média, e mesmo depois, eles aceitaram quase todo o mesmo culto, mesmo sem compreender a significação secreta dos seus ritos, e se contentaram com as interpretações obscuras, ou antes fantásticas, do clero, que adotou a forma exterior e distorceu o significado interior. Para sermos justos, podemos reconhecer que transcorreram muitos séculos, desde que a maior parte do clero cristão – que *não tem o direito de aprofundar os mistérios de Deus, nem de procurar explicar* aquilo que a Igreja aceitou e estabeleceu – teve a idéia mais remota do seu simbolismo, no seu significado tanto exotérico quanto esotérico. O mesmo não aconteceu com o chefe da Igreja e com os seus mais altos dignitários. E se estamos de pleno acordo com Inman, a respeito de que é "difícil acreditar que os eclesiásticos que sancionaram a publicação de tais gravuras[118] eram tão ignorantes quanto os ritualistas modernos", não admitimos, com o mesmo autor, que "se esses últimos tivessem conhecido o significado real dos símbolos comumente usados pela Igreja romana, eles *não* os teriam adotado"[119].

Eliminar o que deriva claramente do sexo e da adoração da natureza dos antigos gentios equivaleria a derrubar todo o culto católico romano das imagens – o elemento *Madonna* – e transformar essa fé em protestantismo. A promulgação do recente dogma da Imaculada Conceição foi inspirada por essa mesma razão secreta. A ciência da simbologia estava fazendo progressos muito rápidos. Só a fé cega na infalibilidade do Papa e na natureza imaculada da Virgem e da *sua linhagem feminina ancestral até um certo grau* salvariam a Igreja das revelações indiscretas da ciência. Este foi um hábil golpe político do vice-regente de Deus. Que importa se, "conferindo a ela essa honra"[120], como diz ingenuamente Don Pasquale de Franciscis, ele fez da Virgem Maria uma deusa, uma Divindade Olímpica que, tendo sido, por sua própria natureza, colocada na impossibilidade de cometer um pecado, não pode pretender nenhuma virtude, nem mérito pessoal por sua pureza, precisamente porque, como nos ensinaram a acreditar na nossa juventude, ela foi escolhida entre todas as mulheres. Se Sua Santidade a privou dessa virtude, talvez ele pense, por outro lado, tê-la dotado de pelo menos um atributo físico, que as outras deusas-virgens não possuem. Mas mesmo esse novo dogma, que, associado à nova pretensão de *infalibilidade*, quase revolucionou o mundo cristão, não é propriedade original da Igreja de Roma. Trata-se apenas de um retorno a uma heresia quase esquecida dos tempos do Cristianismo primitivo, a dos coliridianos, assim chamados porque *ofereciam bolos em sacrifício* à Virgem, a qual acreditavam *ter nascido de uma Virgem*[121]. A nova fórmula "Ó Virgem Maria, *concebida sem pecado*" é simplesmente uma aceitação tardia daquilo que os padres ortodoxos chamavam no começo de uma "heresia blasfema".

Pensar por um momento que os papas, os cardeais e outros dignitários "não estivessem conscientes" do primeiro ao último dos significados de seus símbolos seria cometer uma injustiça em relação à sua grande erudição e ao seu espírito de maquiavelismo. Seria ignorar que os emissários da Igreja não foram barrados por nenhuma dificuldade que pudesse ser contornada pelo emprego de artifícios jesuíticos. A política de aquiescência complacente nunca foi tão posta em prática quanto o foi pelos missionários do Ceilão, que, de acordo com o Abade Dubois – certamente uma autoridade culta e competente –, "transportavam as imagens da Virgem e do Salvador sobre carros triunfais, imitados das orgias de Juggernaut, e introduziram os dançarinos dos ritos bramânicos no cerimonial da Igreja"[122]. Agradeçamos pelo menos a esses políticos de sotaina pela consistência de que dão prova, ao empregar o carro de Juggernaut, sobre o qual os "pagãos ímpios" transportavam o *linga* de Śiva. Utilizar *este* carro para transportar, por sua vez, o emblema romano do princípio feminino da Natureza é dar prova de discernimento e de um conhecimento profundo das concepções mitológicas mais antigas. Eles reuniram assim duas divindades e representaram, numa procissão cristã, o Brahmâ "gentio", ou Nara (o pai), Nârî (a mãe) e Virâj (o filho.)

Diz Manu: "O Mestre Soberano, que existe por si mesmo, divide o seu corpo em duas metades, masculina e feminina, e da união desses dois princípios nasceu Virâj, o Filho"[123].

Não houve um padre cristão que ignorasse esses símbolos em seu significado físico; pois foi sob este aspecto que eles foram entregues à plebe ignorante. Além disso, eles possuíam boas razões para desconfiar do simbolismo oculto dessas imagens; mas como nenhum deles – exceto Paulo, talvez – tivesse sido iniciado, eles nada podiam saber da natureza dos ritos finais. Quem quer que revelasse esses mistérios era condenado à morte, sem consideração de sexo, nacionalidade ou credo.

Um padre cristão não estava mais ao abrigo de *um acidente* do que um Μύστης pagão.

Se durante os *aporrheta*, ou arcanos preliminares, existiam algumas práticas que devem ter chocado a pudicícia de um convertido cristão – embora possamos duvidar da sua sinceridade a esse respeito –, o seu simbolismo místico era suficiente para eliminar da representação toda carga de licenciosidade. Mesmo o episódio da Matrona Baubo – cujo modo excêntrico de consolação foi imortalizado nos mistérios menores – é explicado de uma maneira muito natural pelos mistagogos imparciais. Ceres-Deméter e as suas peregrinações terrestres à procura de sua filha são as representações evemerizadas de um dos assuntos mais metafísico-psicológicos jamais tratados pela mente humana. É uma máscara para a narrativa transcendente dos videntes iniciados; a visão celestial da alma liberada do novo iniciado descrevendo o processo pelo qual a alma que ainda não encarnou desce pela primeira vez à matéria. "Bem-aventurado aquele que viu essas *coisas comuns* do mundo inferior; ele conhece tanto o fim da vida quanto a sua origem divina em Júpiter", diz Píndaro[124]. Taylor demonstra, com base em mais de um iniciado, que os "espetáculos dramáticos dos mistérios menores eram destinados pelos antigos teólogos, os seus autores, a representar de uma *maneira oculta* a condição da alma impura investida de um corpo terrestre e envolvida por uma forma de natureza material e física (...) que, na verdade, a alma, até ser purificada pela filosofia, morre após unir-se ao corpo (...)"[125].

O corpo é o sepulcro, a prisão da alma, e muitos padres cristãos admitiam com Platão que a alma é *punida* por sua união com o corpo. Esta é a doutrina fundamental dos budistas e de muitos brâmanes também. Quando Plotino observa que "quando a alma desceu para a geração [da sua condição *semidivina*], ela participa do mal e é levada para muito longe, num estado oposto à sua pureza e integridade primitivas, para ser completamente imersa em algo que nada mais é do que uma queda num lamaçal"[126], ele está apenas repetindo os ensinamentos de Gautama Buddha. Se devemos acreditar nos iniciados antigos, devemos aceitar a sua interpretação dos símbolos. E se, além disso, vemo-los coincidir perfeitamente com os ensinamentos dos maiores filósofos e se vemos que o que sabemos simboliza o mesmo significado nos mistérios modernos do Oriente, então devemos acreditar que eles têm razão.

Se Deméter era tida como a alma intelectual, ou antes a alma *astral*, metade emanação do espírito e metade corrompida pela matéria por uma sucessão de evoluções espirituais – podemos compreender facilmente a significação da Matrona Baubo, a Encantadora, que, antes de conseguir reconciliar a alma, Deméter, com a sua nova posição, viu-se obrigada a assumir as formas sexuais de uma criança. Baubo é a *matéria*, o corpo físico; e a alma astral intelectual, ainda pura, não pode ser atirada em sua nova prisão terrestre a não ser que se apresente sob a forma de uma criança inocente. Até este momento, Deméter, ou *Magna-mater*, a Alma, vaga e hesita e sofre; mas, tendo bebido da poção mágica preparada por Baubo, esquece as suas penas; por um certo tempo ela se separa dessa consciência inteligente mais elevada que possuía antes de entrar no corpo de uma criança. A partir desse momento ela tentará reencontrá-la; e quando a idade da razão chega a uma criança, a luta – esquecida durante os anos de infância – recomeça. A alma astral está colocada entre a matéria (o corpo) e o intelecto superior (o seu espírito imortal ou *nous*). Qual dos dois ela conquistará? O resultado da batalha da vida reside na Tríade. É uma questão de alguns anos de desfrute físico na Terra e – se ela cometeu abusos – de dissolução do corpo terrestre, seguida da morte do corpo astral, que assim é impedido de se unir ao espírito superior da Tríade; só este nos confere a imortalidade individual; ou, por outro lado, a possibilidade de nos tornarmos *mystae* imortais; iniciados antes da morte do corpo nas verdades divinas da vida futura. Semideuses embaixo e DEUSES em cima.

Esse era o objetivo principal dos mistérios, tachado de diabólico pela Teologia e ridicularizado pelos simbologistas modernos. Negar que há no homem certos poderes arcanos que ele pode desenvolver, pelo estudo psicológico, até o grau mais elevado, torna-se um hierofante e então transmiti-lo a outros sob as mesmas condições de disciplina terrena é acusar de falsidade e de loucura os melhores, os mais puros e os mais sábios homens da Antiguidade e da Idade Média. Eles nunca permitiram que alguém sequer suspeitasse daquilo que era dado ao hierofante na última hora. E, entretanto, Pitágoras, Platão, Plotino, Jâmblico, Proclo e muitos outros conheceram os mistérios e afirmaram a sua realidade.

Seja no "templo interior", ou através do estudo privado da teurgia, ou pelo esforço de toda uma vida de trabalho espiritual, todos eles obtiveram a prova prática dessas possibilidades divinas para o homem na Terra em sua luta com a vida para merecer a vida na eternidade. Platão faz no *Fedro* (250 B, C) uma alusão ao que devia ser a última *epopteia*: "(. . .) iniciados nesses *mistérios*, aos quais é justo chamar de os mais sagrados de todos os mistérios (. . .) estamos livres das molestações dos males que nos esperariam num período futuro. Da mesma maneira, em conseqüência dessa *iniciação* divina, tornamo-nos *espectadores* de *visões divinas* inteiras, simples, imóveis que têm sede na luz pura". Essa frase nos mostra que eles tinham *visões*, deuses, espíritos. Como Taylor observa corretamente, podemos concluir, dessas passagens emprestadas às obras dos iniciados, que "a parte mais sublime da *epopteia* (. . .) consistia na visão dos próprios deuses resplendentes de luz"[127], ou espíritos planetários superiores. A afirmação de Proclo a respeito desse assunto é inequívoca: "Em todas as iniciações e em todos os mistérios, os deuses apresentam-se sob muitas formas e surgem numa *variedade de estados*. E, às vezes, na verdade, eles se apresentam à visão numa luz sem forma; às vezes essa luz está de acordo com *uma forma humana*, e às vezes assume um estado diferente"[128].

"Tudo que existe *sobre a Terra é a semelhança e a* SOMBRA *de algo que existe na esfera*, enquanto a coisa resplendente [o protótipo da alma-espírito] permanece numa condição *imutável*; o mesmo acontece com a sua sombra. Mas, quando a *coisa resplendente* se retira para longe de sua sombra, a vida também se retira para longe. E, entretanto, essa mesma luz é a sombra de algo mais resplendente do que ela mesma." Assim fala o *Desâtîr*[129], deixando ver assim a identidade das doutrinas esotéricas com as dos filósofos gregos.

A segunda afirmação de Platão confirma nossa crença de que os mistérios dos antigos eram idênticos às iniciações, tal como são hoje em dia praticadas pelos adeptos budistas e hindus. As visões mais elevadas, as mais *verdadeiras*, são produzidas, não por extáticos *naturais* ou "médiuns", como às vezes erradamente se diz, mas por uma disciplina regular de iniciações graduais e de desenvolvimento de poderes psíquicos. Os *mystai* eram colocados em contato íntimo com aquilo que Proclo chama "naturezas místicas", "deuses resplendentes", porque, como diz Platão, "nós éramos puros e imaculados, liberados dessa *vestimenta que nos cerca*, e que denominamos corpo, ao qual estamos ligados como uma ostra à sua concha"[130].

Assim, a doutrina dos pitris planetários e terrestres foi revelada *totalmente* na Índia antiga, como a conhecemos em nossos dias, apenas no momento da iniciação e aos adeptos dos graus superiores. São muitos os faquires que, embora puros e honestos e devotados, nunca viram a forma astral de um pitri *humano* puro (um ancestral ou pai), senão no momento solene da sua primeira e última iniciação. É na presença de seu instrutor, o guru, e só antes que o *vatu*-faquir seja enviado ao mundo dos vivos, com sua vara de bambu de sete nós para sua proteção, que ele é colocado repentinamente face a face com a PRESENÇA desconhecida. Ele a vê e se prostra aos pés da forma evanescente, mas não lhe é confiado o grande segredo da sua evocação; pois ele é o mistério supremo da sílaba sagrada. O AUM contém a evocação da Tríade védica, a *Trimûrti* Brahmâ, Vishnu e Śiva, dizem os orientalistas[131]; ela contém a evocação de *algo mais real e objetivo do que essa abstração trina* – dizemos nós, contradizendo respeitosamente os cientistas eminentes. É a trindade do próprio homem, em vias de se tornar imortal por meio da união solene do seu EGO – o corpo exterior, grosseiro, não sendo o invólucro levado em consideração nessa trindade humana[132]. É quando essa Trindade, antecipando a reunião final triunfante além das portas da morte corpórea, torna-se durante alguns segundos uma UNIDADE, que o candidato é autorizado, no momento da iniciação, a contemplar seu ego futuro. É assim que devemos interpretar o *Desâtîr* persa quando ali se fala do "Resplendente"; os filósofos-iniciados gregos, do Augoeides – a brilhante "visão sagrada que reside na luz pura"; em Porfírio[133], quando diz que Plotino se uniu ao seu "deus" quatro vezes durante a sua vida; e assim por diante.

"Na Índia antiga, o mistério da Tríade, conhecido apenas dos iniciados, não podia, sob pena de morte, ser revelado ao vulgo", diz Brihaspati.

Acontecia o mesmo nos mistérios da antiga Grécia e da Samotrácia. *O mesmo acontece hoje*. Ele está nas mãos dos adeptos e deve continuar sendo um mistério para o mundo, enquanto o erudito materialista o considerar uma falácia indemonstrável, uma alucinação insana e enquanto o teólogo dogmático o condenar como uma armadilha do Diabo.

A comunicação *subjetiva* com os espíritos humanos, divinos, dos que nos precederam na terra silenciosa da bem-aventurança é dividida na Índia em três categorias. Sob a orientação espiritual de um guru ou *sannyâsin*, o *vatu* (discípulo ou neófito) começa a *sentir* a presença deles. Se não estivesse sob a tutela imediata de um adepto, ele seria controlado pelos invisíveis e estaria completamente à sua mercê, pois, entre essas influências subjetivas, ele é incapaz de discernir o bom do mau. Feliz do sensitivo que estiver seguro da pureza de sua atmosfera espiritual!

A esta consciência subjetiva, que é o *primeiro* grau, acrescenta-se, após algum tempo, o da clariaudiência. Este é o *segundo* grau ou estágio do desenvolvimento. O sensitivo – quando não foi submetido a um treinamento psicológico – agora ouve claramente, mas ainda é incapaz de discernir; é incapaz de verificar as suas impressões e está desprotegido contra os poderes astuciosos do ar que freqüentemente o enganam com vozes e palavras. Mas há a influência do guru; ela é o escudo mais poderoso contra a intrusão dos *Bhûtnâ* na atmosfera do *vatu*, consagrado aos pitris puros, humanos e celestiais.

O *terceiro* grau é aquele em que o faquir ou qualquer outro candidato sente, ouve e vê; e em que ele pode produzir, quando quiser, os *reflexos* dos pitris no espelho da luz astral. Tudo depende dos seus poderes psicológicos e mesméricos, que sempre são proporcionais à intensidade da sua *vontade*. Mas o faquir nunca controlará o âkâśa, o princípio espiritual da vida, o agente onipotente de todo fenômeno, no mesmo grau em que o faria um adepto da terceira e mais elevada iniciação. E os fenômenos produzidos pela vontade desses últimos geralmente não circulam pelos mercados a satisfação dos investigadores clamorosos.

A unidade de Deus, a imortalidade do espírito, a crença na salvação apenas por nossos atos, mérito e demérito – esses são os principais artigos de fé da religião-sabedoria e as bases do Vedismo, do Budismo, do Parsismo; e constatamos que também o foram para o antigo Osirismo quando nós, abandonando o deus-sol popular ao materialismo da ralé, concentramos nossa atenção nos *Livros de Hermes*, o três vezes grande.

"O PENSAMENTO escondia o mundo no silêncio e na escuridão. (...) Então o Senhor que existe por Si mesmo, e *que não deve ser divulgado aos sentidos externos do homem*, dissipou a escuridão e manifestou o mundo perceptível."

"Aquele que pode ser percebido apenas pelo espírito, aquele que escapa aos órgãos dos sentidos, aquele que não tem nenhuma parte visível, que é eterno, a alma de todos os seres, aquele que ninguém pode compreender exibiu todo o Seu esplendor."[134]

Este é o ideal do Supremo, no pensamento de todo filósofo hindu.

"Dentre todos os deveres, o principal é adquirir o conhecimento da alma suprema [o espírito]; esta é a primeira de todas as ciências, *pois só ela confere imortalidade ao homem*."[135]

E os nossos cientistas falam do Nirvâna de Buddha e do Moksha de Brahmâ como uma aniquilação completa! É assim que alguns materialistas interpretam os seguintes versos.

"O homem que reconhece a *Alma Suprema* em sua própria casa, como também na de todas as criaturas, e que é igualmente justo para todos [homens ou animais], obtém a mais feliz de todas as sortes, a de ser finalmente *absorvido* no seio de Brahmâ."[136]

A doutrina do Moksha e do Nirvâna, tal como foi compreendida pela escola de Max Müller, não pode ser comparada com os inúmeros textos que se lhe poderiam opor, se se desejasse, como uma refutação final. Há, em muitos pagodes, esculturas que contradizem totalmente essa acusação. Pedi a um brâmane que vos explique o Moksha, dirigi-vos a um letrado budista e solicitai-lhe que vos defina o significado de Nirvâna. Ambos responderão que em nenhuma dessas religiões o Nirvâna representa o dogma da imortalidade do espírito. Que alcançar o Nirvâna significa a absorção na grande alma universal, e que esta representa um *estado*, não um ser individual ou um deus antropomórfico, como alguns concebem a grande EXISTÊNCIA. Que um espírito, ao chegar a esse estado, se torna uma *parte* do *todo* integral, mas nunca perde a sua individualidade. Doravante, o espírito vive espiritualmente, sem temor de modificações posteriores de forma; pois a forma pertence à matéria, e o estado de *Nirvâna* implica uma purificação completa e um livramento final até mesmo da partícula mais sublimada de matéria.

Essa palavra *absorvido*, quando se demonstra que os hindus e os budistas acreditam na *imortalidade* do espírito, deve significar necessariamente união íntima, nunca aniquilação. Que os cristãos os chamem de idólatras, se ainda ousam fazê-lo, em presença da ciência e das últimas traduções dos livros sagrados sânscritos;

eles não têm o direito de apresentar a filosofia especulativa dos sábios antigos como uma inconsistência e os próprios filósofos como loucos ilógicos. Com muito mais razão, poderíamos acusar os judeus antigos de *niilismo*. Não há uma única palavra nos Livros de Moisés – ou dos profetas – que, tomada literalmente, implique a imortalidade do espírito. Entretanto, todo judeu devoto espera ser "recolhido no seio de A-Braham".

Os hierofantes e alguns brâmanes foram acusados de terem administrado bebidas fortes ou anestésicos aos seus *epoptai* para produzir visões que eles deveriam considerar como realidades. Eles se serviram e ainda se servem de beberagens sagradas que, como o Soma, possuem a propriedade de liberar a forma astral dos laços da matéria; mas nessas visões há muito pouco que se possa atribuir à alucinação, como nos vislumbres que o cientista, com ajuda do seu instrumento ótico, consegue do mundo microscópico. Um homem não pode perceber, tocar e conversar com o espírito puro por meio de nenhum dos seus sentidos corporais. Só um espírito pode conversar com um espírito e vê-lo; e mesmo a nossa alma astral, o *Doppelgänger*, é muito grosseira, muito tingida pela matéria terrena para que confiemos inteiramente em suas percepções e insinuações.

O caso de Sócrates nos prova o perigo da mediunidade *destreinada* e como os sábios antigos, que o haviam compreendido, tinham razão em tomar suas precauções a esse respeito. O velho filósofo grego era um "médium"; em conseqüência, nunca fora iniciado nos mistérios, pois essa era a lei rigorosa. Mas ele possuía o seu "espírito familiar", como se dizia, o seu *daimonion*, e este conselheiro invisível tornou-se a causa da sua morte. Acredita-se geralmente que, se ele não foi iniciado nos mistérios, é porque ele mesmo não o quis. Mas os *Anais secretos* nos informam que foi porque ele não podia ser admitido aos ritos sagrados, e isso, precisamente, por causa da sua mediunidade. Havia uma lei contra a admissão não só daqueles que se sabia praticavam a *feitiçaria*[137], mas também daqueles que se acreditava possuírem um "espírito familiar". A lei era justa e lógica, porque um médium genuíno é mais ou menos irresponsável; e as excentricidades de Sócrates se explicam, de certa maneira, por este fato. Um médium deve ser *passivo*; e se ele tem uma fé cega no seu "espírito-guia", permitirá que este o domine, em vez de ser dominado pelas regras do santuário. Um *médium* dos tempos antigos, como o "médium" moderno, estava sujeito a entrar em transe sob dependência da vontade do "poder" que o *controlava*; assim, não se podia confiar a ele os terríveis segredos da iniciação final, "que não deviam ser revelados, sob pena de morte". O velho sábio, em momentos descuidados de "inspiração espiritual", revelou aquilo que nunca havia aprendido e, assim, foi condenado à morte como ateu.

Como, então, é possível, tomando-se o exemplo de Sócrates, em relação às visões e às maravilhas espirituais dos *epoptai* do Templo Interior, afirmar que esses videntes, teurgos e taumaturgos fossem todos eles "espíritos-médiuns"? Nem Pitágoras, Platão ou qualquer um dos últimos neoplatônicos mais importantes; nem Jâmblico, Longino, Proclo ou Apolônio de Tiana – nenhum deles foi médium; se o fossem, não teriam sido admitido nos mistérios. Taylor diz que "A afirmação das visões divinas nos mistérios está claramente confirmada por Plotino[138]. E, em suma, aquela evocação mágica formava uma parte do ofício sacerdotal dos mistérios e essa era a crença universal de toda a Antiguidade muito tempo antes dos primeiros platônicos"[139] – tudo isto prova que, além da "mediunidade" natural existia, desde o começo dos tempos, uma ciência misteriosa, discutida por muitos, mas só conhecida por poucos.

O uso dessa ciência comporta o desejo de reintegrar nosso único e verdadeiro lar – o pós-vida, e o desejo de uma união mais íntima com nosso espírito; o seu abuso é a bruxaria, a feitiçaria, a magia *negra*. Entre as duas está colocada a "mediunidade" natural; uma alma revestida de matéria imperfeita, um agente apropriado para uma ou para a outra e inteiramente dependente do ambiente da vida, da hereditariedade constitucional – tanto física quanto mental – e da natureza dos "espíritos" que atrai para si. Uma bênção ou uma maldição, conforme o caso, a menos que o médium seja purificado do lixo terrestre.

A razão pela qual, em todas as épocas, muito pouco se sabe a respeito dos mistérios da iniciação é dupla. A primeira já foi explicada por mais de um autor e repousa na terrível penalidade que se seguia à menor indiscrição. A segunda corresponde às dificuldades sobre-humanas, e aos perigos que o candidato corajoso dos tempos antigos tinha de enfrentar, e vencer ou morrer na tentativa, quando, o que é ainda pior, ele não perdia sua razão. Não havia perigo real para aquele cuja mente se tivesse espiritualizado completamente e que, desta maneira, estivesse preparado para as visões mais terríveis. Aquele que reconhecia plenamente o poder de seu espírito imortal e nunca duvidava em nenhum momento da sua proteção onipotente, nada tinha a temer. Mas infeliz do candidato em quem o menor temor físico – filho doentio da matéria – o fizesse perder a visão da fé em sua própria invulnerabilidade. Aquele que não confiava totalmente em sua aptidão moral para aceitar o peso desses segredos extraordinários era condenado.

O *Talmude*[140] conta a história dos quatro Tannaim, que, em termos alegóricos, deviam entrar no *jardim de delícias*, isto é, ser iniciados na ciência oculta e final.

"De acordo com os ensinamentos dos nossos santos mestres, os nomes dos quatro que entraram no jardim de delícias são Ben Asai, Ben Zoma, Aher e Rabbi A'qîbah (...)

"Ben Asai olhou e – perdeu a visão.

"Ben Zoma olhou e – perdeu a razão.

"Aher cometeu depredações na plantação" [misturou tudo e falhou]. "Mas A'qîbah, que entrara em paz, saiu dali em paz, pois o santo cujo nome seja abençoado lhe disse 'Este velho homem é digno de nos servir com glória'."

A. Franck, em seu *La Kabbale*[141], diz-nos que "os comentadores eruditos do *Talmude*, os rabinos da sinagoga, explicam que o *jardim de delícias* em que as quatro personagens entraram não é senão esta ciência misteriosa, a mais terrível de todas as ciências *para os intelectos fracos, e que leva diretamente à loucura*". Aquele que tem o coração puro e que estuda com o objetivo de se aperfeiçoar e dessa maneira consegue mais facilmente a imortalidade prometida, não deve ter temor algum; mas aquele que faz da ciência das ciências um pretexto pecaminoso para seus motivos mundanos, deve temer. *Estes jamais resistirão às evocações cabalísticas da iniciação suprema.*

As representações libidinosas das mil e uma seitas cristãs primitivas podem ser criticadas pelos comentadores parciais, tanto quanto os ritos eleusinos e outros. Mas por que eles merecem a censura dos teólogos, dos cristãos, se os seus próprios "mistérios" da "encarnação divina com José, Maria e o anjo" numa *trilogia* sagrada foram representados em mais de um país e foram famosos em certa época na Espanha e no sul da França? Mais tarde eles caíram, como muitos outros ritos secretos, nas mãos do domínio público. Ainda há alguns anos, durante a semana de Natal, os teatros de marionetes da Polônia e do sul da Rússia apresentavam, além do Polichinelo e outras personagens clássicas da comédia, o menino Jesus em sua manjedoura. Esses espetáculos chamavam-se *koliadovki*, termo cuja etimologia correta nos escapa, a menos que provenha do verbo *koliadovat'*, explicação que deixamos aos filólogos[*]. Vimos esses espetáculos em nossa infância. Lembro-me dos três Reis Magos representados por três bonecos com perucas empoadas e malhas coloridas; e é recordando a veneração profunda e simples que se estampava nas faces da platéia que apreciamos mais prontamente a observação honesta e justa do editor, na introdução aos *Eleusinian and Bacchic Mysteries*, quando ele diz: "É a ignorância que leva à profanação. Os homens ridicularizam aquilo que não compreendem bem. (...) A tendência deste mundo precipita-se para um objetivo; e na credulidade humana – chamai-a fraqueza humana, se quiserdes – há um poder quase infinito, uma fé santa capaz de assimilar as verdades mais supremas de toda a existência" [p. 11-2.].

Se esse sentimento abstrato chamado *caridade cristã* prevalecesse na Igreja, consideraríamos tudo que dissemos como nulo. Não temos nenhuma animosidade contra os cristãos cuja fé é sincera e cuja prática coincide com a sua profissão de fé. Mas não temos nada a ver com um clero arrogante, dogmático e desonesto, exceto examinar a filosofia antiga – antagonizada pela Teologia moderna em sua progenitura mesquinha – o Espiritismo – e reabilitá-la e restabelecê-la com os meios de que dispomos, a fim de proclamar sua grandeza e seu valor. Não lutamos apenas pela filosofia esotérica, nem por qualquer sistema moderno de filosofia moral, mas pelo direito inalienável da opinião privada, e especialmente pela idéia plena de nobreza de uma vida futura de atividade e responsabilidade.

Aplaudimos sem reservas comentadores como Godfrey Higgins, Inman, R. Payne Knight, King, Dunlap e o Dr. Newton, embora não estejam de acordo conosco quanto às nossas noções místicas, pois a sua diligência é constantemente recompensada por descobertas recentes da paternidade pagã dos símbolos cristãos. Mas, por outro lado, todas essas obras eruditas não têm utilidade alguma. As suas pesquisas cobrem apenas a metade do terreno. Faltando-lhes a chave da interpretação, eles só vêem os símbolos no seu aspecto físico. Eles não possuem a senha que faz abrir os portões do mistério; e a filosofia espiritual antiga é para eles um livro fechado. Embora as suas idéias sejam diametralmente opostas às do clero, eles não fazem mais, na interpretação, do que os seus adversários para responder às questões do público. Os seus trabalhos tendem a fortalecer o materialismo, da mesma maneira que os do clero, e especialmente os do clero romano, tendem a cultivar a crença no diabolismo.

---

* *Kolida* ou *Kolyada* (possivelmente relacionado ao latim *calendae*) é um termo usado nas porções setentrional e meridional da Rússia em conexão com a festa do Natal e o período entre este e o 6 de janeiro; *kolyadovanye* ou *kolyadovat'* é o termo usado para o costume de se ir a várias casas no Natal e no Ano-Novo, carregando uma estrela, cumprimentando pessoas, cantando e pedindo comida, às vezes solicitando doações; *kolyadka* é o nome das canções entoadas nessas ocasiões; os termos mencionados acima apresentam muitas variações de grafia e pronúncia de uma província para outra.

Se o estudo da Filosofia Hermética não nos trouxesse outra satisfação, seria mais do que suficiente saber que ela nos ensina com que perfeição de justiça o mundo é governado. Cada página da história é um sermão pregado sobre esse texto. Mas nenhum sermão comporta uma moral mais profunda do que os da Igreja romana. Nunca a lei divina da compensação foi mais extraordinariamente exemplificada do que no fato de que, por seus próprios atos, a própria Igreja se privou da única chave possível para os seus próprios mistérios religiosos. A afirmação de Godfrey Higgins, de que há duas doutrinas mantidas pela Igreja romana, uma para as massas e outra – a esotérica – para os "perfeitos" ou iniciados, como nos mistérios antigos, parece-nos não ter fundamento e ser antes fantástica. Ela perdeu a chave, repetimos; de outra maneira, nenhum poder terrestre a teria prostrado, e, exceto um conhecimento superficial dos meios de produzir "milagres", o seu clero não pode de maneira alguma ser comparado, em sua sabedoria, com os hierofantes da Antiguidade.

Queimando as obras dos teurgos, banindo os que se dedicavam ao seu estudo e estigmatizando de demonolatria a magia em geral, Roma permitiu que todo livre-pensador decifrasse o seu culto exotérico e a sua *Bíblia*, que os seus emblemas sexuais fossem identificados com grosserias e que seus padres se tornassem inconscientemente mágicos e até bruxos em seus exorcismos, que nada mais são do que evocações necromânticas. Assim, a retribuição, pela perfeita aplicação da lei divina, alcança esse esquema de crueldade, injustiça e beatice por meio dos seus próprios atos suicidas.

A filosofia verdadeira e a verdade divina são termos conversíveis. Uma religião que teme a luz não pode ser uma religião baseada nem na verdade nem na filosofia – ela é, por conseguinte, falsa. Os mistérios antigos só eram mistérios para os profanos, que os hierofantes não procuravam e nem aceitavam como prosélitos; os mistérios só eram explicados aos iniciados no momento em que o véu final fosse erguido. Mentes como as de Pitágoras e Platão nunca se contentariam com um mistério insondável e incompreensível como o do dogma cristão. Não pode haver mais do que uma verdade, pois duas pequenas verdades sobre o mesmo assunto constituem um grande erro. Dentre as milhares de religiões exotéricas ou populares conflitantes que foram propagadas desde os dias em que os primeiros homens intercambiaram as suas idéias, nenhuma nação, nenhum povo, nem mesmo a tribo mais abjeta deixou de acreditar à sua maneira num Deus Inobservado, a Causa Primeira das leis infalíveis e imutáveis, e na imortalidade do nosso espírito. Nenhum credo, nenhuma falsa filosofia e nem os exageros religiosos são capazes de destruir esse sentimento. É preciso, portanto, que ele esteja baseado numa verdade absoluta. Por outro lado, cada uma das inumeráveis religiões e seitas religiosas considera a Divindade segundo sua própria maneira; e, atribuindo ao desconhecido as suas próprias especulações, elas impõem essas excrescências humanas de uma imaginação febril às massas ignorantes e as chama "revelação". Como os dogmas de toda religião e de toda seita freqüentemente diferem radicalmente, eles não podem ser *verdadeiros*. Se são falsos, o que são?

"A maior maldição para uma nação" – observa o Dr. Inman – "não é *uma religião má*, mas uma forma de fé que impede as questões corajosas. Não conheço nenhuma nação da Antiguidade que fosse submetida à autoridade dos padres que não caísse sob as espadas dos que se opunham aos hierarcas. O perigo maior provém dos padres que fecham os olhos para o vício e o encorajam como um meio de aumentar o seu poder sobre as suas ovelhas. Tanto quanto o homem não faça a outro aquilo que não gostaria que este lhe fizesse e *não permita que ninguém se intrometa entre ele e seu Criador*, tudo caminhará bem no mundo"[142].

NOTAS

1. *De la démonomanie des sorciers*, Paris, 1587, livro II, cap. III, p. 78-9.
2. [*Dogme et rituel*, etc., II, cap. XV.]
3. [É. Lévi, *op. cit.*, II, cap. XV.]
4. [*Hist. of the Supernatural*, vol. I, p. 483.]
5. [Thos. Wright, *Narr. of Sorcery and Magic*. vol. I, p. 203-04.]
6. [*Ibid.*, I, pp. 219 e s.]
7. [Vol. I, p. 300.]
8. [*The Proceeding and Sentence of the ... Inquisition ... against G. Malagrida*, etc., Londres, 1762.]
9. [*Tischreden*, cap. XXXIII, p. 590 b, ed. de Andreas Zeidler, Leipzig, 1700.]
10. [*Demonologia*, p. 302.]
11. [James Granger, *Biogr. Hist. of England*, 1769.]
12. [*Demonologia*, p. 304 e 306.]
13. [Thos. Wright, *Narr. of Sorcery and Magic*, vol. II, pp. XX e XVIII.]
14. [Ou melhor, de 1528 e 1530. Cf. Thos. Wright, *op. cit.*, II, XVIII.]
15. Dr. W. G. Soldan, *Geschichte der Hexenprocesse. Aus den Quellen dargestellt*, Stuttgart, 1843.
16. Frederick Forner, Sufragâneo de Bamberg, autor de um tratado contra os heréticos e os feiticeiros, com o título de *Panoplia armaturae Dei*, etc.
17. *Narratives of Sorcery and Magic*, de Thomas Wright, M. A., F. S. A., etc., Membro Correspondente do Instituto Nacional da França; vol. II, p. 183-85.
18. [Cf. T. Wright, *op. cit.*, II, pp. 187-94.]
19. Além dessas execuções na Alemanha, que somam muitos milhares, encontramos algumas afirmações interessantes no livro *Conflict between Religion and Science* do prof. Draper. À p. 146, ele diz: "As famílias dos condenados eram lançadas a uma ruína irrecuperável. Llorente, o historiador da Inquisição, salienta que Torquemada e os seus colaboradores, no curso de dezoito anos, queimaram no poste 10.220 pessoas, 6.860 em efígie e puniram 97.321! (. . .) Com repugnância e indignação indizíveis, ficamos sabendo que o governo papal ganhou muito dinheiro com a venda aos ricos de indulgências que os livrassem da Inquisição".
20. *Sorcery and Magic*: "The Burnings at Würzburg", II, p. 186.
21. [*Mateus*, XIX, 14; XVIII, 14, 6.]
22. E tingidos no sangue de milhões assassinados em seu nome — no sangue, não menos inocente do que o seu, das pequenas crianças *feiticeiras*!
23. [Howitt, *op. cit.*, vol. II, pp. 13-6.]
24. *Provérbios*, VI, 16, 17, 18, 19.
25. Santo Agostinho, *De civitate Dei*, XXI, vi; cf. des Mousseux, *Moeurs et pratiques des démons*, p. 181.

26. Um correspondente do *Times* londrino descreve o exorcista catalão nos seguintes termos:
"Por volta do dia 14 ou 15 desse mês de outubro foi anunciado confidencialmente (. . .) que uma jovem de dezessete ou dezoito anos de idade, da classe mais baixa, que sofreu durante muito tempo de 'uma aversão a coisas santas' (. . .) o padre superior da Igreja [do Espírito Santo] poderia curá-la dessa doença". A exibição devia ser realizada numa igreja freqüentada pela melhor parcela da comunidade. "A igreja estava escura, mas uma luz tênue era projetada por velas de cera sobre as formas vestidas de negro de oitenta ou cem pessoas que se agrupavam ao redor do *presbitério*, ou santuário, defronte o altar. No interior do pequeno santuário, e separada da multidão por uma barreira frágil, uma jovem, pobremente vestida e que pertencia, aparentemente, à classe dos artesãos, estava estendida sobre um banco ordinário, a cabeça repousando sobre um pequeno travesseiro; seu irmão ou marido estava de pé aos seus pés para aparar os golpes (às vezes) desenfreados que ela dava, mantendo-a entre as pernas. A porta da sacristia abriu-se e o exibidor – quer dizer, o padre – entrou. A pobre jovem, não sem razão, 'tinha uma aversão pelas coisas sagradas', ou, pelo menos, os quatrocentos demônios que torturavam seu corpo tinham essa aversão; e, na confusão do momento, acreditando que o padre era 'uma coisa santa', ela ergueu as pernas e gritou, a boca torta, o peito arfante, todo o corpo retorcido, quase caindo do banco. O homem que a segurava apanhou-a pelas pernas. As mulheres ergueram a sua cabeça e alisaram os cabelos em desordem. O padre adiantou-se e, circulando familiarmente por entre a multidão sobressaltada e aterrorizada, disse, mostrando a jovem sofredora, que chorava agora, sentada sobre o banco: 'Prometei-me, meus filhos, que sereis prudentes (*prudente*) e, na verdade, meus filhos e minhas filhas, vereis maravilhas'. A promessa foi cumprida. O exibidor foi vestir a estola e a sobrepeliz (*estola y roquete*) e voltou num momento, colocando-se ao lado da moça 'possuída pelos demônios', com a face voltada para o grupo de estudantes. A ordem do dia compreendia um sermão para os assistentes e a operação de exorcizar os diabos. 'Vós sabeis [disse o padre] que a aversão desta jovem pelas coisas santas, entre as quais me inclui, é tão grande, que ela entra em convulsão, dá golpes com os pés, grita e torce o corpo quando chega à esquina desta rua, e as lutas convulsivas atingem seu ponto culminante quando ela coloca os pés na santa casa do Altíssimo'. (. . .) Depois, dirigindo-se à mulher prostrada, o objeto mais infeliz do seu ataque, o padre começou: "Em nome de Deus, dos santos, da Santa Hóstia, de todos os sacramentos santos da Igreja, eu te adjuro, Rusbel, sai dessa mulher'. (N. B.: 'Rusbel' é o nome de um diabo; o diabo tem 257 nomes na Catalunha.) Assim adjurada, a jovem – numa agonia de convulsão, a face retorcida, espuma nos lábios, os membros quase rígidos – atirou-se por terra e, em linguagem meio obscena, meio violenta, gritou 'Eu não sairei, ladrões, canalhas, bandidos'. (. . .) Finalmente, dos lábios trêmulos da moça saíram as palavras 'Eu sairei'; mas o Diabo acrescentou, com sua perversidade tradicional: 'Eu expulsarei os cem, mas pela boca da moça'. O padre objetou. A saída, disse ele, de cem diabos pela pequena boca espanhola da mulher a 'sufocaria'. A moça louca, então, disse que deveria desnudar-se para que os diabos escapassem. O padre recusou esse pedido. 'Então eu sairei pelo pé direito, mas primeiramente' – a moça usava uma sandália de cânhamo, pertencia visivelmente à classe mais pobre – 'deveis tirar a sandália dela'. A sandália foi retirada; o pé fez movimentos convulsivos; o diabo e seus acólitos (assim disse o cura olhando triunfalmente ao redor) partiram para sua morada. E, certa disso, a desafortunada ingênua se tranqüilizou. O Bispo (. . .) não estava ciente (. . .) dessa fantasia do clero (. . .) [e] quando esse acontecimento chegou aos ouvidos das autoridades civis, os meios mais incisivos e mais expeditos foram tomados para admoestar o padre e impedir a repetição de um escândalo que envergonhou e pôs doente toda a cidade de Barcelona". [*The Times*, Londres, 2 de novembro de 1876.]

27. *La magie au XIXme siècle*, p. 138 e ss.

28. [*Moeurs et pratiques des démons*, p. 175.]

29. Louis Jacolliot, *Le spiritisme dans le monde*, p. 162.

30. Santo Agostinho, *De civitate Dei*, XXI, vi.

31. Des Mousseaux, *Moeurs*, etc., 1865, p. ii.

32. Des Mousseaux, *Moeurs*, etc., p. 431; também cap. XV, etc.

33. *Demonologia*, Londres, 1827, p. 432.

34. *Traité préparatif à l'apologie pour Hérodote*, c. 39. Cf. *Demonologia*, p. 436.

35. [*Demonologia*, p. 436.]

36. [*Dictionnaire historique et critique*, Londres, Rotterdam, 1697.]

37. [Dito por Lutero em] *De missa privata et unctione sacerdotum*, 1534.

38. Ver *Life of St. Dominic* e a história do Rosário miraculoso; e também *The Golden Legend*.

39. James de Varasse, conhecido pelo nome latino de Jacobus de Voragine, era vigário-geral dos dominicanos e Bispo de Gênova em 1292.

40. Século XIII.

41. [Cf. Jean Martin, *La légende de m. st. Dominique*, Paris, 1510.]

42. *Rituale romanum*, 1851-52, p. 478.

43. *Moeurs et pratiques des démons*, p. 177.

44. Ver a narrativa de Alban Beitler, selecionada de *The Golden Legend*, em *The Lives of the Fathers, Martyrs*, etc.

45. Ver *The Golden Legend; Life of St. Francis;* e *Demonologia*, p. 398 e 428.

46. [*Decline and Fall*, etc., cap. XXVIII.]

47. Chas. Coleman, *The Mythology of the Hindus*, p. 331.

48. *Supernatural Religion: An Inquiry into the Reality of Divine Revelation*, Londres, 1874. [Publicado anonimamente por W. R. Cassels.]

49. Nem nós, se por *religião verdadeira* o mundo finalmente entender a adoração de uma Divindade Suprema, Invisível e Desconhecida, pelas obras e pelos atos, não pela profissão de dogmas humanos vãos. Mas nossa intenção é ir além. Queremos demonstrar que, se excluirmos a adoração cerimonial e de fetiches como parte essencial da religião, então os princípios verdadeiramente cristãos terão sido praticados e o cristianismo verdadeiro terá sido professado, desde os dias dos apóstolos, exclusivamente pelos budistas e pelos "gentios".

50. *Ancient Pagan and Modern Christian Symbolism*, p. xvi, Intr.

51. *Discourse of Miracles wrought in the Roman Catholic Church, or, a full Refutation of Dr. Stillingflest's unjust Exceptions against Miracles*, Oxford, 1676, p. 64.

52. Depois disso, por que os católicos romanos objetariam às pretensões dos espiritistas? Se, sem prova, eles acreditam na "materialização" de Maria e de João, por Inácio, como poderiam eles negar logicamente a materialização de Katie e John (King), quando ela foi atestada pelos cuidadosos experimentos do Sr. Crookes, o químico inglês, e pelo testemunho cumulativo de um grande número de testemunhas?

53. A "Mãe de Deus" precede, então, a Deus?

54. Ver o *New Era*, Nova York, julho de 1875.

55. [*Gálatas*, V, 1, 15.]

56. "Paul and Plato".

57. Ver *La magie au XIXme siècle*, 1860, p. 139.

58. *Criatura* de sal, ar, água ou qualquer objeto a ser *encantado* ou *bento* é um termo técnico em Magia, adotado pelo clero cristão.

59. *Rituale romanum*, Paris, 1851-52, p. 291-96, etc. Cf. des Mousseaux, *La magie*, etc., 1860, p. 139.

60. *Rom. rit.*, p. 428-33. Cf. des Mousseaux, *La magie*, etc., p. 139-43.

61. Ver *Art Magic*, parte III, seção xix, art. sobre Peter d'Abano.

62. *Ritual*, p. 429-33; ver *La magie au XIXme siècle*, p. 142-43.

63. *Dogme et ritual de la haute magie*, vol. II, cap. IV.

64. Ventura de Raulica, *Conférences*, II, parte I, p. lvi, prefácio.

65. [Cf. *De civitate Dei*, VIII, IX; X, II, etc.]

66. *Hist. of the Conflict*, etc., p. 62.

67. [*De baptismo contra Donatistas*, livro IV, cap. XLIV.]

68. [*Sancti C. Cypriani opera*, s. v. "De idolorum vanitate", Tratado VI, seção VI, p. 14; Oxoniae, 1682.]

69. Draper, *op. cit.*, p. 60.
70. *Ibid.*, p. 66.
71. [Vol. II, parte II, cap. V.]
72. A. Wilder; editor de *The Eleusinian and Bacchic Mysteries*, de Thomas Taylor.
73. *1 Coríntios*, II, 6, 7, 8.
74. Thos. Taylor, *The Eleusinian and Bacchic Mysteries*, p. 14. [ed. por A. Wilder; 4ª ed., Nova York, 1891.]
75. *1 Coríntios*, III, 10.
76. No seu sentido mais amplo, a palavra sânscrita tem o mesmo sentido literal do termo grego; ambos implicam "revelação", não por um agente humano, mas pela "beberagem da bebida sagrada". Na Índia, o iniciado recebia o "Soma", uma bebida sagrada que o ajudava a liberar a sua alma do corpo; e nos mistérios eleusinos era uma bebida sagrada oferecida na *Epopteia*. Os mistérios gregos derivaram totalmente dos ritos védicos bramânicos e, estes, dos mistérios religiosos pré-védicos – a Filosofia Budista primitiva.
77. Não é necessário afirmar que o *Evangelho segundo São João* não foi escrito por João, mas por um platônico ou gnóstico pertencente à escola neoplatônica.
78. O fato de Pedro ter perseguido o "Apóstolo dos Gentios", com esse nome, não implica necessariamente que não existisse um Simão, o Mago, individualmente distinto de Paulo. Ele deve ter-se tornado um nome genérico de ofensa. Theodoret e Crisóstomo, os primeiros e mais prolíficos comentadores do gnosticismo daquela época, parecem fazer de Simão um rival de Paulo e afirmam que eles trocaram muitas mensagens entre si. O primeiro, um diligente propagandista daquilo que Paulo chama de "antítese da Gnose" (*1 Timóteo*, VI, 20), deve ter sido um espinho doloroso nas costelas do apóstolo. Há provas suficientes da existência real de um Simão, o Mago.
79. Thos. Taylor, *op. cit.*, p. 17-8 (4ª ed.). Se não tivéssemos uma tradição cabalista digna de crédito para fazer uma contraposição, talvez fôssemos forçados a perguntar se a autoridade da *Revelação* deve ser atribuída ao apóstolo que traz esse nome. Parece que ele deve ter-se chamado João, o teólogo.
80. Bunsen, *Egypt's Place in Universal History*, vol. V, p. 90.
81. Ver E. de Rougé. *Stèle*, p. 44; PTAR (*videns*) é interpretado aí como "aparecer", com um sinal de interrogação logo após – a marca usual da perplexidade científica. No quinto volume da obra de Bunsen intitulada *Egypt's Place*, etc., a interpretação é "Iluminador", que é mais correta.
82. Bunsen, *op. cit.*, vol. V, p. 90.
83. Propriedade de um místico que conhecemos na Síria.
84. Os sacerdotes de Ísis eram tonsurados.
85. *Ancient Pagan*, etc., p. 51 e 52. [Ver também seu *Ancient Faiths Embodied in Ancient Names*, vol. II, p. 915-18.]
86. *The Gnostics and their Remains*, p. 71, e rodapé [2ª ed., p. 173-74.]
87. [*Êxodo*, XXXIX, 25, 26.]
88. E. Moor, *The Hindoo Pantheon*, figura 59, p. 197-98. Ver também Inman, *Ancient Pagan*, etc., p. 27.
89. [Inman, *op. cit.*, p. 29.]
90. *Ibid.*, p. 76.
91. Iniciados e videntes.
92. O báculo pastoral dos áugures, agora dos bispos.
93. *The Heathen Religion*, Intr.
94. [*Ibid.*]

95. Michel Ange Marin, *Les vies des pères des déserts d' Orient*, Avignon, 1761, tomo II, p. 283-84.

96. Justino, o Mártir, *Quaestiones et responsiones at orthodoxos*, xxiv.

97. Ver Taylor, *Eleusinian and Bacchic Mysteries*, ed. por A. Wilder, p. 19 (4ª ed.); também Porfírio e outros.

98. [*Manu*, VI, slokas 92-3.]

99. A. Franck, *La Kabbale*, cap. I.

100. *De Mysteriis*, etc., I, cap. XI.

101. *Divine Legation of Moses demonstrated*, etc., II, p. 172.

102. *On the Theology of Plato*, livro IV, p. 220; ed. de Taylor, Londres, 1816.

103. Esta expressão não deve ser entendida literalmente; como na iniciação de certas irmandades, ela tem um significado secreto sugerido por Pitágoras quando descreve as suas sensações após a iniciação e conta que foi coroado pelos deuses em cuja presença bebera "as águas da vida" – em hindustani *âb-i-hayât*, fonte da vida.

104. [Cf. Thos. Taylor, *Eleus. and Bacchic Myst*., ed. por A. Wilder, p. 82-5 (4ª ed.).]

105. Este sermão longo e original foi pregado numa igreja do Brooklin, N. Y., a 15 de abril de 1877. Na manhã seguinte, o reverendo orador foi chamado pelo *Sun* de charlatão tagarela; mas esse epíteto bem merecido não impediu que outros reverendos bufões fizessem a mesma coisa, e talvez pior. E esta é a religião de Cristo! Seria muito melhor não acreditar nele do que caricaturar Deus desta maneira. Aplaudimos entusiasticamente o *Sun* quando ele afirma: "E então, quando Talmage faz Cristo dizer a Marta com furor: 'Não te preocupes, senta-te nesta otomana', ele acrescenta clímax a uma cena sobre a qual os escritores inspirados nada teriam a dizer. A bufonaria de Talmage vai longe demais. Se ele fosse o herético mais infame do país, em vez de ser metódico em sua ortodoxia, ele não faria mais mal à religião do que este que lhe causa com suas blasfêmias familiares".

106. *Le spiritisme dans le monde*, p. 68.

107. *Ibid.*, p. 78 e 79.

108. Louis Jacolliot, *Le spiritisme dans le monde*, p. 319-20 e 65.

109. [Como foi citado por L. Jacolliot, *Le spiritisme dans le monde*, p. 25.]

110. Pisâchas, demônios da raça dos gnomos, dos gigantes e dos vampiros.

111. Gandharvas, demônios bons, serafins celestiais, cantores.

112. Os Asuras e os Nâgas são os espíritos titânicos e o dragão ou espíritos com cabeça de serpente.

113. [Também em *Manu*, III, 201.]

114. [L. Jacolliot, *Christna et le Christ*, p. 139.]

115. Arnóbio, *Adv. gent*., V, 25; Clem. Alex., *Hortatory Address to the Greeks*, cap. II.

116. Ver Inman, *Ancient Pagan and Modern Christian Symbolism*, 1874, p. 66.

117. Introdução ao livro *Eleusinian and Bacchic Mysteries* de Taylor, p. 27; 4ª ed.

118. Gravuras "de um antigo Rosário da santa Virgem Maria, impressas em Veneza, 1524, com licença da Inquisição". Nas ilustrações dadas pelo Sr. Inman, a Virgem é representada num "bosque" assírio, uma *abominação aos olhos do Senhor*, segundo os profetas bíblicos. "O livro em questão", diz o autor, "contém muitas figuras, que se parecem demais com o emblema mesopotâmico de *Ishtar*. A presença da mulher, *aqui*, identifica as duas como símbolo de Ísis, ou *da Natureza*; e o homem, que se inclina em adoração a ela, apresenta a mesma idéia que a das esculturas assírias, em que seres masculinos oferecem à deusa *símbolos de si mesmos*". Ver *Ancient Pagan and Modern Christian Symbolism*, 2ª ed., Nova York, p. 91.

119. [*Ibid.*, p. 93.]

120. [*Discorsi del Sommo Pontefice Pio IX*, parte II, p. 26. Cf. W. E. Gladstone, *Rome*, etc., p. 140.]

121. Cf. C. W. King, *The Gnostics*, etc., p. 91-2 [p. 231 na 2ª ed.]; *The Genealogy of the Blessed Virgin Mary*, de Fausto, Bispo de Riez.

122. *Edinburgh Review*, vol. XCIII, abril de 1851, p. 415; citado em Pococke, *India in Greece*, Londres, 1852, p. 318-19.

123. *Manu*, livro I, śloka 32: Sir W. Jones, trabalhando com o "Manu" setentrional, traduz da seguinte maneira este śloka: "Tendo dividido sua própria substância, o Poder majestoso tornou-se metade macho, metade fêmea, ou *natureza ativa e passiva*; e da fêmea ele produziu VIRÂJ".

124. [Em Clem. Alex., *Strom.*, III, iii, citando Píndaro, *Dirges*, 137.]

125. [Taylor, *Eleus. and Bacchic Mysteries*, p. 34-5; 4ª ed.]

126. *Eneida*, I, livro VIII.

127. T. Taylor, *op. cit.*, p. 107; 4ª ed.

128. Proclo, *On Plato's Republic*, p. 380. Cf. T. Taylor, *The Works of Plato*, vol. III, p. 328 rodapé; Londres, 1804.

129. *The Book of Shet the Prophet Zirtûsht*, Bombaim, 1818, estrofes 35-8.

130. *Fedro*, 250 C.

131. O Buddha Supremo é invocado com dois dos seus acólitos da tríade teísta – Dharma e Sangha. Essa Tríade é invocada em sânscrito com os seguintes termos:

Namo Buddhâya,
Namo Dharmâya,
Namo Sanghâya,
Aum!

ao passo que os budistas tibetanos pronunciam as suas invocações da seguinte maneira:

Nan-wou Fo-tho-ye,
Nan-wou Tha-ma-ye,
Nan-wou Seng-kia-ye,
An!

Ver também *Nouveau Journal Asiatique*, tomo VII, março de 1831, p. 265.

132. O corpo do homem – sua túnica de pele – é uma massa inerte de matéria, *per se*; é só o corpo vivo *sensível* do homem que é considerado como o próprio corpo do homem, sendo este que, com a alma fontal ou corpo astral puro, em contato direto com o espírito imortal, produz a trindade do homem.

133. [*Plotini vita*, cap. XXIII, em J. A. Fabricius, *Bibliotheca Graeca*, 1705-28.]

134. *Manu*, livro I, ślokas 5-7.

135. *Ibid.*, livro XII, śloka 85.

136. *Ibid.*, livro XII, śloka 125.

137. Acreditamos que a palavra "feitiçaria" deveria, de uma vez por todas, ser compreendida no sentido que propriamente lhe pertence. A feitiçaria pode ser tanto consciente quanto inconsciente. Podem obter-se certos resultados funestos e perigosos por meio dos poderes mesméricos dos ditos bruxos, que fazem mau uso do seu fluido potencial; por outro lado, pode-se chegar a eles por meio de um acesso fácil dos "espíritos" maliciosos e enganadores (tanto mais perniciosos quanto mais humanos) à atmosfera que cerca o médium. Quantos milhares de vítimas inocentes irresponsáveis encontraram mortes infames por meio dos enganos desses Elementares!

138. [*Eneida*, I, vi; IX, ix.]

139. [*Eleus. and Bacchic Myst.*, p. 108-11; 4ª ed.]

140. [*Mishnah Hagîgâh*, 14b.]

141. [Parte II, cap. I, p. 57-8; ed. Paris, 1843.]

142. *Ancient Pagan and Modern Christian Symbolism*, Intr., p. xxxiv.

CAPÍTULO III

"Rei. – Conta-nos essa história do começo ao fim."
SHAKESPEARE, *All's Well That Ends Well*, Ato V, Cena III, linha 330.

"Ele é o Um, auto-engendrado, de quem procedem todas as coisas e nelas atua; nenhum mortal o vê, mas ele vê a todos."
Hino Órfico[1].

"Tua é Atenas, ó Atenea!
Grande Deusa, ouve! e sobre minha turva mente
Derrama tua pura luz, em ilimitada abundância,
Aquela luz sagrada, ó Rainha protetora,
Que fulge eternamente de tua face serena.
Inspira minha alma, em sua morada terrena,
Com teu fogo abençoado e impulsivo."
Proclo, *To Minerva*[2].

"A *fé* é a substância das coisas esperadas (. . .)
Foi pela fé que Raab, a meretriz, não pereceu com os desobedientes, porque recebera pacificamente os espias."
Hebreus, XI, 1, 31.

"Meus irmãos, se alguém disser que tem fé, mas não tem obras, que lhe aproveitará isso? *Poderá a* FÉ *salvá-lo?* (. . .) Da mesma maneira, também Raab, a meretriz, não foi *justificada pelas obras,* quando acolheu os mensageiros, e os fez voltar por seguro caminho?"
Tiago, II, 14, 25.

Clemente descreve Basilides, o gnóstico, como "um filósofo devotado à contemplação das coisas divinas"[*]. Essa muito apropriada expressão poderia ser aplicada a muitos fundadores das seitas mais importantes que mais tarde foram englobadas numa única – esse estupendo composto de dogmas ininteligíveis forjado por Ireneu, Tertuliano, e outros, que agora recebe o nome de Cristianismo. *Se tais seitas devem ser chamadas de heresias, então o Cristianismo primitivo deve ser incluído entre elas.* Basilides e Valentino precederam a Ireneu e Tertuliano; e os dois últimos

---

[*] Erroneamente atribuída a Clemente de Alexandria, que, entretanto, descreve a *doutrina* de Basilides como parcialmente preocupada com o "ensinamento divino". Cf. *Stromateis*, VIII, xi, "O Gnóstico compreende verdadeira e amplamente em virtude de ter recebido o ensinamento divino"; ver também King, *The Gnostics*, etc., p. 258 (ed. 1887). (N. do Org.)

padres tiveram menos fatos do que os dois primeiros gnósticos para mostrar que sua *heresia* era plausível. Nem o direito divino, nem a verdade asseguraram o triunfo de seu Cristianismo; apenas o destino lhes foi favorável. Podemos afirmar, com toda razão, que não há nenhuma de todas essas seitas – o Cabalismo, o Judaísmo, e inclusive o nosso atual Cristianismo – que não tenha nascido dos dois ramos principais desse tronco-mãe, a outrora religião universal, que precedeu a época védica – falamos do Budismo pré-histórico que se fundiu mais tarde no Bramanismo.

A religião que mais se assemelhou aos ensinamentos dos pouco numerosos apóstolos primitivos – religião pregada pelo próprio Jesus – é a mais antiga de ambas, o Budismo. Este, tal como foi ensinado em sua pureza primitiva, e levado à perfeição pelo último dos Buddhas, Gautama, baseava sua ética moral em três princípios fundamentais. Ele afirmava: 1º: que todas as coisas existem como resultado de causas naturais; 2º: que a virtude acarreta a sua própria recompensa, e o vício e o pecado sua própria punição, e o 3º: que o estado do homem neste mundo é de provação. Nestes três princípios se fundamentam todos os credos religiosos, que podem resumir-se em Deus e a imortalidade individual do espírito. Apesar da confusão dos dogmas teológicos posteriores; apesar da aparente incompreensibilidade das abstrações metafísicas que convulsionam a Teologia de cada uma das grandes religiões da Humanidade, assim que estas forem estabelecidas em bases seguras, descobrir-se-á que a religião acima mencionada é a essência de toda filosofia religiosa, com exceção do Cristianismo moderno. Foi ela a religião de Zoroastro, de Pitágoras, de Platão, de Jesus, e mesmo de Moisés, embora os ensinamentos do legislador judeu tenham sofrido piedosas falsificações.

Dedicaremos o presente capítulo a um breve estudo das numerosas seitas que se reconheceram a si mesmas como cristãs; quer dizer, que acreditaram num *Christos*, ou num UNGIDO. Procuraremos também explicar esta última expressão do ponto de vista cabalístico, mostrando-lhe o reaparecimento em todo sistema religioso. Seria proveitoso, ao mesmo tempo, observar até que ponto os primeiros apóstolos, Paulo e Pedro, concordavam em suas pregações sobre a nova Revelação. Começaremos por Pedro.

Devemos voltar uma vez mais à maior de todas as fraudes patrísticas; àquela que inegavelmente permitiu à Igreja católica romana conquistar a sua imerecida supremacia, a saber; a atrevida afirmação, a despeito das evidências históricas, de que Pedro sofreu o martírio em Roma. É natural que o clero latino concorde com tal fábula, pois, com a exposição da natureza fraudulenta desse pretexto, o dogma da sucessão apostólica cairia por terra.

Muitas e boas obras foram escritas recentemente, refutando essa absurda pretensão. Entre outras, assinalamos *The Christ of Paul*, que a demole de modo muito engenhoso. O autor prova: 1º: que nenhuma Igreja foi estabelecida em Roma antes do reino de Antonio, o Pio; 2º: que, como Eusébio e Irineu concordam em que Lino foi o segundo Bispo de Roma, em cujas mãos "os abençoados apóstolos" depuseram a Igreja após havê-la fundado, isto só pode ter ocorrido entre os anos 64 e 68; 3º: que esse intervalo de anos caiu durante o reino de Nero, pois Eusébio afirma que Lino manteve seu ofício durante doze anos, tendo começado seu episcopado em 69, um ano após a morte de Nero, e vindo a morrer em 81[3]. Em seguida, o autor prova, com argumentos irrefutáveis, que Pedro não poderia estar em Roma no ano 64, uma vez que se encontrava então na Babilônia, de onde escreveu sua primeira epístola, cuja data é fixada, pelo Dr. Lardner e outros críticos, nesse exato ano. Mas acreditamos que o seu melhor argumento consiste na prova de que não estava no caráter do covarde Pedro arriscar-se numa vizinhança tão estreita com Nero, que "alimentava as feras do Anfiteatro com a carne e os ossos dos cristãos"[4] àquela época.

Talvez a Igreja de Roma não tenha estado de acordo ao escolher como seu fundador titular o apóstolo que negou por três vezes o seu Mestre no momento de perigo; e que, além disso, com exceção de Judas, provocou o Cristo de tal modo a ponto de receber o epíteto de "Inimigo". "Afasta-te de mim, SATÃ!", exclama Jesus, reprovando o insultuoso apóstolo[5].

Existe uma tradição na Igreja grega que jamais foi aceita no Vaticano. Essa Igreja remonta sua origem a um dos chefes gnósticos – Basilides, talvez –, que viveu sob Trajano e Adriano, ao fim do século I e início do II. No que respeita a essa tradição particular, se o gnóstico é Basilides, então devemos aceitá-lo como uma autoridade suficiente, pois ele pretende ter sido discípulo do Apóstolo Mateus, e pupilo de Gláucias, este um discípulo do próprio São Pedro. Se o relato que se lhe atribui é autêntico, o Comitê Londrino para a Revisão da Bíblia faria bem em acrescentar um novo capítulo aos Evangelhos de Mateus, Marcos e João, contando a história da negação de Cristo por Pedro.

A tradição de que estamos falando afirma que, quando, apavorado pela acusação do servidor do sumo-sacerdote, o apóstolo negou por três vezes a seu Mestre, e o galo cantou, Jesus, que então atravessava a galeria sob a guarda dos soldados, virou-se e, encarando a Pedro, disse: "Em verdade, Pedro, eu te digo que me negarás por todos os séculos vindouros, e jamais pararás enquanto não te tornares velho, e estenderás as mãos e um outro te cingirá e te levará para onde não queres"[6]. A última parte desta sentença, dizem os gregos, está relacionada com a Igreja, e profetiza a sua constante apostasia de Cristo, sob a máscara da falsa religião. Mais tarde, a passagem foi inserida no cap. XXI de *João*, mas todo esse capítulo foi denunciado como falsificação, antes mesmo de se ter descoberto que esse *Evangelho* jamais foi escrito em suma pelo Apóstolo João.

O anônimo autor[7] de *Supernatural Religion*, obra de que saíram várias edições em dois anos, e que dizem ter sido escrita por um eminente teólogo, prova conclusivamente o caráter espúrio dos quatro Evangelhos, ou pelo menos a sua completa transformação nas mãos do zelosíssimo Irineu e de seus acólitos. O quarto Evangelho é completamente demolido por esse hábil autor. As extraordinárias falsificações cometidas pelos padres dos primeiros séculos são plenamente demonstradas, e o relativo valor dos sinóticos é discutido com um rigor lógico sem precedentes. A obra impõe convicção em cada uma de suas linhas. É dela que reproduzimos o que segue: "Ganhamos infinitamente mais do que perdemos quando abandonamos a crença na realidade da Revelação Divina. Enquanto conservamos pura e inteira a luz da moralidade cristã, a nada renunciamos, exceto aos elementos aviltantes a ela acrescentados pela superstição humana. Não estamos mais obrigados a acreditar numa Teologia que ultraja a Razão e o senso moral. Libertamo-nos das noções antropomórficas de Deus e de seu governo do universo; e da mitologia judaica nos elevamos a concepções mais elevadas de um Ser infinitamente sábio e bondoso, oculto de nossas mentes finitas, é verdade, na impenetrável glória da Divindade, mas cujas Leis de maravilhosa inteligência e percepção podemos sempre perceber em ação ao nosso redor. (...) O argumento empregado com tanta freqüência pelos teólogos de que a Revelação Divina é necessária ao homem, e de que certas concepções contidas nessa Revelação são necessárias para a nossa consciência moral, é puramente imaginário e deriva da Revelação que ele próprio procura manter. A única coisa absolutamente necessária para o homem é a VERDADE; e é a ela, e somente a ela, que a nossa consciência moral se deve adaptar"[8].

Consideraremos mais adiante sob qual luz a revelação divina da *Bíblia* judaica era encarada pelos gnósticos, que ainda acreditavam em Cristo à sua própria maneira, que era melhor e menos blasfema do que a dos católicos romanos. Os padres obrigaram os que acreditavam em Cristo a aceitar uma *Bíblia* cujas leis ele foi o primeiro a infringir; e cujos ensinamentos ele rejeitou por completo; e por cujos crimes ele foi finalmente crucificado. Se há algo de que o mundo cristão se pode vangloriar, em tal não se incluem a lógica e a consistência como suas virtudes principais.

O simples fato de que Pedro permaneceu até o fim como um "apóstolo da circuncisão" fala por si mesmo. *Quem quer que tenha edificado a Igreja de Roma, não foi Pedro.* Se fosse esse o caso, os sucessores desse apóstolo deveriam se submeter à circuncisão, ao menos por amor à fidelidade, e para mostrar que as afirmações dos Papas não carecem de fundamento. O Dr. Inman afirma que o relato diz que "em nossos tempos cristãos, os Papas devem ser perfeitos em sua vida privada"[9], mas não sabemos se eles devem se submeter às exigências da lei levítica judaica. Os primeiros quinze bispos cristãos de Jerusalém, a começar de Tiago e incluindo Judas, foram todos judeus circuncidados[10].

No *Sepher-Toledoth-Yeshu*[11], um manuscrito hebraico de grande antiguidade, a versão sobre Pedro é diferente. Simão Pedro, segundo ele, foi um de seus próprios irmãos, embora tivesse se desviado um pouco das leis, e o ódio dos judeus e a perseguição do apóstolo parecem ter existido apenas na fecunda imaginação dos padres. O autor fala dele com grande respeito e lealdade, chamando-o de "servo fiel do Deus vivo", que passou sua vida em austeridade e meditação, "vivendo em Babilônia, no topo de uma torre", compondo hinos e pregando a caridade. E acrescenta que Pedro sempre recomendava aos cristãos não molestarem os judeus, mas logo depois de sua morte outro pregador se dirigiu a Roma e pretendeu que Simão Pedro havia alterado os ensinamentos de seu Mestre. Inventou um inferno de chamas e ameaçou a todos com ele; prometeu milagres, mas não fez nenhum.

Quanto há no que antecede de ficção e quanto de verdade, cabe a outros decidirem; mas ele tem muito mais evidências de sinceridade e de fatos do que as fábulas inventadas pelos padres para responder aos seus fins.

Podemos de fato dar crédito a essa amizade entre Pedro e seus antigos correligionários, uma vez que descobrimos em Theodoret a seguinte afirmação: "Os nazarenos são judeus, que veneravam o UNGIDO [Jesus] como um homem *justo* e que utilizam o *Evangelho* segundo Pedro"[12]. Pedro era um nazareno, de acordo com o *Talmude*. Ele pertencia à seita dos nazarenos mais recentes, que discordavam dos seguidores de João, o Baptista, e que vieram a constituir uma seita rival; a qual – como reza a tradição – foi instituída pelo próprio Jesus.

A história diz que as primeiras seitas cristãs eram nazarenas, como João Baptista, ou ebionitas, entre os quais se acham inúmeros parentes de Jesus; ou essênias *(iessaens)*, os therapeutae, de que os nazarenos eram um ramo. Todas essas seitas, que apenas na época de Irineu começaram a ser consideradas como heréticas, eram mais ou menos cabalísticas. Elas acreditavam na expulsão dos demônios por meio de encantamentos mágicos, e praticavam esse método; Jervis aplica aos nabateanos e a outras seitas similares o epíteto de "errantes exorcistas judeus"[13], significando a palavra *árabe nabae* "errar" e a hebraica נבא, *naba*, "profetizar". O *Talmude* chama indiscriminadamente a todos os cristãos de *Nozari*[14]. Todas as seitas gnósticas acreditavam igualmente na Magia. Irineu, ao descrever os seguidores de Basílides, diz: "Eles utilizam imagens, invocações, encantamentos, e todas as outras coisas que pertencem à Magia"[15]. Dunlap, com base na autoridade de Lightfoot, mostra que Jesus era chamado de *Nazaraios*, por referência a seu exterior pobre e humilde; "pois Nazaraios significa separação, alienação de outros homens"[16].

O verdadeiro significado da palavra *nazar*, נזר, é devotar-se ou consagrar-se ao serviço de Deus. Como substantivo, significa um *diadema* ou um emblema de tal consagração, uma cabeça assim consagrada[17]. Afirma-se que José era um *nazar*[18]. "A cabeça de José, o vértice do nazar entre seus irmãos." Sansão e Samuel (שמשון, שמואל, Shimshôn e Shemûêl) são descritos como *nazars*. Porfírio, ao tratar de Pitágoras, diz que este foi purificado e iniciado na Babilônia por Zar-adas, o chefe do colégio sagrado. Não se poderia supor, por conseguinte, que Zoro-Aster era o *nazar* de Ishtar, tendo Zar-adas ou Na-Zar-Ad[19] o mesmo significado na troca de idiomas? Esdras, ou עזרא, era um sacerdote e escriba, um hierofante, e o primeiro colonizador hebreu da Judéia foi זרובבל Zoro-Babel ou o Zoro ou *nazar* da Babilônia.

As Escrituras judias indicam dois cultos e religiões distintos entre os israelitas; o culto de Baco sob a máscara de Jeová, e o dos iniciados caldeus a que pertenciam alguns dos *nazars*, os teurgistas, e uns poucos profetas. As sedes de todos esses cultos localizavam-se todas na Babilônia e na Caldéia, onde se reconhecem claramente duas escolas rivais de magos. Aqueles que duvidarem desta afirmação terão nesse caso de explicar a discrepância entre a história e Platão, que, de todos os homens de sua época era, sem dúvida, um dos mais bem informados. Referindo-se aos magos, ele os mostra instruindo os reis persas [a respeito de] Zoroastro, como filho ou sacerdote de Oromasdes[20]; e no entanto, Dario, na inscrição de Behistun, vangloria-se de ter restaurado o culto de Ormasde e de ter destruído os ritos mágicos! Evidentemente, havia duas escolas mágicas distintas e antagônicas. A mais antiga e a mais esotérica de ambas era a que, satisfeita com seus conhecimentos inexpugnáveis e com seu poder secreto, consentia em aparentemente renunciar à sua popularidade exotérica, depondo sua supremacia nas mãos do reformador Dario. Os gnósticos posteriores mostraram a mesma prudente política, acomodando-se em todos os países às formas religiosas predominantes, mas permanecendo secretamente fiéis às suas próprias doutrinas essenciais.

Haveria outra hipótese possível, de acordo com a qual Zoro-Ishtar era o sumo sacerdote do culto caldeu, ou mago hierofante. Quando os Āryas da Pérsia, sob Dario Hystaspes, destronaram o mago Gomates, e *restauraram* o culto masdeu, seguiu-se uma amalgamação pela qual o mago Zoro-astar se tornou o Zara-thushtra do *Vendîdâd*. Isto não foi aceito pelos outros Āryas, que adotaram a religião védica como forma distinta da do *Avesta*. Mas isso é apenas uma hipótese.

Seja o que for que agora se acredite ter sido Moisés, demonstraremos que ele era um iniciado. A religião mosaica era, na melhor das hipóteses, um culto do Sol e da serpente, diluído, talvez, por algumas poucas noções monoteístas, antes que estas fossem introduzidas à força nas chamadas "Escrituras inspiradas" por Esdras, ao tempo em que ele pretendia ter *re*escrito os livros mosaicos. Seja como for, o *Livro dos números* foi escrito mais tarde; e é tão fácil seguir nele o culto do Sol e da serpente, quanto em qualquer história pagã. O relato das serpentes de fogo é uma alegoria, em mais de um sentido. As "serpentes" eram os *levitas* ou os *ofitas*, que formavam a escolta de Moisés (ver *Êxodo*, XXXII, 26); e a ordem do "Senhor" a Moisés, para dobrar a cabeça do povo "diante do Senhor contra o Sol", que é o emblema desse Senhor, não deixa margem a equívocos.

Os *nazars* ou profetas, assim como os nazarenos, eram uma casta oposta ao culto de Baco, de modo que, em comum com todos os profetas iniciados, eles se mantinham fiéis ao espírito das religiões simbólicas e ofereciam uma forte oposição às práticas idólatras ou exotéricas da letra morta. Essa a razão pela qual os profetas foram, com tanta freqüência, lapidados pelo populacho, sob a instigação dos sacerdotes que tinham todo o interesse em favorecer as superstições populares. Ottfried Müller mostra quanto os mistérios órficos diferiam dos ritos *populares* de Baco[21], embora os *Orphikoi* sejam conhecidos por terem seguido o culto de Baco. O sistema de puríssima moralidade e de severo ascetismo promulgado nos ensinamentos de Orfeu, e seguido estritamente por seus partidários, é incompatível com a lascívia e a grosseira imoralidade dos ritos populares. A fábula de Aristeu que persegue Eurídice na floresta, onde há uma serpente que lhe causa a morte[22], é uma alegoria muito clara, que foi, em parte, explicada nos tempos primitivos. Aristeu é a *força bruta*, que persegue Eurídice, a doutrina esotérica, na floresta em que a serpente (emblema de todos os deuses solares, e cultuado sob seu aspecto grosseiro mesmo pelos judeus) a mata; ou seja, força a verdade a tornar-se ainda mais esotérica, e a buscar proteção no mundo inferior, que não é o inferno de nossos teólogos. Além disso, a sorte de Orfeu, estraçalhado pelas bacantes, é outra alegoria para demonstrar que os ritos grosseiros e populares são sempre mais bem-vindos do que a verdade divina mais simples, provando a grande diferença que deve ter existido entre o culto esotérico e o popular. Visto que os poemas de Orfeu e de Museu foram perdidos desde os tempos mais recuados, de modo que nem Platão nem Aristóteles reconheceram qualquer coisa autêntica nos poemas que ainda existiam em seu tempo, é difícil dizer com precisão em que consistiam seus ritos peculiares. Temos, no entanto, a tradição oral, e dela podemos tirar várias inferências; essa tradição assinala que Orfeu trouxe suas doutrinas da Índia, sendo a sua religião a dos antigos magos – aquela à qual pertencem os iniciados de todos os países, a começar de Moisés, os "Filhos dos Profetas", e os ascéticos *nazars* (que não devem ser confundidos com aqueles contra os quais trovejaram Oséias e outros profetas) e terminando com os essênios. Esta última seita era composta de pitagóricos, antes que seu sistema tivesse sido mais degenerado do que aperfeiçoado pelos missionários budistas, que, como Plínio nos diz, se estabeleceram nas costas do Mar Morto, muitos séculos antes de seu tempo, "*per saeculorum millia*"[23]. Mas se, por um lado, esses monges budistas foram os primeiros a estabelecer comunidades monásticas e inculcar a estrita observância das regras monacais dogmáticas, por outro lado, foram também os primeiros a impor e popularizar as severas virtudes exemplificadas por Sâkyamuni, e que foram anteriormente exercitadas em casos isolados de bem conhecidos filósofos e seus seguidores; virtudes pregadas dois ou três séculos depois por Jesus, praticadas por uns poucos ascetas cristãos, gradualmente abandonadas e inteiramente esquecidas pela Igreja cristã.

Os *nazars* iniciados sempre obedeceram a essa regra, que havia sido seguida antes deles pelos adeptos de todos os tempos; e os discípulos de João foram apenas um ramo dissidente dos essênios. Por conseguinte, não podemos confundi-los com todos os nazars mencionados no *Velho Testamento*, e que são acusados por Oséias de se terem separado ou se consagrado a *Bosheth* בשת (ver o texto hebraico)[24]; o que implicava a maior abominação possível. Inferir, como o fazem alguns críticos e teólogos, que isto significa abandonar a *castidade* ou a continência, é perverter seu verdadeiro significado ou ignorar totalmente a língua hebraica. O décimo primeiro verso do primeiro capítulo de Miquéias explica parcialmente o termo, em sua velada tradução: "Passai, ó habitante de Saphir, etc.", e no texto original a palavra é *Bosheth*. Certamente, nem Baal, nem Iahoh Kadosh, com seu Kadeshim, eram deuses de ascética virtude, embora a *Septuagint os chame*, assim como aos *galli* – os sacerdotes perfeitos – τετελεσμένοι, de iniciados e consagrados[25]. O grande *Sod* do *Kadeshim*, traduzido nos Salmos LXXXIX, 7, como "assembléia de santos", não era senão um mistério dos "santificados" no sentido dado a esta palavra por Webster.

A seita dos naziretas existiu muito tempo antes das leis de Moisés[26], e teve origem entre o povo, em guerra aberta contra os "escolhidos" de Israel, a saber, o povo da Galiléia, a antiga *olla-podrida* das nações idólatras, onde foi erguida Nazara, a atual Nasra. Foi em Nazara que os antigos nazarias ou naziretas mantiveram seus "mistérios de vida" ou "assembléias" (como figura agora a palavra na tradução)[27], que não passavam de mistérios secretos de iniciação[28], totalmente distintos em sua forma prática dos mistérios populares que eram realizados em Biblos em honra de Adônis. Visto que os verdadeiros iniciados da Galiléia desterrada adoravam o verdadeiro Deus e desfrutavam visões transcendentais, o que faziam os "escolhidos" nesse mesmo tempo? Ezequiel no-lo diz (cap. VIII) quando, ao descrever o que viu, ele diz que a *forma* de uma mão o pegou pelos cabelos e o transportou da Caldéia a Jerusalém. "E lá estavam setenta dos senadores da casa de Israel. (...) 'Filho do Homem, viste o que os anciãos (...) estão fazendo no escuro?' ", pergunta o "Senhor". "Na porta da casa do Senhor (...) estavam as mulheres sentadas a chorar por Tamuz" (Adônis). Não podemos realmente supor que os pagãos jamais ultrapassaram o povo "escolhido" em certas vergonhosas abominações de que os seus próprios profetas o acusavam com tanta freqüência. Não é preciso ser um erudito em língua hebraica para admitir essa verdade; basta ler a *Bíblia* na tradução e meditar sobre as palavras dos "santos" profetas.

Tal foi a razão do ódio dos nazarenos posteriores aos judeus ortodoxos – seguidores da Lei Mosaica *exotérica* –, que foram sempre acusados de adorar a *Iurbo-Adunai*, ou Senhor Baco. Passando sob o disfarce de *Adoni-Iahoh* (texto original, *Isaías*, LXI, 1), Iahoh e Senhor Tsabaôth, o Baal-Adônis, ou Baco, cultuado nos bosques e nos *jardins* ou mistérios *públicos*, transforma-se enfim, sob a mão polidora de Esdras, no Adonai de Masorah – o Deus Único e Supremo dos cristãos!

"Não adorarás o Sol cujo nome é Adunai", diz o *Codex* dos nazarenos; "cujo nome é também Kadesh[29] e El-El. Esse Adunai elegerá para si uma nação, a qual se reunirá *em multidões* [seu culto será exotérico] (...) Jerusalém tornar-se-á o refúgio e a cidade dos *Abortivos*, que se aperfeiçoarão [circuncidarão] por meio da espada (...) e adorarão a Adunai."[30]

Os nazarenos mais antigos, que eram os descendentes dos *nazars* da Escritura, e cujo último líder proeminente foi João Baptista, embora considerados pouco ortodoxos pelos escribas e fariseus de Jerusalém, eram, não obstante, respeitados, nunca tendo sido molestados. Mesmo Herodes "temia a multidão" porque considerava João um profeta (*Mateus*, XIV, 5). Mas os seguidores de Jesus pertenciam, evidentemente, a uma seita que se tornou um espinho ainda mais exasperante em seu flanco. Ela surgiu como uma *heresia* dentro de outra heresia; pois enquanto os nazars dos tempos antigos, os "Filhos dos Profetas", eram cabalistas caldeus, os adeptos da nova seita dissidente revelaram-se reformadores e inovadores desde o início. A grande semelhança observada por alguns críticos entre os ritos e as observações dos cristãos primitivos e os dos essênios pode ser explicada sem a menor dificuldade. Os essênios, como já observamos, eram missionários budistas convertidos que, ao mesmo tempo, invadiram o Egito, a Grécia e mesmo a Judéia, a partir do reino de Aśoka, o zeloso propagandista; e ao passo que é evidentemente aos essênios que pertence a honra de terem tido o reformador nazareno Jesus como pupilo, descobrimos que este, no entanto, discordou de seus primeiros mestres quanto a inúmeras questões de observância formal. Não podemos chamá-lo de essênio, pelas razões que indicaremos mais adiante, nem de nazar ou de nazário da seita mais antiga. O que Jesus *foi* podemos descobri-lo no *Codex nazaraeus*, nas injustas acusações dos gnósticos de Bardesane.

"Jesu Mesio é *Nebu*, o falso Messias, o destruidor da religião antiga", diz o *Codex*[31]. Ele é o fundador da seita dos novos nazars, e, como o indicam claramente as palavras, um seguidor da doutrina budista. Em hebraico, a palavra *naba*, אבנ, significa "falar com inspiração"; e ובנ é *nebo*, um deus de sabedoria. Mas Nebo é também Mercúrio, e Mercúrio é *Buddha* no monograma hindu dos planetas. Além disso, descobrimos que os talmudistas afirmavam que Jesus era inspirado pelo gênio de Mercúrio[32].

O reformador nazareno pertencia, sem dúvida alguma, a uma dessas seitas; embora seja talvez impossível decidir absolutamente a qual delas. Mas o que é plenamente evidente é que ele pregava a filosofia de Buddha-Śâkyamuni. Denunciados pelos últimos profetas, amaldiçoados pelo Sanhedrim, os nazars – que se confundem com os outros do mesmo nome, "que se consagraram à vergonha"[33] – foram secreta, se não abertamente, perseguidos pela sinagoga ortodoxa. Torna-se então claro por que Jesus foi tratado com tanto desdém desde o começo, e chamado depreciativamente de "o galileu". Nataniel pergunta – "De Nazaré pode sair algo de bom?" (*João*, I, 46), no início de sua carreira, e apenas porque ele sabe que se trata de um *nazar*. Não indica isto claramente que mesmo os nazars mais antigos não eram realmente religiosos hebraicos, mas antes uma classe de teurgistas caldeus? Além disso, visto que o *Novo Testamento* é conhecido por seus erros de tradução e falsificação transparente dos textos, podemos com razão suspeitar que a palavra Nazaré substituiu o termo *nasaria* ou *nozari*; e que o texto original rezava: "De um nozari, ou um nazareno pode sair algo de bom?", isto é, de um seguidor de São João Baptista, com o qual nós o vemos associado desde o início de sua entrada em ação, após ter estado desaparecido por um período de aproximadamente vinte anos. Os equívocos do *Velho Testamento* nada são comparados aos dos *Evangelhos*. Nada mostra melhor do que essas evidentes contradições o sistema da piedosa fraude sobre o qual repousa a doutrina do Messias. "Este é o *Elias* que deve vir", diz *Mateus* de João Baptista, forçando assim uma antiga tradição cabalística no quadro das evidências (XI, 14). Mas quando, ao se dirigirem ao próprio Baptista, eles lhe perguntam (*João*, I, 21), "És tu o Elias?", ele diz "*Não sou!*" Quem sabe mais – João ou seu biógrafo? Qual é a revelação divina?

O objetivo de Jesus, como foi evidentemente o de Gautama Buddha, consistia em prestar um largo benefício à Humanidade, produzindo uma reforma religiosa que lhe daria uma religião de pura ética; até então, o verdadeiro conhecimento de Deus e da Natureza permaneciam exclusivamente nas mãos das seitas esotéricas e de seus adeptos. Visto que Jesus utilizava *óleo* e que os essênios nunca usaram senão água pura[34], não se pode dizer que ele foi um essênio no sentido estrito da palavra. Por outro lado, os essênios foram também "postos de lado"; eles eram curadores (*asaya*) e habitavam no deserto como todos os ascetas.

Mas, embora não se abstivesse de vinho, Jesus poderia se manter um nazareno. Pois no cap. VI de *Números*, vemos que, após o sacerdote ter agitado a cabeleira de um nazárita em oferenda diante do Senhor, "em seguida, um nazarita pode beber vinho" (VI, 20). A severa reprimenda do reformador ao povo que não se satisfazia com nada é expressa na seguinte sentença: "Veio João, que não come e não bebe, e dizeis: 'O demônio está nele'. (...) Veio o Filho do Homem, que come e bebe, e dizeis: 'Eis aí um glutão e beberrão"[35]. Apesar disso, ele era um essênio e um nazareno, pois podemos vê-lo enviando uma mensagem a Herodes para dizer que era alguém que expulsava demônios e que realizava curas, mas na verdade chamando-se a si mesmo de profeta e declarando-se igual aos outros profetas[36].

O autor de *Sōd* mostra Mateus tentando relacionar o termo nazareno com uma profecia[37], e pergunta: "Por que afirma Mateus que *o profeta* disse que ele se deve chamar de *Nazaria*? Simplesmente *porque ele pertencia a essa seita*, e uma *profecia* confirmaria suas pretensões quanto ao messianato. Ora, em nenhum lugar está escrito que os profetas dizem que o Messias será chamado de *nazareno*"[38]. O simples fato de que Mateus tenta, no último versículo do cap. II, reforçar sua pretensão de que Jesus esteve em Nazaré *meramente para cumprir uma profecia*, nada mais faz do que enfraquecer o argumento; ele o inverte por completo, pois os dois primeiros capítulos há muito foram reconhecidos como falsificações posteriores.

O batismo é um dos ritos mais antigos e foi praticado por todas as nações em seus mistérios, como abluções sagradas. Dunlap parece derivar o nome dos *nazars* de *nazah*, "aspersão"; Bahâk-Ziwa é o gênio que chamou o mundo à existência[39] tirando-o da "água obscura", dizem os nazarenos; e o *Persian, Arabic and English* Lexicon de Richardson afirma que a palavra *Bahāk* significa "chuva"[40]. Mas o Bahâk-Ziwa dos nazarenos não pode ser confundido tão facilmente com Baco, que "era o deus da chuva", pois os nazars foram os maiores adversários do culto de Baco. "Baco foi criado pelas Hyades, as ninfas da chuva", diz Preller[41]; e Dunlap mostra, ademais[42], que, ao término dos mistérios religiosos, os sacerdotes batizavam (lavavam) seus monumentos e os untavam com óleo. Mas tudo isso é apenas uma prova indireta. Não é preciso provar que o batismo do Jordão era apenas um substituto dos ritos *exotéricos* de Baco e das libações em honra de Adônis ou Adôni – de quem os nazarenos tinham horror –, no propósito de demonstrar que essa seita nasceu dos "mistérios" da "Doutrina Secreta"; e seus ritos não podem em absoluto ser confundidos com os do populacho pagão, que simplesmente caiu na fé idólatra e irracional de todas as multidões plebéias. João foi o profeta desses nazarenos, e na Galiléia ele foi chamado de "Salvador"; mas não foi ele quem fundou essa seita cujas tradições remontam à mais alta antiguidade da teurgia caldaico-acadiana.

"Os primeiros israelitas plebeus eram cananitas e fenícios, com o mesmo culto de adoração aos deuses fálicos – Baco, Baal ou Adon, Iacchos – Iaô ou Jeová;" mas mesmo entre esses sempre houve uma classe de adeptos *iniciados*. Depois, o caráter dessa *plebe* foi modificado pelas conquistas assírias; e, finalmente, as colonizações persas superpuseram as idéias e os costumes fariseus e orientais, de que derivam o *Velho Testamento* e as instituições mosaicas. Os reis-sacerdotes asmoneus promulgaram o cânone do *Velho Testamento* em oposição aos Livros Secretos ou *Apocrypha* dos judeus alexandrinos – os cabalistas[43]. Até a época de João Hircano eles foram asideus (chasidim) e fariseus (pârsîs), mas tornaram-se saduceus ou zadoquitas – partidários da regra sacerdotal em oposição à regra rabínica. Os fariseus eram dóceis e intelectuais; os saduceus, intolerantes e cruéis.

Diz o *Codex*: "João, filho de Aba-Saba-Zacharia, concebido por sua mãe *Anasabet* em seu centésimo ano, batizou durante quarenta e dois anos[44], quando Iesu Messias veio ao Jordão a fim de ser batizado por João. Mas ele *perverterá* a doutrina de João, alterando o batismo do Jordão, e pervertendo as sentenças da justiça"[45].

O batismo de *água* transformou-se no do Espírito Santo, em conseqüência, decerto, da idéia predominante entre os padres de instituir uma reforma e tornar os cristãos diferentes dos nazarenos de São João, dos nabateanos e dos ebionitas, a fim de dar lugar aos novos dogmas. Não apenas os sinóticos nos dizem que Jesus batizava como João, mas os próprios discípulos de João se queixavam disso, embora Jesus não possa ser certamente acusado de seguir um rito puramente báquico. Os parênteses no verso 2 de *João* IV: "(...) ainda que o próprio Jesus não batizasse", são tão canhestros que indicam uma evidente interpolação. *Mateus* faz João dizer que aquele que viria depois não os batizaria com água, "mas com *o Espírito Santo* e com fogo". *Marcos, Lucas* e *João* corroboram essas palavras. Água, fogo e espírito, ou Espírito Santo, todos têm sua origem na Índia, como iremos demonstrar.

Mas tal sentença apresenta uma estranha peculiaridade. Ela é abertamente negada em *Atos*, XIX, 2-5. Apollos, um judeu de Alexandria, pertencia à seita dos discípulos de São João; foi batizado e instruía a outros nas doutrinas do Baptista. E não obstante, quando Paulo, aproveitando habilmente sua ausência em Corinto, encontra alguns discípulos de Apollos em Éfeso, e lhes pergunta se haviam recebido o *Espírito Santo*, recebe ele essa ingênua resposta: "Nunca ouvimos dizer que há um Espírito Santo". "Em que fostes batizados?", pergunta ele. "*No batismo de João*", dizem eles. Faz-se então Paulo repetir as palavras atribuídas a João pelos sinóticos, e esses homens "foram batizados em nome de Jesus", exibindo, além disso, no mesmo instante, o usual dom poliglota que acompanha a descida do Espírito Santo.

Qual a conclusão a tirar? São João Baptista, que é chamado de "precursor", para que "a profecia pudesse ser cumprida", o grande profeta e mártir, cujas palavras tinham um significado tão importante aos olhos de seus discípulos, anuncia o "Espírito Santo" aos seus ouvintes; faz as multidões se reunirem às margens do Jordão, onde, na grande cerimônia do batismo de Cristo, o prometido "Espírito

Santo" aparece por entre os céus abertos, e a multidão ouve a voz, e no entanto ainda há discípulos de São João que "nunca *ouviram* dizer que há um Espírito Santo"!

Na verdade, os discípulos que escreveram o *Codex nazaraeus* estavam certos. Mas não foi Jesus, e sim aqueles que vieram depois dele e tergiversaram a *Bíblia* para servir aos seus objetivos, que *"perverteram"* a doutrina de João, *modificaram* o batismo do Jordão e perverteram as sentenças da justiça".

É inútil objetar que o *Codex* atual foi escrito séculos depois de os apóstolos diretos de João Baptista terem feito seu trabalho de pregação. Tal é o caso dos nossos *Evangelhos*. Quando esse espantoso diálogo entre Paulo e os "baptistas" teve lugar, Bardesanes ainda não havia feito a sua aparição e a seita não era considerada uma "heresia". Além disso, podemos julgar quão pouco a promessa de São João Baptista referente ao "Espírito Santo" e a própria manifestação do "Espírito" afetaram seus discípulos, pela animosidade que estes mostraram para com os discípulos de Jesus, e por certa espécie de rivalidade manifestada desde o princípio. Ou melhor, tão pouco está João Baptista seguro da identidade de Jesus como o esperado Messias que, depois da famosa cena do batismo no Jordão, e da confirmação oral do próprio Espírito Santo de que *"Este é o meu Filho amado"* (*Mateus*, III, 17), descobrimos "o Precursor", em *Mateus*, XI, 3, enviando de sua prisão dois discípulos para perguntar a Jesus: "És tu aquele que há de vir, ou devemos esperar *outro?*"!

Essa flagrante contradição deveria, por si só, já ter satisfeito às mentes esclarecidas quanto à putativa inspiração divina do *Novo Testamento*. Mas podemos perguntar ainda: Se o batismo é um sinal de regeneração, e uma prática instituída por Jesus, por que os cristãos não batizam tal como Jesus aqui o faz, "com o Espírito Santo e com fogo", em vez de seguir o costume dos nazarenos? Ao fazer essas evidentes interpolações, que possível motivo teria tido Ireneu para fazer as pessoas acreditarem que o epíteto de nazareno, dado a Jesus, provinha apenas da residência de seu pai em Nazaré, e não de sua filiação à seita dos *nazaria*, os curadores?

Esse expediente de Ireneu foi muito infeliz, pois desde tempos imemoriais os profetas dos tempos antigos haviam trovejado contra o batismo de fogo, tal como praticado por seus vizinhos, que comunicava o "espírito da profecia", ou o Espírito Santo. Mas o caso era de desespero; os cristãos eram universalmente chamados de nazarenos e iessênios (segundo Epifânio), e Cristo se alinhava simplesmente como um profeta e curador judeu – pois era assim que seus discípulos a si mesmos chamavam, e como tal eram vistos por seus seguidores. Em tal situação, não havia lugar, seja para uma nova hierarquia, seja para uma nova Divindade; e como Ireneu se entregou à tarefa de manufaturar a ambas, teve de dispor dos materiais disponíveis, preenchendo as lacunas com as suas próprias férteis invenções.

Se queremos nos assegurar de que Jesus era um verdadeiro nazareno – embora com idéias de uma nova reforma –, não devemos buscar a prova nos *Evangelhos* traduzidos, mas nas versões originais de que dispomos. Tischendorf, em sua tradução do grego, da passagem de *Lucas*, IV, 34, chama-o "Iesou Nazarene"; e no texto siríaco lê-se "Iasua, tu, o *nazaria*". Portanto, se levarmos em conta tudo o que é enigmático e incompreensível nos quatro *Evangelhos*, revisado e corrigido em sua forma atual, veremos facilmente por nós mesmos que o verdadeiro e original Cristianismo, tal como pregado por Jesus, encontra-se apenas nas chamadas heresias sírias. Somente delas podemos extrair noções claras sobre o que era o Cristianismo original. Tal era a fé de Paulo, quando Tertulo, o orador, acusou o apóstolo diante do governador Félix. Ele se queixava de que "encontramos esse homem (...) suscitador de tumultos (...) chefe *da seita dos nazarenos*"[46]; e, ao passo que Paulo nega todas as outras acusações, confessa que "segundo o caminho que chamam de heresia, *sirvo ao Deus de meus pais*"[47]. Essa confissão vale por toda uma revelação. Ela mostra: 1º: que Paulo admitia pertencer à seita dos nazarenos; 2º: que ele servia ao *Deus de seus pais*, não ao Deus cristão trinitário, de quem ele nada sabe, e que só foi inventado depois de sua morte; e 3º: que essa infeliz confissão explica satisfatoriamente que o tratado dos *Atos dos Apóstolos*, juntamente com o *Apocalipse* de João, que num dado momento foi completamente rejeitado, ficaram ambos fora do cânone do *Novo Testamento* durante um longo período de tempo.

Em Biblos, os neófitos, assim como os hierofantes, após terem participado dos mistérios, eram obrigados a jejuar e a ficar em solidão por algum tempo. Um jejum e uma preparação muito rigorosa eram exigidos, tanto antes como depois das orgias báquicas, adonitas e eleusinas; e Heródoto menciona, com medo e veneração, o LAGO de Baco, no qual "eles [os sacerdotes] davam, de noite, representações de sua vida e de seus sofrimentos"[48]. Nos sacrifícios mítricos, durante a iniciação, uma cena preliminar de morte era simulada pelo neófito, que precedia à cena que o mostrava "renascendo pelo rito do *batismo*". Uma parte dessa cerimônia ainda é encenada nos dias de hoje pelos maçons, quando o neófito, qual o seu Grande Mestre Hiram Abiff, jaz morto, sendo despertado pelo forte aperto da garra do leão.

Os sacerdotes eram circuncidados. O neófito não podia ser iniciado sem ter participado dos mistérios solenes do LAGO. Os nazarenos eram batizados no Jordão, e não podiam ser batizados em qualquer outro lugar. Eles também eram circuncidados, e deviam jejuar antes e depois da purificação pelo batismo. Afirma-se que Jesus jejuou no deserto durante quarenta dias, imediatamente após o seu batismo. Até os dias de hoje há, na parte exterior de todos os templos na Índia, um lago, uma corrente ou um reservatório cheio de água sagrada, no qual os brâmanes e os devotos hindus se banham diariamente. Tais locais de água consagrada são necessários em todos os templos. Os festivais de banho, ou ritos *batismais*, ocorrem duas vezes por ano; em outubro e abril. Cada um dura dez dias; e, como no Egito e na Grécia antiga, as estátuas de seus deuses, deusas e ídolos são imersas na água pelos sacerdotes, sendo o objetivo da cerimônia livrá-las dos pecados de seus adoradores, com os quais elas são carregadas e poluídas, até serem purificadas pela água sagrada. Durante o Ârati, a cerimônia de banho, o deus principal de todos os templos é transportado em solene procissão para ser batizado no mar. Os sacerdotes brâmanes, que carregam as imagens sagradas, são seguidos geralmente pelo Mahârâja – os pés descalços, e quase nu. *Por três vezes* os sacerdotes entram no mar; na terceira vez, levam consigo todas as imagens. Erguendo-as com orações repetidas por toda a congregação, o Sumo Sacerdote mergulha as estátuas dos deuses por *três vezes*, em nome da *Trindade mística*, na água, após o que ficam todos purificados[49]. O hino órfico afirma que a *água* é o maior purificador dos homens e dos deuses.

Nossa seita nazarena, como se sabe, organizou-se por volta de 150 d. C., e viveu nas margens do Jordão, e na costa ocidental do Mar Morto, de acordo com Plínio e Flávio Josefo[50]. Mas no *Gnostics* de King descobrimos, citada, outra afirmação de Josefo (*Antiq.*, XV, 15), que diz que os essênios se haviam estabelecido nas costas do Mar Morto "milhares de séculos" antes do tempo de Plínio[51].

Segundo Munk, o termo "galileu" é aproximadamente sinônimo do de "nazareno"; além disso, ele mostra que as relações dos galileus com os gentios eram muito estreitas. O populacho provavelmente adotou, em seu constante intercâmbio, certos ritos e formas de culto dos pagãos; e o desdém com o qual os galileus foram encarados pelos judeus ortodoxos é por ele atribuído à mesma causa. Suas relações fraternas os levaram certamente a adotar, num período posterior, os "Adonia", ou ritos sagrados sobre o corpo do lamentado Adônis, tal como constatamos pelas lamentações de São Jerônimo. "O bosque de Thammuz, isto é, de Adônis", diz ele, "lançava sua sombra sobre Belém! E na GROTA em que outrora chorava o menino Jesus, o amante de Vênus era lamentado"[52].

Foi após a rebelião de Bar Cocheba que o Imperador romano estabeleceu os mistérios de Adônis na Caverna Sagrada de Belém; e quem sabe se não foi essa a *petra*, ou templo sobre a rocha, sobre a qual foi edificada a Igreja? O Javali de Adônis era colocado sobre a porta de Jerusalém que fazia frente a Belém.

Diz Munk que "a instituição dos naziretas fora estabelecida antes das leis de Mūsah"[53]. Isto é evidente, pois descobrimos essa seita não apenas mencionada, mas minuciosamente descrita em *Números* (cap. VI). Na ordem dada, nesse capítulo, a Moisés pelo "Senhor" é fácil reconhecer os ritos e as leis dos sacerdotes de Adônis[54]. A abstinência e a pureza prescritas estritamente em ambas as seitas são idênticas. Os fiéis de ambas tinham os cabelos longos[55], tal como os cenobitas e os faquires hindus até hoje os deixam assim, ao passo que as outras seitas cortam seu cabelo e se abstêm, em certos dias, do vinho. O profeta Elias, um nazareno, é descrito em *2 Reis*, e por Josefo, como "um homem peludo e com um cinto de couro ao redor dos rins"[56]. E João Baptista e Jesus tinham, ambos, cabelos longos[57]. João Baptista vestia-se "com pêlos de camelo" e trajava uma cinta de couro, e Jesus, uma longa túnica "sem costuras" (...) e muito branca, como neve", diz *Marcos*; são as mesmas roupas trajadas pelos sacerdotes nazarenos e pelos essênios pitagóricos e budistas descritos por Josefo.

Se estudarmos cuidadosamente os termos *nazar* e *nazaret* em todas as obras mais conhecidas dos autores antigos, descobriremos que eles estão relacionados tanto com os adeptos "pagãos" como com os judeus. Assim, Alexandre Polyhistor afirma que Pitágoras era um discípulo do *nazaratus* assírio, que alguns supõem ser Ezequiel[58]. Diógenes Laércio[59] afirma mais positivamente que Pitágoras, após ter sido iniciado em todos os mistérios dos gregos e dos bárbaros, "foi ao Egito e em seguida visitou os caldeus e os magos"; e Apuleio[60] sustenta que foi Zoroastro o instrutor de Pitágoras.

Se quiséssemos sugerir que os *nazars* hebreus, os profetas injuriosos do "Senhor", foram iniciados nos chamados mistérios pagãos, e pertenciam (ou pelo menos a maioria deles) à mesma Loja ou círculo de adeptos como aqueles que eram considerados idólatras, que seu "círculo de profetas" era apenas um ramo paralelo de uma associação secreta, que poderíamos muito bem chamar de "internacional", que acesso de cólera cristão não chamaríamos sobre nós! No entanto, o caso parece estranhamente suspeito.

Lembremos, em primeiro lugar, o que Amiano Marcelino[61] e outros historiadores relatam a respeito de Dario Hystaspes. Este, penetrando na Índia Superior (Bactriana), aprendeu ritos puros e ciências estelares e cósmicas dos brâmanes, e os comunicou aos magi. Ora, a história afirma que Hystaspes acabou com os magi e introduziu – ou antes os forçou a adotar – a pura religião de Zoroastro, a de

Ormasde. Como é possível então que se tenha achado uma inscrição na tumba de Dario, afirmando que ele era "mestre e hierofante da Magia"? Evidentemente, deve haver aqui um erro histórico, e a história o confessa. Nesse *imbroglio* de nomes, Zoroastro, o mestre e instrutor de Pitágoras, não pode ser, nem o Zoroastro, nem o Zaratustra que instituiu o culto do Sol entre os pârsîs, nem aquele que apareceu na corte de Gushtasp (Hystaspes), o alegado pai de Dario; nem, ainda, o Zoroastro que colocava os seus *magi* acima dos próprios reis. A mais antiga escritura zoroastrina – o *Avesta* – não deixa supor em absoluto que o reformador tenha tido algum contato com qualquer das nações que subseqüentemente adotaram seu culto. Ele parece ignorar por completo os vizinhos do Irã ocidental, os medas, os assírios, os persas e outros. Se não possuíssemos nenhuma outra prova da alta antiguidade da religião de Zoroastro que não a descoberta do erro cometido por alguns eruditos em nosso próprio século, que consideravam o Rei Vishtâspa (Gushtasp) como o pai de Dario, ao passo que a tradição persa aponta diretamente a Vishtâspa como o último da linhagem dos príncipes kaianianos que reinaram sobre Bactriana, ela seria suficiente, pois a conquista assíria da Bactriana ocorreu em 1.200 a. C.[62].

É natural, por conseguinte, que vejamos no nome de Zoroastro não um nome, mas um termo genérico, a descoberta de cujo significado deixamos aos filósofos. *Guru*, em sânscrito, é um mestre espiritual; e, como Zuruastara significa, na mesma língua, aquele que reverencia o Sol, por que seria impossível que, graças a alguma mudança natural da linguagem, devido ao grande número de diferentes nações que se converteram ao culto do Sol, a palavra *guru-astara*, o mestre espiritual do culto do Sol, que se assemelha estreitamente ao nome do fundador dessa religião, se transformou gradualmente em sua forma primitiva Zuryastara ou Zoroastro? Opinam os cabalistas que houve apenas um Zaratustra e muitos *guruastaras* ou mestres espirituais, e que apenas um desses *guru*, ou antes, *huru*-aster, como é chamado nos antigos manuscritos, foi o instrutor de Pitágoras. À filosofia e aos nossos leitores deixamos a explicação pelo que ela vale. Pessoalmente, acreditamos nela, como acreditamos, quanto a esse assunto, muito mais na tradição cabalística do que na explicação dos cientistas, que até hoje ainda não conseguiram entrar em acordo sobre qualquer tema.

Aristóteles afirma que Zoroastro viveu 6.000 anos antes de Platão[63]; Hermippus de Alexandria, que teria lido os livros genuínos dos zoroastrianos, embora Alexandre Magno seja acusado de tê-los destruído, mostra Zoroastro como pupilo de Agonaces (Agon-ach, ou o Deus Ahon), vivendo 5.000 anos antes da queda de Tróia[64]. Er ou Eros, cuja visão é relatada por Platão, na *República*[65], teria sido, segundo Clemente de Alexandria, Zardosht[66]. Embora o mago que destronou Cambises tenha sido um meda, e Dario proclame que aboliu os ritos mágicos para estabelecer os de Ormasde, **Xanthus** de Lídia declara que Zoroastro havia sido o chefe dos magos![67][*]

Qual dos dois está errado? Ou ambos estão certos, falhando os intérpretes modernos em explicar a diferença entre o Reformador e os seus apóstolos e segui-

---

* Xanthus (ou Xanthos) foi um famoso historiador lídio, mais antigo que Heródoto, que se declara devedor à obra de Xanthus, conhecida por *Quatro livros de história lídia*, da qual alguns fragmentos chegaram até nossos dias. (N. do Org.)

dores? Esse lapso de nossos comentaristas lembra-nos o de Suetônio, que confundiu os cristãos com um certo Christos, ou Crestos, como o grafa, e informa a seus leitores que Cláudio o baniu por causa da agitação que provocara entre os judeus[68].

Finalmente, e para voltar outra vez aos *nazars*, Plínio faz menção a Zaratus nas seguintes palavras: "Ele era Zoroastro e *Nazareno*"[69]. Visto que Zoroastro é chamado de *princeps* dos magos, e que *nazar* significa separado ou consagrado, não é tal palavra uma tradução hebraica de *mag*? Volney assim o crê. A palavra persa *na-zaruan* significa milhões de anos, e diz respeito ao "Ancião dos Dias" caldeu. Daí o nome de nazars ou nazarenos, que se consagravam ao Deus Supremo, o Ain-Soph cabalístico, ou o Ancião dos Dias, o "Ancião dos Anciãos".

Mas a palavra *nazar* pode ser encontrada também na Índia. No hindustâni, *nazar* é a visão interna ou *sobrenatural; nazar-bandî* significa fascinação, um encantamento mesmérico ou mágico; e *nazarân* é a palavra para visão.

O prof. Wilder pensa que como a palavra *Zeruana* não se encontra em parte alguma do *Avesta*, mas apenas nos livros persas mais recentes, deve ela provir dos magos, que formavam a casta sagrada dos persas no período sassânida, mas eram originalmente assírios. "Considero que o Turan dos poetas" – diz ele – "é Aturia, ou Assíria; e que Zohak (Az-dahaka, Dei-okes, ou Astyages), o Rei-Serpente, era assírio, meda e babilônico – quando tais países estavam reunidos".

Essa opinião não afirma contudo nosso ponto de vista de que as doutrinas secretas dos magos, dos budistas pré-védicos, dos hierofantes do Thoth ou Hermes egípcio, e dos adeptos de qualquer século ou nacionalidade, incluindo os cabalistas caldeus e os *nazars* judeus, eram *idênticos* desde o início. Quando empregamos o termo *budistas*, não fazemos em absoluto menção ao Budismo exotérico instituído pelos seguidores de Gautama Buddha, nem à moderna religião budista, mas à filosofia secreta de Śâkyamuni, que em sua essência é certamente idêntica à antiga religião da sabedoria do santuário, o Bramanismo pré-védico. O "cisma" de Zoroastro, tal como é chamado, é uma prova direta disso. Pois não houve um *cisma*, estritamente falando, mas apenas uma exposição parcialmente pública de verdades religiosas estritamente monoteístas, até então ensinadas apenas nos santuários, e que ele havia aprendido dos brâmanes. Zoroastro, o fundador original do culto solar não pode ser chamado de fundador do sistema dualista, nem foi ele o primeiro a ensinar a unidade de Deus, visto que nada ensinou além do que os brâmanes lhe haviam comunicado. Max Müller fornece igualmente a prova de que Zaratustra e seus seguidores, os zoroastristas, "habitaram na Índia antes de migrarem para a Pérsia", diz ele, "durante o período Váidico, pode-se prová-lo de modo tão certo como os habitantes de Massília partiram da Grécia. (...) Muitos dos deuses dos zoroastristas originaram-se (...) como meros reflexos e desvios dos deuses primitivos e autênticos do *Veda*"[70].

Se agora podemos provar – e podemos fazê-lo com base na evidência da *Cabala* e das tradições mais antigas da religião da sabedoria, a filosofia dos antigos santuários – que todos esses deuses, seja os dos zoroastristas, seja os do *Veda*, são apenas *poderes ocultos* da natureza personificados, servidores fiéis dos adeptos da sabedoria secreta – a Magia –, estaremos em terra firme.

Por conseguinte, quando dizemos que o Cabalismo e o Gnosticismo procedem do Masdeísmo ou do Zoroastrismo, queremos afirmar a mesma coisa, a menos que lhes demos o significado de culto *exotérico* – o que não é o caso. Assim também, e nesse mesmo sentido, fazemos eco a King, o autor de *The Gnostics*[71], e a diversos outros arqueólogos, afirmando que as duas primeiras escolas procedem do *Budismo*, que é ao mesmo tempo a mais simples e a mais satisfatória das filosofias, e que resultou numa das mais puras religiões do mundo. É apenas uma questão de cronologia decidir qual dessas religiões, que diferem apenas na forma externa, é a mais antiga, e, por conseguinte, a menos adulterada. Mas mesmo isso só toca indiretamente no assunto de que aqui tratamos. Já há muito tempo antes de nossa era, os adeptos, exceto na Índia, haviam cessado de se congregar em grandes comunidades; mas seja entre os essênios, seja entre os neoplatônicos, seja, ainda, entre as inúmeras seitas dissidentes que nasceram para morrer, as mesmas doutrinas, idênticas em substância e espírito, se não sempre em forma, são sempre encontradas. Por *Budismo*, por conseguinte, entendemos a religião que significa literalmente a doutrina da sabedoria e que precede em muitos séculos à filosofia metafísica de Siddhârtha-Śâkyamuni.

Após dezenove séculos de forçadas eliminações dos livros canônicos de toda sentença que poderia instalar o investigador no caminho correto, tornou-se muito difícil mostrar, para satisfação da ciência exata, que os adoradores "pagãos" de Adônis, seus vizinhos, os nazarenos, e os essênios pitagóricos, os terapeutas curadores[72], os ebionitas e outras seitas foram todos, com pouquíssimas diferenças, seguidores dos antigos mistérios teúrgicos. No entanto, graças à analogia e a um firme estudo do sentido *oculto* de seus ritos e costumes, podemos traçar-lhes as afinidades.

Foi dada a um contemporâneo de Jesus a possibilidade de mostrar à posteridade, interpretando a literatura mais antiga de Israel, a que ponto a Filosofia Cabalística concordava em seu esoterismo com a dos mais profundos pensadores gregos. Esse contemporâneo, ardente discípulo de Platão e Aristóteles, foi Fílon, o Judeu. Porque explica os livros mosaicos de acordo com um método puramente cabalístico, ele é o famoso escritor hebreu a quem Kingsley chama de Pai do Novo Platonismo.

É evidente que os terapeutas de Fílon são um ramo dos essênios. Seu nome o indica – 'Εσσαῖοι, médicos. Daí, as contradições, as falsificações e outros desesperados expedientes para reconciliar as profecias do cânone judaico com a nativade e a divindade do Galileu.

Lucas, que era médico, é designado nos textos siríacos como *Asaya*, o essaiano ou essênio. Josefo e Fílon descreveram bastante bem essa seita para não deixar nenhuma dúvida em nossa mente de que o Reformador nazareno, após ter recebido sua educação nas moradas essênias do deserto, e ter sido profundamente iniciado nos mistérios, preferiu a vida livre e independente de um *nazaria* errante, e assim se separou ou se *desnazarianou* deles, tornando-se um terapeuta viajante, um *nazaria*, um curador. Todo terapeuta, antes de deixar sua comunidade, tinha de fazer o mesmo. Tanto Jesus como João Baptista pregaram o fim da Idade[73], o que prova seu conhecimento da computação secreta dos sacerdotes e dos cabalistas, que partilhavam com os chefes das comunidades essênias o segredo exclusivo da duração dos ciclos. Esses últimos eram cabalistas e teurgistas; "tinham seus livros *místicos*, e prediziam os eventos futuros", diz Munk[74].

Dunlap, cujas pesquisas pessoais parecem ter sido coroadas de sucesso nessa direção, constata que os essênios, os nazarenos, os dositeus e algumas outras seitas já existiam antes de Cristo: "Elas rejeitavam os prazeres, *desprezavam as riquezas, amavam uns aos outros* e, mais do que outras seitas, desprezavam o matrimônio, considerando o domínio sobre as paixões como uma virtude"[75], diz ele.

Todas essas virtudes era pregadas por Jesus; e se devemos aceitar os Evangelhos como um padrão de verdade, Cristo era um partidário da metempsicose, um *reencarnacionista* – tal como esses mesmos essênios, que eram pitagóricos em todos os seus hábitos e doutrinas. Jâmblico afirma que o filósofo samiano passou algum tempo com eles no monte Carmelo[76]. Em seus discursos e sermões, Jesus sempre falou por parábolas e empregou metáforas com seus ouvintes. Esse hábito é também característico dos essênios e dos nazarenos; os galileus que habitavam em cidades e aldeias jamais foram conhecidos por empregarem tal linguagem alegórica. Na verdade, sendo alguns de seus discípulos galileus, como ele próprio, ficaram estes surpresos ao vê-lo empregar tal modo de expressão com o público. "Por que lhes falas por parábolas?", perguntavam com freqüência. "Porque a vós foi dado conhecer os mistérios do Reino dos Céus, mas a eles não", foi a resposta, que era a de um iniciado. "É por isso que lhes falo por parábolas: porque vêem sem ver, e ouvem sem ouvir, nem entender."[77] Além disso, vemos Jesus expressando ainda mais claramente seus pensamentos – e em sentenças que são puramente pitagóricas – quando, durante o *Sermão da Montanha*, diz:

> "Não deis o que é sagrado aos cães,
> Nem atireis as pérolas aos porcos;
> Pois os porcos as pisarão
> E os cães se voltarão e vos morderão."

O Prof. A. Wilder, o editor de *Eleusinian and Bacchic Mysteries*, de Taylor, observa "uma idêntica disposição da parte de Jesus e Paulo para classificar suas doutrinas como esotéricas e exotéricas, 'os mistérios do Reino de Deus para os apóstolos e 'parábolas' para a multidão. 'Pregamos a sabedoria', diz Paulo, 'àqueles dentre eles que *são perfeitos*' (ou iniciados)"[78].

Nos mistérios de Elêusis e em outros, os participantes eram sempre divididos em duas classes: os *neófitos* e os *perfeitos*. Os primeiros eram às vezes admitidos na iniciação preliminar: a representação dramática de Ceres, ou a alma, que desce ao Hades[79]. Mas só aos *"perfeitos"* era concedido desfrutar dos mistérios do divino *Elysium*, a morada celestial do abençoado, sendo o Elísio inquestionavelmente um correlato do "Reino dos Céus". Contraditar ou rejeitar o que está acima seria apenas fechar os olhos à verdade.

A narrativa do Apóstolo Paulo, em sua segunda *Epístola aos Coríntios* (XII, 2-4), impressionou a vários eruditos, bem versados nas descrições dos ritos místicos da iniciação dados por alguns clássicos, e que fazem alusão, sem nenhuma dúvida, à *Epopteia* final[80]. "Conheci um certo homem que foi arrebatado ao Paraíso – *se em seu corpo, se fora do corpo*, não sei: Deus o sabe – e que ouviu palavras inefáveis, ἄρρητα ῥήματα, *que não é lícito ao homem repetir*." Essas palavras raramente foram consideradas pelos comentaristas, ao que saibamos, como uma alusão às visões beatíficas de um vidente *"iniciado"*. Mas a fraseologia é inequívoca. Essas coisas *"que não é lícito ao homem repetir"* são sugeridas pelas próprias palavras, e a razão que se dá para isso é a mesma que vemos repetida muitas e muitas vezes por Platão, Proclo, Jâmblico, Heródoto e outros clássicos. "Pregamos a SABEDORIA [apenas] àqueles que são PERFEITOS", diz Paulo[81], sendo a seguinte a tradução clara e inegável dessa frase: "Pregamos as doutrinas esotéricas mais profundas (ou finais) dos mistérios (que foram denominados *sabedoria*) apenas àqueles que são *iniciados*."[82] Por conseguinte, no que diz respeito ao "homem que foi arrebatado ao Paraíso" – e que era evidentemente o próprio Paulo[83] –, a palavra cristã Paraíso substituiu o nome Elísio. Para completar a prova, podemos relembrar as palavras de Platão, dadas noutro lugar, que mostram que, antes de um iniciado poder ver os deuses em sua luz mais pura, ele deve *libertar-se* de seu corpo; *i. e.*, separar sua alma astral[84]. Apuleio também descreve sua iniciação nos mistérios da mesma maneira: "Aproximei-me dos confins da morte; e, tendo trilhado o limiar de Proserpina, retornei, após ter sido transportado por todos os elementos. Nas profundezas da meianoite, vi o Sol faiscando com uma esplêndida luz, juntamente com os deuses *infernais e supernos*, e, ao me aproximar dessas divindades, paguei o tributo de uma devota adoração"[85][*].

Portanto, em comum com Pitágoras e outros reformadores hierofantes, Jesus dividiu seus ensinamentos em exotéricos e esotéricos. Seguindo fielmente os procedimentos pitagórico-essênios, ele jamais se sentou à mesa antes dizer "graças". "O sacerdote reza antes de se pôr à mesa", diz Josefo, descrevendo os essênios[86]. Jesus também dividia seus seguidores em "neófitos", "irmãos" e "perfeitos", se podemos julgar pela diferença que fazia entre eles. Mas sua carreira, pelo menos como um rabino público, foi de duração curta demais para lhe permitir estabelecer uma escola regular própria; e com exceção, talvez, de João, não consta que ele tenha iniciado qualquer outro apóstolo. Os amuletos e talismãs gnósticos são, antes de mais nada, emblemas das alegorias apocalípticas. As "sete vogais" estão estreitamente relacionadas com os "sete selos"; e o título místico Abraxas partilha tanto da composição de *Shem ha-Mephorash*, "a palavra sagrada" ou nome inefável, como era o nome chamado: A palavra de Deus, que "ninguém conhecia, exceto ele próprio"[87], como o expressa João.

Seria difícil escapar às provas indiscutíveis de que o *Apocalipse* é obra de um cabalista iniciado, visto que essa *Revelação* apresenta passagens inteiras tomadas dos Livros de *Henoc* e *Daniel*, sendo o segundo uma imitação abreviada do primeiro; e visto que, além disso, os gnósticos ofitas, que rejeitavam por completo o *Antigo Testamento*, por "provir de um ser inferior" (Jeová), aceitavam os profetas mais antigos, tais como Henoc, baseando sua fé nos ensinamentos desse livro. Mostraremos mais adiante como todas essas doutrinas estão estreitamente relacionadas. Além disso, há a história das perseguições domicianas de mágicos e filósofos, que fornece uma prova tão boa como outra de que João era geralmente considerado um cabalista. Como o apóstolo havia sido incluído no rol dos cabalistas, sendo ademais de grande renome, o edito imperial o baniu não apenas de Roma, mas até do continente. Não eram os cristãos que – confundindo-os com os judeus, como o fazem vários historiadores – o imperador perseguia, mas os astrólogos e cabalistas[88].

As acusações feitas a Jesus de praticar a magia egípcia foram numerosas, e, a um certo momento, universais, nas cidades em que ele era conhecido. Os fariseus, como afirma a *Bíblia*, foram os primeiros a acusá-lo, embora o Rabino Wise seja da opinião de que o próprio Jesus era um fariseu. O *Talmude* assinala claramente que Tiago, o Justo, pertencia a essa seita[89]. Mas esses sectários são conhecidos por

---

* No original latino dessa passagem das *Metamorfoses*, XI, 23, lê-se:
"Accessi confinium mortis et calcato Proserpinae limine per omnia vectus elementa remeavi; nocte media vidi solem candido coruscantem lumine, deos inferos et deos superos accessi coram et adoravi de proxumo." (N. do Org.)

terem sempre lapidado todos os profetas que lhes denunciaram as más ações, e não é sobre esse fato que assentamos nossa afirmação. Eles o acusaram de feitiçaria, e de expulsar os demônios por Belzebu, seu príncipe, e com mais razão do que o clero católico, que mais tarde lançou a mesma acusação sobre mais de um mártir inocente. Mas Justino, o Mártir, afirma, com base em melhores autoridades, que os homens de sua época *que não eram judeus* sustentavam que os milagres de Jesus foram realizados por arte mágica – $\mu\alpha\gamma\iota\kappa\eta\ \phi\alpha\nu\tau\alpha\sigma\grave{\iota}\alpha$ – a mesma expressão utilizada pelos céticos daqueles dias para designar os atos de taumaturgia realizados nos templos pagãos. "Eles se arriscaram até a chamá-lo de mago e enganador do povo", lamenta o mártir[90]. No *Evangelho de Nicodemo* (os *Acta Pilati*), os judeus apresentam a mesma acusação na presença de Pilatos. "Não te falamos que ele era um mago?"[91] Celso admite a mesma acusação, e como um neoplatônico acredita nela[92]. A literatura talmúdica está repleta de detalhes minuciosos, e sua maior acusação é de que "Jesus podia voar tão facilmente pelos ares como os outros podem caminhar"[93]. Santo Agostinho afirmou que era crença geral de que ele havia sido iniciado no Egito, e de que escrevera livros a respeito da Magia, transmitidos a João. Havia uma obra intitulada *Magia Jesu Christi* que foi atribuída ao próprio Jesus[94]. Nas *Aprovações clementinas* lança-se a acusação a Jesus de não realizar seus milagres como um profeta judeu, mas como um mago, *i. e.*, um iniciado dos templos "pagãos"[95].

Era então comum, como ainda o é hoje, entre o clero intolerante das religiões antagônicas, assim como entre as classes mais baixas da sociedade, e mesmo entre os patrícios que, por várias razões, haviam sido excluídos de qualquer participação dos mistérios, acusar, às vezes, os mais altos hierofantes e adeptos de feitiçaria e magia negra. Assim, Apuleio, que havia sido iniciado, foi igualmente acusado de bruxaria, e de trazer consigo a imagem de um esqueleto – um poderoso agente, como se afirma, nas operações da arte negra. Mas uma das melhores e mais inquestionáveis provas de nossa afirmação pode ser encontrada no chamado *Museo Gregoriano*. Sobre o sarcófago, que é adornado de baixos-relevos que representam os milagres de Cristo, pode-se ver a figura de Jesus, que, na ressurreição de Lázaro, aparece sem barba "e equipado com um bastão na atitude clássica de um *necromante*, ao passo que o cadáver de Lázaro está embalsamado exatamente como uma múmia egípcia"[96].

Se tivesse sido possível fazer executar tais reconstituições durante o primeiro século, quando a figura, as vestes e os hábitos do Reformador ainda estavam frescos na memória de seus contemporâneos, talvez o mundo cristão fosse mais cristão; as séries de especulações contraditórias, sem fundamento e sem nenhum sentimento sobre o "Filho do Homem" teriam sido impossíveis; e a Humanidade teria agora uma única religião e um único Deus. É essa ausência de qualquer prova, a falta do menor indício positivo sobre aquele que o Cristianismo deificou, que causou o presente estado de perplexidade. Os retratos de Cristo só foram possíveis depois dos dias de Constantino, quando o elemento judeu foi quase que totalmente eliminado entre os seguidores da nova religião. Os judeus, apóstolos e discípulos, em quem os zoroastristas e os pârsîs haviam inoculado um santo horror para com qualquer forma de imagem, teriam considerado uma blasfêmia sacrílega representar de qualquer modo ou forma a seu mestre. A única imagem autorizada de Jesus, mesmo nos dias de Tertuliano, era uma representação alegórica do "Bom Pastor"[97], que não era um retrato, mas a figura de um homem com uma cabeça de chacal, como Anúbis[98].

Sobre esse mimo, como se pode ver na coleção de amuletos gnósticos, o Bom Pastor leva aos ombros a ovelha desgarrada. Ele parece ter uma cabeça humana; mas, como observa King corretamente, "ele *assim parece* apenas aos olhos do não iniciado". "Num exame mais detido, ele se torna o Anúbis de duas cabeças, com uma cabeça humana e outra de chacal, ao passo que seu cinto assume a forma de uma serpente que ergue a cabeça cristada (...) "Essa figura", acrescenta o autor de *The Gnostics*, etc., "tinha, indubitavelmente, dois sentidos: um, óbvio, para o vulgo; outro, místico, que *só o místico* podia reconhecer. Era provavelmente o selo de algum mestre ou apóstolo"[99]. Isto nos dá uma nova prova de que os gnósticos e os primitivos cristãos *ortodoxos* (?) não diferiam grandemente no que concerne à *doutrina secreta*. King deduz de uma citação de Epifânio que já no ano 400 "era considerado um pecado atroz tentar representar a aparência corporal de Cristo". Epifânio[100] apresenta-o como uma acusação de idolatria contra os carpocratas, visto que estes "possuíam retratos pintados, e mesmo *imagens de ouro e prata*, e *em outros materiais*, que pretendiam ser retratos de Jesus, e feitos por Pilatos segundo a aparência de Cristo. (...) Eles os mantinham em segredo, juntamente com outros retratos de Pitágoras, Platão e Aristóteles; e, mantendo-os juntos, eles os adoravam e lhes prestavam sacrifícios *à maneira dos gentios*".

O que diria o piedoso Epifânio se ressuscitasse em plena Catedral de São Pedro, em Roma! Teseu Ambrósio[*] parece ter ficado igualmente exasperado com a idéia de que algumas pessoas acreditassem inteiramente na afirmação de Lamprídio, de que Alexandre Severo tinha em sua capela privada uma imagem de Cristo, entre as de outros grandes filósofos[101]. "Que os pagãos tenham conservado uma imagem de Cristo", exclama ele, "e que os discípulos tenham negligenciado de fazê-lo, não apenas essa idéia é de estarrecer, como também é pouco crível".

Tudo isso aponta inegavelmente para o fato de que, com exceção de alguns raros autodenominados cristãos que posteriormente triunfaram, toda a porção civilizada dos pagãos que conheciam Jesus honrava-o como um filósofo, um *adepto* a quem colocavam no mesmo nível de Pitágoras e Apolônio. Donde então essa veneração de sua parte por um homem simples, tal como o representam os sinóticos, um carpinteiro judeu pobre e desconhecido de Nazaré? Enquanto Deus encarnado, tudo o que se diz a seu respeito não resiste ao exame crítico da ciência; enquanto um dos maiores reformadores, inimigo inveterado de todo dogmatismo religioso, perseguidor do fanatismo, mestre de um dos mais sublimes códigos de ética, Jesus é uma das maiores e mais bem-definidas figuras no panorama da história humana. Sua época se perde, gradualmente, nas nuvens do passado; sua teologia, baseada na fantasia humana e sustentada por dogmas indefensáveis, pode, ou melhor, deve perder a

---

* Esse Ambrosius não deve ser confundido com o Padre do mesmo nome. Theseus Ambrosius era Teseo Ambrogio, um orientalista italiano que nasceu em Pavia, em 1469, e morreu ali, em 1540. Foi um dos primeiros italianos a se dedicar aos estudos orientais. O Papa Leão X encorajou-o nesse sentido. Conhecia cerca de dezoito línguas e deve ter sido uma espécie de gênio em sua infância. No Catálogo do Museu Britânico está relacionado como Albonensis (Theseus Ambrosius). Escreveu uma obra, agora muito rara, intitulada *Introductio in chaldaicam linguam, syriacam atque armenicam et decem alias linguas*, Pavia, 1539, 4to.

Quanto à afirmação de Aelius Lampridius relativa ao fato de Alexander Severus ter em sua capela uma imagem de Cristo, não é Lampridius quem o afirma, mas "um escritor contemporâneo" cujo nome não é mencionado. Ver capítulo XXIX da narrativa de Lampridius em *Scriptores historiae augustae*, vol. II (Loeb Classical Library). (N. do Org.)

cada dia um pouco mais de seu imerecido prestígio; só a grande figura do reformador moral e do filósofo, longe de empalidecer, se torna a cada século mais pronunciada e mais bem-definida. Ela reinará suprema e universal até o dia em que toda a Humanidade reconhecer apenas um pai – o DESCONHECIDO, no alto – e apenas um irmão – toda a Humanidade, embaixo.

Numa carta *atribuída* a Lêntulo, senador e conhecido historiador, endereçada ao senado romano, acha-se uma descrição da aparência pessoal de Jesus. A carta em si[102], escrita em péssimo latim, passa por ser uma evidente falsificação, mas nela encontramos uma expressão que sugere muitos pensamentos. Embora falsa, é evidente que aquele que a inventou procurou não obstante seguir estritamente uma tradição. Assim, os cabelos de Jesus são representados como "ondulados e crespos" (...) caindo-lhe sobre os ombros, e *"separados ao meio segundo o costume dos nazarenos"*. Esta última frase mostra: 1º: Que havia uma tradição, baseada na descrição bíblica de João Baptista, o *nazaria*, e dos costumes dessa seita. 2º: Se Lêntulo tivesse sido o autor dessa carta, é difícil acreditar que Paulo nunca tivesse ouvido qualquer menção a ela; e se este tivesse conhecimento de seu conteúdo, ele jamais teria afirmado que é uma *vergonha* para os homens ter os cabelos longos[103], infamando assim ao seu Senhor e Deus Cristo. 3º: Se Jesus tivesse os cabelos longos e "separados ao meio, segundo o costume dos nazarenos" (assim como João, o único de seus apóstolos que seguia tal costume), então teríamos mais uma boa razão para dizer Jesus deve ter pertencido à seita dos nazarenos, motivo pelo qual foi chamado de NAZARIA e não porque era habitante de Nazaré, pois aqueles nunca tinham os cabelos longos. O nazireu que se *consagrava* ao Senhor "não permitirá que a navalha lhe passe pela cabeça". "Ele será sagrado e deixará crescer livremente os cabelos", diz *Números* (VI,5). Sansão era um nazireu, *i.e.*, consagrado ao serviço de Deus, e nos cabelos estava a sua força. "Sobre a sua cabeça não passará navalha, porque o menino será nazireu de Deus desde o ventre da mãe" (*Juízes*, XIII, 5). Mas a conclusão final a inferir disso é a de que Jesus, que tanto se opôs a todas as práticas judias, *não* deixaria o cabelo crescer se não pertencesse a essa seita, que nos dias de João Baptista já se havia tornado uma heresia aos olhos do Sanhedrin. O *Talmude*, ao falar dos nazareus ou nazarenos (que abandonavam o mundo, como os iogues e os eremitas hindus), chama-os de seita de médicos, de exorcistas errantes; o mesmo faz Jervis. "Eles percorriam o país, vivendo de esmolas e realizando curas."[104] Epifânio diz que os nazarenos se aproximavam tanto quanto à heresia dos coríntios, pois, embora possam ter existido "antes ou depois destes, eles são não obstante *sincrônicos*"; e acrescenta: "todos os cristãos naqueles tempos eram igualmente chamados *nazarenos*"![105]

Na primeira observação feita por Jesus a propósito de João Baptista, vemo-lo afirmar que este é o "Elias, que deverá vir". Esta afirmação, no caso de não ser uma interpolação posterior para simular o cumprimento de uma profecia, dá a entender que Jesus, além de nazareno, também era cabalista e acreditava na reencarnação, pois nesta doutrina só estavam iniciados os essênios, nazarenos e discípulos de Simão, ben-Yohai, de Hillel, sem que nada soubessem dela os judeus ortodoxos nem os galileus. A seita dos saduceus negava a imortalidade da alma.

"Mas o autor desta *restitutio* foi nosso mestre Mosah, a paz seja com ele! Que foi a *revolutio* [transmigração] de Seth e de Hebel, para que pudesse cobrir a nudez de seu primeiro pai, Adão", diz a *Cabala*[106]. Portanto, ao sugerir que João Baptista era a *revolutio* ou transmigração de Elias, Jesus dá provas incontestáveis da escola a que pertencia.

Até hoje, os cabalistas e os maçons não iniciados confundem o conceito de reevolução com o da metempsicose, mas se equivocam tanto no que diz respeito às verdadeiras doutrinas cabalistas como no que se refere aos genuínos ensinos budistas. Certo, o *Zohar* diz em determinada passagem: "Todas as almas estão sujeitas à transmigração (...) os homens não conhecem os caminhos do Santíssimo, abençoado seja Ele, nem sabem que comparecem ante o tribunal tanto ao entrar como ao sair deste mundo"[107], e os fariseus também sustentavam essa doutrina, como mostra Josefo[108]. A doutrina de *Gilgûlah*, baseada na estranha teoria do "Redemoinho da Alma", que ensinava que os corpos dos judeus enterrados longe da Terra Santa ainda preservam uma partícula da alma que não pode ter descanso enquanto não atingir o solo da "Terra Prometida". E esse processo "turbilhonante" passava por ser cumprido pela alma através de uma verdadeira evolução das espécies, transmigrando do inseto mais ínfimo ao animal de maior porte. Mas essa era uma doutrina *exotérica*. Remetemos o leitor à *Kabbala denudata* de Knorr von Rosenroth, que, embora escrita numa linguagem obscura, poderá no entanto lançar alguma luz sobre o assunto.

Mas essa doutrina da permutação, ou *revolutio*, não deve ser entendida como uma crença na reencarnação. Que Moisés era considerado como a transmigração de Abel e Seth não implica que os cabalistas – os que foram *iniciados*, pelo menos – acreditassem que o espírito idêntico de qualquer dos filhos de Adão reaparecera sob a forma corporal de Moisés. Isso apenas mostra qual o modo de expressão que empregavam para assinalar um dos mistérios mais profundos da *Gnose* oriental, um dos artigos de fé mais majestosos da Sabedoria Secreta. Esse modo era propositadamente velado a fim de revelar e ocultar a verdade apenas pela metade. Implicava que Moisés, como outros homens divinos, havia alcançado o maior de todos os estados sobre a Terra – o mais raro de todos os fenômenos psicológicos – a união perfeita do espírito imortal com a *Díada* terrestre. A Trindade estava completa. Um *deus* havia encarnado. Mas quão raras são essas encarnações!

A expressão "Sois deuses", que, para os nossos estudiosos bíblicos é uma mera abstração, tem para os cabalistas um significado vital. Todo espírito imortal que se irradia sobre um ser humano é um deus – o Microcosmo do Macrocosmo, parte e parcela do Deus Desconhecido, a Causa Primária de que ele é uma emanação direta. Possui todos os atributos de sua fonte original. Entre esses atributos estão a onisciência e a onipotência. Dotado de tais atributos, mas incapaz de manifestá-los enquanto está no corpo, durante cujo período são obscurecidos, velados e limitados pelas faculdades da natureza física, o homem habitado pela divindade pode elevar-se muito acima de seus semelhantes, pôr em evidência seus conhecimentos divinos e fazer prova de poderes deíficos; pois, enquanto o resto dos mortais ao seu redor são *ensombrecidos* por seu EU divino, com todas as possibilidades de se tornarem imortais durante sua estada aqui, mas sem outra certeza do que seus esforços pessoais para conquistar o reino dos céus, o homem assim eleito já se tornou imortal enquanto está na Terra. Seu prêmio está assegurado. Doravante, ele viverá para sempre na vida eterna. Não apenas ele pode ter "domínio"[109] sobre todas as obras da criação empregando a "excelência" do NOME (o inefável), mas será nesta vida, não, como Paulo afirma, "abaixo dos anjos"[110].

Os antigos jamais sustentaram o pensamento sacrílego de que tais entidades perfeitas eram encarnações do Supremo, do Deus para sempre invisível. Nenhuma profanação da terrível Majestade ocupava qualquer lugar em suas concepções. Moisés e seus protótipos e tipos eram para eles apenas homens completos, deuses sobre a Terra, pois seus *deuses* (espíritos divinos) haviam penetrado seus tabernáculos santificados, os corpos físicos purificados. Os antigos chamavam deuses aos espíritos desencarnados dos sábios e heróis. Daí a acusação de politeísmo e de idolatria por parte daqueles que foram os primeiros a antropomorfizar as abstrações mais sagradas e mais puras de seus ancestrais.

O sentido real e oculto dessa doutrina era conhecido por todos os iniciados. Os tannaim o comunicaram aos seus eleitos, os ozarim, nas solenes solidões das criptas e dos lugares desertos. Essa doutrina era esotérica e zelosamente guardada, pois a natureza humana era então igual à que é hoje, e a casta sacerdotal confiava tanto como hoje na supremacia de seu conhecimento, ambicionando a ascendência sobre as massas ignorantes; com a diferença, talvez, de que seus hierofantes podiam provar a legitimidade de suas afirmações e a plausibilidade de suas doutrinas, ao passo que hoje os *fiéis* devem se contentar com a fé cega.

Enquanto os cabalistas chamavam a essa misteriosa e rara ocorrência da união do espírito com o ônus mortal confiado ao seu cuidado, de "descida do Anjo Gabriel" (sendo este um nome genérico), o *Mensageiro da Vida*, e o anjo Metatron, e enquanto os nazarenos chamavam de *Hibil-Ziwa*[111] o *Legatus* enviado pelo Senhor Excelso, ele era universalmente conhecido como o "Espírito Ungido".

Foi, portanto, a aceitação dessa doutrina que levou os gnósticos a afirmarem que Jesus era um homem ensombrecido pelo *Christos,* ou Mensageiro da Vida, e que seu lancinante grito na cruz, *"Eloi, Eloi, lama shâbahthani"*, lhe foi arrancado no instante em que sentiu que essa inspiradora Presença o havia finalmente abandonado, pois – como alguns o afirmaram – sua fé também o abandonara quando estava na cruz.

Os primeiros nazarenos, que devem ser alinhados entre as seitas gnósticas, embora acreditando que Jesus era um profeta, sustentavam a seu respeito a mesma doutrina do "ensombrecimento" divino de certos "homens de Deus", enviados para a salvação das nações, e para chamá-las ao caminho do bem. "A mente divina é eterna, e é pura luz, disseminada através de esplêndido *e imenso espaço* (pleroma). É a Geradora dos Aeôns. Mas um destes se transforma em Matéria [caos] produzindo movimentos confusos (*turbulentos*); e por meio de uma parte da luz *celeste* ele a conformou numa boa constituição para o uso, mas que foi o começo de todo o mal. O Demiurgo [da matéria] reclamou as honras divinas[112]. Por conseguinte, Cristo ("o ungido"), o príncipe dos Aeôns [poderes], foi enviado (*expeditus*), e, *tomando a forma* de um devoto judeu (Iesu), *deveria conquistá-lo*, mas, *pondo-o* [o corpo] *de lado*, partiu para as alturas"[113]. Explicaremos mais adiante o pleno significado do nome *Christos* e o seu sentido místico.

E agora, a fim de tornar tais passagens mais inteligíveis, tentaremos definir, da maneira mais breve possível, os dogmas em que, com diferenças insignificantes, quase todas as seitas gnósticas acreditavam. Foi em Éfeso que floresceu nessa época o colégio mais célebre, em que tanto as doutrinas abstratas do Oriente como a filosofia de Platão eram ensinadas. Ele era o foco das doutrinas "secretas" universais; o misterioso laboratório de onde nasceu, vazada na elegante fraseologia grega, a quintessência da filosofia budista, zoroastrista e caldaica. Ártemis, o gigantesco símbolo concreto das abstrações teosófico-panteístas, a grande mãe Multimamma, andrógina e padroeira das "escrituras de Éfeso", foi conquistada por Paulo; mas, embora os zelosos convertidos dos apóstolos tenham pretendido queimar todos os livros sobre as "artes curiosas", τὰ περίεργα, muitos deles restaram, possibilitando-lhes o estudo assim que o seu zelo esfriou. Foi de Éfeso que se irradiou quase toda a *Gnose*, que antagonizava ferozmente com os dogmas de Irineu; e foi ainda Éfeso, com seu numerosos ramos colaterais do grande colégio dos essênios, que revelou ser o viveiro de todas as especulações cabalistas que os *tannaim* haviam trazido do cativeiro. "Em Éfeso", diz J. Matter, "as noções da escola judaica-egípcia haviam então recentemente chegado para engrossar a vasta confluência de doutrinas gregas e asiáticas, de modo que não é de surpreender que os mestres aí se tenham desenvolvido para tentar a combinação da religião recentemente pregada pelo Apóstolo com as idéias há muito estabelecidas nesse local."[114]

Se os cristãos não se tivessem limitado às *Revelações* de uma pequena nação, aceitando o Jeová de Moisés, as idéias gnósticas jamais teriam sido acusadas de *heresia*; uma vez desembaraçado de seus exageros dogmáticos, o mundo teria possuído um sistema religioso baseado na pura filosofia platônica, e muito se teria ganho certamente com isso.

Vejamos agora quais são as maiores *heresias* dos gnósticos. Escolheremos Basilides como o modelo para as nossas comparações, pois todos os fundadores das outras seitas gnósticas se agrupam ao seu redor, como um sistema planetário que toma luz de seu Sol.

Basilides afirmava que havia tomado todas as suas doutrinas do Apóstolo Mateus, e de Pedro, através de Gláucias, seu discípulo[115]. De acordo com Eusébio[116], ele publicou vinte e quatro volumes de *Interpretações dos Evangelhos*[117], os quais todos foram queimados, fato que nos faz supor que continham mais verdades do que a escola de Irineu estava preparada para negar. Ele afirmava que o Pai desconhecido, eterno e incriado, tendo dado nascimento em primeiro lugar ao *Nous*, à Mente, esta emanou de si mesma o *Logos*. O *Logos* (o "Verbo" de João) emanou por sua vez as *Phronêsis*, as Inteligências (espíritos divino-humanos). Das Phronêsis nasceu *Sophia*, a sabedoria feminina, e *Dynamis* – a força[118]. Tais foram os atributos personificados da misteriosa divindade, o quintérnio gnóstico, que simboliza as cinco substâncias espirituais, mas inteligíveis, as virtudes pessoais ou os seres exteriores da divindade desconhecida. Essa é uma idéia eminentemente cabalística. Ela é ainda mais budista. O sistema primitivo da Filosofia Budista – que precedeu em muito a Gautama Buddha – baseia-se na substância incriada do "Desconhecido", o *Âdi-Buddha*[119]. Essa Mônada eterna e infinita possui, como próprios de sua essência, cinco atos de sabedoria. Destes, por meio de cinco atos separados de *Dhyâna*, ela emitiu cinco *Dhyâni-Buddhas*; estes, como Âdi-Buddha, são imóveis em seu sistema (passivos). Nem Âdi, nem qualquer dos cinco Dhyâni-Buddhas jamais se encarnou, mas sete de suas emanações tornaram-se avatâras, *i. e.*, encarnaram-se nesta Terra.

Descrevendo o sistema de Basilides, Irineu, citando os gnósticos, declara o seguinte:

"Quando o Pai incriado e *sem nome* viu a corrupção da Humanidade, enviou o seu *Nous* primogênito ao mundo, na forma de Cristo, para a redenção de todos os que acreditam nele, por meio da força daqueles que fabricaram o mundo [o Demiurgo e seus seis filhos, os genii planetários]. Ele surgiu entre os homens como o homem Jesus, e realizou milagres. Esse Cristo *não morreu* pessoalmente, pois Simão, o Cirenaico, sofreu em seu lugar, *emprestando-lhe sua forma corporal,* pois a Força Divina, o Nous do Pai Eterno, *não é corpóreo* e *não pode morrer.* Portanto, todo aquele que afirma que Cristo morreu é ainda escravo da ignorância; todo aquele que nega tal afirmação está livre, e compreendeu o desígnio do Pai"[120].

Até aqui, e tomando-o em seu sentido abstrato, nada vemos de blasfemo neste sistema. Ele pode ser uma *heresia* contra a teologia de Irineu e Tertuliano[121], mas não é certamente sacrílego contra a idéia religiosa em si, e a todo pensador imparcial ela parece muito mais compatível com a dignidade divina do que o antropomorfismo do cristianismo atual. Os cristãos ortodoxos chamavam os gnósticos de *Docetae,* ou Ilusionistas, por acreditarem que Cristo não sofreu nem poderia sofrer realmente a morte – no corpo físico. Os livros bramânicos mais recentes contêm, de igual modo, muita coisa que repugna ao sentimento e à idéia reverente da Divindade; e, assim como os gnósticos, os brâmanes explicam as lendas que poderiam chocar a dignidade dos seres espirituais, que se chama de deuses, atribuindo-os a *Mâyâ,* ou ilusão.

Não se deve esperar que um povo, instruído e nutrido através de séculos sem fim entre todos os fenômenos psicológicos que as nações civilizadas (!) observam, mas rejeitam como incríveis ou indignos, tenha seu sistema religioso compreendido, e menos ainda apreciado. As especulações mais profundas e mais transcendentais dos antigos metafísicos da Índia e de outras nações baseiam-se todas nesse grande princípio budista e bramânico que subjaz a todo o conjunto de suas metafísicas religiosas – a *ilusão* dos sentidos. Tudo o que é finito é ilusão, tudo o que é eterno e infinito é realidade. Forma, cor, o que ouvimos e sentimos ou vemos com nossos olhos mortais, tudo isso só existe na medida em que cada um de nós o concebe através dos sentidos. O universo para um cego de nascença não existe em forma ou cor, mas existe em sua *privação* (no sentido aristotélico), e é uma realidade para os sentidos espirituais do cego. Vivemos todos sob o poderoso domínio da fantasia. Apenas os *originais* superiores e invisíveis emanados do pensamento do Desconhecido são seres, formas e idéias reais e permanentes; na Terra, vemos apenas seus reflexos, mais ou menos corretos, e sempre dependentes da organização física e mental da pessoa que os contempla.

Séculos incontáveis antes de nossa era, o Místico hindu Kapila, que é considerado por muitos cientistas como um cético, uma vez que o julgam com a sua habitual superficialidade, expressou magnificamente essa idéia nos seguintes termos:

"O homem [o homem físico] vale tão pouco que é coisa árdua fazê-lo compreender sua própria existência, e a da Natureza. Talvez o que consideramos como universo, e os vários seres que parecem compô-lo, nada tenham de real, e não passem de produto da ilusão contínua – *mâyâ* – de nossos sentidos".

E diz o moderno Schopenhauer, repetindo essa idéia filosófica de 10.000 anos de idade: "A Natureza não existe *per se* (...) A Natureza é a ilusão infinita de nossos sentidos." Kant, Schelling e outros metafísicos disseram o mesmo, e suas escolas sustentam tal idéia. Visto que os objetos dos sentidos são sempre enganosos e flutuantes, não podem ser uma realidade. Só o espírito é imutável; portanto – é o único que não é ilusório. Tal é a pura doutrina budista. A religião da *Gnose* (conhecimento), o ramo mais evidente do Budismo, baseava-se por completo nesse dogma metafísico. *Christos* sofreu *espiritualmente* por nós, e muito mais agudamente do que o fez o ilusório Jesus enquanto o seu corpo estava sendo torturado na Cruz.

Nas idéias dos cristãos, Cristo é apenas outro nome para Jesus. A filosofia dos gnósticos, os iniciados e os hierofantes compreendiam-no de outra maneira. A palavra *Christos*, Χριστός, como todas as palavras gregas, deve ser buscada em sua origem filológica – o sânscrito. Nesta última língua, *Kris* significa "sagrado"[122][*], e a divindade hindu chamava-se Kris-na (o puro ou o sagrado) por essa razão. Por outro lado, o *Christos* grego tem vários sentidos, tais como "ungido" (óleo puro, *crisma*), e outros. Em todas as línguas, embora o sinônimo da palavra signifique essência pura ou sagrada, ela representa a primeira emanação da Divindade invisível, que se manifesta tangivelmente no espírito. O Logos grego, o Messias hebraico, o Verbum latino e o Virâj (o filho) hindu são identicamente os mesmos; representam uma idéia de entidades coletivas – de chamas que se destacam de um centro eterno de luz.

"O homem que cumpre atos piedosos, mas interesseiros [visando exclusivamente à sua salvação], pode alcançar as fileiras dos *devas* [santos][123]; mas aquele que cumpre desinteressadamente os mesmos atos piedosos vê-se liberto para sempre dos cinco elementos" (da matéria). "Percebendo a Alma Suprema em todos os seres e todos os seres na Alma Suprema, oferecendo sua própria alma em sacrifício, ele se identifica com o Ser que brilha em seu próprio esplendor."[124]

Assim, *Christos*, como unidade, não passa de uma abstração: uma idéia geral que representa a agregação coletiva das inúmeras entidades espirituais que são as emanações diretas da PRIMEIRA CAUSA infinita, invisível, incompreensível – os espíritos individuais dos homens, erroneamente chamados de almas. Eles são os filhos divinos de Deus, dos quais apenas alguns dominam os homens – mas estes a maioria; alguns permanecem para sempre espíritos planetários, e alguns – a frágil e rara minoria – se unem durante a vida em alguns homens. Seres divinos como Gautama Buddha, Jesus, Lao-Tsé, Krishna e uns poucos outros uniram-se permanentemente com seus espíritos – portanto, tornaram-se deuses sobre a Terra. Outros, como Moisés, Pitágoras, Apolônio, Plotino, Confúcio, Platão, Jâmblico e alguns santos cristãos, tendo assim se reunido por intervalos, alinharam-se na história como semideuses e guias da Humanidade. Uma vez libertos de seus tabernáculos terrestres, suas almas liberadas, doravante unidas eternamente com seus espíritos, reúnem-se à hoste resplandescente, que está unida numa solidariedade espiritual de pensamento e ação, e que é chamada "a ungida". Daí a afirmação dos gnósticos que, sustentando que *Christos* sofreu espiritualmente pela Humanidade, queriam subentender que foi seu Espírito Divino quem mais sofreu.

Tais foram as idéias de Marcion, o grande "heresiarca" do segundo século, como é chamado por seus oponentes. Ele foi a Roma por volta da segunda metade

---

* Parece haver um erro aqui. Não é certo que *kris* signifique "sagrado". Deve haver aí alguma confusão de Jacolliot. *Krishna* significa preto, escuro, azul-escuro e é a forma aceita do nome de um dos avatares de Vishnu. *Krishna-paksha* é o termo usado para a metade escura da Lua, quando ela está no minguante. (N. do Org.)

do século II d. C., entre os anos 139 e 142, de acordo com Tertuliano, Irineu, Clemente e a maior parte de seus modernos comentadores, como Bunsen, Tischendorf, Westcott e outros. Credner e Schleiermacher[125] concordam em louvar-lhe o irrepreensível caráter pessoal, as puras aspirações religiosas e as elevadas concepções. Sua influência deve ter sido poderosa, pois escreve Epifânio, mais de dois séculos depois, que, em seu tempo, os seguidores de Marcion se achavam em todas as partes do mundo[126].

O perigo deve ter sido grande e urgente, se devemos acreditar nos epítetos injuriosos e nos insultos que o "Grande Africano", esse cérbero patrístico que vemos sempre ladrando à porta dos dogmas de Irineu, lançou sobre Marcion. Precisamos apenas abrir sua célebre refutação das *Antíteses* de Marcion, para entrar em contato com a *fine-fleur* do abuso fradesco da escola cristã; um abuso que se manteve por toda a Idade Média, até se renovar em nossos dias no Vaticano. "Pois bem, ó cães, que ganis ao Deus da verdade, que o apóstolo rejeitou, aqui está a resposta a todas as vossas questões. Tais são os ossos da discórdia que roeis", etc.[127]. "A pobreza dos argumentos do 'Grande Africano' só se iguala à sua baixeza", assinala o autor de *Supernatural Religion*[128]. "Sua [dos Padres] controvérsia religiosa formiga de falsidades e está turvada de piedosos insultos. Tertuliano foi um mestre desse estilo, e a veemente vituperação com que abre e com que freqüência interpola sua obra contra 'o ímpio e sacrílego Marcion', não é certamente uma garantia de crítica leal e legítima"[129].

O quão firmes foram esses dois Padres – Tertuliano e Epifânio – em seu campo teológico, podemos inferi-lo do curioso fato de que ambos recriminaram veementemente à "besta" (Marcion) "de apagar passagens do *Evangelho de Lucas* que jamais figuraram neste Evangelho"[130]. "A ligeireza e a inexatidão", acrescenta o crítico, "com que age Tertuliano, são ainda mais bem ilustradas pelo fato de que não apenas ele acusa Marcion falsamente, mas de que *ele realmente define os motivos* pelos quais expungiu uma passagem *que jamais existiu*, pois no mesmo capítulo ele também acusa similarmente Marcion de riscar [de *Lucas*] a passagem em que Cristo afirma que não veio para destruir a lei e os profetas, mas para cumpri-los, e ele realmente repete a acusação em duas outras ocasiões[131]. Epifânio comete o mesmo erro ao acusar Marcion da omissão de um trecho de *Lucas* que só se encontra em *Mateus*."[132]

Tendo demonstrado até a que ponto podemos nos fiar na literatura patrística, e visto que a grande maioria dos críticos concorda unanimemente em que os padres não buscavam a *verdade*, mas apenas o reconhecimento de suas interpretações e afirmações injustificadas[133], tentaremos agora apontar quais eram as idéias de Marcion, a quem Tertuliano desejava aniquilar por ser o *herege* do seu tempo. Se dermos crédito a Hilgenfeld, um dos maiores críticos bíblicos, então "do ponto de vista crítico, deve-se (...) considerar as afirmações dos padres da Igreja apenas como expressões de suas *opiniões subjetivas*, e portanto sujeitas à cautela"[134].

Nada melhor podemos fazer para dar uma correta noção dos fatos relativos a Marcion do que citar, na medida em que o permite o espaço, a obra *Supernatural Religion*, cujo autor baseia suas afirmações no exemplo dos maiores críticos, assim como em suas próprias pesquisas. Ele demonstra que nos dias de Marcion havia "dois grandes partidos na Igreja primitiva" – um, considerando o Cristianismo "uma mera continuação da Lei, e rebaixando-o ao nível de uma instituição israelita, uma seita próxima do Judaísmo"; e outro que representava a boa nova "como a introdução de um novo sistema aplicável a todos e que suplantava a revelação mosaica da Lei, por uma revelação universal da graça". Esses dois partidos, acrescenta, "eram popularmente representados na Igreja primitiva pelos dois Apóstolos, Pedro e Paulo, e seu antagonismo é levemente revelado na *Epístola aos Gálatas*"[135].

Marcion, que não reconhecia nenhum *Evangelho* a não ser umas poucas *Epístolas de Paulo,* que rejeitava totalmente o antropomorfismo do *Velho Testamento* e traçava uma distinta linha de demarcação entre o velho Judaísmo e o Cristianismo, não considerava Jesus nem como Rei, Messias dos judeus, nem como filho de Davi, que estava de alguma maneira relacionado com a lei ou com os profetas, "mas um ser divino enviado para revelar ao homem uma religião espiritual totalmente nova, e um Deus até então desconhecido de bondade e graça". O "Senhor Deus" dos judeus, o Criador (Demiurgo) era, aos seus olhos, totalmente diferente e distinto da Divindade que enviou Jesus para revelar a verdade divina e pregar as boas-novas, para trazer a reconciliação e a salvação a todos. A missão de Jesus – de acordo com Marcion – foi abolir o "Senhor" judeu, que "era tão oposto ao Deus e Pai de Jesus Cristo, *como a Matéria o é do Espírito*, a *impureza da pureza*"[136].

Estaria Marcion tão errado nisto? Foi blasfêmia, ou foi intuição, inspiração divina, ter ele expresso o que todo coração honesto sente ou proclama num ardente desejo de verdade? Se em seu sincero desejo de estabelecer uma religião puramente espiritual, uma fé universal baseada na verdade não adulterada, ele julgou necessário fazer do Cristianismo um sistema totalmente novo e separado do Judaísmo, não tinha Marcion a autoridade das próprias palavras de Cristo? "Ninguém põe remendo de pano novo em roupa velha, pois o remendo fica então pior (...) Nem se põe vinho novo em odres velhos; caso contrário, estouram os odres, o vinho se entorna e os odres ficam inutilizados. *O vinho novo se põe em odres novos*; assim ambos se conservam."[137] Em que detalhe o ciumento, irado e vingativo Deus de Israel se assemelha à divindade desconhecida, o Deus de misericórdia pregado por Jesus – *seu* Pai que está no Céu, e o Pai de toda a Humanidade? Só esse Pai é o Deus do espírito e da pureza, e compará-lo com a Divindade sinaítica dependente e caprichosa é um erro. Pronunciou Jesus alguma vez o nome de Jeová? Alguma vez pôs ele em confronto o *seu* Pai com esse Juiz severo e cruel, seu Deus de misericórdia, amor e justiça, com o gênio judeu da retaliação? Jamais! Desde o memorável dia em que pregou seu Sermão da Montanha, um imensurável vazio se abriu entre seu Deus e aquela outra divindade que fulminava seus mandamentos de uma outra montanha – o Sinai. A fala de Jesus é inequívoca; ela implica não apenas rebelião, mas desafio ao "Senhor Deus" mosaico. "Ouvistes que foi dito", diz ele, "olho por olho e dente por dente; mas *eu vos digo*: não resistais ao mal; antes, àquele que te bate na face direita, oferece-lhe também a esquerda. Ouvistes que foi dito [pelo mesmo "Senhor Deus" no Sinai], "amarás o teu vizinho e odiarás o teu inimigo". Mas *eu vos digo*: "Amai os vossos inimigos, e abençoai aqueles que vos amaldiçoam, fazei o bem àqueles que vos odeiam e orai por aqueles que vos perseguem"[138].

Abri agora o *Livro de Manu*, e lede:

"A resignação, *a ação de dar o bem pelo mal*, a temperança, a probidade, a pureza, a repressão dos sentidos, o conhecimento dos *Sâstras* [os livros sagrados], e da alma suprema, a veracidade e a abstinência da ira, tais são as dez virtudes em que consiste o dever (...) Aqueles que estudarem esses dez preceitos de dever, e depois de os terem estudado, a eles conformarem suas vidas, alcançarão o estado supremo"[139].

Se *Manu* não escreveu essas palavras muitos milhares de anos antes da era cristã, pelo menos nenhuma voz em todo o mundo ousará negar-lhes uma antiguidade de alguns séculos. O mesmo vale no caso dos preceitos do Budismo.

Se voltarmos ao *Pratimoksha-Sûtra* e a outros tratados religiosos dos budistas, leremos os seguintes dez mandamentos:

1. Não matarás nenhuma criatura viva.
2. Não roubarás.
3. Não quebrarás teu voto de castidade.
4. Não mentirás.
5. Não revelarás os segredos de outros.
6. Não desejarás a morte de teus inimigos.
7. Não desejarás as riquezas de outros.
8. Não pronunciarás palavras injuriosas e obscenas.
9. Não cairás na luxúria (deitar em leitos macios ou abandonar-se à lassidão).
10. Não aceitarás ouro ou prata[140].

"Mestre, que devo fazer de bom para alcançar a vida eterna?", pergunta um homem a Jesus. "Observa os mandamentos." "Quais?" "Não matarás, não cometerás adultério, não roubarás, não prestarás falso testemunho"[141], é a resposta.

"O que deverei fazer para ter a posse da Bodhi?" [conhecimento da verdade eterna], pergunta um discípulo ao seu mestre budista. "Qual é o caminho pelo qual se pode tornar um Upâsaka?" "Observa os mandamentos." "Quais são eles?" "Abstém-te durante toda tua vida do assassínio, do roubo, do adultério e da mentira", responde o mestre[142].

Preceitos análogos, como se pode constatar. Preceitos divinos, cuja observância purificaria e exaltaria a Humanidade. Mas são eles mais divinos quando pronunciados por uma boca do que por outra? Se é divino trocar o mal pelo bem, a enunciação desse preceito por um nazareno lhe dá mais força do que a enunciação por um filósofo indiano ou tibetano? Vemos que a Regra de Ouro não se originou com Jesus; que sua origem está na Índia. Sem embargo de tudo o que fizermos, não podemos negar a Śâkyamuni Buddha uma antiguidade de pelo menos vários séculos antes do nascimento de Jesus. Ao buscar um modelo para o seu sistema de ética, por que não poderia Jesus ter ido antes aos pés dos Himalaias do que aos pés do Sinai, se tão-somente as doutrinas de Manu e Gautama se harmonizavam exatamente com a sua própria filosofia, ao passo que as de Jeová lhe eram abomináveis e terríficas? Os hindus ensinavam a trocar *o mal pelo bem*, mas o mandamento javético rezava: "olho por olho, dente por dente".

Sustentariam ainda os cristãos a identidade do "Pai" de Jesus com Jeová, se se pudesse aduzir uma prova suficientemente clara de que o "Senhor Deus" não é outro senão o Baco pagão, Dionísio? Pois bem, a identidade do Jeová do Monte Sinai com o deus Baco é praticamente indiscutível. O nome יהוה é Yava, ou Iaô, segundo Diodorus e Lydus, que é o nome *secreto* do deus dos mistérios fenício[143]; e ele foi realmente adotado pelos caldeus, para quem designava igualmente o nome secreto do criador. Em toda parte em que Baco era adorado, havia a tradição de Nisa e uma caverna em que ele era erguido. Beth-San ou Scythopolis, na Palestina, trazia essa designação; havia um local semelhante no Monte Parnaso. Mas Diodorus declara que Nisa se localizava entre a Fenícia e o Egito; Eurípedes afirma que Dionísio veio à Grécia oriundo da Índia; e Diodorus[144] acrescenta seu testemunho: "Osíris foi erguido em Nisa, na Arábia Feliz; ele era filho de Zeus, e seu nome deriva do pai [nominativo Zeus, genitivo *Dios*], chamando-se então o local de *Dio-Nysos*" – o Zeus ou o Júpiter de Nisa. Essa identidade de nome ou título é muito significativa. Na Grécia, Dionísio ocupava uma eminência superada apenas por Zeus, e diz Píndaro:

"Assim governa o Pai Zeus a todas as coisas, e Baco também."

Mas, fora da Grécia, Baco era o todo-poderoso "Zagreus, o deus supremo". Moisés parece tê-lo adorado pessoalmente e em conjunto com o populacho no Monte Sinai; a menos que admitamos que ele era um sacerdote *iniciado*, um adepto, que sabia como levantar o véu que cobre o culto exotérico, porém manteve o segredo. "*E Moisés edificou um altar, e o chamou de Jeová-NISSI*", ou *Iaô-Nisi*![145] Que melhor prova para mostrar que o deus do Sinai era indiferentemente Baco, Osíris e Jeová? S. Sharpe acrescenta também seu testemunho de que o local em que Osíris nasceu "era o Monte Sinai, chamado pelos egípcios de Monte Nissa"[146]. A Serpente Brônzea era uma *nahash*, נחש, e o mês da Páscoa judaica, *nisan*.

Se o "Senhor Deus" mosaico era o único Deus vivo, e Jesus, Seu único Filho, como explicar a fala rebelde deste último? Sem hesitação ou qualquer outra explicação, ele subverte a *lex talionis* judaica e a substitui pela lei da caridade e da abnegação. Se o *Velho Testamento* é uma revelação divina, o que será então o *Novo Testamento*? Devemos crer num Deus que se contradiz no curso de uns poucos séculos? Era Moisés um inspirado, ou *não* era Jesus o filho de Deus? Esse é o dilema de que os teólogos nos devem tirar. E é desse mesmo dilema que os gnósticos tentaram resgatar o nascente Cristianismo.

Há dezenove séculos que a Justiça espera por comentadores inteligentes que apreciem essa diferença entre o ortodoxo Tertuliano e o gnóstico Marcion. A violência brutal, a deslealdade e o fanatismo do "Grande Africano" repulsam a todos que aceitam seu Cristianismo. "Como pode um deus", indagou Marcion, "quebrar os seus próprios mandamentos? Como pode ele defender a idolatria e o culto das imagens, e no entanto ordenar a Moisés que erija uma serpente de bronze? Como pode ordenar: "Não roubarás", e no entanto ordenar que os israelitas *espoliem* os egípcios de seu ouro e de sua prata?" Antecipando os resultados da crítica moderna, Marcion nega que se possa atribuir a Jesus as chamadas profecias messiânicas. Escreve o autor de *Supernatural Religion*[147]: "O Emanuel de *Isaías* [VII, 14; cf. VIII, 4] não é Cristo; a 'Virgem', sua mãe, é simplesmente uma 'jovem' [uma *almeh* do templo]; e os sofrimentos do Servo de Deus (Isaías, LII, 13-LIII, 3) não são predições da morte de Jesus"[148].

NOTAS

1. [Cf. Justino, o Mártir, *Cohortatio ad Graecos*, XV; Gesnerus, *Orpheôs apanta*, T. Taylor, *Eleus. and Bacchic Myst.*, 4ª ed., p. 238.]
2. [T. Taylor, *op. cit.*, p. 226.]
3. *Ecclesiastical History*, livro III, cap. XIII.
4. *The Christ of Paul*, p. 123.
5. *Marcos*, VIII, 33.
6. [João, XXI, 18.]
7. [Walter R. Cassels.]
8. *Supernatural Religion*, 5ª ed., Londres, 1875, vol. II, pp. 489-91.
9. *Ancient Pagan and Modern Christian Symbolism*, Introd., p. XXVIII.
10. Eusébio, *Eccl. Hist.*, livro VI, cap. V; Sulpicius Severus, *Chronica*, II, XXVI.
11. Parece que os judeus atribuem uma alta antiguidade ao *Sepher-Toledoth-Yeshu*. Ele é mencionado pela primeira vez por Martinho, por volta do início do século XIII, pois os talmudistas tomavam muito cuidado em ocultá-lo dos cristãos. Lévi diz que Porchetus de Salvaticis [*Victoria Porcheti adversus impios hebraeos*, Paris, 1520, fólio] publicou algumas de suas partes, que foram utilizadas por Lutero (ver vol. III, p. 109-10, Jena, ed. 1583; também ed. Wittenberg, 1556, vol. V, p. 509-35). O texto hebraico, que faltava foi por fim encontrado por Münster e Buxtorf, e publicado em 1681 por Christopher Wagenseil, numa coleção intitulada *Tela Ignea Satanae*, ou As Flechas Ardentes de Satã [Altdorf, 2 vols.; e por Jah. Jac. Huldrich, como *Historia Jeschuae Nazareni*, Leyden, 1705]. (Ver também E. Lévi, *La science des esprits*, p. 37-8.)
12. Theodoret, *Haeret. fabul.*, II, II.
13. John Jervis-White Jervis, *Genesis Elucidated*, Londres, 1852, p. 324.
14. J. Lightfoot, *Horae Hebr. et Talm.*, p. 501.
15. [*Adv. Haer.*, I, XXIV, 5.]
16. Dunlap, *Sôd, the Son of the Man*, p. x.
17. *Jeremias*, VII, 29: "Corta teus cabelos, ó Jerusalém, e lança-os fora, e entoa sobre os montes uma lamentação."
18. *Gênese*, XLIX, 26.
19. Nazaré? [Cf. Clem. Alex., *Strom.*, I, XV; Apuleio, *Floridora*, II, XV.]
20. [*I Alcib.*, 122A. Cf. Cícero, *De divinatione*, I, I.]
21. K. O. Müller, *A Hist. of the Literature of Ancient Greece*, p. 230-40.
22. [Virgílio, *Georgica*, VI, 282 e s.]
23. [Plínio, *Nat. Hist.*, V. xv.]
24. [Oséias, IX, 10.]
25. Movers, *Die Phönizier*, vol. I, p. 683.
26. [Cf. *Números*, VI, 2; Munk, *Palestina*, p. 169.]
27. Norberg, *Codex nazaraeus*, II, p. 305.
28. Ver Luciano, *De Syria Dea*.
29. *Salmos*, LXXXIX, 7.
30. *Codex nazaraeus*, I, p. 47.
31. I, p. 55; Norberg, *Onomasticon*, p. 74.
32. Alphonsus a Spina, *Fortalitium fidei*, II, 2.
33. *Oséias*, IX, 10.

34. "Os essênios consideravam o óleo como um poluente", diz Josefo nas *Guerras Judaicas*, II, VIII, 3.

35. [*Lucas*, VII, 33-4.]

36. *Lucas*, XIII, 32.

37. *Mateus*, II, 23. Devemos ter em mente que o *Evangelho segundo São Mateus* no *Novo Testamento* não é o Evangelho original do apóstolo desse nome. O Evangelho autêntico esteve, por séculos, na posse dos nazarenos e dos ebionitas, como veremos mais adiante na admissão do próprio São Jerônimo, que confessa que teve de *pedir permissão* aos nazarenos para traduzi-lo. *Vide* p. 164, no presente Volume.

38. Dunlap, *Sŏd, the Son of the Man*, p. X.

39. *Cod. nazar.*, II, p. 233.

40. [Dunlap, *Sŏd, the Mystery*, etc., p. 79.]

41. Preller, *Grieschische Mythologie*, vol. I, p. 415.

42. Dunlap, *op. cit.*, p. 46 e s.

43. A palavra *Apocrypha* foi erroneamente adotada no sentido de duvidoso e espúrio. A palavra significa *oculto* e *secreto*; mas o que é secreto pode ser muito mais verdadeiro do que o revelado.

44. Essa afirmação, se nela podemos confiar, mostraria que Jesus tinha entre quinze e dezesseis anos quando foi batizado, pois os Evangelhos o mostram como pouco mais jovem do que João Baptista. Os cabalistas dizem que Jesus tinha anos de quarenta anos quando apareceu pela primeira vez nas portas de Jerusalém. A presente cópia do *Codex nazaraeus* data do ano 1042, mas Dunlap encontra em Irineu (século II) citações e amplas referências tiradas deste livro. "A base do material comum a Irineu e o *Codex nazaraeus* deve provir pelo menos do século I", diz o autor em seu prefácio a *Sŏd, the Son of the Man*, p. III.

45. *Codex nazaraeus*, vol. I, p. 109; Dunlap, *op. cit.*, p. xxiv.

46. *Atos*, XXIV, 5.

47. *Ibid.*, XXIV, 14.

48. *History*, livro II, § 170, 171.

49. O Sumo Pontífice hindu – o chefe dos nampûtiris, que vive no país de Cochin – está geralmente presente aos festivais de imersão na "Água Sagrada". Ele viaja, às vezes, por grandes distâncias a fim de presidir à cerimônia.

50. Plínio, *Nat. Hist.*, V, XV, 73; Josefo, *Antiq.*, XIII, V, 9; XV, X, 4, 5; XVIII, I, 5.

51. King pensa que isto é exagero, estando inclinado a acreditar que esses essênios, que eram sem dúvida nenhuma monges budistas, eram "apenas a contaminação da associação conhecida como 'Filhos dos Profetas' ". – *The Gnostics and their Remains*, p. 22, nota de rodapé [p. 52 na 2ª ed.].

52. Jerônimo, *Epístolas*, Nº 49, *ad Paulinum altera*. Cf. Dunlap, *Vestiges*, etc., p. 218.

53. Munk, *Palestine*, p. 169.

54. Baco e Ceres – o *Vinho* e o *Pão* místicos, utilizados durante os Mistérios – tornaram-se, no "Adonia", Adônis e Vênus. Movers mostra que "*Iaô é Baco*" (*Die Phön.*, I, p. 550); e sua autoridade é Joannes Lydus, *De mensibus*, IV, 38, 74; ver também Dunlap, *Vestiges*, etc., p. 195. *Iaô* é um deus solar e o Jeová judaico; o Sol intelectual e central dos cabalistas. Ver Juliano, *Oratio IV in solem*, *p. 136;* e Proclo, *On the 1st Alcib.*, IV, p. 96. Mas esse "Iaô" não é o deus dos mistérios.

55. Josefo, *Antiq.*, IV, IV, 4.

56. *Ibid.*, IX, II, 1; *2 Reis*, I, 8.

57. Em relação ao fato bem conhecido de que Jesus usava os cabelos longos e de que ele assim sempre foi representado, é espantoso constatar o quão pouco sabia o Editor dos *Atos* do Apóstolo Paulo, uma vez que o faz dizer em *I Coríntios*, XI, 14: "A Natureza mesma não vos ensina que é desonroso para *o homem trazer cabelos compridos*?" Paulo certamente jamais diria

tal coisa! Por conseguinte, se a passagem é genuína, Paulo nada sabia do profeta cujas doutrinas ele abraçara e pelas quais morrera; e se é falsa – em quantas mais ainda devemos acreditar?

58. [Clem. Alex., *Strom.*, I, XV.]

59. [*Vidas*, "Pitágoras", § 3.]

60. [Florida, II, XV; cf. Hyde, *Hist. rel. vet. Persarum*, p. 309; Oxonii, 1700.]

61. [*Roman Hist.*, XXIII, VI, 33.]

62. Max Müller provou-o suficientemente em sua conferência sobre o "Zend-Avesta". Ele chama Gushtasp de "pupilo mítico de Zoroastro". [*Chips*, etc., I, p. 88.] Mítico, talvez, apenas porque o período em que ele viveu e estudou com Zoroastro é remoto demais para que a nossa ciência atual possa dele falar com alguma certeza.

63. [Plínio, *Nat. Hist.*, XXX, II.]

64. [Plínio, *loc. cit.*]

65. [*República*, X, 614 *et seq.*]

66. [*Strom.*, V, XIV.]

67. [Diog. Laert., *Lives*, etc. Proemium, § 2.]

68. [*Vidas dos doze Césares*, "Cláudio", § 25.]

69. [Plínio, *Nat. Hist.*, II.]

70. Max Müller, "The Zend-Avesta", *in Chips*, etc., I, p. 86.

71. [P. 55, na 2ª ed.]

72. Fflon, o Judeu, *De vita contemplativa*.

73. O significado real da divisão em *eras* é esotérico e budista. Os cristãos não iniciados tão pouco o compreenderam que aceitaram as palavras de Jesus *literalmente* e acreditaram firmemente que ele falava do fim do mundo. Já antes houvera muitas profecias sobre a era vindoura. Virgílio, na quarta *Écloga*, faz menção a *Metatron* – uma nova prole que terminará com a *idade de ferro* para renascer com a *idade de ouro*.

74. *Palestine*, p. 517 e s.

75. Dunlap, *Sŏd, the Son of the Man*, p. XI.

76. T. Taylor, *Iamblichus' Life of Pythag.*, p. 10; Londres, 1818. Munk deriva o nome *Iesseus* ou Essênios do siríaco *Asaya* – os curadores, ou médicos, assinalando, dessarte, a sua identidade com os terapeutas egípcios. – *Palestine*, p. 515.

77. *Mateus*, XIII, 10-3.

78. P. 47, na 4ª ed.

79. Essa descida ao Hades significa a sina inevitável de toda alma que se une por algum tempo a um corpo terrestre. Essa união, ou essa sombria perspectiva para a alma de se ver aprisionada na sombria morada de um corpo, era vista por todos os filósofos antigos, e ainda hoje pelos budistas modernos, como uma punição.

80. T. Taylor, *op. cit.*, p.87-8, na 4ª ed.

81. [*I Coríntios*, II, 6.]

82. "As doutrinas mais profundas ou esotéricas dos antigos eram chamadas de *sabedoria*, e depois de *filosofia*, e também de *gnose* ou 'conhecimento'. Elas se reportavam à alma humana, ao seu parentesco divino, à sua suposta degradação de um estado elevado em conseqüência de sua queda na 'geração' ou mundo físico, seu progresso posterior e sua restauração a Deus por meio das regenerações (. . .) transmigrações." – T. Taylor, *op. cit.*, p. 31-2.

83. Cirilo de Jerusalém afirma-o. Ver *Catecheses*, Oxford, 1838, XIV, 26.

84. *Fedro*, 250 B, C.

85. *The Golden Ass*, XI, 23; ed. de T. Taylor, p. 283.

86. [*Jewish Wars*, livro II, cap. VIII, 5.]

87. *Apocalipse*, XIX, 12.

88. Suetônio, *Vida dos doze Césares*, "Domiciano", 3, 12, 14. Não é a crueldade, nem uma insana indulgência, mas a superstição religiosa, que nos faz ver esse imperador da história passando seu tempo caçando moscas para traspassá-las com uma agulha de ouro. Os astrólogos judeus o haviam informado de que ele provocara a cólera de Belzebu, o "Senhor das Moscas", e que morreria miseravelmente pela vingança do deus das trevas de Ekron, à semelhança do rei Ahaziah, visto que perseguia os judeus.

89. Acreditamos que foram os saduceus e não os fariseus que crucificaram Jesus. Eles eram zadoquitas – membros da casa de Zadok, a família sacerdotal. Nos *Atos*, os próprios apóstolos afirmavam serem perseguidos pelos saduceus, e nunca pelos fariseus. E, de fato, estes jamais perseguiram quem quer que fosse. Havia entre eles escribas, rabinos e eruditos, e não eram, como os saduceus, zelosos de sua ordem.

90. Justino, o Mártir, *Diálogo com Trypho*, LXIX.

91. *Evangelho segundo Nicodemo*, II, 3 (Hone e Grynaeus.)

92. Orígenes, *Contra Cels*.; I, LXVIII; II, XLVIII, e s.

93. Talmud: *Yôhânân*.

94. Agostinho, *De consensu evang.*, livro I, cap. IX; Fabrício, *Cod. apocr. N. T.*, I, p. 305 e s.

95. I, LVIII.

96. King, *The Gnostics*, p. 145 (1ª ed.); o autor situa esse sarcófago entre as primeiras produções dessa arte que mais tarde inundou o mundo com mosaicos e estampas representando as cenas e os personagens do "Novo Testamento".

97. Tertuliano, *De pudicitia*, VII, 1. Ver King, *op. cit.*, p. 144; 1ª ed., 1864.

98. King, *op. cit.*, gravura I, p. 200 (1ª ed.).

99. Essa jóia acha-se na coleção do autor de *The Gnostics and their Remains*. Ver p. 201 (1ª ed.), gravura I, fig. 8.

100. *Panarion*, livro I, tomo II, *Haer.*, XXVII, VI.

101. [*The Gnostics*, etc., p. 144 (p. 227, na 2ª ed., 1887).]

102. [Grynaeus, *Monumenta S. Patrum Orthodoxographa*, vol. I, p. 2; Basileae, 1569. Cf. King, *Gnostics*, etc., p. 69 (1ª ed., 1864).]

103. *I Coríntios*, XI, 14.

104. I. M. Yost, *The Israelite Indeed*, vol. II, p. 238; *Talmud, Mishnah Nazir*.

105. *Panarion*, livro I, tomo II, *Haer.*, XXIX, I; XXX, I.

106. *Kabbala denudata*, II, p. 155; também *Vallis Regia*, edição de Paris.

107. [*Zohar*, II, p. 99b; ed. de Amsterdam.]

108. *Antiquities*, XVIII, I, 3.

109. *Salmos*, VIII, 6.

110. Essa contradição, que é atribuída a Paulo em *Hebreus*, fazendo-o dizer a propósito de Jesus no cap. I, 4: "Sendo *tão superior* aos anjos", para afirmar imediatamente a seguir, no cap. II, 9: "Vemos a Jesus, que fora feito, um pouco menor que os anjos", mostra a forma pouco escrupulosa com que os escritos dos Apóstolos foram tratados, se é que estes jamais escreveram o que quer que fosse.

111. *Codex nazaraeus*, I, p. 23.

112. *Ibid.*, prefácio de Norberg, p. IV, V.

113. "Segundo os nazarenos e os gnósticos, o Demiurgo, o criador do mundo material, não é o Deus supremo", (Ver Dunlap, *Sôd, the Son of the Man*.)

114. [King, *The Gnostics*, etc., p. 3 (p. 7, na 2ª ed.).]

115. Clem. Alex., *Strom.*, VII, XVII. [Cf. Hippolytus, *Philosophumena*, VII, § 20.]

116. *Eccles. Hist.*, IV, VII.

117. Os evangelhos interpretados por Basilides não eram os nossos atuais Evangelhos, que, como o provaram as autoridades mais competentes, não existiam em sua época. Ver *Supernatural Religion*, vol. II, cap. VI, "Basilides".

118. [Irineu, *Adv. Haer.*, I, XXIV, 3.]

119. Os cinco fazem misticamente dez. Eles são andróginos. "Tendo dividido seu corpo em duas partes, a Sabedoria Suprema tornou-se macho e fêmea" (*Manu*, livro I, śloka 32). Muitas idéias budistas primitivas se acham no Bramanismo.

A idéia predominante de que o último dos Budistas, Gautama, é a nona encarnação de Vishnu, ou o *nono* Avatâra, é parcialmente refutada pelos brâmanes, e totalmente rejeitada pelos eruditos teólogos budistas. Estes últimos insistem em que o culto de Buddha é muito mais antigo do que qualquer adoração das divindades bramânicas dos *Vedas*, que eles chamam de literatura secular. Os brâmanes, mostram eles, provêm de outros países, e estabeleceram sua heresia sobre as *divindades* populares já aceitas. Conquistaram a terra pela espada, e conseguiram sepultar a verdade, edificando uma teologia própria sobre as ruínas da Teologia mais antiga de Buddha, que havia prevalecido durante séculos. Eles admitem a divindade e a existência espiritual de alguns dos deuses vedantistas; mas, como no caso da hierarquia angélica cristã, eles acreditam que todas essas divindades são muito inferiores, mesmo aos Buddhas encarnados. Não admitem a criação do universo físico. Espiritual e *invisivelmente*, ele existe desde a eternidade, e só se torna visível para os sentidos humanos. Por ocasião de sua primeira manifestação, ele foi chamado do reino do invisível para o visível por meio do impulso de Âdi-Buddha – a "Essência". Os brâmanes computam vinte e duas dessas manifestações visíveis do universo governadas pelos Buddhas, e outras tantas destruições dele, pelo fogo e pela água, em sucessões regulares. Após a última destruição pelo dilúvio, ao fim do ciclo precedente (o cálculo exato, que compreende vários milhões de anos, é um ciclo secreto), o mundo, durante a presente idade de Kali-Yuga – *Mahâ-Bhadra-Kalpa* – foi governado, sucessivamente, por quatro Buddhas, o último dos quais foi Gautama, o "Santo". O quinto, Maitreya-Buddha, está ainda por vir. Ele é o esperado Rei Messias cabalístico, o Mensageiro da Luz, o Saoshyant, o Salvador persa, que virá montado num cavalo *branco*. É também o Segundo Advento dos cristãos. Ver o *Apocalipse* de São João.

120. Irineu, *Adv. Haer.*, I, XXIV, 4.

121. Tertuliano virou ele próprio a mesa, rejeitando, mais tarde, as doutrinas pelas quais lutara com tanto rigor, e tornando-se um montanista.

122. Em seu debate com Jacolliot a propósito da correta grafia do termo Krishna, o Sr. Textor de Ravisi, um católico ultramontano, tenta provar que o nome de Christna deveria ser escrito Krishna, pois, como esta palavra significa "negro", e as estátuas dessa divindade são geralmente negras, tiraria ela sua significação dessa cor. Remetemos o leitor à resposta de Jacolliot em sua recente obra, *Christna et le Christ*, para uma prova conclusiva de que o nome não deriva da cor.

123. Os brâmanes ou os budistas não têm nenhuma palavra equivalente para "milagre", no sentido em que o Cristianismo a entende. A única tradução correta seria *meipo*, uma coisa notável, mas não uma violação da lei natural. Só os "santos" produzem *meipo*.

124. *Manu*, livro XII, slokas 90, 91.

125. Credner, *Beiträge*, etc., I, p. 40; Schleiermacher, *Sämtliche Werke*, VIII; *Einl. N. T.*, p. 64; ed. 1845.

126. *Panarion*, livro I, t. III, Haer. XLII, I.

127. Tertuliano, *Adv. Marc.*, II, V.

128. Vol. II, parte II, VII, p. 105.

129. *Ibid.*, p. 89.

130. *Ibid.*, vol. II, p. 100.

131. Tertuliano, *Adv. Marc.*, IV, IX; IV, XXXVI; *Mat.*, V. 17.

132. *Panarion*, Haer. XLII.

133. O autor de *Supern. Religion* (vol.II, parte II, VII, p. 103) assinala com muita razão que o "Heresiarca" Marcion, "cujo elevado caráter pessoal exercia uma influência tão poderosa sobre o seu próprio tempo", teve "a má sorte de viver numa época em que o Cristianismo havia

passado da moralidade simples de sua infância, em que, não perturbados pelas complicadas questões de dogma, a fé simples e o entusiasmo piedoso eram o único grande vínculo da irmandade cristã, para uma fase de desenvolvimento eclesiástico na qual a religião, em pouco tempo, degenerou em Teologia, e as doutrinas complicadas assumiram aquela atitude violenta que levou à amargura, à perseguição e ao cisma. Numa época posterior, Marcion teria sido honrado como um reformador, mas, na sua própria época, foi denunciado como um herético. Austero e ascético em suas opiniões, ele visava a uma pureza sobre-humana, e embora seus adversários clericais pudessem ridicularizar-lhe as doutrinas impraticáveis sobre o matrimônio e o domínio da carne, essas mesmas doutrinas encontravam paralelos entre aqueles a quem a Igreja mais honrara; e pelo menos todo o seu sistema tendia a exaltar a virtude." Essas afirmações baseiam-se nos *Beiträge*, etc., I, p. 40, de Credner; cf. Neander, *Allgem. Geschichte*, etc., II, p. 792, 815 e s.; Milman, *The Hist. of Christ.*, p. 77 e s. (1867); Schleiermacher, etc., etc.

134. Hilgenfeld, *Kritische Untersuchungen über die Evang. Justin's*, etc., p. 445.

135. [Vol. II, p. 104.] Mas, por outro lado, esse antagonismo fica *bastante* evidente nas *Homílias de São Clemente*, nas quais Pedro nega inequivocamente que Paulo, a quem ele chama de Simão, o Mago, tenha jamais tido uma *visão* de Cristo, e a quem denomina "inimigo". Diz o Cônego Westcott: "Não há nenhuma dúvida de que São Paulo é referido como sendo 'o inimigo' " (*Hist. of the Canon*, p. 252, nota 2; *Supernatural Religion*, vol. II, p. 35). Mas esse antagonismo, que grassa até o presente, encontramo-lo até mesmo nas *Epístolas* de São Paulo. Nada há mais explícito do que tais sentenças: "Esses tais são *falsos* apóstolos, operários enganadores, camuflados em apóstolos de Cristo. (. . .) Julgo não ser inferior em coisa alguma a esses eminentes apóstolos" (2 *Coríntios*, XI, 13, 5). "Paulo, apóstolo *não dos homens*, nem por meio de um homem, mas por Jesus Cristo *e* Deus Pai, que o ressuscitou dos mortos (. . .) mas há alguns que vos estão perturbando e *querendo corromper* o evangelho de Cristo (. . .) *falsos irmãos* (. . .) Quando Pedro veio a Antioquia, eu o repreendi abertamente, porque ele se tinha tornado digno de censura. Com efeito, antes de chegarem alguns vindos da parte de Tiago, *ele comia* com os gentios, mas quando chegaram, ele se subtraía e andava retraído, com medo dos circuncisos. Os outros judeus começaram também a fingir, de modo que até Barnabé se deixou levar pela sua *hipocrisia*", etc., etc. (*Gal.* I, 7; II, 11-3). Por outro lado, vemos Pedro, nas *Homílias*, dando vazão a muitas queixas, as quais, embora pretensamente dirigidas a Simão, o Mago, são evidentemente resposta direta às sentenças acima referidas das *Epístolas* paulinas, *nada* tendo a ver com Simão. Assim, por exemplo, diz Pedro: "Pois alguns gentios rejeitaram minha pregação fiel e aceitaram os ensinamentos *ilegais* e insensatos do homem hostil [inimigo]." – *Epístola de Pedro a Tiago*, § 2. Ademais, diz ele: "Simão [Paulo] (. . .) que veio até a mim dentre os gentios (. . .) e [eu] o segui como a luz à treva, como o conhecimento à ignorância, como a saúde à doença" (*Hom.*, II, 17). Mais adiante, ele o chama de *Morte* e de *mentiroso* (*ibid.*, II, 18). Ele avisa os Gentios de que "nosso Senhor e *Profeta* [?] *Jesus* anunciou que o demônio escolheria um dentre os seus Apóstolos para *enganar*. Por conseguinte, antes de mais nada, lembrai-vos de evitar todo apóstolo, ou mestre, ou profeta, que não compare seu ensinamento com o de Tiago, o irmão de meu Senhor" (ver a diferença entre Paulo e Tiago a propósito da *fé*, *Epístola aos Hebreus*, XI, XII e *Epístola de Tiago* II). "Por medo de que o demônio envie um falso pregador (. . .) como ele nos enviou Simão [?] que pregava uma contrafação da verdade em nome de nosso Senhor, e disseminava o erro" (*Hom.*, XI, 35; ver a citação acima de Gal , II, 11-3). Ele então nega uma afirmação de Paulo, nas seguintes palavras: "Se, por conseguinte, nosso Jesus foi de fato visto numa visão (. . .) foi apenas sob a forma de um adversário enfurecido (. . .) Mas pode alguém, através de uma visão, tornar-se sábio o bastante para ensinar? E se disseres: 'É possível', então por que o Mestre descansou durante um ano inteiro antes de nos falar que havia despertado? E como podemos *acreditar em teu relato de que ele foi visto por ti*? E como poderia ele ter sido visto por ti quando teus pensamentos eram contrários aos seus ensinamentos? (. . .) Pois agora tu te opões diretamente a mim, que sou uma *rocha firme, o fundamento da Igreja*. Se não fosses um adversário, não me caluniarias, e não ultrajarias meu ensinamento [circuncisão?], a fim de que, declarando o que aprendi por mim mesmo do Senhor, não me seja digno de fé, *como se estivesse condenado* (. . .)Se dizes que sou repreensível, falas contra Deus, que me revelou o Cristo". [*Homil.*, XVII, 19.] "Esta última frase", observa o autor de *Supernatural Religion*, vol. II, p. 37, " 'como se estivesse condenado', é uma alusão evidente a *Gálatas*, II, 11: "eu o enfrentei abertamente, porque ele se tinha tornado digno de censura'." "Não há dúvida", acrescenta o autor citado, "de que o Apóstolo Paulo é aí atacado, como o grande inimigo da verdadeira fé, sob o nome odiado de Simão, o Mago, a quem Pedro segue por toda parte no propósito de desmascará-lo e confundi-lo" (p. 34). Se assim for, devemos então acreditar que foi São Paulo quem quebrou as pernas, em Roma, quando voava pelos ares.

136. [*Supernatural Religion*, vol. II, cap. VII, p. 104.]

137. [*Mateus*, IX, 16-7.]

138. [*Mateus*, V, 38-44.]

139. [*Manu*, livro VI, slokas 92-3.]

140. *Pratimoksha-Sûtra*, cópia páli-burmesa; ver também *Le Lotus de la Bonne Loi*, traduzido por Burnouf, p. 444.

141. *Mateus*, XIX, 16-8.

142. *Pitakattayan*, Livro III, versão páli.

143. Ver *Juízes*, XIII, 18: "Respondeu-lhe o anjo do Senhor, Por que perguntas por meu nome, sendo ele SECRETO?"

144. [Diod. Sic., *Bibl. hist.*, I, XV.]

145. [*Êxodo*, XVII, 15.]

146. [*Egyptian Mythology and Egyptian Christianity*, 1863, p. 10-1.

147. [Vol. II, parte II, cap. VII, p. 106-07 (1879). Cf. Tertuliano, *Adv. Marc.*, III, XII.]

148. Emanuel era, sem dúvida, o filho do próprio profeta, conforme é descrito no sexto capítulo; o que foi predito só pode ser interpretado com base nessa hipótese. O profeta havia também anunciado a Ahaz a extinção da sua linhagem. "Se não creres, não subsistirás." Vem em seguida a predição de colocar no trono um novo príncipe — Ezequias de Belém, que se diz ter sido genro de Isaías, sob quem os cativos deveriam retornar das partes mais retiradas da Terra. A Assíria seria humilhada, e a paz se estenderia a toda a nação israelita (cf. *Isaías*, VII, 14-6; VIII, 3, 4; IX, 6, 7; X, 12, 20, 21; XI *Miquéias*, V, 2-7). O partido popular, o partido dos profetas, oponente tradicional do clero zadoquita, havia resolvido destronar Ahaz e sua política contemporizadora, que havia permitido à Assíria entrar na Palestina, e colocar Ezequias no trono, homem de sua própria nação, que se rebelaria contra a Assíria e arrasaria o culto de Assur e Baalim (*2 Reis*, XVIII, 4). Embora apenas os profetas o assinalem, pois tudo o que concerne a esse episódio foi extirpado dos livros históricos, é notável que Ahaz tenha oferecido seu próprio filho a Moloch, e que ele tenha morrido aos trinta e seis anos, e que Ezequias tenha subido ao trono com vinte e cinco anos de idade, em plena maturidade.

CAPÍTULO IV

Nada supera estes mistérios, que da grosseria e rudeza transportam nossa conduta à amabilidade, benevolência e ternura.
Cícero, *De Legibus*, II, XIV.

Desce, ó Soma!, naquela esplendorosa corrente que eclipsou a luz do Sol. . . Ó Soma!, és o oceano de vida, por todas as partes difundido, que infundes potência criadora nos raios do Sol.
Rig-Veda, II, 143.

. . . Aparece a formosa Virgem de abundante cabeleira, com duas espigas na mão, e senta-se para amamentar seu Filho[1].
Avenare

Alega-se que o *Pentateuco* foi escrito por Moisés e que contém a narrativa da sua própria morte (*Deuteronômio*, XXXIV, 6); e, no *Gênese* (XIV, 14), a denominação Dan é dada a uma cidade, e o livro dos *Juízes* (XVIII, 29) nos diz que ela só a recebeu em data posterior, tendo sido chamada anteriormente Laish. Pois bem, Josias poderia ter dilacerado as suas roupas quando ouviu as palavras do Livro da Lei, pois nele não havia mais de Moisés do que de Jesus no *Evangelho segundo São João*.

Temos uma alternativa a oferecer aos nossos teólogos; deixamos que eles façam a sua escolha e prometemos aceitar a sua decisão. Mas eles terão de admitir, ou que Moisés era um impostor, ou que esses livros são invenções, foram escritos em épocas diferentes e por pessoas diferentes; ou, ainda, que eles estão repletos de interpolações fraudulentas. Em todos os casos, esses livros perdem todo o direito de serem tratados como *Revelação* divina. Aqui está o problema, que transcrevemos da *Bíblia* – a palavra do Deus da Verdade:

"E eu apareci a Abraão, a Isaac e a Jacó, em nome de Deus Todo-poderoso, mas não lhes declarei o meu nome JEOVÁ" (*Êxodus* vi, 3), disse Deus a Moisés.

Uma informação que nos surpreende, pois, antes de chegar ao livro do *Êxodo*, lemos no *Gênese* (XXII, 14) que "Abraão deu a esse lugar" – onde o patriarca se preparara para cortar a garganta de seu filho único – "o nome JEHOVAH-jireh" (Jeová vê)! Qual é o texto inspirado? – os dois não o podem ser – qual é o falso?

Ora, se Abraão e Moisés não tivessem pertencido ao mesmo grupo santo, poderíamos, talvez, ajudar os teólogos, sugerindo-lhes um meio conveniente para escapar desse dilema. Eles devem chamar os reverendos padres jesuítas – especialmente aqueles que foram missionários na Índia – em seu socorro; eles não se embaraçariam em momento algum. Eles nos diriam calmamente que, sem dúvida, Abraão ouviu o nome Jeová e o tomou *emprestado* de Moisés. Eles não afirmam que inventaram o *sânscrito*, editaram *Manu* e compuseram a maior parte dos *Vedas*?

Marcion defendeu, com outros gnósticos, a falácia da idéia de um Deus encarnado e, em conseqüência, negou a realidade corpórea do corpo vivo de Cristo. Sua entidade era uma mera *ilusão*; não era feita de carne ou sangue, nem nasceu de uma mãe humana, pois sua natureza divina não podia ser maculada pelo contato com carne pecaminosa[2]. Aceitou Paulo como o único apóstolo que pregava o puro evangelho da verdade e acusou os outros discípulos de deturparem "a forma pura das doutrinas do Evangelho dadas a eles por Jesus, 'misturando as questões de Lei, com as palavras do Salvador' "[3].

Finalmente, podemos acrescentar que a crítica bíblica moderna, que infelizmente só se tornou ativa e séria no final do século passado, já admite geralmente que o único texto que Marcion conheceu dos Evangelhos – o de São Lucas – é muito superior e mais exato do que o dos sinóticos atuais. Lemos em *Supernatural Religion* a seguinte frase, que não deixará de assustar os cristãos: "*Devemos*, portanto, *a Marcion até mesmo a versão correta da 'Oração do Pai-Nosso*' "[4].

Se deixarmos de lado, por enquanto, os fundadores mais importantes das seitas cristãs e considerarmos os dos ofitas, que assumiram uma forma definitiva na época de Marcion e dos basilideanos, encontraremos a razão para as *heresias* de todas as outras seitas. Como todos os outros gnósticos, eles rejeitavam completamente a *Bíblia* mosaica. Não obstante, exceto algumas deduções originais de alguns dos fundadores mais importantes de diversos ramos do gnosticismo, a sua filosofia não era nova. Passando pela tradição cabalística caldaica, ela tomou os seus materiais nos livros herméticos e, se procurarmos mais longe ainda por suas especulações metafísicas, nós a encontraremos enleada entre os dogmas de Manu e na gênese primitiva hindu pré-sacerdotal. Muitos dos nossos antiquários eruditos remontam as filosofias gnósticas ao Budismo, o que não diminui de maneira alguma os seus nem os nossos argumentos. Repetimos mais uma vez: o *Budismo é a fonte primitiva do Bramanismo*. Não foi contra os *Vedas* primitivos que Gautama protestou. Foi contra a religião sacerdotal e oficial de seu país; e os brâmanes, a fim de dar lugar e autoridade às suas castas, preencheram, num período posterior, os manuscritos antigos com ślokas interpolados, com os quais queriam provar que as castas haviam sido predeterminadas pelo Criador pela razão de que cada classe de homens provinha de um dos membros mais ou menos nobres de Brahmâ. A filosofia de Gautama Buddha era aquela que, desde os tempos imemoriais, se ensinava no segredo impenetrável dos santuários internos dos pagodes. Não devemos nos surpreender, portanto, quando encontramos, em todos os dogmas fundamentais dos gnósticos, os dogmas metafísicos tanto do Bramanismo quanto do Budismo. Eles afirmavam que o *Velho Testamento* era a revelação de um ser inferior, uma divindade subordinada, e que não continha uma única frase da sua *Sophia*, a Sabedoria Divina. Quanto ao *Novo Testamento*, ele perdera a sua pureza quando os compiladores introduziram interpolações. A revelação da verdade divina foi sacrificada por eles para a promoção dos seus fins egoístas e para a manutenção de suas querelas. Essa acusação não parece ser muito improvável para aquele que está a par da luta constante entre os defensores da circuncisão e da "Lei" e os apóstolos que renegaram o Judaísmo.

Os ofitas gnósticos ensinavam a doutrina das emanações, tão odiosa aos partidários da unidade na Trindade, e *vice-versa*. A Divindade Desconhecida, para eles, *não tinha nome*; mas a sua primeira emanação feminina era chamada Bythos ou Profundidade[5]. Correspondia à Shekînah dos cabalistas, o "Véu" que oculta a "Sabedoria" no *cranium* da mais superior das *três* cabeças. Como a Mônada pitagórica, essa Sabedoria *sem nome* era a *Fonte* de Luz, e *Ennoia* ou Mente é a própria Luz. Esta era chamada também de "Homem Primitivo", como o Adão-Cadmo, ou o antigo Adão da *Cabala*. Na verdade, se o homem foi criado à imagem e à semelhança de Deus, então esse Deus era igual à sua criatura em forma e figura – por conseguinte, ele é o "Homem Primitivo". O primeiro Manu, o que se desenvolveu de *Svayambhû*, "o que existe, não revelado, em sua própria glória", também é, em certo sentido, o homem primitivo, para os hindus.

Assim, o Bythos "sem nome e não-revelado", seu reflexo feminino, e Ennoia, a Mente revelada que procede de ambos, ou o seu Filho, são as contrapartidas da primeira Tríada caldaica, bem como da Trimûrti bramânica. Comparemos: em todos os sistemas vemos A GRANDE CAUSA PRIMEIRA, o UM, o germe primordial, o TODO sublime e não-revelado, que existe por si mesmo. No

PANTEÃO HINDU	CALDAICO	OFITA
Brahman-Dyaus	Ilu, o Ain-Soph cabalístico	o Sem Nome, ou o Nome Secreto.

Quando o Eterno desperta do seu sono e deseja manifestar-se, divide-se em macho e fêmea. Torna-se então em cada um dos sistemas:
A DIVINDADE DE DUPLO SEXO, o Pai e a Mãe universais.

NA ÍNDIA	NA CALDÉIA	NO SISTEMA OFITA
Brahmâ.	Eikon ou Ain-Soph.	Espírito Sem Nome.
Nâra (macho),	Anu (macho),	Abrasax (macho),
Nârî (fêmea).	Anata (fêmea).	Bythos (fêmea).

Da união dos dois emana um terceiro, ou Princípio criativo – o FILHO, ou o Logos manifesto, o produto da Mente Divina.

NA ÍNDIA	NA CALDÉIA	NO SISTEMA OFITA
Virâj, o Filho.	Bel, o Filho.	Ophis (outro nome de Ennoia), o Filho.

Além disso, cada um desses sistemas tem uma Trindade masculina tríplice, procedendo cada uma por si mesma de uma Divindade feminina. Assim, por exemplo:

NA ÍNDIA	NA CALDÉIA	NO SISTEMA OFITA
A Trindade – Brahmâ, Vishnu, Śiva – em UM, que é *Brahma* (gênero neutro), que cria e é criado pela Virgem Nârî (a Mãe de fecundidade perpétua).	A Trindade – Anu, Bel, Hoa (ou Sin, Samas, Bin) – que se reúne em UM que é Anu (de sexo duplo) pela Virgem Mylitta.	A Trindade formada pelo Mistério chamado Sigê, Bythos, Ennoia. Eles se tornam UM, que é *Abrasax*, da Virgem *Sophia* (ou *Pneuma*), que é uma emanação de Bythos e do deus-Mistério e que por meio deles faz emanar Christos.

Para deixá-lo mais claro, o Sistema Babilônico reconhece em primeiro lugar – o UM (*Ad*, ou *Ad-ad*), que nunca é nomeado, porém que é reconhecido em pensamento como o *Svayambhû* hindu. A partir daí ele se manifesta como *Anu* ou *Ana* – o único acima de tudo – *Monas*. Depois vem o Demiurgo chamado *Bel* ou *El*, que é o poder ativo da Divindade. O terceiro é o princípio da Sabedoria, *Hea* ou *Hoa*, que também governa o mar e o mundo inferior. Cada um deles tem sua esposa divina – *Anata, Belita* e *Davkina*. Elas, todavia, não são senão *Śaktis* e não são especialmente reconhecidas pelos teólogos. Mas o princípio feminino é designado por Mylitta, a Grande Mãe, também chamada Ishtar. Quanto aos três deuses masculinos, temos a Tríada ou Trimûrti, e, acrescentando-lhe Mylitta, o *Arba* ou Quaternário (a Tetraktys de Pitágoras), que aperfeiçoa e potencializa tudo. Assim, temos os modos de expressão indicados acima. O diagrama caldaico que segue pode servir como ilustração para todos os outros:

Tríada { Anu, Bel, Hoa, } Mylitta – Arba-il, ou Deus quaternário

torna-se, entre os cristãos:

Trindade { Deus o Pai, Deus o Filho, Deus o Espírito Santo, } Maria, ou mãe desses três Deuses, dado que são apenas um, ou a Tetraktys celestial cristã.

Em conseqüência, Hebron, a cidade dos kabiri, era chamada Kiryath-Arba, cidade dos Quatro. Os kabiri eram *Axieros*, o nobre Eros, *Axiokersos*, o honorável ornado de chifres, *Axiokersa*, Deméter e *Casmilos*, Hoa, etc.

O dez pitagórico denota o *Arba-il* ou o Quaternário Divino, emblematizado pelo *liṅga* hindu: Anu, 1; Bel, 2; Hoa, 3, que fazem 6. A tríada e Mylitta, representando 4, perfazem os dez.

Embora seja chamado de "Homem Primitivo", Ennoia, que é, como o Pimandro egípcio, o "Poder do Pensamento Divino", a primeira manifestação inteligível do Espírito Divino em forma material, ele é como o Filho "Unigênito" do "Pai Desconhecido" de todas as outras nações. Ele é o emblema da primeira aparição da Presença divina em suas próprias obras de criação, tangível e visível, e, em conseqüência, compreensível. O Deus-mistério, ou a Divindade nunca-revelada, fecunda por meio da Sua vontade Bythos, a profundidade insondável e infinita que existe no silêncio (*Sigê*) e na escuridão (para o nosso intelecto) e que representa a idéia abstrata de toda a natureza, o Cosmos eternamente produtivo. Como nem o princípio masculino nem o feminino, reunidos na idéia de uma Divindade bissexual nas concepções antigas, podiam ser compreendidos por um intelecto humano comum, a teologia de cada povo teve de criar, para a sua religião, um Logos ou palavra manifesta, de uma ou de outra forma. Para os ofitas e outros gnósticos, que extraíram os seus modelos diretamente de originais mais antigos, o Bythos não-revelado e a sua contrapartida masculina produziram Ennoia e os três, por sua vez, produziram Sophia[6], completando assim a Tetraktys, que fará emanar o Christos, a essência mesma do Espírito do Pai. Sob o aspecto do Um não-revelado, ou Logos oculto em seu estado latente, ele existiu por todo o sempre no *Arba-il*, a abstração metafísica; portanto, ele é UM com todos os outros enquanto unidade, recebendo estes últimos (e todos eles), indiferentemente, os nomes de Ennoia, Sigê (silêncio), Bythos, etc. Sob seu aspecto revelado, ele é Andrógino: Christos e Sophia (Sabedoria Divina), que originam o homem Jesus. Irineu demonstra que ambos, Pai e Filho, amaram a beleza (*formam*) da mulher primitiva[7], que é Bythos – Profundidade – e também Sophia, e que, por sua vez, produziu conjuntamente Ophis e Sophia (de novo uma unidade bissexuada), sabedoria masculina e feminina, das quais uma é o Espírito Santo não-revelado, ou antiga Sophia – o *Pneuma* – a "Mãe (intelectual) de todas as coisas"; a outra, a revelada, ou Ophis, representa a sabedoria divina que desceu à matéria, ou Deus-homem-Jesus, que os ofitas gnósticos representavam por uma serpente (Ophis).

Fecundada pela Luz Divina do Pai e do Filho, o espírito supremo e Ennoia, Sophia produz por sua vez duas outras emanações – um Christos perfeito, a segunda Sophia-Akhamôth[8] imperfeita a partir da חכמות, hokhmôth (sabedoria simples), que se torna a mediadora entre os mundos intelectual e material.

Christos era o mediador e o guia entre Deus (o Supremo) e tudo o que de espiritual havia no homem; Akhamôth – a Sophia mais jovem – exercia a mesma função entre o "Homem Primitivo", Ennoia, e a matéria. Já explicamos o que havia de misterioso no significado do termo geral *Christos*.

Num sermão sobre o "Mês de Maria", proferido em Nova York, o Rev. Dr. Preston expressa a idéia cristã do princípio feminino da Trindade melhor e mais claramente possível do que nós poderíamos fazê-lo e substancialmente no espírito de um antigo filósofo "gentio". Ele diz que o "plano da redenção tornou necessária a produção de uma mãe, e Maria apresenta-se preeminentemente como a única instância em que uma criatura foi necessária para a consumação da obra de Deus". Permitimo-nos contradizer o reverendo cavalheiro. Como mostramos acima, todas as teogonias "gentias", durante milhões de anos antes da nossa era, admitiram a necessidade de se encontrar um princípio feminino, uma "mãe" para o princípio masculino trino. Em conseqüência, o Cristianismo não é a "única instância" dessa consumação da obra de Deus – embora, como esta obra demonstra, ele contivesse mais filosofia e menos materialismo, ou antes antropomorfismo. Mas ouçamos o reverendo Doutor expressar o pensamento "gentio" com idéias cristãs. Ele nos diz: "Ele (Deus) preparou sua pureza virginal e celestial (a de Maria), pois uma mãe suja não podia tornar-se a mãe do Altíssimo. A virgem santa, mesmo em sua infância, era mais amável do que todos os querubins e serafins, e, da infância à juventude e ao seu estado de mulher, ela se tornou cada vez mais pura. Mas a sua grande santidade a fez reinar como senhora no coração de Deus. *Quando chegou a hora, toda a corte do céu se calou e a Trindade esperou pela resposta de Maria, pois sem o seu consentimento o mundo não poderia ter sido redimido*".

Não parece que estamos ouvindo Irineu explicar a "Heresia" gnóstica, "que ensinava que o Pai e o Filho amavam a beleza (*formam*) da Virgem celeste"; ou ainda o sistema egípcio, que representava Ísis como esposa, irmã e mãe de Osíris-Horus? Na filosofia gnóstica não havia mais do que *dois*, mas os cristãos aperfeiçoaram a doutrina tornando-a completamente "gentia", pois aí vemos o Anu-Bel-Hoa caldaico transformar-se em Mylitta. "Então, como este mês [de Maria]" – acrescenta o Dr. Preston – "começa nas festas de Páscoa – o mês em que a Natureza se reveste de frutos e de flores, os arautos de uma nova colheita –, comecemos também nós a nos preparar para uma colheita dourada. Neste mês os mortos saem da terra, figurando a ressurreição; então, quando nos ajoelharmos diante do altar da santa e imaculada Maria, lembremo-nos de que brotarão de nós o botão da promessa, a flor da esperança e o fruto imperecível da santidade".

É precisamente este o substrato do pensamento pagão, que, entre outros significados, emblematizou, pelos ritos da ressurreição de Osíris, Adonis, Baco e outros deuses solares massacrados, a ressurreição de toda a Natureza na primavera, a germinação das sementes que estiveram mortas e repousaram durante o inverno e que a alegoria representava como se elas estivessem aprisionadas no mundo inferior (o Hades). Esta noção está repetida nos três dias passados no inferno antes da sua ressurreição, por Hércules, por Cristo e por outros.

Essa derivação, ou antes *heresia*, como é chamada pelo Cristianismo, é simplesmente a doutrina bramânica em toda a sua pureza arcaica. Vishnu, a segunda pessoa da Trindade hindu é também o Logos, pois foi feito encarnar-se posteriormente em Krishna. E Lakshmî – que, como no caso de Osíris e Ísis, de Ain-Soph e Sephîrâh e de Bythos e Ennoia, é ao mesmo tempo esposa, irmã e filha, através dessa correlação infinita de poderes criadores masculinos e femininos, na metafísica abstrusa das filosofias antigas – é Sophia-Akhamôth. Krishna é o mediador prometido por Brahmâ à Humanidade e representa a mesma idéia que o *Christos* gnóstico. E *Lakshmî*, a metade espiritual de Vishnu, é o emblema da Natureza física, a mãe universal de todas as formas materiais e reveladas; a mediadora e a protetora da natureza, como Sophia-Akhamôth, de que os gnósticos fizeram a mediadora entre a Grande Causa e a Matéria, como *Christos* é o mediador entre ela e a Humanidade espiritual.

Esse dogma brâmano-gnóstico torna-se mais lógico e mais consistente com a alegoria do *Gênese* e da queda do homem. Quando Deus amaldiçoa o primeiro casal, Ele amaldiçoa igualmente a Terra e tudo o que está nela. O *Novo Testamento* apresenta-nos um Redentor para o primeiro pecado da Humanidade, que foi punida por ter pecado; mas não há uma palavra sequer sobre um Salvador que deve salvar a Terra e os animais da maldição não-merecida, eles que nunca cometeram nenhum pecado. De maneira que a alegoria gnóstica apresenta um senso de justiça e de lógica maior do que a cristã.

No sistema ofita, Sophia, a Sabedoria Andrógina, também é o espírito feminino, ou a fêmea hindu Nârî (Nârâyana), movendo-se na superfície das águas – o caos, ou a matéria futura. Ela a vivifica à distância, mas não toca o abismo das trevas. É incapaz de fazê-lo, pois a Sabedoria é puramente intelectual e não pode agir diretamente sobre a matéria. Portanto, Sophia é obrigada a recorrer a seu Parente Supremo, mas, embora a vida proceda em primeiro lugar da Causa Inobservada e de seu Ennoia, nenhum deles pode, mais do que ela, ter algo em comum com o caos inferior em que a matéria assume sua forma definitiva. Assim, Sophia é obrigada a empregar nessa tarefa a sua emanação *imperfeita*, Sophia-Akhamôth, que é de natureza mista, metade espiritual e metade material.

A única diferença entre a cosmogonia ofita e a dos nazarenos de São João é uma troca de nomes. Encontramos um sistema idêntico na *Cabala*, no *Livro do mistério* (*Liber misterii*)[9]. Esses três sistemas, especialmente o dos cabalistas e dos nazarenos, que foram os *modelos* para a cosmogonia ofita, pertencem ao gnosticismo oriental puro. O *Codex nazaraeus* começa da seguinte maneira: "O Supremo Rei da Luz, Mano, o primeiro grande um", etc.[10], sendo este último a emanação de Ferho – a VIDA desconhecida, sem forma. Ele é o chefe dos Aeôns, dos quais procedem (ou se originam) cinco raios refulgentes de luz Divina. Mano é o *Rex Lucis*, o Bythos-Ennoia dos ofitas. *"Unus est Rex Lucis in suo regno, nec ullus qui eo altior, nullus qui ejus similitudinem retulerit, nullus qui, sublatis oculis, viderit Coronam quae in ejus capite est"*[11]. Ele é a Lua Manifesta que rodeia a mais elevada das três cabeças cabalísticas, a sabedoria oculta; dele emanam as três *Vidas*. Hibil-Ziva é o Logos revelado, Christos o "Apóstolo Gabriel" e o primeiro Legado ou mensageiro da luz. Se Bythos e Ennoia são o nazareno Mano, então a Akhamôth de natureza dupla, semi-espiritual e semimaterial, deve ser Pthahil, considerada segundo seu aspecto espiritual; mas, se a consideramos conforme sua natureza grosseira, é o "Spiritus" dos nazarenos.

Pthahil[12], que é o reflexo do seu pai, o Senhor Abathur, a *terceira* vida – assim como a Sophia primogênita é também a terceira emanação –, é o "homem mais novo". Apercebendo-se dos seus vãos esforços para criar um mundo material perfeito, o "Spiritus" chama em sua ajuda uma das suas progenituras, o *Karabtanos*-Ialdabaôth, que não tem razão nem judiciosidade ("matéria cega"), para se unir a ela para criar algo de definitivo com essa matéria confusa (*turbulentos*), tarefa que ela só é capaz de realizar depois de ter produzido, com esta união com *Karabtanos*, as sete estrelas. Como os seis filhos ou gênios do Ialdabaôth gnóstico, eles produzem então o mundo material. A mesma história se repete com relação a Sophia-Akhamôth. Enviada por seu parente puramente espiritual, a Sophia primogênita, para criar o mundo de *formas visíveis*, desceu ao caos e, dominada pela emanação da matéria, perdeu o seu caminho. Todavia, ambiciosa para criar um mundo de matéria-prima para si, ela se ocupou em flutuar daqui para ali sobre o abismo negro e deu vida e movimento aos elementos inertes, até que, tão irremediavelmente emaranhada na matéria, como Pthahil, ela é representada sentada imersa no lodo e incapaz de dele se safar; mas, pelo contato com a própria matéria, ela produz o *Criador* do mundo material. Ele é o Demiurgo, chamado pelos ofitas de Ialdabaôth, e, como mostraremos a seguir, o pai do Deus judaico na opinião de algumas seitas e, na de outras, o Próprio "Senhor Deus". É neste ponto da cosmogonia cabalístico-gnóstica que começa a *Bíblia* mosaica. Tendo aceitado o *Velho Testamento* judaico como seu modelo, não espanta que os cristãos fossem forçados, pela posição excepcional em que foram colocados por sua própria ignorância, a extrair dele o melhor que pudessem.

Os primeiros grupos de cristãos, que Renan afirma não passarem de sete a doze homens em *cada igreja*, pertenciam, sem sombra de dúvida, às classes mais pobres e mais ignorantes. Não tinham, nem podiam ter, a menor idéia das doutrinas altamente filosóficas dos platônicos e dos gnósticos e, evidentemente, sabiam muito pouco sobre a nova religião que se acabava de fabricar. Para esses [homens] – que, na qualidade de judeus, foram esmagados pelo domínio tirânico da "lei", tal como a compreendiam os anciãos das sinagogas, e, na qualidade de pagãos, sempre foram excluídos, como as castas mais baixas ainda o são na Índia, dos mistérios religiosos –, o Deus dos judeus e o "Pai" pregado por Jesus eram a mesma pessoa. As disputas que reinaram desde os primeiros anos que se seguiram à morte de Jesus, entre os partidários paulinos e os petrinos, tiveram um efeito deplorável. O que um grupo fazia, o outro considerava um dever sagrado desfazer. Se as *Homilias* são tidas como apócrifas e não podem ser admitidas como uma medida infalível para a animosidade que reinava entre os dois apóstolos, temos a *Bíblia*, e as provas que ela fornece a esse respeito são inumeráveis.

Irineu parece tão irremediavelmente emaranhado em seus esforços estéreis para explicar, pelo menos no que concerne às aparências externas, as doutrinas verdadeiras de muitas seitas gnósticas e as apresentar ao mesmo tempo como "heresias" abomináveis, que, deliberadamente ou por pura ignorância, ele as confunde de uma tal maneira que poucos metafísicos seriam capazes de as desembaraçar sem o auxílio da *Cabala* ou do *Codex*. Assim, por exemplo, ele é incapaz de estabelecer a diferença entre os sethianitas e os ofitas e nos diz que eles chamavam de "*Homi-nem*", um HOMEM, o "Deus de tudo", e a sua mente de o SEGUNDO homem ou o "*Filho do Homem*". Theodoret afirma a mesma coisa, ele que viveu mais de dois séculos depois de Irineu e que fez uma grande confusão com a ordem cronológica em que as diferentes seitas se sucederam[13]. Nem os sethianitas (um ramo dos nazarenos judaicos) nem os ofitas, uma seita puramente grega, jamais pretendiam alguma coisa desse tipo. Irineu contradiz as suas próprias palavras ao descrever, em outro lugar, as doutrinas de Cerinthus, o discípulo direto de Simão, o Mago. Ele diz que Cerinthus ensinava que o mundo não foi criado pelo PRIMEIRO DEUS, mas por uma virtude (*virtus*) ou poder, um Aeôn tão distanciado da Causa Primeira que ele ignorava até mesmo AQUELE que *está acima de todas as coisas*. Este Aeôn dominou Jesus, engendrou-o fisicamente através de José por meio de uma mulher que não era virgem, mas apenas a esposa desse José, e Jesus nasceu então como todos os homens. Considerado deste ponto de vista físico de sua natureza, Jesus foi chamado de o "filho do homem". Foi só depois do seu *batismo* que o *Christos*, o ungido, desceu dos principados celestes sob forma de pomba, e o proclamou, através de Jesus, "o Pai DESCONHECIDO"[14].

Se, portanto, Jesus fosse considerado, do ponto de vista físico, como um filho de um homem e, do ponto de vista espiritual, como o *Christos*, que o eclipsou, como poderia então o "DEUS DE TUDO" o "Pai *Desconhecido*", ser chamado de *Homo* pelos gnósticos, um HOMEM, e a sua Mente de Ennoia, o SEGUNDO homem, ou *Filho do homem*? Nem na *Cabala* oriental, nem no Gnosticismo, o "Deus de tudo" jamais foi antropomorfizado. É só a primeira emanação, ou antes a segunda – pois Shekhînah, Sephîrâh, Profundidade e outras virtudes femininas primeiramente manifestadas também são emanações – que são chamadas de "homens primitivos". Assim, Adão-Cadmo, Ennoia (ou *Sigê*), os *logoi* em suma, são os "filhos unigênitos", mas não os *Filhos* do Homem, denominação que pertence propriamente ao *Christos*, o filho de Sophia (a primogênita) e do homem primitivo que o produz através da sua própria luz vivificadora, que emana da fonte ou *causa* de tudo, por conseguinte a *causa* de sua luz também, o "Pai Desconhecido". Há uma grande diferença, estabelecida pela metafísica gnóstica, entre o primeiro Logos não-revelado e o "ungido", que é o *Christos*. Ennoia pode ser chamado, como o compreende Fílon, de *Segundo* Deus, mas só ele é o "homem Primitivo e Primeiro", e de maneira alguma o Segundo, como Theodoret e Irineu o consideram. É só o desejo crônico deste último de associar de todas as maneiras Jesus, mesmo em seu *Contra as heresias*, ao Deus *Supremo*, o que o levou a tantas falsificações.

A idéia de identificar o Deus *Desconhecido* mesmo, com o *Christos*, o ungido – o Aeôn que o eclipsou –, deixando-se o homem Jesus completamente fora da questão, nunca passou pela cabeça dos gnósticos, nem dos apóstolos diretos de

Paulo, apesar do que poderiam fazer crer todas as falsificações que pudessem ser acrescentadas.

Já nas primeiras tentativas de se comparar os manuscritos originais, com os que os sucederam, ficou bastante claro até que ponto essas falsificações deliberadas são audaciosas e desesperadas. Na edição que o Bispo Horsley preparou das obras de Sir Isaac Newton[15], muitos manuscritos sobre assuntos teológicos foram prudentemente subtraídos à publicação. O artigo conhecido como *Descida de Cristo ao Inferno*, que também está no Credo dos Apóstolos, não se encontra nos manuscritos dos séculos IV ou VI. Trata-se evidentemente de uma interpolação, copiada das fábulas de Baco e de Hércules e imposta à cristandade como um dogma de fé. A esse respeito, o autor do prefácio[*] ao *Catalogue of the Manuscripts of the King's Library* (prefácio, p. xxiv) observa: "Espero que a inserção do artigo *Descida de Cristo ao Inferno*, no Credo dos Apóstolos, seja tão facilmente explicada, quanto a *inserção desse versículo*" (a saber, *Primeira Epístola de São João*, V, 7)[16].

Ora, esse versículo se lê hoje da seguinte maneira: "Pois há três que prestam testemunho no Céu: o Pai, o Verbo e o Espírito Santo; e os três são um". Esse versículo, que "devia ser lido nas igrejas", sabe-se hoje que é espúrio. Não se encontra "em nenhum manuscrito grego, exceto naquele de Berlim", que foi transcrito de alguma paráfrase interpolada entre as linhas. Na primeira e na segunda edições de Erasmo, impressas em 1516 e 1519, essa alusão às três testemunhas celestes está *omitida*[**]; e o texto não está contido em nenhum manuscrito grego escrito antes do século XV[17]. Não foi mencionado pelos escritores eclesiásticos gregos, nem pelos padres latinos primitivos, tão ansiosos por aceitar qualquer prova que os ajudasse a estabelecer as suas trindades; e foi omitido por Lutero em sua versão alemã. Edward Gibbon[18] apressou-se em demonstrar o seu caráter espúrio. O Arcebispo Newcome rejeitou-o e o bispo de Lincoln expressa a sua convicção de que ele é espúrio[19]. Há 28 autores gregos — entre os quais Irineu, Clemente e Atanásio — que não o citam, nem o mencionam; e 17 escritores latinos — entre os quais Agostinho, Jerônimo, Ambrósio, Cipriano e o Papa Eusébio — que parecem ignorá-lo completamente. "É evidente que, se o texto das testemunhas celestes fosse conhecido desde o princípio do Cristianismo, os antigos o teriam tomado, inserido em seus credos, citado repetidamente contra os heréticos e ornado com as iluminuras mais brilhantes, em cada livro que escrevessem sobre a Trindade"[20].

Cai assim por terra a coluna mais sólida da doutrina trinitária. Uma outra falsificação, não menos evidente, é citada pelo editor do *Novo Testamento Apócrifo*, segundo as palavras de Sir Isaac Newton. Newton observa que "o que os latinos fizeram a esse texto (*Primeira Epístola de São João*, V, 7), os gregos fizeram ao de

---

* O autor do prefácio referido foi David Casley e o Catálogo foi publicado em Londres, em 1734, 4to. (N. do Org.)

** O *Novo Testamento* publicado por Erasmo, em Basiléia, em 1516, sob o título *Novum instrumentum*, consistia do texto grego e era acompanhado por uma tradução latina de seu próprio punho, na qual tentou dar o significado do grego, sem seguir cegamente a *Vulgata* latina, sendo a única forma do *N. T.* corrente na Europa Ocidental durante muitos séculos. Essa tradução de Erasmo, um dos grandes humanistas da sua época, tornou essa edição, com suas anotações e os prefácios a vários livros, o primeiro grande monumento do estudo bíblico moderno. (N. do Org.)

São Paulo" (*1 Timóteo*, III, 16). Pois, mudando o para θ, a abreviatura de θεός [Deus], no manuscrito de Alexandria, do qual se fizeram cópias posteriores, lê-se hoje: '*Grande é o mistério da Divindade*, DEUS *manifesto na carne*'; ao passo que todas as versões antigas, dentre as quais a de Jerônimo, lêem: 'Grande é o mistério da divindade, QUE SE *manifestou na carne*'. Newton acrescenta que, agora que as discussões sobre essa falsificação estão terminadas, aqueles que lêem DEUS manifesto na carne, em vez de *divindade que se* manifestou na carne, consideram essa passagem como "um dos textos mais óbvios e mais pertinentes à discussão"[21].

E fazemos novamente a pergunta: Quem foram os primeiros cristãos? Aqueles que foram prontamente convertidos pela simplicidade eloqüente de Paulo, que lhes prometeu, em nome de Jesus, a *libertação* dos laços estreitos do eclesiasticismo. Eles entenderam apenas uma coisa: eram os "filhos da promessa" (*Gálatas*, IV, 28). A "alegoria" da *Bíblia* mosaica lhes fora desvelada; a aliança "do Monte Sinai, que gera filhos para a servidão", foi Agar (*ibid*., 24), a antiga sinagoga judaica, e ela estava "na servidão com os filhos" com relação a Jerusalém, a nova e livre, "a mãe de todos nós". Por um lado, a sinagoga e a lei que perseguia todo aquele que ousava ultrapassar a linha estreita da beatice e do dogmatismo; por outro, o Paganismo[22] com as suas sublimes verdades filosóficas ocultas à visão, desvelando-se apenas a poucos e deixando as massas procurarem desesperançadamente quem fosse o deus, neste panteão superlotado de divindades e subdivindades. Para os outros, o apóstolo da circuncisão, apoiado por todos os seus seguidores, prometia, se eles obedecessem à "lei", uma vida futura e uma ressurreição da qual não faziam idéia. Ao mesmo tempo, nunca perdeu uma só oportunidade de contradizer Paulo, sem o nomear todavia, mas indicando-o tão claramente que é quase impossível duvidar de quem seja aquele a quem Pedro se refere. Embora ele possa ter convertido alguns homens, que acreditavam na ressurreição mosaica prometida pelos fariseus ou caíram nas doutrinas niilistas dos saduceus, ou professavam o gentilismo politeísta da plebe pagã, que não reconhece nenhum futuro após a morte, a não ser um nada lúgubre – não achamos que a contradição sistemática dos dois apóstolos tenha contribuído para fortalecer sua obra de proselitismo. Obtiveram pouco sucesso no seio das classes pensantes eruditas, como a história eclesiástica demonstra claramente. Onde estava a verdade? E onde a palavra inspirada de Deus? Por um lado, como vimos, eles ouviram o apóstolo Paulo explicar que das duas alianças, "coisas que são uma alegoria", a antiga, a do Monte Sinai, "que gera filhos para a servidão", era *Agar*, a escrava; e o próprio Monte Sinai correspondia a "Jerusalém", que agora está "na servidão" com os seus filhos circuncisos; e a nova aliança era Jesus Cristo – a "Jerusalém do alto e livre", e, por outro lado, Pedro, que o contradizia e chegava até a injuriá-lo. Paulo exclama veementemente: "Desterrai a escrava e o seu filho" (a velha *lei* e a sinagoga). "O filho da escrava não herdará com o filho da mulher livre". "Permanecei firmes, portanto, na liberdade com que Cristo nos fez livres; não vos submetais novamente ao jugo da servidão. (...) Vede, eu, Paulo, eu vos digo que, se vos fazeis circuncidar, Cristo não vos aproveitará nada!" (*Gálatas*, IV, 30; V, 1-2). E o que é que Pedro escreve? O que quer ele dizer com estas palavras: "Porque falando palavras arrogantes de vaidade (...) Prometendo-lhes a *liberdade*, quando eles mesmos são escravos da corrupção: porque todo o que é vencido, é também escravo daquele que o venceu. (...) Porque, se *depois de se terem retirado* das corrupções do mundo pelo conhecimento do Senhor e Salvador (...) se deixam delas vencer e enredar (...) *melhor lhes era não ter conhecido o caminho da retidão*, do que depois de o ter conhecido tornar para trás, deixando *aquele mandamento santo que lhes fora dado*" (*2 Pedro* II, 18-31).

Pedro certamente não faz alusão aos gnósticos, pois eles nunca viram "o mandamento santo que lhes fora dado"; Paulo sim. Eles nunca prometeram a "libertação" da servidão, mas Paulo o fez repetidas vezes. Além disso, Paulo rejeita a "velha aliança", Agar, a escrava; e Pedro a ela se agarra com todas as suas forças. Paulo advertiu o povo contra os *poderes* e as *dignidades* (os anjos inferiores dos cabalistas); e Pedro, como mostraremos a seguir, respeita-os e *condena aqueles que não o fazem*. Pedro prega a circuncisão e Paulo a proíbe.

Mais tarde, quando todas essas asneiras, contradições e invenções foram forçadamente adaptadas ao quadro laboriosamente elaborado pelo clero da casta episcopal da nova religião, à qual se deu o nome de Cristianismo, e quando o próprio quadro caótico foi astuciosamente preservado de um exame mais aprofundado, por meio de uma formidável coleção de penitências eclesiásticas e de anátemas, destinados a manter à distância os curiosos sob o pretexto falso de sacrilégio e de profanação dos mistérios divinos, e quando milhões de pessoas foram massacrados em nome do Deus da misericórdia – nesse momento apareceu a Reforma. Ela merece, sem dúvida, o seu nome, no sentido mais paradoxal da palavra. Ela abandonou Pedro e diz que escolheu Paulo para seu único líder. E o apóstolo que vociferou contra a velha lei da servidão, que deu liberdade total aos cristãos de celebrar o Sabbath ou abandoná-lo, que rejeita tudo o que é anterior a João Baptista – é agora proclamado o porta-bandeira do Protestantismo, que se apega à *velha* lei mais do que os judeus, aprisiona aqueles que consideram o Sabbath como o fizeram Jesus e Paulo e ultrapassa a sinagoga do primeiro século em intolerância dogmática!

Mas, então, perguntaríamos ainda, quem *eram* os primeiros cristãos? Sem dúvida alguma os ebionitas; e, a esse respeito, seguimos a opinião dos melhores críticos. "Não há dúvida de que o autor [das *Homilias clementinas*] era um representante do gnosticismo ebionita, *que foi, certa vez, a forma mais pura da cristandade primitiva.* (...)"[23] E quem eram os ebionitas? Os discípulos e seguidores dos nazarenos primitivos, os gnósticos cabalísticos. No prefácio do *Codex nazaraeus*, o tradutor afirma: "Que os nazarenos não rejeitassem (os Aeôns) é natural. Pois eles eram os instrutores dos ebionitas, e estes admitiam esse fato"[24].

Além disso, Epifânio, o Homero cristão das *Heresias*, diz-nos que "Ebion conhecia os nazarenos, a forma dos ceríntios (que supõem que o mundo foi elaborado pelos anjos) e a denominação de cristãos"[25]. Uma denominação sem dúvida aplicada muito mais corretamente a eles do que aos (chamados) cristãos ortodoxos da escola de Irineu e do Vaticano posterior. Renan mostra que os ebionitas reuniam em sua seita todos os parentes sobreviventes de Jesus. João Baptista, seu primo e *precursor*, era o Salvador aceito pelos nazarenos e o seu profeta. Seus discípulos moravam do outro lado do Jordão, e o autor de *Sôd, the Son of the Man* prova, clara e peremptoriamente, que a cena do batismo do Jordão ocorreu no local do culto a Adônis[26]. "Do outro lado do Jordão e além do lago moravam os nazarenos, uma seita que se acredita já ter existido quando do nascimento de Jesus e tê-lo compreendido entre os seus membros. Eles devem ter-se estendido ao longo da margem oriental do Jordão e ao sudeste, entre os árabes (*Gálatas*, I, 17, 21; II, 11) e entre os sabeus na direção de Basra; e, ainda, eles devem ter-se dirigido para o norte do Líbano até a Antioquia, e também *para o nordeste*, até o estabelecimento nazareno de Beroea, onde São Jerônimo os encontrou. Os mistérios de Adônis ainda prevalecem no Deserto; nas montanhas, Aiai Adonai ainda era um grito"[27].

"Unido (*conjunctus*) aos nazarenos, todo (ebionita) ensinava aos outros a sua própria iniqüidade e resolveu que Cristo *nascera da semente de um homem*", escreve Epifânio[28].

E, se eles o fizeram, devemos acreditar que conheciam sobre o seu profeta contemporâneo muito mais do que Epifânio quatrocentos anos mais tarde. Theodoret, como fizemos ver em outro lugar, descreve os nazarenos como judeus que "veneram o Ungido como um homem justo" e utilizam o *evangelho* chamado "*Segundo São Pedro*"[29]. Jerônimo encontrou, na biblioteca reunida em Cesaréia pelo mártir Panfílio, *evangelho* idêntico e original, escrito em hebraico por Mateus, o apóstolo publicano. "*Recebi dos nazarenos*, que usavam [esse Evangelho] em Beroea, na Síria, *permissão* para traduzi-lo", escreve ele por volta do final do século IV[30]. "No *Evangelho* que os *nazarenos* e os *ebionitas* utilizam", acrescenta Jerônimo, "e que traduzi recentemente do hebraico para o grego e que a maioria das pessoas diz ser o *verdadeiro Evangelho de São Mateus*", etc.[31].

Que os apóstolos tenham recebido de Jesus uma "doutrina secreta" e que ele próprio a ensinava é o que se depreende das seguintes palavras de Jerônimo, que o confessou num momento de descuido. Escrevendo aos Bispos Chromatius e Heliodorus, ele lamenta que foi encarregado de "uma obra difícil, dado que essa tradução, que me foi encomendada por Vossas Graças, o próprio São Mateus, o Apóstolo e Evangelista, NÃO QUERIA QUE FOSSE PUBLICADA ABERTAMENTE. Pois se ela não fosse SECRETA, ele [Mateus] teria acrescentado ao *Evangelho* que aquilo que seguia também fora escrito por ele; mas ele escreveu esse livro em caracteres hebraicos, que ele grafou *de tal maneira* que o livro, escrito em letras hebraicas e *por seu próprio punho*, pudesse ser usado *pelos homens mais religiosos*, que também, no curso do tempo, o receberam daqueles que os precederam. Mas esse livro nunca foi dado a ninguém para ser transcrito; e seu *texto* foi interpretado de uma maneira por alguns e de outra maneira por outros"[32][*]. Acrescenta a seguir, na mesma página: "E aconteceu que esse livro, tendo sido publicado por um maniqueu chamado Seleuco, que também escreveu um falso *Atos dos Apóstolos*, revelou coisas que não foram feitas para edificar, mas para destruir; e que esse livro foi aprovado num sínodo que os ouvidos da Igreja se recusaram, com razão, a escutar"[33].

Ele próprio admite que o livro que afirma ter sido escrito "*pela mão de Mateus*" – um livro que, apesar de tê-lo traduzido duas vezes, era bastante ininteligível para ele – era um arcano ou um *segredo*. Não obstante, Jerônimo, muito ingenuamente, chama de *heréticos* todos os comentários sobre ele, exceto o seu. Mais do que isso, Jerônimo sabia que esse *Evangelho original de São Mateus* ensinava a

---

[*] Com relação a essa referência à *Opera* de Jerome e ao assunto do próprio texto, remetemos o estudioso ao vol. VIII, p. 233-38 dos *Collected Writings* de H. P. B., onde o compilador faz uma explicação abrangente do texto e das referências envolvidas. Essas explicações ajudam a clarear algumas incertezas do texto e das citações de H. P. B. (N. do Org.)

única doutrina verdadeira de Cristo e que era obra de um evangelista que fora amigo e companheiro de Jesus. Ele sabia que, se um dos dois *Evangelhos*, o hebraico em questão e o grego que pertence às nossas Escrituras atuais, fosse uma falsificação, e por isso herético, não era o dos nazarenos; e, entretanto, sabendo de tudo isso, Jerônimo atira-se com tal zelo às perseguições contra os "heréticos". Por quê? Porque aceitá-lo equivalia a ler a sentença de morte da Igreja estabelecida. O *Evangelho segundo os Hebreus* era conhecido demais para ser o único aceito durante quatro séculos pelos cristãos judaicos, pelos nazarenos e pelos ebionitas. E nenhum destes últimos aceitava a *divindade* do Cristo.

Se os comentários de Jerônimo sobre os Profetas, a sua famosa *Vulgata* e outros trabalhos polêmicos são tão dignos de fé quanto essa versão do *Evangelho segundo São Mateus*, então temos aí uma verdadeira revelação divina.

Por que nos espantarmos com os mistérios insondáveis da religião cristã, dado que ela é perfeitamente *humana*? Não temos nós uma carta escrita por um dos mais respeitados padres da Igreja a esse mesmo Jerônimo que mostra, mais do que volumes inteiros, a sua política tradicional? Eis o que *São* Gregório de Nazianzus escreveu a seu amigo e confidente *São* Jerônimo: "Nada se pode impor mais ao povo do que a *verbosidade*; quanto menos ele entender, tanto mais a admira. Nossos padres e doutores têm dito freqüentemente não o que eles pensavam, mas aquilo que as circunstâncias e a necessidade os obrigavam a dizer".

Mas voltemos à nossa Sophia-Akhamôth e à crença dos verdadeiros cristãos primitivos.

Depois de ter produzido Ialdabaôth – de ילדה , *ialda*, criança, e de בהות , *baôth*, uma terra desolada, uma desolação – Sophia-Akhamôth sofreu a tal ponto com o contato com a matéria, que, após uma luta extraordinária, ela escapa finalmente do caos pantanoso. Embora ignore o pleroma, a região da sua mãe, ela alcançou o espaço mediano e chegou a sacudir as partículas materiais que estavam ligadas à sua natureza espiritual; depois disso, construiu imediatamente uma barreira infranqueável entre o mundo da inteligência (espíritos) e o mundo da matéria. Ialdabaôth é, assim, o "filho da escuridão", o criador do nosso mundo pecaminoso (a sua porção física). Ele segue o exemplo de Bythos e produz de si mesmo seis espíritos estelares (filhos). Todos eles têm a sua própria imagem e reflexos uns dos outros, que se tornam mais escuros à medida que se afastam do seu pai. Com este, eles habitam sete regiões dispostas como uma escada, que começa abaixo do espaço mediano, a região da sua mãe, Sophia-Akhamôth, e termina com a nossa Terra, a *sétima* região. Eles são, assim, os gênios das sete esferas planetárias, das quais a mais inferior é a região da nossa Terra (a esfera que a circunda, nosso éter). Os nomes respectivos desses gênios das esferas são *Iaô, Tsabaôth, Adonaios, Eloaios, Horaios, Astaphaios*[34]. Os quatro primeiros, como todos sabem, são os nomes místicos do "Senhor Deus" judaico,[35] sendo este, como afirma C. W. King, "rebaixado pelos ofitas para as denominações dos subordinados do Criador; os dois últimos são os dos Gênios do Fogo e da Água".

Ialdabaôth, que muitas seitas consideravam como o Deus de Moisés, não era um espírito puro; era ambicioso e orgulhoso e, rejeitando a luz espiritual do espaço mediano que sua mãe Sophia-Akhamôth lhe oferecia, pôs-se ele próprio a criar um mundo para si mesmo. Ajudado por seus filhos, os seis gênios planetários, ele fabricou o homem, mas não obteve êxito na primeira tentativa. Era um monstro; sem alma, ignorante e que caminhava sobre quatro patas no chão como uma fera material. Ialdabaôth viu-se obrigado a implorar a ajuda de sua mãe espiritual. Ela lhe transmitiu um raio da sua divina luz e assim animou o homem e o dotou de alma. E então teve início a animosidade de Ialdabaôth contra sua própria criatura. Seguindo o impulso da luz divina, o homem aumentou mais e mais o volume das suas aspirações; muito cedo ele começou a apresentar não a imagem do seu Criador Ialdabaôth, mas antes do Ser Supremo, o "homem primitivo", Ennoia. Então o Demiurgo foi dotado de cólera e inveja; e, fixando seu olho invejoso sobre o abismo de matéria, seu olhar, envenenado pela paixão, refletiu-se repentinamente nele como num espelho; o reflexo tornou-se animado e do abismo sai Satã, serpente, Ophiomorphos – "a incorporação da inveja e da espertaza. Ele é a união de tudo o que é mais abjeto na matéria com o ódio, a inveja e a astúcia de uma inteligência espiritual"[36].

Depois disso, e sempre com rancor face à perfeição do homem, Ialdabaôth criou os três reinos da Natureza: o mineral, o vegetal e o animal, com todos os seus instintos perniciosos e pensamentos maus. Impotente para aniquilar a Árvore do Conhecimento, que cresce em sua esfera e em cada uma das regiões planetárias, mas determinado a afastar o "homem" da sua protetora espiritual, Ialdabaôth proibiu-o de comer do seu fruto, com medo de que ele revelasse à Humanidade os mistérios do mundo superior. Mas Sophia-Akhamôth, que amava e protegia o homem que ela animara, enviou o seu próprio gênio, Ophis, sob a forma de uma serpente, para induzir o homem a transgredir o mandamento egoísta e injusto. E o "homem" de repente tornou-se capaz de compreender os mistérios da criação.

Ialdabaôth vingou-se, então, punindo o primeiro par, pois o homem, através do seu *conhecimento*, já havia conseguido uma companheira feita de suas metades espiritual e material. Aprisionou o homem e a mulher num calabouço de matéria, no corpo tão indigno de sua natureza, e no qual o homem ainda está encerrado. Mas Akhamôth ainda o protegeu. Ele estabeleceu entre a sua região celestial e o "homem" uma corrente de luz divina e continua a lhe fornecer iluminação *espiritual*.

Seguem-se, então, as alegorias que abrangem a idéia de dualismo, ou a luta entre o bem e o mal, o espírito e a matéria, que se encontra em toda cosmogonia e cuja fonte também deve ser procurada na Índia. Os tipos e os antitipos representam os heróis desse panteão gnóstico, emprestados das idades mitopoéticas mais antigas. Mas, nessas personagens – Ophis e Ophiomorphos, Sophia e Sophia-Akhamôth, Adão-Cadmo e Adão, os gênios planetários e os Aeôns divinos – podemos reconhecer facilmente os modelos das nossas cópias bíblicas – os patriarcas evemerizados. Encontramos os arcanjos, os anjos, as virtudes e os poderes, com outros nomes, nos *Vedas* e no sistema budista. O Ser Supremo avéstico, Zeruana, ou "Tempo Ilimitado", é o tipo de todas essas "Profundidades", "Coroas" gnósticas e cabalísticas e mesmo do Ain-Soph caldaico. Os seis Amshâspands, criados pela "Palavra" de Ormusde, o "Primogênito", têm seus reflexos em Bythos e suas emanações, e o antitipo de Ormusde-Ahriman e seus *daêvas* também participam da composição de Ialdabaôth e os seus seis gênios planetários *materiais*, embora não sejam totalmente maus.

Akhamôth, entristecida com os males que afligiam a Humanidade, apesar da sua proteção, suplica à sua mãe celeste Sophia – seu antitipo – que interceda junto à PROFUNDIDADE desconhecida para que ela envie *Christos* (o filho e a emanação da "Virgem Celestial") em socorro da Humanidade que estava perecendo.

Ialdabaôth e os seus seis filhos da matéria privam da luz divina a Humanidade. O homem deve ser salvo. Ialdabaôth já enviou o seu próprio agente, João Baptista, da raça de Seth, que ele protege – como um profeta do seu povo, mas apenas uma pequena porção o ouviu – os nazarenos, os oponentes dos judeus, porque eles adoravam Iurbo-Adunai[37]. Akhamôth dissera a seu filho, Ialdabaôth, que o reino de *Christos* seria apenas temporal e, assim, induziu-o a enviar um precursor. Além disso, ela *o fez causar* o nascimento do *homem* Jesus da Virgem Maria, o seu próprio tipo na Terra, "pois a criação de um personagem material só poderia ser obra do Demiurgo; estava fora do alcance de um poder superior. Logo que Jesus nasceu, *Christos*, o perfeito, unindo-se a Sophia [sabedoria e espiritualidade], desceu através das sete regiões planetárias, assumindo em cada uma delas uma forma análoga e ocultando dos gênios a sua verdadeira natureza, ao mesmo tempo em que atraía para si as centelhas de luz divina que eles retinham em sua essência. Assim, *Christos* entrou no *Homem* Jesus no momento do seu batismo no Jordão. A partir desse momento Jesus começou a operar milagres; antes disso, ignorava completamente a sua missão"[38].

Ialdabaôth, descobrindo que *Christos* estava levando ao fim o seu próprio reino da matéria, excitou os judeus contra ele e Jesus foi condenado à morte[39][*]. Uma vez na cruz, *Christos* e Sophia abandonaram o seu corpo e retornaram à sua própria esfera. O corpo material do homem Jesus foi abandonado à terra, mas sendo dado a ele um corpo feito de *éter* (alma astral). "A partir desse momento, ele consistia apenas de *alma* e de *espírito*, razão pela qual os discípulos não o reconheceram após a ressurreição". Nesse estado espiritual de um *simulacrum*, Jesus permaneceu sobre a Terra durante mais dezoito meses. Nesta última permanência, recebeu de Sophia o conhecimento perfeito, a verdadeira Gnose *que ele comunicou a alguns dos apóstolos* que eram capazes de a receber.

"Depois, ascendendo ao espaço mediano, sentou-se à direita de Ialdabaôth, mas invisível a ele, e dali reúne todas as almas que foram purificadas pelo conhecimento de Cristo. Quando tiver reunido toda a luz espiritual que existe na matéria, no império de Ialdabaôth, a redenção será cumprida e o mundo será destruído. Essa é a significação da reabsorção de toda a luz espiritual no pleroma ou plenitude, donde ele desceu na origem."[40]

O que precede é a descrição dada por Theodoret e adotada por King em seu *Gnostics*, com acréscimos de Epifânio e Irineu. Mas o primeiro dá uma versão muito imperfeita, estabelecida parte com descrições de Irineu e parte com o seu próprio conhecimento dos ofitas posteriores, que, por volta do século III, se haviam fundido com outras seitas. Irineu também os confunde freqüentemente, e a teogonia verdadeira dos ofitas não é dada corretamente por nenhum deles. Salvo algumas trocas de nomes, a teogonia detalhada acima é a de todos os gnósticos e também dos nazarenos. Ophis não é senão o sucessor do Chnuphis [Khnemu] egípcio, o Deus Serpente de radiante cabeça de leão, que, desde a Antiguidade mais remota, era um emblema da sabedoria, ou Thoth, o Instrutor e Salvador da Humanidade, o "Filho de Deus".

---

[*] Bem como em J. J. Grynaeus, *Monumenta S. Patrum Orthodoxographa*, etc. (Basiléia, 1569, fol.), vol. I, tomo II, p. 643 ff. (N. do Org.)

"Ó homens, vivei sobriamente (...) consegui vossa imortalidade!" exclama Hermes, o três vezes grande Trismegisto. "Instrutor e guia da Humanidade, eu vos levarei à salvação."[41] Assim os sectários mais antigos consideravam Ophis, o Agathodaimôn, como idêntico a *Christos*, sendo a serpente o emblema da sabedoria celestial e da eternidade e, no caso presente, o antitipo da Chnuphis-serpente egípcia. Esses gnósticos, os mais primitivos da nossa era cristã, afirmavam que "o supremo Aeôn, tendo emitido de si mesmo outros Aeôns, um deles, uma mulher, Prounikos (concupiscência), desceu ao caos, onde, incapaz de escapar dali, ficou suspensa no espaço mediano, muito carregado de matéria para poder subir, e sem poder cair mais embaixo onde não existia nada que tivesse afinidade com a sua natureza. Ele produziu então seu filho Ialdabaôth, o Deus dos judeus, que, por sua vez, produziu sete Aeôns, ou anjos[42], que criaram os sete céus"[43].

Esta pluralidade de céus fez parte da crença dos cristãos desde o princípio, pois constatamos que Paulo ensina a sua existência e fala de um homem "levado para o terceiro céu" (*2 Coríntios*, XII, 2). "Ialdabaôth excluiu esses sete anjos de tudo o que estava acima dele, com medo de que eles conhecessem aquilo que lhe era superior[44]. Eles criaram então o homem à imagem do seu Pai[45], mas inclinado e rastejante como um verme. Mas a mãe celeste, Prounikos, desejando privar Ialdabaôth do poder com que ela inconscientemente o dotara, infundiu no homem uma centelha celeste, a alma. O homem pôs-se imediatamente de pé, lançou o pensamento para além dos limites das sete esferas e glorificou o Pai Supremo, *Aquele que está acima de Ialdabaôth*. Depois, este, enciumado, lançou os olhos sobre o estrato mais ínfimo da matéria e engendrou uma virtude que tinha a forma de uma serpente, a quem eles [os ofitas] chamavam de seu filho. Eva, obedecendo-o como ao filho de Deus, foi persuadida a comer do fruto da Árvore do Conhecimento"[46].

É evidente que a serpente do *Gênese*, que surge de repente e sem nenhuma introdução preliminar, deve ter sido o antitipo dos Arqui-*daêvas* persas, cujo chefe é *Ashmon*, a "serpente bípede das mentiras". Se a serpente da *Bíblia* tivesse sido privada de seus membros antes de tentar a mulher a cometer o pecado, por que Deus especificaria, como punição, o fato de que a serpente deveria mover-se "sobre o seu ventre"? Não se pode imaginar a serpente caminhando sobre a extremidade de sua cauda.

Essa controvérsia sobre a supremacia de Jeová entre os presbíteros e os padres, por um lado, e os gnósticos, os nazarenos e todas as outras seitas declaradas heterodoxas, em última análise, por outro, perdurou até a época de Constantino e talvez por muito mais tempo. O fato de que as idéias peculiares dos gnósticos sobre a genealogia de Jeová, ou o lugar que deveria ocupar, no panteão cristão-gnóstico, o Deus dos judeus não terem sido consideradas, desde o início, nem blasfemas, nem heterodoxas, está evidenciado na diferença de opiniões relativas a esse assunto expressas por Clemente de Alexandria, por exemplo, e Tertuliano. O primeiro, que parece ter conhecido Basilides mais do que ninguém, nada viu de heterodoxo ou de censurável nas opiniões místicas e transcendentais do novo Reformador. "A seus olhos", observa o autor de *The Gnostics*, falando de Clemente, "Basilides não era um herege, isto é, um inovador em relação às doutrinas da Igreja cristã, mas apenas um filósofo teosófico que desejava expressar *verdades antigas* sob formas novas e talvez combiná-las com a nova fé, cuja verdade ele podia admitir sem renunciar forçosamente à antiga, exatamente como o fazem os hindus letrados dos nossos dias"[47].

Este não era o caso de Irineu e Tertuliano[48]. As obras principais deste último *contra os hereges* foram escritas após a sua separação da Igreja católica, quando ele se refugiou entre os zelosos seguidores de Montanus; e estão plenas de má-fé e de preconceitos fanáticos[49]. Ele transformou toda e qualquer opinião gnóstica em um absurdo monstruoso e os seus argumentos não são baseados num raciocínio coercitivo, mas numa estupidez cega de um fanático. Discutindo sobre Basilides, "o filósofo teosófico piedoso, divino", como Clemente de Alexandria o qualificava, Tertuliano exclama: "depois disso, Basilides, o *herege*, se separou[50]. Ele afirmava que há um Deus Supremo, que atende pelo nome de Abraxas, que criou a Mente, a quem os gregos chamam de *Nous*. Desta emanou a Palavra; da Palavra, a Providência; da Providência, a Virtude e a Sabedoria; dessas duas, as *Principalidades*[51], os *Poderes* e os *Anjos*; e, depois, infinitas produções e emissões de anjos. Entre os anjos mais inferiores, na verdade, e aqueles que fizeram este mundo, ele coloca *como última classe* o deus dos judeus, que nega ser o próprio Deus, afirmando que ele é apenas um dos anjos"[52][*].

Seria igualmente inútil fazer uma referência aos apóstolos diretos de Cristo e mostrar que eles discutiam se Jesus havia estabelecido ou não uma diferença entre seu "Pai" e o "Senhor Deus" de Moisés. Pois as *Homilias clementinas*, nas quais encontramos os melhores argumentos sobre esse assunto, bem como nas controvérsias que se supõem ter ocorrido entre Pedro e Simão, o Mago, são hoje falsamente atribuídas a Clemente, o Romano. Essa obra, se foi escrita por um ebionita – como declara o autor de *Supernatural Religion*, em consonância com outros comentadores[53] – deve tê-lo sido muito tempo depois da época de Paulo, a quem ela é atribuída, ou então a disputa sobre a identidade de Jeová e de Deus, o "Pai de Jesus", deve ter sido distorcida por interpolações posteriores. Essa disputa está, por sua própria essência, em contradição com as doutrinas primitivas dos ebionitas. Esses, como o demonstraram Epifânio e Theodoret, eram os seguidores diretos da seita nazarena[54] (os sabeus), os "Discípulos de João". Ele diz, inequivocamente, que os ebionitas acreditavam nos *Aeôns* (emanações), que os nazarenos foram *os seus instrutores* e que "uns ensinavam aos outros a sua própria perversidade". Em conseqüência, professando as mesmas crenças dos nazarenos, um ebionita não teria encorajado uma doutrina apoiada por Pedro nas *Homilias*. Os nazarenos antigos, bem como os recentes, cujas opiniões estão incorporadas no *Codex Nazaraeus*, nunca chamaram Jeová senão de *Adonai Iurbo*, o Deus dos *Abortivos*[55] (os judeus ortodoxos)[56]. Eles mantinham as suas crenças e os seus dogmas religiosos tão em segredo, que Epifânio, escrevendo no final do século IV[57], confessa a sua ignorância em relação à sua verdadeira doutrina. "Abandonando o nome de Jesus", diz o bispo de Salamina, "eles nem se chamavam de *essenos*, nem mantêm o de judeus, nem se nomeiam cristãos, mas *nazarenos*. (...) A ressurreição dos mortos é admitida por eles (...)

---

* Consultar o vol. VIII, p. 232-33, dos *Collected Writings*, para informação abrangente sobre essa obra atribuída a Tertuliano; aí se pode encontrar o texto latino e uma tradução inglesa completa. (N. do Org.).

mas, no que concerne a Cristo, *não posso dizer* se pensam nele como um *simples homem*, ou, sabendo *o que é a verdade*, confessam que nasceu da Virgem através do *Pneuma Sagrado*"[58].

Enquanto Simão, o Mago argumenta, nas *Homilias*, do ponto de vista dos gnósticos (aí incluídos os nazarenos e os ebionitas), Pedro, na qualidade de verdadeiro apóstolo da circuncisão, apega-se à velha Lei e, como de rotina, procura fazer a sua fé na divindade de Cristo concordar com a sua antiga Fé no "Senhor Deus" e ex-protetor do "povo escolhido". Como mostra o autor de *Supernatural Religion* que o Epítome[59] é "uma mistura das outras duas partes, provavelmente com o objetivo de as purgar da doutrina herética"[60] e que, com a grande maioria dos críticos, atribuía às *Homilias* uma data não anterior ao final do século III, podemos inferir que eles devem diferir amplamente dos seus originais, se é que houve um. Simão, o Mago, prova, através de toda obra, que o Demiurgo, o Arquiteto do Mundo, não é a Divindade mais elevada; e ele baseia esta afirmação nas palavras do próprio Jesus, que declara repetidamente que "nenhum homem conheceu o Pai". Nas *Homilias*, Pedro repudia, com uma grande mostra de indignação, a asserção de que os Patriarcas não eram dignos de ter conhecido o Pai; ao que Simão objeta, novamente, citando as palavras de Jesus, que agradece o "Senhor do Céu e da Terra que escondeu dos sábios" aquilo que ele "revelou às crianças", provando muito logicamente, de acordo com esta frase, que os Patriarcas não podiam ter conhecido o "Pai". Então Pedro argumenta, por sua vez, que a expressão "o que *escondeu* dos sábios", etc. referia-se aos *mistérios* ocultos da criação[61].

Se esta argumentação de Pedro, portanto, tivesse emanado do próprio apóstolo, em vez de ser uma "fábula religiosa", como a denomina o autor de *Supernatural Religion*, ela não aportaria prova alguma em favor da identidade do Deus dos judeus como o "Pai" de Jesus. Na melhor das hipóteses, ela apenas demonstraria que Pedro foi, do princípio ao fim, "um apóstolo da circuncisão", um judeu fiel à sua velha lei e um defensor do *Velho Testamento*. Esse diálogo prova, além disso, a fraqueza da causa que ele defende, pois vemos no apóstolo um homem que, embora tenha estado em contato estreito com Jesus, não nos pode fornecer nenhuma maneira direta de provar que ele sempre pensou em ensinar que a Paternidade onisciente e benfazeja que ele pregava era o trovejador rabugento e vingativo do Monte Sinai. Mas o que as *Homilias* provam efetivamente é que, segundo nossa afirmação, existia uma doutrina secreta pregada por Jesus àqueles poucos indivíduos que ele julgava aptos a recebê-la e a guardá-la. "E disse Pedro: 'Lembramo-nos de que nosso Senhor e mestre, em tom de mandamento, nos disse: Guardai os mistérios para mim, e para os filhos de minha casa!' Eis por que ele explicava aos seus discípulos, *em particular, os mistérios do reino dos céus*."[62]

Se, agora, nos lembrarmos de que uma porção dos Mistérios "pagãos" consistia dos ἀπόρρητα, *aporrheta*, ou discursos secretos; que os *Logia* secretos ou discursos de Jesus contidos no *Evangelho* original *segundo São Mateus* – cujos significado e interpretação São Jerônimo confessa serem "uma tarefa difícil" de ser empreendida – eram da mesma natureza; e se nos lembrarmos, ainda, de que apenas algumas pessoas selecionadas eram admitidas a alguns dos mistérios interiores ou finais; e que, enfim, era dentre esses últimos que eram escolhidos todos os ministros dos ritos "pagãos" sagrados – teremos então o significado claro dessa expressão citada por Pedro: "*Guardai os Mistérios para mim e para os filhos da minha casa*", isto é, da minha doutrina. Ora, se a compreendemos bem, não podemos deixar de pensar que essa doutrina "secreta" de Jesus, cujas expressões técnicas são meras repetições da fraseologia mística gnóstica e neoplatônica – que essa doutrina, dizíamos, estava baseada na mesma filosofia transcendental da *Gnose* oriental e de todas as outras religiões de então e do passado. Nenhuma das seitas cristãs, de data mais recente, apesar da sua bazófia, foi o seu herdeiro – e isso está evidenciado nas contradições, nas cincadas e nos remendos malfeitos dos erros do século passado ocasionados pelas descobertas do século seguinte. Esses erros, contidos em muitos manuscritos tidos como autênticos, são às vezes tão ridículos, que trazem em si mesmos a evidência de uma falsificação piedosa. Assim, por exemplo, a ignorância absoluta de alguns dos defensores patrísticos dos Evangelhos que pretendiam defender. Mencionamos a acusação de Tertuliano e de Epifânio contra Marcion de ter este mutilado o *Evangelho* atribuído a Lucas e de ter apagado dele o que agora se provou nunca ter existido antes naquele Evangelho. Finalmente, o método adotado por Jesus de falar por parábolas, com o que ele apenas seguia o exemplo da sua seita, é atribuído nas *Homilias*[63] a uma profecia de *Isaías*! Pedro diz: "Pois Isaías disse: 'Abrirei a minha boca em parábolas e pronunciarei coisas mantidas em segredo desde a fundação do mundo'". Essa referência errônea a Isaías em uma frase dos *Salmos*, LXXVIII, 2 está, não só nas *Homilias* apócrifas, mas também no *Codex* sinaítico[*]. Comentando esse fato em sua obra, o autor de *Supernatural Religion* afirma que "Porfírio, no século III, censurou os cristãos por terem permitido que seu evangelista inspirado atribuísse falsamente a Isaías uma passagem dos *Salmos* e assim colocasse os padres num grande embaraço"[64].

Eusébio e Jerônimo tentaram contornar a dificuldade colocando o erro nas costas de um "escriba ignorante"; e Jerônimo chegou a afirmar que o nome de Isaías nunca figurou, em relação à frase acima, em nenhum dos velhos códices, estando em seu lugar o nome de Asaph; todavia, "homens *ignorantes* o apagaram"[65].
Em relação a este ponto, o autor observa novamente que "o fato é que a interpretação 'Asaph' por Isaías, não consta de nenhum manuscrito. E, embora 'Isaías' tenha *desaparecido* de quase todos os códices obscuros, não se pode negar que o nome tenha existido nos textos antigos. No *Codex* sinaítico, que é provavelmente o manuscrito mais antigo de todos os existentes (...) e que se atribui ao século IV", acrescenta

---

* O *Codex sinaiticus* extrai seu nome do lugar de sua descoberta, o famoso mosteiro de Santa Catarina, no Monte Sinai, fundado em meados do século VI d. C. pelo Imperador Justiniano. Em meados de 1844, um erudito bíblico alemão, Constantine Tischendorf (1815-1874), viajando em busca de manuscritos antigos, resgatou 43 folhas desse manuscrito do século IV de porções do *Velho Testamento*, em grego, de um cesto que continha pergaminhos esfarrapados que seriam queimados como lixo. Em sua terceira visita ao mosteiro, em 1859, foi-lhe mostrado um manuscrito ainda mais volumoso, que continha não só porções do *Velho Testamento*, mas também o *Novo Testamento* completo. Depois de ter vencido várias dificuldades, foi-lhe permitido levá-lo como presente ao Imperador Alexandre II da Rússia, que conferira inúmeros benefícios ao mosteiro. Finalmente, o Governo Imperial pagou 9.000 rublos ao mosteiro por esse manuscrito, e ele foi depositado na Biblioteca Pública Imperial em São Petersburgo. Alguns anos após a Revolução Russa, o Governo Soviético, depois de tentar vendê-lo na América, abriu negociações com o Museu Britânico e em 1933 o manuscrito foi comprado pela soma de 100.000 libras esterlinas com a ajuda e a aprovação da Governo Britânico. Está agora incorporado às coleções como Manuscrito Adicional 43725.
Para narrativa detalhada, consultar: *The Codex Sinaiticus and the Codex Alexandrinus*, um livrinho publicado pelos Trustees do Museu Britânico, 2ª ed., Londres, 1955. (N. do Org.)

ele, "o profeta *Isaías* foi inscrito por uma primeira mão no texto, *mas apagado* por uma segunda"[66].

É dos mais sugestivos o fato de não haver uma única palavra nas chamadas *Escrituras* sagradas que mostre que Jesus foi considerado como um Deus por seus discípulos. Eles não lhe renderam honras divinas nem antes, nem depois da sua morte. Suas relações com ele, se limitavam às de discípulos e "mestres", título [κύριος] que lhe davam, da mesma maneira com que os seguidores de Pitágoras e Platão se dirigiam aos seus respectivos mestres. Quaisquer que sejam as palavras que se atribuam a Jesus, a Pedro, a Paulo e a outros, nenhuma delas é um ato de adoração de sua parte e o próprio Jesus nunca declarou a sua identidade com *seu Pai*[*]. Ele acusou os fariseus de *lapidar* os seus profetas, não de deicídio. Ele se intitulava o filho de Deus, mas cuidou de afirmar repentinamente que todos eles eram filhos de Deus, o Pai Celestial de todos. Pregando dessa maneira, ele não fazia senão repetir a doutrina ensinada séculos antes por Hermes, Platão e outros filósofos. Estranha contradição! Jesus, a quem devemos adorar como o único Deus vivo, diz, logo após a sua Ressurreição, a Maria Madalena: "Ainda não subi *a meu Pai*; mas vai a meus irmãos e dize-lhes que vou para *meu Pai* e *vosso* Pai, e para *meu* Deus e *vosso* Deus!" (*João*, XX, 17.)

Quer dizer isto que ele está se identificando com seu Pai? "*Meu* Pai e *vosso* Pai, *meu* Deus e *vosso* Deus" implica, por parte dele, um desejo de ser considerado em perfeita igualdade com seus irmãos – nada mais do que isso. Theodoret escreve: "Os hereges concordam conosco a respeito do começo de todas as coisas. (...) Dizem, porém, que não existe um Cristo (Deus), mas sim um lá no alto e um aqui embaixo. E que este último *morou anteriormente em muitos*; mas *o Jesus*, eles dizem num momento que ele vem *de* Deus, e em outro chamam-no de um ESPÍRITO"[67]. Esse espírito é o *Christos*, o *mensageiro* da vida, que às vezes é chamado de Anjo *Gabriel* (em hebraico, o poderoso de Deus) e que, para os gnósticos, ocupava o lugar do Logos, ao passo que o Espírito Santo era considerado *Vida*[68]. Entre os nazarenos, entretanto, o *Spiritus* ou Espírito Santo era menos honrado. Enquanto quase todas as seitas gnósticas consideravam-no um Poder Feminino, ao qual davam o nome de *Binah*, בינה, [ou] *Sophia*, o Intelecto Divino – entre a seita nazarena ele era o *Spiritus Feminino*, a luz astral, a geradora de todas as coisas da *matéria*, o caos em seu aspecto mau, tornado *túrbido* pelo Demiurgo. No momento da criação do homem, "havia luz do lado do PAI, e havia luz [luz material] do lado da MÃE. E este é o 'homem dual', diz o *Zohar*[69]. "Naquele dia [o último] morrerão os sete estelares maldispostos, também os filhos do homem que reconhecerem o *Spiritus*, o [falso] Messias, o Deus e a MÃE do SPIRITUS morrerão"[70].

Jesus reforçava e ilustrava as suas doutrinas com sinais e maravilhas; e, se deixarmos de lado as pretensões daqueles que o deificaram, ele não fez senão o que fizeram antes dele outros cabalistas; e *só eles*, nessa época, pois dois séculos depois as fontes de profecia estavam completamente secas e, dessa estagnação de

---

* Devemos ter em mente, todavia, as palavras proferidas por Jesus, conforme relatadas em *João*, X, 30 e XVII, 11, 22, onde se esclarece definitivamente sua identidade ou unicidade com o Pai. (N. do Org.)

"milagres" públicos, originou-se o ceticismo da seita incrédula dos saduceus. Descrevendo as "heresias" daquela época, Theodoret, que não tinha nenhuma idéia do significado oculto da palavra *Christos*, o mensageiro *ungido*, lamenta que eles (os gnósticos) afirmem *que esse Mensageiro ou Delegatus mude seu corpo de vez em quando e "entre em outros corpos e se manifeste de maneira diferente em cada vez*. E esses [os profetas obscurecidos] servem-se de encantações e de invocações de vários demônios e de batismos na confissão de seus princípios. (...) Eles abraçam a Astrologia e a Magia e o erro matemático" (?), diz ele[71].

Esse "erro matemático", de que se lamenta o piedoso escritor, levou posteriormente à redescoberta do sistema heliocêntrico, tão errôneo quanto ainda possa ser, e foi esquecido desde a época em que um outro "mágico" o ensinou – Pitágoras. Assim, as maravilhas de curas e as *taumaturgias* de Jesus, que ele transmitiu aos seus seguidores, mostram que estes aprendiam, na sua comunicação diária com ele, a teoria e a prática da nova ética, dia-a-dia, no intercâmbio familiar da amizade íntima. A sua fé crescia progressivamente, como a de todos os neófitos, ao mesmo tempo em que crescia o conhecimento. Não devemos esquecer que Josefo, que certamente estava a par desse assunto, chama de "uma ciência" à habilidade de expulsar demônios. Esse crescimento da fé é particularmente visível no caso de Pedro, que, não possuindo fé suficiente para caminhar sobre a água, indo de barco até o seu Mestre, tornou-se finalmente um taumaturgo suficientemente hábil a ponto de Simão, o Mago, como se crê, lhe oferecer dinheiro para que lhe ensinasse o segredo da arte de curar e de realizar outras maravilhas. E Felipe, diz-se, tornou-se um *Aethrobat* tão bom quanto Abaris, de memória pitagórica, mas menos hábil que Simão, o Mago.

Não existe nas *Homilias*, como também nas obras dos apóstolos, indicação alguma de que os amigos e os seguidores de Jesus o considerassem mais do que um profeta. Essa idéia está claramente estabelecida nas *Homilias clementinas*. Excetuando o fato de Pedro aí desenvolver um pouco longamente demais o seu ponto de vista sobre a identidade do Deus mosaico com o Pai de Jesus, toda a obra é dedicada ao monoteísmo. O autor mostra-se severo, tanto contra o politeísmo, quanto contra a pretensão à divindade de Cristo[72]. Parece ignorar completamente o Logos, e a sua especulação limita-se à Sophia, a sabedoria gnóstica. Não há nenhum indício de uma Trindade hipostática, mas o mesmo obscurecimento da sabedoria gnóstica (*Christos* e *Sophia*) é atribuído, no caso de Jesus, como nos de Adão, Henoc, Noé, Abraão, Isaac, Jacó e Moisés[73]. Todas essas personagens são colocadas no mesmo nível e chamadas "profetas verdadeiros" e as sete colunas do mundo. Mais do que isso, Pedro nega veementemente a queda de Adão e, com ele, a doutrina da expiação, tal como foi ensinada pela Teologia cristã, rui por terra, *pois ele a combate como uma blasfêmia*[74]. A teoria de Pedro sobre o pecado é a dos cabalistas judeus, e mesmo, ou de certa maneira, a platônica. Adão não só nunca pecou, mas, "como um profeta verdadeiro, possuído do Espírito de Deus, que, mais tarde, desceu sobre Jesus, *ele não podia* pecar"[75]. Em suma, toda a obra exibe a crença do autor na doutrina cabalista da permutação. A *Cabala* ensina a doutrina da transmigração do espírito[76]; "Mosah é a *revolutio* de Seth e Hebel."[77]

"Dize-me, quem é que ocasiona o renascimento (a *revolutio*)?" – perguntou-se ao sábio Hermes. "O Filho de Deus, o *homem único*, pela vontade de Deus" – foi a resposta do "gentio."[78]

O "filho de Deus" é o espírito imortal atribuído a todo ser humano. É esta entidade divina que é o "*homem único*", pois o escrínio que contém a nossa alma, e a própria alma, são semi-entidades e, sem o seu obscurecimento, o corpo e a alma astrais não são senão uma *Díada* animal. É preciso a Trindade para perfazer o "homem" completo e permitir-lhe continuar sendo imortal a cada "renascimento", ou *revolutio*, através das esferas subseqüentes e ascendentes, cada uma das quais o aproxima do reino refulgente da luz eterna e *absoluta*.

"O PRIMOGÊNITO de Deus, que é o 'Véu sagrado', a 'Luz das Luzes', é aquele que envia a *revolutio* do Delegatus, pois ele é o *Primeiro Poder*", diz o cabalista[79].

"O *pneuma* (espírito) e a *dynamis* (poder), que vêm de Deus, não devem ser considerados como nada menos que o *Logos*, que é *também* [?] o Primogênito para Deus", responde um cristão[80].

"Os anjos e os poderes estão no céu!" diz Justino[81], dando assim expressão a uma doutrina puramente cabalista. Os cristãos adotaram-na do *Zohar* e das seitas heréticas e, se Jesus as mencionou, não foi nas sinagogas oficiais que aprendeu a teoria, mas diretamente nos ensinamentos cabalistas. Nos livros mosaicos, elas são mencionadas raramente e Moisés, que estava em comunicação direta com o "Senhor Deus", preocupa-se muito pouco com elas. A doutrina era secreta e considerada herética pela sinagoga ortodoxa. Josefo lembra os hereges essênios ao dizer: "Aqueles que foram admitidos entre os essênios devem jurar não comunicar suas doutrinas a ninguém, *a menos que essa pessoa as tenha recebido como eles*, e também preservar os livros *pertencentes à sua seita e os nomes dos anjos*"[82]. Os saduceus não acreditavam em anjos, tampouco os gentios não-iniciados, que limitavam o seu Olimpo aos deuses e aos semideuses, ou "espíritos". Apenas os cabalistas e os teurgos aderiam a essa doutrina desde tempos imemoriais e, em conseqüência, Platão e Fílon, o Judeu, depois dele, seguido primeiramente pelos gnósticos e depois pelos cristãos.

Assim, se Josefo nunca escreveu a famosa interpolação a respeito de Jesus, forjada por Eusébio, por outro lado, ele descreveu, nos essênios, todas as características principais que encontramos nos nazarenos. Para orar, eles procuravam a solidão[83]. "Quando tu orares, entra no teu aposento (...) e ora a teu Pai que está em segredo" (*Mateus*, VI, 6). "Tudo que foi dito por eles [pelos essênios] é mais forte do que um juramento. Eles se abstêm de prestar juramento"[84]. "Mas eu vos digo que não presteis nenhum juramento (...) Que vossa palavra seja sim, sim, não, não" (*Mateus*, V, 34-7).

Os nazarenos, bem como os essênios e os terapeutas, acreditavam mais nas suas próprias interpretações do "sentido oculto" das Escrituras mais antigas, do que nas leis mais recentes de Moisés. Jesus, como vimos antes, sentia uma veneração muito pequena para com os mandamentos do seu predecessor, com quem Irineu tanto ansiava compará-lo.

Os essênios "entram nas casas *daqueles que eles nunca viram anteriormente* como se fossem seus amigos íntimos"[85]. Esse era incontestavelmente o costume de Jesus e de seus discípulos.

Epifânio, que situa a "heresia" ebionita no mesmo nível da dos nazarenos, também observa que os nazários se situavam logo após os ceríntios[86], tão injuriados por Irineu[87].

Munk, em sua obra sobre a Palestina, afirma que havia 4.000 essênios vivendo no deserto; que eles possuíam os seus livros místicos e que prediziam o futuro[88]. Os nabateus, com muito pouca diferença, na verdade, tinham as mesmas crenças dos nazarenos e dos sabeus e todos eles veneravam João Baptista mais do que ao seu sucessor, Jesus. Os iezîdis dizem que eles, na origem, foram de Basrah para a Síria. Praticam o batismo e acreditam nos sete arcanjos, embora ao mesmo tempo venerem Satã. O seu profeta Iezîd, que viveu muito antes de Maomé[89], ensinou que Deus enviaria um mensageiro e que este lhe revelaria um livro que já está escrito no céu desde a eternidade[90]. Os nabateus habitavam o Líbano, como os seus descendentes o fazem em nossa época, e a sua religião era de origem puramente cabalista. Maimônides fala deles e os identifica aos sabeus. "Mencionarei os escritos (...) que dizem respeito à crença e às instituições dos *sabeus*", diz ele. "O mais famoso é o livro *A agricultura dos nabateus,* que foi traduzido por Ibn al-Wahshîya. Este livro está cheio de bobagens gentias. (...) Ele fala da preparação de TALISMÃS, da atração dos poderes dos ESPÍRITOS, da MAGIA, dos DEMÔNIOS e dos fantasmas, que fazem do deserto a sua morada."[91]

Há tradições, entre as tribos que vivem esparsas *do outro lado* do Jordão, como as há entre os descendentes dos samaritanos que vivem em Damasco, em Gaza e em Nablus (a antiga Shechem). Muitas dessas tribos, apesar de dezoito séculos de perseguição, conservaram em sua simplicidade primitiva a fé dos seus pais. É para lá que temos de nos dirigir, para as tradições baseadas em verdades *históricas*, desfiguradas embora pelo exagero e pela inexatidão, e compará-las com as lendas religiosas dos padres, às quais chamam revelação. Eusébio afirma que, antes do cerco de Jerusalém, a pequena comunidade cristã – que compreendia muitos daqueles indivíduos, se não todos, que conheceram Jesus e os seus apóstolos pessoalmente – refugiou-se na pequena cidade de Pella, na margem oposta do Jordão[92]. Sem dúvida, esse povo simples, separado durante séculos do resto do mundo, conservou as suas tradições mais puras do que qualquer outra nação! É na Palestina que devemos buscar as águas *mais claras* do Cristianismo, pelo menos a sua fonte. Os primeiros cristãos, após a morte de Jesus, reuniram-se durante um certo tempo, ebionitas, nazarenos, gnósticos ou outros. Não tinham dogmas cristãos naquela época e seu Cristianismo consistia em acreditar que Jesus era um profeta, crença que variava segundo fosse ele considerado simplesmente um "homem justo"[93] ou um profeta santo, inspirado, um veículo usado por *Christos* e *Sophia* para se manifestarem ao mundo. Todos eles se uniram contra a sinagoga e a técnica tirânica dos fariseus, até que o grupo primitivo separou-se em dois ramos distintos – que podemos, corretamente, chamar de cabalistas cristãos da escola judaica dos Tannaim e de cabalistas cristãos da gnose platônica[94]. Os primeiros eram representados pela facção composta dos seguidores de Pedro e João, o autor do *Apocalipse*; os outros alinhavam-se ao cristianismo paulino, confundindo-se, no final do século II, com a filosofia platônica e englobando, mais tarde ainda, as seitas gnósticas, cujos símbolos e misticismo incompreendido passaram à Igreja de Roma.

Nesta miscelânea de contradições, qual é o cristão que poderia, com toda sinceridade, confessar que é cristão? No *Evangelho segundo São Lucas* siríaco antigo (III, 22), diz-se que o Espírito Santo desceu sob a forma de uma pomba. "Iesua, cheio do Espírito Santo, voltou do Iurdan, e o Espírito o conduziu ao deserto" (antigo siríaco, *Lucas*, IV, 1, *Tremellius*). "A dificuldade" – diz Dunlap – "estava em que os Evangelhos declaravam que João Baptista viu o Espírito (o Poder de Deus) descer sobre Jesus quando ele atingiu a idade adulta, e, se o Espírito desceu sobre ele naquele momento, então os ebionitas e os nazarenos não estão tão errados quando negam a sua existência *precedente* e lhe recusam os atributos do LOGOS. Os gnósticos, por outro lado, faziam objeções à carne, mas admitiam o LOGOS"[95].

O *Apocalipse* de João e as explicações de bispos cristãos sinceros, tais como Sinésio, que, até o fim, aderiram às doutrinas platônicas, fazem-nos pensar que a maneira mais sábia e mais segura de considerar as coisas é o apego à fé primitiva que o bispo citado acima parece ter professado. Esse cristão, o mais sincero e o mais desafortunado de todos, dirigindo-se ao "Desconhecido", exclama: "Ó Pai dos Mundos (...) Pai dos Aeôns (...) *Artífice dos Deuses*, é santo adorar-te!"[96] Mas Sinésio tinha Hipatia como instrutor, e aí está a razão pela qual nós o vemos confessar com toda a sinceridade as suas opiniões e a sua profissão de fé. "A melhor coisa que a população deseja é ser enganada. (...) Quanto a mim, entretanto, *eu sempre serei um filósofo para mim mesmo*, mas eu *devo ser padre* para o povo"[97].

"Santo é Deus, o Pai de todos os seres, santo é Deus, cuja sabedoria é posta em prática por seus próprios Poderes! (...) Santo és tu, que pela Palavra criaste tudo! Por isso, creio em Ti, e testemunharei, e irei para a VIDA e para a LUZ"[98]. Assim fala Hermes Trismegisto, o teólogo gentio. Que bispo cristão falaria melhor que ele?

A discrepância aparente entre os quatro Evangelhos tomados em conjunto não deve impedir que as narrativas dadas no *Novo Testamento* – embora estejam desfiguradas – tenham um fundo de verdade. A esse fundo, detalhes foram acrescentados com habilidade para servirem às exigências posteriores da Igreja. Assim, escorados parcialmente pela evidência direta, mais ainda pela fé cega, eles se tornaram, com o tempo, artigos de fé. Mesmo o massacre fictício dos "Inocentes" pelo rei Herodes tem um certo fundamento, em seu sentido alegórico. Deixando de lado o fato, hoje reconhecido, de que toda a história desse massacre dos Inocentes foi emprestada completamente do *Bhâgavata-Purâna* hindu e das tradições bramânicas, a lenda se refere, além disso, alegoricamente, a um fato histórico. O rei Herodes é o tipo de Kansa, o tirano de Mathurâ, que era o tio materno de Krishna e a quem os astrólogos haviam predito que um filho de sua sobrinha Devakî o tiraria do trono. Em conseqüência, ele deu ordens de matar o menino que acabara de nascer; mas Krishna escapou à sua fúria por meio da proteção de Mahâdeva (o grande Deus) que fez com que o menino fosse levado para outra cidade, fora do alcance de Kansa. Depois disso, e para ter certeza de estar morto o menino em questão, o qual ele não pôde ter em suas mãos assassinas, Kansa fez matar todos os meninos recém-nascidos no seu reino. Krishna é igualmente adorado pelos *gopas* (os pastores) da terra.

Embora essa antiga lenda indiana apresente uma semelhança muito suspeita com a narração bíblica mais recente, Gaffarel e outros atribuem a origem desta última às perseguições ocorridas no reino herodiano contra os cabalistas e os *sábios*, que não eram mais estritamente ortodoxos. Estes últimos, bem como os profetas, eram apelidados de "Inocentes" e de "Bebês" em virtude de sua santidade. Como no caso de certos graus da maçonaria moderna, os adeptos contam o seu grau de iniciação por uma idade *simbólica*. Assim, Saul, que, quando foi escolhido rei, era "um homem jovem e belo" e que "dos ombros para cima era mais alto do que qualquer pessoa", está descrito em versões católicas como "criança de *um ano* quando começou a reinar", o que, em seu sentido literal, é um perfeito absurdo. Mas em *1 Samuel*, X a sua unção por Samuel e a sua iniciação são descritas; e, no versículo 6, Samuel usa as seguintes palavras significativas: "(...) o Espírito do Senhor virá sobre ti e profetizarás com eles e *te tornarás um outro homem*". A frase citada acima torna-se clara: ele passara por um dos graus da iniciação e era simbolicamente descrito como "uma criança de um ano de idade". A *Bíblia* católica, de onde esse texto foi extraído, diz com uma candura encantadora numa nota de rodapé: "É extremamente difícil explicar" (querendo dizer que Saul era uma criança de um ano de idade). Mas, nada embaraçado pela dificuldade, o Editor toma para si o encargo de explicar e diz: "*Uma criança de um ano. Isto é, ele era bom e inocente como uma criança*". Uma interpretação tão engenhosa quanto piedosa; e que, no fundo, se não faz bem, também não faz mal[99].

Se a explicação dos cabalistas for rejeitada, então todo o assunto mergulha em confusão; pior ainda – pois ele se torna um plágio direto da lenda hindu. Todos os comentadores concordam em dizer que o massacre em bloco de crianças não é mencionado em lugar algum na história; e que, além disso, uma ocorrência como essa teria criado uma página tão sangrenta nos anais romanos, que todos os autores da época a teriam registrado. O próprio Herodes estava sujeito à lei romana, e, sem dúvida alguma, ele teria pago com a própria vida por uma monstruosidade tão grande. Mas, se, por um lado, não temos o menor traço dessa fábula na história, por outro, temos provas abundantes de lamentos oficiais da Sinagoga em relação às perseguições aos iniciados. O *Talmude* também as corrobora.

A versão judaica do nascimento de Jesus está relatada no *Sepher-Toledoth-Yeshu* com as seguintes palavras:

"Maria, tendo-se tornado mãe de um Filho, chamado de Yehôshûah, e tendo o menino crescido, ela o confiou aos cuidados do Rabino Elhânân, e a criança fez rápidos progressos nos conhecimentos, pois ele era bem-dotado de espírito e de compreensão.

"O Rabino Yehôshûah, filho de Perahiah, continuou a educação de Yehôshûah (Jesus), depois de Elhânân, e o *iniciou* no conhecimento *secreto*; mas, tendo o rei Jannaeus ordenado matar todos os iniciados, Yehôshûah Ben-Perahiah fugiu para Alexandria, no Egito, levando consigo o menino."

Durante a permanência em Alexandria, continua a história, foram recebidos na casa de uma senhora rica e erudita (a personificação do Egito). O jovem Jesus achou-a bela, não obstante "*um defeito nos olhos*", e o declarou ao seu mestre. Ouvindo-o, o mestre ficou tão zangado com o fato de o seu discípulo ter encontrado algo de bom no país da servidão, que "ele o amaldiçoou e expulsou o jovem de sua presença". Segue-se então uma série de aventuras contadas em linguagem alegórica que demonstram que Jesus complementou a sua iniciação na *Cabala* judaica com uma aquisição adicional da sabedoria secreta do Egito. Quando a perseguição cessou, ambos retornaram à Judéia[100].

Os agravos verdadeiros impostos a Jesus são mencionados pelo erudito autor de *Tela Ignea Satanae* (as flechas de fogo de Satã) como sendo dois: 1º: que ele descobrira os grandes mistérios dos seus Templos por ter sido iniciado no Egito; e 2º: que ele os profanara ao expô-los ao vulgo, que não os compreendia e os desfigurava. Eis o que dizem[101]:

"Existe, no santuário do Deus vivo, uma pedra cúbica, sobre a qual estão esculpidos os caracteres sagrados, cuja combinação dá a explicação dos atributos e dos poderes do nome incomunicável. Essa explicação é a chave secreta de todas as ciências e forças ocultas da Natureza. É o que os hebreus chamam de *Schem ha-Mephorash*. Esta pedra está guardada por dois leões de ouro, que rugem quando alguém se aproxima[102]. Jamais se perde de vista os portões do templo e a porta do santuário abre-se apenas uma vez ao ano, para admitir apenas o Sumo Sacerdote. Mas Jesus, que aprendera no Egito os 'grandes segredos' durante a iniciação, fabricou para seu próprio uso chaves invisíveis e, assim, pôde penetrar no santuário sem ser visto. (...) Copiou os caracteres gravados na pedra cúbica e os escondeu em sua coxa[103]; depois, saindo do templo, meteu-se pelas estradas e começou a espantar as pessoas com os seus milagres. Os mortos era ressuscitados à sua ordem, os leprosos e os obsedados eram curados. Ele obrigou as pedras, que jaziam há séculos no fundo do mar, a subirem à superfície até que formassem uma montanha, de cujo pico ele pregava". O *Sepher-Toledoth* diz ainda que, *incapaz de deslocar* a pedra cúbica do santuário, Jesus fabricou uma de argila, que mostrou às nações e a fez passar pela verdadeira pedra cúbica de Israel.

Essa alegoria, como as outras desse tipo de livro, deve ser "*lida nas entrelinhas*" – tem o seu significado secreto e deve ser lida duas vezes. Os livros cabalísticos explicam o seu significado místico. O mesmo talmudista diz, mais adiante, em essência, o seguinte: Jesus foi lançado à prisão e ali permaneceu por quarenta dias; depois foi flagelado como um rebelde sedicioso; depois apedrejado como blasfemador numa praça chamada Lud e finalmente crucificado. "Tudo isso" – explica Lévi – "porque revelou ao povo as verdades que eles [os fariseus] queriam guardadas para seu próprio uso. Ele havia adivinhado a teologia oculta de Israel, havia-a comparado com a sabedoria do Egito e havia deduzido a razão de uma síntese religiosa universal"[104].

Apesar da circunspecção com que devemos aceitar qualquer coisa que as fontes judaicas afirmem sobre Jesus, é preciso reconhecer que em algumas coisas elas parecem ser mais corretas em suas afirmações (quando o seu interesse direto não é posto em causa) do que os nossos bons mas zelosos padres. Uma coisa é certa: Tiago, o "Irmão do Senhor", nada diz sobre a *ressurreição*. Não chama Jesus nem de "Filho de Deus", nem de Cristo-Deus. Apenas uma vez, falando de Jesus, chama-o de "Senhor da Glória", mas os nazarenos faziam a mesma coisa quando falavam de seu profeta *Yôhânân bar Zachariah*, ou João, filho de Zacarias (São João Baptista). Suas expressões favoritas para o seu profeta são as mesmas usadas por Tiago ao falar de Jesus. Um homem nascido "da semente de um homem", "Mensageiro da Vida", da Luz, "meu Senhor Apóstolo", "Rei brotado da Luz", e assim por diante. "Não queirais pôr a fé de nosso *Senhor* JESUS Cristo, *o Senhor da Glória*", etc., diz Tiago em sua epístola (II, 1), dirigindo-se talvez a Cristo como DEUS. "A paz esteja contigo, meu *Senhor* JOÃO Abo Sabo, Senhor de Glória!" diz o *Codex nazaraeus* (II, 19), que se sabe dirigir-se a um profeta. "Condenastes e matastes o *Justo*", diz Tiago (v, 6). "*Yôhânân* (João) é *o Justo*, ele veio no caminho da *justiça*", diz *Mateus* (XXI, 32, texto siríaco).

Tiago nem mesmo chama Jesus de *Messias*, no sentido que lhe atribuem os cristãos, mas alude ao cabalístico "Rei Messias", que é Senhor de Tsabaôth[105] (V, 4) e repete muitas vezes que o "Senhor" virá, mas em nenhuma parte o identifica com Jesus. "Tende pois paciência, irmão, até a vinda do Senhor. (...) Tende paciência, pois a vinda do Senhor *está próxima*" (V, 7, 8). E ele acrescenta: "Tomai, irmãos, ao profeta [Jesus] *que falou em nome do Senhor* como um exemplo de aflição, de trabalho e de paciência". Embora nesta versão a palavra "profeta" esteja no plural, trata-se de uma falsificação deliberada do original, cujo propósito é evidente. Tiago, logo depois de ter citado os "profetas" como um exemplo, diz: "Vêde (...) vós *ouvistes* qual foi a paciência de Jó e *vistes o fim* do Senhor" – combinando assim os exemplos desses dois caracteres admiráveis e colocando-os num mesmo nível de perfeita igualdade. Mas temos mais em apoio ao nosso argumento. O próprio Jesus não glorificou o profeta do Jordão? "Mas que saístes a ver? Um profeta? Certamente vos digo, e ainda mais do que um profeta. (...) Na verdade vos digo que entre os nascidos *de mulheres* não se levantou outro profeta maior que João Baptista"[106].

E de quem nasceu aquele que falava dessa maneira? Foram os católicos romanos que transformaram Maria, a mãe de Jesus, numa *deusa*. Aos olhos de todos os outros cristãos ela era uma mulher, fosse o seu nascimento imaculado ou não. De acordo com a lógica estrita, Jesus confessou que João era *maior* do que ele próprio. Veja-se como a linguagem do Anjo Gabriel, ao se dirigir a Maria, coloca as coisas no seu devido lugar: "Bendita sois vós entre as *mulheres*". Essas palavras são inequívocas. Ele não a adora como a Mãe de Deus, nem a chama de *deusa*. Ele também não se dirige a ela como "Virgem", mas chama-a de *mulher* e só a considera superior às outras mulheres porque a sua extrema pureza lhe proporcionou uma melhor sorte.

Os nazarenos eram conhecidos como baptistas, sabeus e cristãos de João [mandeus]. Sua crença era a de que o Messias não era o Filho de Deus, mas apenas um profeta que seguiria João. "Yôhânân, o Filho de Abo Sabo Zachariah, diria a si mesmo: 'Aquele que crer em minha *justiça* e em meu BATISMO será recebido em minha associação; partilhará comigo do assento que é a morada da vida, do supremo Mano e do fogo vivo" (*Codex Nazaraeus*, II, p. 115). Orígenes observa que "há alguns que dizem que João [Baptista] era o *ungido* (*Christos*)"[107]. O Anjo Rasiel dos cabalistas é o Anjo *Gabriel* dos nazarenos e foi este o escolhido pelos cristãos, dentre toda a hierarquia celeste, para ser o mensageiro da "anunciação". O gênio enviado pelo "Senhor da Celsitude" é Hibil-Ziwa, que é chamado também de GABRIEL Legatus[108]. Paulo deve ter tido os nazarenos em mente quando disse: "E depois de todos os outros, ele [Jesus] também foi visto de mim *como dum aborto*" (*1 Coríntios*, XV, 8), lembrando assim aos seus ouvintes a expressão usual dos nazarenos, que chamavam os judeus de "abortos, ou nascidos fora do tempo". Paulo orgulha-se de pertencer a uma heresia[109].

Quando as concepções metafísicas dos gnósticos, que viram em Jesus o Logos e o Ungido, começaram a ganhar terreno, os cristãos primitivos separaram-se dos nazarenos, que acusaram Jesus de perverter as doutrinas de João e de modificar o batismo do Jordão[110]. Diz Milman que, "na medida em que ele (o Evangelho) *ultrapassou* as fronteiras da Palestina e o nome de 'Cristo' adquiriu santidade e veneração nas cidades orientais, ele se tornou uma espécie de *personificação metafísica*, enquanto a religião perdeu seu objeto moral e assumiu o caráter de uma *teogonia especulativa*[111]. O único documento semi-original que nos chegou da época apostólica primitiva é os *Logia* de Mateus. A doutrina verdadeira e autêntica permaneceu nas mãos dos nazarenos, nesse *Evangelho segundo São Mateus*, que contém a "doutrina secreta", os "Diabos de Jesus", mencionados por Papias. Esses ditos eram, sem dúvida, da mesma natureza dos pequenos manuscritos que eram colocados nas mãos dos neófitos, candidatos às Iniciações nos mistérios, que continham os *aporrheta*, as revelações de alguns ritos importantes e de símbolos. Não fosse assim, por que Mateus teria tomado tantas precauções para mantê-los em "*segredo*"?

O Cristianismo primitivo teve suas imposições de mão, suas senhas e seus graus de iniciação. As inumeráveis jóias e amuletos gnósticos são provas evidentes desse fato. Ele é uma ciência simbólica. Os cabalistas foram os primeiros a embelezar o Logos universal[112], com termos como "Luz da Luz", o Mensageiro da VIDA e da LUZ[113], e essas expressões foram adotadas *in toto* pelos cristãos, com a adição de quase todos os termos gnósticos, tais como Pleroma (plenitude), Arconte, Aeôns, etc. Quanto aos termos "Primogênito", o Primeiro e "Filho Unigênito" – eles são tão velhos quanto o mundo. Hipólito demonstra que a palavra "logos" existia já entre os brâmanes. "Os *brâmanes* dizem que o Deus é *Luz*, não aquela que se pode ver, nem como a do Sol ou do fogo; mas eles têm um *Deus* LOGOS, não o articulado, o Logos da Gnose, pelo qual os MISTÉRIOS mais altos da Gnose são vistos pelos sábios"[114]. Os *Atos* e o quarto *Evangelho* abundam em expressões gnósticas. As expressões cabalísticas "o Primogênito de Deus emanado do Alto", junto com *aquele que é o "Espírito do Ungido"*, e ainda "eles o chamaram o ungido do Supremo"[115] foram reproduzidas em Espírito e em substância pelo autor do *Evangelho segundo São João*. "Aquela era a *luz verdadeira*" e "a luz brilha nas trevas". "E a PALAVRA *foi feita carne*." "E sua *plenitude* [pleroma] tem tudo o que recebemos", etc.(*João*, I)

O "Cristo", então, e o "Logos" existiram séculos antes do Cristianismo; a gnose oriental foi estudada muito antes da época de Moisés e é preciso buscar a origem de todas essas doutrinas nos períodos arcaicos da filosofia asiática primitiva. A segunda *Epístola* de São Pedro e o fragmento de Judas, preservados no *Novo Testamento*, mostram, por sua fraseologia, que eles pertencem à gnose oriental cabalística, pois usam as mesmas expressões dos gnósticos cristãos que elaboraram uma parte do seu sistema com base na *Cabala* oriental. "Atrevidos, por vontade própria, eles [os ofitas] não temem injuriar as DIGNIDADES", diz Pedro (*2 Pedro*, II, 10), o modelo original das injúrias posteriores de Tertuliano e de Irineu[116]. "Da mesma maneira [como Sodoma e Gomorra] também estes sonhadores *asquerosos* contaminam a carne, desprezam o DOMÍNIO e injuriam as DIGNIDADES", diz Judas (8), repetindo as mesmas palavras de Pedro e utilizando expressões consagradas na *Cabala*. *Domínio* é o "Império", o *décimo* Sephîrôth cabalístico[117]. Os *Poderes* e as DIGNIDADES são os gênios subordinados dos Arcanjos e dos Anjos do *Zohar*[118]. Essas emanações são a vida mesma e a alma da *Cabala* é do Zoroastrianismo; e o próprio *Talmude* no seu estado atual, foi todo emprestado do *Zend-Avesta*. Em consequência, adotando o ponto de vista de Pedro, de Judas e de outros apóstolos judaicos, os cristãos tornaram-se uma seita dissidente dos persas, pois não interpretam o sentido de todos esses *Poderes* da maneira como os verdadeiros cabalistas. A admoestação de Paulo, aos seus convertidos, contra a adoração dos anjos, mostra o quanto ele apreciava, desde essa época, os perigos de se emprestar de uma doutrina metafísica a filosofia que só poderia ser corretamente interpretada pelos seus adeptos letrados, os magos e os tannaim judaicos. "Que nenhum homem, numa aparência de humildade e por um *culto dos anjos*, vos arrebate e se abandone às suas visões e se encha de um vão orgulho pelos seus pensamentos carnais"[119], é a sentença deixada à porta de Pedro e dos seus defensores. No *Talmude*, Miguel é o Príncipe da Água, que tem *sete* espíritos inferiores subordinados a ele. Ele é o patrono, o anjo guardião dos judeus, como nos informam Daniel (X, 21) e os ofitas gregos, que o identificaram ao seu Ophiomorphos, a criação personificada da inveja e da malignidade de Ialdabaôth, o Demiurgo (Criador do mundo *material*); e ele pretende provar que ele era também Samuel, o príncipe hebraico dos maus espíritos, ou *daêvas* persas, que os judeus consideravam naturalmente como blasfemadores. Mas Jesus sancionou alguma vez essa crença nos anjos, exceto no caso de eles serem mensageiros e subordinados de Deus? E aqui a origem das últimas divergências entre as crenças cristãs se liga diretamente a esses dois pontos de vista primitivos contraditórios.

Paulo, acreditando em todos esses poderes ocultos do mundo "inobservado", mas sempre "presente", diz: "Marchais segundo o AEÔN desse mundo, segundo o *Arconte* (Ialdabaôth, o *Demiurgo*) que tem o domínio do ar" e "não lutamos contra a carne e o sangue, mas contra os *domínios*, os *poderes:* os senhores das trevas, a maldade dos espíritos das regiões superiores"[120]. Essa frase: "Estais mortos no pecado e no erro" pois "marchais segundo o *Arconte*", ou Ialdabaôth, o Deus e o criador da matéria para os ofitas, demonstra inequivocamente que: 1º: Paulo, apesar de algumas dissensões com as doutrinas mais importantes dos gnósticos, partilhava mais ou menos das suas noções cosmogônicas sobre as emanações, e 2º: que ele sabia perfeitamente que esse Demiurgo, cujo nome judaico era Jehovah, *não* era o Deus pregado por Jesus. Ora, se compararmos a doutrina de Paulo com os princípios religiosos de Pedro e Judas, veremos que eles não só adoravam Miguel, o Arcanjo, mas também *reverenciavam* SATÃ, porque este último, antes da sua queda, também era um anjo! Eles o faziam abertamente, e maltratavam os gnósticos[121] por falarem "mal" dele. Ninguém pode negar o que segue: Pedro, denunciando aqueles que não temem injuriar as *"dignidades"*, acrescenta imediatamente "Enquanto os anjos, superiores em força e em poder, *não fazem acusações* contra elas [as dignidades] diante do Senhor" (II, 11). O que são essas dignidades? Judas, em sua Epístola Geral, torna a palavra clara como o dia. As *dignidades* são os DIABOS!! Lamentando o desrespeito mostrado pelos gnósticos em relação aos *poderes* e às *dignidades*, Judas emprega como argumento as mesmas palavras de Pedro: "Quando Miguel, o Arcanjo, disputando *com o diabo*, altercava sobre o corpo de Moisés, *não se atreveu a fulminar-lhe sentenças de blasfemo*, mas disse: Manda-te o Senhor" (I, 9). Está claro? Se não está, a *Cabala* se encarrega de nos fazer saber o que eram as *dignidades*.

Considerando que o *Deuteronômio* nos diz que o *"Senhor"* enterrou Moisés num vale do país de Moab (XXXIV, 6) e que "ninguém conheceu até hoje o seu sepulcro", esse *lapsus linguae* bíblico de Judas dá uma coloração muito pronunciada às afirmações de alguns dos gnósticos. Eles só afirmavam o que foi ensinado secretamente pelos próprios cabalistas judaicos; a saber: que o Deus supremo era desconhecido e invisível; que "o Rei da Luz é um olho fechado"; que Ialdabaôth, o segundo Adão judaico, era o verdadeiro Demiurgo; e que Iaô, Adonai, Tsabaôth e Eloi eram a emanação quaternária que constituía a unidade do Deus dos hebreus – Jeová. Além disso, este também era por eles chamado de Miguel e de Samael, mas considerado como um anjo, muitos graus inferior à Divindade. Afirmando essa crença, os gnósticos corroboravam os ensinamentos do maior dos doutores judaicos, Hillel, e outros teólogos babilônicos. Josefo mostra a grande deferência que a

Sinagoga oficial de Jerusalém testemunhava pela sabedoria das escolas da Ásia Central. Os colégios de Sura, Pumbeditha e Sahardea eram considerados por todas as escolas da Palestina como a sede do ensino esotérico e teológico. A versão caldaica do *Pentateuco*, elaborada pelo célebre teólogo babilônico Onkelos, era considerada como a mais autorizada; e é de acordo com esse rabino erudito que Hillel e os outros tannaim, depois dele, afirmavam que o Ser que apareceu a Moisés na sarça ardente, no Monte Sinai, e que em seguida o enterrou, era o *anjo* do Senhor, Memra, e não o Senhor; e que este, que os hebreus do *Velho Testamento* tomavam por *Iahoh*, era apenas Seu mensageiro, um dos Seus filhos, ou emanações. Tudo isso estabelece apenas uma conclusão lógica – a saber, que os gnósticos eram muito superiores aos discípulos, do ponto de vista da educação e de informação geral, e mesmo em termos de um conhecimento dos princípios religiosos dos próprios judeus. Estando perfeitamente a par da sabedoria caldaica, os discípulos bem-intencionados, piedosos, fanáticos e ignorantes, incapazes de compreender completamente ou de extrair o espírito religioso de seu próprio sistema, eram levados em suas discussões a adotar termos de uma lógica convincente, tais como "bestas selvagens", "porcos", "cães" e outros epítetos tão livremente empregados por Pedro.

A partir daí, a epidemia atingiu o ápice da hierarquia sacerdotal. Desde o dia em que o fundador do Cristianismo pronunciou sua advertência, aquele que disser a seu irmão "Insensato, deves ser punido com o fogo do inferno", todos aqueles que se tornaram chefes, começando pelos pescadores esfarrapados da Galiléia e terminando com os pontífices cobertos de jóias, parecem competir uns com os outros na invenção dos epítetos injuriosos com que qualificam os seus oponentes. Vemos, por exemplo, Lutero emitir uma sentença final sobre os católicos e exclamar que "Todos os papistas são asnos, de qualquer lado que os considereis; cozidos, assados, tostados, fritos, descascados ou picados – eles serão sempre os mesmos asnos". Calvino chamava as vítimas que ele perseguia – e às vezes as queimava – de "malignos cães ladradores, cheios de bestialidade e insolência, corruptores infames dos escritos sagrados", etc. O Dr. Warburton denomina a religião papista de "uma farsa ímpia" e o Monsenhor Dupanloup afirma que o serviço dominical protestante é a "missa do Diabo" e que todos os clérigos são "ladrões e ministros do Diabo".

O mesmo espírito de conhecimento incompleto e de ignorância levou a Igreja cristã a atribuir a muitos dos seus santos apóstolos títulos empregados por seus oponentes mais encarniçados, os "heréticos" e os gnósticos. Vemos, por exemplo, Paulo ser chamado de vaso da eleição, *"vas electionis"*, um título escolhido por *Manes*[122], o maior herético de sua época aos olhos da Igreja, tendo Manes o significado, na língua babilônica, de vaso ou receptáculo escolhido[123].

A mesma coisa aconteceu com a Virgem Maria. Eles eram tão pouco dotados de originalidade, que copiaram das religiões egípcia e hindu as suas muitas apóstrofes às suas respectivas Virgens-Mães. A justaposição de alguns exemplos esclarecerá muito bem o nosso pensamento:

HINDU	EGÍPCIA	CATÓLICA ROMANA
Litania de nossa Senhora Nârî: Virgem. (*Também Devakî.*)	*Litania de nossa Senhora Ísis:* Virgem.	*Litania de nossa Senhora de Loretto:* Virgem.
1. Santa *Nârî* – Mariâma, Mãe da fecundidade perpétua.	1. Santa Ísis, mãe universal – *Mut*.	1. Santa Maria, mãe da divina graça.
2. Mãe de um deus encarnado – Vishnu (*Devakî*).	2. Mãe dos Deuses – *Hathor*.	2. Mãe de Deus.
3. Mãe de Krishna.	3. Mãe de Horus.	3. Mãe de Cristo.
4. Virgindade Eterna – *Kanyâbhâva*.	4. *Virgo generatrix* – *Neith*.	4. Virgem das Virgens.
5. Mãe – Pura Essência, *Âkâśa*.	5. Mãe – alma do universo – *Anuki*.	5. Mãe da Divina Graça.
6. Virgem castíssima – *Kanyâ*.	6. Virgem terra sagrada – *Ísis*.	6. Virgem castíssima.
7. Mãe *Tanmâtra*, das *cinco* virtudes ou elementos.	7. Mãe de todas as virtudes – *Maât*, com as mesmas qualidades.	7. Mãe puríssima. Mãe imaculada. Mãe inviolada. Mãe amável. Mãe admirável.
8. Virgem *Triguna* (dos três elementos: poder ou riqueza, amor e piedade).	8. Ilustre Ísis, mais poderosa, misericordiosa, justa. (*Livro dos Mortos*.)	8. Virgem poderosa. Virgem misericordiosa. Virgem fiel.
9. Espelho da Consciência Suprema – *Ahamkâra*.	9. Espelho da Justiça e da Verdade – *Maât*[*].	9. Espelho da Justiça.
10. Mãe Sábia – *Sarasvatî*.	10. Mãe misteriosa do mundo – *Mut* (sabedoria secreta).	10. Trono da sabedoria.
11. Virgem do Lótus Branco – *Padma* ou *Kamala*.	11. Lótus Sagrado.	11. Rosa mística.
12. Matriz do ouro – *Hiranyagarbha*.	12. Sistro de ouro.	12. Casa do ouro.
13. Luz celestial – *Lakshmî*.	13. Astartê (síria), Ashtôreth (judaica).	13. Estrela da Manhã.
14. Ditto.	14. *Argua* da Lua.	14. Arca da Aliança.
15. Rainha do Céu e do universo – *Śakti*.	15. Rainha do Céu e do universo – *Sati*.	15. Rainha do Céu.
16. Mãe-alma de todas as coisas – *Paramâtman*.	16. Modelo de todas as mães – *Hathor*.	16. *Mater Dolorosa*.
17. Devakî é concebida sem pecado, e é, ela própria, imaculada. (Segundo a noção bramânica.)	17. Ísis é uma Mãe Virgem.	17. Maria concebida sem pecado. (Segundo decretos recentes.)

* H. P. B. utiliza freqüentemente formas gregas e gnósticas de nomes egípcios que eram largamente empregados pelos egiptólogos de sua época. *Thmei* é *Maât*, sobre quem todo um livro poderia ser escrito sem que se esgotasse o assunto. Como Deusa da Verdade e da Justiça, está sempre presente nas Cenas de Julgamento, e em alguns papiros aparece estendendo os braços para receber o finado admitido na Corte de Osíris. Seu emblema é a pena contra a qual o coração (consciência) do morto é pesado, e também um objeto em forma de cunha. É chamada de filha de Râ, esposa de Râ, mãe de Râ e é identificada a Ísis e a Hathor (que às vezes aparece nos escritos de H. P. B. como Athyr e Athar). Além de sua personificação como deusa, *Maât* significa a inflexível e inalterável Lei da Natureza que não pode ser quebrada ou modificada; a Verdade, a Retidão e a Justiça últimas. (N. do Org.)

Se a Virgem Maria tem as suas monjas, que se consagraram a ela e fizeram voto de castidade, também Ísis tinha as suas monjas no Egito, bem como Vesta as suas, em Roma, e a *Nârî* hindu, "a mãe do mundo", as suas. As virgens consagradas ao seu culto – as *Devadâsîs* dos templos, que eram as monjas daqueles tempos – viviam na mais estrita castidade e eram objeto da mais extraordinária veneração, na qualidade de mulheres santas da deusa. Teriam os missionários e alguns viajantes alguma coisa a reprovar nas *Devadâsîs* modernas, as dançarinas nautch? Para uma resposta, nós os remeteremos aos relatórios oficiais do último quarto do século, citados no cap. II, relativos a certas descobertas feitas quando da demolição de conventos na Áustria e na Itália. Milhares de crânios de crianças foram exumados de lagos, abóbadas subterrâneas e jardins de conventos. Nada *semelhante* foi encontrado nos países pagãos.

A teologia cristã, tomando a doutrina dos arcanjos e dos anjos diretamente da *Cabala* oriental, da qual a *Bíblia* mosaica é apenas uma cópia alegórica, deveria pelo menos lembrar-se da hierarquia inventada por ela para essas emanações personificadas. As hostes dos querubins e dos serafins, que geralmente rodeiam as Madonas católicas em suas pinturas, pertencem, com os Elohim e os Beni Elohim dos hebreus, ao *terceiro* mundo cabalístico, o *Yetzîrah*. Este mundo é apenas um grau mais alto do que *Asiah*, o quarto mundo e o mais inferior, no qual residem os seres mais grosseiros e mais materiais – os *klippoth*, que se satisfazem no mal e na malignidade, e cujo chefe é *Belial*!

Explicando, à sua maneira, naturalmente, as várias "heresias" dos dois primeiros séculos, Irineu diz: "Nossos heréticos afirmam (...) que PROPATÔR só é conhecido do *filho unigênito,* isto é, da *mente*" (o nous)[124]. Foram os valentinianos, seguidores do "mais profundo doutor da gnose", Valentino, que afirmaram que "existia um AIÔN perfeito, que existiu antes de Bythos", ou Bython (a Profundidade), "chamado Propatôr"[125]. Isto ainda pertence à Cabala, pois no *Zohar* de Shimon-ben-Yohai lemos o seguinte: "*Senior occultatus est et absconditus; Microprosopus manifestus est, et non manifestus*"[126].

Na metafísica religiosa dos hebreus, o Altíssimo é uma abstração; ele é "sem forma ou ser", "sem semelhança com nenhum outro"[127]. E até Fílon define o Criador como o *Logos* que vem depois de Deus, "o SEGUNDO DEUS". "O *segundo* DEUS que é sua SABEDORIA"[128]. Deus é NADA, ele é sem nome, eis porque o chamam *Ain-Soph* – sendo que a palavra *Ain* significa *nada*[129]. Mas se, de acordo com os judeus antigos, Jeová é *o* Deus, e Ele Se manifestou muitas vezes a Moisés e aos profetas, e se os cristãos anatematizaram os gnósticos que negaram o fato – como é, então, que lemos no quarto Evangelho que '*Nenhum homem viu Deus* EM TEMPO ALGUM, mas o Filho *unigênito* (...) é aquele que o fez conhecer"? [I, 18] As mesmas palavras dos gnósticos, em espírito e em substância. Essa frase de São João – ou antes de quem escreveu o Evangelho que agora leva o seu nome – derrota todos os argumentos petrinos contra Simão, o Mago, inapelavelmente. As palavras são repetidas e enfatizadas no cap. VI, 46: "*Não que alguém tenha visto o Pai*, senão só aquele que é de Deus, esse [Jesus] é o que tem visto o Pai" – e é justamente essa objeção que Simão adianta nas *Homilias*. Essas palavras provam que, ou o autor do quarto evangelho ignorava totalmente a existência das *Homilias*, ou então que ele *não* era João, amigo e companheiro de Pedro, que ele contradiz com esta afirmação enfática. Seja como for, essa frase, como muitas outras que poderiam ser citadas com proveito, tende a confundir completamente o Cristianismo com a Gnose oriental e, por conseguinte, com a *CABALA*.

Ao passo que as doutrinas, o código de ética e as práticas da religião cristã foram adaptadas do Bramanismo e do Budismo, suas cerimônias, vestimentas e cortejos foram tomados em bloco do Lamaísmo. Os mosteiros católicos romanos de monges e de monjas são cópias bastante servis de casas religiosas similares do Tibete e da Mongólia, e exploradores interessados na questão nos países budistas, obrigados a reconhecer esse fato desagradável, não tiveram outra alternativa senão, com um anacronismo que ultrapassou todos os limites, atribuir a ofensa de plágio a um sistema religioso que a sua própria mãe Igreja havia espoliado. Esse estratagema serviu a seu objetivo e teve a sua época. Chegou, finalmente, a hora em que esta página da história deve ser escrita.

NOTAS

1. [Kircher, *Oedip. aegypt.*, vol. II (1653), parte II, p. 203.]
2. Tertuliano, *Adv. Marc.*, III, viii e s.
3. *Supern. Relig.*, vol. II, p. 107; Tertuliano, *Adv. Marc.*, IV, iii; cf. Irineu, *Adv. Haer.*, III, II, 2; III, XII, 12.
4. *Supern. Relig.*, vol. II, p. 126.
5. Fornecemos os sistemas segundo um antigo diagrama preservado entre alguns coptas e drusos do Líbano. Irineu talvez tivesse boas razões para desfigurar as suas doutrinas.
6. Sophia é o protótipo mais elevado da mulher – a primeira Eva espiritual. Na Bíblia – estando o sistema invertido e a emanação intermédia, omitida –, Eva está reduzida à simples Humanidade.
7. Irineu, *Adv. Haer.*, livro I, XXX, 1-3.
8. No livro *Gnostics*, de King, o sistema está um pouco incorreto. O autor diz que seguiu a obra *Drei Programmen über die Abraxas-gemmen.*, de Bellermann [p. 33, 1ª ed.].
9. Ver *Siphra Dtzeniuthah*.
10. *Codex nazaraeus*, I, p. 1 e s.
11. [*Ibid.*, p. 11.]
12. Ver *Codex nazaraeus*, I, p. 177 e s. Pthahil, enviado a modelar o mundo, vê-se imerso no abismo de lodo e soliloquia desanimado até que o *Spiritus* (Sophia-Akhamôth) se une completamente à matéria e então cria o mundo material.
13. Irineu, *Adv. Haer.*, I, XXX, i; Theodoret, *Haereticarum fabularum compendium*.
14. Irineu, *Op. cit.*, I, XXVI, 1.
15. [Londres, 1779-85, 4 vols.]
16. Ver prefácio a *The Apocryphal New Testament*, Londres; impresso para W. Hone, Ludgate, 1820, p. vi.
17. "Ele foi citado pela primeira vez por Vigilius Tapsensis, um escritor latino de nenhum crédito, na segunda metade do século XV, e se suspeita que ele o forjou." *Op. cit.*, p. vii.
18. [*Decline and Fall*, etc., III, cap. XXXVII.]
19. George Tomline, *Elements of Christian Theology*, etc., vol. II, p. 90, nota.

20. Ver *Letters to Mr. Archdeacon Travis*, etc., p. 363 e 402, etc.; Londres, 1790.

21. [Hone, *op. cit.*, p. ix.]

22. O termo "Paganismo" é usado em seu sentido próprio com hesitação por muitos escritores modernos. O Prof. Alexander Wilder, na sua edição de *The Symbolical Language of Ancient Art and Mythology*, diz: "Ele [o Paganismo] degenerou em gíria e é empregado geralmente com um significado mais ou menos desonroso. A expressão mais correta seria, sem dúvida, "a adoração étnica antiga", mas seria difícil entendê-la nesse sentido e nós adotamos o termo tal como é empregado popularmente, mas sempre como um termo respeitoso. Uma religião que pode formar um Platão, um Epiteto e um Anaxágoras não é grosseira, superficial e totalmente indigna de atenção cândida. Além disso, muitos dos ritos e doutrinas incluídos nos cultos cristãos, bem como nos judaicos, apareceram antes nos outros sistemas. O Zoroastrianismo antecipou muito mais coisas do que se imagina. A Cruz, as vestes sacerdotais e os símbolos, os sacramentos, o *sabbath*, as festas e os aniversários são milhares de anos anteriores à era cristã. A adoração antiga, após ter sido excluída dos seus primeiros santuários e das cidades metropolitanas, foi conservada por um longo tempo pelos habitantes das localidades humildes. É a este fato que ela deve sua última designação. Os seus fiéis, que residiam nos distritos rurais, ou *pagi*, eram denominados *pagans*, ou provinciais".

23. *Supern. Relig.*, vol. II, p.4.

24. Norberg, *Codex nazaraeus*, prefácio, p. v.

25. *Panarion*, livro I, tomo II, *indiculus*, §8; Haer., XXX, 1.

26. Capítulo preliminar, p. v-xxix.

27. *Ibid.*, p. vii.

28. [*Panarion*, livro I, tomo II; *Haer.*, XXX, II, III.]

29. [*Haer. fabul.*, II, II.]

30. Jerônimo, *De viris illustribus liber*, cap. 3; "É notável que, embora todos os padres da Igreja digam que Mateus escreveu em *hebraico*, todos usem o texto grego como o escrito apostólico genuíno, sem mencionar que relação o Mateus *hebraico* mantém com o grego! Ele contém muitas *adições peculiares* que faltam no nosso evangelho" (Olshausen, *Nachweis der Echtheit der sämtlichen Schriften des Neuen Test.*, p. 35).

31. Jerônimo, *Comment. to Matthew*, livro II, cap. XII, 13. Jerônimo acrescenta que foi escrito em caldaico, mas com letras hebraicas [*Dial. contra Pelag.*, III, 2].

32. Jerônimo, *Opera*, vol. V (1706), col. 445; ed. Johannes Martianay, Paris: Ludovicus Roulland. 1693-1706. Cf. Dunlap, *Sōd, the Son of the Man*, p. 46.

33. Isso vale também para a rejeição das palavras de Justino Mártir, que usou apenas esse *Evangelho segundo os hebreus*, como o seu discípulo Tatian já o havia feito. Percebe-se a data tardia em que a *divindade* de Cristo foi completamente estabelecida pelo único fato de que, mesmo no século IV, Eusébio [*Eccl. Hist.*, III, XXV] não denuncia esse livro como espúrio, mas apenas o coloca no mesmo nível do *Apocalipse* de João; e Credner (*Zur Geschichte des Kanons*, p. 120) mostra que Nicéforo o inseriu, junto com o *Apocalipse*, em seu *Stichometry*, entre os Antilegomena. Os ebionitas, os *genuínos* cristãos primitivos, rejeitando o restante dos escritos apostólicos, só utilizaram esse Evangelho (Irineu, *Adv. Haer.*, I, XXVI, 2; também Eusébio, *Eccl. Hist.*, III, XXVII) e os ebionitas, como declara Epifânio, acreditavam firmemente, com os nazarenos, que Jesus era apenas um homem "nascido da semente de um homem" [*Panarion, Haer.*, XXX, III].

34. Ver *Gnostics* de King, p. 28 [p. 97 na 2ª ed.].

35. Este Iaô ou Jeová é bastante diferente do Deus dos mistérios, IAÔ, tido como sagrado por todas as nações da Antiguidade. Mostraremos a diferença.

36. King, *op. cit.*, p. 29 [p. 98 na 2ª ed.].

37. Iurbo e Adonai, segundo os ofitas, são nomes de Iaô-Jeová, uma das emanações de Ialdabaôth. "Iurbo é chamado de Adonai pelos Abortos [os judeus]" (*Codex nazaraeus*, vol. III, p. 73).

38. King, *The Gnostics and their Remains*, p. 31 [p. 100 na 2ª ed.].

39. No *Evangelho de Nicodemos*, Ialdabaôth é chamado de *Satã* pelo autor piedoso e anônimo; evidentemente, uma das últimas flechas que ele atira contra seu inimigo já meio aniquilado. "Quanto a mim", diz Satã, desculpando-se ao príncipe do inferno, "eu o tentei [a Jesus] e excitei o meu velho povo, o judeus, com zelo e cólera contra ele" (Hone, *Apocr. N. T., Nicod.,* XV, 9.) De todos os exemplos da ingratidão cristã, este parece ser o mais conspícuo. Os pobres judeus foram, primeiro, roubados dos seus livros sagrados e, depois, num "Evangelho" espúrio, são insultados pela representação de Satã que pretende que eles sejam o seu "velho povo". Se eles fossem o seu povo, e ao mesmo tempo o "povo escolhido de Deus", então o nome desse Deus deveria ser escrito Satã e não Jeová. Isso é lógico, mas duvidamos que seja cortês para o "Senhor Deus de Israel".

40. King, *op. cit.*, p. 31 [p. 100 na 2ª ed.].

41. [Champollion-Figeac, *Égypte ancienne*, p. 143.]

42. Este é o sistema nazareno; o *Spiritus*, depois de se unir a Karabtanos (*matéria*, turbulenta e inconsciente), dá origem a *sete estelares mal-dispostos*, no Orcus; "Sete Figuras", que ele engendra "sem sentido" (*Codex nazaraeus*, I, p. 179). Justino Mártir adota evidentemente essa idéia, pois nos diz dos "profetas sagrados, que dizem que um e o mesmo espírito é dividido em *sete* espíritos (*pneumata*)". Justino Mártir, *Cohortatio ad Graecos*, xxxii. Cf. Dunlap, *Sōd, the Son of the Man*, p. 52. No *Apocalipse*, o Espírito Santo é subdividido em "*sete* espíritos diante do trono", segundo o modo de classificação persa mítrico.

43. [*The Gnostics*, etc., p. 31-2, rodapé (p. 102 na 2ª ed.).]

44. Isto lembra certamente o "Deus ciumento" dos judeus.

45. Foram os *Elohim* (plural) que criaram Adão e que não queriam que o homem se tornasse "um de NÓS".

46. Theodoret, *Haer. fabul.*, I, XIV; King, *The Gnostics*, etc., p. 32 [p. 102-03 na 2ª ed.].

47. King, *op. cit.*, p. 78 [p. 258 na 2ª ed.].

48. Algumas pessoas afirmam que ele era Bispo de Roma; outras, de Cartago.

49. Sua obra polêmica dirigida contra a chamada Igreja ortodoxa – a católica –, não obstante seu amargor e seu usual estilo de vituperação, é muito mais sincera, considerando-se que o "Grande Africano" parece ter sido expulso da Igreja de Roma. Se acreditarmos em São Jerônimo, foi só o ciúme e as calúnias imerecidas do primitivo clero romano contra Tertuliano que o forçaram a renunciar à Igreja católica e a tornar-se um montanista. Todavia, se a admiração sem limites de São Cipriano, que chama Tertuliano de "O Mestre", e suas opiniões sobre ele são merecidas, veríamos menos erro e paganismo na Igreja de Roma. A expressão de Vincent de Lerius – "toda palavra de Tertuliano era uma sentença, toda sentença um triunfo *sobre o erro*" – não parece muito feliz quando pensamos no respeito que Tertuliano sentia pela Igreja de Roma, não obstante sua apostasia parcial e os *erros* em que ela persiste ainda e que impôs ao mundo como dogmas *infalíveis*.

50. As opiniões do bispo frígio Montanus não eram também uma HERESIA para a Igreja de Roma? É extraordinário ver como o Vaticano encoraja tão facilmente o abuso de um *herege*, Tertuliano, contra outro *herege*, Basilides, quando o abuso favorece o seu objetivo.

51. Não fala Paulo de "*Principados* e *Poderes* nos lugares celestes" (*Efésios*, III, 10; I, 21) e confessa que existem muitos *deuses* e muitos *Senhores* (*Kurioi*)? E Anjos, Poderes (*Dynameis*) e *Principados*? (Ver *1 Coríntios*, VIII, 5; e *Epístola aos Romanos*, VIII, 38.)

52. Tertuliano, *Liber de praescriptione haereticorum*.

53. Baur; Credner; Hilgenfeld; Hirchhofer; Lechler; Nicolas; Reuss; Ritsch; Schwegler; Westcott e Zeller; ver *Supernatural Religion*, vol. II, parte II, cap. V, p. 2.

54. Ver Epifânio, *Panarion*, livro I, tomo II, *Haer.*, XXX, II.

55. Os ofitas, por exemplo, fizeram de Adonai o terceiro filho de Ialdabaôth, um gênio maligno e, como seus outros cinco irmãos, um inimigo constante e um adversário do homem, cujo espírito divino e imortal deu ao homem os meios de se tornar rival desses gênios.

56. [*Codex nazar.*, III, p. 73.]

57. O Bispo de Salamina morreu em 403 d. C.

58. *Panarion*, livro I, tomo II, Haer., XXIX, vii.

59. A obra de Clemente apresenta três partes – a saber: as *Homilias*, os *Reconhecimentos e um Epítome*.

60. *Supern. Relig.*, vol. II, parte II, cap. V, p. 2.

61. *Homilias clementinas*, XVIII, I-XV. *Supern. Relig.*, vol. II, p. 12.

62. *Ibid.*, XIX, xx. Cf. *Supern. Relig.*, vol. II, pp. 26-7.

63. *Hom. clem.*, XVIII, xv. [Cf. *Mateus*, XIII, 35.]

64. *Supern. Relig.*, vol. II, parte II, cap. V, p. 11.

65. Jerônimo, *Opera*, Basiléia, 1565, vol. 8, p. 109.

66. *Supern. Relig.*, *loc. cit.*

67. Theodoret, *Haer. fabul.*, II, VII.

68. Ver Irineu, *Adv. Haer.*, I, XII, 4; I, XV, 3.

69. *Auszüge aus dem Buche Sohar*, p. 15; Berlim, 1857.

70. *Codex nazar.*, II, p. 147-49.

71. Theodoret, *Haer. fabul.*, II, VII.

72. *Hom. clem.*, II, XII; III, LVII, LIX; X, XIX; XVI, XV e s.; Schliemann, *Die Clementinen*, pp. 130, 134 e s., 144 e s. Cf. *Supern. Relig.*, vol. II, p. 347.

73. *Hom. clem.*, II, XVI-XVIII; III, XX e s.

74. *Ibid.*, III, XX, XXI.

75. A. Schliemann, *Die Clementinen*, etc., pp. 130, 176 e s. Cf. *Supern. Relig.*, vol. II, p. 342.

76. Falaremos dessa doutrina mais tarde.

77. Rosenroth, *Kabbala denudata*, II, p. 155.

78. [L. Ménard, *Hermès Trismégiste*, Paris, 1867, p. 96.]

79. [Kleucher, *Natur und Ursprung der Emanationslehre b. d. Kabbalisten*, pp. 10-1.]

80. Justino Mártir, *First Apology*, XXXII.

81. [*Dialogue with Trypho*, cxxviii.]

82. Josefo, *Jewish Wars*, II, VIII, 7.

83. *Ibid.*, II, VIII; Fflon o Judeu, *De vita contempl.* e *Quod omnis prob. lib.*, §12. *Frag.* em Eusébio, *Praep. evang.*, VIII, viii; Munk, *Palestine*, p. 35, 525, etc. Eusébio menciona os seus *semneion*, onde eles realizavam os mistérios de uma vida isolada (*Eccles. Hist.*, livro II, cap. XVII).

84. Josefo, *Jewish Wars*, II, VIII, 6.

85. *Ibid.*, II, VIII, 4.

86. *Panarion*, livro I, tomo II, *Haer.* XXIX, I; XXX, I.

87. Cerinthus é o mesmo gnóstico – um contemporâneo de João Evangelista – sobre quem Irineu inventou a seguinte anedota: "Há aqueles que o ouviram [a Policarpo] dizer que João, o discípulo do Senhor, ao ir banhar-se no Éfeso, e ao perceber Cerinthus nos banhos, saiu correndo da casa de banhos (. . .) gritando 'Salvemo-nos, que a casa dos banhos vai cair, porque Cerinthus, o inimigo da verdade, está lá dentro'" (Irineu, *Adv. Haer.*, III, III, 4).

88. Munk, *Palestine*, pp. 517, 525; Dunlap, *Sōd, the Son of the Man*.

89. Haxthausen, *Transcaucasia*, etc., p. 229; ed. 1854.

90. Shahrastânî, citado pelo Dr. D. Chwolsohn, *Die Ssabier und der Ssabismus*, II, p. 625.

91. Maimônides, *Moreh Nebûkhîm*, citado por Chwolsohn, *op. cit.*, II, p. 458.

92. [*Eccles. Hist.*, III, V.]

93. "Condenastes e matastes o justo", diz Tiago em sua epístola às doze tribos [v. 6].

94. Porfírio faz uma diferença entre o que ele chama de "a *filosofia antiga* ou *oriental*" e o sistema propriamente grego, o dos neoplatônicos. King diz que todas essas religiões e sistemas são ramos de uma religião antiga e comum, a asiática ou budista (*Gnostics and their Remains*, p. 1).

95. *Sōd, the Son of the Man*, p. 23.

96. [Hino III. Cf. H. Druon, *Oeuvres de Synésius*, Paris, 1878.]

97. [Carta ao seu irmão, 409 d. C.]

98. [L. Ménard, *Hermès Trismégiste*, Paris, 1867, pp. 15-6.]

99. É a interpretação correta das alegorias da Bíblia que torna o clero católico tão furioso contra os protestantes que sondam com toda a liberdade as passagens bíblicas. Percebemos o amargor que esse procedimento deve ter ocasionado quando lemos as seguintes palavras do Rev. Padre Parker, de Hyde Park, Nova York, que, pregando na Igreja Católica de Santa Teresa, a 10 de dezembro de 1876, disse: "A quem deve a Igreja protestante a posse da Bíblia, *que eles desejam colocar nas mãos de toda pessoa e criança ignorante*? Às mãos monacais, que a transcreveram laboriosamente antes da invenção da imprensa. O Protestantismo produziu discórdia na Igreja, rebeliões e insurreições no Estado, instabilidade na vida social e só se dará por satisfeito quando abolir a Bíblia! Os protestantes devem admitir que a Igreja romana fez mais para expandir o Cristianismo e extirpar a idolatria do que todas as suas seitas. De um púlpito se diz que não existe inferno e, de outro, que a condenação é imediata e implacável. Um diz que Jesus Cristo é apenas um homem; outro, que é preciso mergulhar todo o corpo na água para o batismo e recusa os ritos às crianças. Muitos deles não têm nenhuma forma prescrita de culto, nem vestes sagradas, e suas doutrinas são tão pouco definidas quanto é informal o seu serviço. O fundador do Protestantismo, Martinho Lutero, foi o pior homem da Europa. O advento da Reforma foi o sinal da guerra civil, e desde aquele tempo o mundo está mergulhado num clima de efervescência, de inquietude para os Governos, e a cada dia se torna mais cético. A última tendência do Protestantismo é nada mais do que destruir o respeito pela Bíblia e a desorganização do Governo e da sociedade". Isto é que é falar claro. Que os protestantes retribuam a cortesia.

100. *Talmude* babilônico, *Mishnah Sanhedrin*, cap. XI, fol. 107 b, e *Mishnah Sotah*, cap. IX, fl. 47 a. Ver também Éliphas Lévi, *La science des esprits*.

101. Este fragmento foi traduzido do original hebraico [do *Toledoth-Yeshu*] por Éliphas Lévi em seu *La science des Esprits*, pp. 32-3.

102. Aqueles que conhecem algo dos ritos dos hebreus devem reconhecer nesses leões as figuras gigantescas dos querubins, cuja monstruosidade simbólica foi projetada para assustar e pôr em fuga os profanos.

103. Arnóbio conta a mesma história de Jesus e narra como ele foi acusado de roubar ao santuário os nomes secretos do Santíssimo; foi com o conhecimento desses nomes que ele pôde operar todos os milagres. *Adv. gent.*, I, § 43.

104. *La science des esprits*, pp. 33-4.

105. I. M. Jost, *The Israelite Indeed*, vol. III, p. 61.

106. [*Lucas*, VII, 26-8.]

107. Orígenes, *In Lucam homiliae,* Hom., xxiv, cap. III.

108. *Codex Nazar.*, I, p. 23.

109. "Segundo a seita que eles chamam heresia, sirvo eu ao Deus de meus pais" (*Atos*, XXIV, 14).

110. *Codex nazar.*, II, p. 109.

111. *Hist. of Christianity*, p. 200; ed. original, 1840.

112. Dunlap diz em *Sōd, the Son of the Man* (p. 39, rodapé): "O Sr. Hall, da Índia, informa-nos que viu tratados filosóficos sânscritos em que o *Logos* ocorre continuamente".

113. Ver *João*, I.

114. *Philosophumen*, I, xxi.

115. Kleucker, *Über die Natur und den Ursprung der Emanationlehre*, etc., p. 10, 11; Riga, 1786. Ver *Siphrah Dtzeniuthah*, etc.

116. "Como é natural para as *bestas selvagens*." "O *cão* voltou ao que havia vomitado; e a *porca* lavada tornou a revolver-se no lamaçal." (*2 Pedro*, II, 12, 22.)

117. Os tipos da criação, ou os atributos do Ser Supremo, são tidos como emanações de Adão-Cadmo; eles são: "*Coroa, Sabedoria, Prudência, Magnificência, Severidade, Beleza, Vitória, Glória, Fundamento, Império*. A Sabedoria é chamada *Yâh;* a Prudência, *Yehôvâh;* a Severidade, *Elôhîm;* a Magnificência, *Elohah*; a Beleza, *Tiphereth*; a Vitória e a Glória, TZE'BAÔTH; o Império ou Domínio, ADONAI". Assim, quando os nazarenos e outros gnósticos da tendência mais platônica censuravam os judeus como "abortos que adoram seu deus Iurbo-Adonai", não devemos nos espantar com a ira daqueles que aceitaram o velho sistema mosaico, mas com a de Pedro e de Judas, que se dizem ser os seguidores de Jesus e discordam das opiniões daquele que também era um nazareno.

118. De acordo com a "Cabala", o *Império* ou *Domínio* é "o fogo que consome e a sua esposa é o Templo ou a Igreja".

119. *Colosseus*, II, 18.

120. [Cf. *Efésios*, II, 2; VI, 12; II, 1.]

121. É mais provável que os dois invectivassem Paulo, que pregava contra essa crença; e que os gnósticos fossem apenas um pretexto. (Ver a segunda *epístola* de Pedro.)

122. O nome verdadeiro de Manes – que era persa de nascimento – era *Cubricus*. (Ver Epifânio, *Panarion*, livro II, tomo II, Haer., LXVI, 1.) Ele foi esfolado vivo, a pedido dos Magos, pelo rei persa Varanes I. Plutarco diz que Manes ou Manis significa Missas ou UNGIDO. O vaso, ou vaso de eleição, é, portanto, o vaso cheio daquela luz de Deus que ele derrama sobre aquele a quem escolhe como seu intérprete.

123. Ver *Gnostics* de King, p. 16.

124. [*Adv. Haer.*, I, ii, 1.]

125. [*Ibid.*, I, i, 1.]

126. Rosenroth, *Kabb. denud., Lib. myst.*, IV, § 1.

127. A. Franck, *La Kabbale*, II, III, p. 173; ed. Paris, 1843.

128. Filo o Judeu, *Quaest. et sol. in Gen.*, livro II, § 62.

129. Franck, *op. cit.*, II, IV (pp. 160 e s.).

CAPÍTULO V

Aprendei de tudo, mas reservai-o para ti.
Máxima Gnóstica.

Há um Deus superior aos demais deuses e mais divino que os mortais, cuja forma não é humana nem tampouco sua natureza se assemelha à do homem. Em vão imaginem os mortais que os deuses têm sensações, voz e corpo humanos.
Xenófanes em Clemente de Alexandria, *Stromateis*, V, XIV.

Tichíades; Queres dizer-me, ó Filocles!, porque a generalidade dos homens se comprazem em mentir e além disso se afanam em espionar o que os outros fazem?
Filocles: Muitas razões, ó Tichíades!, levam os homens a mentir quando a mentira lhes traz algum proveito.
Luciano *Philopseudês*.

Espartano: A quem hei de confessar-me? A ti ou a Deus?
Sacerdote: A Deus.
Espartano: Então retira-te.
Plutarco, *Laconic Apophegms*.

Daremos atenção, agora, a alguns dos mais importantes mistérios da *Cabala*, e estudaremos suas relações com os mitos filosóficos de várias nações.

Na mais antiga *Cabala* oriental a Divindade é representada como três círculos em um, cercados por uma certa exalação caótica ou fumacenta. No prefácio ao *Zohar*, que transforma os três círculos primordiais em TRÊS CABEÇAS, descreve-se sobre estas uma exalação ou fumaça, nem preta, nem branca, mas incolor, e circunscrita num círculo. Essa é a Essência desconhecida[1]. A origem da imagem judaica pode ser talvez remetida ao *Poimandres* de Hermes, o *Logos* egípcio, que aparece numa nuvem de natureza úmida, com fumaça que dela escapa[2]. No *Zohar*, o Deus supremo é, como mostramos no capítulo anterior, e como no caso das filosofias hindu e budista, uma pura abstração, cuja existência objetiva é negada pelos últimos. É Hokhmah, a "SABEDORIA SUPREMA", que não pode ser compreendida pela reflexão", e que repousa dentro e fora do CRÂNIO de LONGO ROSTO[3] (Sephîrâh), a mais elevada das três "Cabeças". É o "Ain-Soph infinito", a Não-Coisa.

As "três cabeças", superpostas umas às outras, foram evidentemente tomadas dos três triângulos místicos dos hindus, que também aparecem superpostos. A "cabeça" superior contém a *Trindade no Caos*, da qual brota a trindade manifesta. Ain-Soph, o eterno irrevelado, que é ilimitado e incondicionado, não pode criar, e por conseguinte parece-nos um grande erro atribuir a ele um "pensamento criador", como o fazem habitualmente os intérpretes. Em todas as cosmogonias, essa Essência suprema é *passiva*; se infinita, ilimitada e incondicionada, ela não pode ter nenhum *pensamento* ou *idéia*. Ela age não como resultado da volição, mas em obediência à sua própria natureza, e *de acordo com a fatalidade da lei de que ela própria é a encarnação*. Portanto, para os cabalistas hebreus, Ain-Soph é não-existente, אין pois é incompreensível aos nossos intelectos finitos, e por conseguinte não pode existir para as nossas mentes. Sua primeira emanação é כתר, Kether, a coroa. Ao ocorrer o momento para um período ativo, produz-se uma expansão natural dessa essência Divina de dentro para fora, obediente à lei eterna e imutável. Dessa luz eterna e infinita (que para nós é treva) se emite uma substância espiritual[4]. Essa sendo a Primeira Sephîrâh, que contém em si as outras nove ספירות, Sephîrôth, ou inteligências. Em sua totalidade e unidade, elas representam o homem arquetípico, Adão-Cadmo, o πρωτόγονος, que em sua individualidade ou unidade ainda é dual, ou bissexual, o Didymos grego, pois ele é o protótipo de toda a Humanidade. Obtemos assim três trindades, cada qual contida numa "cabeça". Na primeira cabeça, ou face (a *Trimûrti* hindu de três faces), encontramos *Kether*, o primeiro andrógino, no ápice do triângulo superior, que emite *Hokhmah*, ou Sabedoria, uma potência masculina e ativa – também chamada *Yâh*, יה – e *Binah*, בינה, ou Inteligência, uma potência feminina e passiva, também representada pelo nome *Yahweh*, יהוה. Essas três formam a primeira Trindade, ou "face", das Sephîrôth. Essa Tríada emanou *Hesed*, ou misericórdia, uma potência ativa masculina, também chamada *Eloah*, da qual emanou *Geḃurah*, גבורה, ou justiça, também chamada *Pa'had*, uma potência passiva feminina; da união de ambas produziu-se *Tiphereth*, תפארת, beleza, clemência, o sol espiritual, conhecido por seu nome divino *Elohim*; e a segunda Tríada, "face" ou "cabeça", se formou. Essas emanaram, por sua vez, a potência masculina *Netzah*, נצח, Firmeza, ou *Yehovah-Tsabaôth*, que deu origem à potência passiva feminina Hod, הוד, Esplendor, ou *Elohim-Tsabaôth*; as duas produziram *Yesod*, יסוד, Fundação, que é o poderoso existente, *El Hay*, propiciando assim a terceira trindade ou "cabeça". A décima Sephîrâh é antes uma Díada, e é representada nos diagramas como o círculo inferior. É *Malkhuth*, ou Reino, מלכות, e *Shekhînah*, שכינה, também chamado *Adonai* e *Cherubim* entre as hostes angélicas. A primeira "cabeça" é chamada de mundo Intelectual; a segunda "cabeça" é o Sensual, ou o mundo da Percepção, e a terceira é o mundo material ou físico.

"Antes de ter dado forma ao universo" – diz a *Cabala* –, "antes de ter produzido qualquer forma, ele era só, sem forma ou semelhança com o que quer que seja. Quem, então, pode compreendê-lo, tal como era antes da criação, visto que não tinha forma? Por conseguinte, é proibido representá-lo por qualquer forma, similitude, ou mesmo por seu nome sagrado, por uma simples letra, ou um simples ponto[5]. (...) O Ancião dos Anciães, o Desconhecido dos Desconhecidos tem uma forma, mas não tem nenhuma forma, porque ele não pode ser compreendido. Quando assumiu uma forma pela primeira vez em Sephîrâh, sua primeira emanação, nove luzes esplêndidas dele emanaram."[6]

Voltaremos agora à cosmogonia esotérica hindu e à definição daqUele "que é e não é".

"Daquele que é[7], desse Princípio imortal que existe em nossas mentes mas não pode ser percebido pelos sentidos, nasce Purusha, o masculino e o feminino divinos, que se torna *Nârâyana*, ou Espírito Divino que se move nas águas."[8]

Svayambhû, a essência desconhecida dos brâmanes, é idêntico a Ain-Soph, a essência desconhecida dos cabalistas. Assim como para estes, o Nome Inefável não pode ser pronunciado pelos hindus, sob pena de morte. Na antiga Trindade primitiva da Índia, que pode com certeza ser considerada como pré-Védica, o *germe* que fecunda o *princípio da mãe*, o ovo mundano, ou o útero universal, chama-se *Nara*, o Espírito, ou o Espírito Santo, que emana da essência primordial. Tal como Sephîrâh, a emanação mais antiga, é chamada de *ponto primordial*, e de *Cabeça Branca*, pois é o ponto da luz divina que surge das trevas insondáveis e infinitas. No *Manu* é "NARA", ou o Espírito de Deus, que movimenta "Ayana [Caos, ou lugar de movimento], e por isso é chamada de NÂRÂYANA, o que se move nas águas"[9]. Em Hermes, o egípcio, lemos: "No início do tempo, nada havia no caos". Mas quando o *Verbo*, que brotou do vazio como uma "fumaça sem cor", fez sua aparição, então "este *Verbo* se moveu sobre o princípio úmido"[10]. E no *Gênese* [I, 2], lemos o seguinte: E as trevas cobriam o abismo [caos], e o Espírito de Deus se movia sobre as águas". Na *Cabala*, a emanação do princípio passivo primordial (Sephîrâh), dividindo-se em duas partes, ativa e passiva, emite Hokhmah-Sabedoria e Binah-Yehovah, e em conjunção com esses dois acólitos, que completam a Trindade, torna-se o Criador do Universo abstrato, sendo o mundo físico a produção de poderes posteriores e ainda mais materiais[11]. Na cosmogonia hindu, Svayambhû emite Nara e Nârî, sua emanação bissexual, e dividindo suas partes em duas metades, masculina e feminina, essas fecundam o ovo cósmico, no qual desenvolve Brahmâ ou antes *Virâj*, o Criador. "O ponto de partida da mitologia egípcia" – diz Champollion – "é uma Tríada (...) a saber, Kneph, Neith e Phtah; e Amon, o masculino, o pai; Mut, o feminino, a mãe; e Khonsu, o filho."

As dez Sephîrôth são cópias tomadas dos dez Prajâpatis criados por Virâj, chamados de "Senhores de todos os seres", e correspondentes aos patriarcas bíblicos.

Justino, o Mártir, explica algumas das "heresias" de sua época, mas de maneira bastante insatisfatória. *Ele assinala, contudo, a identidade de todas as religiões do mundo em seus pontos de partida.* O primeiro *início* se abre invariavelmente com a divindade *desconhecida e passiva*, que produz de si mesmo um certo poder ou virtude ativa, "Racional", que às vezes é chamada de SABEDORIA, às vezes de FILHO, e ainda de Deus, Anjo, Senhor e LOGOS[12]. Este último termo se aplica às vezes à primeira emanação, mas em vários sistemas ele procede do primeiro raio andrógino ou duplo produzido no início pelo invisível. Fílon descreve essa sabedoria como masculina e feminina[13]. Mas, embora sua primeira manifestação tenha um início, pois procede de *Olam*[14] (Aiôn, tempo), o maior de todos os Aeôns, quando emitidos dos Pais, ela permanece com ele *antes de todas as criações*, pois é parte dele[15]. Por conseguinte, Fílon, o Judeu, chama Adão-Cadmo de "mente" (a Ennoia de *Bythos*, no sistema gnóstico). "Que a mente seja chamada de Adão."[16]

Estritamente falando, é difícil conceber o *Livro do Gênese* judaico como outra coisa que uma chispa do tronco da árvore cósmica da Cosmogonia universal, traduzida nas alegorias orientais. Assim como todo ciclo é sucedido por um ciclo, e uma nação após outra vem ao palco do mundo para representar o seu breve papel, no majestoso drama da vida humana, cada novo povo deriva das tradições ancestrais à sua própria religião, dando-lhe uma cor local, e assinalando-a com suas características individuais. Embora cada uma dessas religiões tenha os seus traços distintivos, pelos quais, na falta de outros vestígios arcaicos, a categoria física e psicológica pode ser estimada, todas preservam uma vinculação comum a um protótipo. Esse culto primordial não era outro senão a primitiva "religião da sabedoria". As *Escrituras* israelitas não são exceção. Sua história nacional – se podem elas reclamar qualquer autonomia antes do retorno da Babilônia, onde não eram mais do que seitas migratórias dos párias hindus – não pode remontar a antes de Moisés; e se esse sacerdote anteriormente egípcio deve, por causa da necessidade teológica, ser transformado num patriarca hebreu, devemos insistir em que a nação judia seja retirada dos juncos do Lago Moeris. Abraão, seu pretenso pai, pertence à mitologia universal. É bastante provável que ele seja um dos numerosos aliados de *Zeruan* (Saturno), o rei da idade de ouro, que é também chamado de Ancião (emblema do tempo)[17].

Está agora demonstrado pelos assiriólogos que nos antigos livros caldeus, Abraão é chamado de Zeru-an, ou Zerb-an – um homem rico em ouro e prata, um príncipe poderoso[18]. Ele é também chamado de Zarouan e Zarman – um velho decrépito[19].

Reza a antiga lenda babilônica que Xisuthros (Hasisadra das Tábuas[*], ou Xisuthros) singrou com sua arca até a Armênia[20], e seu filho Sim se tornou um rei supremo. Plínio diz que Sim se chamava Zeruan; e Sim é Sem[21]. Em hebraico, seu nome se escreve שם , *Shem* – um signo. Afirmam os etnólogos que a Assíria é a terra de Sem, e o Egito a de Cam. Sem, no décimo capítulo do *Gênese*, torna-se o pai de todas as crianças de Eber, de Elam (Olam ou Eilam), e Ashur (Assur ou Assíria). Os "nephilim", ou homens caídos, *giborim*, os homens poderosos de que fala o *Gênese* (VI, 4), vieram de *Olam*, "homens de Sem". Mesmo Ofir, que se deve evidentemente buscar na Índia dos dias de Hirão, é um descendente de Sem. Os relatos foram propositadamente alterados para se adaptarem à estrutura da *Bíblia* mosaica. Mas o *Gênese*, do primeiro ao último versículo, nada tem a ver com o "povo eleito"; ela pertence à história do mundo. Sua apropriação pelos autores judeus nos dias da chamada *restauração* dos livros destruídos dos israelitas por Esdras, nada prova, e até hoje tem sido auto-atribuída a uma pretensa revelação divina. Trata-se simplesmente de uma compilação das lendas universais da Humanidade universal. Diz Bunsen que na "tribo caldaica imediatamente relacionada com Abraão, descobrimos reminiscências de datas desfiguradas e mal-interpretadas como genealogias de homens simples ou indicações de época. Os registros tribais abrâmicos remontam a pelo menos três milênios além do avô de Jacó"[22].

Diz Eupolemos que Abraão nasceu em Camarina ou Ur, uma cidade de arautos da Verdade, e que inventou a *Astronomia*[23]. Josefo afirma o mesmo de Terah, pai de Abraão. A Torre de Babel foi construída tanto pelos descendentes diretos de Sem como por aqueles "malditos" Cam e Canaã, pois naqueles tempos os povos eram "um só" e a "terra inteira falava a mesma língua"; Babel era apenas uma Torre astrológica e seus construtores eram astrólogos e adeptos da primitiva religião da sabedoria, ou ainda do que nós chamamos de doutrina secreta.

A Sibila de Berosian diz: Antes da Torre, Zeru-an, os Titãs e Yapetosthes governavam a Terra; Zeru-an queria ser o supremo, mas os seus dois irmãos resistiram, até que sua irmã Astlik interveio e os apaziguou. Ficou combinado que Zeru-an deveria governar, mas os seus filhos homens seriam condenados à morte, e os fortes titãs foram designados para cumprir essa tarefa[24].

Sar (círculo, *saros*) é o deus babilônio do céu. Ele também é Assaros ou Ashur (o filho de Sem). E Zero – Zero-Ana, o chakra ou roda, o tempo ilimitado. Conseqüente-

---

* Também chamado Atrekhasis e Utnapishtim nos Tabletes. (N. do Org.)

mente, como a primeira providência tomada por Zoroastro ao fundar sua nova religião fosse a de transformar as mais sagradas divindades do Veda sânscrito em nomes de espíritos maus, na sua Escritura zenda, e de até mesmo rejeitar um bom número delas – não encontramos traços na *Avesta* do Chakra – o círculo simbólico do céu.

Elam, outro dos filhos de Sem, é Olam, עולם, e se refere a uma ordem ou ciclo de acontecimentos. No Eclesiastes, III, 11, é denominado "mundo". Em Ezequiel, XXVI, 20, de "dos velhos tempos". No Gênese, III, 22, a palavra tem o sentido de "para sempre"; e no cap. IX, 16, de "eterno". Finalmente, o termo é completamente definido, no Gênese, VI, 4, com as seguintes palavras: "Havia *Nephilim* (gigantes, homens caídos ou titãs) na Terra". A palavra é sinônima de aeons, αἰών. Em provérbios, VIII, 23, se lê: "Fui constituído de *Olam*, de *Rosh* (sabedoria)". Com essa sentença, o sábio rei cabalista se refere a um dos mistérios do espírito humano – a coroa imortal da natureza trina do homem. Ao mesmo tempo que deve ser entendido como está acima, deve ser interpretado cabalisticamente significando que o eu (ou o meu eterno *Ego* imortal) ou a entidade espiritual foi fundido desde a eternidade infinita e inominável, por meio da sabedoria criativa do Deus desconhecido. Na tradução canônica se lê: "Desde a eternidade fui constituída e desde o princípio, antes de a Terra ser criada", o que é um contra-senso ininteligível, sem a interpretação cabalística. Quando Salomão é levado a dizer que era "desde o início... enquanto ela (a Divindade Suprema) ainda não tinha feito a Terra... nem a parte mais elevada da poeira do mundo... eu estava lá, "e" quando Ele lançou os alicerces da Terra... então eu estava com ele, *como alguém criando com ele*"[25], o que os cabalistas significam com o *eu*, a não ser o seu próprio espírito divino, uma gota derramada daquela fonte eterna de luz e sabedoria – o espírito universal da Divindade?

O facho de glória emitido por Ain-Soph da mais alta das três cabeças cabalísticas, através do qual "todas as coisas brilham na luz" o facho que sai através do *Primus* Adão, é o espírito individual de todo homem. "E cada dia me deleitava com (Ain-Soph) ele brincando o tempo todo diante dele... e as minhas delícias eram 'estar com os filhos dos homens', acrescenta Salomão no mesmo capítulo dos Provérbios (30-1). O espírito imortal se compraz nos *filhos dos homens*, pois, sem o espírito nada mais haveria do que dualidades (corpo físico e alma astral, ou aquele *princípio de vida* que anima até mesmo a menor das formas do reino animal). Todavia, vimos que a doutrina ensina que esse espírito não pode se unir ao homem quando há matéria e tendências muito grosseiras de sua alma animal, que sempre o estarão expulsando devido ao seu grande número. Por essa razão, Salomão, que foi induzido a falar sob inspiração do próprio espírito que o possuiu durante toda a sua vida, proferiu as seguintes palavras de sabedoria: "Ouvi-me, meu filho" (o homem dual), "bem-aventurados os que guardam os meus caminhos... Bem-aventurado o homem que me ouve, e que vela diariamente à entrada da minha casa... Aquele que me achar, *achará a vida*, e obterá a salvação do Senhor... Aquele porém que pecar *contra mim* fará mal à *sua alma*...... e ama a *morte*" (Provérbios, VIII, 32-6).

Este capítulo, como foi interpretado por alguns teólogos, aplica-se, como tudo o mais, a Cristo, o "Filho de Deus", que repetidamente afirma que quem o seguir obterá a vida eterna e vencerá a morte. Mas até mesmo em sua tradução distorcida pode-se demonstrar que ele se refere a qualquer coisa que não o pretenso Salvador. Se aceitássemos isso nesse sentido, então a Teologia cristã teria de retornar, *nolens volens*, ao Averroísmo e ao Budismo; em suma, à doutrina da emanação. Pois Salomão diz: "Eu fui constituído de *Olam* e *Rosh*, sendo ambos parte da Divindade; e dessa forma o Cristo não seria, como a sua doutrina prega, o próprio Deus, mas apenas uma *emanação* Dele, como o Cristo dos gnósticos. Donde, o sentido da personificação gnóstica da eternidade, palavra que significa ciclos ou determinados períodos da eternidade e, ao mesmo tempo, representa uma hierarquia de seres celestiais – os espíritos. Portanto, o Cristo algumas vezes é denominado de a "Eternidade". Mas a palavra "eterno" é errônea com relação aos aeons. Eterno é o que não tem começo e nem fim; no entanto, as *emanações* ou aeons, embora tivessem sido absorvidas na essência divina da eternidade, uma vez emanadas individualmente, têm princípio. Podem, portanto, ser *infindáveis* em sua vida espiritual, mas nunca eternas.

Essas emanações intermináveis da única *Causa Primeira*, que foram todas transformadas pela imaginação popular nos diversos deuses, espíritos, anjos e demônios, eram consideradas tão pouco imortais que a todas se atribuiu uma existência limitada. E essa crença, comum a todos os povos da Antiguidade, aos magos caldeus bem como aos egípcios, e mesmo até hoje é mantida pelos bramanista e pelos budistas, mais gloriosamente evidencia o monoteísmo dos antigos sistemas religiosos. Essa doutrina chama o período de vida de todas as divindades inferiores "um dia de Parabrahma". Depois de um ciclo de quatro bilhões, trezentos e vinte milhões de anos humanos – diz a tradição – a própria Trindade, com todas as divindades menores, será aniquilada, juntamente com o universo, e deixará de existir. Em seguida, gradativamente, um outro universo emergirá de pralaya (dissolução), e os homens sobre a Terra serão capazes de compreender SVAYAMBHÛ como ele é. Isoladamente, a causa primordial existirá para sempre, em toda a sua glória, enchendo o espaço infinito. Que prova melhor poderia ser acrescentada, do profundo sentimento de reverência com o qual o "pagão" considera a única Suprema causa eterna e todas as coisas visíveis e invisíveis?

Essa é novamente a fonte de onde os antigos cabalistas tiraram as suas doutrinas idênticas. Se os cristãos entendem o Gênese a seu modo, e ao aceitar literalmente esses textos impõem a crença da criação do mundo a partir do nada à massa inculta, atribuindo além disso a esse mundo um *começo*, certamente não são os tannaim, os únicos intérpretes do sentido oculto da *Bíblia* que merecem ser censurados. Eles nunca acreditaram, mais do que qualquer outro filósofo, nas criações espontâneas, limitadas ou *ex nihilo*. A *Cabala* sobreviveu para mostrar que a sua filosofia era precisamente a dos modernos budistas do Nepal, os *svâbhâvikas*. Eles acreditavam *na eternidade* e na *indestrutibilidade da matéria* e, a partir disso, em muitas criações e destruições anteriores de mundos, antes do nosso próprio. "Existiram mundos que pereceram."[26] "A partir disso podemos ver que o Único Sagrado abençoado seja o Seu nome, criou e destruiu sucessivamente diversos mundos, antes de criar o mundo atual; e quando Ele criou este mundo disse: 'Isso me agrada; os anteriores não me agradaram.'"[27] Além disso, eles acreditavam, da mesma forma que os *svâbhâvikas*, agora chamados ateístas, que tudo procede (é criado) de sua própria natureza e que logo que o primeiro impulso é dado pela Força Criativa inerente na "Substância autocriada", ou Sephîrâh, tudo evolui de si mesmo, segundo o seu modelo, o mais espiritual protótipo que precede na escala da criação infinita. "O ponto indivisível que não tem limite e não pode ser compreendido (porque é absoluto), se expande do íntimo, e forma uma grandeza que serve de veste (de véu) para o ponto indivisível. ... Ele, também, se expande do interior... Portanto, *tudo foi originado através* de uma constante agitação elevadora, e dessa forma finalmente o mundo se originou."[28]

Nos ulteriores livros zoroastrianos, depois que Dario restaurou o culto de Ormasde, além de adicionar a ele o magismo puro da primitiva Sabedoria Secreta – חכמה-נסתרה (Hokhmah-Nistharah), da qual, como nos diz a inscrição, ele mesmo era um hierofante, vemos reaparecer novamente o Zeruana, ou tempo ilimitado, representado pelo brâmanes no *chakra*, ou um círculo, que vemos representado no dedo levantado das divindades principais. Mais adiante, mostraremos a relação em que se encontra com os místicos números pitagóricos – o primeiro e o último – que é um zero (0), e com o maior dos Deuses Misteriosos, IAÔ. Apenas a identidade deste símbolo, em todas as velhas religiões, é suficiente para mostrar a sua derivação comum de uma Fé primitiva[29]. Esse termo de "tempo ilimitado", que pode ser aplicado apenas ao UM que não tem começo nem fim, é denominado pelos Zoroastrianos de Zeruana-Akarane, porque ele sempre existiu. Sua glória, dizem eles, é exaltada demais, a sua luz resplandecente demais para o intelecto humano, ou para os olhos mortais alcançarem e verem. Sua emanação primordial é a luz eterna, que tendo estado anteriormente oculta nas trevas, foi chamada a manifestar-se, formando dessa maneira Ormasde, "o Rei da Vida". Ele é o primeiro nascido do tempo ilimitado, mas como o seu próprio antetipo, ou idéia espiritual preexistente, viveu dentro das trevas primitivas por toda a eternidade. Seu *Logos* criou o puro mundo intelectual. Depois de um intervalo de três grandes ciclos[30] ele criou o mundo material em seis períodos. Os seis Amshâspands, ou *primitivos* homens espirituais, a quem Ormasde criou à sua própria imagem, são os mediadores entre este mundo e ele mesmo. Mithras é uma emanação do Logos e o chefe de vinte e oito *yazatas*, que são os anjos tutelares da parte espiritual da Humanidade – as almas dos homens. Os *ferohers* são infinitos em número. Eles são as idéias, ou antes, as concepções ideais das coisas que se formam na mente de Ormasde ou Ahuramazda, antes que eles concordem que elas assumam uma forma concreta. Elas são o que Aristóteles denomina "privações" ou formas e substâncias. A religião de Zaratustra, como ela sempre é chamada no *Avesta*, é uma da qual os antigos judeus tomaram emprestada a maioria dessas formas. Em um dos *Yashts*, Ahuramazda, o Supremo, dá ao vidente, como um dos seus nomes sagrados, *Ahmi*, "Eu sou"; e em outro lugar, *ahmi yat ahmi*, "Eu sou o que sou", como se alega ter dito Jeová a Moisés.

Esta cosmogonia, adotada com uma mudança de nomes na *Kabala* rabínica, encontrou o seu caminho mais tarde, com algumas investigações teóricas de Manes, o meio mago, meio platônico na grande matéria do Gnosticismo. As verdadeiras doutrinas de Basilides, Valentino e de Marcion não podem ser corretamente verificadas nos escritos preconceituosos e caluniosos dos padres da Igreja; porém, de preferência no que restou das obras dos bardesanianos conhecidos como nazarenos. É quase impossível, agora que todos os seus manuscritos e livros foram destruídos, atribuir a cada uma dessas seitas a sua devida parte nos pontos de vista divergentes. No entanto, uns poucos homens que preservaram os livros e as tradições diretas sobre ofitas ainda vivem, embora eles pouco se importem em partilhá-los com o mundo. Entre as seitas desconhecidas do Monte Líbano e da Palestina, a verdade tem sido oculta por mais de mil anos. E o *diagrama* do esquema ofita que elas apresentam difere das descrições dele, feitas por Orígenes[31] e portanto do *diagrama* de J. Matter[32].

A trindade cabalística é um dos modelos da Trindade Cristã. "A Secular, cujo nome é santificado, tem três cabeças, que perfazem uma só."[33] *Tria capita exsculpta sunt, unum intra alterum, et alterum supra alterum.* "Três cabeças estão introduzidas uma na outra, e uma sobre a outra. A primeira cabeça é a Sabedoria Oculta (*sapientia abscondita*). Embaixo dessa cabeça está a SECULAR (*Mônada* Pitagórica), o mais secreto dos mistérios; uma cabeça que não é cabeça (*caput quod non est caput*); ninguém pode saber o que existe nessa cabeça. Nenhum intelecto é capaz de compreender esta sabedoria."[34] Esse *Senior Sanctissimus* é envolvido pelas três cabeças. Trata-se da eterna LUZ da sabedoria; e a sabedoria é a fonte de onde se originaram todas as manifestações. "Essas três cabeças estão incluídas em UMA CABEÇA (que não é cabeça); e essas três são curvadas para baixo (protegidas) por PEQUENA FACE (o Filho) e através delas todas as coisas brilham na luz."[35] "Ain-Soph emite um raio de luz a partir de *El* ou *Al* (o mais elevado Deus da Trindade), e a luz segue com o raio, entra, passa através e sai do *Primus* Adão (Cadmo), que está *oculto* até que o plano das disposições (*statum dispositionis*) esteja pronto; esse raio passa por ele da cabeça até os pés; e nele (não Adão oculto) está a imagem de UM HOMEM."[36]

"Quem quiser ter assim um vislumbre da unidade sagrada, deve considerar uma chama surgindo de um carvão em brasa ou de uma lâmpada acesa. Em primeiro lugar, verá uma luz dupla – uma branca e brilhante, e uma preta ou azul; a luz branca está *acima*, ascendendo numa luz direta, enquanto que a luz azul ou preta, está *abaixo* e se parece com a base da precedente, ainda que ambas estejam tão intimamente interligadas que constituem uma única chama. A base, entretanto, formada pela luz azul ou preta, está ligada novamente com a matéria ardente que está *embaixo* dela. A luz branca nunca muda de cor, sempre permanece branca; no entanto, são observadas várias sombras na luz mais baixa, ao mesmo tempo que na luz que está mais embaixo de todas, além de tudo se observa que ela toma duas direções: *acima*, ela está unida com a luz branca e embaixo com a matéria ardente. Ora, essa está constantemente se consumindo, e perpetuamente ascende à luz superior, e assim tudo se funde numa só unidade."[37]

Essas eram as idéias seculares da Trindade na unidade, como se ela fosse uma abstração. O homem, que é o microcosmo do macrocosmo, ou do arquetípico homem celestial, Adão-Cadmo, é igualmente trino; pois ele se constitui de *corpo*, *alma* e *espírito*.

"Tudo que é criado pelo 'Ancião dos Anciães' pode viver e existir apenas por meio de um macho e uma fêmea", diz o *Zohar*[38]. Apenas Ele, de quem ninguém pode dizer "Tu", porque ele é o espírito da CABEÇA BRANCA em que as "TRÊS CABEÇAS" estão unidas, é Incriado. Do fogo sutil, um dos lados da Cabeça Branca, e do "ar sutil", do outro lado, emana Shekhînah, o seu véu (o Espírito Sagrado tornado feminino). Esse alento", diz *Idrah Rabbah*," é o mais secreto (*occultissimus*) atributo do Ancião dos Dias[39]. O Ancião dos Anciães é o *Oculto do Oculto*[40]. Todas as coisas são Ele, e Ele está oculto de todos os lados[41]. O *cranium* da CABEÇA BRANCA não tem começo, mas o seu fim tem um reflexo brilhante e uma *perfeição* que é o nosso universo."[42]

"Eles consideram", diz Kleucker, "o nascido em primeiro lugar como homem e mulher, até onde o seu espírito vital ou alento de vida inclui todos os outros espíritos vitais nele mesmo."[43] A Shekhînah cabalística responde à ofita Sophia. Falando apropriadamente, Adão-Cadmo é Bythos, mas em seu sistema de emanação, onde tudo é calculado para surpreender e colocar obstáculos à pesquisa, ele é a *Fonte* da Luz, o primeiro "homem primitivo", e ao mesmo tempo *Ennoia*, a Mente de Bythos, a Profundeza, porque ele é Poimandres.

Os gnósticos, bem como os nazarenos, fazendo a alegoria da personificação dizem que o *Primeiro* e o *Segundo* homem amaram a beleza de Sophia (Sephîrâh), a primeira mulher, e dessa forma o Pai e o Filho fecundaram a *"Mulher"* celestial e de sua primordial escuridão procriaram a luz visível (Sephîrâh é a Luz Invisível ou Espiritual), "a que chamaram de CRISTO UNGIDO, ou Rei Messias"[44]. Este Cristo é o *Adão de Barro* antes da sua queda, com o espírito de Adonai, seu Pai, e Shekhînâh Adonai, sua mãe, sobre ele; porque o *Primus* Adão é Adon, Adonai ou Adônis. A primordial existência se manifesta por sua sabedoria e produz o Logos *Inteligível* (toda a criação visível). Essa sabedoria foi venerada pelos Ofitas na forma de uma serpente. Até hoje, nós vemos que a primeira e a segunda vida são os dois Adões, ou o primeiro e o segundo homem. No precedente jaz *Eva*, ou a ainda não nascida *Eve* espiritual, e ela está dentro do Adão *Primordial*, pois ela é uma parte dele mesmo, que é andrógino. A Eva de barro, ela que será chamada de "a mãe de tudo o que vive" no Gênese, está dentro de Adão, o segundo. E agora, a partir do momento de sua primeira manifestação, o SENHOR MANO, a Sabedoria Ininteligível, desaparece da cena da ação. Ela se manifestará apenas como Shekhînâh, a GRAÇA; pois, a CORONA é "a mais íntima Luz de todas as Luzes", e portanto é a própria essência das "trevas"[45].

Na *Cabala*, Shekhînâh é a nona emanação de Sephîrâh, que contém todos os dez Sephîrôth dentro de si mesma. Ela pertence à terceira Tríada e é produzida juntamente com *Malkhuth* ou "Reino", do qual ela é a contrapartida feminina. Além disso, assegura-se que ela é mais elevada que qualquer desses, pois ela é a "Glória Divina", o "véu", ou "a veste" de Ain-Soph. Os Judeus, cada vez que ela é mencionada no *Targumin*, dizem que ela é a glória de Jeová, que mora no tabernáculo, manifestando-se como uma nuvem visível; a "Glória" que descansa no assento sagrado do *Sancta Sanctorum*.

No sistema nazareno ou bardesiano, que pode ser denominado de Cabala dentro da Cabala, o Ancião dos Dias – *Antiquus Altus* – que é o Pai do Demiurgos do Universo, é chamado a *Terceira* Vida, ou *Abathur*; e ele é o Pai de *Pthahil*, que é o arquiteto do universo visível, que ele chama à existência pelos poderes de seu gênio, sob ordem do "Maior de Todos"; o Abathur corresponde ao *Pai* de Jesus na posterior Teologia cristã. Então, essas duas *Vidas* superiores são a coroa dentro da qual mora o maior *Ferho*. "*Ferho* existia antes que qualquer criatura viesse à vida."[46] Esta é a Primeira Vida, sem forma e invisível, em que existe o vivente Espírito da *Vida*, a Mais elevada GRAÇA. São UM a partir da eternidade, pois são Luz e a CAUSA da Luz. Portanto, correspondem à *Sabedoria* cabalística oculta e à oculta Shekhînâh – o Espírito Sagrado. "Essa Luz que se manifesta é a veste do Oculto Sagrado," diz *Idrah Zutah*[47]. E o "homem celestial" é o Adão Superior". Ninguém conhece os seus caminhos, exceto *Macroprosopus*" (Face longa) – o deus superior *ativo*[48]. "Não como eu estou escrito quero ser lido; neste mundo o meu nome será escrito Jeová e lido Adonai"[49], diz acertadamente o Rabino. Adonai é Adão-Cadmo; ele é ambos, PAI E MÃE. Por essa dupla mediação, o Espírito do "Ancião dos Anciães" desce sobre *Microprosopus* (Pequena Face) ou o Adão do Éden, e o "Senhor Deus assoprou em suas narinas o alento vital".

Quando a mulher se separou de seu andrógino, e se tornou uma individualidade distinta, a primeira história se repetiu novamente. Ambos, Pai e Mãe, os dois Adões, amam a sua beleza; e, em seguida, seguem a alegoria da tentação e da queda. Está na *Cabala*, bem como no sistema dos ofitas, em que ambos, Ophis e Ophiomorphos são emanações emblemáticas de serpentes, as precedentes representando a eternidade, a sabedoria e o espírito (como no magismo caldeu do culto, a áspide e a Doutrina da Sabedoria, nos velhos tempos), e mais tarde em Cunning, Envy e Matter. Tanto o espírito como a matéria são serpentes; e Adão-Cadmo se torna Ophis que tenta a si mesmo –

homem e mulher – a saborear da "Árvore do Bem e do Mal", a fim de ensiná-los nos mistérios da sabedoria espiritual. A Luz tenta as Trevas, e as Trevas atraem a Luz, pois a trevas são a *matéria* e "a Mais elevada Luz não brilha em sua *Tenebrae*". Com a sabedoria sobrevém a tentação do Ophiomorphos e esta prevalece. O dualismo de qualquer religião existente é revelada pela queda. "Eu recebi um homem *do Senhor*", exclama Eva, quando o Dualismo, Caim e Abel – mal e bem – nasceu. "E Adão conheceu Hua, a sua mulher (*astu*), e ela engravidou e deu à luz Kin, e disse: קניתי איש את־יהוה : *Kanithi aish ath Yahveh* – Eu recebi ou obtive um marido, por *Yahveh* (*Ish* – *homem*)"[50]. "*Cum arbore peccati Deus creavit seculum.*"

E agora compararemos este sistema com o dos judeus gnósticos – os nazarenos, bem como com outras filosofias.

O ISH AMON, o *pleroma* ou o círculo ilimitado que deita *todas as formas* é o PENSAMENTO do poder divino; atuou EM SILÊNCIO, e repentinamente a luz nasceu das trevas; ela é chamada de SEGUNDA VIDA; e essa cria ou gera a TERCEIRA. Essa terceira luz é "o Pai de todas as coisas que vivem", como EUA é a "mãe de tudo o que vive". Ele é Criador que transforma a matéria inerte em vida, através do seu espírito vivificador e, por essa razão, é denominado o primórdio do mundo. Abathur é o Pai que cria o primeiro Adão, que, por sua vez, cria o segundo. Abathur abre o portal e anda através da água escura (caos) e, ao olhar para ela, vê as trevas refletidas em Sua imagem... e eis que é formado um FILHO – o Logos ou Demiurgo; Pthahil, que é o construtor do mundo *material* é chamado à vida. Segundo o dogma gnóstico, esse era o *Metatron*, o Arcanjo Gabriel, ou mensageiro da vida; ou, como símbolo bíblico, novamente o andrógino Adão-Cadmo, o FILHO, que, com o espírito do Pai, produz o UNGIDO, ou o Adão antes da queda.

Quando Svayambhû, o "Senhor que existe através de Si mesmo" se vê compelido a manifestar-se, é assim descrito nos livros sagrados hindus:

Tendo sido levado a produzir vários seres a partir de sua própria essência, em primeiro lugar manifestou as águas, que nelas desenvolveram uma semente produtiva.

"A semente se transformou em um germe brilhante como o ouro, esfuziante como um lustre com mil lâmpadas; desse óvulo ele nasceu por si mesmo, na forma de BRAHMÂ, o grande princípio de todos os seres."[51]

O Kneph egípcio, ou Chnuphis, a Sabedoria Divina, representada por uma serpente, produz um ovo de sua boca, do qual sai Phtah. Nesse caso, Phtah representa o germe universal, bem como Brahman, que é do gênero neutro[52], além disso [como Brahmâ] ele se torna simplesmente um dos nomes da Divindade. O anterior foi o modelo das TRÊS VIDAS dos nazarenos, como o das *Faces* cabalísticas foi PARTZUPHIM, que por sua vez forneceu o modelo para a Trindade cristã de Irineu e seus seguidores. O ovo foi a matéria primitiva que serviu de material para a construção do universo visível; ele continha, assim como o Pleroma Gnóstico, a Shekhînâh cabalística, o homem e a mulher, o espírito e a vida, "cuja luz inclui todas as outras luzes" ou espíritos vitais. Esta primeira manifestação foi simbolizada por uma serpente, que é, em primeiro lugar, a sabedoria *divina*, mas *caindo na geração* ela se tornou poluída. Phtah é o homem celestial, o egípcio Adão-Cadmo, ou Cristo, que em conjunção com o Sagrado Espírito feminino, a Zoê, criou os cinco elementos, o ar, a água, o fogo, a terra e o éter; sendo o último uma cópia servil do Âdi budista e de suas cinco Dhyâni-Buddhas, como mostramos no capítulo anterior. O *Svâyambhuva-Nara* hindu se desenvolve a partir do *princípio-materno*, encerrado em sua própria essência divina – *Nârî*, a Virgem imortal que, quando impregnada pelo seu espírito, se tornou *Tanmâtra*, a mãe dos cinco elementos – ar, água, fogo, terra e éter. Dessa forma pode ser provado que todas as outras provêm da cosmogonia hindu.

Knorr von Rosenroth, ocupando-se com a interpretação da *Cabala*, argumenta que "No primeiro estado (da sabedoria secreta), o infinito Deus pode ser entendido como 'Pai' (do novo pacto). Porém, a Luz, sendo transmitida pelo Infinito por meio de um canal para o Adão Primordial ou *Messiah*, e unida a ele, pode ser aplicada ao nome FILHO. E o influxo emitido para baixo por ele (o Filho) às partes mais baixas (do Universo), pode ser aplicado ao caráter do Espírito Sagrado"[53]. *Sophia-Akhamôth*, a VIDA meio-espiritual, meio-material, que vivifica a matéria inerte nas profundezas do caos, é o espírito sagrado dos gnósticos, e o *Spiritus* (feminino) dos nazarenos. Ela é – recordemo-nos – a *irmã* de *Cristo*, a emanação perfeita, sendo ambos filhos ou emanações de Sophia, a filha espiritual e intelectual de Bythos, a Profundeza. Para os mais velhos, Sophia é Shekhînâh, a Face de Deus, "Shekhînâh de Deus que é a sua imagem"[54].

"O Filho, Zeus-Belus, ou Sol-Mithra, é uma imagem do Pai, uma emanação da *Luz Suprema*", diz Movers. "Ele passa pelo Criador."[55]

"Os filósofos denominam o primeiro alento de *anima mundi*. Todavia, a veste (Shekhînâh) é mais elevada do que o primeiro alento, uma vez que está unida a Ain-Soph, o Ilimitado."[56] Dessa forma, *Sophia* é Shekhînâh, e Sophia-Akhamôth a *anima mundi*, a luz astral dos cabalistas, que contém os germes espirituais e materiais de tudo o que existe. Pois a Sophia-Akhamôth, como *Eva*, de quem é o protótipo, é "a mãe de tudo o que vive".

No sistema nazareno, bem como na filosofia hindu, há três trindades, no período antivédico e no antecedente. Enquanto vemos os poucos tradutores da *Cabala*, do *Codex* nazareno e de outras obras abstrusas, debatendo-se desesperançadamente no meio de um interminável panteão de nomes, incapazes de concordar com um sistema que os classifique, pois uma hipótese contradiz e derruba a outra, nós gostaríamos de saber, em toda essa problemática, qual seria a mais facilmente adequada. No entanto, até mesmo agora, quando a tradução, e mesmo a leitura atenta do sânscrito antigo se tornou tão fácil como um ponto para comparação, eles nunca pensariam na possibilidade de cada filosofia – ou semítica, hamítica ou turaniana como as chamam, ter a sua chave nas sagradas obras hindus. Os fatos ainda estão aí, e fatos não são facilmente destruídos. Portanto, enquanto encontramos a Trimûrti Hindu tríplice manifesta como:

Nara (ou Para-Purusha)	Agni	Brahmâ	o Pai
Nârî (Mahâmâyâ)	Vâyu	Vishnu	a Mãe
Virâj (Brahmâ)	Sûrya	Śiva	o Filho

e a trindade egípcia como se segue:

Kneph (ou Amen)	Osíris	Râ (Horus)	o Pai
Maut (ou *Mut*)	Ísis	Ísis	a Mãe
Khonsu	Horus	Malouli	o Filho[57]

o sistema nazareno expõe:

Ferho (Ish-Amon)	Mano	Abathur	o Pai
Caos (água escura)	Spiritus (feminino)	Netubto	a Mãe
Pthahil	Lehdoio	Senhor Jordão	o Filho

A primeira é a trindade oculta ou não manifestada – uma abstração pura. A outra é ativa ou a que é revelada como resultado da criação, procedendo da anterior – o protótipo espiritual. A terceira é a imagem mutilada das outras duas, cristalizada na forma de dogmas humanos, que variam de acordo com a exuberância da imaginação materialista nacional.

O Senhor Supremo da luz e do esplendor, luminoso e resplandecente, antes do qual nenhum outro existiu, é chamado Corona (a coroa); o Senhor Ferho, a vida não revelada que existiu antes, de eternidade; e o Senhor Jordão – o espírito, de a água viva da graça[58]. É apenas através dele que podemos ser salvos; e portanto, ele corresponde à Shekhînâh, a veste espiritual de Ain-Soph, ou o espírito sagrado. Esses três constituem a trindade *in abscondito*. A segunda trindade é composta de três vidas. A primeira é a semelhança com o Senhor Ferho, através de quem continua; e o segundo Ferho é o Rei da Luz – MANO (Rex Lucis). Ele é a luz e a vida celestial, e é mais velho que o Arquiteto do céu e da terra[59]. A segunda vida é *Ish Amon* (Pleroma), o recipiente da eleição, contendo o pensamento visível de *Iordanus Maximus* – o *tipo* (ou o seu reflexo intelegível), o protótipo da água vivente, que é o *"Jordão espiritual"*[60]. A terceira vida, que é produzida pelas outras duas, é ABATHUR (Ab, o Progenitor, ou Pai). Este é o misterioso e decrépito "Ancião dos Anciães" o "Secular *Senem sui obtegentem et grandaevum mundi*". Essa última terceira Vida é o Pai do Demiurgo Pthahil, o Criador do mundo, a quem os ofita chamam Ialdabaôth[61], embora Pthahil seja o *único gerado*, o reflexo do Pai, Abathur, que se gerou olhando a "água escura"[62]; mas o Senhor Mano, "o Senhor da grandiosidade, Senhor de toda a genialidade", é mais elevado que o Pai deste *Codex* cabalístico – um é puramente espiritual, o outro é material. Dessa forma, por exemplo, enquanto o "único gerado" de Abathur é o gênio Pthahil, o Criador do mundo físico, o Senhor Mano, o "Senhor da Celsitude" que é filho Dele, que é "o Pai de todos que pregam o Evangelho" produz também um "único gerado", o Senhor Lehdoio, "um Senhor justo". Ele é o Cristo, o Ungido, que derrama a "graça" do Jordão invisível, o Espírito da *Coroa Mais Elevada*.

No Arcano, "na assembléia do esplendor, iluminada por MANO, a quem as centelhas do brilho devem a sua origem", os gênios que vivem na luz "surgiram, foram ao Jordão visível, e a água corrente... eles guardaram segredo... e fizeram aparecer o Único Filho Gerado de uma imagem imperecível, e que não pode ser concebido por reflexão, Lehdoio o Senhor justo, e saltaram de Lehdoio, o senhor justo, que a vida tinha produzido por sua palavra"[63].

Mano é o chefe dos sete *Aeôns*, que são *Mano* (*Rex Lucis*), Ayar-Ziwa, Ignis Vivus, Lux, Vita, Aqua Viva (a água viva do batismo, o gênio do Jordão), e *Ipsa Vita*, a chefe dos seis *gêniis,* que formam com ele o *sete* místico. O Mano nazareno é simplesmente a cópia do primeiro Manu hindu – a emanação de Manu-Svâyambhuva – de quem evoluíram sucessivamente os seis outros Manus, tipos das raças humanas subseqüentes. Encontramos todas elas representadas pelo apóstolo cabalista João em "as sete lâmpadas do fogo ardente diante do trono, que são os sete espíritos de Deus"[64], e nos sete anjos que levam as sete taças. Em Pthahil, novamente reconhecemos a doutrina cristã.

No Apocalipse de João, o Teólogo, se diz: "Eu voltei-me e vi... no meio dos *sete candeeiros* alguém semelhante ao Filho do Homem... sua cabeça e seu cabelo pareciam lã, brancos como neve; e seus olhos pareciam uma como chama de fogo... e seus pés eram semelhantes ao latão fino quando está numa fornalha ardente" (I,12-5). *João* repete nessa passagem, como se sabe bem, as palavras de Daniel e de Ezequiel.

"O Ancião dos Dias... cujo cabelo era branco como pura lã... etc." E "a semelhança de um *homem*... acima do trono... e a semelhança do fogo, e ela tinha refulgência a toda a volta"[65]. O fogo é "a glória do Senhor". Pthahil é o filho do homem, a Terceira Vida, e sua parte superior está representada tão branca como a neve; enquanto está em pé perto do trono do fogo ardente, ele tem a aparência de uma chama.

Todas essas visões "apocalípticas" baseiam-se na descrição da "cabeça branca" de *Zohar*, em quem está unida a trindade cabalista. A cabeça branca, "que oculta em seu crânio o espírito", e que é rodeada pelo fogo sutil. A "semelhança de um homem" é aquela de Adão-Cadmo, através de quem passa o facho de luz representado pelo fogo. Pthahil é o *Vir Novissimis* (o homem mais novo), o filho de Abathur[66], sendo esse último o "homem" ou a *terceira* vida[67], agora o terceiro personagem da Trindade. *João* vê "alguém semelhante ao filho do homem," segurando em sua mão direita sete estrelas, e de pé entre "sete candeeiros dourados (*Apocalipse, I*). Pthahil ocupa sua "posição no alto", segundo a vontade de seu pai, "o mais elevado Aeon que tem sete cetros e sete gênios, que astronomicamente representam os sete planetas ou estrelas. Ele está em pé "brilhando nas vestes do Senhor, resplandecente por meio dos gênios"[68]. Ele é o Filho do seu Pai, a Vida, e de sua mãe, o Espírito, ou Luz[69]. *No Evangelho segundo São João,* o Logos é representado como aquele em quem havia "Vida, e a vida era a *luz* dos homens"(I, 4). Pthahil é o Demiurgo, e seu pai criou o universo visível da matéria através dele[70]. Na *Epístola de Paulo aos Efésios*(III, 9), diz-se que Deus "*criou todas as coisas* por meio de Jesus." No *Codex*, a VIDA-Progenitora diz: "Levante-se, vá, nosso filho ungido em primeiro lugar, ordenado para todas as criaturas"[71]. "Assim como o pai que vive me enviou", diz Cristo, "Deus enviou o seu filho ungido para que nós possamos viver"[72]. Finalmente, tendo concluído a sua obra na Terra, Pthahil se eleva até o seu pai Abathur. "*Et qui, relicto quem procreaverat mundo, ad Abathur suum patrem contendit.*"[73] "Meu pai me enviou... Eu vou ao Pai", repete Jesus.

Deixando de lado as disputas teológicas do Cristianismo, que tenta fundir o Criador Judaico do primeiro capítulo do Gênese com o "Pai" do *Novo Testamento*, Jesus afirma repetidamente do seu Pai: "Ele está *oculto*". Certamente ele não teria denominado desta forma o sempre-presente "Senhor Deus" dos livros mosaicos, que Se mostrou a Moisés e aos Patriarcas, e que finalmente permitiu que os anciãos de Israel olhassem para Ele[74]. Quando Jesus se pôs a falar no templo em Jerusalém como da "Casa de seu Pai", ele não se referia à construção física, que ele afirmava poder destruir e reconstruir em três dias, mas ao templo de Salomão, o cabalista sábio, que indicava em seus *Provérbios* que cada homem é o templo do Senhor, ou do seu próprio espírito divino. Este termo "Pai que está oculto", nós também vemos tanto na *Cabala* como no *Codex nazareus*, e em outros lugares. Ninguém jamais viu a sabedoria oculta no "*Cranium*" e ninguém atingiu a "*Profundidade*" (Bythos). Simão, o *Mago*, pregou sobre "um Pai desconhecido por todos"[75].

Nós podemos rastrear essa denominação de um Deus "secreto" ainda mais para trás. Na *Cabala*, o "Filho" do Pai *oculto* que reside na luz e na glória, é o "Ungido", o *Zeir-Anpîn*, que une a si mesmo todas as Sephîrôth, ele é o Cristo, ou o homem celestial. É através de Cristo que o Pneuma, ou o Espírito Sagrado, cria "todas as coisas" (Efésios, III, 9), e produz os quatro elementos, o ar, a água, o fogo e a terra. Essa afirmativa é inquestionável, pois nós encontramos Irineu baseando nesse fato o melhor argumento para a necessidade de haver quatro evangelhos. Não pode haver nem mais nem menos que quatro – ele argumenta. " Pois se há quatro quadrantes do mundo, e quatro pontos cardeais (καθολικὰ πνεύματα)... está certo que ela (a Igreja) deva ter quatro pilares. De onde se manifesta que a Palavra, '*o realizador de tudo*, ele *que se senta acima do Querubim*, continue a brilhar!' Pois o Querubim também tem *quatro faces* e suas faces são os símbolos das obras do Filho de Deus."[76]

Não nos deteremos para discutir longamente a especial santidade do querubim de quatro faces, embora, talvez, possamos revelar a sua origem em todos os antigos pagodes da Índia, nos *vâhanas* (ou veículos) de seus deuses principais; como da mesma maneira poderemos facilmente atribuir o respeito prestado a eles, à sabedoria cabalística, que, muito embora, a Igreja rejeita com grande horror. Porém, não podemos resistir à tentação de recordar ao leitor que ele pode se certificar facilmente de alguns sentidos atribuídos a esses querubins, lendo a *Cabala*. "Quando as almas estão para deixar sua morada", diz o *Zohar*, mantendo a doutrina da preexistência das almas no mundo de emanações, "cada alma separadamente aparece diante do Rei Sagrado, vestida de uma forma sublime, com os trajes em que aparecia neste mundo. É dessa forma sublime que procede a imagem."[77] Então o *Zohar* prossegue para dizer que os tipos ou formas dessas faces "são quatro em número – aquelas de anjo ou homem, do leão, do touro, e da águia". Além disso, bem podemos expressar a nossa admiração pelo fato de Irineu não ter reforçado esse argumento para os quatro evangelhos citando o Panteão inteiro dos deuses hindus de quatro braços!

Ao representar os seus quatro animais, agora chamados de querubins, como tipos dos quatro seres simbólicos, que em suas visões sustentam o trono de Jeová, Ezequiel não precisou procurar muito longe os seus modelos. As divindades tutelares dos caldeus e babilônios eram familiares a ele; Sed, Alaph ou *Kirub* (Querubim), o touro com a face humana; Nergal, o leão com cabeça humana; Ustur, o homem Esfinge; e Nattig, com a sua cabeça de águia[*]. A religião dos mestres – os idólatras babilônios e assírios – foi transferida quase corporeamente na escritura revelada pelos cativos, e desde aí para o Cristianismo.

Já encontramos Ezequiel voltado para a semelhança da glória do Senhor "com o filho do homem". Esse título peculiar é reiteradamente usado ao longo de todo o livro deste profeta, que é tão cabalístico como o "registro de um livro", como a "Glória" o alimenta. Ele é escrito a partir do íntimo como do exterior: e seu verdadeiro significado é idêntico ao do *Apocalipse*. Parece estranho que tanta ênfase tenha sido colocada nessa denominação em particular, que se diz ter sido aplicada por Jesus a si mesmo, quando, na linguagem cabalística ou simbólica, um profeta é assim mencionado. É extraordinário ver Irineu concordando com essas descrições gráficas de Jesus como que para mostrá-lo como "o realizador de tudo, sentado acima do querubim"[78], a menos que ele o identifique com Shekhînâh, cujo lugar costumeiro era entre os Querubins do Trono da Misericórdia. Também sabemos que Querubim e Serafim são títulos da "velha serpente" (o demônio ortodoxo), sendo os Serafins as serpentes ardentes ou de fogo, no simbolismo cabalístico. As dez emanações de Adão-Cadmo, chamadas de Sephîrôth, têm emblemas e títulos correspondentes a cada uma delas. Assim, por exemplo, as duas últimas são Vitória, ou Yehovah-Tsabaôth, cujo símbolo é a coluna direita de Salomão, o Pilar *Jachin*; enquanto GLÓRIA é o Pilar esquerdo, ou *Boaz*, e seu nome é "a velha serpente", e também "Serafim e Querubim"[79].

* Consultar: Isaac Myer, *Qabbalah*, Filadélfia, 1888, pp. 227-28; A. H. Sayce, *Records of the Past*, III, p. 121; J. Kitto, *Cyclop. of Biblical Literature*, 1876, vol. I, p. 484; F. Lenormant, *Chaldean Magic*, 1878, p, 39, 47, 121. (N. do Org.)

O "Filho do Homem" é um título que não deveria ser usado a não ser por cabalistas. Exceto, como verificamos acima, no *Velho Testamento*, ele é usado apenas por um único profeta – Ezequiel, o cabalista. Em suas relações mútuas e misteriosas, os Aeons ou Sephîrôth são representados na *Cabala* por um grande número de círculos, e algumas vezes pela figura de um HOMEM, que é simbolicamente formado a partir desses círculos. Este homem é Zeir-Anpîn, e os 243 números de que a sua figura se constitui, se relacionam com as diferentes ordens da hierarquia celestial. A idéia original dessa figura, ou antes, o seu modelo, pode ter sido extraída do Brahmâ hindu, e as várias castas, representadas por algumas partes do seu corpo, como sugere King em seu *Gnostics*. Em um dos maiores e mais bonitos templos – caverna, em Ellora, dedicado à Viśvakarman, filho de Brahmâ, existe uma representação deste Deus e de suas qualidades. Para alguém acostumado com a descrição de Ezequiel da "semelhança das quatro criaturas viventes" cada uma das quais possuía quatro faces e as mãos de um homem embaixo de suas asas, etc.[80], a figura de Ellora deve certamente parecer absolutamente *Bíblica*. Brahmâ é denominado o pai do "homem" bem como de Júpiter e de outros deuses elevados.

É na representação budista do Monte Meru, chamado pelos birmaneses *Myénmo*, e pelos siameses de *Sineru*, que nós encontramos um dos originais de Adão-Cadmo, Zeir-Anpîn, o "homem celestial", e de todos os aeons, sephîrôth, poderes, domínios, tronos, virtudes e dignidades da *Cabala*. Entre duas colunas, que são unidas por um arco, cuja abóbada é em forma de meia-lua. Este é o domínio em que reside a Suprema Sabedoria do Âdi-Buddha, a Divindade Suprema e Invisível. Ao lado desse ponto central mais elevado, vem o círculo da emanação direta do Desconhecido – o círculo de Brahmâ segundo alguns hindus, do primeiro avatâra de Buddha, segundo outros. Isso corresponde ao Adão-Cadmo e às dez Sephîrôth. Nove dessas emanações são circundadas pela décima, e ocasionalmente são representadas por pagodes, cada um portando um nome que exprime uma das qualidades principais da Divindade manifesta. Abaixo, então, vêm os sete estágios, ou esferas celestiais, sendo cada esfera circulada por um mar. Essas são as mansões celestiais dos *devatâs*, ou deuses, cada um deles perdendo um pouco de sua santidade e pureza, à medida que se aproximam da Terra. Em seguida vem o próprio Meru, formado por círculos inumeráveis dentro de três círculos maiores, representando a Trindade do homem; e para alguém familiarizado com o valor numérico das letras dos nomes bíblicos, como o da "Grande Besta", ou o de Mithras, $\mathrm{M}\iota\theta\rho\alpha\varsigma$ $\alpha\beta\rho\alpha\xi\alpha\varsigma$, e outros, trata-se de um assunto fácil estabelecer a identidade dos deuses-Meru com as emanações, ou com as Sephîrôth dos cabalistas. Também os gênios dos nazarenos, com as suas missões especiais, são todos eles encontrados nesses mitos mais antigos, numa mais perfeita representação do simbolismo da "doutrina secreta", como era ensinada em eras arcaicas.

King deu algumas sugestões – embora estas fossem, sem dúvida, insuficientes demais para ensinar algo de importância, pois eram baseadas nos cálculos do Bispo Newton[81] – como modo de extrair os mistérios do valor númerico das letras. Entretanto, vemos que este grande arqueólogo, que devotou tanto tempo e trabalho ao estudo dos tesouros gnósticos, corrobora nossas afirmativas. Ele revela que a teoria inteira é hindu, e acentua que *durgâ*, o aspecto feminino de cada divindade asiática, é o que os cabalistas denominam de *virtude* ativa[82] na hierarquia celestial, um termo que os padres cristãos adotaram e repetiram, sem apreciá-lo completamente, e cujo significado, a teologia posterior desfigurou completamente. Mas retornemos a Meru.

O conjunto é rodeado por *Mahâ-Samudra*, ou o grande mar – a luz astral e o éter dos cabalistas e dos cientistas; e dentro do círculo central aparece "a semelhança com um homem". Ele é o Akhamôth dos nazarenos, a unidade dupla, ou o homem andrógino: a encarnação celestial, e uma representação perfeita de Zeir-Anpîn (pequena face) o filho de Arikh-Anpîn (face longa)[83]. Agora, essa semelhança é representada em muitas lamaserias por Gautama Buddha, o último dos *avatâras* encarnados. Ainda mais embaixo, sob Meru, fica a morada da grande *Nâga*, que é chamada de Râjâ-Nâga, a serpente-rainha – a serpente do Gênese, a Ophis gnóstica – e a deusa da terra, *Bhûmayî-Nârî*, ou *Yâmî*, que receia o grande dragão, pois ela é Eve, "a mãe de tudo o que vive". Ainda mais embaixo está a oitava esfera, as regiões infernais. As regiões mais superiores de Brahmâ são rodeadas pelo Sol, pela Lua e pelos planetas, os sete astrais dos nazarenos e justamente dessa maneira são descritos no *Codex*.

Estes são os sete demônios impostores que iludiram os filhos de Adão: O nome de um deles é *Sol*, do outro é *Spiritus Venereus*, Astro; do terceiro é *Nebu*, Mercurius, *um falso Messias*; ... o nome do quarto é Sin, *Luna*; o quinto é *Khîyûn*, Saturno; o sexto é *Bel*, Zeus; o sétimo *Nerig*, Marte."[84] Em seguida há "Sete Vidas procriadas", sete bons Astrais, "os quais são de Kebar-Ziwa, e são aqueles brilhantes, que brilham com forma e esplendor próprios que provêm do alto... No portal da CASA DA VIDA, o trono está dignamente colocado para o Senhor do Esplendor, e há TRÊS habitações"[85]. As habitações da *Trimûrti*, a trindade hindu estão colocadas ao lado da chave da abóbada – a meia-lua dourada, na representação de Meru. "E havia sob os seus pés [do Deus de Israel] como uma obra de pedra de safira." (Êxodo, XXIV, 10) Sob a meia-lua está o céu de Brahmâ, toda pavimentada com safiras. O paraíso de Indra é resplandecente como mil sóis; o de Śiva (Saturno) fica no nordeste; seu trono é feito de lápis-lazúli e o chão do céu é de ouro incandescente. "Quando ele senta no trono, ele arde em chamas até *a altura dos rins*." Em Hardvâr, durante a feira, em que ele é mais do que *Mahadêva*, o mais elevado deus, as qualidades e emblemas consagrados ao "Senhor Deus" judaico, podem ser reconhecidos um a um, naqueles de Śiva. A pedra Binlang[86], consagrada a essa divindade hindu, é uma pedra não lapidada, como a Bethel, consagrada pelo Patriarca Jacó, e erigida por ele "em pilar", e como a última Binlang, *é ungida*. Precisamos recordar aos estudantes que a *liñga*, o emblema destinado à Śiva e àqueles cujos templos são modelados desta forma, é idêntica em formato, significado e propósito aos "pilares" erigidos por alguns patriarcas para simbolizarem a sua adoração ao Senhor Deus. De fato, um desses *lithoi* patriarcal pode ser levado até os nossos dias nas procissões sivaíticas de Calcutá, sem que se suspeite de suas derivações hebraicas. Os quatro braços de Śiva são muitas vezes representados com apêndices, semelhantes a asas; ele tem *três* olhos e um *quarto olho* em forma de meia-lua, para simbolizar a agitação do oceano; como Pañcha Mukha Śiva, ele tem quatro cabeças.

Nesse deus reconhecemos a descrição dada por Ezequiel, no primeiro capítulo de seu livro, de sua visão, em que ele apreende a "semelhança de um homem" nas quatro criaturas viventes, que têm "quatro faces, quatro asas", que têm um par de "pés retilíneos... que cintilam como a cor *do bronze queimado*... e seus anéis estavam cheios de olhos em volta de todos os quatro". Trata-se do trono e do céu de Śiva que o profeta descreve ao dizer "... e havia algo parecido com um trono, com a aparência de uma safira... e eu vi como a cor de âmbar [ouro] na aparência de fogo à sua volta... de seus rins e até mais para cima, e da aparência dos seus rins até mais para baixo, eu vi como aparência de fogo". (Ezequiel, I, 26, 27). "E seus pés eram semelhantes ao latão fino quando está numa fornalha ardente" (Apocalipse, I, 15). "E a semelhança do semblante deles era... uma tinha o rosto de um querubim, e o rosto de um leão... elas também tinham o rosto de *um boi* e o rosto de uma águia" (Ezequiel, I, 10; X, 14). Essa aparência quádrupla, encontramos nos *dois querubins* de ouro, nas duas extremidades do arco; essas quatro *faces* simbólicas foram adotadas, mais tarde, pelos evangelhistas, uma por cada um como se pode verificar facilmente nas figuras de Mateus, Marcos, Lucas e João[87], prefixadas em seus respectivos evangelhos, na Vulgata Romana e nas Bíblias gregas.

"Taautus", o grande deus dos fenícios, diz Sanchoniathon, "tendo retratado Ouranus, também representou os semblantes dos deuses Cronus e Dagon, e as características dos elementos. Ele também imaginou para Cronus, a insígnia de seu poder real, tendo quatro olhos na parte da frente e quatro na de trás, dois deles fechados como se estivessem dormindo; e sobre as costas, quatro asas, duas abertas para voar e duas fechadas como que a descansar. O símbolo significava que quando Cronus dormia, ele estava observando e que, quando repousava, ele estava acordado. E da mesma maneira, com relação às asas: estava voando, enquanto descansava, embora descansasse ao voar."[88]

A identidade de Saturno com Śiva é mais corroborada ainda, se considerarmos o emblema deste último, o *damaru*, que é uma ampulheta, para mostrar a evolução do tempo, representada por esse deus na sua capacidade de destruição. O boi *Nandi*, o *vâhana* de Śiva e o mais sagrado emblema desse deus, é reproduzido no Ápis egípcio e no boi criado por Ormasde e morto por Ahriman. A religião de Zoroastro, baseada na "doutrina secreta", foi mantida pelo povo de Eritene[*]; era a religião dos persas quando eles conquistaram os assírios. Desde aí, é fácil delinear a introdução desse emblema de VIDA representado pelo boi, em cada sistema religioso. O colégio dos magos o aceitou com a mudança da dinastia[89]; Daniel é descrito como um rabino, o chefe dos astrólogos babilônios e dos magos[90]; e por essa razão vemos os pequenos bois assírios e os atributos de Śiva reaparecendo de forma pouco modificada nos querubins dos judeus talmudísticos, assim como detectamos o boi Ápis nas esfinges ou nos querubins do Arco Mosaico; e como os encontramos há alguns milhares de anos mais tarde, na companhia de um dos evangelhistas cristãos, Lucas.

Quem alguma vez viveu tempo suficiente na Índia para se familiarizar, mesmo superficialmente, com as divindades nativas, deve verificar a semelhança entre Jeová e outros deuses, ao lado de Śiva Como Saturno, este último sempre foi muito respeitado pelos talmudistas. Ele foi reverenciado pelos cabalistas alexandrinos como o inspirador direto da lei e dos profetas; um dos nomes de Saturno era Israel, e nós mostraremos, em tempo, a sua semelhança de certa maneira, com Abraão, que Movers[91] e outros sugeriram há muito tempo. Portanto, não deve nos causar espanto que Valentino, Basilides e os gnósticos ofitas colocassem a morada de seu Ialdabaôth, que também tanto é um destruidor, como um criador, no planeta Saturno; pois foi ele que ditou a lei no deserto e falou pela boca dos profetas. Se forem necessárias mais provas, nós as mostraremos no testemunho da própria *Bíblia* canônica. Em *Amos*, o *Senhor* se encolerizou com o povo de Israel. Ele rejeitou a queima de seus sacrifícios e ofertas e não ouviu as suas preces, mas indagou de Amos, "eles ofereceram sacrifícios e oferendas para mim

---

* É provável que o que se menciona aqui seja *Erythini* (Ερυθῖνοι), um lugar da costa de Paphlagonia, mencionado por Homero (*Ilíada*, II, 855) e por Estrabão (XI, 545). (N. do Org.)

no deserto por quarenta anos, ó casa de Israel? Porém, eles usaram o tabernáculo de teu Moloch e *Chiun* tuas imagens, a *estrela de teu deus*" (v. 25, 26). Quem eram Moloch e *Chiun*, a não ser Baal-Saturno-Siva, e *Chiun*, Khîyûn, o mesmo Saturno cuja estrela os israelitas usaram para si mesmos? Parece não haver escapatória neste caso: todas essas divindades são idênticas.

O mesmo acontece no caso dos numerosos Logoi. Enquanto que o Saoshyant de Zoroastro é moldado naquele do décimo avatâra bramânico, e o quinto Buddha dos seguidores de Gautama; e nós encontramos o anterior, depois de ter passado a parte integrante para o sistema cabalístico do rei Messias, refletido no apóstolo Gabriel dos nazarenos, e Hibil-Ziwa, o *Legatus*, mandado para a Terra pelo Senhor da Celsitude e da Luz; todos esses – hindus e persas, budistas e judaicos, o Cristo dos gnósticos e o Philonean Logos são encontrados combinados no "Mundo feito carne" do quarto *Evangelho*. O Cristianismo inclui todos estes sistemas, improvisados e organizados para se adaptar às circunstâncias. Se considerarmos o *Avesta* – encontraremos ali, o sistema dual que prevalece no esquema cristão. A luta entre Ahriman[92], as Trevas, e Ormasde, a Luz, tem continuado no mundo, desde o começo dos tempos. Quando chega o pior e parecer que Ahriman conquistou o mundo, e corrompeu toda a Humanidade, *então aparecerá o Salvador* da Humanidade, Saoshyant. Ele virá montado num cavalo branco e seguido por um exército de gênios bons, igualmente cavalgando corcéis brancos como leite[93]. E isso encontramos copiado de modo fideligno do Apocalipse: "Eu vi o céu aberto, e eis que apareceu um *cavalo branco;* e o que estava montado em cima dele se chamava o Fiel e o Verdadeiro... E seguiam-no os exércitos que estão no céu em cavalos brancos" (Apocalipse, XIX, 11, 14) O próprio Saoshyant nada mais é que a posterior *permutação* do Vishnu hindu. A figura deste deus pode ser encontrada até os dias de hoje, representada como o Salvador, o "Preservador" (a proteção do espírito de Deus), no templo de Râma. O quadro o apresenta em sua décima encarnação – o *Kalki-avatâra*, que está por vir – como um guerreiro armado montado num cavalo branco. Agitando sobre a sua cabeça a espada [da] destruição, na outra mão segura um escudo formado de anéis concêntricos, emblema dos ciclos que revolvem de grandes eras[94], pois Vishnu assim aparecerá no fim de *Kali-Yuga*, correspondendo ao fim do mundo esperado por nossos adventistas. "E de sua boca saía uma espada de dois gumes... e na sua cabeça estavam postos muitos diademas" (Apocalipse, XIX, 12, 15). Freqüentemente, Vishnu é representado com algumas coroas superpostas na sua cabeça. "E eu vi um anjo de pé no Sol" (17). *O cavalo branco é o cavalo do Sol*[95]. Saoshyant, o salvador persa, também nasceu de uma virgem, e no fim dos dias virá como um Redentor para regenerar o mundo, porém será precedido por dois profetas, que virão para anunciá-lo[96]. Em conseqüência, os judeus que têm Moisés e Elias estão agora esperando pelo Messias. "Em seguida virá a *ressurreição* geral, quando os bons entrarão imediatamente nesta morada feliz – a terra regenerada; e Ahriman e seus anjos (os demônios)[97], e os maus, serão purificados por imersão em um lago de metal derretido... Daí por diante, todos gozarão de felicidade imutável e, liderados por Saoshyant, para sempre cantarão louvores para o Sempiterno."[98] O que vem acima é a perfeita repetição de Vishnu em seu décimo avatâra, porque então ele arremessará os maus nas moradas infernais, nas quais, depois de se purificar, eles serão perdoados – mesmo aqueles demônios que se rebelaram contra Brahmâ, e foram violentamente derrubados no abismo sem fundo, por Śiva; como também os "abençoados" irão morar com os deuses, acima do Monte Meru[99].

Tendo traçado desta maneira as semelhanças de visões no que diz respeito ao Logos, ao Metatron e ao Mediator, como são encontrados na *Cabala* e no *Codex* dos nazarenos cristãos e dos gnósticos, o leitor está preparado para apreciar a audácia do esquema patrístico ao reduzir a figura puramente metafísica em forma concreta e fazê-la aparecer como se o dedo da profecia tivesse sido apontado para Jesus, como o Messias por vir, desde tempos imemoriais. Um *theomythos* que pretende simbolizar o dia por vir, perto do encerramento do grande ciclo, quando as "boas novas" dos céus proclamarem a irmandade universal e a fé comum da Humanidade, o dia da regeneração – violentamente distorcido como se fosse um fato consumado.

"Por que me chamastes de bem? não há nenhum *bem*, a não ser *um, que é Deus*," disse Jesus[100]. É essa a linguagem de Deus? da segunda pessoa da Trindade, que é idêntica à Primeira? E se este Messias, ou Espírito Santo dos gnósticos e das trindades pagãs, vieram em sua pessoa, o que ele quis dizer com distinguir entre ele mesmo, o "Filho do Homem" e o Espírito Santo? "E quem quer que fale uma palavra contra o Filho do Homem, isso lhe será perdoado; mas àquele que blasfemar contra o Espírito Santo não será perdoado", diz ele[101]. E como considerar a maravilhosa identidade dessa linguagem própria, com os preceitos enunciados, séculos atrás, pelos cabalistas e pelos iniciados "pagãos"? Dentre vários exemplos, selecionamos alguns.

"Nenhum dos deuses, nem homem ou Senhor, pode ser *bom*, a não ser *somente o próprio Deus*", diz Hermes[102].

"Ser um homem bom é impossível, apenas Deus possui esse privilégio", repete Plato, com uma ligeira modificação[103].

Seis séculos antes de Cristo, o filósofo chinês Confúcio, disse que sua doutrina era simples e fácil de compreender (Lun Yü, cap. 5, § 15). Ao que um dos seus discípulos acrescentou: "A doutrina de nosso mestre consiste em ter sempre bondade no coração, e em fazer aos outros o que gostaríamos que eles nos fizessem"[104].

"Jesus de Nazaré, um homem aprovado por Deus entre vocês por seus milagres"[105], exclamou Pedro, muito tempo depois da cena do Calvário. "Havia um *homem* enviado por Deus, cujo nome era João"[106], diz o quarto Evangelho, posicionando dessa forma Baptista em condição de igualdade com Jesus. João Baptista num dos mais solenes atos de sua vida, o de batizar o Cristo, não pensa que vai batizar *um Deus*, porém usa a palavra *homem*. "Este é aquele de quem eu disse, depois de mim vem *um homem*."[107] Falando de si mesmo, Jesus disse, "Ele busca matar-Me, *um homem* que lhes contou a verdade, que *eu ouvi de Deus*"[108]. Até mesmo o homem cego de Jerusalém, curado pelo grande taumaturgo, cheio de gratidão e admiração por seu benfeitor, ao narrar o milagre, não chama Jesus de Deus, mas diz simplesmente, "..... *um homem* que é chamado Jesus, fez o corpo"[109].

Não encerramos a lista por falta de outros exemplos e provas, mas simplesmente porque o que dissemos agora já foi repetido e demonstrado por outros, muitas vezes e antes de nós. No entanto, não existe mal mais incurável que o fanatismo cego e irrazoável. Poucos são os homens que, como o dr. Priestley, têm a coragem de escrever: "Nada encontramos parecido à divindade atribuída a Cristo antes de Justino, Mártir (A. D. 141), que, sendo um filósofo, transformou-se num cristão"[110][*].

---

*   A corrente geral dos argumentos trazidos por Priestley é dessa natureza, mas não se encontrou em nenhum dos seus escritos sobre o Cristianismo primitivo palavras semelhantes às de H. P. B. (N. do Org.)

Maomé apareceu quase seiscentos anos[111] depois do presumido deicídio. O mundo greco-romano ainda estava convulsionado por dissenções religiosas, resistindo a todos os editos imperiais do passado e ao Cristianismo compulsório. Enquanto o Concílio de Trento discutia a *Vulgata*, a unidade de Deus silenciosamente suplantou a Trindade, e logo os maometanos eram mais numerosos que os cristãos. Por quê? Porque o seu profeta nunca procurou identificar-se com Allah. De outro modo, se pode afirmar, com segurança, que ele nunca viveria para ver florescer a sua religião. Até os dias de hoje, o Maometanismo fez e ainda está fazendo mais prosélitos do que o Cristianismo. Buddha Siddhârtha veio como um simples mortal, séculos antes de Cristo. A ética religiosa de sua fé é presentemente encontrada, excedendo de longe em beleza moral, qualquer coisa jamais sonhada pelos tertulianos e pelos agostinianos.

O verdadeiro espírito do Cristianismo pode ser encontrado totalmente apenas no Budismo; parcialmente, ele se revela em outras religiões "pagãs". Buddha nunca fez de si mesmo um deus, nem foi endeusado por seus seguidores. Os budistas, no momento, são conhecidos por exceder em número os cristãos; eles são perto de 500.000.000. Enquanto isso, casos de conversão se tornaram raros entre os budistas, os bramanistas, os maometanos e os judeus, como para mostrar como são infrutíferas as tentativas dos nossos missionários; o ateísmo e o materialismo disseminam as suas úlceras gangrenosas e corroem mais profundamente, a cada dia, o próprio coração do Cristianismo. Não há ateus entre a população pagã, e aqueles poucos que existem entre os budistas e bramanistas, foram infectados pelo materialismo, e sempre podem ser encontrados nas grandes cidades densamente povoadas por europeus, e apenas entre as classes educadas. O Bispo Kidder, diz com muita veracidade: "Se um homem sábio tivesse de escolher a sua religião a partir dos que a professam, talvez o Cristianismo fosse a sua última escolha!"

Em um pequeno panfleto talentoso, escrito pelo popular conferencista J. M. Peebles M. D., o autor cita, do *Athenaeum* londrino, um artigo em que são descritas a prosperidade e a civilização dos habitantes de Yarkand e de Kashgar, "que parece virtuosa e feliz". "Pela graça dos céus!" exclama fervorosamente o honesto autor, que já foi certa vez um pastor universalista, "concede manter os missionários cristãos *longe* dos *Felizes Tártaros pagãos!*"[112]

Desde os primórdios do Cristianismo, quando Paulo reprovou a *Igreja* de Corinto pelo crime "como isso é chamado entre os gentios – de alguém poder possuir a mulher do seu pai"; e por fazer da "Santa Ceia" um motivo de *deboche* e de beberagem (1 *Coríntios* V, 1), a profissão do nome de Cristo tem sido muito mais um pretexto do que a prova do sentimento sagrado. Entretanto, a forma correta deste verso é: "Onde quer que se ouça falar dessa prática lasciva entre vocês, prática lasciva como a que se vê entre as nações pagãs – a de possuir ou mesmo se casar com a mulher do seu pai". A influência persa poderia ser indicada nesta forma de linguagem. A prática não existiu "em nenhum lugar entre as nações", exceto na Pérsia, onde foi estimada como especialmente meritória. Daí, também, as histórias judias de Abraão casando-se com sua irmã, Nahor com sua sobrinha, Amram com a irmã do seu pai, e Judah com a viúva de seu irmão, cujos filhos parecem ter sido legitimados. As tribos arianas valorizavam casamentos endógamos, enquanto que os tártaros e todas as nações bárbaras exigiam que todas as uniões fossem exógamas.

Havia apenas um apóstolo de Jesus, digno deste nome, e esse era Paulo. Entretanto, as suas *Epístolas* foram desvirtuadas por mãos dogmáticas antes de ser admitidas no Canon; a sua concepção da grande figura divina do filósofo que morreu por sua idéia ainda pode ser traçada em suas referências às várias nações cristãs. Acontece apenas que quem quiser entendê-lo melhor ainda precisa estudar o Logos Philoneo, refletido de vez em quando no *Sabda* hindu (logos) da escola Mîmânsâ.

Quanto aos outros apóstolos, aqueles cujos nomes estão antepostos no *Evangelho*, nós não podemos acreditar muito em sua veracidade quando os vemos atribuindo ao seu Mestre milagres envolvidos por circunstâncias lembradas, se não nos mais velhos livros da Índia, ao menos naqueles antedatados ao Cristianismo, e na própria fraseologia das tradições. Quem, em seus dias de simples e cega credulidade, não se maravilhou com a comovente história dada no *Evangelho segundo Marcos e Lucas* da ressurreição da filha de Jairo? Quem alguma vez duvidou de sua originalidade? E, ainda assim, a história é inteiramente copiada do *Harivansa*, e é lembrada entre os milagres atribuídos a Krishna. Nós traduzimos da versão francesa:

"O Rei Angashuna contratou os esponsais de sua filha, a bela Kalâvatî, com o jovem filho de Vâmadeva, o poderoso Rei de Antavedi, chamado Govinda, a ser celebrado com grande pompa.

"Mas quando Kalâvatî estava se divertindo nos arvoredos com as suas amigas, ela foi picada por uma serpente e morreu. Angashuna dilacerou as suas roupas, cobriu-se de cinzas, e amaldiçoou o dia em que nasceu.

"De repente, um grande rumor se espalhou através do palácio, e os seguintes gritos eram ouvidos, repetidos mil vezes: 'Pasya pitaram; pasya gurum!' 'Vejam o Pai! Vejam o mestre!' Então Krishna se aproximou, sorrindo, apoiando-se no braço de Arjuna... 'Mestre!' gritou Angashuna, arremessando-se aos seus pés, inundando-os com as suas lágrimas: 'Veja minha pobre filha!' e ele mostrou-lhe o corpo de Kalâvatî, estendido sobre uma esteira...

"'Por que se lamenta?' replicou Krishna, com voz gentil. *'Não vê que ela está dormindo?* Ouça o som de sua respiração, semelhante ao do vento noturno que estremece as folhas das árvores. Veja, as suas faces ficando coradas, os seus olhos, cujos cílios tremulam como se estivesse para abrir os olhos; os seus lábios palpitam como para falar; ela está dormindo, estou lhe dizendo; e segure! veja, ela se move. *Kalâvatî! levante-se e ande!'*

"Mal Krishna tinha falado, quando a respiração, o calor, o movimento e a vida retornaram pouco a pouco ao cadáver, e a pequena menina, obedecendo à ordem do semideus, levantou-se de sua esteira, juntando-se às companheiras. No entanto, a multidão maravilhada gritou: 'Este é um Deus, uma vez que a morte para ele não é mais que um sono'"[113].

Todas essas parábolas são reforçadas pelos cristãos, com a adição de dogmas que, por seu caráter extraordinário, deixam bem para trás as concepções selvagens do Paganismo. Os cristãos, a fim de acreditar numa divindade, acharam necessário matar o seu Deus, para que eles mesmo vivessem!

E agora, o Supremo, o Desconhecido, o Pai da Graça e da Misericórdia e sua hierarquia celestial são manipulados pela Igreja como se fossem uns tantos astros teatrais e extras assalariados! Seis séculos antes da era cristã, Xenófanes divulgou esse antropomorfismo, numa sátira imortal, relembrada e preservada por Clemente da Alexandria:

> "Há um Deus Supremo acima de todos os deuses, mais divino que os mortais,
> Cuja forma não é parecida com a dos homens, como também não é semelhante a sua natureza;
> Mas os fúteis mortais imaginam que como eles mesmos, os deuses são procriados
> Com sensações humanas, com voz e membros corpóreos;
> Dessa forma, se os bois ou os leões tivessem mãos e pudessem trabalhar à moda dos homens,
> E pudessem esculpir com cinzel ou pintar a sua concepção da divindade
> Então os cavalos retratariam os deuses como cavalos, os bois os representariam como bois,
> Cada tipo de animal representaria o Divino, com a sua forma e dotado com a sua natureza"[114].

E ouçam Vyâsa – o poeta panteísta da Índia que, como todos os cientistas podem provar, pode ter vivido, como Jacolliot, bem uns cinqüenta mil anos atrás – discursando sobre Mâyâ, a ilusão dos sentidos:

"Todos os dogmas religiosos servem para ofuscar a razão humana..... O culto às divindades, sob as alegorias em que está escondido o respeito às leis naturais, afasta a verdade, em benefício das superstições mais desprezíveis" (Vyâsa-Maya)[115].

Deve-se à cristandade, a pintura de Deus Poderoso segundo o modelo da abstração cabalista do "Ancião dos Dias". De antigos afrescos dos tetos das catedrais, de missais católicos, e de outros ícones e imagens, agora nós o encontramos representado pelo pincel poético de Gustave Doré. A Sua respeitável e desconhecida majestade, que nenhum *pagão* ousou reproduzir de forma concreta, figura na *Bíblia Ilustrada* de Doré, pertencente ao nosso século. Pisando nas nuvens que flutuam no meio do ar, atrás dele as trevas e o caos e o mundo sob os seus pés, um majestoso homem idoso está de pé, sua mão esquerda segurando suas roupas flutuantes em volta do corpo, a sua mão direita erguida num gesto de comando. Ele disse a Palavra, e de sua pessoa altaneira emanava uma efulgência de Luz – o Shekhînâh. Como uma concepção poética, a obra honra o artista, mas valorizará ela a Deus? Melhor o caos atrás Dele, do que a Sua figura; pois no caos, ao menos, temos um mistério solene. De nossa parte, preferimos o silêncio dos antigos pagãos. Com uma representação tão grosseira e antropomórfica, e como concebemos, tão blasfema da Primeira Causa, quem pode se surpreender com qualquer extravagância iconográfica na representação do Cristo cristão, dos apóstolos e dos supostos Santos? Com os católicos, São Pedro tornou-se naturalmente o porteiro do Céu, e está sentado à porta do reino celestial – um bilheteiro para a Trindade!

Num tumulto religioso que ocorreu recentemente em uma das províncias hispano-americanas, foram encontrados, sobre os corpos de alguns dos mortos, passaportes assinados pelo Bispo da Diocese e endereçados a São Pedro, convidando-o a "*admitir o portador como verdadeiro filho da Igreja*". Subseqüentemente, foi descoberto que esses originais documentos eram distribuídos pelo prelado católico, momentos antes de os iludidos paroquianos entrarem na batalha, por instigação de seus sacerdotes.

No seu imoderado desejo de encontrar provas da autenticidade do *Novo Testamento*, os melhores homens, os mais eruditos estudiosos, até mesmo entre os protestantes divinos, freqüentemente caíam em deploráveis armadilhas. Não podemos acreditar que tão culto comentarista como Cônego Westcott, poderia ter-se mantido na ignorância dos escritos cabalísticos e talmudísticos. Como, então, o vemos citando, com serena certeza, apresentando "as notáveis semelhanças com o *Evangelho de São João*", das passagens da obra *O Cordeiro de Hermes*, que são máximas completas da literatura cabalística? "A visão que Hermes dá da natureza e do trabalho de Cristo não é menos harmoniosa que a doutrina apostólica, e ela oferece notáveis analogias com o *Evangelho de São João*... Ele (Jesus) está uma pedra mais alto que as montanhas, capaz de manter o mundo inteiro, secular, e ainda tendo um portão novo!... Ele é mais velho que a criação, assim ele pode aconselhar-se com o Pai sobre a criação que ele fez... Ninguém pode chegar até ele a não ser através do seu Filho"[116].

Agora – como o autor da *Religião Supernatural* bem prova – enquanto nada há nisso que pareça uma corroboração da doutrina ensinada no quarto Evangelho, ele evita afirmar que quase tudo que é expresso pelo pseudo Hermes em relação com essa conversa parabólica com o "Senhor", que é uma citação completa, com repetidas variações, do *Zohar* e de outros livros cabalistas. Podemos muito bem comparar, de modo a deixar o leitor sem qualquer dificuldade para julgar por si mesmo.

"Deus", diz Hermes[117], "plantou um vinhedo, isto é, Ele criou os povos e lhes deu Seu Filho; e o Filho..... ele mesmo redimiu os seus pecados, etc."; isto é, o Filho lavou-os em sangue, e comemorando isto, os cristãos bebem vinho em sua comunhão. Na *Cabala* revela-se que o Ancião dos Anciães ou o "*Face Longa*" plantou um vinhedo, significando o último a Humanidade; e a vinha simbolizando a Vida. O Espírito do "Rei Messias" é, portanto, mostrado lavando as suas vestes *no vinho* que vem de cima, da criação do mundo[118]. Adão, ou A–dão é "sangue". A vida da carne está no sangue (*nephesh*–alma)[119] E Adão-Cadmo é o Único-Criado. Noah também plantou um vinhedo, o viveiro alegórico da futura Humanidade. Como uma conseqüência da adoção da mesma alegoria, nós a encontramos reproduzida no *Codex* nazareno. Sete vinhas são procriadas, que surgem de Kabar-Ziwa, e Ferho (ou Parcha) Raba as rega[120]. Quando os abençoados subirem entre as criaturas de Luz, eles verão Kabar-Ziwa, *Senhor* da Vida, e a Primeira VINHA![121] Essas metáforas cabalísticas são, dessa forma, repetidas naturalmente no *Evangelho segundo São João* (XV, 1); "Eu sou a verdadeira videira, e o meu Pai é o agricultor." No *Gênese* (XLIX, 10-1), o moribundo Jacó é levado a dizer: "Não se tirará o cetro de Judah [os filhotes do leão], nem general que proceda de sua coxa, até que venha Shiloh... Amarrando à *vinha*, o seu jumento e o chicote do seu jumento na vinha escolhida; ele lavou as suas vestes no *vinho*, e o seu manto *no sangue das uvas*". Shiloh é o "Rei Messias" assim como o Shiloh de Efraim, que se tornou a sede e o lugar do santuário. No *Targum* de *Onkelos*, o babilônio, lê-se as palavras de Jacó: "Até que venha o Rei Messias"[122]. A profecia falhou, tanto no sentido cristão, como no judaico-cabalista. O cetro partiu de Judah, quer o Messias já tenha vindo ou esteja por vir, a menos que acreditemos, como os cabalistas, que Moisés foi o primeiro Messias, que transferiu a sua alma para Joshua – Jesus[123].

Hermes diz: "E, no meio da planície ele me mostrou uma grande pedra *branca* que aparecera na planície, e a rocha era mais alta que as montanhas, retangular de forma a poder sustentar o mundo inteiro; mas aquela rocha era velha, tendo um portão esculpido nela, e a escultura do portão me parecia recente"[124]. No *Zohar*, nós encontramos: "Para 40.000 mundos superiores o *branco* do crânio de Sua Cabeça (do mais Sagrado Ancestral *in abscondito*) se estende[125]... Quando *Zeir* [a primeira reflexão e imagem do seu Pai, o Secular dos Seculares] abrir, através do mistério dos setenta nomes do Metatron, descendo em Yetzîrah (o terceiro mundo), um novo portão... o *Spiritus Decisorius* cortará e dividirá as vestes (Shekhînah) em duas partes[126]... Na vinda do Rei Messias, da sagrada pedra cúbica do Templo *uma luz branca* surgirá durante quarenta dias. Essa se expandirá, até *encerrar o mundo inteiro*... Nessa ocasião o Rei Messias permitirá a sua revelação e será visto saindo do portão do jardim de Odan [Éden]. Ele será revelado no país de Galil[127]. Quando os pecados de Israel forem expiados, ele levará o povo através *do novo portão* para o lugar do julgamento.[128] "*No Portão da Casa da Vida*, o trono está preparado para o *Senhor do Esplendor*."[129]

Mais adiante, o comentarista introduz a seguinte citação: "Esta *pedra* e este *portão* são o Filho de Deus. 'Como, Senhor', eu disse, 'a pedra é velha e o portão é novo?' 'Ouça', Ele disse, 'e entenda, ó homem ignorante. O *Filho de Deus é mais velho que toda a Sua criação*, assim, foi o conselheiro do Pai em Sua obra de criação; e por isso ele é velho' "[130].

Ora, essas duas afirmativas não são apenas puramente cabalísticas, sem nem mesmo uma mudança de expressão, mas são igualmente bramânicas e pagãs. *"Vidi virum excellentem, coeli terraeque conditore natu majorem.* . . . Eu vi o mais excelente (superior) HOMEM, que é mais velho por nascimento que o criador do céu e da Terra", diz o *Codex* cabalista[131]. O Dionísio Eleusiano, cujo nome particular era *Iacchos* (Iaccho, Iahoh)[132] – o Deus de quem se esperava a liberação das almas – era considerado mais velho que o Demiurgo. Nos mistérios de Anthesteria e Limnae (os lagos), depois do costumeiro batismo pela purificação com água... os *Mystae* eram induzidos a passar através de outra porta (portão), um portão específico para esse propósito, que era chamado de "portão de Dionísio" e "portão *dos purificados*".

No *Zohar*, conta-se aos cabalistas que o mestre de obras, o Demiurgo, disse ao Senhor: "Deixe-nos fazer o homem à Sua imagem"[133]. Nos textos originais do primeiro capítulo do Gênese, está: "E o *Elohim* (traduzido como o Supremo Deus), que era o mais elevado dos deuses e dos poderes, disse: Deixe-nos fazer o homem à nossa (?) imagem, segundo a nossa semelhança". Nos *Vedas*, Brahmâ se aconselhou com Parabrahman, sobre o melhor modo de criar o mundo.

Citando Hermes, Cônego Westcott, mostra-o perguntando: "e por que o portão é *novo*, Senhor?" eu disse. Ele respondeu: "porque ele foi manifestado no último dia da Providência; por essa razão o portão novo foi feito, a fim de que, os que forem salvos, possam entrar no reino de Deus"[134].

Neste trecho há duas particularidades dignas de nota. Para começar, ele atribui ao "Senhor" uma afirmação falsa, do mesmo caráter daquela enfatizada pelo apóstolo João e que trouxe, num período posterior, tantas disputas inconvenientes à totalidade dos ortodoxos cristãos, que aceitavam literalmente as alegorias apostólicas. Como o Messias, Jesus *não* foi manifestado no último dos dias; pois o último estava ainda por chegar, contrariando um grande número de profecias divinamente inspiradas, seguidas conseqüentemente de esperanças frustradas, do testemunho de sua vinda imediata. A crença de que os "últimos dias" viessem, era natural, uma vez que a vinda do Messias fosse conhecida. A segunda peculiaridade é encontrada no fato de que a *profecia* não poderia ser aceita, pois mesmo em sua determinação aproximada ela constitui uma contradição direta de *Marcos*, que fez com que Jesus atestasse distintamente que nem os anjos, nem o próprio Filho, conheciam tal dia e tal hora[135]. A isso podemos aduzir, que como a crença inegavelmente se originou com o *Apocalipse*, isso deveria ser uma prova evidente por si mesma, de que isso pertence aos cálculos peculiares dos cabalistas e dos santuários pagãos. Foi o cômputo secreto de um ciclo, que, de acordo com o seu cálculo, deveria se encerrar na parte final do primeiro século. Também deve ser aceito como prova concludente, o fato de que o *Evangelho segundo São Marcos*, bem como o atribuído a *João*, e o *Apocalipse,* foram escritos por homens, nenhum dos quais estava bastante familiarizado com o outro. Primeiramente, o Logos foi definido definitivamente como *petra* (rocha) por Fílon; a palavra, além disso, como mostramos em outro lugar do livro, significa na língua dos caldeus e dos fenícios "intérprete". Justino, o Mártir, o chama em suas obras de "anjo" e faz uma nítida distinção entre o Logos e o Criador.

"A Palavra de Deus é Seu Filho... e ele também é chamado Anjo e Apóstolo, pois declara tudo o que deveríamos saber (interpretar), e é enviado para declarar tudo o que está à vista."[136]

"Aedan Inferior é distribuído em seus próprios caminhos, em trinta e duas margens de caminhos, embora ainda não sejam conhecidas de ninguém exceto de *Zeir*. Mas ninguém conhece o AEDAN SUPERIOR nem Seus caminhos, exceto o Face Longa" – o Deus Supremo[137]. *Zeir* é o *gênio* nazareno que é chamado Hibil-Ziwa, e Gabriel Legatus – também de "apóstolo Gabriel"[138]. Os Nazarenos sustentavam, ao lado dos cabalistas, que mesmo o Messias que tinha de vir não conhecia o "*Aedar Superior*", a Divindade oculta; ninguém a conhecia exceto o *Deus Supremo*. Dessa forma, mostrou que acima da Suprema Divindade Inteligível, há uma ainda mais secreta e não revelada. Zeir-Anpîn é o terceiro Deus, enquanto o "Logos", segundo Fílon, o Judeu, é o segundo[139]. Isso é revelado nitidamente no *Codex*. "O falso Messias dirá: Eu sou Deus, filho de Deus, meu Pai me enviou para cá. Eu sou o primeiro *Legate*, eu sou Hibil-Ziwa, eu vim do alto! Mas desconfie dele; pois ele não será Hibil-Ziwa. Hibil-Ziwa não permitirá que o vejam nesta era."[140] Daí o fato da crença de muitos gnósticos, de que não foi Hibil-Ziwa (o Arcanjo Gabriel) quem "ofuscou" Maria, porém Ialdabaôth, que formou o *"corpo material* de Jesus; *Cristo* se uniu a esse corpo, apenas na hora do batismo, no rio Jordão.

Podemos duvidar da afirmação de Nork, segundo a qual "o *Berêshîth Rabbah*, a parte mais antiga do *Midrah Rabboth, era conhecido dos padres da Igreja numa tradução grega*"?[141]

Mas se, por um lado, eles estavam suficientemente familiarizados com os diferentes sistemas religiosos de seus vizinhos a ponto de erigirem uma nova religião que se pretendia ser distinta de todas as outras, sua ignorância do *Velho Testamento*, deixando de lado a questão mais complicada da metafísica grega, parece-nos hoje deplorável. "Assim, por exemplo, em *Mateus*, XXVII, 9 e s., a passagem oriunda de *Zacarias*, XI, 12, 13, é atribuída a *Jeremias*", diz o autor de *Supernatural Religion*. "Em *Marcos* I, 2, uma citação de *Malaquias*, III, 1, é atribuída a *Isaías*[*]. Em *I Coríntios*, II, 9, uma passagem citada como *Escritura Sagrada* não se encontra no *Velho Testamento*, sendo tomada, como afirmam Orígenes e Jerônimo, de uma obra apócrifa, *A Revelação de Elias*[142], sendo esta passagem de igual modo citada pela chamada *Primeira Epístola de Clemente aos Coríntios* (XVI, 8)."[143] Quanto se pode confiar nos piedosos padres em suas explicações de diversas heresias podemos ilustrá-lo no caso de Epifânio, que tomou erroneamente a Tétrada sagrada de Pitágoras, chamada na *Gnose* valentiana de Kol-Arbas, por um *chefe herético*[144]. O que devemos pensar das fraudes involuntárias e das falsificações deliberadas dos ensinamentos daqueles cujas concepções diferiram das deles; a canonização da Aura Placida (brisa gentil) mitológica[145]; no par das mártires cristãs – Santa Aura e Santa Plácida; a deificação de uma *lança* e de uma *capa*, sob os nomes de São Longinus e Santo Amphibolus[146]; e as citações patrísticas dos profetas, que não se acham em nenhum profeta; e poderíamos muito bem perguntar se a chamada religião de Cristo jamais foi outra coisa que não um delírio incoerente, desde a morte do Grande Mestre.

---

*   Há algum erro aqui, pois a referência ao *Velho Testamento* mostra claramente que a passagem aludida está em *Isaías*, LXIV, 4. Nesse caso, o texto de Cassels citado por H. P. B. está errado. (N. do Org.)

Tão maliciosos eram os santos padres em sua tenaz perseguição às pretensas "heresias"[147], que os vemos contar, sem hesitação, as inverdades mais flagrantes, e inventar narrativas inteiras, no propósito de convencer os ignorantes com argumentos que de outro modo careceriam de qualquer base. Se o erro em relação à Tétrada teve origem, de início, como simples conseqüência de uma fraude não premeditada de Hipólito, as explicações de Epifânio e outros que caíram no mesmo erro absurdo[148] têm um aspecto mais inocente. Quando Hipólito denuncia gravemente a grande heresia da Tétrada, Kol-Arbas, e afirma que o imaginário chefe gnóstico é "Colarbasus, que tenta explicar a religião por medidas e números"[149], podemos simplesmente rir. Mas quando Epifânio, com abundante indignação, elabora sobre o tema "que é a Heresia XV", e, pretendendo estar perfeitamente a par do assunto, acrescenta que "um certo Heracleon segue os passos de Colarbasus, o que é a Heresia XVI"[150], então se expõe à acusação de fraude deliberada.

Se esse zeloso Cristão pode se vangloriar sem rubor de ter "feito exilar, *graças à sua informação*, setenta mulheres, mesmo de alta estirpe, *por meio das seduções de algumas* que ele havia conseguido convencer a participar de sua seita", ele nos fornece boas razões para condená-lo. Assinala C. W. King, muito habilmente, a esse respeito, que "podemos suspeitar que esse digno renegado se salvou nesse caso do destino de seus companheiros de religião denunciando seus cúmplices, na abertura da perseguição"[151].

E assim, um após outro, pereceram os gnósticos, únicos herdeiros dos poucos restos da verdade não adulterada do Cristianismo primitivo. Tudo era confusão e desordem nesses primeiros séculos, até o momento em que todos esses dogmas contraditórios foram finalmente impingidos ao mundo cristão, e a discussão foi proibida. Por vários séculos, tornou-se um sacrilégio, punível com severas penalidades, e mesmo com a morte, procurar compreender aquilo que a Igreja havia tão convenientemente elevado ao nível de mistério *divino*. Mas como os críticos bíblicos se havia devotado a "pôr a casa em ordem", os papéis foram invertidos. Os crentes pagãos acorrem agora de todas as partes do globo para reclamar o seu quinhão, e a Teologia cristã começa a ser suspeita de bancarrota. Tal é o triste resultado do fanatismo das seitas "ortodoxas", que, para emprestar uma expressão do autor de *The History of the Decline and Fall of the Roman Empire*, jamais foram, como as gnósticas, "as mais polidas, as mais sábias e as mais dignas do nome cristão"[152]. E, se nem todos "sentissem o cheiro do alho", como Renan o disse, nenhum desses santos cristãos, por outro lado, jamais teria hesitado em derramar o sangue de seus vizinhos, se as concepções destes últimos não estivessem de acordo com as suas.

E assim todos os nossos filósofos foram arrastados pelas massas ignorantes e supersticiosas. Os filaleteus, os amantes da verdade, e sua escola eclética pereceram; e lá, onde a jovem Hipatia ensinava as doutrinas filosóficas superiores; e lá, onde Amônio Saccas explicara que "*tudo o que Cristo tinha em mente* era reinstalar e restaurar em sua primitiva integridade a sabedoria dos antigos – de pôr um limite ao domínio predominante da superstição (...) e exterminar os vários erros que haviam se enraizado nas diferentes religiões populares"[153] – lá, dizíamos, rugiram livremente os οἱ πολλοί da cristandade. Não mais os preceitos saídos da boca do "filósofo instruído em Deus", mas outros expostos pela encarnação de uma superstição cruel e diabólica.

"Se teu pai" – escreve São Jerônimo – "se deita em tua porta, se tua mãe descobre a teus olhos o seio que te nutriu, esmaga o corpo sem vida de teu pai, esmaga o seio de tua mãe, e, com os olhos secos, refugia-te no Senhor que te chama"!!¹⁵⁴

Essa sentença é igualada, se não superada, por esta outra, pronunciada num espírito semelhante. Ela emana de outro pai da Igreja primitiva, o eloqüente Tertuliano, que espera ver todos os "filósofos" no fogo infernal do Gehena. "Como seria magnífica essa cena! (...) Como eu riria! Como eu regozijaria! Como eu triunfaria ao ver tantos reis ilustres que passam por ter subido ao céu gemendo com Júpiter, seu deus, nas trevas inferiores do inferno! Queimariam então os soldados que perseguiram o nome de Cristo num fogo mais cruel do que aquele que acenderam para os santos!"¹⁵⁵

Essas expressões sanguinárias ilustram o espírito do Cristianismo até o presente. Mas ilustram elas os ensinamentos de Cristo? De modo algum. Como diz Éliphas Lévi: "O Deus em nome do qual esmagaríamos o seio de nossa mãe, nós o veremos no futuro, um inferno largamente aberto a seus pés, e uma espada exterminadora em suas mãos (...) Moloch queimava as crianças por apenas uns poucos segundos; estava reservado aos discípulos de um deus que se pretendia ter morrido para redimir a Humanidade na cruz, criar um novo Moloch cuja pira é eterna!"

Que esse espírito do verdadeiro amor cristão cruzou em segurança dezenove séculos e se alastra agora na América, exemplifica-o plenamente o caso do feroz Moody, o avivamentista, que exclama: "Tive um filho, e ninguém a não ser Deus sabe quanto o amo; mas eu preferiria que seus olhos adorados fossem arrancados das órbitas a vê-lo crescer e descer à tumba sem Cristo e sem esperanças!!"

A isso responde muito justamente um jornal americano, de Chicago: "Esse é o espírito da Inquisição, que acreditávamos morto. Se Moody em seu zelo fosse capaz de 'arrancar' os olhos de seu querido filho, a que excessos não iria ele com os filhos dos outros, pelos quais ele professa menos amor? É o espírito de Loyola, que tagarela no século XIX, e que só o braço da lei impede de novamente acender a fogueira e aquecer os instrumentos de tortura".

NOTAS

1. Rosenroth, *Kabb. denudata*, II, p. 242.
2. Champollion-Figeac, *Égypte ancienne*, p. 141.
3. *Idrah Rabbah*, VII, § 58.
4. *Idrah Zutah*, cap. II.
5. *Zohar*, II, p. 42 b; ed. de Amsterdam, 1714.
6. *Ibid.*, III, p. 288 a (*Idrah Zutah*, cap. I, § 41-3).
7. *Ego sum qui sum* (*Êxodo*, III, 14).
8. *The Works of William Jones*, vol. III, p. 66-7; Londres, 1799.
9. *Ibid.*
10. Champollion-Figeac, *op. cit.*, p. 141.
11. Não ignoramos que alguns cabalistas cristãos traduzem o termo Ain-Soph por "Coroa", e o identificam com Sephîrâh; chamam Ain-Soph de "emanação de Deus", e enfeixam Ain-Soph como uma unidade nas dez Sephîrôth. E também alteram erroneamente as duas primeiras emanações de Sephîrâh – Hokhmah e Binah. Os maiores cabalistas sempre afirmaram que Hokhmah (Sabedoria) é uma inteligência masculina e ativa, Yâh, י‎ה‎, e a colocaram sob o nº 2, no lado direito do triângulo, cujo ápice é a coroa, ao passo que Binah (Inteligência), ou בינה‎, está sob o nº 3, no lado esquerdo. Mas esta Sephîrâh, sendo representada por seu nome divino

como *Yahweh* יהוה, indicava naturalmente que o Deus de Israel era apenas uma terceira emanação, assim como um princípio passivo feminino. Por conseguinte, quando chegou o momento, para os talmudistas, de transformar suas múltiplas divindades num Deus vivo, recorreram aos seus pontos masoréticos e concordaram em transformar Yehovah em Adonai, "o Senhor". Isto, sob a perseguição dos cabalistas medievais pela Igreja, forçou também a que alguns destes transformassem suas Sephîrôth femininas em masculinas, e *vice-versa*, para assim evitar a acusação de desrespeito e blasfêmia contra Jeová, cujo nome, ademais, por acordo mútuo e secreto, eles aceitaram como um *substituto* para Yâh, ou o nome do mistério *IAO*. Apenas o *iniciado* sabia disso, mas tal alteração causou posteriormente uma grande confusão entre os *não-iniciados*. Seria útil – não fosse a falta de espaço – citar umas poucas das muitas passagens nas mais antigas autoridades judaicas, tal como o Rabino A'qîbah, e o *Zohar*, que corroboram a nossa afirmação. Hokhmah-Sabedoria é um princípio masculino em toda parte, e Binah-Jeová, um poder feminino. Os escritos de Irineu, Theodoret e Epifânio, que formigam de acusações contra os gnósticos e as "heresias", mostram repetidamente Simão Mago e Cerinthus apresentando Binah como o Espírito divino feminino que inspirava a Simão. Binah é Sophia, e a Sophia dos gnósticos não é certamente uma potência masculina, mas simplesmente a Sabedoria, ou Inteligência, feminina. (Ver qualquer "Arbor Kabbalistica" antiga, ou Árvore das Sephîrôth.) Éliphas Lévi, em *Dogme et rituel de la haute magie*, vol. I, cap. X, coloca Hokhmah como nº 2 e como uma Sephîrâh masculina no lado direito da Árvore. Na *Cabala*, os três Sephîrôth masculinos – Hokhmah, Hesed, Netzah – são conhecidos como a Coluna da Misericórdia; e os três femininos à esquerda, a saber, Binah, Geburah, Hod, são chamados de Coluna do Julgamento, ao passo que as quatro Sephîrôth do centro – Kether, Tiphereth, Yesod e Malkhuth – recebem o nome de Coluna Mediana. E, como mostra MacKenzie na *Royal Masonic Cyclopaedia*, "há uma analogia entre essas três colunas e as três Colunas da Sabedoria, da Força e da Beleza numa Loja Maçônica, ao passo que Ain-Soph forma a misteriosa estrela flamígera, ou luz mística do Oriente" (p. 407).

12. *Dial. with Trypho*, cap. LXI.

13. [*De fuga et inventione*, IX, 52.]

14. Divisão de tempo.

15. Sanchoniathon chama o tempo de o mais antigo Aeôn, *Protogonos*, o "*primogênito*".

16. *De cherubim*, "Cain", § XVII; também *De opificio mundi*, § 3.

17. Azrael, anjo da morte, é também Israel. *Ab-ram* significa pai da elevação, pois Saturno é o planeta mais alto ou mais distante.

18. Ver *Gênese*, XIII, 2.

19. Saturno é geralmente representado como um velho, tendo nas mãos uma foice.

20. [Berosus *in* Eusebius, *Chronicon*, I, III, 2; Abydenus, *ibid.*, I, VII.]

21. [Cf. Kleucker, *Anh. z. Zend-Avesta*, I, I, p. 189.]

22. Bunsen, *Egypt's Place in Universal History*, vol. V, p. 85.

23. Eusebius, *Praep. evang.*, IX; cf. Cory, *Anc. Fragm.*, p. 57; ed. 1832.

24. [*Berosi fragm.*, p. 59; ed. J. D. G. Richter, Lipsiae, 1825.]

25. [*Provérbios*, VIII, 22-30.]

26. *Zohar*, III, p. 292 b; ed. de Amst. (*Idrah Zutah*, X, § 421 e s.)

27. *Bereshîth Rabbah*, parsha IX.

28. *Zohar*, parte I, fol. 20a.

29. "O *s* sânscrito" – diz Max Müller – "corresponde ao *h* zend. (. . .) Portanto, o nome geográfico 'hapta hendu', que ocorre no *Avesta*, torna-se inteligível se retraduzimos o *h* zend no *s* sânscrito. Pois 'sapta sindhu', ou os Sete Rios, é o antigo nome védico da própria Índia" (*Chips*, vol. I, p. 82-3). O *Avesta* é o espírito dos *Vedas* — o sentido esotérico parcialmente revelado.

30. O que geralmente se compreende no sistema *Avesta* como *mil* anos significa, na doutrina esotérica, um ciclo de uma duração conhecida apenas pelos iniciados, e tem um sentido alegórico.

31. [*Contra Celsum*, VI, XXIV e s.]

32. J. Matter, *Histoire critique de Gnosticisme*, pl. III; cf. texto no vol. II, p. 406-08; ed. 1843-44.

33. *Zohar*, III, p. 288b; ed. de Amst., 1714 (*Idrah Zutah*, II, § 78).

34. *Idrah Zutah*, II, § 59-63.

35. *Ibid.*, II, § 63; VII, § 177-78.

36. § Jam vero quoniam hoc in loco recondita est illa plane non utuntur, et tantum de parte lucis ejus participant quae demittitur et ingretitur intra filum Ain-Soph protensum e Persona אל[*Al*, Deus]deorum: intratque et perrumpit et transit per Adam primum occultum usque in statum dispositionis transitque per eum a capite usque ad pedes ejus: *et in eo est figura hominis* (*Kabbala denudata*, II, p. 246).

37. *Zohar*, I, p. 51a, ed. de Amst.

38. *Zohar*, III, p. 290 a; ed. de Amst. (*Idrah Zutah*, VIII, § 219).

39. *Idrah Rabbah*, § 541-42.

40. *Ibid.*, § 36.

41. *Ibid.*, § 172.

42. *Idrah Zutah*, II, § 51.

43. *Nat. und Urspr. der Emanationslehre*, etc., p. 11.

44. Irineu, *Adv. Haer.*, I, XXX, § 1.

45. *Idrah Zutah*, IX, § 353; *Kabbala denudata*, II, p. 364; cf. a Mônada de Pitágoras.

46. *Codex nazaraeus*, I, p. 145.

47. [IX, § 355.]

48. *Idrah Rabbah*, VIII, 109.

49. *Auszüge aus dem Buch Zohar*, p. 11 (Berlim, 1857); também *Zohar*, III, p. 230; ed. de Amst.

50. [*Gênese*, IV, 1.]

51. *Manu*, livro I, *slokas* 8, 9.

52. Ele é o germe universal e espiritual de *todas* as coisas.

53. *Adumbratio Kabb. Chr.*, p. 6, 7.

54. *Idrah Rabbah*, XLIV, § 1122.

55. *Die Phönizier*, vol. I, p. 265, 550, 553.

56. *Kabb. denudata*, II, p. 236.

57. Champollion-Figeac, *Égypte ancienne*, p. 245-46.

58. *Codex nazaraeus*, II, p. 47-57.

59. *Ibid.*, I, p. 145.

60. *Ibid.*, II, p. 211.

61. *Ibid.*, I, p. 309.

62. Sophia-Akhamôth gerou também a seu filho Ialdabaôth, o *Demiurgo*, perscrutando o caos ou matéria e entrando em contato com ele.

63. *Codex nazar.*, II, p. 107-09. Ver Dunlap, *Sŏd, the Son of the Man*, p. 60, para a tradução.

64. *Apocalipse*, IV, 5.

65. *Ezequiel*, I, 26, 27.

66. *Codex nazar.*, II, p. 127.

67. A primeira Díada andrógina, considerada como uma *unidade* em todas as computações secretas, é, por conseguinte, o Espírito Santo.

68. *Codex nazar.*, III, p. 59.

69. *Ibid.*, I, p. 285.

70. *Ibid.*, I, 309.

71. *Ibid.*, I, p. 287. Ver Dunlap, *op. cit.*, p. 101.

72. *João*, VI, 57; *I João*, IV, 9.

73. *Codex nazar.*, II, p. 123.

74. "Então subiram Moisés e Aarão, Nadab e Abiú, e os setenta anciãos de Israel. E eles viram o Deus de Israel", *Êxodo*, XXIV, 9-10.

75. *Clementine Homilies*, XVIII, 4; Irineu, *Adv. Haer.*, I, XXIV, 1.

76. *Adv. Haer.*, III, XI, § 8.

77. *Zohar*, III, p. 104; ed. de Amst.

78. [Irineu, *Fragmentos*, LIII, LIV.

79. C. W. King, *The Gnostics*, etc., p. 12.

80. *Ezequiel*, I, 5-7.

81. *The Gnostics and their Remains*, p. 253 e s. p. 262 na 2ª ed.

82. "Embora se suponha comumente que esta ciência seja peculiar aos talmudistas judeus, não há dúvida de que eles derivaram a idéia de uma fonte estrangeira, sendo esta a dos caldeus, os *fundadores da arte mágica*", diz King, em *The Gnostics*. "Os títulos *Iaô* e *Abraxas*, e vários outros, em vez de invenções gnósticas recentes, eram na verdade nomes sagrados, emprestados das fórmulas mais antigas do Oriente. Plínio deve fazer alusão a elas quando menciona as virtudes atribuídas pelos magi às ametistas gravadas com os nomes do Sol e da Lua; nomes (. . .) não expressos seja em grego, seja em latim. [*Nat. Hist.*, XXXVIII, § 41.] No 'Sol Eterno', no '*Abraxas*', no '*Adonai*' dessas jóias reconhecemos os mesmos amuletos ridicularizados pelo filósofo Plínio." (*Gnostics*, p. 79-80, na 2ª ed.) *Virtutes* (milagres) empregados por Irineu.

83. Assim chamado para distinguir a face menor, que *é exterior*, "do velho venerável e sagrado" (cf. *Idrah Rabbah*, III, § 36; V, § 54). *Zeir-Anpîn* é a "imagem do Pai". "Aquele que viu a mim, viu ao Pai." (*João*, XIV, 9.)

84. *Codex nazar.*, I, p. 55.

85. *Ibid.*, III, p. 61.

86. Essa pedra, de natureza esponjosa, acha-se no [rio] Narbada e é raro vê-la em outros locais.

87. João tinha uma águia ao seu lado; Lucas, um touro; Marcos, um leão; e Mateus, um anjo – o quaternário cabalístico do Tarot egípcio.

88. [Cf. Cory, *Anc. Fragm.*, p. 15; ed. 1832.]

89. Ver J. Matter, *Hist. crit. de Gnosticisme*, a esse respeito.

90. Cf. *Daniel*, V, 11.

91. *Die Phönizier*, vol. I, pp. 396 e s.

92. Ahriman, a criação de Zoroastro, é assim chamado por ódio dos Árias ou Âryas, os brâmanes contra cuja dominação os zoroastrianos se revoltaram. Embora Ârya (um nobre, um sábio) por nascimento, Zoroastro, como no caso dos Devas, que ele rebaixou da posição de deuses à posição de *demônios*, não hesitou em designar esse tipo de espírito do mal sob o nome de seus inimigos, os brâmanes-âryas. Toda a batalha de Ahura-Mazda e Ahriman não é senão a alegoria da grande guerra religiosa e política entre Bramanismo e Zoroastrismo.

93. Nork, *Bibl. Mythol.*, vol. II, p. 146.

94. O Rev. Dr. Maurice também estima que isso se refira aos ciclos. [*Hist. of Hindostan*, 1795-98, livro IV, parte III, cap. V, p. 503.]

95. Duncker, *Geschichte der Alterthums*, vol. II, p. 363.

96. Spiegel, *Zend-Avesta*, vol. I, p. 32-7, 244. [Cf. King, *The Gnostics*, etc., p. 9; p. 31 na 2ª ed.]

97. Os daêvas ou demônios dos iranianos contrastam com os devas ou divindades da Índia.

98. J. F. Kleucker, *Zend-Avesta, Bundahish*, § XXXI.

99. Orígenes sustentava firmemente que a doutrina do castigo eterno era errônea. Acreditava que no segundo advento de Cristo mesmo os demônios que figuram entre os condenados seriam perdoados. A condenação eterna é uma invenção *cristã* posterior. [Cf. Orígenes, *De principiis*, I, V; II, X; III, VI.]

100. *Mateus*, XIX, 17.

101. *Lucas*, XII, 10.

102. L. Ménard, *Hermès Trismégiste*, Paris, 1867, p. 25.

103. *Protagoras*, § 84.

104. Pauthier, *La Chine*, vol. II, p. 375.

105. *Atos*, II, 22.

106. *João*, I, 6.

107. *João*, I, 30.

108. *João*, VIII, 40.

109. *João*, IX, 11.

110. J. Pristley, *General History of the Christian Church*, Birmingham, 1790, vol. I, p. 266; também *An History of Early Opinions Concerning Jesus Christ*, Birmingham, 1786.

111. Maomé nasceu em 571 d.C.

112. J. M. Peebles, *Jesus: Myth, Man, or God*, etc., 1870, p. 86 rodapé.

113. Traduzido do *Harivansa* por Jacolliot, *Christna et le christ*, p. 300-01.

114. Clemente, *Stromata*, V, XIV; tradução dada em *Supern. Relig.*, vol. I, parte I, cap. III, p. 76.

115. [*La Genèse de l'humanité*, p. 339; Paris, 1875.]

116. [Westcott, *Hist. of the Canon of the New Testament*, p. 183-84; ed. 1870.] Essa obra, *O pastor de Hermas*, é atualmente considerada apócrifa; mas ela se acha no *Codex sinaítico*, e aparece entre os livros na esticometria do *Codex claromontano*. Na época de Irineu, era citada como uma Sagrada Escritura (ver *Supern. Religion*, vol. I, parte II, cap. I, § 3) pelos Padres, que o tinham como inspirado divinamente, e o liam publicamente nas igrejas (Irineu, *Adv. Haer.*, IV, XX, § 2). Quando Tertuliano se tornou um montanista, ele o rejeitou, após lhe ter *certificado* a divindade (*De oratione*, cap. XVI).

117. [*Hermas*, similitude V, § 6.]

118. *Zohar*, com. sobre a *Gênese*, XL, 10.

119. *Levítico*, XVII, 11.

120. *Codex Nazar.*, III, p. 61.

121. *Ibid.*, II, p. 281; III, p. 59.

122. Nork, *Hundert un Ein Frage*, p. 104.

123. Devemos lembrar ao leitor, a esse propósito, que Josué e Jesus são um único e mesmo nome. Nas Bíblias eslavas Josué lê-se – Iessus (ou Jesus) *Navin*.

124. [*Hermas*, simil., IX, § 2.]

125. *Idrah Rabbah*, § 41.

126. Rosenroth, *Kabb. denudata*, II, p. 230; *Book of the Babylonian Companions*, p. 35.

127. *Zohar*, sobre o *Êxodo*, p. 11; ed. de Sulzbach.

128. *Midrash Hazitha*.

129. *Codex nazar.*, III, p. 61.

130. *Hermas*, simil. IX, § 12; Westcott, *Hist. of the Canon* (1870), p. 183-84.

131. Vol. II, p. 57.

132. L. Preller, *Griech. Mythol.*, vol. I, p. 486; K. O. Müller, *Hist. Lit. Anc. Greece*, p. 238; F. C. Movers, *Die Phönizier*, vol. I, p. 547 e s.

133. *Zohar*, I, p. 25; ed. de Amsterdam.

134. *Hermas*, simil. IX, § 12. *Westcott*, op. cit., p. 178.

135. *Marcos*, XIII, 32.

136. *Primeira Apologia*, LXIII.

137. *Idrah Rabbah*, VIII, § 107-09.

138. *Codex nazar.*, I, pp. 23, 181.

139. [*Quaest. et solut. in Gen.*, livro II, § 62.] Fílon diz que o *Logos* é o *intérprete* do Deus Supremo, e afirma "que ele deve ser o Deus nosso, seres imperfeitos" (*Leg. Alleg.*, III, § 73). Segundo ele, o homem não foi feito à semelhança do Deus *Supremo*, o Pai de todos, mas à semelhança do *segundo* Deus que é sua palavra – Logos (Fílon, *Fragmentos*, 1; ex Eusebius, *Praep. evang.*, VIII, 13).

140. *Codex nazar.*, I, p. 57.

141. Nork, *Hundert und ein Frage*, p. XVII. Cf. Dunlap, *Sŏd, the Son of the Man*, p. 87, em que o autor cita Nork (*op. cit.*, p. XIV, XVII) para comprovar que as partes do *Midrashim* e do *Targum de Onkelos* são anteriores ao Novo Testamento.

142. *Apocalypsis Eliae*, em Orígenes, *Coom. in Matthaeum*, t. X, p. 465.

143. [*Supern. Relig.*, vol. I, parte II, cap. I, 2, p. 240. Pensa-se em Clemente de Roma.]

144. Ao escrever sobre Ptolomeu e Heracleon, o autor de *Supernatural Religion* (vol. II, p. 217) diz que "a inexatidão dos Padres vai de par em par com a sua falta de juízo crítico", e então passa a ilustrar o erro particularmente ridículo cometido por Epifânio, em comum com Hipólito, pseudo-Tertuliano, e Filástrio. "Confundindo uma passagem de Irineu (*Adv. Haer.*, I, XIV, 1), a propósito da Tétrada sagrada (Kol-Arbas) da gnose valentiniana, Hipólito supõe que Irineu se refere a outro chefe herético. Ele trata então da Tétrada como se fosse um chefe chamado 'Kolarbasus', e depois de tratar (VI, § 4) das doutrinas de Secundus, e Ptolemeu, e Heracleon, procura mostrar (VI, § 5) "quais eram as opiniões sustentadas por Marcus e Kolarbasus", sendo esses dois, segundo ele, os sucessores da escola de Valentino (cf. Bunsen, *Hippolytus und seine Zeit*, 1852, pp. 54 e s.)

145. Godfrey Higgins, *Anacalypsis*, vol. II, p. 85.

146. Inman, *Ancient Pagan and Modern Christian Symbolism*, p. 84.

147. Leia-se – defesa de *concepções diferentes*.

148. "Esse engano absurdo", assinala o autor de *Supernatural Religion*, vol. II, p. 218-19, "mostra o quão pouco esses escritores conheciam sobre o que escreviam a respeito dos gnósticos, e como uns seguiam ignorantemente os outros."

149. Hipólito, *Philosophumena*, livro IV, cap. I, § 13.

150. Epifânio, *Panarion*, livro I, t. III, *Haer*.XXXVI, I (citado em *Supern. Relig.*). Ver Volkmar, *Die Colarbasus-gnosis*, em Niedner, *Zeitschrift Hist. Theol.*, 1885.

151. *The Gnostics*, etc., p. 182, nota 3 [p. 409 na 2ª ed.].

152. [Cap. I, XV.]

153. Mosheim, *An Eccles. Hist.*, séc. II, parte II, cap. I, § 8; Dublin, 1767.

154. [*Epistola XIV: Ad Heliodorum Monachum*, § 2.]

155. Tertuliano, *De spectaculis*, XXX.

CAPÍTULO VI

"As cortinas do Ontem já foram baixadas, as cortinas do Amanhã já se erguem; mas ambos, o Ontem e o Amanhã, *existem*."
CARLYLE, *Sartor Resartus*, "Natural Supernaturalism", p. 271.

"Não nos permitem, então, examinar a autenticidade [da *Bíblia*], que, desde o século II, tem sido tomada como o critério da verdade científica? Para que se mantenha numa posição tão elevada, ela deve desafiar a crítica humana."
DRAPER, *History of the Conflict between Religion and Science*, p. 219.

"Um beijo de Nara nos lábios de Nârî, e toda a Natureza desperta."
VINA-SNATI (poeta hindu).

Não devemos nos esquecer de que a Igreja cristã deve os seus *Evangelhos* canônicos atuais e, por conseguinte, todo o seu dogmatismo religioso, ao *Sortes Sanctorum*. Incapaz de se pôr em acordo sobre quais eram os mais inspirados divinamente, dentre os numerosos Evangelhos existentes à sua época, o misterioso Concílio de Nicéia resolveu deixar à intervenção miraculosa a decisão sobre essa questão embaraçante. Esse Concílio de Nicéia pode muito bem ser chamado de misterioso. Havia mistério, em primeiro lugar, no número místico dos seus 318 bispos, a que Barnabé[1] deu muita importância; além disso, não há concordância entre os escritores antigos quanto à época e ao local de realização dessa reunião, nem mesmo sobre quem seria o bispo que a presidiu[2].

Não obstante o grandiloqüente elogio de Constantino[3], Sabino, o Bispo de Heracléia, afirma que, "exceto Constantino, o imperador, e Eusébio Panfílio, esses bispos eram um conjunto de criaturas *iletradas*, *simples*, que não compreendiam coisa alguma"[4] – o que equivale a dizer que eram um bando de imbecis. Essa era aparentemente a opinião de Papus, que nos conta do pouco de magia executada para saber quais eram os Evangelhos *verdadeiros*. No seu *Synodicon* desse Concílio, Papus diz [que], tendo "posto promiscuamente todos os livros apresentados à escolha do Concílio sob a mesa da comunhão de uma igreja, eles [os bispos] pediram ao Senhor que os escritos *inspirados* fossem deixados sobre a mesa, ao passo que os espúrios ficassem sob ela – e *isso realmente aconteceu*"[5]. Mas ninguém nos diz quem ficou com as chaves da câmara conciliária durante aquela noite!

Com base na autoridade das testemunhas eclesiásticas, portanto, tomamos a liberdade de dizer que o mundo cristão deve sua "Palavra de Deus" a um processo adivinhatório, pelo qual a Igreja, em seguida, condenou vítimas infelizes como conjuradores, encantadores, mágicos, feiticeiros e vaticinadores e os queimou aos milhares! Falando desse fenômeno verdadeiramente divino da escolha dos manuscritos, os padres da Igreja dizem que o próprio Deus preside as *Sortes*. Como mostramos em outro lugar, Agostinho confessa que ele próprio usou essa espécie de adivinhação. Mas as opiniões, como também as religiões reveladas, estão aptas a se modificarem. Aquele que por quase mil e quinhentos anos foi imposto à cristandade como um livro em que toda e qualquer palavra foi escrita sob a supervisão direta do Espírito Santo e onde nenhuma sílaba, nenhuma vírgula, poderia ser modificada sem o cometimento de um sacrilégio – esse livro está agora sendo retraduzido, revisado, corrigido e tosquiado em versículos inteiros, em alguns casos em capítulos inteiros. E, assim, tão logo uma nova edição venha a lume, seus doutores o aceitarão como uma nova "Revelação" do século XIX, sob o risco de serem considerados infiéis. Assim, vemos que, tanto no *interior* quanto no *exterior* dos seus recintos, a Igreja infalível deve ser acreditada mais do que seria razoavelmente conveniente. Os ancestrais dos nossos teólogos modernos encontraram justificativa para as *Sortes* no versículo que diz que "A sorte é lançada, mas toda decisão vem do Senhor"[6], e agora os seus herdeiros diretos afirmam que "o Diabo é quem decide". Talvez eles estejam começando a endossar inconscientemente a doutrina do sírio Bardesanes, segundo a qual as ações de Deus, como as do homem, *estão sujeitas à necessidade?*

Sem dúvida, foi também a "necessidade" estrita que fez a turba cristã dispor tão sumariamente dos neoplatônicos. Naqueles dias, as doutrinas dos naturalistas hindus e dos pirronistas antediluvianos estavam esquecidas, se alguma vez foram conhecidas de alguns raros filósofos. E Darwin, com as suas *descobertas* modernas, não foi mencionado nas profecias. Assim nesse caso, a lei da sobrevivência dos mais aptos se vê invertida. *Os neoplatônicos foram destinados à morte, desde o dia em que se alinharam abertamente a Aristóteles.*

No início do século IV, a massa popular começou a se reunir diante da porta da academia em que a culta e infeliz Hipatia expunha as doutrinas dos divinos Platão e Plotino e, assim, impedia o progresso do proselitismo cristão. Não foi para ser considerada perigosa que ela dissipou com muito sucesso a névoa que pairava sobre os "mistérios" religiosos inventados pelos padres. Só isso teria sido suficiente para pô-la em perigo, e também a seus seguidores. Foram precisamente os ensinamentos dessa filósofa pagã – a quem os cristãos fizeram muitos empréstimos para um toque final ao seu esquema, que de outra maneira resultaria incompreensível – que levaram a que muitos se juntassem à nova religião, e então a luz platônica começou a lançar um brilho por demais inconveniente sobre a piedosa colcha de retalhos, porque ela fez ver a todos a fonte de onde provinham as doutrinas "reveladas". Mas havia um perigo maior. Hipatia estudara com Plutarco, o chefe da escola ateniense, e aprendera todos os segredos da teurgia. Enquanto viveu para instruir as massas, nenhum milagre *divino* foi produzido diante daquela que pudesse divulgar as causas naturais que pudessem permitir a sua realização. A sua sorte foi decidida por Cirilo[7], cuja eloqüência ela eclipsou e cuja autoridade, baseada em superstições degradantes, devia inclinar-se diante da de Hipatia, erigida sobre a rocha da imutável lei natural. É mais do que curioso o fato de Cave, autor das *Lives of the Fathers*, ter considerado incrível que Cirilo sancionasse a sua morte tendo em vista o seu "caráter geral". Um santo, que vende a baixela de ouro e prata da sua igreja e que, após gastar o dinheiro, mente no seu julgamento, como ele o fez, é perfeitamente capaz de se tornar suspeito de qualquer coisa[8]. Além disso, neste caso, a

Igreja teve de lutar por sua vida, para não dizer da sua supremacia futura. Apenas eles, os sábios pagãos detestados e eruditos e os não menos sábios gnósticos, tinham em suas doutrinas os fios até então ocultos de todas essas marionetes teológicas. Uma vez erguida a cortina, a conexão entre a antiga religião pagã e a nova religião cristã foi exposta; e, então, o que adviria dos mistérios em que penetrar era um pecado e uma blasfêmia? Com a coincidência das alegorias astronômicas de vários mitos pagãos, com as datas adotadas pelo Cristianismo para a natividade, a crucifixão e a ressurreição, e com uma identidade de ritos e de cerimônias, qual teria sido a sorte da nova religião se a Igreja, com o pretexto de servir a Cristo, não se desembaraçasse dos filósofos mais bem informados? Se o *coup d'état* tivesse falhado, seria na verdade muito difícil adivinhar qual seria a religião predominante no nosso próprio século. Mas, com toda probabilidade, não teria ocorrido o estado de coisas que fizeram da Idade Média um período de escuridão intelectual, que degradou as nações do Ocidente e rebaixou o cidadão europeu daquela época ao nível de um selvagem da Papuásia.

Os temores dos cristãos não estavam muito bem fundamentados e o seu zelo piedoso e o seu discernimento profético foram recompensados desde o início. Na demolição do *Serapeion*, depois que o rio de sangue entre a populaça cristã e os adoradores pagãos terminou com a interferência do imperador, uma cruz latina, de perfeita forma cristã, foi descoberta gravada nas lajes graníticas do ádito. Esta foi, sem dúvida, uma descoberta feliz. E os monges se apressaram em dizer que a cruz fora reverenciada pelos pagãos num "espírito de profecia". Sozomen, pelo menos, com um ar de triunfo, recorda o fato[9]. Mas a arqueologia e o simbolismo, esses inimigos incansáveis e implacáveis das falsas pretensões clericais, descobriram, nos hieróglifos da legenda que circunda o desenho, pelo menos uma interpretação parcial do seu significado.

De acordo com King e com outros numismatas e arqueólogos, a cruz foi colocada naquele lugar como um símbolo da vida eterna. Como um Tao, ou cruz egípcia, era utilizada nos mistérios báquicos e eleusinos. Símbolo do duplo poder gerador, era colocada sobre o peito do iniciado, após o cumprimento do seu "novo nascimento", e depois que os *mystai* retornassem do seu batismo no mar. Era um sinal místico de que seu nascimento espiritual se regenerara e unira sua alma astral com seu espírito divino e de que ele estava pronto para ascender em espírito às moradas bem-aventuradas da luz e da glória – as Eleusinia. O Tao era um talismã mágico, ao mesmo tempo que um emblema religioso. Foi adotado pelos cristãos através dos gnósticos e dos cabalistas, que o usaram correntemente, como suas jóias testemunham, e que tinham o Tao (ou cruz *ansata*) dos egípcios e a cruz latina dos missionários budistas que a haviam trazido da Índia (onde ela ainda pode ser encontrada) dois ou três séculos a.C. Os assírios, os egípcios, os americanos antigos, os hindus e os romanos possuíam-na com várias, mas muito pequenas modificações de forma. Até uma época muito avançada na Idade Média, foi considerada um encanto poderoso contra a epilepsia e a possessão demoníaca; e o "signo de Deus vivo", trazido na visão de São João pelo anjo que vinha do Este "para marcar os servidores de nosso Deus em suas testas", era o mesmo Tao místico – a cruz egípcia. No vitral de Saint-Dénis (França), esse anjo está representado marcando com esse sinal a fronte do eleito; a legenda diz: SIGNUM TAY. King, o autor de *Gnostics*, lembra-nos nesse livro que "essa marca é geralmente trazida por Santo Antonio, um recluso *egípcio*"[10]. O verdadeiro significado do Tao nos é dado pelo São João cristão, pelo Hermes egípcio e pelos brâmanes hindus. É evidente que, para o apóstolo, pelo menos, ele significava o "Nome Inefável", como ele denomina esse "sinal do Deus vivo" poucos capítulos adiante[11], o "*nome do Pai escrito em suas frontes*".

O Brahmâtma, o chefe dos iniciados hindus, possuía sobre a cobertura da sua cabeça duas chaves cruzadas, símbolo do mistério revelado da vida e da morte; e, em alguns pagodes budistas da Tartária e da Mongólia, a entrada de uma câmara no templo, que geralmente continha a escada que leva ao *dagoba* interior[12], e os pórticos de alguns *prachidas*[13] estão ornamentados com uma cruz formada de dois peixes, que se encontra também em alguns zodíacos budistas. Não nos espantaríamos em saber que o emblema sagrado dos túmulos das catacumbas, em Roma, a *vesica piscis*, deriva desse mesmo signo zodiacal budista. É fácil formar uma idéia do quanto essa figura geométrica se difundiu nos símbolos mundiais pelo fato de que há uma tradição maçônica segundo a qual o templo de Salomão foi construído sobre três fundações que formavam o "Tao triplo", ou três cruzes.

No seu sentido místico, a cruz egípcia deve a sua origem, como emblema, à compreensão, pela filosofia primitiva, de um dualismo andrógino de toda manifestação da natureza, que procede do ideal abstrato de uma divindade igualmente andrógina, ao passo que o emblema cristão é um simples efeito do acaso. Se a lei mosaica tivesse prevalecido, Jesus teria sido apedrejado[14]. O crucifixo era um instrumento de tortura e tão comum entre os romanos, quanto desconhecido das nações semíticas. Era chamado "Árvore da Infâmia". Só mais tarde é que ele foi adotado como símbolo cristão; mas, durante as duas primeiras décadas, os apóstolos olhavam para ele com horror[15]. Não é certo que João tivesse em mente a cruz cristã quando falava do "sinal do Deus vivo", mas o Tao *místico* – o Tetragrammaton, ou nome poderoso, que, nos talismãs cabalísticos mais antigos, era representado pelas quatro letras hebraicas que compõem a Palavra Sagrada.

A famosa Lady Ellenborough, conhecida pelos árabes de Damasco, e no deserto, após seu último casamento, como *Hanoum Midjwal*[*], possuía um talismã, que lhe fora presenteado por um druso do monte Líbano. Um determinado sinal no seu ângulo esquerdo indicava que pertencia a uma classe de jóias conhecidas na Palestina como amuleto *messiânico*, do século II ou III a.C. Trata-se de uma pedra verde de forma pentagonal; na sua parte inferior está gravado um peixe; um pouco acima, o selo de Salomão[16]; e, mais acima, as quatro letras caldaicas – Yod, He, Vau, He, que formam o nome da Divindade.

---

* Referência feita a Jane Elizabeth (ca. 1807-1881), filha do Almirante Sir Henry Digby e segunda esposa de Edward Law, Primeiro Conde de Ellenborough (1790-1871) com quem se casou a 15 de setembro de 1824 e de quem se divorciou em 1830 por um ato do Parlamento. A razão para tal foi seu adultério com o Príncipe Schwartzenbury em 1828. O Conde teve com ela um filho que morreu em 1830. Seu terceiro casamento foi com o Sheik Midjwal el Mezrab, isto é, da tribo de Mezrab, um ramo dos beduínos anazeh de Damasco. Jane Elizabeth era uma mulher de grande beleza e talentos lingüísticos; teve uma carreira aventurosa na Europa e posteriormente residiu por muitos anos num acampamento no deserto perto de Damasco. Cf. *Revue Britannique*, março e abril de 1873, em que sua amiga Isabel (Lady) Burton faz um relato de sua vida. (N. do Org.)

Estão dispostas numa maneira pouco usual, indo da parte inferior para a superior, em ordem invertida, e formam o Tao egípcio. Ao seu redor há uma legenda que não estamos autorizados a divulgar, uma vez que a jóia não nos pertence. O Tao, no seu sentido místico, como também a *cruz ansata*, é a *Árvore da Vida*.

Sabe-se que os emblemas cristãos mais antigos – antes da representação da aparência corporal de Jesus – foram o Carneiro, o Bom Pastor e o *Peixe*. A origem deste último emblema, que tanto embaraçou os arqueólogos, torna-se, assim, compreensível. Todo o segredo repousa no fato, facilmente perceptível, de que, ao passo que na *Cabala* o Rei Messias é chamado de "Intérprete ou Revelador do Mistério e mostrado como a *quinta* emanação, no *Talmude* – por razões que explicaremos agora –, o Messias é muito freqüentemente designado como "DAG" ou o Peixe. Trata-se de uma herança dos caldeus e tem relação – como o próprio nome indica – com o Dagon babilônico, o homem-peixe, que foi o instrutor e o intérprete do povo, a quem ele apareceu. Abarbanel explica o nome, dizendo que o sinal de sua vinda (do Messias) "é a conjunção de Saturno e Júpiter no signo de *Pisces*"[17]. Em conseqüência, na medida em que os cristãos queriam a todo preço identificar o seu Christos com o Messias do *Velho Testamento*, eles o adotaram tão prontamente, que se esqueceram de que a sua verdadeira origem datava de uma época bastante anterior ao Dagon babilônico. Para termos uma idéia da extensão em que os cristãos primitivos confundiam o ideal de Jesus com qualquer dogma cabalístico imaginável, basta consultar a linguagem com que Clemente de Alexandria se dirigiu a seus irmãos em religião.

Quando debatiam sobre a escolha do símbolo mais apropriado para lhes lembrar Jesus, Clemente os advertiu com as seguintes palavras: "Gravai sobre a gema do vosso anel *uma pomba*, ou *um barco empurrado pelo vento* [o Argha], ou *um peixe*"[18]. Estava o bom padre, ao escrever essa sentença, obsedado pela lembrança de Josué, filho de Nun (chamado *Jesus* nas versões grega e eslava); ou havia ele esquecido a interpretação real desses símbolos pagãos? Josué, filho de Nun, ou Nave (*Navis*), poderia com absoluta propriedade adotar a imagem de um *barco*, ou mesmo a de um peixe, pois Josué significa Jesus, filho do deus-peixe; mas era realmente muito arriscado conectar os emblemas de Vênus, de Astartê e de todas as deusas hindus – o *argha*, a *pomba* e o *peixe* – com o nascimento "imaculado" de seu deus! Parece que nos primeiros dias do Cristianismo existia uma diferença muito pequena entre Cristo, Baco, Apolo e o Krishna hindu, a encarnação de Vishnu, cujo primeiro avatar originou este símbolo do peixe.

No *Bhâgavata-Purâna* bem como em muitos outros livros, mostra-se o deus Vishnu assumindo a forma de um peixe com uma cabeça humana, a fim de reencontrar os *Vedas* perdidos durante o dilúvio. Tendo ajudado Vaivasvata a escapar com toda a sua família na arca, Vishnu, tomado de piedade pela Humanidade fraca e ignorante, permaneceu com eles durante algum tempo. Foi esse deus que os ensinou a construir casas, a cultivar a terra e a agradecer à Divindade desconhecida, que ele representava, por meio da construção de templos e da instituição de uma adoração regular; e, como ele continuasse metade peixe, metade homem, todo o tempo, a cada pôr-do-sol ele voltava ao oceano, onde passava a noite.

"Foi ele" – diz o livro sagrado – "que ensinou os homens, após o dilúvio, tudo o que era necessário à sua felicidade.

"Certa vez ele mergulhou na água e nunca mais voltou, pois a terra se cobrira novamente com vegetação, frutos e gado.

"Mas ele ensinara aos brâmanes o segredo de todas as coisas" (*Bhâgavata-Purâna*, VIII, 24).

Até aqui, vemos nessa narrativa o *duplo* da história fornecida pelo babilônico Berosus sobre Oannes, o peixe-homem, que não é outro senão Vishnu – a menos, na verdade, que admitamos que foi a Caldéia que civilizou a Índia!

Repetimos: não queremos afirmar nada com base em nossa própria autoridade. Por isso, citamos Jacolliot, que, embora criticado e contradito em outros pontos, e embora seja tão pouco digno de fé em matéria de cronologia (apesar de estar mais perto da verdade nesse ponto do que os cientistas, que pretendem que todos os livros hindus são posteriores ao Concílio de Nicéia), pelo menos não se lhe pode negar a reputação de um bom sanscritista. E ele diz, ao analisar a palavra *Oan*, ou Oannes, que *O* em sânscrito é uma interjeição que expressa uma invocação, como Ó Svayambhû! Ó Deus!, etc.; e *Ana* é um radical, que significa em sânscrito um espírito, um ser; e, presumimos, aquilo que os gregos queriam dizer com a palavra *Daimôn*, um semideus.

"Que antiguidade extraordinária", observa ele, "essa fábula de Vishnu disfarçado em peixe dá aos livros sagrados dos hindus; especialmente diante do fato de que os *Vedas* e *Manu* acusam *mais de vinte e cinco mil anos de existência*, como o demonstram os documentos mais sérios e mais autênticos. Poucos povos, diz o culto Halhed, possuem anais mais autênticos e mais sérios do que os hindus."[19]

Talvez possamos lançar luzes adicionais sobre essa embaraçante questão do peixe-símbolo se lembrarmos ao leitor que, de acordo com o *Gênese*, o primeiro dos seres vivos criados, o primeiro tipo de vida animal, foi o peixe. "E Elohim disse: 'Que as águas produzam em abundância criaturas que *possuem vida*' (. . .) e Deus criou grandes baleias (. . .) e a manhã e a tarde constituíram o *quinto dia*"[20]. Jonas foi engolido por um grande peixe e lançado para fora três dias depois. Os cristãos consideram esse fato como uma premonição dos três dias de sepultura de Jesus que precederam a sua ressurreição – embora a afirmação dos três dias seja tão fantasiosa quanto todo o resto e também seja adotada para enquadrar com a ameaça de destruição do templo e de sua reconstrução em *três* dias. Entre o sepultamento e a alegada ressurreição transcorreu apenas *um dia* – o Sabbath judaico – , pois ele foi enterrado na tarde da sexta-feira, ressuscitando na aurora do domingo. Todavia, sejam quais forem as circunstâncias que devam ser tomadas com uma profecia, a história de Jonas não pode ser considerada uma delas.

O "Grande Peixe" é *Cetus*, a forma latinizada de *Kêtos* (κῆτος) e Kêtos é Dagon, Poseidon, cujo feminino é Kêton Atar-gatis – a deusa síria e a Vênus de Askalon. O busto de Der-Kêtos ou Astartê ficava geralmente na proa dos navios[21]. Jonas (o *Yonah* hebraico, por *pomba*, ave consagrada a Vênus) dirigiu-se a Jaffa, onde o deus Dagon, o peixe-homem, era adorado, e não ousou ir a Nínive, *onde a pomba era adorada*. Eis por que alguns comentadores acreditam que, quando se diz que Jonas foi lançado para fora do barco e engolido por um peixe, devemos entender que ele foi recolhido por um desses barcos, em cuja proa estava uma figura de *Kêtos*. Mas os cabalistas têm outra lenda a esse respeito: eles dizem que Jonas era um sacerdote que se havia evadido do templo da deusa em que a pomba era adorada e que desejava abolir a idolatria e instituir a adoração monoteísta. Que, apanhado perto de Jaffa, foi aprisionado pelos devotos de Dagon em uma das celas carcerárias do templo, sendo a forma estranha da cela o que deu origem à alegoria. Na coleção de Moses de García, um cabalista português, há um desenho que representa o interior do templo de Dagon. No centro eleva-se um imenso ídolo, cuja parte superior é humana e a inferior, a de um peixe. Entre o ventre e a cauda há uma abertura que se fecha como a porta de um armário. Nela eram encerrados, até uma disposição posterior, aqueles que cometiam blasfêmias contra a divindade titular do templo. O desenho em questão, que esquematiza uma *oubliette* veneziana dos tempos bíblicos, é cópia de uma velha lâmina coberta de vários desenhos e inscrições curiosos feitos em antigos caracteres fenícios. Essa lâmina foi encontrada numa escavação efetuada a poucas milhas de Jaffa. Considerando a tendência extraordinária das nações orientais para os trocadilhos e as alegorias, não seria possível que o "grande peixe" que engoliu Jonas fosse apenas a cela que está dentro do ventre de Dagon?

É significativo que essa dupla denominação de "Messias" e "Dag" (peixe), dos talmudistas, pudesse ser aplicada ao Vishnu hindu, o Espírito "Conservador" e a segunda pessoa da trindade bramânica. Essa divindade, que já se havia manifestado, ainda é considerada como o futuro Salvador da Humanidade e Redentor escolhido, que ressurgirá em sua décima encarnação ou *avatâra*, como o Messias dos judeus, para conduzir os bem-aventurados e restituir-lhes os primitivos *Vedas*. No seu primeiro avatar, pretende-se que Vishnu tenha aparecido à Humanidade sob a forma de um peixe. No templo de Râma, há uma representação desse deus que corresponde perfeitamente à de Dagon, tal como Berosus no-lo apresenta. Ele possuía o corpo de um homem que saía da boca de um peixe e segura em suas mãos o *Veda* perdido. Vishnu, além disso, é o deus da água, em certo sentido, o Logos do Parabrahman, pois, como as três pessoas da divindade manifesta intercambiam constantemente seus atributos, vemo-lo, no mesmo templo, representado reclinado sobre a serpente de sete cabeças, Ananta (eternidade) e se movendo, como o *Espírito* de Deus, sobre a superfície das águas originais.

Vishnu é, evidentemente, o Adão-Cadmo dos cabalistas, pois Adão é o Logos ou o primeiro Ungido, da mesma maneira que o segundo Adão é o Rei Messias.

Lakshmî, a contrapartida passiva ou feminina de Vishnu, o criador e o conservador, também é chamada Âdi-Mâyâ. Ela é a "Mãe do Mundo", Devamatrî, a Vênus-Afrodite dos gregos; também Ísis e Eva. Ao passo que Vênus nasceu da espuma do mar, Lakshmî brota da água, quando da agitação do mar; nascida, ela é tão bela, que todos os deuses se apaixonam por ela. Os judeus, emprestando os seus tipos onde os pudessem conseguir, calcaram a sua primeira mulher no padrão de Lakshmî. É curioso que Viracocha, o Ser Supremo do Peru, significa, literalmente, "espuma do mar".

Eugène Burnouf, grande autoridade da escola francesa, anuncia a sua opinião no mesmo sentido: "Devemos aprender um dia", observa ele, "que todas as tradições antigas que foram desfiguradas pela emigração e pela lenda pertencem à história da Índia". Essa é a opinião de Colebrooke, Inman, King, Jacolliot e muitos outros orientalistas.

Já dissemos acima que, de acordo com os cálculos secretos peculiares aos estudiosos da ciência oculta, Messias é a quinta emanação, ou potência. Na *Cabala* judaica, em que os dez Sephîrôth emanam de Adão-Cadmo (colocado abaixo da coroa), ele vem em quinto lugar. Assim também no sistema gnóstico; assim também no budista, em que o quinto Buddha – Maitreya – aparecerá em seu último advento para salvar a Humanidade antes da destruição final do mundo. Se Vishnu é representado em sua futura e última aparição como o *décimo* avatar ou encarnação, é apenas porque cada unidade, considerada como um andrógino, manifesta-se duplamente. Os budistas que rejeitam essa encarnação bissexual reconhecem apenas cinco. Assim, ao passo que Vishnu fará sua última aparição na sua décima encarnação, Buddha cumprirá o mesmo em sua quinta[22].

Para ilustrar melhor essa idéia, e para mostrar a verdadeira significação dos

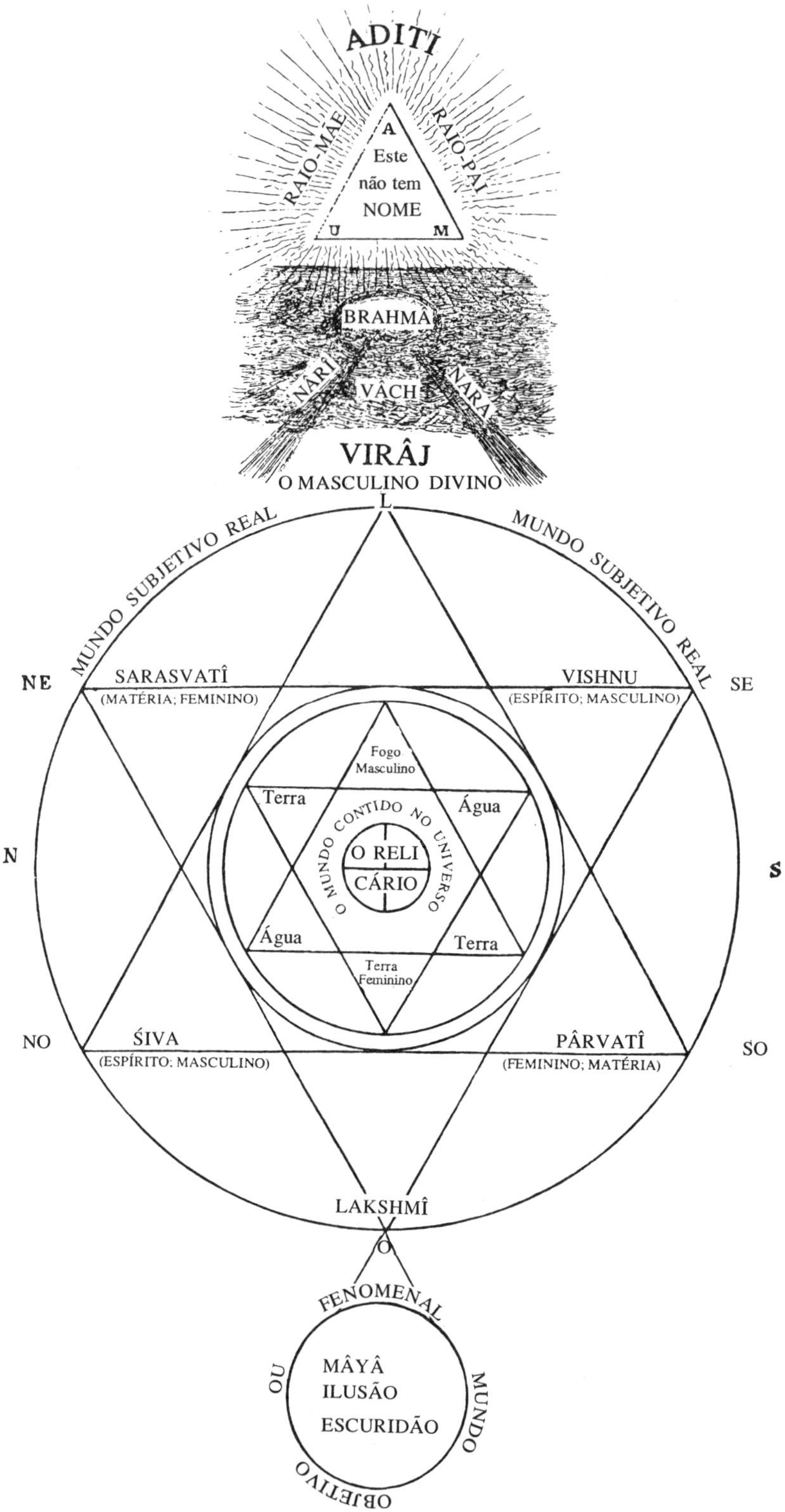

ADITI
RAIO-MÃE
RAIO-PAI
A
Este
não tem
NOME
U
M
BRAHMÂ
NÂRÎ
VÂCH
NARA
VIRÂJ
O MASCULINO DIVINO
L
MUNDO SUBJETIVO REAL
MUNDO SUBJETIVO REAL
NE
SARASVATÎ
(MATÉRIA; FEMININO)
VISHNU
(ESPÍRITO; MASCULINO)
SE
Fogo
Masculino
Terra
Água
O MUNDO CONTIDO NO UNIVERSO
O RELI
CÁRIO
N
S
Água
Terra
Terra
Feminino
NO
ŚIVA
(ESPÍRITO; MASCULINO)
PÂRVATÎ
(FEMININO; MATÉRIA)
SO
LAKSHMÎ
O
FENOMENAL
MÂYÂ
ILUSÃO
ESCURIDÃO
OU
MUNDO
OBJETIVO

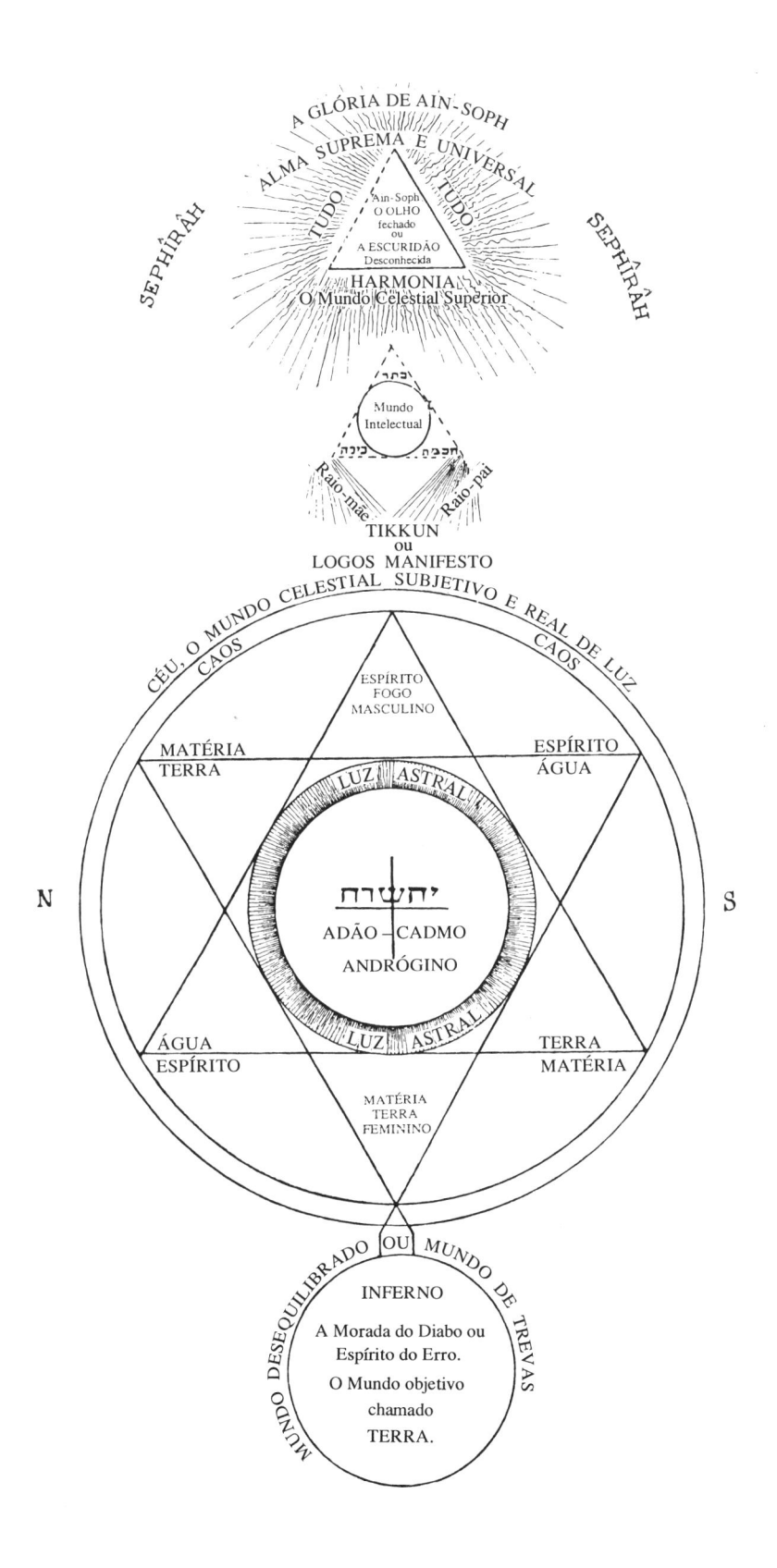

A GLÓRIA DE AIN-SOPH
ALMA SUPREMA E UNIVERSAL
TUDO — TUDO
SEPHÎRÂH — SEPHÎRÂH

Ain-Soph
O OLHO fechado
ou
A ESCURIDÃO
Desconhecida

HARMONIA
O Mundo Celestial Superior

Mundo Intelectual

Raio-mãe — Raio-pai

TIKKUN
ou
LOGOS MANIFESTO

CÉU, O MUNDO CELESTIAL SUBJETIVO E REAL DE LUZ

CAOS — CAOS

ESPÍRITO
FOGO
MASCULINO

MATÉRIA
TERRA

ESPÍRITO
ÁGUA

LUZ ASTRAL

N — S

ADÃO—CADMO
ANDRÓGINO

LUZ ASTRAL

ÁGUA
ESPÍRITO

TERRA
MATÉRIA

MATÉRIA
TERRA
FEMININO

MUNDO DESEQUILIBRADO OU MUNDO DE TREVAS

INFERNO

A Morada do Diabo ou
Espírito do Erro.

O Mundo objetivo
chamado
TERRA.

avatares, conhecida só dos estudiosos da doutrina secreta, que foi mal-interpretada pelas massas ignorantes, daremos adiante os diagramas dos avatares e emanações hindus e caldaico-cabalísticos[23]. Essa pedra de toque básica e fundamental dos ciclos secretos demonstra que, longe de interpretar literalmente os *Vedas* revelados e a *Bíblia*, os pânditas bramânicos e os tannaim – os cientistas e os filósofos das épocas pré-cristãs – especularam sobre a criação e o desenvolvimento do mundo de uma maneira darwiniana, antecipando-o e à sua escola, na seleção natural das espécies, seu desenvolvimento gradual e a sua transformação.

Recomendamos a todos aqueles que estejam tentados a emitir um protesto indignado contra essa nossa afirmação que leiam mais cuidadosamente os livros de Manu, até mesmo na tradução incompleta de Sir William Jones e na mais ou menos fantasiosa de Jacolliot. Se compararmos a cosmogonia fenícia de Sanchoniathon e a narrativa de Berosus, com o *Bhâgavata-Purâna* e o *Manu*, encontraremos enunciados exatamente os mesmos princípios que nos são agora oferecidos pelos últimos desenvolvimentos da ciência moderna. Já citamos, no nosso primeiro volume, algumas passagens dos registros caldaicos e primitivos; transcreveremos agora algumas passagens das Escrituras hindus.

"Quando este mundo saiu das trevas, os princípios elementares sutis produziram a semente vegetal que animou as plantas em primeiro lugar; das plantas, a vida passou para corpos fantásticos que nasceram no *ilus das águas*; depois, através de uma série de formas e de animais diversos, ela chegou ao HOMEM."[24]

"Ele [o homem, antes de sê-lo] passara sucessivamente através das plantas, dos vermes, dos insetos, dos peixes, das serpentes, das tartarugas, do gado e dos animais selvagens; esse é o grau inferior."

"Essas são, desde Brahmâ até os vegetais, as transmigrações que ocorrem neste mundo."[25]

Na cosmogonia de Sanchoniathon, os homens também evoluíram do *ilus* do caos[26], e aí encontramos a mesma evolução e transformação das espécies.

E agora daremos a tribuna ao Sr. Darwin: "Eu acredito que os animais descendem, no máximo, de quatro ou cinco progenitores"[27].

E ainda: "Posso inferir, por analogia, que provavelmente todos os seres orgânicos que viveram sobre esta terra descenderam de uma mesma forma primordial[28]. (...) Considero todos os seres, não como criações especiais, mas como os descendentes lineares de alguns poucos seres que viveram muito tempo *antes do depósito da primeira camada do sistema siluriano*"[29].

Em suma, viveram no caos de Sanchoniathon e no *ilus* de Manu. Vyâsa e Kapila vão mais além de Darwin e Manu. "Eles vêem em Brahmâ apenas o nome do germe universal; *eles negam a existência de uma Causa Primeira* e pretendem que tudo o que existe na natureza se desenvolveu apenas em conseqüência de forças materias e fatais", diz Jacolliot[30].

Por mais correta que possa estar essa citação de Kapila, ela exige algumas palavras de explicação. Jacolliot compara repetidamente Kapila e Veda-Vyâsa com Pirro e Littré. Nada temos contra essa comparação com o filósofo grego, mas nos opomos categoricamente a que ela seja feita com o comtista francês; consideramo-la um insulto imerecido à memória do grande sábio ariano. Esse autor prolífico não afirma em lugar algum o repúdio de Deus – o Espírito "desconhecido", universal – por parte dos brâmanes antigos ou modernos; nem qualquer outro orientalista acusa os hindus da mesma coisa, apesar das deduções gerais pervertidas de nossos sábios sobre o ateísmo budista.

Ao contrário, Jacolliot afirma, mais de uma vez, que os pânditas sábios e os brâmanes eruditos nunca partilharam das superstições populares; e afirma a sua crença inquebrantável na unidade de Deus e na imortalidade da alma, embora, sem dúvida alguma, nem Kapila, nem os brâmanes iniciados, nem os seguidores da escola Vedânta tivessem admitido a existência de um criador antropomórfico, uma "Causa Primeira" no sentido cristão. Jacolliot, em seu *Indo-European and African Traditions*, é o primeiro a fazer um ataque ao Prof. Müller, ao observar que os deuses hindus eram "máscaras sem atores (...) nomes sem ser, e não seres sem nomes"[31]. Citando, em apoio à sua argumentação, numerosos versos dos livros hindus sagrados, ele acrescenta: "É possível recusar ao autor dessas estâncias uma concepção definida e clara da força divina, do Ser Único, senhor e Soberano do Universo? (...) Então os altares foram construídos para uma metáfora?"[32]

Esse último argumento é perfeitamente justo, no que diz respeito à negação de Max Müller. Mas duvidamos que o racionalista francês entenda a filosofia de Kapila e de Vyâsa melhor do que o filólogo alemão o "disparate teológico", como este último denomina o *Atharva-Veda*. O Prof. Müller e Jacolliot podem pretender uma grande erudição e conhecer a fundo o sânscrito e outras línguas orientais antigas, mas falta a ambos a chave para os mil e um mistérios da antiga doutrina secreta e da sua filosofia. Só quando o filólogo alemão não se digna a estudar o "disparate teológico" e mágico é que constatamos que o indianista francês não perde uma ocasião sequer para investigar. Além disso, ele admite honestamente a sua incompetência para sondar esse oceano de conhecimentos místicos. Ele não só crê na sua existência, mas também, em todas as suas obras, chama a atenção da ciência para as suas marcas inegáveis, que se vêem a cada passo na Índia. Contudo, embora os pânditas e os brâmanes sábios, os seus venerados "mestres dos pagodes de Villianûr e Chidambaram, no Carnatic"[33], pareçam ter recusado categoricamente revelar a ele os mistérios da parte mágica do *Agrushada-Parikshai*[34] e do triângulo do Brahmâtma[35], ele persiste na sua declaração honesta de que tudo é possível na metafísica hindu, mesmo que os sistemas de Kapila e Vyâsa ainda não tenham sido compreendidos até agora.

O Sr. Jacolliot enfraquece a sua afirmação imediatamente após, com a seguinte contradição:

"Perguntávamos um dia a um brâmane do pagode de Chidambaram, que pertence à *escola cética dos naturalistas de Vyâsa*, se ele acreditava na existência de Deus. Ele nos respondeu, sorrindo: '*Aham eva Parabrahman*' – 'Eu mesmo sou um deus'.

"'O que quereis dizer com isto?'

"'Quero dizer que tudo que existe sobre a terra, por mais humilde que seja, é uma porção imortal da matéria imortal'"[36].

Essa teria sido a resposta que acudiria a todo filósofo antigo, cabalista ou gnóstico, dos primeiros tempos. Ela contém o espírito mesmo dos mandamentos délficos e cabalísticos, pois a filosofia esotérica resolveu, séculos atrás, a questão de saber o que o homem era, é e será. Se as pessoas que acreditam no versículo da *Bíblia* que ensina que "O Senhor Deus formou o homem da poeira do chão e soprou em suas narinas o alento da vida"[37], rejeitam ao mesmo tempo a idéia de que todo átomo dessa poeira, como toda partícula dessa "alma viva", contêm "Deus" em si mesmas, então lamentamos a lógica desse cristão. Ele ignora os versículos que precedem. Deus abençoa igualmente todas as feras dos campos e toda a criatura viva, na água, como no ar, e Ele a todas elas dota de *vida*, que é um sopro de Seu próprio Espírito, e da *alma* do animal. A Humanidade é o

Adão-Cadmo do "Desconhecido", Seu microcosmo e Seu único representante na Terra, e todo homem é um deus na Terra.

Poderíamos perguntar a esse erudito francês, que parece tão familiarizado com todos os slokas dos livros de Manu e de outros escritores védicos, o significado dessa frase que ele conhece tão bem:

"As plantas e a vegetação revelam um grande número de formas por causa das suas ações precedentes; estão cercadas pela escuridão, mas, não obstante, estão dotadas de uma alma interior e sentem igualmente o prazer e a dor"[38].

Se a Filosofia hindu ensina a presença de um grau de *alma* mas formas mais inferiores da vida vegetal, e mesmo em todos os átomos do espaço, como é possível que ela recusasse o mesmo princípio imortal ao homem? E se ela admite o espírito imortal no homem, como pode ela logicamente negar a existência da fonte original – não direi a primeira, mas a Causa eterna? Nem os racionalistas, nem os sensualistas, que não são capazes de compreender a metafísica indiana, deveriam julgar a ignorância dos metafísicos hindus segundo os seus próprios critérios.

O grande ciclo, como observamos anteriormente, inclui o progresso da Humanidade desde seu germe no homem primordial sob a forma espiritual, até o abismo mais profundo da degradação a que ele puder chegar – cada etapa sucessiva na descida sendo caracterizada por uma força e consistência da forma física maiores do que a anterior – e termina com o Dilúvio. Mas enquanto o grande ciclo, ou idade, cumpre o seu curso, sete ciclos menores são percorridos, cada um deles marcando a evolução de uma nova raça que procede da raça anterior, num mundo novo. E cada uma dessas raças, ou grandes tipos da Humanidade, se subdivide em famílias, e estas em nações e tribos, como vemos hoje os habitantes da Terra divididos em mongóis, caucasianos, indianos, etc.

Antes de mostrar, por meio de diagramas, a semelhança estreita que existe entre as filosofias esotéricas de todos os povos antigos, embora geograficamente remotos uns dos outros, seria útil explicar brevemente as idéias reais que estão na base de todos esses símbolos e de todas essas representações alegóricas que tanto têm embaraçado os comentadores não-iniciados. Melhor do que qualquer outra coisa, isso pode mostrar que Religião e Ciência estavam mais intimamente ligadas do que gêmeos, nos dias de outrora; que as duas formavam um só corpo desde o momento da concepção. Com atributos mutuamente conversíveis, a Ciência era espiritual e a Religião era científica. Como o homem andrógino do primeiro capítulo do *Gênese* – "macho e fêmea", passivo e ativo; criado à imagem do Elohim. A onisciência desenvolveu a onipotência, essa última exigia o exercício daquela, e assim o gigante possuía domínio sobre todos os quatro reinos do mundo. Mas, como o segundo Adão, esses andróginos estavam destinados a "cair e perder os seus poderes" tão logo as duas metades da dualidade se separassem. O fruto da Árvore do Conhecimento dá a morte sem o fruto da Árvore da Vida. O homem deve conhecer *a si mesmo* antes de poder conhecer a gênese última, mesmo dos seres e poderes cuja natureza é ainda menos desenvolvida do que a sua. O mesmo acontece com a Religião e a Ciência; unidas, elas eram infalíveis, pois a intuição espiritual estava ali para confirmar as limitações dos sentidos físicos; separadas, a ciência exata rejeita o auxílio da voz interior, ao passo que a religião se torna simplesmente teologia dogmática – cada uma delas é um cadáver sem alma.

A doutrina esotérica, então, ensina, como o Budismo e o Bramanismo, e até mesmo a perseguida *Cabala*, que a Essência una, infinita e desconhecida existe desde toda a eternidade e que, em sucessões regulares e harmoniosas, ela é passiva ou ativa.

Na fraseologia poética de *Manu*, essas contradições são chamadas o "dia" e a "noite" de Brahmâ. Este pode estar "desperto" ou "adormecido". Os *Svâbhâvikas*, ou filósofos da mais antiga escola de Budismo (que ainda existe no Nepal), especulam apenas sobre a condição ativa dessa "Essência", que eles chamam de *Svabhavat*, e consideram insensato teorizar sobre o poder abstrato e "incognoscível" em sua condição passiva. Eis por que são chamados de ateus tanto pela Teologia cristã, quanto pelos cientistas modernos – nenhum dos dois é capaz de entender a lógica profunda da sua filosofia. Aquela não admitirá nenhum outro Deus que não os poderes *secundários* personificados que edificaram às cegas o universo visível e que se transformou no Deus antropomórfico dos cristãos e o Jeová troando entre relâmpagos e trovões. Por sua vez, a ciência racionalista saúda os budistas e os *Svâbhâvikas* como os "positivistas" dos tempos arcaicos. Se nos inclinarmos a um ponto de vista parcial da filosofia destes últimos, talvez os nossos materialistas estejam corretos em suas opiniões. Os budistas pretendem que não haja *um* Criador, mas uma infinidade de *poderes criadores*, que formam coletivamente a substância única eterna, cuja *essência* é inescrutável – e, portanto, não é um assunto apropriado para a especulação de um verdadeiro filósofo. Sócrates recusou-se invariavelmente a discutir o mistério do ser universal, e, entretanto, ninguém o acusaria de ateísmo, exceção feita aos que procuraram a sua destruição. Ao inaugurar um período ativo, diz a *doutrina secreta*, uma expansão dessa essência Divina, *que age de dentro para fora*, ocorre em obediência à lei eterna e imutável, e o universo fenomenal ou visível é o resultado de uma longa cadeia de forças cósmicas colocadas progressivamente em movimento. Da mesma maneira, quando a condição passiva é retomada, ocorre uma contradição da essência Divina e a obra anterior da criação é aniquilada gradual e progressivamente. O universo visível se desintegra, seu material se dispersa – e a "escuridão", solitária e abandonada, recobre uma vez mais a superfície do "abismo". Para empregar uma metáfora que poderia comunicar mais claramente a idéia, uma exalação da "essência desconhecida" produz o mundo e uma inalação o faz desaparecer. *Esse processo tem-se repetido desde toda a eternidade e nosso universo atual é apenas um, de uma série infinita que não teve começo, nem terá fim.*

Não podemos, por conseguinte, construir nossas teorias baseados nas manifestações visíveis da Divindade, nos seus fenômenos naturais objetivos. Aplicar a esses princípios criadores o nome de Deus é pueril e absurdo. Também se poderia dar o nome de Benvenuto Cellini ao fogo que funde o metal, ou ao ar que esfria depois de ter passado pelo molde. Se a Essência espiritual íntima sempre oculta, e abstrata para as nossas mentes, que age nessas forças deve ser relacionada com a criação do universo físico, ela só o pode ser no sentido que lhe deu Platão. Ela poderia ser chamada, no melhor dos casos, de edificador do universo abstrato que se desenvolveu gradualmente no Pensamento Divino em que ela jazia em estado latente.

Tentaremos mostrar, no cap. VIII, o significado esotérico de gênese e a sua concordância perfeita com as idéias de outras nações. Veremos que os seis dias de criação possuem um significado insuspeitado por muitos comentadores, que exercitaram as suas habilidades até o ponto máximo tentando reconciliá-las com a Teologia cristã e a Geologia não-cristã. Por mais desfigurado que possa estar o *Velho Testamento*, ele ainda conserva em seu simbolismo o suficiente do original, em seus pontos principais, para mostrar sua semelhança com as cosmogonias das nações mais antigas do que a dos judeus.

Reproduzimos aqui os diagramas das cosmogonias hindu e caldaico-judaica. A antiguidade do diagrama dos primeiros pode ser inferida do fato de que muitos dos pagodes bramânicos foram desenhados e construídos com base nessa figura, chamada de Śrî-Yantra"[39]. E, contudo, vemos que os cabalistas judeus e medievais o tinham em grande estima e que lhe deram o nome de "selo de Salomão". Seria muito fácil encontrar a sua origem, uma vez que somos lembrados da história do rei-cabalista e das suas relações com o Rei Hiram e com Ophir – o país dos pavões, do ouro e do marfim –, cujas terras devemos procurar na Índia Antiga.

EXPLICAÇÃO DOS DOIS DIAGRAMAS
QUE REPRESENTAM
OS PERÍODOS CAÓTICOS E FORMADORES, ANTES E DEPOIS QUE NOSSO UNIVERSO COMEÇASSE A EVOLUIR
DO PONTO DE VISTA ESOTÉRICO BRAMÂNICO, BUDISTA E CALDAICO, QUE CONCORDAM EM TODOS OS PONTOS COM A TEORIA EVOLUTIVA DA CIÊNCIA MODERNA.

A DOUTRINA HINDU

O Triângulo Superior

Contém o Nome Inefável. É o AUM – que só deve ser pronunciado mentalmente, sob pena de morte. O Parabrahman Não-revelado, o Princípio Passivo; o "mukta" absoluto e incondicionado, que não pode entrar na condição de um Criador, pois este, a fim de *pensar, querer* e *agir*, deve ser finito e condicionado (*baddha*); por conseguinte, em um sentido, deve ser um ser finito.

"ELE (Parabrahman) foi absorvido no não-ser, imperceptível, sem qualquer atributo distinto, inexistente para os nossos sentidos. Foi absorvido no seu sono (para nós) eterno e (para ele) periódico", pois era uma das "Noites de Brahmâ". Portanto, ele não é uma *Primeira*, mas a Causa Eterna. Ele é a Alma das Almas, que nenhum ser pode compreender nesse estado. Mas "aquele que estuda os Mantras secretos e compreende a *Vâch* (o Espírito ou voz oculta dos Mantras, a manifestação ativa da Força latente) aprenderá a compreendê-lo em seu aspecto "revelado".

A DOUTRINA CALDAICA

O Triângulo Superior

Contém o Nome Inefável. É Ain-Soph, o Ilimitado, o Infinito, cujo nome só é conhecido pelos iniciados e não pode ser pronunciado em voz alta sob pena de morte.

Não mais do que Parabrahman, Ain-Soph não pode criar, pois ele está na mesma condição de não-ser; ele é אין [ain] inexistente enquanto se encontra em seu estado latente ou passivo em *Olam* (o tempo ilimitado e infinito); como tal, não é o Criador do universo visível, nem é o *Or* (Luz). Transformar-se-á nele mais tarde, quando o período de criação o tiver compelido a expandir a Força dentro de si, segundo a Lei de que é a essência corporificadora.

"Aquele que aprende a conhecer ין[40], o *Merkabah* e o *la' hash* (fala secreta ou encantação)[41] aprenderá o segredo dos segredos."

Tanto "ELE", quanto Ain-Soph, em sua primeira manifestação de Luz, emergindo da Escuridão, podem resumir-se no Svabhavat, a Substância Eterna Auto-existente não-criada que produz tudo; ao passo que tudo o que for de sua essência é produzido por sua própria natureza.

O Espaço que Circunda o Triângulo Superior

Quando a "Noite de Brahmâ" chegou ao fim e soou a hora de o Auto-existente manifestar-*Se* por revelação, ele tornou sua glória visível ao enviar de sua Essência um Poder ativo, que, feminino no começo, torna-se subseqüentemente andrógino. É *Aditi*, o "Infinito"[42], o

O Espaço que Circunda o Triângulo Superior

Quando chegou o período ativo, Ain-Soph emitiu, de sua própria essência eterna, Sephîrâh, o Poder ativo, chamado de Ponto Primordial, e a Coroa, Kether. Foi só através dela que a "Sabedoria Desmedida" pôde dar uma forma concreta ao seu Pensamento abstrato. Dois

Ilimitado, ou antes o "Desmedido". Aditi é a "mãe" de todos os deuses, e Aditi é o Pai e o Filho[43]. "Quem nos levará de volta ao Grande Aditi, para que eu possa ver pai e mãe?"[44] É em conjunção com essa Força Feminina que o Pensamento Divino mas latente produz a grande "Profundidade" – água. "A água nasceu de uma transformação da luz (...) e de uma *modificação da água nasceu a terra*", diz *Manu* (livro I, 78).

"Sois filhos de Aditi, nascidos da água, vós que sois nascidos da terra, ouvi meu chamado."[45]

Nessa água (ou caos primevo) o andrógino "Infinito", que, com a Causa Eterna, forma a primeira Tríada abstrata, representada por AUM, depositou a vida universal. É o Ovo Mundano, em que ocorre a gestação de Purusha, ou o Brahmâ manifesto. O germe que fecundou o Princípio-Mãe (a água) é chamado *Nara*, o Espírito Divino ou Espírito Santo[46][*], e as próprias águas são uma emanação dela, *Nârî*, enquanto o Espírito que se move sobre as águas é chamado de *Nârâyana*[47].

"Naquele ovo, o grande Poder permaneceu inativo durante todo o *ano do Criador*, a cujo final, por seu próprio pensamento, fez com que o ovo se dividisse."[48] A metade superior tornou-se o céu, a inferior a terra (ambos em sua forma ideal, não em sua forma manifesta).

Assim, essa segunda Tríada, apenas um outro nome para a primeira (nunca pronunciado em voz alta), e que é a Trimûrti *secreta* e primordial pré-védica verdadeira, consistia de

Nara,   Pai-Céu,
Nârî,   Mãe-Terra,
Virâj, o Filho – ou Universo.

A Trimûrti, que compreende Brahmâ, o Criador, Vishnu, o Conservador, e Śiva, o Destruidor e Regenerador, pertence a um período posterior. É uma ilação antropomórfica, inventada para uma compreensão popular das massas não-iniciadas. O *Dîkshita*, o iniciado, conhecia muito mais e melhor. Assim, essa profunda alegoria – com cores de uma fábula ridícula, dada no *Aitareya-Brâhmanam*[50], que resultou nas representações, em alguns templos, de Brahmâ-Nara, sob a forma de um touro, e sua filha, Aditi-Nârî, na de uma bezerra – contém a mesma idéia metafísica da "queda do homem", ou do Espírito na geração – a matéria. O Espírito Divino Que-tudo-impregna, personificado sob os símbolos do Céu, do Sol e do Calor (fogo) – a correlação das forças cósmicas – fecunda Matéria ou Natureza, filha do Espírito. E o próprio Brahmâ se vê forçado a se submeter, e a suportá-la, à lados do triângulo superior, o lado direito e a base, são formados de linhas interrompidas; o terceiro, o do lado esquerdo, é formado por uma linha pontilhada. É através deste lado que emerge Sephîrâh. Espalhando-se em todas as direções, ela circunda finalmente todo o triângulo. Nessa emanação do princípio ativo feminino, a partir do lado esquerdo do triângulo místico, pressagia-se a criação de Eva a partir do lado esquerdo de Adão. Adão é o Microcosmo do Macrocosmo e é criado à imagem de Elohim. Na Árvore da Vida, עץ החיים [Etz Haiyim] a Tríada tripla está disposta de maneira que os três Sephîrôth masculinos fiquem à direita, os três femininos à esquerda, e os quatro princípios que os unem no centro. Do Orvalho Invisível que cai da "Cabeça" Superior, Sephîrâh cria a água primordial, ou o caos assumindo forma. É o primeiro passo para a solidificação do Espírito, que, através de várias modificações, produzirá a terra[49]. "*É preciso terra e água para fazer* uma alma vivente", diz Moisés.

Quando Sephîrâh emerge, da Divindade latente, como um poder ativo, ela é feminina; quando assume o papel de um Criador, torna-se masculino; eis por que é andrógina. Ela é o "Pai e a Mãe Aditi" da cosmogonia hindu. Após ter meditado sobre a "Profundidade", o "Espírito de Deus" produz a sua própria imagem na água, o Útero Universal, simbolizado em *Manu* pelo Ovo Dourado. Na cosmogonia cabalística, Céu e Terra estão personificados por Adão-Cadmo e pelo segundo Adão. A primeira Tríada Inefável, contida na idéia abstrata das "Três Cabeças", era um "nome de mistério". Ela se compunha de Ain-Soph, Sephîrâh e Adão-Cadmo, o Protogonos, sendo este idêntico ao primeiro, pois que era bissexual[52]. Em toda a Tríada existe um macho, uma fêmea e um andrógino. Adão-Sephîrâh é a Coroa (Kether). Ele se empenha na obra da criação, produzindo em primeiro lugar Hokhmah, Sabedoria Masculina, uma potência masculina ativa, representada por יה, Yâh, ou as Rodas da Criação, אופנים [Ophanim], das quais procedeu Binah, Inteligência, potência feminina e passiva, que é *Yahveh*, יהוה, que vemos figurar na *Bíblia* como o Supremo. Mas este *Yahveh* não é o *Yod-heva* cabalístico. O binário é a pedra angular da *Gnosis*. Assim como o binário é a Unidade que se multiplica e que é autocriadora, os cabalistas mostram que Ain-Soph passivo "Desconhecido" faz emanar de si mesmo Sephîrâh, que, tornando-se luz visível, produz, diz-se, Adão-Cadmo. Mas, no sentido oculto, Sephîrâh e Adão são uma mesma

---

* Referência aos *Commentaria in evangelium Joannis*, de Orígenes, tomo II, p. 64 (*vide* Migne, *Patrologia graeca*, XI, col. 72), onde cita uma passagem do *Evangelho segundo os hebreus*: "Modo accepit me mater mea sanctus Spiritus, uno capillorum meorum et me in montem magnum Thabor portavit" – "Mãe, o Espírito Santo pegou-me por um dos meus cabelos e me levou para o grande monte Thabor". (N. do Org.)

penitência das maldições de outros deuses (Elohim) em razão desse incesto. (Ver Coluna correspondente.) De acordo com a lei imutável e, por conseguinte, fatal, Nara e Nârî são ao mesmo tempo Pai e Mãe, e também Pai e Filha[51]. A Matéria, por suas transformações infinitas, é o produto gradual do Espírito. A unificação de uma Causa Suprema Eterna exigiu essa correlação; e, se a natureza é o produto ou o efeito dessa Causa, ela deve, por sua vez, ser fecundada pelo mesmo Raio divino que produziu a própria natureza. As alegorias cosmogônicas mais absurdas, se analisadas sem preconceito, estão sempre baseadas numa necessidade estrita e lógica.

"O ser nasceu do não-ser" diz um verso do *Rig-Veda*[53]. O primeiro teve de se tornar andrógino e finito, em virtude mesmo da sua criação como um ser. E, assim, mesmo a Trimûrti sagrada, que contém Brahmâ, Vishnu e Śiva, terá fim quando a "noite" de Parabrahman suceder ao "dia" atual, ou período de atividade universal.

A segunda Tríada, ou antes a primeira – pois a mais suprema é apenas uma abstração pura –, é o mundo intelectual. A *Vâch* que a circunda é uma transformação mais definida de Aditi. Além da sua significação oculta no Mantra secreto, Vâch é personificada como o poder ativo de Brahmâ que procede dele. Nos *Vedas* ela fala de si mesma como a alma suprema e universal. "Trago o Pai sobre a cabeça [da mente universal]; e *minha origem está no meio do oceano*; e, portanto, penetro todos os seres. (. . .) Dando origem a todos os seres, eu passo como a brisa [Espírito Santo]. Estou acima desse céu, além dessa terra; e *aquilo que o Grande Ser for, eu o sou*."[54] Literalmente, Vâch é a fala, o poder de despertar, por meio do arranjo métrico contido no número de sílabas dos Mantras[55], os poderes correspondentes no mundo invisível. Nos mistérios sacrificiais, Vâch desperta o Brahmâ (*Brahmâ jinvati*), ou o poder que repousa latente na base de toda operação mágica. Ela existe desde toda a eternidade como *Yajña* (sua forma latente), em estado dormente em Brahmâ desde o "não-começo" e procede dele sob a forma de Vâch (o poder ativo). É a chave da "Traividyâ", a três vezes sagrada ciência que ensina os *Yajus* (os mistérios sacrificiais)[56].

Tendo falado da Tríada não-revelada e da primeira tríada dos Sephîrôth, chamada de "mundo intelectual", pouco resta a ser dito. Na grande figura geométrica que tem um triângulo duplo, o círculo central representa o mundo no universo. O triângulo duplo pertence a uma das mais importantes, senão a mais importante delas, figuras místicas da Índia. É o emblema da Trimûrti, ou três em um. O triângulo que tem o ápice voltado para cima indica o princípio masculino; voltado para baixo, o feminino; os dois tipificam, ao mesmo tempo, o espírito e a matéria. Esse mundo no universo infinito é o microcosmo no macrocosmo, como na *Cabala* judaica.

luz, latente e ativa, invisível e visível. O segundo Adão, como o tetragrama humano, produz por sua vez Eva, em um dos seus lados. É com essa segunda Tríada que os cabalistas se ocuparam, dificilmente fazendo uma referência ao Supremo e ao Inefável e nunca chegando a fazer qualquer declaração escrita. Todo conhecimento relativo a este último foi partilhado oralmente. É o *segundo* Adão, então, que é a unidade representada por *Yod*, emblema do princípio cabalístico masculino, e, ao mesmo tempo, ele é Hokhmah, *Sabedoria*, enquanto *Binah* ou Yehovah é Eva; o primeiro Hokhmah emanando de Kether, ou o andrógino, Adão-Cadmo, e o segundo, Binah, de Hokhmah. Se combinarmos com *Yod*, as três letras que formam o nome de Eva, teremos o divino tetragrama, pronunciado IEVO-HEVAH, Adão e Eva, יהוה, Jehovah, masculino e feminino, ou idealização da Humanidade corporificada no primeiro homem. É assim que podemos provar que, enquanto os cabalistas judaicos, em comum com os seus mestres iniciados, os caldeus e os hindus, adoravam o Deus Supremo e Desconhecido, no silêncio sagrado dos seus santuários, as massas ignorantes de todas as nações adoravam algo que era certamente menos do que a Substância Eterna dos budistas, os chamados ateus. Como Brahmâ, a divindade manifestada no *Manu* mítico, ou o primeiro homem (nascido de Svayambhû, ou o Auto-existente), é finito, assim também Jeová, corporificado em Adão e Eva, é apenas um deus *humano*. Ele é o símbolo da Humanidade, uma mistura do bem com uma porção do mal inevitável; de espírito caído na matéria. Adorando Jeová, simplesmente adoramos a natureza, corporificada no homem, metade espiritual e metade material, no melhor dos casos: somos panteístas, quando não adoradores de fetiches, como os judeus idólatras, que sacrificavam em lugares elevados, nos bosques, ao princípio masculino e feminino personificado, ignorando IAÔ, o "Nome Secreto" Supremo dos Mistérios.

Shekînâh é a Vâch hindu, adorada nos mesmos termos. Embora seja mostrada na Árvore da Vida cabalística como procedente da nona Sephîrôth, Shekînâh é o "véu" de Ain-Soph e a "veste" de Jeová. O "véu", que durante longas eras ocultou o verdadeiro Deus supremo, o Espírito universal, e mascarou Jeová, a divindade exotérica, fez com que os cristãos o aceitassem como o "pai" do Jesus iniciado. Todavia, os cabalistas, bem como os *Dîkshita* hindus, conheciam o poder de Shekînâh ou Vâch e o chamavam de "sabedoria secreta", חכמה נסתרה [*hokhmah nistharah*].

O triângulo representou um papel importante no simbolismo religioso de toda grande nação, pois, em toda parte, ele representou os três grandes princípios – espírito, força e matéria; ou o princípio ativo (masculino), passivo (feminino) e o dual ou correlativo que participa de ambos e os mantém unidos. Era o *Arba* ou "quaternário"[58]

É o símbolo do útero do universo, o ovo terrestre, cujo arquétipo é o ovo mundano dourado. É desse seio espiritual da mãe Natureza que procedem todos os grandes salvadores do universo – os avatares da Divindade invisível.

"Daquele que é e que, portanto, não é, do não-ser, Causa Eterna, nasceu o ser Purusha", diz Manu, o legislador. Purusha é o "macho divino", o *segundo* deus, e o avatar, ou o Logos de Parabrahman e seu filho divino, que por sua vez produziu Virâj, o filho, ou o tipo ideal do universo. "Virâj inicia a obra da criação ao produzir os dez Prajâpati, 'os senhores de todos os seres'."[57]

De acordo com a doutrina de Manu, o universo está sujeito a uma sucessão periódica e interminável de criações e dissoluções, períodos de criação que são chamados *Manvantaras*.

"É o germe [que o Espírito Divino produziu de sua própria substância] que nunca perece no ser, pois ele se torna a alma do Ser e, no período de *pralaya* [dissolução], torna a se absorver *no Espírito Divino*, que repousa desde toda a eternidade em Svayambhû, o 'Auto-existente'"[60].

Como mostramos, nem os Svâbhâvikas – filósofos budistas – nem os brâmanes acreditam numa criação do universo *ex nihilo*, mas acreditam na *Prakriti*, a indestrutibilidade da matéria.

A evolução das espécies e o sucessivo aparecimento de diversos tipos novos estão claramente mostrados em *Manu*.

"Da terra, do calor e da água nasceram todas as criaturas, animadas ou inanimadas, produzidas pelo germe que o Espírito Divino extraiu de sua própria substância. Assim, Brahmâ estabeleceu as séries de transformações da planta até o homem, e do homem até a essência primordial. (. . .) Entre elas, cada ser (ou elemento) sucessivo adquire a qualidade do precedente; e, à medida que galga um dos graus, ele é dotado de novas propriedades"[61].

Esta, acreditamos, é a verdadeira teoria dos evolucionistas modernos.

kabiri, sumariados na unidade da Divindade suprema. Encontra-se nas pirâmides egípcias, cujos lados iguais se elevam até se perderem num ponto culminante. No diagrama cabalístico, o círculo central da figura bramânica é substituído pela cruz; a perpendicular celestial e a linha de base horizontal terrestre[59] Mas a idéia é a mesma: Adão-Cadmo é o tipo da humanidade como uma totalidade coletiva, na unidade de Deus criador e do espírito universal.

"Daquele que é sem forma, o inexistente (também a Causa eterna, mas *não* a Primeira), nasceu o homem celeste." Mas após ter criado a forma do homem celeste אדם עלאה [Adam Ila-ah], ele "usou-a como um veículo no qual ele desceu", diz a *Cabala*. Assim, Adão-Cadmo é o avatar do poder oculto. Após isso, Adão cria ou engendra, pelo poder combinado do Sephîrôth, o Adão terrestre. A obra de criação também é iniciada por Sephîrâh na criação dos dez Sephîrôth (que são os Prajâpati da *Cabala*, pois eles são igualmente os Senhores de todos os seres).

O *Zohar* afirma a mesma coisa. Segundo a doutrina cabalística, houve mundos antigos (*Zohar*, III, p. 292b). Tudo retornará um dia àquilo de onde procedeu. "Todas as coisas de que este mundo consiste, tanto o espírito, quanto o corpo, voltarão ao seu princípio e às razões de onde procederam" (*Zohar*, II, 218b). Os cabalistas também defendem a indestrutibilidade da matéria, embora sua doutrina seja ainda mais cuidadosamente encoberta do que a dos hindus. A criação é eterna e o universo é a "veste" ou "o véu de Deus" – Shekînâh; e este é imortal e eterno como Aquele no seio em que ele sempre existiu. Todo o mundo é estabelecido com base no padrão do seu predecessor, e cada vez mais grosseiro e material que o precedente. Na *Cabala*, todos eles tinham o nome de centelhas. [*Zohar*, III, p. 292b.] Finalmente, nosso mundo atual grosseiramente material foi formado.

Na narrativa caldaica do período que precede à gênese de nosso mundo, Berosus fala de um tempo em que nada existia a não ser a escuridão, e um abismo de águas, povoado de monstros horríveis, "produziu um princípio duplo. (. . .) Naquelas criaturas estavam combinados os membros de todas as espécies de animais. Além delas, havia peixes, répteis, serpentes e outros animais monstruosos, que assumiam as formas e as feições uns dos outros"[62].

Temos a seguinte afirmação no primeiro livro de Manu: "Sabei que a soma de 1.000 eras divinas compõe a totalidade de um dia de Brahmâ; e que uma noite é igual a um dia". Mil eras divinas são iguais a 4.320.000.000 anos humanos nos cálculos bramânicos.

"Na expiração de cada noite, Brahmâ, que estava adormecido, desperta e [pela energia do movimento] emana de si mesmo o espírito, que em sua essência *é*, e entretanto não *é*."

"Movido pelo desejo de criar, o Espírito [a primeira das emanações] opera a criação e dá nascimento ao éter, no qual os sábios reconhecem a faculdade de transmitir o som.

"O éter engendra o ar, cuja natureza é tangível [e que é necessário à vida].

"Por uma transformação do ar, a luz é produzida.

"[Do ar e] da luz [que engendra o calor], forma-se a água [e a água é o útero de todos os germes vivos]."[63]

Durante todo o imenso período de criação progressiva, que se estende por 4.320.000.000 anos, o éter, o ar, a água e o fogo (calor) estão constantemente produzindo matéria sob o impulso incessante do Espírito, ou do Deus *não-revelado* que preenche toda a criação, pois ele está em tudo, e tudo está nele. Esse cálculo, que era secreto e a que até hoje apenas se aludia, levou Higgins ao erro de dividir cada dez eras em 6.000 anos. Tivesse ele acrescentado algumas cifras mais aos seus totais, ele estaria mais perto de uma explicação correta das neroses, ou ciclos secretos[64].

No *Sepher Yetzîrah*, o livro cabalístico da Criação, seu autor repetiu evidentemente as palavras de Manu. Nele, a Substância Divina está representada como se tivesse existido sozinha desde a eternidade, desmedida e absoluta; e fez emanar de si mesma o Espírito. "O Espírito do Deus vivo é Um, abençoado seja Seu nome, que vive para sempre! Voz, Espírito e Palavra – eis o Espírito Santo"[65]; e esta é a Trindade cabalística abstrata, tão sem-cerimônia antropomorfizada pelos padres. Desse UM triplo emanou todo o Cosmos. Primeiramente, o elemento criador; e depois o número TRÊS, *Água*, que procede do ar; *Éter* ou *Fogo* completam o quaternário místico, o Arba-il[66]. "Quando o Oculto do Oculto quis revelar-Se, produziu primeiramente um ponto [ponto primordial, ou o primeiro Sephîrâh, ar ou Espírito Santo], deu-lhe uma forma sagrada [os dez Sephîrôth, ou o homem celeste] e a recobriu com uma rica e esplêndida veste, *que é o mundo*"[67]. "Ele fez do vento os seus mensageiros, e, do Fogo flamejante, os seus servidores", diz o *Yetzîrah*, mostrando o caráter cósmico dos anjos evemerizados posteriores[68], e que o Espírito permeia os mínimos átomos do Cosmos[69].

Quando o ciclo da criação chega ao seu final, a energia da palavra manifesta está enfraquecida. Só ele, o Inconcebível, é imutável (sempre latente), mas a Força Criadora, embora também seja eterna, ela também, porque esteve ali desde o "não-começo", deve sujeitar-se aos ciclos periódicos de atividade e de repouso; como ela teve *começo* em um dos seus aspectos, quando de sua primeira emanação, ela também deve, por conseguinte, ter um fim. Assim, a tarde sucede o dia, e a noite da divindade se aproxima. Brahmâ está adormecendo pouco a pouco. Em um dos livros do *Zohar* lemos a seguinte afirmação:

"Enquanto Moisés velava sobre o monte Sinai, em companhia da Divindade, que uma nuvem ocultava à sua visão, sentiu um grande temor se apoderar dele e perguntou repentinamente: 'Senhor, onde estás (. . .) dormes, Senhor?' E o *Espírito* lhe respondeu: 'Eu nunca durmo; se eu dormir por um momento sequer *antes da minha hora*, toda a Criação entrará em dissolução em um instante'." E Vâmadeva Modaliyar descreve a "noite de Brahmâ", ou o segundo período da existência Divina Desconhecida, com as seguintes palavras:

"Estranhos rumores se fazem ouvir, os quais procedem de todos os lugares. (. . .) São os precursores da Noite de Brahmâ; *o crespúsculo ergue-se no horizonte* e o Sol desaparece atrás do trigésimo grau de *Makara* (signo do zodíaco) e não chega ao signo de *Mina* (o *pisces* zodiacal, o signo de peixes). Os gurus dos pagodes, designados para velar pelo *râśi-chakra* [Zodíaco], já podem quebrar seus círculos e instrumentos, pois são doravante inúteis.

"A luz enfraquece gradualmente, o calor diminui, os lugares inabitáveis multiplicam-se sobre a terra, o ar torna-se mais e mais rarefeito; as fontes de água secam, os grandes rios vêem exaustas as suas ondas, o oceano mostra o seu leito de areia e as plantas morrem. Os homens e os animais diminuem de estatura dia-a-dia. A vida e o movimento perdem sua força, os planetas mal podem gravitar no espaço; extinguem-se um a um, como uma lâmpada que a mão do *chokra* [servo] não enche mais. Sûrya (o Sol) vacila e se apaga, a matéria entra em dissolução (*pralaya*) e Brahmâ retorna a Dyaus, o Deus Não-revelado, e, cumprida a sua tarefa, adormece. Outro dia passou, a noite se estende e continua até a futura aurora.

"Agora, os germes de tudo o que existe entram novamente no ovo dourado do Seu Pensamento, como nos diz o divino Manu. Durante Seu repouso pacífico, os seres animados, dotados dos princípios de ação, interrompem as suas funções e toda sensação (*manas*) adormece. Quando todos são absorvidos na ALMA SUPREMA, essa alma de todos os seres dorme em completo repouso, até o dia em que ela reassume sua forma e desperta novamente de sua escuridão primitiva."[70]

Se examinarmos os dez avatares míticos de Vishnu, nós os veremos relatados na seguinte progressão:

1. Matsya-Avatâra: como peixe. Este será igualmente o seu décimo e último avatar, ao final do Kali-yuga.

2. Kûrma-Avatâra: como uma tartaruga.

3. Varâha: como um javali.

4. Nara-Sinha: como um *homem-leão*; último estágio animal.

5. Vâmana: como um anão; primeiro passo em direção à forma humana.

6. Paraśu-Râma: como um herói, mas ainda um homem imperfeito.

7. Râma-Chandra: como o herói do *Râmâyana*. Um homem perfeito fisicamente; seu parente próximo, amigo e aliado Hanuman, o macaco-deus. *O macaco dotado de fala*[71].

8. Krishna-Avatâra: o Filho da Virgem Devakî, formado por Deus, ou antes pelo Deus Vishnu manifesto, que é idêntico a Adão-Cadmo[72]. Krishna também é chamado Kâneya, o Filho da Virgem.

9. Gautama-Buddha, Siddhârtha, ou Śâkya-Muni. (Os budistas rejeitam a doutrina de que o seu Buddha seria uma encarnação de Vishnu.)

10. Esse Avatar ainda não se cumpriu. É aguardado para o futuro, como o Advento dos cristãos, cuja idéia foi, sem dúvida alguma, copiada dos hindus. Quando Vishnu aparecer pela última vez, ele virá como um "Salvador". De acordo com a opinião de alguns brâmanes, ele se manifestará sob a forma de *Kalki* (cavalo branco). Outros afirmam que ele o montará. Esse cavalo é o envoltório do espírito do mal, e Vishnu o montará, invisível a todos, até que o tenha conquistado pela última vez. O *Kalki-Avatâra*, ou a última encarnação, divide o Bramanismo em duas seitas. A dos Vaishnava recusa-se a reconhecer as encarnações do seu deus Vishnu sob formas literalmente animais. Eles afirmam que essas formas devem ser tomadas em sentido alegórico.

Nessa relação dos avatares, encontramos a evolução gradual e a transformação de todas as espécies desde o lodo pré-siluriano de Darwin até o *ilus* de Sanchoniathon e Berosus. Começando com a era azóica, correspondente ao *ilus* em que Brahmâ implanta o germe criador, passamos pelas eras paleozóica e mesozóica, cobertas pela primeira e pela segunda encarnações como o peixe e a tartaruga; e pela cenozóica, que abrange as encarnações nas formas animal e semi-humana do javali e do homem-leão; e chegamos ao quinto período, culminante, designado como a "era da mente, ou idade do homem", cujo símbolo na mitologia hindu é o anão – a primeira tentativa da natureza na criação do homem. Nessa relação é preciso considerar a sua idéia principal, e não julgar o grau de conhecimento dos filósofos antigos por meio da aceitação literal da forma popular em que ele nos é apresentado no grande poema épico *Mahâbhârata* e num de seus capítulos, a *Bhagavad-Gîtâ*.

Até mesmo as quatro eras da cronologia hindu contêm uma idéia mais filosófica do que parece superficialmente. Ela as define de acordo com os estados psicológico ou mental e físico do homem durante esse período. Krita-yuga, a idade de ouro, a "idade da alegria", ou inocência espiritual do homem; Tretâ-yuga, a idade da prata, ou do fogo – o período da supremacia do homem e dos gigantes e dos filhos de Deus; Dvâpara-yuga, a idade do bronze – uma mistura, já, de pureza e de impureza (espírito e matéria), a idade da dúvida; e, finalmente, a nossa, a Kali-yuga, ou idade de ferro, ou escuridão, miséria e tristeza. Nessa idade, Vishnu chegou a se encarnar em Krishna, a fim de salvar a humanidade da deusa *Kâlî*, consorte de Śiva, o aniquilador de tudo – a deusa da morte, da destruição e da miséria humana. *Kâlî* é o melhor emblema para representar a "queda do homem"; a queda do espírito na degradação da matéria, com todos os seus resultados terríveis. Devemos nos livrar de *Kâlî* para conseguir o *Moksha*, ou Nirvâna, a morada da Paz abençoada e do Espírito.

Para os budistas, a última encarnação é a quinta. Quando vier o Maitreya-Buddha, então nosso mundo atual será destruído e um novo mundo, e melhor, o substituirá. Os quatro braços de toda Divindade hindu são os emblemas das quatro manifestações anteriores de nossa terra, após seu estado invisível, enquanto a cabeça tipifica o quinto e último *Kalki-Avatâra*, quando a terra será destruída e o poder de Budh – a Sabedoria (de Brahmâ, para os hindus) – será novamente chamada a se manifestar – como um *Logos* – para criar o mundo futuro.

Nesse esquema, os deuses masculinos tipificam o Espírito em seus atributos divinos, ao passo que suas contrapartes femininas – as *Śakti* – representam as energias ativas desses atributos. A *Durgâ* (virtude ativa) é uma força sutil, invisível, que corresponde a Shekînah – a vestimenta de Ain-Soph. Ela é a *Śakti* por cujo intermédio o "Eterno" passivo faz surgir o universo visível a partir da sua primeira concepção ideal. Cada um desses três personagens da Trimûrti exotérica utiliza a sua *Śakti* como um *Vâhana* (veículo). Cada um deles é, no momento, a forma que está sentada no carro misterioso de Ezequiel.

Não vemos menos claramente expressa, nessa sucessão de Avatares, a verdadeira idéia filosófica de uma evolução espiritual e física simultânea dos animais e do homem. A partir de um peixe, o progresso dessa transformação dual faz passar a forma física pela tartaruga, pelo javali e pelo homem-leão; e, depois, aparecendo no anão humano, mostra *Paraśu-Râma*, uma entidade fisicamente perfeita e espiritualmente não-desenvolvida, até levar a Humanidade personificada num homem divino ao ápice da perfeição física e espiritual – um deus sobre a Terra. Em Krishna e nos outros Salvadores do mundo reconhecemos a idéia filosófica do desenvolvimento dual progressivo compreendida pelo *Zohar* e tão claramente expressa por ele. O "Homem Celeste", que é o Protogonos, Tikkun, o primogênito de Deus, ou a Forma ou Idéia universal, engendra Adão. Eis por que este é de nascimento divino na Humanidade e dotado dos atributos de todos os dez Sephîrôth. São eles: Sabedoria, Inteligência, Justiça, Amor, Beleza, Esplendor, Firmeza, etc. Eles fazem dele o Fundamento ou Base, "o poderoso ser vivo",

אל חי [El-Hay], e a coroa da criação, colocando-o assim como o Alfa e o Ômega para reinar sobre o "reino" – Malkhuth. "O homem é ao mesmo tempo a conseqüência e o mais alto grau da criação", diz o *Zohar*. "Logo que o homem foi criado, tudo estava completo, inclusive os mundos superiores e os inferiores, pois tudo está compreendido no homem. Ele reúne em si mesmo todas as formas."[73]

Mas isto não diz respeito à nossa Humanidade degenerada; é só ocasionalmente que nascem homens que são os tipos daquilo que o homem deveria ser e não é. As primeiras raças de homens eram espirituais e os seus corpos protoplásticos não eram compostos das substâncias grosseiras e materiais que entram na composição dos homens de hoje. Os primeiros homens foram criados com todas as faculdades da Divindade, com poderes bastante superiores aos das legiões angélicas, pois eles eram emanações diretas de Adão-Cadmo, o homem primitivo, o Macrocosmo; ao passo que a Humanidade atual é em muitos graus inferior mesmo à do Adão terrestre, que era o Microcosmo, ou "o mundo em miniatura". Zeir-Anpîn, a figura mística do Homem, consiste de 243 números, e vemos nos círculos que se sucedem uns aos outros que foram os anjos que emanaram do "Homem Primitivo", não os Sephîrôth dos anjos. Em conseqüência, o homem devia ser, desde o começo, um ser que possuía uma natureza ao mesmo tempo progressiva e regressiva. Tendo início no ápice do ciclo divino, ele se afastou gradualmente do centro da Luz, adquirindo em cada nova esfera inferior a que chegava (mundos habitados por uma raça diferente de seres humanos) uma forma física mais sólida e perdendo uma parte das suas faculdades *divinas*.

Na "queda de Adão" devemos ver, não a transgressão pessoal do homem, mas apenas a lei da evolução dual. Adão, ou o "Homem", dá início à sua carreira de existência com a sua permanência no jardim do Éden, "vestido de vestes celestiais, *uma veste de luz celeste*" (*Zohar*, II, 229b); mas, quando foi expulso, é "vestido" por Deus, ou a lei eterna da evolução ou **necessitarismo**, com túnicas de pele. Mas, mesmo sobre essa terra de degradação material – em que a centelha divina (Alma, uma corrupção do Espírito) devia começar a sua progressão física numa série de aprisionamentos a partir da pedra até o corpo de um homem – , se ele exercitar a sua VONTADE e chamar a sua divindade em seu socorro, o homem pode transcender os poderes do anjo. "Não sabeis que havemos de julgar os anjos?" pergunta Paulo (*1 Coríntios*, VI, 3). O homem real é a Alma (Espírito), ensina o *Zohar*. "O mistério do homem terrestre vem após o mistério do homem celeste (. . .) o sábio pode ler os mistérios na face humana" (II, 76a).

Esta é outra das muitas frases pelas quais Paulo pode ser reconhecido como um iniciado. Por razões que já enunciamos amplamente, consideramos mais dignas de genuinidade certas Epístolas dos Apóstolos, agora consideradas como apócrifas, do que muitas passagens suspeitas dos *Atos*. E encontramos corroboração deste ponto de vista nas *Epístolas de Paulo a Sêneca* e *de Sêneca a Paulo*[74]. Em uma mensagem, Paulo chama Sêneca de "meu respeitável mestre", ao passo que Sêneca se dirige ao apóstolo simplesmente como "irmão".

Não temos mais direito de julgar o Bramanismo e o Budismo pelas formas absurdas e às vezes repugnantes do culto popular, do que julgar a verdadeira religião da filosofia judaica pelos absurdos da *Bíblia* exotérica. Se quisermos procurar a essência verdadeira da filosofia de *Manu* e da *Cabala*, reconheceremos que Vishnu é, da mesma maneira que Adão-Cadmo, a expressão do próprio universo e que suas encarnações são personificações concretas e variadas das manifestações desse "Todo Assombroso". "Eu sou a Alma, ó Arjuna. Eu sou a Alma que existe no coração de todos os seres; e eu sou o começo e o meio, e também o fim das coisas existentes" – diz Krishna ao seu discípulo, na *Bhagavad-Gîtâ* (cap. X).

"Eu sou o Alfa e o Ômega, o começo e o fim (. . .) Eu sou o primeiro e o último", diz Jesus a João (*Apocalipse*, I, 8, 17).

Brahmâ, Vishnu e Śiva são uma trindade numa unidade, e, como a trindade cristã, são mutuamente conversíveis. Na doutrina esotérica, eles são uma única e mesma manifestação daquele "cujo nome é sagrado demais para ser pronunciado e cujo poder é majestoso e infinito demais para ser imaginado". Assim, descrevendo-se os Avatares de um deles, todos os outros estão incluídos na alegoria, com uma modificação de forma, mas não de substância. É dessas manifestações que emanaram os muitos mundos anteriores e que emanará aquele que deve vir.

Coleman, seguido por outros orientalistas, apresenta o sétimo Avatar de Vishnu da maneira mais caricaturada[75]. Além do fato de o *Râmâyana* ser o maior poema épico do mundo – a fonte e a origem da inspiração de Homero – , esse Avatar oculta um dos problemas científicos dos tempos modernos. Os brâmanes cultos da Índia nunca compreenderam a alegoria da famosa guerra entre homens, gigantes e macacos, senão como uma alegoria da transformação das espécies. Estamos persuadidos de que se os acadêmicos europeus se dirigissem a alguns brâmanes cultos nativos em busca de informações, em vez de rejeitar unânime e incontinentemente a sua autoridade, e se eles, como Jacolliot – contra quem se ergueram – procurassem luz nos documentos mais antigos espalhados em profusão por todos os pagodes do país, eles aprenderiam lições curiosas, mas muito úteis. Se alguém perguntar a um brâmane *erudito* sobre a razão do respeito devido aos macacos – respeito que se origina na história dos feitos valorosos de Hanuman, o generalíssimo e fiel aliado do herói do *Râmâyana*[76] – , essa pessoa abandonaria imediatamente a idéia errônea de que os hindus atribuem honras divinas a um *deus*-macaco. Talvez aprendesse – se o brâmane o julgasse digno de uma explicação – que os hindus vêem no macaco apenas aquilo que Manu queria que ele fosse: a transformação da espécie mais diretamente relacionada com a da família humana – um ramo bastardo enxertado em seu próprio tronco antes da perfeição final desta última[77][*]. Ele aprenderia, além disso, que aos olhos dos "gentios" cultos, o homem espiritual ou *interior* é uma coisa e que o seu envoltório físico, terrestre, é outra. Que a natureza *física*, a grande combinação de correlações físicas de forças que avançam em direção à perfeição, foi obrigada a se servir do material que tinha em mãos; ela modela e remodela enquanto prossegue e, terminando a sua obra no homem, apresenta-o apenas como um tabernáculo apropriado ao obscurecimento do espírito Divino. Mas este não dá ao homem o direito de vida e de morte sobre os animais inferiores a ele, na escala da *natureza*, ou o direito de os torturar. Exatamente o contrário. Além de ser dotado de uma alma – que qualquer animal, e mesmo qualquer planta, também possui mais ou menos – , o homem tem uma alma imortal *racional*, ou *nous*, que deveria torná-lo pelo menos igual em magnanimidade ao elefante, que caminha cuidadosamente para não esmagar os animais mais frágeis do que ele. É esse sentimento que faz com que os brâmanes e os budistas construam hospitais para animais doentes, e até mesmo para insetos, e a preparar refúgios

---

*　O título completo dessa obra é: *Über die Auflösung der Arten durch natürliche Zuchtwahl oder die Zukunft der organischen Reiches*. Foi publicada anonimamente por Julius Wilhelm Albert Wigand, em Hanover, em 1872, e consiste de apenas 72 p. (*Vide* Dr. M. Holzmann e Dr. Hanns Bohatta, *Deutsches Anonymen Lexikon*, Hildesheim, 1961, Band V, 1851- 1908.) (N. do Org.)

onde eles possam terminar os seus dias. É esse mesmo sentimento, ainda, que faz com que o sectário jainista sacrifique metade da sua vida a varrer do seu caminho os insetos inúteis e impotentes e a não privar da vida mesmo os menores dos seres; e é ainda esse sentido da mais elevada benevolência e de caridade para com os fracos, por abjetos que possam parecer, que os faz honrar uma das modificações da sua própria natureza dual que posteriormente deu lugar, na crença popular, à metempsicose. Nenhum sinal dela existe nos *Vedas*; e, sendo a verdadeira interpretação dessa doutrina discutida extensamente em *Manu* e nos livros sagrados budistas e limitada desde o início às castas sacerdotais cultas, não devemos nos espantar com idéias falsas e absurdas do povo a seu respeito.

Quanto àqueles que, nos espólios da Antiguidade, vêem a prova de que os tempos modernos não podem se gabar de originalidade, é comum encontrar neles uma grande disposição de exagerar e distorcer os fatos. Mas o leitor avisado perceberá que este não é um exemplo a ser seguido. Houve evolucionistas antes do dia em que o Noé mítico teve de, na *Bíblia*, flutuar em sua arca; e os cientistas antigos estavam mais bem informados, e tinham as suas teorias mais bem definidas, do que os evolucionistas modernos.

Platão, Anaxágoras, Pitágoras, as escolas eleatas da Grécia, bem como os antigos colégios sacerdotais caldaicos – todos eles ensinaram a doutrina da evolução dual; a doutrina da transmigração das almas referia-se apenas ao progresso do homem de um mundo a outro, após a morte nessa Terra. Toda filosofia digna desse nome ensinava que o *espírito* do homem, se não a *alma*, era preexistente. "Os essênios", diz Josefo, "acreditavam que as almas eram imortais e que elas desciam dos espaços etéreos para se acorrentarem aos corpos"[78]. Fílon, o Judeu, por sua vez, diz que "o ar está cheio delas [das almas]; aquelas que estão próximas da Terra, descendo para se ligarem aos corpos mortais, $\pi\alpha\lambda\iota\delta\rho o\mu o\tilde{\upsilon}\sigma\iota\nu\ \alpha\tilde{\upsilon}\theta\iota\varsigma$, retornam a outros corpos, desejosas que são de viver neles"[79]. No *Zohar*, a alma implora a sua liberdade diante de Deus: "Senhor do Universo! Estou feliz neste mundo, e não quero ir para outro mundo, onde eu serei uma criada e estarei exposta a todas as espécies de poluições"[80]. A doutrina da necessidade fatal, a Lei eternamente imutável, é afirmada na resposta da Divindade: "Contra a tua vontade tornar-te-ás um embrião e contra a tua vontade tu nascerás"[81]. A luz seria incompreensível sem a escuridão, para torná-la manifesta por contraste; o bem não seria o bem se não existisse o mal, para mostrar a natureza sem preço de benefício; é assim que a virtude pessoal não teria nenhum direito ao mérito, se ela não atravessasse a fornalha da tentação. Nada é eterno e imutável, exceto a Divindade Oculta. Nada do que é finito – seja porque teve um começo ou porque terá um fim – pode permanecer estacionário. É preciso avançar ou recuar; e uma alma que tem sede de reunir-se ao seu espírito, o único a lhe conferir imortalidade, deve purificar-se através de transmigrações cíclicas, avançando para a única Terra da Bem-aventurança e do Repouso Eterno, chamada de "O Palácio do Amor", היכל אהבה [*hekal ahabah*], no *Zohar*[82]; de "Moksha", na religião hindu; de "Pleroma da Luz eterna", entre os gnósticos e de Nirvâna, pelos budistas. Os cristãos chamam-na de "Reino dos Céus" e pretendem terem sido os únicos a encontrar a verdade, ao passo que não fizeram mais do que inventar um novo nome para uma doutrina que é tão velha como o homem.

Está no *Zohar* a prova de que a transmigração da alma não tem relação alguma com a condição do homem sobre essa Terra *após* a morte, não obstante os numerosos erros de seus tradutores. "Todas as almas que se alienaram do Santo Ser – louvado seja Seu nome – no céu, lançaram-se a um abismo no momento mesmo da sua existência e anteciparam o momento de seu retorno a esta Terra[83]. (...) Vinde e vede quando a alma chega à morada do Amor. (. . .) A alma não pode enfrentar essa luz sem vestir o manto luminoso. Pois, exatamente como a alma enviada para a Terra veste uma veste terrestre para aqui se preservar, também ela recebe uma veste brilhante para ser capaz de olhar sem perigo no espelho cuja luz procede do Senhor da Luz."[84] Além disso, o *Zohar* ensina que a alma não pode chegar à Terra da Bem-aventurança se não tiver recebido o "beijo sagrado", ou a reunião da alma *com a substância de que ela emanou* – o espírito[85]. Todas as almas são duais, e, ao passo que são o princípio feminino, o espírito é masculino. Enquanto aprisionado no corpo, o homem é uma trindade, a menos que a sua poluição seja tal, que tenha provocado seu divórcio do espírito. "Infeliz da alma que prefere para seu divino marido [espírito] o casamento terrestre com seu corpo terrestre", recorda um texto do *Livro das Chaves*[86].

Essas idéias sobre as transmigrações e a trindade do homem eram sustentadas por muitos dos padres cristãos primitivos. Foi a confusão entre alma e espírito, feita pelos tradutores do *Novo Testamento* e pelos antigos tratados filosóficos, que ocasionou tantos mal-entendidos. Foi também uma das muitas razões por que Buddha, Plotino e muitos outros iniciados são agora acusados de desejar a extinção total de suas almas – "absorção na Divindade" ou "reunião com a alma universal" – , que, segundo as idéias modernas, significa aniquilação. A alma animal deve, naturalmente, ser desintegrada em suas partículas, antes de ligar a sua essência pura ao espírito imortal. Mas os tradutores, tanto dos *Atos* quanto das *Epístolas*, que fixaram as bases do *Reino dos Céus*, e os comentadores modernos do *Sûtra da Fundação do Reino da Retidão* budista, malbarataram o sentido do grande apóstolo do Cristianismo e do grande reformador da Índia. Os primeiros suprimiram a palavra ψυχικός, de maneira que nenhum leitor imagine que ela tenha alguma relação com a *alma*; e, com esta confusão entre *alma* e *espírito*, os leitores da *Bíblia* só podem formar uma idéia errada desse assunto; e os intérpretes do sûtra não conseguiram compreender o significado e o objeto dos quatro graus do *Dhyâna* budista.

Nos escritos de Paulo, a entidade do homem está dividida em uma Trindade – carne, existência psíquica ou *alma* e a entidade obscurecedora e ao mesmo tempo interior ou ESPÍRITO. A sua fraseologia é muito clara quando ele ensina a *anastasis*, ou a continuação da vida daqueles que morreram. Ele afirma que há um corpo *psíquico* semeado no corpo corruptível e um corpo espiritual que se eleva em substância incorruptível. "O primeiro homem é da Terra e o segundo é celeste."[87] Mesmo *Tiago* (III, 15) identifica a alma ao dizer que "sua sabedoria não vem lá do alto, mas é terrena, *psíquica, demoníaca*" (ver texto grego). Platão, falando da Alma (*psychê*), observa que, "quando ela se alia ao *nous* [substância divina, um deus, assim como psychê é uma deusa], ela faz tudo bem e felizmente; mas é diferente quando ela se liga a *anoia*". Àquilo que Platão chama *nous*, Paulo chama de *Espírito*; e Jesus faz do *coração* aquilo que Paulo diz da *carne*. A condição natural da Humanidade é o que os gregos chamavam de ἀποστασία ; a nova condição é ἀνάστασις. Por intermédio de Adão veio a primeira (a morte) e por Cristo, a última (ressurreição), pois foi ele o primeiro a ensinar publicamente à Humanidade o "Caminho Nobre" para a vida Eterna, como Gautama ensinou o mesmo Caminho para o Nirvâna. Para cumprir os dois objetivos há apenas um caminho, segundo os ensinamentos de ambos. "Pobreza, castidade, contemplação ou prece íntima; desdém para com a riqueza e as alegorias ilusórias desse mundo."

"Entrai nesse Caminho e ponde um fim à tristeza; em verdade o Caminho foi proclamado por mim, que descobri como amortecer os golpes da aflição. Vós deveis, por vós mesmos, fazer esse esforço; *os Buddhas são apenas pregadores*. Os avisados que adentrarem o Caminho estão livres da servidão do Impostor (Mâra)[88].

"Entrai pela porta estreita: porque larga é a porta e espaçoso o caminho que leva para a destruição. (...) Segui-me. (...) Todo aquele que ouve estas palavras e não as observa será comparado ao homem insano" (*Mateus*, VII, 13-26). "*Eu não posso fazer de mim mesmo coisa alguma*" (*João*, V, 30). "Os cuidados deste mundo e o engano das riquezas sufocam as palavras" (*Mateus*, XIII, 22), dizem os cristãos; e é só ao se desembaraçar de todas as ilusões que o budista entra no "Caminho" que o levará "para longe das vagas agitadas do oceano da vida" e o conduzirá "para a calma Cidade da Paz, à alegria verdadeira e ao repouso do Nirvâna".

Também os filósofos gregos foram tornados mais obscuros do que místicos pelos seus tradutores muito sábios. Os egípcios adoravam o Espírito Divino, o Um Único, sob a forma de NOUT. É incontestável que foi dessa palavra que Anaxágoras tirou seu denominativo *nous*, ou, como ele o chama, Νοῦς αὐτοκρατής – a Mente ou Espírito autopotente, o ἀρχὴ τῆς κινήσεως. "Todas as coisas", diz ele, "existiam no caos; então veio Νοῦς e introduziu a ordem"[89]. Ele também denominava de Νοῦς o Um que governava os muitos. Segundo ele, Νοῦς era Deus; e o *Logos* era o homem, a emanação daquele. Os poderes externos perceberam os *fenômenos*; só o *nous* reconheceu os *noumena*, ou coisas subjetivas. Esta é uma noção puramente budista e esotérica.

Foi aí que Sócrates encontrou seu fio condutor e o seguiu, e Platão depois dele, assim como todo o mundo do conhecimento interior. Onde o antigo mundo jônico-italiano culminou em Anaxágoras, o novo mundo começou com Sócrates e Platão. Pitágoras fez da *Alma* uma unidade automotora, com três elementos – o *nous*, o *phrên* e o *thumos*; ela partilha esses dois últimos com os animais; só o primeiro é seu *eu* essencial. Assim se refuta a acusação de que ele ensinava a transmigração; ele não a ensinava mais do que Gautama-Buddha, apesar de a populaça hindu o ter transformado [o ensinamento de Buddha] numa superstição popular, após a sua morte. Se Pitágoras a emprestou de Buddha, ou se Buddha a emprestou de qualquer outro – isso não tem a mínima importância; a doutrina esotérica é a mesma.

A escola platônica é ainda mais explícita em relação a esse tema.

O verdadeiro eu está na base de tudo. Sócrates ensinava, portanto, que ele possuía um δαιμόνιον (*daimonion*), um algo espiritual que o punha na trilha para a sabedoria. Ele próprio não sabia nada, mas esse algo o colocou no caminho do tudo aprender.

Platão veio depois dele com uma investigação completa dos princípios do ser. Havia um *Agathon*, Deus Supremo, que produziu em sua própria mente um *Paradeigma* de todas as coisas.

Ele ensinou que no homem estava "o princípio imortal da alma", um corpo mortal e uma "espécie de alma mortal distinta", que estava colocada num receptáculo do corpo, separada da outra; a parte imortal estava na cabeça, a outra estava no tronco[90].

É evidente que Platão considerava o homem interior como constituído de duas partes – uma era sempre a mesma, formada da mesma entidade da Divindade, e a outra era mortal e corruptível.

"Platão e Pitágoras" – diz Plutarco – "dividem a alma em duas partes, a racional (noética) e a irracional (*agnoia*)"; "a parte da alma do homem que é racional é eterna, pois, embora ela não seja Deus, é o produto de uma divindade eterna; mas a parte da alma que é desprovida de razão (*agnoia*) morre"[91].

"O homem", diz ainda Plutarco, "é composto, e estão errados aqueles que pensam que ele é composto de apenas duas partes. Pois eles imaginam que a compreensão faça parte da alma, mas eles se enganam nisso não menos do que aqueles que fazem da alma uma parte do corpo; pois a compreensão (*nous*) é muito superior à alma, assim como a alma é melhor e mais divina do que o corpo. Ora, essa composição da alma (ψυχή) com a compreensão (νοῦς) produz a razão; e, com o corpo, a paixão; destas, uma é o começo ou princípio do prazer e da dor e a outra, da virtude e do vício. Dessas três partes reunidas e compactadas, a Terra forneceu o corpo, a Lua, a alma, e o Sol, a compreensão para a geração do homem.

"Ora, das mortes que morremos, *uma faz do homem dois de três*, e a outra *um* de [sobre] dois. A primeira ocorre na região e na jurisdição de Ceres, donde o nome dado nos mistérios τελεῖν, lembrar aquele que se dá à morte, τελευτᾶν. Os atenienses dizem ainda que os mortos são consagrados a Ceres. Quanto à *outra morte*, ela ocorre na Lua ou na região de Prosérpina. É assim que o que é terrestre permanece com uma e é o celeste Hermes que habita a outra. Este arranca violentamente a alma do corpo; mas Prosérpina, suavemente e durante muito tempo, separa a compreensão da alma. Por essa razão ela é chamada de *Monogenês*, unigênita, ou antes *que-engendra-apenas-um*, pois a melhor parte do homem torna-se isolada quando é separada por ela. Ora, uma e outra acontecem de acordo com a natureza. Ordena a Sorte que toda alma, com ou sem compreensão (νοῦς), uma vez retirada do corpo, vague durante algum tempo, mas não o mesmo tempo para todas, na região situada entre a Terra e a Lua. Pois aqueles que foram injustos e dissolutos sofrem aí a punição devida às suas ofensas; mas os bons e virtuosos são aí retidos até que sejam purificados e tenham, por expiação, purgado todas as infecções que possam ter contraído do contágio com o corpo, como por exemplo pela doença, vivendo na parte mais doce do ar chamada Campinas de Pluto, onde permanecem durante algum tempo determinado e fixado anteriormente. E então, como se retornassem de uma peregrinação ou de um longo exílio de sua pátria, têm um gosto de alegria, como o que era experimentado principalmente por aqueles que se iniciavam nos Mistérios sagrados, misturado com temor, admiração e esperança próprios a cada um."[92]

O *daimonion* de Sócrates era esse νοῦς, mente, espírito ou compreensão do divino. "O νοῦς de Sócrates", diz Plutarco, "era puro e não estava misturado com o corpo mais do que a necessidade exigisse. (...) Toda alma possui alguma parcela de νοῦς, razão, um homem não pode ser um homem sem ela; mas, de conformidade com a proporção em que cada alma está misturada com a carne e o desejo, ela se transforma e se torna irracional em conseqüência da dor e do prazer. Cada alma não se mistura de uma única maneira; algumas mergulham no corpo e, assim, durante essa vida, seus corpos são corrompidos pelo desejo e pela paixão; outras estão parcialmente misturadas, mas a parte mais pura [*nous*] permanece sempre *fora do corpo*. Ela não mergulhou no corpo, mas paira acima dele e toca [obscurece] a parte mais extrema da cabeça do homem; ela cumpre o efeito de uma corda que sustentaria e dirigiria a parte rebaixada da alma, enquanto esta for obediente e não se deixe dominar pelos desejos da carne. A parte que mergulhou no corpo é chamada de *alma*. Mas a parte incorruptível é chamada *nous* e *o vulgo pensa que ela está neles*, como também imagina que a imagem refletida por um espelho está naquele espelho. Mas os mais inteligentes, que sabem que ela está fora, chamam-na Daemon" (um deus, um espírito)[93].

"A alma, como um sonho, escapa-se rápida, mas não imediatamente após ter-se separado do corpo, porém mais tarde, quando está só e separada da compreensão (*nous*).

(...) A alma – moldada e formada pela compreensão (*nous*), e moldando e formando o corpo, abraçando-o por todos os lados – recebe dele uma impressão e uma forma; de maneira que, embora separada da compreensão e do corpo, ela conserva ainda a sua figura e a sua semelhança por longo tempo, a ponto de poder, com razão, receber o nome de imagem.

"E a Lua é o elemento dessas almas, porque as almas se dissolvem nela, como os corpos dos mortos o fazem na Terra. Na verdade, dentre estes, aqueles que foram virtuosos e honestos, que viveram uma vida quieta e filosófica, sem se meterem em questões inoportunas, dissolvem-se rapidamente; porque, abandonados pelo *nous*, compreensão, e não fazendo uso das paixões corporais, desaparecem rapidamente."[94]

Até mesmo Irineu, inimigo mortal e infatigável de toda heresia grega e "pagã", explica a sua crença na trindade do homem. O homem perfeito, segundo ele, consiste de *carne, alma* e *espírito*. "(...) carne, anima et spiritu: el altero quidem salvante et figurante, qui est spiritus; altero quod unitur et formatur, quod est caro; id vero quod inter haec est duo, quod est anima; quae aliquando quidem subsequens spiritum, elevatur ab eo; aliquando autem consentiens carni, decidit in terrenas concupiscentias"[95].

E Orígenes, no seu *Comentário Epistolar aos Romanos*, diz: "Há uma divisão tríplice no homem – o corpo ou carne, a parte mais baixa de nossa natureza, sobre a qual a antiga serpente inscreveu por meio do pecado original a lei do pecado e pela qual somos tentados para as coisas vis e todas as vezes em que somos vencidos pela tentação, associados ao Diabo; o espírito, no qual ou pelo qual exprimimos a semelhança da natureza divina em que o Melhor Criador, a partir do arquétipo da sua própria mente, gravou com seu dedo (isto é, seu espírito) a lei eterna da honestidade; por ele estamos reunidos (aglutinados) a Deus e feitos um com Deus. Na terceira, a alma é o mediador entre esses dois, mas, do mesmo modo que, numa república facciosa, só se pode ser aliado de um ou de outro partido, ela é chamada de um lado e de outro e é livre para escolher o partido ao qual deve aderir. Se, renunciando à carne, ela tende para o partido do espírito, torna-se espiritual; mas, se se inclina para os desejos da carne, ela se degenera em corpo".[96]

Platão define a *alma* como "o movimento que é capaz de se mover". "A alma é a mais antiga de todas as coisas e o começo do movimento." "A alma foi gerada antes do corpo, e o corpo é posterior e secundário, pois ele é, de acordo com a natureza, governado pela alma governante." "A alma que administra todas as coisas que são movidas em todos os sentidos, administra também os céus."

"A alma, então, dirige todas as coisas no céu, e na Terra, e no mar, por seus movimentos – cujos nomes são desejar, considerar, cuidar de, consultar, formar opiniões verdadeiras e falsas, estar em estado de alegria, tristeza, confiança, temor, ódio, amor, bem como todos os outros movimentos primários acrescentados a estes (...) sendo ela uma deusa, sempre escolhe como um aliado o NOUS, um deus, e disciplina todas as coisas correta e felizmente; mas quando se associa a *anoia* – e não a *nous* – faz tudo exatamente ao contrário."[97]

Nessa linguagem, como nos textos budistas, o negativo é tratado como existência essencial. A *aniquilação* inclui-se numa exegese similar. O estado positivo é um ser essencial, mas não se manifesta como tal. Quando o espírito, segundo a tese budista, entra no *Nirvâna*, perde a sua existência objetiva, mas conserva a subjetiva. Para as mentes objetivas, isto é tornar-se absolutamente nada; para as subjetivas, coisa-alguma, nada que possa ser manifestado pelos sentidos.

Essas citações, embora longas, são necessárias ao nosso propósito. Melhor do que tudo, elas mostram a concordância existente entre as mais antigas filosofias "pagãs" – não "iluminadas pela luz da revelação divina", para usar essa curiosa expressão de Laboulaye em relação a Buddha[98] – e o Cristianismo primitivo de alguns padres. A filosofia pagã, bem como o Cristianismo, todavia, devem suas idéias elevadas sobre a alma e o espírito do homem e sobre a Divindade desconhecida ao Budismo e ao Manu hindu. Não espanta que os maniqueus afirmassem que Jesus era uma permutação de Gautama; que Buddha, Cristo e Mani eram uma e a mesma pessoa[99], pois os ensinamentos dos dois primeiros eram idênticos. Foi a doutrina da Índia antiga que Jesus professou quando pregava a renúncia completa ao mundo e às suas vaidades, a fim de chegar ao reino dos Céus, Nirvâna, onde "nem se casa, nem se dá em casamento, mas onde se vive como os anjos".

Foi ainda a filosofia de Siddhârtha-Buddha que Pitágoras expôs, quando dizia que o *ego* (νοῦς) era eterno com Deus e que a alma atravessa vários estágios (os *Rûpa-lokas* hindus) para chegar à excelência divina; entretanto, o *thumos* voltava à Terra e o *phrên* era ilimitado. Assim, a *metempsicose* era apenas uma sucessão de disciplinas através dos refúgios celestes (chamados de *Zion* pelos budistas)[100][*], para que se desembaraçasse da mente exterior, para separar o *nous* do *phrên*, ou alma, o "Viññâna-skandha" budista, o princípio que vive do *karma* e dos *skandhas* (grupos). É este último – a personificação metafísica das "ações" do homem, boas ou más – que, após a morte do seu corpo, se encarnam, por assim dizer, e reúnem os seus compostos invisíveis e imortais num corpo novo, ou antes num ser etéreo, o *duplo* do que o homem era *moralmente*. É o corpo astral do cabalista e as "ações encarnadas" que formam o novo eu consciente, pois seu *Ahamkara* (o ego, autoconsciência), dado a ele pelo Mestre soberano (o sopro de Deus), [que] nunca pode perecer, pois é imortal *per se* na qualidade de um espírito; donde o sofrimento do *eu* recém-nascido, até que se liberte de todo pensamento, desejo ou paixão terrenos.

Vemos agora que os "quatro mistérios" da doutrina budista foram pouco compreendidos e apreciados como a "sabedoria" de que fala Paulo e pregada "entre aqueles que são *perfeitos*" (iniciados), a "sabedoria-mistério" que "nenhum dos *Arcontes* desse mundo conheceu"[101]. O quarto grau do Dhyāna budista, o fruto do Samâdhi, que leva à perfeição última, ao *Viśodhana* (termo traduzido corretamente por Burnouf como "*aperfeiçoado*")[102], foi totalmente mal-interpretado por outros, e mesmo por ele próprio. Definindo a condição de Dhyāna, Saint-Hilaire afirma que:

"Finalmente, tendo chegado ao quarto grau, o asceta não possui mais sentimento de beatitude, por obscuro que ele possa ser (...) ele também perdeu toda a memória (...) atingiu a impassibilidade, tão próxima do Nirvâna quanto possível (...) Todavia, essa impassibilidade absoluta não impede que o asceta adquira, nesse momento preciso, *a onisciência e o poder mágico; uma flagrante contradição*, com que os budistas se preocupam tanto quanto muitos outros"[103].

E por que eles haveriam de se preocupar com ela, quando essas contradições não são, de fato, contradições? Não nos convém falar agora das contradições nas religiões de outros povos, quando as da nossa suscitaram, além dos três grandes corpos conflitantes – Romanismo, Protestantismo e Igreja Oriental –, mil e uma seitas minúsculas

---

* Há alguma confusão nesse ponto e nenhuma explicação nos parece possível em relação ao uso do termo *zion* em conexão com o Budismo. (N. do Org.)

muito curiosas. Seja como for, eis aqui um termo aplicado à mesma coisa pelos "mendicantes" sagrados budistas e por Paulo, o Apóstolo. Quando este último diz: "Se eu puder conseguir a *ressurreição* dos mortos [o Nirvâna], será porque já paguei o seu preço ou atingi a perfeição" (fui iniciado)[104], utilizando assim uma expressão comum entre os iniciados budistas. Quando um asceta budista chega ao "quarto grau", ele é considerado um *rahat*. Produz toda a sorte de fenômenos apenas com o poder de seu espírito liberado. Um *rahat*, dizem os budistas, é aquele que adquiriu o poder de voar pelo ar, de se tornar invisível, de comandar os elementos e de executar todo tipo de maravilhas comum e erradamente chamadas de *meipo* (milagres). Ele é um homem *perfeito*, um semideus. Ele se tornará um deus quando alcançar o Nirvâna; pois, como os iniciados de ambos os Testamentos, os adoradores de Buddha sabem que eles "são deuses".

"O Budismo genuíno, franqueando as barreiras entre a mente finita e infinita, estimula os seus seguidores a aspirar, *por seus próprios esforços*, àquela perfectibilidade divina – de que o homem é capaz, segundo o seu ensinamento e que, conquistada, torna o homem *um deus*", diz Brian Houghton Hodgson[105].

Tristes e desolados foram os caminhos e cobertas de sangue as trilhas tortuosas por que o mundo dos cristãos foi levado a abraçar o Cristianismo de Irineu e de Eusébio. E, no entanto, a menos que aceitemos os pontos de vista pagãos, como a nossa geração poderia ter resolvido o problema dos mistérios do "reino dos céus"? O que mais o mais piedoso e culto dos cristãos sabe do destino futuro e do progresso dos nossos espíritos imortais do que o filósofo gentio de outrora ou o "pagão" moderno que vive além do Himalaia? Pode ele se gabar de saber tanto, embora trabalhe na chama brilhante da revelação "divina"? Vimos um budista fiel à religião dos seus pais, tanto em teoria quanto na prática; e, cega, quanto pudesse ser a sua fé, absurdas que fossem as suas noções sobre alguns pontos doutrinais particulares, enxertos posteriores de um clero ambicioso – apesar de tudo isso o seu Budismo, nos trabalhos práticos, é muito mais semelhante à imagem de Cristo em ação e em espírito, do que vemos na vida média dos nossos padres e ministros cristãos. Só o fato de que sua religião lhe ordena "honrar sua própria fé e jamais denegrir a de outros"[106] é suficiente. Ele coloca o lama budista infinitamente mais alto do que qualquer padre ou clérigo que creia ser seu dever sagrado amaldiçoar o "gentio" publicamente e sentenciá-lo e à sua religião à "condenação eterna". O Cristianismo torna-se, a cada dia, uma religião de puro emocionalismo. A doutrina de Buddha baseia-se inteiramente em obras práticas. Um amor geral para com todos os seres, humanos e animais, é o seu núcleo. Um homem que sabe que, se não trabalhar, morrerá de fome, e compreende que não há um bode expiatório para carregar por ele as suas iniqüidades – este homem está dez vezes mais certo de se tornar um homem virtuoso, do que aquele a quem se ensina que o assassínio, o roubo e a libertinagem se lavam (brancos como a neve) num instante, se ele acreditar num Deus que, para usar uma expressão de Volney, "já tomou alimentos na Terra e agora se converteu no alimento de seu povo".

NOTAS

1. *Epístola de Barnabé*, VIII, 11-3; ed. por Hone, Londres, 1820.
2. [Mosheim, *An. Eccl. Hist.*, cent. IV, parte II, cap. V, § 12.]
3. Socrates Scholasticus, *Eccl. Hist.*, I, IX.

4. *Ibid.*, I, VIII.

5. [Fabrício, *Bibl. graeca*, livro VI, cap. III, 34, "Synodus Nicaena".]

6. *Provérbios*, XVI, 33. No Egito Antigo e na Grécia, bem como entre os israelitas, varetas e bolas chamadas "sortes adivinhatórias sagradas" eram usadas para essa espécie de oráculo nos templos. O sacerdote interpretava o desejo do deus segundo as figuras formadas pela justaposição acidental dessas sortes.

7. [De Alexandria.]

8. [Essa descrição aplica-se ao Cirilo de Jerusalém, não ao de Alexandria.]

9. [*Eccl. Hist.*, livro VII, cap. XV.] Outro escritor parcial, indigno de crédito e ignorante, historiador eclesiástico do século V. Sua história das lutas entre pagãos, neoplatônicos e cristãos de Alexandria e Constantinopla, que abarca o período que vai de 324 a 439, dedicada por ele a Teodósio, o Jovem, está plena de falsificações deliberadas. Edição de Reading, Cantab, 1720, fol. Tradução: Plon frères, Paris. [Cf. Socrates, *Eccl. Hist.*, V, XVII.]

10. Vol. I, p. 135 (1ª edição).

11. *Apocalipse*, VII, 2, 3; XIV, 1.

12. *Dagoba* é um pequeno templo de forma globular em que são preservadas as relíquas de Gautama.

13. Os *prachidas* são construções de todas as formas e dimensões, como os nossos mausoléus, e são consagrados a oferendas votivas aos mortos.

14. Os registros talmúdicos afirmam que, após ter sido enforcado, ele foi apedrejado e sepultado sob a água, na junção de dois rios. *Mishnah Sanhedrin*, VI, 4; *Talmude* da Babilônia, mesma cláusula, 48a, 67a [citado por E. Renan].

15. *Coptic Legends of the Crucifixion*, MSS. XI.

16. O esquema [anexo] representa o talismã em duas vezes o seu tamanho natural. Não conseguimos compreender por que King, em seu "Gnostic Gems", representa o Selo de Salomão como uma estrela de cinco pontas, quando ele possui seis e é o sinal de Vishnu na Índia. [*The Gnostics*, etc., lâmina XIII, A, 4.]

17. King (*The Gnostics*, p. 138) dá a figura de um símbolo cristão muito comum durante a Idade Média; três peixes entrelaçados num triângulo e com as CINCO letras (o número pitagórico mais sagrado) I.X.Θ.Υ.Σ. gravadas sobre ele. O número cinco relaciona-se com o mesmo cálculo cabalístico.

18. [*Paedagogus*, III, xi.]

19. *La genèse de l' humanité*, p. 80 e 81.

20. [*Gênese*, I, 20-3.]

21. [Plínio, *Nat. Hist.*, V, XIX; Diod. Sic., *Bibl. hist.*, II, IV.]

22. Os Sephîrôth cabalísticos são dez, ou cinco pares.

23. Um avatar é uma descida da Divindade à Terra sob uma forma manifesta.

24. *Bhâgavata-Purâna*, livro II, cap. 9 e 10.

25. *Manu*, livro XII, 42; livro I, 50.

26. Ver Cory, *Ancient Fragments*, 1832, p. 3.

27. *On the Origin of Species* (1ª edição), p. 484.

28. *Ibid.*, p. 484.

29. *Ibid.*, p. 488-89.

30. *La genèse de l' humanité*, p. 338.

31. *Les traditions indo-européennes et africaines*, p. 291.

32. Jacolliot, *op. cit.*, p. 293 e s.

33. Jacolliot, *Les fils de Dieu*, p. 32.

34. Jacolliot, *Le spiritisme dans le monde*, p. 78 e outras.

35. *Les fils de Dieu.*, p. 272. Embora não nos espante que os brâmanes se tivessem recusado a satisfazer a curiosidade de Jacolliot, devemos acrescentar que o significado desse sinal é conhecido dos superiores de toda lamaseria budista, não só dos brâmanes.

36. *La genèse de l' humanité*, p. 339.

37. [*Gênese*, II, 7.]

38. *Manu*, livro I, ślokas 48-9.

39. Ver *Journal of the Royal Asiatic Society of Great Britain and Ireland*, vol. XIII, 1852, p. 71-9: "Note on the Sri Jantra and Khat Kon Chakra", de E. C. Ravenshaw.

40. [Letras iniciais de *hokhma nistharah*, sabedoria secreta.]

41. *La 'hash* tem um significado próximo do de *Vâch*, o poder oculto do Mantra.

42. Na *Rigveda Samhitâ*, o significado dado por Max Müller é o de Absoluto, "pois deriva de '*diti*', limite, e a partícula negativa *a*".

43. "Hinos aos Maruts", I, 89, 10.

44. *Ibid.*, I, 24, 4.

45. *Ibid.*, X, 63, 2.

46. É por isso que encontramos o Espírito Santo feminino em todas as teogonias filosóficas. As inúmeras seitas dos gnósticos têm Sofia; os cabalistas judaicos e os talmudistas, *Shekhînah* (a veste do Supremo), que desceu entre os dois Querubins para o Assento da Misericórdia; e vemos até Jesus dizer, num texto antigo, que "Minha *Mãe*, o Espírito Santo, me chamou".
"As águas chamam-se *nara*, porque são um produto de Nara, ou o Espírito de Deus" (*Institutes of Manu*, I, 10; ed. Jones).

47. *Nârâyana*, ou o que se move sobre as águas.

48. *Manu*, I, 12 [Sir Wm. Jones, *Works*, III, p. 67; ed. 1799].

49. George Smith cita os primeiros versículos do *Gênese* acádico tal como os encontrou nos Textos Cuneiformes sobre os "Lateres Coctiles". Ali vemos estabelecidos *Anu*, a divindade passiva ou Ain-Soph; *Bel*, o Criador, o Espírito de Deus (Sephîrâh) movendo-se sobre a superfície das águas, ele próprio água; e *Hea*, a Alma Universal ou sabedoria combinada dos três.
Os oito versículos dizem o seguinte:
1. Em cima não estavam erguidos os céus;
2. E embaixo, sobre a terra, nenhuma planta havia crescido;
3. O abismo também não havia rompido os seus limites;
4. O caos [ou água] Tiamat [o mar] era a mãe que produzia todos os seres. [Esta é a Aditi Cósmica e Sephîrâh.]
5. Aquelas águas foram ordenadas no princípio; mas
6. Nenhuma árvore havia crescido, nem uma flor havia desabrochado.
7. Os deuses não haviam surgido, nenhum deles;
8. Nenhuma planta havia crescido e a ordem não existia;
Este era o período caótico ou pré-genésico. [*The Chald. Acc. of Genesis* (1876), p. 62-3.]

50. Ver a tradução de Haug, III, iii, 33.

51. As mesmas transformações ocorrem na cosmogonia de qualquer nação importante. Assim, vemos, na mitologia egípcia, Ísis e Osíris, irmã e irmão, marido e esposa; e Hórus, o Filho de ambos, torna-se o marido de sua mãe, Ísis, produzido ambos um filho, *Malouli*. [Champollion-Figeac, *Égypte ancienne*, p. 245.]

52. Quando poder feminino, ele é Sephîrâh; masculino, Adão-Cadmo, pois, como a primeira contém em si os outros Nove Sephîrôth, o último, em sua totalidade, incluindo Sephîrâh, está contido no Cadmo Arquetípico, o πρωτόγονος.

53. *Mandala* I, *Sûkta* 166: Max Müller.

54. *Asiatic Researches* (ed. 1805), vol. VIII, p. 391-92; tradução de Colebrooke.

55. Como no sistema pitagórico numérico, cada número corresponde na terra, ou no mundo dos efeitos, ao seu protótipo invisível no mundo das causas.

56. Ver capítulo inicial, vol. I, a respeito da palavra *Yajña*.

57. [*Manu*, livro I, II e s.; 33 e s.]

58. Eva é a trindade da natureza e Adão, a unidade do espírito; a primeira, o princípio material criado; o último, o órgão ideal do princípio criador, ou, em outras palavras, esse andrógino é o princípio e o Logos, pois א é o macho e ב é a fêmea; e, como afirma Lévi, essa primeira letra da língua sagrada, Aleph, representa um homem apontando uma mão para o céu e a outra para a Terra. É o macrocosmo e o microcosmo ao mesmo tempo e explica o triângulo duplo dos maçons e a estrela de cinco pontas. Enquanto o macho é ativo, o princípio feminino é passivo, pois é ESPÍRITO e MATÉRIA, significando esta última palavra, em quase todas as línguas, *mãe*. As colunas do templo de Salomão, Jachin e Boaz são emblemas do andrógino; são também, respectivamente, macho e fêmea, branco e preto, quadrado e redondo; o macho uma unidade, a fêmea um binário. Nos tratados cabalísticos tardios, o princípio ativo é mostrado como uma espada, זכר [*Zohar*], o passivo como uma bainha נקבה [*negebah*]. Ver *Dogme et rituel de la haute magie*, vol. I.

59. A linha vertical é o princípio masculino, a horizontal é o feminino; a intersecção das duas linhas forma a CRUZ, o símbolo mais antigo na história egípcia dos deuses. É a chave do Céu nos dedos róseos de Neith, a virgem celestial, que abre o portão, na aurora, para a saída do seu primogênito, o sol radiante. É o Stauros dos gnósticos e a cruz filosófica dos maçônicos de grau superior. Este símbolo ornamenta também o *tee* dos mais antigos pagodes umbeliformes do Tibete, da China e da Índia, e também está na mão de Ísis, em forma de "cruz *ansata*". Numa das grutas *chaitya* de Ajanta, ele arremata as três umbelas de pedra e constitui o centro da abóbada.

60. *Manu*, livro I.

61. *Manu*, livro I, śloka 20.

"Quando este mundo emergiu da obscuridade, os princípios elementares sutis produziram o germe vegetal que animou primeiramente as plantas; das plantas, a vida passou aos organismos fantásticos que nasceram no *ilus* (limo) das águas; depois, numa série de formas e de animais diferentes, chegou finalmente ao homem" (*Manu*, livro I; e *Bhâgavata-Purâna*).

Manu é um tipo conversível que não pode ser, de maneira alguma, explicado como uma personagem determinada. Manu significa às vezes humanidade, outras vezes homem. O Manu que procede do *Svayambhû* não-criado é, sem dúvida, o tipo de Adão-Cadmo. O Manu que é progenitor dos outros seis Manu é evidentemente idêntico aos *Rishis*, ou sete sábios primordiais, que são os ancestrais das raças pós-diluvianas. Ele é – como veremos no cap. VIII – Noé e os seus seis filhos, ou gerações posteriores, origem dos patriarcas pós-diluvianos e míticos da Bíblia.

62. Cory, *Ancient Fragments*, p. 23-4.

63. [*Manu*, livro I, 72-8.]

64. Ver vol. I, cap. I, desta obra.

65. *Sepher Yetzîrah*, I, § 8.

66. *Ibid.*, I, § 11.

67. *Zohar*, I, 2ª.

68. *Sepher Yetzîrah*, I, 10.

69. É interessante lembrar *Hebreus*, I, 7 em relação a essa passagem. "Aquele que faz dos seus anjos [mensageiros], espíritos, e dos seus ministros [servos, aqueles que prestam auxílio], chama de fogo." A semelhança é demasiado viva para que deixemos de inferir que o autor dos *Hebreus* estava tão familiarizado com a "Cabala" quanto costumam estar os seus adeptos.

70. Cf. Jacolliot, *Les fils de Dieu*, p. 229-30.

71. Não seria possível que Hanuman fosse o representante daquele elo de seres metade homem, metade macaco, que, segundo a teoria dos Srs. Hovelacque e Schleicher, interromperam o seu desenvolvimento e entraram, por assim dizer, num processo de evolução regressiva?

72. A Essência Primacial ou Última *não têm nome* na Índia. É indicada às vezes por "Isso" ou por "Este". "Este [universo] em sua origem não era nada. Não havia céu, nem terra, nem atmosfera. Aquele ser inexistente (*asat*) disse 'Serei'." (Dr. John Muir, *Original Sanskrit Texts*, V, p. 366; ed. 1863-71.)

73. *Zohar*, III, p. 48a, ed. de Amsterdã.

74. [Hone, *The Apocr. N. T.*, Londres, 1820, pp. 95 e 97.]

75. Coleman, *The Mythology of the Hindus*, pp. 22 e ss.

76. O cerco e a rendição subseqüente de Lankā (Ilha do Ceilão) a Rāma se dá, pela cronologia hindu – baseada no Zodíaco – entre 7.500 e 8.000 a.C. e a seguinte, ou oitava, encarnação de Vishnu, em 4.800 a.C. (do *Livro dos zodíacos históricos* dos brâmanes).

77. Um cientista de Hanover publicou recentemente uma obra intitulada *Über die Auflösung der Arten durch natürliche Zuchtwahl*, em que mostra, com grande ingenuidade, que Darwin estava completamente enganado ao remontar a origem do homem ao macaco. Ao contrário, ele afirma que é o macaco que se desenvolveu do homem. Que, no começo, a Humanidade foi, moral e fisicamente, os tipos e os protótipos da nossa atual raça e da dignidade humana, por sua beleza de forma, regularidade de traços, desenvolvimento craniano, nobreza de sentimentos, impulsos heróicos e grandeza de concepções ideais. Isso é pura filosofia bramânica, budista e cabalística. Seu livro é copiosamente ilustrado com diagramas, tabelas, etc. Ele afirma que o envilecimento e a degradação do homem, moral e fisicamente, podem ser facilmente verificados através das transformações etnológicas até os nossos dias. E, como uma porção já degenerou em macacos, também o homem civilizado dos dias de hoje será sucedido, pelo menos, sob a ação da inevitável lei da necessidade, por descendentes semelhantes. Se pudermos julgar o futuro pelo presente, parece bastante possível que um corpo tão não-espiritual e materialista como o dos nossos cientistas termine como *simiae* e não como serafins.

78. *Jewish Wars*, II, VIII, 11.

79. *De somniis*, I, § 22; *De gigantibus*, § 2.

80. *Zohar*, II, p. 96a, edição de Amsterdã.

81. *Mishnah Pirke Aboth*, IV, § 29. Cf. MacKenzie, *Royal Masonic Cyclop.*, p. 413.

82. [*Zohar*, II, p. 97a.]

83. *Ibid.*, III, p. 61b.

84. *Zohar*, I, p. 65b e 66a.

85. *Ibid.*, II, p. 97a; I, p. 168a.

86. Uma obra hermética.

87. [*1 Coríntios*, XV, 42-7.]

88. *Dhammapada*, ślokas 275-76.

89. [Diógenes Laércio, *Vidas*, II, 6, "Anaxágoras".]

90. *Timeu*, 45, 46, 47, 69D.

91. [Plutarco, *De placitio philosophorum*, IV, iv & viii.]

92. [Plutarco, *On the Face in the Orb of the Moon*, § 28.]

93. [*On the Daemon of Socrates*, § 20 e 22.]

94. [Plutarco, *On the Face in the Orb of the Moon*, § 30.]

95. *Adv. Haer.*, V, IX, § 1.

96. [Livro I. Cf. Migne, *Patr. graeca*, vol. XIV, col. 1056-57.]

97. Platão, *As leis*, X, 896-897B.

98. [*Journal des débats*, 4 de abril de 1853.]

99. Neander, *Gen. Hist. of Christ. Religion and Church*, vol. II, p. 160; edição de 1853.

100. É do *Zion* mais elevado que Maitreya-Buddha, o Salvador que virá, descerá sobre a Terra; e também é do Zion que procede o Libertador cristão (ver *Romanos*, XI, 26).

101. *1 Coríntios*, II, 6, 7, 8.

102. *Le lotus de la bonne loi*, p. 806.

103. *Le Bouddha et sa religion*, cap. IV, p. 137; Paris, 1860.

104. *Filipenses*, III, 11, 12.

105. *Essays on the Languages, Literature, and Religion of Nepal and Tibet*, etc., Londres, 1874, p. 20.

106. Os Cinco Artigos de Fé.

CAPÍTULO VII

"Dos dogmas drusos, nada autêntico jamais veio à luz; é crença popular entre os seus vizinhos de que eles adoram um ídolo na forma de um bezerro."
KING, *The Gnostics and their Remains*, p. 183.

"Ó Senhores da Verdade sem mácula, que volteais eternamente em ciclos (. . .) salvai-me da aniquilação desta Região das *Duas Verdades*."
Livro dos mortos, cap. CXXV, linhas 4-5.

"Pitágoras [considerava] corretamente o Inefável Nome de Deus (. . .) [como] a chave dos mistérios da Cabala."
S. PANCOAST, *Blue and Red Light*, cap. I, p. 24-5.

Trataremos nos dois capítulos seguintes das mais importantes seitas secretas cristãs – as chamadas "Heresias", que se difundiram entre o primeiro e o quarto séculos de nossa era.

Lançando rapidamente a vista nos ofitas e nos nazarenos, passaremos às suas cisões que ainda existem na Síria e na Palestina, sob o nome de drusos do Monte Líbano, e próximo a Basra ou Bassorah, na Pérsia[1], sob o nome de mandeus, ou Discípulos de São João. Todas essas seitas têm uma conexão imediata com o nosso assunto, pois pertencem à família cabalística, tendo outrora abraçado a secreta "Religião da Sabedoria" e reconhecido como Supremo o Deus dos Mistérios do *Inefável Nome*. Dando notícia dessas numerosas sociedades secretas do passado, iremos compará-las com outras tantas sociedades modernas. Concluiremos com uma rápida análise dos jesuítas, e desse venerável pesadelo da Igreja católica romana – a Franco-maçonaria moderna. Todas essas fraternidades antigas e modernas – excetuada a moderna Franco-maçonaria – estiveram e estão mais ou menos relacionadas com a Magia – tanto prática como teoricamente, e todas elas – *sem* exceção da Franco-maçonaria – foram e ainda são acusadas de demonolatria, blasfêmia e imoralidade.

Nosso objetivo não é escrever a história de nenhuma delas, mas apenas comparar essas seitas tão caluniadas com as seitas cristãs, do passado e do presente, e então, tomando os fatos históricos como guia, defender tanto a ciência secreta como os homens que a estudam e que dela são os campeões contra toda injusta acusação.

Uma após outra, a maré do tempo engolfou as seitas dos primeiros séculos, não deixando subsistir senão uma única em sua integridade primitiva. Esta única ainda existe, ainda ensina a doutrina de seu fundador, ainda exemplifica sua fé em obras de força. As areias movediças que engoliram todas as outras conseqüências da agitação religiosa dos tempos de Jesus, com seus relatos, relíquias e tradições, lhe forneceram terra firme. Expulsos de sua terra natal, seus membros encontraram refúgio na Pérsia, e hoje ainda o viajante ansioso pode conversar com os descendentes diretos dos "Discípulos de João", que ouviram, nas margens do Jordão, o "homem enviado por Deus" por quem foram batizados e em quem acreditaram. Esse povo curioso, que conta com cerca de 30.000 almas, é erroneamente chamado de "Cristãos de São João", mas, na verdade, deveria ser conhecido por seu antigo nome, nazareus, ou pelo novo mandeus.

A designação que se lhes dá de Cristãos é totalmente errônea. Eles não acreditam em Jesus como Cristo, nem aceitam sua expiação, não aderem à sua Igreja e não reverenciam suas "Escrituras Sagradas". Nem cultuam ao Deus-Jeová dos judeus e dos cristãos, circunstância que prova naturalmente que seu fundador, João Baptista, também não lhe prestava culto. E se assim for, que direito tem ele a um lugar na *Bíblia*, ou na galeria de retratos dos santos cristãos? Além disso, se Ferho era seu Deus, e se ele foi "um homem enviado por Deus", deve ter sido enviado pelo Senhor Ferho, e foi em seu nome que ele batizou e pregou. Ora, se Jesus foi batizado por João, a conclusão a que se chega é que ele foi batizado de acordo com a fé do Baptista; portanto, também Jesus acreditava em Ferho, ou Faho, como o chamam; tal inferência parece ser corroborada pelo seu silêncio em relação ao nome de seu "Pai". E por que pareceria ridícula a hipótese de que *Faho* não é senão uma das muitas corruptelas de Fho, ou Fo, que é o nome pelo qual os tibetanos e os chineses chamam o Buddha? No Norte do Nepal, Buddha é invocado com muito mais freqüência pelo nome de *Fo* do que pelo de *Buddha*. O livro de *Mahâvansa* mostra como o trabalho de proselitismo do Budismo se iniciou bastante cedo no Nepal; e a história ensina que os monges budistas invadiram a Síria[2] e a Babilônia no século anterior à nossa era, e que Buddhasp (*Bodhisattva*), o pretenso caldeu, foi o fundador do Sabianismo ou *batismo*[3].

Qual era o credo dos verdadeiros baptistas, *al-Mughtasilah*[*], ou nazareus, expli-

---

* Às margens dos rios do Iraque e especialmente no solo de aluvião de Al-Khaur regado pelo Tigre e pelo Eufrates, e na planície da Pérsia ao longo do Karun, ainda vivem os remanescentes de um povo vistoso que se chamava de *Mandaiia*, mandeus ("gnósticos") e falava um dialeto do aramaico. Quando os exércitos do Islã venceram os sassânidas, eles já estavam lá e em número tão grande, que o *Corão* lhes concede proteção como um "povo de um livro", chamando-os *Sâbiya* (sabeus). Eles ainda mantêm esse nome, mas em sua forma literária e vernacular as-Subba. Esta palavra significa "mergulhadores" e se refere ao seu batismo (*masbuta*) e freqüente auto-imersão. No nono livro do seu *Fihrist al-'ulûm*, Al-Nadîm, que escreveu no século X, chama-os *al-Mughtasilah*, "os auto-ablucionistas".

Aqueles que, dentre a comunidade, possuem o conhecimento secreto, são chamados *Nasuraiia*, nasoreanos (ou, se o s for escrito como *z*, nazoreanos). Os leigos ignorantes ou semi-ignorantes são chamados de "mandeus, *Mandaiia*", que significa originalmente "gnósticos". Quando um homem se torna sacerdote, abandona o "mandeísmo" e entra no *termiduta*, "sacerdócio". Nessa ocasião, não se considera ainda que ele já tenha conseguido a verdadeira iluminação, pois esta, chamada *nasirutha*, é reservada a poucos. Os que possuem seus segredos podem ser chamados de nasoreanos, e esse termo indica hoje não só aquele que observa estritamente todas as regras da pureza ritual, mas também aquele que compreende a doutrina secreta.

Os principais livros sagrados dos mandeus são o *Ginzâ* ("Tesouro") e o *Livro de João*, escritos num tipo peculiar de aramaico.

Consultar as seguintes fontes:

– *Ginzâ: der Schatz oder das grosse Buch der Mandäer*.
Tradução alemã de M. Lidzbarski. Göttingen: Vanderhoeck u. Ruprecht, 1925.

– *Das Johannesbuch der Mandäer*. Texto e tradução de M. Lidzbarski. Giessen: Töpelmann, 1915, 2 vols.

camo-lo noutras partes, pois eles são os mesmos nazarenos de quem já tanto falamos, e cujo *Codex* citamos. Perseguidos e ameaçados de aniquilação, eles encontraram refúgio na comunidade nestoriana, permitindo-se assim o serem arbitrariamente classificados como cristãos, mas, assim que a oportunidade se ofereceu, separaram-se e hoje, passados vários séculos, não merecem sequer nominalmente a denominação. Que sejam assim chamados, não obstante, pelos autores eclesiásticos, não é difícil de compreender. Eles conhecem muito bem o Cristianismo primitivo para se ignorá-los por completo, pois testemunhar contra eles com suas tradições, sem o estigma da heresia, viria destruir a confiança no que eles podem dizer.

Mas onde poderia a ciência encontrar um campo de pesquisas bíblicas mais apropriado do que entre esse povo por tanto tempo negligenciado? Não se pode negar-lhe o legado da doutrina baptista; suas tradições não apresentam uma única falha. O que eles ensinam hoje, seus antecessores ensinaram na própria época em que fizeram sua aparição na história. Eles são os discípulos daquele João que anunciou o advento de Jesus, que o batizou e que declarou que ele (João) não era digno de lhe desamarrar as sandálias. Quando ambos – o Mensageiro e o Messias – estavam no Jordão, e quando o mais velho consagrava o mais jovem – seu próprio primo, também, humanamente falando – os céus se abriram e o Próprio Deus, na forma de uma pomba, desceu num raio de luz sobre o seu "Amado Filho"! Se esse relato é correto, como podemos explicar a infidelidade dos nazarenos sobreviventes? Longe de acreditar que Jesus era o Filho Único de Deus, eles na verdade afirmaram aos missionários persas, que, no século XVII, foram os primeiros a revelá-los aos europeus, que o Cristo no *Novo Testamento* era "um falso mestre", e que o sistema judeu, assim como o de Jesus (?), vieram do reino das trevas! Quem o saberia melhor do que eles? Onde se podem encontrar testemunhas vivas mais fiéis? Os clérigos cristãos nos querem impingir um Salvador ungido e anunciado por João, e os discípulos desse mesmo Baptista, desde os primeiros séculos, estigmatizaram esse personagem ideal como um impostor, e a seu putativo Pai, Jeová, como "um Deus espúrio", o Ialdabaôth dos ofitas! Infelizmente para o Cristianismo, o dia virá em que algum destemido e honesto erudito persuadirá seus pares mais velhos a lhe permitirem traduzir o conteúdo dos livros secretos e compilar suas antigas tradições! Uma estranha ilusão faz com que alguns autores pensem que os nazarenos não têm nenhuma outra literatura sagrada, nenhuma outra relíquia literária do que as quatro obras doutrinárias, esse curioso volume repleto de Astrologia e Magia que eles são instados a ler atentamente no pôr-do-Sol, em todos os dias do Sol (domingo).

Essa busca da verdade conduz-nos, de fato, a caminhos tortuosos. Muitos são os obstáculos que a astúcia eclesiástica colocou no caminho de nossa descoberta da fonte primeira das idéias religiosas. O Cristianismo está em julgamento, e assim tem sido desde que a ciência se sentiu bastante, forte para agir como um Promotor Público. A presente obra expõe uma parte do processo. Quanta verdade há nessa Teologia? Através de que seitas ela tem sido transmitida? *Donde provém ela primariamente?* Para respondê-lo,

---

– *Codex Nazaraeus, Liber Adami Appellatus.* Texto siríaco e tradução latina de M. Norberg, Lund, 1815-16, 3 vols.
– *Thesaurus Liber Magnus vulgo "Liber Adami" appellatus, opus Mandaeorum summi ponderis.* Descripsit et edidit, H. Petermann. Leipzig: Weigel, 1867, 2 vols.
– *The Secret Adam.* A study of Nasorean Gnosis, de E. S. Drower. Oxford: Clarendon Press, 1960. (N. do Org.)

devemos traçar a história da Religião Mundial, tanto através das seitas cristãs como através das de outras grandes subdivisões religiosas da raça, *pois a Doutrina Secreta é a Verdade*, e a religião que a conservou de forma menos adulterada é a que mais se aproxima do divino.

Nossa busca leva-nos aqui e acolá, mas estabelecemos uma comparação crítica, entre duas seitas muito distantes em ordem cronológica, numa justaposição crítica, sem um fim objetivo. Há apenas um propósito em nossa obra, que é preciso ter sempre em mente – a análise das crenças religiosas, e a definição de sua linhagem do passado até o presente. O que mais tem bloqueado o caminho é o Catolicismo romano; e só depois de os princípios secretos dessa religião terem sido desvelados, poderemos compreender qual é o bastão de ferro sobre o qual ela se apóia para afirmar seus passos hesitantes.

Começaremos pelos ofitas, os nazareus e os modernos drusos. A opinião pessoal da autora, tal como será apresentada no diagrama, estará certamente em desacordo com as especulações preconceituosas de Irineu, Theodoret e Epifânio (o santo renegado, que vendia seus irmãos), na medida em que ela reflete as idéias de certos cabalistas em estreitas relações com os misteriosos drusos do Monte Líbano. Os '*uqqâls*, ou espiritualistas sírios, como às vezes são chamados, possuem inúmeros manuscritos e jóias antigos, que dizem respeito ao nosso tema.

O primeiro *esquema* – o dos ofitas – , desde o início, como mostramos, difere da descrição dada pelos padres, na medida em que torna Bythos, a profundidade, uma emanação feminina, e lhe atribui um lugar que corresponde ao de Pleroma, mas numa região muito superior, ao passo que os padres nos asseguram que os gnósticos davam o nome de Bythos à Causa Primeira. Como no sistema cabalístico, ele representa o vazio ilimitado e infinito no qual está oculto nas trevas o motor Primeiro Desconhecido de tudo. Ele O envolve como um véu: em suma, reconhecemos novamente o "Shekhînah" do Ain-Soph. Tomado separadamente, o nome de $'IA\Omega$, Iaô, assinala o centro superior, ou antes o presumido em que se supõe que o Desconhecido possa permanecer. Em torno de Iaô, corre a legenda $CEMEC\ EI\Lambda AM\ ABPA\Sigma A\Xi$, "O eterno Sol-Abrasax" (o sol espiritual central de todos os cabalistas, representado em alguns diagramas destes últimos pelo círculo de Tiphereth).

Dessa região de insondável Profundeza surge um círculo formado de espirais, que, na linguagem do simbolismo, significa o grande ciclo, $\kappa\acute{u}\kappa\lambda o\varsigma$, composto de ciclos menores. Enrolada em seu interior, de modo a seguir as espirais, repousa a serpente – emblema da sabedoria e da eternidade – o Andrógino Dual: o ciclo que representa *Ennoia*, a Mente Divina, e a Serpente – o Agathodaimôn, o Ophis – a Sombra da Luz. Ambos eram os Logoi dos ofitas; ou a unidade como Logos que se manifesta como um princípio duplo de bem e mal, pois, de acordo com suas concepções, esses dois princípios são imutáveis, e existem desde a eternidade, e continuarão a existir para sempre.

Este símbolo explica a adoração por esta seita da Serpente, como o Salvador, enrolada em torno do pão Sacramental, ou de um Tao. Como unidade, Ennoia e Ophis são o *Logos*; quando separados, um é a Árvore da Vida (espiritual), o outro, a Árvore do Conhecimento do Bem e do Mal. Por conseguinte, descobrimos Ophis incitando o primeiro par humano – a produção material de Ialdabaôth, mas que devia seu princípio espiritual a Sophia-Akhamôth – a comer o fruto proibido, embora Ophis represente a Sabedoria Divina.

A Serpente, a Árvore do Conhecimento do Bem e do Mal, e a Árvore da Vida, são símbolos transplantados do solo da Índia. A *Arasamaram*, a árvore baniana[*], tão sagrada para os hindus, desde que Vishnu, durante uma de suas encarnações, repousou sob sua enorme sombra e aí ensinou filosofia e ciências à Humanidade, é chamada de Árvore do Conhecimento e Árvore da Vida. Sob a protetora ramada dessa rainha das florestas, os gurus ensinam a seus pupilos as primeiras lições sobre a imortalidade e os iniciam nos mistérios da vida e da morte. Na tradição caldaica, os *Yava-ALEIM* do Colégio Sacerdotal passam por ter ensinado aos filhos dos homens como se tornarem iguais a eles. Até o presente, Foh-tchou[4], que vive em seu *Foh-Maëyu*, ou templo de Buddha, no topo do "Kuen-lun-shan"[5], a grande montanha, produz seus maiores milagres religiosos sob uma árvore chamada, em chinês, de *Sung-Ming-Shu*, ou a Árvore do Conhecimento e a Árvore da Vida, pois a ignorância é morte, e só o conhecimento dá imortalidade. Esse maravilhoso espetáculo ocorre de três em três anos, quando uma enorme multidão de budistas chineses se junta em peregrinação no local sagrado.

Ialdabaôth, o "Filho das Trevas" e o criador do mundo material, habitava o planeta Saturno, que o identifica ainda mais com o Jeová judeu, que era o próprio Saturno, de acordo com os ofitas, que lhe recusam o nome sinaítico. De Ialdabaôth emanam seis espíritos, que habitam, respectivamente, com seu pai, os sete planetas. Estes são: Tsabaôth – Marte; Adonaios – Sol[6]; Iaô – Lua; Eloaios – Júpiter; Astaphaios – Mercúrio (espírito da água); e Horaios – Vênus, espírito do fogo[7] [**].

Em suas dadas funções e descrição, os sete planetas são idênticos aos *Sapta-lokas* hindus, os sete locais ou esferas, ou os mundos superior ou inferior, pois representam as sete esferas cabalísticas. Para os ofitas, eles pertencem às esferas inferiores. Os monogramas desses planetas gnósticos são igualmente budistas, diferindo estes últimos, embora em pequena escala, dos das usuais "casas" astrológicas. Nas notas explicativas que acompanham o diagrama, os nomes de Cerinthus (o discípulo de Simão, o Mago), de Menandro e de alguns outros gnósticos, cujos nomes não figuram nos escritos patrísticos, são mencionados com freqüência, tal como Par'ha (Ferho), por exemplo[8].

O autor do diagrama reclama, ademais, para a sua seita, uma enorme antiguidade, apresentando, como prova, que seus "ancestrais" foram os construtores de todos os

---

* *Araśa-maram* é a palavra tâmil para a *Ficus religiosa*. O termo sânscrito para *Araśa* é *Aśvattha*; *maram* em tâmil é árvore. Essa árvore, todavia, não é o bânia. Este é a *Ficus indica* chamada *vata* em sânscrito. Ambas pertencem à mesma família, mas é o Aśvattha ou Araśa que é usualmente tido como sagrado. (N. do Org.)
** Placidus de Titis (ou Titi) foi um monge do mosteiro de Montis Oliveti, que nasceu em Perugia e viveu em meados do século XVII. Escreveu muitas obras, duas das quais agora muito raras, estão no Museu Britânico. Em seu *Physiomathematica* (Francisci Vigoni, Milão, 1675, 4to), seção intitulada "De viribus astrorum in sublunaria", livro I, cap. 13, p. 79, diz: "Quod color ceruleus, et croceus, quales sunt in Jove, & Venere, qui colores mixti sunt ex albo, & aureo, indicent naturam temperatam ex calore, & humiditate, in ceruleo quidem praedominante calore, in croceo humiditate (. . .)"
Em seu *Tabulae primi mobilis . . . juxta principia . . . in sua coelesti philosophia exposita*, etc. (Vatavii, Typis Pauli Frambotti, 1657, 4to), a vigésima tese afirma: "Alii colores in Astris sunt causae qualitatum in specie, ut ceruleus, & croceus, quales sunt in Jove, & Venere, qui mixti sunt ex albo & aureo, indicant naturam temperatam ex calore, & humiditate, in ceruleo quidem predominante calore, in croceo humiditate, ideoque hi duo Planetae ambo dant bonum utile, & delectabile". Na revisão de M. Sybil da tradução inglesa de John Cooper intitulada *Astronomy and Elementary Philosophy* (W. Justins, Londres, 1789, 8vo), p. 31, apresenta assim essa passagem: "As outras cores das estrelas são a causa de qualidades específicas; assim o azul e o amarelo, que estão em Júpiter e Vênus, que são uma mistura de branco e ouro, dão sinais de uma temperatura natural entre o calor e frio, ou morno; no azul predomina o calor (. . .)". (N. do Org.)

templos "Dracontia", mesmo daqueles situados além das "grandes águas". Ele afirma que o "Justo", o porta-voz do Aeôn Eterno (Christos), enviou ele próprio seus discípulos ao mundo, colocando-os sob a dupla proteção de Sigê (Silêncio, o Logos) e Ophis, o Agathodaimôn. O autor alude, sem nenhuma dúvida, à expressão favorita de Jesus, "sede sábios como as serpentes, e mansos como as pombas". No diagrama, Ophis é representada como Chnuphis ou Kneph egípcio, chamado Dracontia. Ele surge como uma serpente ereta em sua cauda, com a cabeça de um leão, coroada e aureolada de raios, e portando na ponta de cada raio uma das sete vogais gregas – símbolo das sete esferas celestes. Essa figura é muito familiar àqueles que têm conhecimento das jóias gnósticas[9], e deriva dos *Livros herméticos* egípcios. A descrição dada no *Apocalipse* daquele que era "igual ao Filho do Homem", com suas sete estrelas, e que é o Logos, é outra forma de Ophis.

O diagrama nazareno, exceto numa troca de nomes, é idêntico ao dos gnósticos, que, evidentemente, dele extraíram suas idéias, acrescentando umas poucas designações derivadas dos sistemas de Basilides e Valentino. Para evitar repetições, apresentaremos os dois quadros em paralelo.

Assim, descobrimos que, na Cosmogonia nazarena, os nomes de seus poderes e *genii* estão nas seguintes relações com os dos gnósticos:

NAZARENO	GNÓSTICO-OFITA
PRIMEIRA TRINDADE	*PRIMEIRA UNIDADE NUMA TRINDADE*
Senhor FERHO – a Vida que não é Vida – o Deus Supremo. A *Causa* que produz a Luz, ou o Logos *in abscondito*. A água de Jordanus Maximus – a água da Vida, ou Ajar, o princípio feminino. Unidade numa Trindade, encerrada em ISH AMON.	IAÔ – o Inefável Nome da Divindade Desconhecida – Abraxas, e o "Sol Espiritual Eterno". Unidade encerrada na Profundeza, Bythos, princípio feminino – o círculo ilimitado, no qual repousam todas as formas ideais. Dessa Unidade emana a
SEGUNDA TRINDADE	*SEGUNDA TRINDADE*
(A manifestação da primeira)	(Idem)
1. Senhor MANO – o Rei da Vida e da Luz – *Rex Lucis*. A Primeira VIDA, ou o homem primitivo.	1. Ennoia – mente.
2. Senhor Jordão – manifestação ou emanação de Jordanus Maximus – as águas da graça. Segunda VIDA.	2. Ophis, o Agathodaimôn.
3. O Pai Superior – Abathur. Terceira VIDA.	3. Sophia-Andrógina – sabedoria, que, por sua vez – fecundada pela Luz Divina – , produz Christos e Sophia-Akhamôth (um, perfeito, a outra, imperfeita), como uma emanação.
Essa Trindade produz também uma díada – Senhor Lehdoio, e Pthahil, o *genius* (o primeiro, uma emanação perfeita; o segundo, uma emanação imperfeita).	
Senhor Jordão – "o Senhor de todos os Jordãos", manifesta NETUBTO (Fé *sem Obras*)[10].	Sophia-Akhamôth emana Ialdabaôth – o Demiurgo, que produz a criação material e sem alma. "Obras *sem* Fé" (ou graça)[10].

Ademais, os sete *genii* planetários ofitas, que emanam um do outro, reaparecem na religião nazarena, sob o nome de "sete demônios impostores", ou estelares, que "enganarão a todos os filhos de Adão". São eles: *Sol*; *Spiritus Venereus* (o Espírito Santo, em seu aspecto material)[11], a mãe dos "sete estelares mal dispostos", que correspondem ao Akhamôth gnóstico; *Nebu*, ou Mercúrio, "um falso Messias, que depravará o antigo culto de Deus"[12]; SIN (ou Luna, ou Shuril); KHÎYÛN (ou Saturno); Bel-Júpiter; e o sétimo, *Nerig*, Marte (*Codex Nazaraeus*, I, p. 55).

O *Christos* dos gnósticos é o chefe dos sete Aeôns, os sete espíritos de Deus segundo São João; os nazarenos têm também seus sete *genii ou bons Aeôns, cujo chefe é Rex Lucis*, MANO, seu Christo. Os *Sapta-Rishis*, os sete sábios da Índia, habitam os *Sapta-Puras*, ou as sete cidades celestiais.

O que mais ou menos encontramos na Ecclesia Universal, até os dias da Reforma, e na Igreja Papal Romana após a separação? Comparamos o valor relativo da Cosmogonia hindu; da *Cabala* caldaica, zoroastrista e judaica, e a dos chamados heréticos. Um diagrama correto da religiãao Judaico-CRISTÃ – para cuja imposição sobre os pagãos que a forneceram são gastas anualmente enormes somas – provaria ainda melhor a identidade entre ambas; mas falta-nos espaço, e julgamos inútil provar o que já foi amplamente demonstrado.

Nas jóias ofitas de King[13], encontramos o nome de Iaô repetido e amiúde confundido com o de Ievo, ao passo que este último representa simplesmente um dos *genii* antagônicos a Abraxas. A fim de que tais nomes sejam tomados como idênticos com o nome do Jeová judeu, não tardaremos em dar a explicação dessa palavra. Parece-nos muito estranho que tantos eruditos arqueólogos tenham tão pouco se empenhado para mostrar que há mais de um Jeová, e que o nome teve origem com Moisés. Iaô é certamente um título do Ser Supremo, e diz respeito *apenas parcialmente* ao Inefável Nome; mas ele não se originou com os judeus, nem foi propriedade única destes. Mesmo se aprazou a Moisés conferir esse nome ao "Espírito" tutelar, a suposta divindade nacional protetora do "povo escolhido de Israel", não há nenhuma razão possível para que outras nacionalidades O recebam como o Deus Supremo e Único. Mas negamos sumariamente tal pretensão. Além disso, há o fato de que Yâho ou Iaô era um "nome dos mistérios" desde o início, pois יה e יהוה jamais foram empregados antes da época do Rei Davi. Anteriormente, poucos ou nenhum nome próprio havia sido composto com *iah* ou *yah*. Parece antes que Davi, tendo estado entre os tirenses e os filisteus (*2 Samuel*), deles tenha trazido o nome de Jeová. Ele nomeou Zadok sumo-sacerdote, e é daí que provêm os zadoquitas ou saduceus. Viveu e reinou em primeiro lugar em Hebron, הברון ,, Habir-on ou Cidade de Kabir, onde os ritos dos quatro (deuses dos mistérios) eram celebrados. Nem Davi, nem Salomão reconheciam a Moisés ou à sua lei. Eles aspiravam construir um templo a יהוה ,, como as estruturas erigidas por Hirão a Hércules e Vênus, Adon e Astartê.

Diz Fürst: "O antiquíssimo nome de Deus – *Yâho* (...) que em grego se escreve Ἰαώ, parece, à parte sua *etimologia*, ter sido um antigo nome místico da divindade suprema dos semitas. Foi assim que ele foi passado a Moisés, quando este teve a sua iniciação em HOR-EB – a *caverna* – sob a direção de Jethro, o sacerdote kenita ou cainita de Madiã. Na antiga religião dos caldeus, vestígios da qual se acham entre os neoplatônicos, a divindade suprema, entronizada acima dos sete céus, que representa o princípio de luz espiritual *nous*[14] e que é concebida como um demiurgo[15], chamava-se Ἰαώ, יהו[16], que era, como o Yâho hebreu, misteriosa e indizível (...) e cujo nome só era comunicado aos iniciados (...) Os fenícios tinham um deus supremo, cujo nome era trilítero (*literatrina*) e *secreto* (...) e que era Ἰαώ [17].

Mas ao passo que Fürst insiste em que o nome tinha uma origem semita, há outros eruditos que o fazem remontar muito mais longe, para além das línguas caucasianas.

Em sânscrito, temos *Jah* e *Jaya*, ou *Jaa* e *Jagad*, e isso lança luz sobre a origem do famoso festival do carro de *Jagan-nâtha*, comumente chamado Jaggernâth. *Yahve* significa "aquele que é", e o Dr. F. Spiegel remonta até mesmo o nome persa de Deus, Ahura, à raiz *ah*[18], que em sânscrito se pronuncia *as*, "respirar", e *asu*, tornou-se, por conseguinte, com o tempo, sinônimo de "Espírito"[19]. Rawlinson sustenta firmemente a opinião de que a mitologia babilônica primitiva sofreu influências arianas ou védicas. Já demos, poucas páginas atrás, as provas mais cabais possíveis da identidade de Vishnu com Dag-on. Pode-se dizer o mesmo do título 'Ιαώ, traçando-se a sua raiz sânscrita em todos os países. Ju ou *Jovis* é o nome latino mais antigo para Deus. "Como masculino, ele é *Ju-piter*, ou *Ju*, o pai, sendo *pitri* o nome sânscrito para 'pai'; como feminino, Ju-*no* no *Ju*, o confortador – sendo נוה a palavra fenícia para 'descanso' e 'conforto'."[20] Mostra o Prof. Max Müller que, embora *Dyaus*, "céu", não ocorra como masculino no sânscrito comum, tal palavra assim figura no *Veda*, "o que prova o antigo culto ariano de Dyaus, o Zeus grego"[21].

Para compreender o sentido real e primitivo do termo 'ΙΑΩ e a razão pela qual ele se tornou a designação para a mais misteriosa de todas as divindades, precisamos buscar a sua origem na fraseologia figurativa de todos os povos primitivos. Devemos, antes de mais nada, recorrer, para nossa informação, às fontes mais antigas. Num dos *Livros de Hermes*, por exemplo, afirma-se que o número DEZ é a mãe da alma, e que a *vida* e a *luz* estão nele unidos. Pois "o número 1 (um) nasce do espírito, e o número 10 (dez) da matéria"[22]; "a unidade fez o DEZ, o DEZ, a unidade"[23].

A *Gematria* cabalística – um dos métodos para extrair o sentido oculto das letras, palavras e sentenças – é aritmética. Consiste em aplicar às letras de uma palavra o sentido que têm como números, tanto sob sua forma *exterior*, como em seu sentido individual. Ademais, pelo *Temurah* (outro método utilizado pelos cabalistas), pode-se fazer com que qualquer palavra revele seu mistério, por meio de seu anagrama. Assim, diz o autor da *Sepher Yetzîrah*[24], um ou dois séculos antes de nossa era: "UM, o espírito do *Alahim* das Vidas"[25]. Assim também, nos diagramas cabalísticos mais antigos, as dez *Sephîrôth* são representadas como rodas ou círculos, e Adão-Cadmo, o homem primitivo, como uma coluna *ereta*. "Rodas e seraphim e as santas criaturas" (*hayyôth*), diz o Rabino A'qîbah[26]. Em outro sistema do mesmo ramo da *Cabala* simbólica, chamado *Albath* – que dispõe as letras do alfabeto por pares em três fileiras – , todos os pares da primeira fileira têm o valor numérico de *dez*; e no sistema de Shimon ben-Shetah[27], o par superior, o mais sagrado de todos, é precedido pela cifra pitagórica, um e zero – 10.

Uma vez que reconheçamos o fato de que, entre todos os povos da mais alta Antiguidade, a concepção mais natural da Primeira Causa que se manifesta em suas criaturas – as quais não podiam deixar de lhe atribuir toda a criação – era a de uma divindade andrógina; de que o princípio masculino era considerado como o espírito invisível vivificante, e o feminino, a mãe Natureza, poderemos então compreender por que essa misteriosa causa veio a ser inicialmente representada (na escrita pictográfica, talvez) como a combinação do alfa e do ômega dos números, um decimal, e depois como IAÔ, um nome trilítero, que contém em si uma profunda alegoria.

IAÔ, em tal caso, significaria – etimologicamente falando – o "Alento da Vida", gerado ou produzido entre um princípio natural masculino ereto e um princípio feminino com a forma de um ovo; pois, em sânscrito, *as* significa "ser", "viver ou existir", sendo sua significação original a de "respirar". "Foi com base nessa raiz", diz Max Müller, "em seu sentido original de 'respirar', que os hindus formaram *asu*, "alento", e *asura*, o nome de Deus, que significa, seja o "alento", seja o dador do alento"[28]. Seu sentido é certamente este último. Em hebraico, "Iâḥ" e "Iâh" significam "vida". Cornélio Agripa, em seu tratado sobre a *Preeminência da Mulher*, mostra que a palavra

Eva sugere uma comparação com os símbolos místicos dos cabalistas, tendo o nome da mulher uma afinidade com o inefável Tetragrammaton, o nome mais sagrado da divindade[29]. Os nomes antigos tinham sempre uma consonância com as coisas que representavam. Em relação ao misterioso nome da Divindade em questão, a insinuação até aqui inexplicável dos cabalistas quanto à eficácia da letra H, "que Abraão retirou de sua esposa Sarah" e *"colocou no meio de seu próprio nome"*, torna-se clara.

Poder-se-ia argüir, à guisa de objeção, que não se fixou ainda em que período da Antiguidade apareceu pela primeira vez o *zero* nos manuscritos ou inscrições da Índia. Como quer que seja, o caso apresenta provas por indução de grande peso, que implicam uma séria probabilidade. Segundo Max Müller, "as duas palavras 'cifra' e 'zero', que são na realidade apenas uma (...) são suficientes para provar que nossas figuras são emprestadas dos árabes. *Cifra* provém do árabe *cifron*, e significa *vazio*, tradução do nome sânscrito para 'zero', *śûnya*", diz ele[30]. Os árabes tomaram seus números do Indostão, e nunca reclamaram para si a sua invenção[31]. Quanto aos pitagóricos, basta-nos lançar mão dos antigos manuscritos da *Geometria* de Boécio, composta no século VI, para descobrirmos nos numerais[32] de Pitágoras o 1 e o *zero* como a primeira e a última cifras. E Porfírio, que cita o pitagórico Moderatus[33], diz que os numerais de Pitágoras eram "símbolos hieroglíficos, por meios dos quais ele explicava as idéias concernentes à natureza das coisas".

Ora, se os manuscritos mais antigos da Índia não mostraram ainda nenhum traço de notação decimal neles – afirma Max Müller, com clareza, que até agora ele só descobriu nove letras (as iniciais dos numerais sânscritos) – , por outro lado temos registros tão antigos para nos fornecer a prova desejada. Falamos das esculturas e da estatuaria sagrada dos templos mais antigos do Extremo Oriente. Pitágoras derivou seu conhecimento da Índia; e o Prof. Max Müller corrobora esta afirmação, pelo menos na medida em que reconhece aos neopitagóricos a primazia de terem sido os primeiros professores da "arte de cifrar" entre os gregos e os romanos; pois "eles, em Alexandria, ou na Síria, tiveram contato com os algarismos indianos, e os adaptaram ao ábaco pitagórico" (nossos números). Essa cautelosa admissão implica que o próprio Pitágoras estava familiarizado com apenas *nove* algarismos. De modo que podemos responder com razão que, embora não possuamos nenhuma prova definitiva de que a notação decimal era conhecida por Pitágoras, que viveu no final das eras arcaicas[34], temos no entanto evidências suficientes para mostrar que os números inteiros, tal como dados por Boécio, eram conhecidos pelos pitagóricos, antes mesmo da fundação de Alexandria[35]. Essas evidências, encontramo-las em Aristóteles, que diz que "alguns filósofos afirmam que idéias e números têm a mesma natureza, e que montam a DEZ no total"[36]. Isto, acreditamos, será suficiente para mostrar que a notação decimal era conhecida por eles já nos quatro séculos a.C., pois Aristóteles não parece tratar a questão como uma inovação dos "neopitagóricos".

Além disso, como já assinalamos acima, as representações das divindades arcaicas sobre as paredes dos templos são por si mesmas já bastante sugestivas. Assim, por exemplo, Vishnu é representado no *Kûrma-avatâra* (seu segundo avatâra) como uma tartaruga sustentando uma coluna circular, sobre a qual um símile de si mesma (*Mâyâ*, ou ilusão) está sentado com todos os seus atributos[37]. Enquanto uma de suas mãos segura uma flor, outra uma clava, a terceira uma concha, a quarta, geralmente a superior, ou a direita, mantém sobre seu indicador, levantado como o número 1, o *chakra*, ou disco, que se assemelha a um anel, ou a uma roda, e que poderia ser tomado como um zero.

Em seu primeiro avatâra, o *Matsya-avatâra*, em que emerge da boca de um peixe, ele é representado na mesma posição[38]. A *Durgâ* de dez braços, de Bengala; o gigante Râvana de dez cabeças; Pârvatî – como Durgâ, Indra e Indrânî figuram com esse atributo, que é uma perfeita representação do mastro enfeitado do festejo da Primavera[39].

Os templos mais sagrados dos hindus são os do Jagan-nâtha. Essa divindade é reverenciada por todas as seitas da Índia igualmente, e Jagan-nâtha é chamado de "Senhor do Mundo". Ele é o deus dos mistérios, e seus templos, que são muito numerosos em Bengala, têm todos a forma de uma pirâmide.

Não há nenhuma outra divindade que forneça tal variedade de etimologias quanto Yâho, nem um nome que possa ser pronunciado de maneira tão diversa. Foi apenas associando-o com os pontos massoréticos que os rabinos das épocas posteriores conseguiram transformar Jeová em "Adonai" – ou Senhor. Philo Byblius grafa-o em caracteres gregos como 'ΙΕΥΩ – IEVO. Theodoret[40] diz que os samaritanos pronunciavam tal nome como 'Ιαβέ (*Yabe*), e os judeus *Aïa*; Diodorus afirma que "os judeus relatam que Moisés chamava seu Deus de 'Ιαώ", o que a faria pronunciar como já indicamos – I-ah-Ô[41]. É com base na autoridade da própria *Bíblia*, por conseguinte, que afirmamos que antes de sua iniciação por Jethro, seu sogro, Moisés jamais havia ouvido a palavra Yâho. A futura Divindade dos filhos de Israel chama da pira ardente e dá Seu nome como "Eu sou o que sou", e especifica cuidadosamente que é o "Senhor Deus dos Hebreus" (*Êxodo*, III, 18), não de outras nações. A julgar por seus próprios atos, através dos relatos judeus, temos dúvidas de que o Cristo, se tivesse surgido nos dias do Êxodo, seria bem recebido pela irascível Divindade sinaítica. Contudo, o "Senhor Deus", que se torna, segundo Sua própria confissão, Jeová apenas no sexto capítulo do *Êxodo* (versículo 3), vê sua veracidade posta em dúvida no *Gênese*, XXII, 9, 14, em cuja passagem *revelada* Abraão edifica um altar a *Jehovah-jireh*.

Por conseguinte, pareceria natural estabelecer uma diferença entre o Deus dos mistérios 'Ιαώ, adotado desde a mais alta antiguidade por todos os que participavam do conhecimento esotérico dos sacerdotes, e suas contrapartes fonéticas, tratadas com tão pouca reverência pelos ofitas e outros gnósticos. Tendo sido oprimidos, como o Azâzêl dos desertos, pelos pecados e iniqüidades da nação judaica, parece agora difícil para os cristãos terem que confessar que aqueles a quem consideravam aptos a considerar o "povo eleito" de Deus – seus únicos predecessores no monoteísmo – eram, até um período muito tardio, tão idólatras e politeístas quanto os seus vizinhos. Os sagazes talmudistas escaparam por longos séculos da acusação, escondendo-se atrás da invenção massorética. Mas, como em todas as outras coisas, a verdade veio por fim à luz. Sabemos agora que Ihoh, יהוה, deve ler-se Yâhoh e Yâh, não Jeová. Yâh dos hebreus é exatamente o Iacchos (Baco) dos mistérios; o Deus "de quem se espera a libertação das almas – Dionísio, Iacchos, Iachoh, Iahoh, Iaô"[42]. Aristóteles, portanto, estava certo quando disse: "Joh, יהוה, era Oromazdes e Ahriman Pluto, pois o Deus do céu, Ahura-Mazda, monta uma carroça que o *Cavalo do Sol* segue"[43]. E Dunlap cita *Salmos*, LXVIII, 4, que diz:

> "Louvai-o por seu nome Yâh (יה),
> Que monta os céus, como a um cavalo".

e então mostra que "os árabes representavam Iauk (Iach) por um cavalo. O Cavalo do Sol (Dionísio)". "Iah é um abrandamento de Iah", explica ele. "ח *h* e ה *h* são intercambiáveis; assim como também, *s* se abranda em *h*. Os hebreus exprimem a idéia da VIDA

265

tanto por um *ḥ* quanto por um *h*; como *ḥiaḥ*, 'ser', *hiah*, 'ser'; Iaḥ, Deus da Vida, Iah, 'Eu sou' "[44]. Podemos portanto repetir essas linhas de Ausônio:

> "Os filhos de Ogyges chamam-me Baco; o Egito pensa que sou Osíris;
> Os misianos chamam-me Phanaces; os indianos vêem-me como Dionísio;
> Os ritos romanos fazem-me Liber; a raça árabe pensa que sou Adoneus;
> Os lucanenses, o Deus Universal (...)"[45].

E o povo eleito, Adônis e Jeová – poderíamos acrescentar.

Quão pouco se compreendeu a filosofia da antiga doutrina secreta, provam-no as atrozes perseguições dos Templários pela Igreja, sob a acusação de adorarem o Demônio na forma de um bode – Baphomet! Sem aprofundar os antigos mistérios maçônicos, não há um só maçom – dentre os que *sabem alguma coisa*, bem entendido – que não esteja a par da verdadeira relação entre Baphomet e Azâzêl, o bode expiatório do deserto[46], cujo caráter e cujo significado foram inteiramente pervertidos nas traduções cristãs. "Esse terrível e venerável nome de Deus", diz Lanci[47], bibliotecário do Vaticano, "através da pena dos glossários bíblicos, transformou-se num *demônio*, numa *montanha*, num *deserto*, num *bode*". Na *Royal Masonic Cyclopaedia*, de MacKenzie, o autor assinala com correção que "essa palavra deveria ser dividida em Azaz e El", pois ela "significa Deus da Vitória, mas é aqui empregada no sentido de *Autor da morte*, em contraste com Jeová, o *Autor da vida*; este último recebia um bode morto como oferenda"[48]. A Trindade hindu é composta de três personagens, que se podem converter numa única. A *Trimûrti* é una, e, em sua abstração, indivisível. No entanto, vemos que uma divisão metafísica tem lugar desde o início. Ao passo que Brahmâ, embora coletivamente represente os três, permanecendo sob o pano, Vishnu é o Dador da Vida, o Criador, o Preservador, e Śiva é o *Destruidor*, a divindade *mortuária*. "Morte ao *dador da Vida*, vida ao *propiciador da Morte*. A antítese simbólica é grande e bela", diz Gliddon[49]. "*Deus est Daemon inversus*" – essa frase dos cabalistas torna-se agora clara. É apenas o intenso e cruel desejo de apagar o último vestígio das antigas filosofias, pervertendo-lhe o sentido, por medo de que os seus próprios dogmas não lhe sejam corretamente atribuídos, que impele a Igreja Católica a exercer uma tal perseguição sistemática contra os gnósticos, os cabalistas e mesmo os relativamente inocentes maçons.

Ai de nós! Quão pouco a divina semente, disseminada pelas mãos do humilde filósofo judeu, fincou raízes ou produziu qualquer fruto! Se aquele que verberou a hipocrisia, que lutou contra a prece pública, recriminando-lhe o exibicionismo inútil, pudesse lançar seu pesaroso olhar sobre a Terra, das regiões de beatitude eterna, veria ele que essa semente não caiu, nem num terreno estéril, nem à margem do caminho. Não, ela fincou fundas raízes no solo mais fértil; aquele enriquecido até a pletora pelo sangue e pela mentira humana!

"Mas se *por minha mentira* resplandece mais a verdade de Deus, para sua glória, por que devo eu ser julgado como pecador?", pergunta ingenuamente Paulo, o melhor e o mais sincero de todos os apóstolos. E acrescenta: "Façamos o mal, para que venha o bem!" (*Romanos*, III, 7, 8)[*]. Eis uma confissão que nos querem fazer passar como

---

* Essa passagem pode levar a uma compreensão errada, a menos que seja citada por inteiro. O texto em *Romanos* III, 7-8 apresenta-se da seguinte maneira: "Porque se a verdade de Deus pela minha mentira cresceu para glória sua, por que sou eu ainda assim julgado como pecador? E não (como somos murmurados, e como alguns dizem que nós dizemos) que ao contrário façamos males para que venham bens cuja condenação é justa?" (N. do Org.)

inspiração direta de Deus! Ela explica, embora não desculpe, a máxima adotada mais tarde pela Igreja de que "é um ato de virtude enganar e mentir, quando por tais meios se podem promover os interesses *da Igreja*"[50]. Máxima aplicada em seu pleno sentido por aquele consumado professor de falsificações, o armênio Eusébio; ou ainda, por aquele tartufo calidoscopista bíblico – Irineu. E esses homens foram seguidos por todo um exército de piedosos assassinos, que, no entretempo, haviam feito sérios progressos na arte da mentira, proclamando que era legal matar quando pelo assassínio eles podiam dar força à nova religião. Teófilo, "esse inimigo perpétuo da paz e da virtude", como qualificavam a esse célebre bispo, Cirilo[51], Atanásio, o assassino de Arius, e uma hoste de outros "Santos" canonizados, foram apenas os dignos sucessores de *São* Constantino, que afogou sua esposa em água fervente, massacrou seu pequeno sobrinho, assassinou com suas próprias mãos dois de seus primos, matou seu filho Crispus, condenou à morte vários homens e mulheres, e afogou um velho monge num poço. Contudo, somos informados por Eusébio que esse Imperador cristão foi recompensado por uma *visão* do próprio Cristo, na qual ele carregava sua cruz e o instruía a marchar para outras conquistas, afirmando sua disposição de protegê-lo!

É sob a sombra do pavilhão imperial, com suas famosas palavras, "*In hoc signo vinces*", que a cristandade "*visionária*", que havia medrado após a época de Irineu, proclamou arrogantemente seus direitos à plena luz do Sol. O Lábaro havia provavelmente fornecido o modelo da *verdadeira* cruz, que foi "miraculosamente" e conforme à vontade imperial, descoberta poucos anos depois. Nada melhor do que uma tão notável visão, de que duvidam impiedosamente inúmeros críticos – o Dr. Lardner, por exemplo –, e um fresco milagre para acompanhar, poderiam ter resultado na descoberta de uma cruz onde jamais houvera uma. Todavia, devemos, ou acreditar no fenômeno, ou discuti-lo, com o risco de sermos tratados com infiéis; e isso, não obstante o fato de que, segundo cálculos cuidadosos, descobrimos que os fragmentos da "verdadeira Cruz" se multiplicaram de modo mais miraculoso do que os cinco pães da padaria invisível e os dois peixes. Em casos análogos, nos quais os milagres são convenientemente invocados, não há lugar para o fato bruto. A história deve parar para que a ficção entre em jogo.

Se a doutrina do pretenso fundador da religião cristã é hoje pregada com mais ou menos sucesso em todos os quadrantes do globo, estamos livres para pensar que as doutrinas a ele atribuídas o espantariam e consternariam mais do que qualquer outra coisa. Um sistema de deliberada falsificação foi adotado desde o início. O quão decidido estava Irineu a esmagar a verdade e edificar uma Igreja própria sobre as ruínas desfiguradas das sete igrejas primitivas mencionadas no *Apocalipse*, podemos inferir de sua querela com os ptolomaicos. E esse é outro caso contra o qual a fé cega não pode prevalecer. A história eclesiástica assegura-nos que o ministério de Cristo durou apenas três anos. Há uma clara discrepância sobre esse ponto, entre os três primeiros sinóticos e o quarto Evangelho; mas coube a Irineu mostrar à posteridade cristã que, já no ano 180 de nossa era – época provável em que esse Padre escreveu suas obras contra as heresias –, mesmo as colunas da Igreja, como ele, ou nada sabiam a esse respeito, ou mentiram deliberadamente e falsificaram dados, para justificar seus próprios pontos de vista. Tão ansioso estava o digno padre de responder a todas as objeções contra seus planos que não recuava diante de nenhuma falsidade ou sofisma. Como devemos entender a frase seguinte; e quem é o falsificador nesse caso? O argumento de Ptolomeu era de que Jesus era jovem demais para ter ensinado qualquer coisa de muita importância, acrescentando que "Cristo pregou *apenas por um ano*, e então sofreu no décimo segundo mês". Nisto Ptolomeu pouco difere dos Evangelhos. Mas Irineu, levado por seu objetivo para muito além dos limites da prudência, de uma mera discrepância entre um e três anos, transforma-a em dez ou mesmo vinte anos! "Destruindo toda a sua [de Cristo] obra, e *roubando-o dessa época* que é *necessária* e mais honorável do que qualquer outra; falo dessa idade avançada durante a qual, como mestre, ele ultrapassou a todos". E então, não tendo nenhuma data correta para fornecer, ele se lança à *tradição*, e afirma que Cristo pregou por mais de DEZ anos![52] Em outro lugar, ele dá a Jesus a idade de cinqüenta anos.

Mas devemos voltar ao nosso trabalho de mostrar as várias origens do Cristianismo, assim como as fontes de onde Jesus derivou suas próprias idéias de Deus e da Humanidade.

Os koinobioi viviam no Egito, onde Jesus passou a sua primeira infância. Eles eram amiúde confundidos com os terapeutas, sendo estes um ramo dessa sociedade de grande difusão. Tal é a opinião de Godfrey Higgins e do Dr. Rebold. Após a destruição dos principais santuários, destruição essa iniciada já nos dias de Platão, muitas seitas diversas, tais como os ginosofistas e os magi – dos quais Clearchus erroneamente deriva os primeiros – , os pitagóricos, os sufis e os rishis da Caxemira, instituíram uma espécie de Franco-maçonaria internacional e universal entre as suas sociedades esotéricas. "Esses rishis", diz Higgins, "são iguais aos sufis, aos carmelitas, aos nazaritas ou essênios, que pertencem ao templo de Salomão neste país"[53]. "Essa ciência oculta conhecida pelos antigos sacerdotes sob o nome de *fogo regenerador*", diz o padre Rebold, "(. . .) é uma ciência que por mais de 3.000 anos esteve na exclusiva posse do clero [indiano e egípcio], em cujo conhecimento Moisés foi iniciado em Heliópolis, local de sua educação; e Jesus entre os sacerdotes essênios do [Egito ou da] Judéia; e graças à qual esses dois grandes reformadores, *particularmente o segundo*, realizaram muitos dos milagres mencionados nas *Escrituras*"[54].

Platão afirma que a mística religião dos magi, conhecida pelo nome de *Machagistia*, é a forma menos corrompida do culto das coisas divinas. Mais tarde, os mistérios dos santuários caldeus lhe foram incorporados por obra de um dos Zoroastros e por Darius Hystaspes[55]. Este último a completou e aperfeiçoou ainda mais, com a ajuda do conhecimento por ele obtido dos sábios ascetas da Índia, cujos ritos eram idênticos aos dos magi iniciados[56]. Amiano, em sua história da expedição persa de Juliano, conta que um dia "Hystaspes, tendo penetrado audaciosamente nas regiões desconhecidas da Índia Superior, chegou a certo retiro arborizado, cujos tranqüilos recessos eram ocupados por esses exaltados sábios, os Brachmanes [ou Xamãs]. Instruído por seus ensinamentos na ciência dos *movimentos do mundo* e dos corpos celestes, e nos *puros ritos religiosos* (. . .) ele os repassou para o credo dos Magi. Estes, juntando essas doutrinas com *sua própria ciência peculiar de predizer o futuro*, divulgaram todo esse saber a eras futuras através de seus descendentes"[57]. Foi desses descendentes que os sufis, compostos principalmente de persas e sírios, adquiriram seus proficientes conhecimentos de Astrologia, Medicina, assim como a doutrina esotérica da Antiguidade. "A doutrina sufi", diz C. W. King, "enfeixou a grande idéia de um credo universal que poderia ser praticado em segredo sob qualquer profissão de uma fé exterior; e, de fato, essa doutrina abraçava virtualmente a mesma concepção dos sistemas religiosos como aquele no qual os filósofos antigos haviam concebido tais assuntos"[58]. Os misteriosos drusos do Monte Líbano são os descendentes de todos esses grupos. Coptas solitários, estudiosos diligentes espalhados aqui e ali por todas as solidões arenosas do Egito, da Arábia, da Palestina, e pelas impenetráveis florestas da Abissínia, embora difíceis de encontrar, podem às vezes ser vistos. Muitas e diversas são as nacionalidades a que pertencem os discípulos dessa misteriosa escola, e inúmeros os ramos oriundos desse tronco primitivo. O segredo guardado por essas sublojas, assim como pela grande e suprema loja, sempre foi proporcional à atividade das perseguições religiosas; e hoje, em face do materialismo crescente, a sua própria existência está se tornando um mistério[59].

Mas não se deve inferir, com base nesse relato, que essa misteriosa fraternidade seja apenas uma ficção, ou simplesmente um *nome*, embora seus vestígios sejam desconhecidos até hoje. Pouco importa se seus filiados tenham o nome de egípcios, hindus ou persas. Pessoas dignas de fé, e bem-conhecidas, além da autora da presente obra (que relata alguns fatos a eles relacionados, por autorização especial daquele *que tem o direito de dá-la*), encontraram certos membros dessas subfraternidades. Numa recente e muito valiosa obra sobre as sociedades secretas, *Royal Masonic Cyclopaedia*, de K. R. H. MacKenzie, vemos o próprio autor, honorável membro da Loja de Canongate Kilwinning, nº 2 (Escócia), e um maçom a quem nada pode ser imposto, afirmar o seguinte, sob o cabeçalho "Irmãos Herméticos do Egito" (p. 309):

"Fraternidade oculta que data de remotos tempos, dotada de uma hierarquia de oficiais, sinais secretos e senhas, e de um peculiar método de instrução na ciência, na filosofia moral e na religião (...) Se podemos acreditar naqueles que, nos dias de hoje, afirmam pertencer a ela, *a pedra filosofal, o elixir da vida, a arte da invisibilidade*, e o poder de comunicação direta com a vida ultraterrena, são partes da herança que possuem. O autor encontrou apenas três pessoas que afirmam a existência real desse grupo de filósofos religiosos, e que sugeriram que eles próprios eram realmente membros. Não há nenhuma razão para duvidar da boa-fé desses indivíduos – os quais aparentemente desconheciam uns aos outros, e homens de médias riquezas, de vidas imaculadas, de modos austeros, e quase ascetas em seus hábitos. Pareciam ser homens de quarenta a quarenta e cinco anos de idade, e evidentemente de vasta erudição (...) seu conhecimento de línguas é inegável (...) Nunca permaneceram durante muito tempo em qualquer país, mas partiam sem alarde"[60].

Outra das tais subfraternidades é a seita dos pitris na Índia. Conhecida por seu nome, que Jacolliot o divulgou ao público, ela é ainda mais arcana, talvez, do que a fraternidade a que o Sr. MacKenzie chama de "Irmãos Herméticos". O que Jacolliot pôde saber a seu respeito, tirou-o dos manuscritos fragmentários que lhe foram dados pelos brâmanes, os quais tinham razões para fazê-lo, segundo podemos acreditar. O *Agrushada Parikshai* dá certos detalhes sobre essa associação, tal como existia outrora, e, ao explicar os ritos místicos e as encantações mágicas, nada revela, de sorte que o místico *L'om, L'Rhum, Sh'hrum* e o *Sho'rhim Ramaya-Namaha* permanecem, para o mistificado autor, um enigma impenetrável para sempre. Todavia, é preciso fazer-lhe justiça, pois ele admite o fato, e não dá vazão a inúteis especulações[61].

Todo aquele que quiser certificar-se de que atualmente existe uma religião que desafiou, por séculos, a impudente curiosidade dos missionários, e as perseverantes investigações da ciência, deve ele violar, se puder, a reclusão dos drusos sírios. Encontrará ele cerca de 80.000 guerreiros, espalhados desde a planície oriental de Damasco à costa ocidental. Não desejam prosélitos, fogem da notoriedade, mantêm a fraternidade – na medida do possível – seja com os cristãos, seja com os muçulmanos, respeitam a religião de qualquer outra seita ou povo, mas jamais revelarão seus segredos. É em vão que os missionários os estigmatizam como infiéis, idólatras, bandidos e ladrões. Nem a ameaça, nem o suborno, nem qualquer outro estratagema induzirá os drusos a se converterem ao Cristianismo dogmático. Ouvimos falar de dois conversos no espaço de cinqüenta anos, e ambos terminaram seus dias na prisão, por alcoolismo e roubo. Eles provaram ser "verdadeiros *drusos*"[62], diz um de seus chefes, ao discutir o assunto, Jamais se deu o caso de um *iniciado* druso tornar-se um cristão. Quanto aos não iniciados, jamais se lhes permitiu ver os escritos sagrados, e nenhum deles tem a mais remota idéia do local onde estão escondidos. Há missionários na Síria que se vangloriam de possuir umas poucas cópias deles. Os volumes, que passam por ser exposições corretas desses livros secretos (tais como a tradução por Pétis de la Croix, em 1701, das obras apresentadas por Nasr-Allah ao rei francês), nada mais são do que uma compilação dos "segredos", mais ou menos conhecidos de todos os habitantes das montanhas meridionais do Líbano e do Anti-Líbano. Trata-se da obra de um dervixe apóstata, que fora expulso da seita Hanafi, por conduta imprópria – a malversação do dinheiro das viúvas e dos órfãos. O *Exposé de la Religion des Druzes*, em dois volumes, de Silvestre de Sacy (1838), é outra rede de hipóteses. Uma cópia dessa obra foi encontrada em 1870, no peitoril da janela de um de seus principais *Khalwehs*, os locais de reunião religiosa. À curiosa pergunta de um viajante inglês a propósito de seus ritos, o '*Uqqâl*[63], um venerável ancião, que falava tanto o inglês quanto o francês, abriu o volume de de Sacy e, oferecendo-o ao seu interlocutor, observou, com um benévolo sorriso: "Leia esse livro instrutivo e verídico; eu não lhe poderia explicar melhor ou de modo mais correto os segredos de Deus e de nosso abençoado H'amza do que ele". O viajante entendeu a insinuação.

Diz MacKenzie que eles se estabeleceram no Líbano por volta do século X, e que parecem ser "uma mistura de curdos, árabes mardi e outras tribos semicivilizadas. Sua religião é composta de Judaísmo, Cristianismo e Islamismo. Têm uma ordem clerical regular, e *uma espécie de hierarquia* (. . .) há um sistema regular de senhas e sinais (. . .) Um estágio de provas de doze meses, no qual ambos os sexos são admitidos, precede à iniciação"[64].

Citamos a passagem acima apenas para mostrar o quão pouco mesmo pessoas tão fidedignas como o Sr. MacKenzie realmente conhecem esses místicos.

Mosheim, que sabe tanto, ou deveríamos dizer tão pouco, como qualquer outro, admite candidamente que "sua religião é peculiar a eles, e está envolvida em algum mistério"[65]. Disso não duvidamos!

Que sua religião exiba traços de magismo e gnosticismo é natural, pois é a filosofia esotérica ofita que lhe forma a base. Mas o dogma característico dos drusos é a absoluta unidade de Deus. Ele é a essência da vida, e, embora incompreensível e invisível, pode ser conhecido através de *manifestações ocasionais em forma humana*[66]. Como os hindus, eles afirmam que Deus se encarnou mais de uma vez sobre a Terra. H'amza foi o *precursor*, e não o herdeiro, de Hâkim, a última manifestação (o décimo *avatâra*)[67], que ainda está por vir. H'amza era a personificação da "Sabedoria Universal". Boha-eddin, em seus escritos, chama-o Messias. O número de seus discípulos, ou daqueles que em diferentes épocas do mundo ensinaram a sabedoria à Humanidade, que esta invariavelmente esqueceu e rejeitou no curso do tempo, perfaz o total de cento e sessenta e quatro (164, o *s d k* cabalísticos). Por conseguinte, seus estágios ou graus de promoção após a iniciação são cinco; os primeiros três graus são simbolizados pelos "três pés do candelabro do Santuário interior, que suporta a luz dos *cinco* elementos"; os dois últimos graus, os mais importantes e terríveis em sua solene grandeza, pertencem às ordens superiores; e os cinco graus representam emblematicamente os mencionados cinco elementos místicos. Os "três pés são a *Aplicação* sagrada, a *Abertura*, e o *Fantasma*", diz um de seus livros: sobre a alma interna e externa do homem, e sobre seu corpo, um fantasma, uma sombra que passa. O corpo, ou matéria, chama-se "Rival", pois "ele é o ministro do pecado, o Demônio que sempre cria dissensões entre a Inteligência Celeste [espírito] e a alma, que ele tenta incessantemente". Suas idéias sobre transmigração são pitagóricas e cabalísticas. O espírito, al-Tamîmî (a alma divina), estava em Elias e João Baptista; e a alma de Jesus era a de H'amza; ou seja, de seu mesmo grau de pureza e santidade. Até a sua ressurreição, pela qual entendem o dia em que os corpos espirituais dos homens serão absorvidos na essência e no ser de Deus (o Nirvâna dos hindus), as almas manterão suas formas astrais, exceto as poucas escolhidas, que desde o momento de sua separação dos corpos começam a existir como espíritos puros. Eles dividem a vida do homem em alma, corpo, e inteligência ou mente. É esta última que transmite e comunica à alma a centelha divina de seu H'amza (Christos).

Eles têm sete grandes mandamentos que são ensinados igualmente a todos os não iniciados; e no entanto, mesmo esses artigos de fé conhecidos foram tão confundidos nos relatos dos escritores estrangeiros, que, numa das melhores *Enciclopédias* da América (a de Appleton), eles são mutilados, como se pode ver no quadro comparativo abaixo; aí estão em paralelo a versão espúria e a verdadeira:

VERSÃO CORRETA DOS MANDAMENTOS, TAIS COMO SÃO ENSINADOS ORALMENTE PELO MESTRE[68]	VERSÃO DETURPADA TRANSMITIDA PELOS MISSIONÁRIOS CRISTÃOS E PUBLICADA EM FALSAS EXPOSIÇÕES[69]
1. *A unidade de Deus*, ou a infinita unicidade da Divindade.	1. (2) "'Verdade nas palavras', o que equivale na prática *apenas à verdade para a religião e para os iniciados; é permitido agir e falar falsamente para com homens de outro credo*[70].
2. *A excelência essencial da Verdade*.	2. (7) "Ajuda mútua, vigilância e proteção."
3. Tolerância; o direito dado a todos os homens e mulheres de expressar livremente suas opiniões sobre assuntos religiosos, e de submetê-los à razão.	3. (?) "Renunciar a todas as outras religiões."[71]
4. Respeito a todos os homens e mulheres de acordo com seu caráter e conduta.	4. (?) "Separar-se dos infiéis de toda espécie, não externamente, mas apenas no coração."[72]
5. Total submissão aos mandamentos de Deus.	5. (1) "Reconhecer a unidade eterna de Deus."
6. Castidade de corpo, mente e alma.	6. (5) "Satisfazer-se com os atos de Deus."
7. Auxílio mútuo sob todas as condições.	7. (5) "Resignação à vontade de Deus."

Como se pode perceber, a única coisa que ressalta do texto acima é a grande ignorância, talvez a malícia, dos escritores que, como Silvestre de Sacy, visam esclarecer o mundo sobre assuntos de que nada sabem.

"Castidade, honestidade, humildade e piedade", tais são as quatro virtudes teológicas de todos os drusos, além de várias outras requeridas apenas dos iniciados; "assassínio, roubo, crueldade, cupidez, calúnia", os cinco pecados, aos quais se acrescentam vários outros na tábuas sagradas, e que nos excusamos de mencionar. A moralidade dos drusos é estrita e inflexível. Nada seria capaz de desviar um desses unitários do Líbano do que lhes foi ensinado como sendo seu dever. *Visto que seu ritual é desconhecido dos estrangeiros*, os pretensos historiadores negaram até agora que eles tivessem um. Seus "Encontros de Quinta Feira" estão abertos a todos, mas nenhum intruso jamais participou dos ritos de iniciação que têm lugar ocasionalmente às Sextas-Feiras, no maior dos segredos. As mulheres são admitidas em pé de igualdade com os homens, e exercem um papel de grande importância na iniciação dos homens. A prova, salvo alguma extraordinária exceção, é longa e severa. Outrora, num certo período de tempo, uma solene cerimônia tinha lugar, durante a qual os anciãos e os iniciados dos dois graus superiores partiam em peregrinação de vários dias a um certo local nas montanhas. Eles se reuniam nos seguros abrigos de um mosteiro que diziam ter sido erigido durante os primeiros tempos da era cristã. Externamente, não se vêem senão as velhas ruínas de um edifício outrora grande, utilizado, diz a lenda, por algumas seitas gnósticas como local de culto durante as perseguições religiosas. As ruínas ao nível do chão, contudo, não passam de uma conveniente máscara, pois a capela, os corredores e as celas cobrem uma superfície consideravelmente mais extensa do que o edifício superior; a riqueza da ornamentação, a beleza das antigas esculturas e os potes de ouro e prata nesse retiro sagrado parecem "um sonho de glória", para empregar a expressão de um iniciado. Assim como as Lamaserias da Mongólia e do Tibete são visitadas nas grandes ocasiões pela sagrada sombra do "Senhor Buddha", aí também, durante as cerimônias, surge a resplendente forma etérea de H'amza, o Abençoado, que instrui o fiel. Os feitos mais extraordinários do que se poderia chamar de magia têm lugar durante as várias noites em que dura a reunião; e um dos maiores mistérios – cópia fiel do passado – é realizado no seio discreto de nossa mãe Terra; nenhum eco, nenhum sussurro, nenhum raio de luz revela o grande segredo dos iniciados.

H'amza, como Jesus, era um homem mortal, e no entanto "H'amza" e "Christos" são termos sinônimos em sua significação interna e oculta. Ambos são símbolos do *Nous*, a alma divina e superior do homem – seu espírito. A doutrina ensinada pelos drusos sobre essa questão particular da dualidade do homem espiritual, que consiste de uma alma mortal e outra imortal, é idêntica à dos gnósticos, dos filósofos gregos mais antigos, e, de outros iniciados.

Fora do Oriente, encontramos um iniciado (e apenas um), que, por razões que lhe são próprias, não faz segredo de sua iniciação na Fraternidade do Líbano. Trata-se do Prof. A. L. Rawson, de Nova York, sábio viajante e artista[*]. Esse cavalheiro passou muitos anos no Oriente, visitou por quatro vezes a Palestina, e esteve em Meca. Pode-se dizer sem medo que ele possui fatos inapreciáveis sobre os inícios da Igreja Cristã, que apenas aquele que teve livre acesso aos repositórios fechados ao viajante comum poderia ter reunido. O Prof. Rawson, com a verdadeira devoção de um homem de ciência, anotou

---

* A. L. Rawson foi um gravador americano, filólogo, arqueólogo e escritor, que nasceu em Chester, Vt., a 15 de outubro de 1829; morreu em Nova York em novembro de 1902. Ilustrou várias obras de outros escritores e eruditos e tomou parte no trabalho arqueológico conduzido em Chipre pelo Gal. Luigi Palma di Cesnola. Muito pouco se sabe da vida pessoal de Rawson, mas é quase certo que era versado em várias doutrinas místicas e sociedades religiosas. Rawson publicou nas páginas do *Popular Monthly*, de Frank Leslie (vol. XXXIII, fevereiro de 1892, p. 199-208), uma narrativa ilustrada de H. P. B. intitulada: "Madame Blavatsky: A Theosophical Occult Apology", que contém um grande número de pontos interessantes. (N. do Org.)

todas as importantes descobertas que fez nas bibliotecas palestinas e todo fato precioso a ele comunicado oralmente pelos místicos, e tais coisas um dia virão a lume. Ele nos enviou, muito amavelmente, a seguinte comunicação, que, como perceberá o leitor, corrobora plenamente o que acima se escreveu com base em nossa experiência pessoal sobre a estranha fraternidade incorretamente chamada de drusos:

"34 BOND ST., NOVA YORK, 6 de junho de 1877.

"(. . .) Vossa nota, que me pede para dar-vos notícia de minha iniciação numa ordem secreta entre as pessoas comumente conhecidas como drusos, no Monte Líbano, foi recebida esta manhã. Como sabeis muito bem, eu assumi a obrigação, nesse momento, de ocultar em minha própria memória a maior parte dos 'mistérios', assim como as partes mais interessantes da 'instrução'; de sorte que o que resta não seria de qualquer utilidade ao público. Mas a informação que eu vos puder dar com toda honra está a vosso serviço, para que dela façais uso na ocasião necessária.

"O noviciado, em meu caso, foi, por uma *graça especial*, realizado em um mês, durante o qual fui seguido de perto por um sacerdote, que me serviu como cozinheiro, guia, intérprete e mordomo, a fim de poder certificar-se de fato de minha estrita obediência às regras da dieta, às abluções e a outros assuntos. Ele foi também o meu instrutor no texto do ritual, que ele me recitava de tempos em tempos para praticar, em diálogos ou cantos, de acordo com o caso. Toda vez que estávamos nas proximidades de uma aldeia drusa, nas quintas-feiras, assistíamos aos encontros 'abertos', em que homens e mulheres se reúnem para instruir-se e adorar, e expor ao mundo em geral suas práticas religiosas. Eu jamais estivera presente a um encontro 'fechado' de sexta-feira antes de minha iniciação, e não acredito que nenhum homem ou mulher também o tenha feito, exceto por conluio com um sacerdote, e isso não é provável, pois um falso sacerdote está sujeito à morte. Os galhofeiros às vezes 'embrulham' um 'curioso' por demais crédulo por meio de uma iniciação simulada, especialmente se há razões para acreditar que ele tem alguma relação com os missionários de Beirute ou de outra parte.

"Os iniciados incluem homens e mulheres, e as cerimônias são de natureza tão peculiar que ambos os sexos são requeridos para assistir ao ritual e à 'obra'. A 'mobília' da 'sala de preces' e da 'câmara de visões' é simples, e, salvo pelo conforto, pode consistir de apenas uma faixa de tapete. No 'Salão Cinza' (o local nunca é denominado, e é subterrâneo, *não muito longe* de Bayt-ed-Deen), há algumas ricas decorações e peças valiosas de antiga mobília, obras de ourives árabes de há cinco ou seis séculos, inscritas e datadas. O dia da iniciação é um dia de jejum absoluto desde o nascer do Sol no inverno, ou seis horas no verão, e a cerimônia é do início ao fim uma série de julgamentos e tentações, que visam testar a fortaleza do candidato sob pressão física e mental. É raro alguém, exceto os jovens (de ambos os sexos), 'conquistar' todos os 'prêmios', pois *a natureza às vezes fala mais alto*, a despeito da vontade mais firme, e o neófito falha ao tentar passar por algum teste. Em tal caso, a prova é adiada pelo menos por um outro ano, quando outro julgamento tem lugar.

"Entre os testes de autocontrole do neófito estão os seguintes: belas peças de carne cozida, sopas saborosas e outros pratos apetitosos, com sorvete, café, vinho e água, são colocados, como que por acidente, em seu caminho, e ele é deixado a sós por algum tempo com as tentações. Para uma alma faminta e abatida, a prova é severa. Mas uma provação mais difícil é aquela em que sete sacerdotisas se retiram, exceto uma, a mais jovem e bonita, e a porta é fechada e trancada por fora, após uma advertência ao candidato de que ele será deixado às suas 'reflexões', durante meia hora. Fatigado pela longa e interminável cerimônia, enfraquecido pela fome, sedento, e com a doce reação que se segue à tremenda força para subjugar sua natureza animal, esse momento de privação e de tentações é muito perigoso. A bela e jovem vestal, aproximando-se timidamente e com olhares que emprestam uma dupla sedução magnética às suas palavras, pede-lhe em voz baixa para 'protegê-la'. Ai dele se o faz! Cem olhos o observam de orifícios secretos, e o momento oportuno e a aparência de segredo só existem no espírito do neófito ignorante.

"Não há infidelidade, idolatria ou qualquer outra ação realmente má no sistema. Eles têm as relíquias do que foi outrora uma grande forma de culto da Natureza, que por causa do despotismo se contraiu numa ordem secreta, oculta da luz do dia, e exposta apenas à chama fumarenta de umas poucas lâmpadas, nalguma caverna úmida ou capela subterrânea. Os principais dogmas de seus ensinamentos religiosos estão compreendidos em sete 'tábuas', que são essas, condensadas em termos gerais:

"1. A unidade de Deus, ou a infinita unicidade da Divindade.
"2. A excelência essencial da verdade.
"3. A lei da tolerância para com as opiniões de todos os homens e mulheres.
"4. Respeito para todos os homens e mulheres quanto ao caráter e à conduta.
"5. Total submissão aos decretos de Deus e ao fado.
"6. Castidade do corpo, da mente e da alma.

"7. Ajuda mútua em todas as circunstâncias.

"Esses dogmas não estão impressos ou escritos. Há outros, impressos ou escritos para confundir os importunos, mas eles não nos dizem respeito.

"Os principais resultados da iniciação parecem ser de uma espécie de ilusão ou sonambulismo mental, no qual o neófito vê, ou pensa ver, as imagens de pessoas que ele sabe estarem ausentes, e, nalguns casos, milhares de milhas distantes. Eu pensei (ou talvez foi obra de minha mente) que vi amigos e parentes que eu sabia estarem na época no Estado de Nova York, ao passo que eu estava no Líbano. Como esses efeitos foram produzidos, não posso dizer. Eles surgiram num quarto escuro, quando o 'guia' estava falando, a 'companhia' cantando no 'quarto', perto do fim do dia, quando eu estava extenuado de jejuar, de caminhar, de falar, cantar, de me vestir e despir, e com grande estafa mental por resistir a certas manifestações físicas que resultam dos apetites quando eles superam a vontade, e de prestar cerrada atenção às cenas passadas, esperando lembrar delas – de modo que eu posso ter ficado incapaz de julgar qualquer fenômeno novo e surpreendente, e mais especialmente daquelas aparições aparentemente mágicas que sempre despertaram minha suspeita e incredulidade. Conheço os vários usos da lanterna mágica, e outros aparelhos, e tive o cuidado de examinar a sala em que as 'visões' me aparecerem no mesmo dia à tarde, no dia seguinte, e várias vezes depois, e eu sabia que, em meu caso, não se havia feito uso de qualquer maquinaria ou de outros meios além da voz do 'guia e instrutor'. Em várias ocasiões depois, quando estava eu a grande distância do 'quarto', as mesmas visões, ou outras similares, se produziram, como, por exemplo, no Hotel Hornstein, em Jerusalém. Uma nora de um conhecido mercador judeu de Jerusalém é uma 'irmã' iniciada e pode produzir as visões à vontade para todo aquele que deseja viver estritamente de acordo com as regras da Ordem durante algumas semanas, mais ou menos, de acordo com a sua natureza grosseira ou refinada, etc.

"Não hesito em afirmar que a iniciação é tão peculiar que não seria possível imprimi-la a fim de instruir quem não tivesse 'trabalhado' através do 'quarto'. Seria ainda mais impossível descrevê-la do que a iniciação dos Franco-maçons. Os segredos reais são demonstrados, não falados, e requerem diversas pessoas iniciadas para assistir ao trabalho.

"Não é necessário dizer quantas noções desse povo parecem perpetuar certas crenças dos gregos antigos – como, por exemplo, a idéia de que um homem tem duas almas, e muitas outras – pois vós vos familiarizastes provavelmente com elas em vossa passagem pelo 'quarto superior' e pelo 'inferior'. Se estou enganado em supor-vos uma 'iniciada', perdoai-me. Sei que os amigos íntimos amiúde ocultam esse 'segredo sagrado' uns dos outros; e mesmo marido e mulher podem viver juntos – como era o caso de uma família em Dayr-el-Kamar, conforme fui informado – por vinte anos e não obstante nada saberem da iniciação do outro. Mas, indubitavelmente, tendes boas razões para guardar o segredo.

"Vosso devotado,
"A. L. RAWSON."

Antes de encerrar o assunto, poderíamos acrescentar que se um estrangeiro pede para ser admitido a uma reunião de "Quinta-Feira", seu pedido jamais é recusado. Apenas, se é um cristão, o '*uqqâl* abrirá uma *Bíblia* e a lerá para ele; sendo um muçulmano, ouvirá uns poucos capítulos do *Corão*, e a cerimônia terminará assim. Eles esperarão que o estrangeiro parta, e então, fechando com cuidado as portas de seu convento, vão ao encontro de seus próprios ritos e livros, passando, com esse propósito, para os seus santuários subterrâneos[73]. "Os drusos constituem, ainda mais do que os judeus, um povo peculiar", diz o Cel. Churchill, um dos poucos autores de boa-fé e estritamente imparcial. "Casam-se com os da própria raça; raramente, ou jamais são convertidos; aferram-se tenazmente, e confundem todos os esforços para descobrir-lhes os acalentados segredos (. . .) A má fama do califa que eles pretendem seja o seu fundador, é totalmente compensada pelas vidas puras de muitos a quem eles honram como santos, e pelo heroísmo de seus líderes feudais."

E no entanto pode-se dizer que os drusos pertencem a uma das sociedades secretas menos esotéricas. Há outras muito mais poderosas e sábias, de cuja existência nem mesmo se suspeita na Europa. Há muitos ramos que pertencem à grande "Loja Mãe", que, misturadas a certas comunidades, podem ser chamadas de seitas secretas no interior de outras seitas. Uma delas é a seita comumente conhecida como a do *Laṅghana-Śâstra*. Conta com vários milhares de adeptos espalhados em pequenos grupos pelo sul do

Decão, na Índia. Na superstição popular, essa seita inspira muito medo, devido à sua grande reputação de envolvimento com a Magia e a feitiçaria. Os brâmanes acusam seus membros de ateísmo e sacrilégio, pois nenhum deles consente em reconhecer a autoridade, seja dos *vedas* ou de *Manu*, exceto no que se refere às versões que estão em sua posse, e que eles afirmam ser os únicos textos originais; o *Laṅghana-Śâstra* não tem nem templos, nem sacerdotes, mas duas vezes aos mês todo membro da comunidade tem que se ausentar do lar por três dias. Os boatos populares, originados entre as suas mulheres, atribuem tais ausências às peregrinações efetuadas aos seus locais de retiro quinzenal. Em alguns defesos locais montanhosos, desconhecidos e inacessíveis a outras seitas, ocultos dos olhares, graças à luxuriante vegetação da Índia, eles têm os seus bangalôs, que se assemelham a pequenas fortalezas, circundadas como são por muros altos e maciços. Estes, por sua vez, são cercados pelas árvores sagradas conhecidas como *aśvatha*, e, em tamil, *araśa-maram*. Tais são os "bosques sagrados", origem dos do Egito e da Grécia, cujos iniciados também constroem seus templos em tais "bosques" inacessíveis aos profanos[74].

Será interessante ouvir o que o Sr. John Yarker Jr. tem a dizer sobre algumas modernas sociedades secretas orientais. "A semelhança mais estreita com os mistérios bramânicos encontra-se provavelmente nos antiqüíssimos 'Caminhos' dos dervixes, que são comumente governados por doze oficiais, com a 'Corte' mais antiga supervisionando as outras por direito de antiguidade. Aqui o Mestre da 'Corte' chama-se '*Sheik*', e tem seus deputados, 'Califas', ou sucessores, *que podem ser muito numerosos* (como por exemplo no grau honorário de um Mestre Maçom). A ordem divide-se em pelo menos quatro colunas, pilares ou graus. O primeiro passo é o de 'Humanidade', que supõe a observação da lei escrita, e a 'aniquilação no *Sheik*'. O segundo é o do 'Caminho', no qual o 'Murid' ou discípulo alcança poderes espirituais e a 'auto-aniquilação no Peer', o fundador do 'Caminho'. O terceiro estágio chama-se 'Conhecimento', e supõe que o '*Murid*' se tenha tornado um inspirado, e recebe a denominação de 'aniquilação no Profeta'. O quarto estágio o conduz ao próprio Deus, e ele se torna uma parte da Divindade e A vê em todas as coisas. O primeiro e o segundo estágios receberam subdivisões modernas, como 'Integridade', 'Virtude', 'Temperança', 'Benevolência'. Depois disso, o *Sheik* lhe confere o grau de 'Califa', ou Mestre Honorário, pois em sua linguagem mística, 'o homem deve morrer para que nasça o santo'. Ver-se-á que esse tipo de misticismo é aplicável a Cristo como fundador de um 'Caminho'."

A isto acrescenta o autor o que segue, a propósito dos dervixes Baktâshî, que "amiúde iniciaram os janízaros. Sua cerimônia é a seguinte, e eles portam *um pequeno cubo de mármore manchado de sangue*. Exige-se previamente um ano de provas, durante as quais se dão falsos segredos para testar o candidato: ele tem dois padrinhos e *tiram-lhe todos os metais e até mesmo as vestes*; faz-se então uma corda com a lã de um carneiro, a qual lhe cinge o pescoço e os rins; ele é levado ao centro de uma sala quadrada, apresentado como um escravo, e sentado sobre uma grande pedra com doze salmeiras; seus braços são cruzados sobre o peito, o corpo inclinado para a frente, os dedos do pé direito estendidos acima do pé esquerdo; após várias orações, ele é colocado numa posição particular com sua mão no modo peculiar de um Sheik, e repete um verso do *Corão*: 'Aqueles que, dando-vos a mão, juram um voto, vós o jurais a Deus, pois a mão de Deus está sobre a vossa; todo aquele que violar esse juramento o fará por sua conta e risco, e aquele que ficar fiel a Deus receberá uma magnífica recompensa.' Seu sinal consiste em colocar sua mão sob o queixo, talvez em memória de seu voto. Todos utilizam o triângulo duplo. Os brâmanes gravam-lhe os ângulos com sua trindade, e possuem também o sinal maçônico de sofrimento tal como usado na França."[75]

Desde o dia mesmo em que o primeiro místico encontrou os meios de comunicação entre este mundo e os mundos das hostes invisíveis, entre a esfera da matéria e a do puro espírito, concluiu ele que abandonar essa misteriosa ciência à profanação do vulgo seria perdê-la. Abusar dela levaria a Humanidade a uma rápida destruição; seria o mesmo que fornecer bombas explosivas a um grupo de crianças e dar-lhes fósforos. O primeiro adepto iniciou apenas uns poucos selecionados, e guardou o segredo das multidões. Ele reconheceu seu Deus e sentiu que o grande Ser estava consigo. O "Âtman", o Si-Mesmo[76], o poderoso Senhor e Protetor, assim que o homem o conheceu como o *"Eu sou"*, o *"Ego Sum"*, o *"Asmi"*, deu a prova de todo o seu poder àquele que era capaz de reconhecer a *"voz do silêncio"*. Desde os dias do homem primitivo, descritos pelo primeiro poeta védico, até a nossa época moderna, não houve um único filósofo digno desse nome que não tenha conquistado, no santuário silencioso de seu coração, a grande e misteriosa verdade. Se era um iniciado, ele a aprendeu como uma ciência sagrada; se não, como Sócrates, que repetia a si mesmo, assim como a todos os seus colegas, o nobre preceito, "Ó homem, conhece-te a ti mesmo", conseguiu reconhecer seu Deus em si mesmo. "Sois deuses", diz-nos o rei salmita, e vemos que Jesus lembra aos escribas que a expressão "Sois deuses" se dirigia a outros homens mortais, e que ele reclamava para si o mesmo privilégio sem incorrer em qualquer blasfêmia[77]. E, como um eco fiel, Paulo, embora afirmando que somos todos "o templo do Deus vivo"[78], acrescenta cautelosamente que afinal de contas todas essas coisas são apenas para os "sábios", e que não é "lícito" falar delas.

Portanto, devemos aceitar o convite, e anotar simplesmente que mesmo na fraseologia bárbara e torturada do *Codex nazaraeus*, encontramos a mesma idéia. Como uma corrente subterrânea, rápida e clara, ela flui sem misturar sua pureza cristalina com as ondas lodosas e pesadas do dogmatismo. Encontramo-la no *Codex*, assim como nos *Vedas*, no *Avesta*, no *Abhidharma*, tanto nos *Sânkhya-Sûtras* de Kapila como no *Quarto Evangelho*. Não podemos atingir o "Reino dos Céus" sem antes nos unir indissoluvelmente com nossa *Rex Lucis*, o Senhor do Esplendor e da Luz, nosso Deus Imortal. Devemos primeiro conquistar a imortalidade e "tomar o Reino dos Céus pela força", oferecido ao nosso eu material. "O primeiro homem, tirado da terra, é terrestre; o *segundo* homem é o *Senhor do céu* (...) Vede, eu vos dou a conhecer um *mistério*", diz Paulo (*I Coríntios, XV, 47-51*). Na religião de Śâkya-Muni, que os eruditos comentadores se têm comprazido em considerar como puramente *niilista*, a doutrina da imortalidade é definida com muita clareza, não obstante as idéias européias, ou antes, cristãs, sobre o Nirvâna. Nos livros sagrados jainistas de Pattana, o Gautama Buddha moribundo é assim interpelado: "Sobe ao *Nirvi* (Nirvâna) saindo desse corpo decrépito ao qual foste enviado. Sobe à *tua morada anterior*, ó Abençoado Avatâra!" Isto nos parece o próprio oposto do Niilismo. Se Gautama é convidado a retornar à sua "morada anterior", e essa morada é o Nirvâna, então é incontestável que a Filosofia Budista *não* ensina a aniquilação final. Assim como se pretende que Jesus apareceu a seus discípulos após a morte, do mesmo modo acredita-se ainda hoje que Gautama retorna do Nirvâna. E se ele existe aí, tal estado não é um sinônimo de *aniquilação*.

Gautama, assim como todos os outros grandes reformadores, tinha uma doutrina para os seus "eleitos" e outra para as massas, embora o objetivo principal de sua reforma consistisse em iniciar a todos, na medida em que era permissível e prudente fazê-lo, sem distinção de castas ou riquezas, nas grandes verdades até então mantidas em segredo pela egoísta classe bramânica. Gautama Buddha foi o primeiro, na história humana, quem, movido pelo generoso sentimento, reúne toda a Humanidade num único amplexo, convidando o "pobre", o "aleijado" e o "cego" à mesa do festival real, da qual excluiu aqueles que haviam até então se sentado a sós, em orgulhoso isolamento. Foi ele quem, com mão enérgica, abriu pela primeira vez a porta do santuário ao pária, ao decaído e a todos os "aflitos pelos homens" vestidos em ouro e púrpura, porém que eram amiúde mais dignos de piedade do que os proscritos a quem apontavam desdenhosamente o dedo. Tudo isso fez Siddhârtha seis séculos antes de outro reformador, tão nobre quanto bondoso, embora menos favorecido pela sorte, em outra terra. Se ambos, conscientes do grande perigo de fornecer a uma populaça inculta a espada de dois gumes do *conhecimento que dá poder*, deixaram na mais profunda sombra o quadrante mais interno do santuário, quem, familiarizado com a natureza humana, poderá censurá-los por isso? Mas, ao passo que um agiu por prudência, o outro foi forçado a adotar esse meio. Gautama deixou intacta a parte esotérica e mais perigosa do "conhecimento secreto", e viveu até a idade avançada de oitenta anos, com a certeza de ter ensinado as verdades essenciais, e de a elas ter convertido um terço do mundo; Jesus prometeu a seus discípulos o conhecimento que confere ao homem o poder de *produzir milagres ainda maiores do que aqueles que ele fizera*, e morreu, deixando apenas uns poucos homens fiéis, a meio caminho do conhecimento, para lutarem com o mundo ao qual não podiam comunicar senão o que eles próprios conheciam pela metade. Mais tarde, seus seguidores desfiguraram a verdade ainda mais do que eles próprios o haviam feito.

Não é verdade que Gautama nunca ensinou qualquer coisa a propósito da vida futura, ou que ele negou a imortalidade da alma. Perguntai a qualquer budista inteligente quais são suas idéias sobre o Nirvâna, e ele expressar-se-á como o fez o conhecido Wong Ching Foo, o orador chinês, agora em viagem a este país, numa recente conversa conosco sobre o *Niepang* (Nirvâna). "Esse estado", observou ele, "segundo todos entendemos, significa uma reunião final com Deus, que coincide com a perfeição do espírito humano por sua libertação final da matéria. É exatamente o contrário da aniquilação pessoal".

O Nirvâna significa a certeza da imortalidade pessoal no *Espírito*, não na *Alma*, que, como uma emanação finita, deve certamente desintegrar suas partículas – um composto de sensações humanas, paixões e anseios por alguma espécie objetiva de existência – antes que o espírito imortal do *Ego* esteja completamente livre, e por conseguinte certo de não mais sofrer qualquer forma de transmigração. E como pode o homem atingir esse estado, enquanto o *Upâdâna*, esse estado de anseio pela *vida* e mais vida, não desaparecer do ser senciente, do *Ahamkara* vestido, contudo, com um corpo sublimado? É o "Upâdâna", o intenso desejo, que produz a VONTADE, e é a *vontade* que desenvolve a *força*, e esta gera a *matéria*, ou qualquer objeto provido de forma. Assim, o *Ego* desencarnado, movido por esse desejo imortal que nele reside, fornece inconscientemente as condições de suas sucessivas autoprocriações em várias formas, que dependem de seu estado mental e de seu *karma*, as boas e más ações de sua existência anterior, comumente chamadas de "mérito e demérito". Eis por que o "Mestre" recomendava a seus mendicantes o cultivo dos quatro graus de Dhyâna, o nobre "Caminho das Quatro Verdades", *i.e.*, essa aquisição gradual da indiferença em face da vida ou da morte; esse estado de autocontemplação espiritual durante a qual o homem perde completamente de vista sua dupla individualidade física, composta de corpo e alma, e unindo-se com seu terceiro eu imortal e superior, o *homem real e celeste*, mergulha, por assim dizer, na Essência divina, donde o seu próprio espírito procede como uma centelha oriunda de uma chama comum. Assim, o Arhat, o santo mendicante, pode alcançar o Nirvâna quando ainda está na Terra; e seu espírito, totalmente liberto dos entraves da "sabedoria psíquica terrestre e *demoníaca*", como a designa São Tiago, e sendo por natureza onisciente e onipotente, pode sobre a Terra, por meio simplesmente de seu *pensamento*, produzir os maiores fenômenos.

"Foram os missionários na China e na Índia que difundiram essa mentira a respeito de Niepang, ou Niepana (Nirvâna)", diz Wong Ching Foo. Quem pode negar a veracidade dessa acusação após a leitura das obras do Abade Dubois, por exemplo? Um missionário que passa quarenta anos de sua vida na Índia, e então escreve que "os budistas não admitem nenhum Deus a não ser o corpo do homem, e não têm nenhum objetivo a não ser a satisfação de seus sentidos", expressando uma inverdade que pode ser provada com base no testemunho das leis dos talapoins do Sião e de Burma; leis que prevalecem até hoje e que condenam um *sahân*, ou *punghi* (um erudito; do sânscrito *pundit*), tanto quanto um simples talapoin, à morte por decapitação pelo crime da impudência. Nenhum estrangeiro pode ser admitido aos seus *kyums*, ou *vihâras* (mosteiros); e no entanto há autores franceses, aliás imparciais e leais, que, falando da grande severidade das regras a que estão sujeitos os monges budistas nessas comunidades, e sem possuir um único fato para corroborar seu ceticismo, afirmam rudemente que "não obstante os louvores que certos viajantes lhes endereçam [aos talapoins], meramente por virtude das *aparências*, não acreditam absolutamente em sua castidade"[79].

Felizmente para os talapoins, lamas, sahâns, upasampadâs[80], e mesmo sâmanêras[81] budistas, eles têm seus próprios relatos e fatos populares, que são mais sólidos do que as opiniões pessoais de um francês, nascido em terras católicas, a quem dificilmente poderíamos acusar de ter perdido toda a fé na virtude clerical. Quando um monge budista incorre no crime da conversão (o que não acontece senão uma vez a cada século, talvez), ele não tem nem uma congregação de membros compassivos, dos quais possa arrancar lágrimas por uma eloqüente confissão de sua culpa, nem um Jesus, sobre cujo regaço se vertem todas as impurezas da raça, como numa lixeira cristã comum. Nenhum budista transgressor pode confortar-se com as visões de um Vaticano, dentro de cujas pecaminosas paredes o negro se transforma em branco, os assassinos em santos imaculados, e o penitente pode comprar, a preço de ouro ou prata, nos confessionários, a absolvição de ofensas maiores ou menores contra Deus e os homens.

Exceto uns poucos arqueólogos imparciais que reconhecem um claro elemento budista no gnosticismo, assim como em todas as seitas efêmeras, pouco conhecimento temos de autores que, escrevendo sobre o Cristianismo primitivo, conferiram ao assunto a sua devida importância. Não temos fatos suficientes para, pelo menos, sugerir algum interesse nessa direção? Não aprendemos que já nos dias de Platão havia "brâmanes" – leia-se missionários budistas, samaneus, samâs ou shamans – na Grécia, e que num dado momento eles invadiram o país? Não mostra Plínio que eles se estabeleceram nas costas do Mar Morto, por "milhares de anos"? Fazendo o devido desconto ao exagero, restam-nos ainda vários séculos antes de nossa era como margem. E não é possível que sua influência tenha deixado marcas mais profundas em todas essas seitas do que geralmente se acredita? Sabemos que a seita jainista afirma derivar o Budismo de seus dogmas – esse Budismo que existia antes de Siddhârtha, mais conhecido como Gautama

Buddha. Os brâmanes hindus, a quem os orientalistas europeus negam o direito de conhecer qualquer coisa a respeito de seu próprio país, ou de entender sua linguagem e seus registros melhor do que aqueles que nunca estiveram na Índia, com base no mesmo princípio pelo qual os judeus são proibidos, pelos teólogos cristãos, de interpretar suas próprias Escrituras –, os brâmanes, dizíamos, têm registros autênticos. E estes mostram que a encarnação do regaço da Virgem Avany do primeiro Buddha – *luz divina* – teve lugar alguns milhares de anos antes de Cristo, na ilha do Ceilão. Os brâmanes rejeitam a afirmação de que ele foi um dos avatâra de Vishnu, mas admitem o surgimento de um reformador do Bramanismo nessa época. A história da Virgem Avany e de seu filho divino, Śâkyamuni, está registrada em um dos livros sagrados dos budistas singaleses – o *Culla-Niddesa*; e a cronologia bramânica fixa a grande revolução budista e a guerra religiosa, e o desenvolvimento subseqüente do Śâkya-muni no Tibete, na China, no Japão e em outros lugares, no ano 4.620 a.C.[82][*]

É claro que Gautama Buddha, o filho do Rei de Kapila-vastu, e o descendente do primeiro Śâkya, através de seu pai, que era da casta guerreira, Kshatriya, não inventou sua filosofia. Filantrópico por natureza, suas idéias foram desenvolvidas e amadurecidas quando ele ainda estava sob a tutela de Tîrthamkara, o famoso guru da seita jainista. Esta afirma que o Budismo atual era um ramo divergente de sua própria filosofia, e que ela é a única a congregar os poucos seguidores do primeiro Buddha, a quem se permitiu ficar na Índia, após a expulsão de todos os outros budistas, provavelmente porque haviam assumido algum compromisso, abraçando certas noções bramânicas. É curioso, para dizer o mínimo, que três religiões dissidentes e inimigas, como Bramanismo, Budismo e Jainismo, concordem tão perfeitamente em suas tradições e cronologias quanto ao Budismo, e que nossos cientistas dêem ouvidos apenas às suas próprias injustificadas especulações e hipóteses. Se o nascimento de Gautama pode, com alguma razão, ser fixado por volta do ano 600 a.C., então os Buddhas precedentes devem ter algum lugar na cronologia. Os Buddhas não são deuses, mas simplesmente indivíduos protegidos pelo espírito de *Buddha* – o raio divino. Ou será que é porque, incapazes de sair da dificuldade pela ajuda apenas de suas próprias pesquisas, nossos orientalistas preferem suprimir e negar o todo, a atribuir aos hindus o direito de conhecer algo sobre sua própria religião e história? Estranha maneira de descobrir a verdade!

O argumento comum aduzido contra a pretensão jainista, no tocante a ser a fonte da restauração do antigo Budismo, de que o dogma principal desta última religião é oposto à crença dos jainistas, não resiste à análise. Os budistas, dizem nossos orientalistas, negam a existência de um Ser Supremo; os jainistas admitem um, mas protestam contra a afirmação de que "Ele" pode interferir no governo do universo. Mostramos, no capítulo anterior, que os budistas não negam em absoluto tal coisa. Mas se algum erudito desinteressado pudesse estudar cuidadosamente a literatura jainista, nos milhares de livros preservados – ou deveríamos dizer ocultos – em Râjputâna, Jaisalmer, em Pattan e outros lugares[83]; e especialmente se ele pudesse apenas ter acesso aos mais velhos de seus volumes sagrados, descobriria uma perfeita identidade de pensamento filosófico, se não de ritos populares, entre os jainistas e os budistas. O *Âdi-Buddha* e o *Âdinâtha*

---

*   Essa data deve ter tido um significado especial para Jacolliot, de quem H. P. B. a copiou. Mas ela não coincide com nenhum fato estabelecido historicamente relativo à origem e à difusão do Budismo. (N. do Org.)

(ou *Âdiśvara*) são idênticos em essência e propósito. Mas, se seguimos os traços dos jainistas, com seus reclamos quanto à possessão dos templos-cavernas mais antigos, e seus registros de uma antiguidade quase incrível, dificilmente poderemos vê-los sob uma luz diferente daquela em que eles próprios se vêem. Devemos admitir com toda certeza que eles são os únicos verdadeiros descendentes dos primitivos proprietários da Índia antiga, desapossados por aquelas misteriosas hordas conquistadoras de brâmanes de pele clara que vemos, na aurora da história, surgir como os primeiros pioneiros nos vales do Jumnâ e do Ganges. Os livros dos *Śravakas* – os únicos descendentes dos Arhats, os jainistas primitivos, os eremitas nus das florestas de outrora, poderiam lançar alguma luz talvez sobre muitas questões enigmáticas. Mas terão os nossos eruditos europeus, na medida em que seguem à sua própria política, tido jamais acesso aos volumes *corretos*? Temos nossas dúvidas a esse respeito. Perguntai a qualquer hindu digno de fé como os missionários trataram os manuscritos que por má sorte caíram em suas mãos, e julgai então se podemos censurar os nativos por tentarem salvar da profanação os "deuses de seus pais".

Para manter o terreno conquistado, Irineu e sua escola tiveram que lutar arduamente com os gnósticos. Tal foi também a sorte de Eusébio, que se viu desesperançadamente perplexo para saber como se livrar dos essênios. Os modos e costumes de Jesus e de seus apóstolos exibiam uma semelhança estreita demais com essa seita para que isso passasse despercebido. Eusébio tentou fazer as pessoas acreditarem que os essênios foram os primeiros cristãos. Seus esforços foram frustrados por Fílon, o Judeu, que escreveu seu registro histórico dos essênios e os descreveu com grande cuidado, muito tempo antes que tivesse surgido um único cristão na Palestina. Mas, se não havia *cristãos*, havia *crestãos* muito antes da era cristã; e os essênios pertenciam a essa última seita, assim como a todas as outras fraternidades iniciadas, sem mesmo se fazer alusão aos Krishna-ítas da Índia. Lepsius mostra que a palavra *Nofer* significa *Chrêstos*, "bom", e que um dos títulos de Osíris, "Onofre" *Un-nefer*, deve ser traduzido por "a bondade de Deus tornada manifesta"[84]. "O culto de Cristo não era universal nessa data", explica MacKenzie, "e por isso entendo que a cristolatria ainda não havia sido introduzida; mas o culto de *Chrêstos* – o Princípio do Bem – o precedeu em vários séculos, e mesmo sobreviveu à adoção geral do Cristianismo, como se pode observar nos monumentos ainda existentes (. . .) Ademais, temos uma inscrição pré-cristã sobre uma tábua de epitáfio (Spon, *Miscell. erud. antiq.*, X, XVII, 2), Ὑάκινθε Λαρισαίων Δημόσιε, Ἥρως Χρηστέ, Χαῖρε, e de Rossi (*Roma Sotterranea*, tomo I, fig. XXI) dá-nos outro exemplo oriundo das catacumbas – "Aelia Chrêste in Pace"[85]. E *Kris*, como mostra Jacolliot, significa, em sânscrito, "sagrado"[86].

Os meritórios estratagemas do fidedigno Eusébio[87] revelaram assim ser trabalho perdido. Seus artifícios foram triunfalmente detectados por Basnage[88], que, diz Gibbon, "examinou com extremo cuidado crítico o curioso tratado de Fílon[89], que descreve os Therapeutae", e descobriu que "provando que ele havia sido escrito já no tempo de Augusto, [ele] demonstrou, a despeito de Eusébio e de uma massa de católicos modernos, que os Therapeutae não eram nem cristãos, nem monges"[90].

Em suma, os gnósticos *cristãos* surgiram por volta do início do século II, e justamente na época em que os essênios desapareceram misteriosamente, o que indica que eles eram os essênios, e, ademais, *crististas* puros, isto é, acreditavam no que um de seus próprios irmãos havia pregado, e o compreenderam melhor do que ninguém. Insistir em que a letra Iota, mencionada por Jesus em *Mateus* (V, 18), indicava uma doutrina secreta relativa aos dez Aeôns, basta para demonstrar a um cabalista que Jesus pertencia à Franco-maçonaria daqueles dias; pois "I", que é o Iota em grego, tem outros nomes em outras línguas; e é, como o era entre os gnósticos daqueles dias, uma senha, que significa o CETRO do Pai, nas fraternidades orientais que existem ainda hoje.

Mas nos primeiros séculos, esses fatos, mesmo se conhecidos, foram propositadamente ignorados, e não apenas negados à opinião pública na medida do possível, mas veementemente negados sempre que o assunto vinha à baila. As denúncias dos padres tornaram-se mais amargas na proporção da verdade que procuravam refutar.

"Deduz-se daí" – escreve Irineu, queixando-se dos gnósticos – "que eles não aceitam nem as Escrituras, nem a tradição"[91]. Devemos, portanto, nos espantar, quando mesmo os comentadores do século XIX, tendo apenas uns poucos fragmentos dos manuscritos gnósticos para comparar com os volumosos escritos de seus caluniadores, foram capazes de detectar a fraude em quase todas as páginas? Quanto mais os gnósticos polidos e eruditos, com todas as suas vantagens da observação pessoal e do conhecimento dos fatos, compreenderam o estupendo esquema de fraude que estava sendo consumado diante de seus próprios olhos! Por que acusariam eles a Celso por afirmar que sua religião se baseava por completo nas especulações de Platão, com a diferença de que as doutrinas deste eram muito mais puras e racionais do que as deles, quando vemos Sprengel, dezessete séculos depois, escrevendo o seguinte? – "Não apenas pensavam eles [os cristãos] descobrir os dogmas de Platão nos livros de Moisés, mas, além disso, pensavam que, introduzindo o platonismo no Cristianismo, *elevariam a dignidade dessa religião e a tornariam mais popular entre os pagãos.*"[92]

Eles o introduziram tão bem que não apenas a Filosofia Platônica foi selecionada como uma base para a trindade, mas mesmo as lendas e as histórias míticas correntes entre os admiradores do grande filósofo – homenagem tradicional a todo herói digno de deificação – foram restauradas e utilizadas pelos cristãos. Sem ir para além da Índia, não tinham eles um modelo pronto para a "concepção miraculosa", na lenda de Perictionê, a mãe de Platão?[93] A esse respeito, afirmava também a tradição popular que ela o havia concebido imaculadamente, e que o deus Apolo era seu pai. Mesmo a anunciação por um anjo a José "num sonho", os cristãos a copiaram da mensagem de Apolo a Ariston, esposo de Perictionê, de que a criança a nascer dela era filho desse deus. Assim também, afirma-se que Rômulo era filho de Marte e da virgem Réa Sílvia.

Afirmam em geral a maioria dos simbologistas que os ofitas eram acusados de praticar ritos licenciosos durante seus encontros religiosos. A mesma acusação era feita contra os maniqueus, os carpocratas, os paulicienses, os albigenses – em suma, contra toda a seita gnóstica que cometia a ousadia de reclamar o direito de pensar por si mesma. Em nossos dias, as 160 seitas americanas e as 125 seitas inglesas não são com tanta freqüência perturbadas por tais acusações; os tempos mudaram, e mesmo o outrora todo-poderoso clero tem de refrear sua língua ou provar suas caluniosas acusações.

Percorremos cuidadosamente as obras de autores como R. Payne Knight, C. W. King, e Olshausen, que tratam de nosso tema; consultamos os pesados volumes de Irineu, Tertuliano, Sozomen, Theodoret; e em nenhum deles, a não ser nos de Epifânio, encontramos qualquer acusação baseada na evidência direta de uma testemunha. "Dizem", "*Alguém* diz", "Ouvimos" – tais são os termos gerais e indefinidos utilizados pelos acusadores patrísticos. Somente Epifânio, cujas obras são citadas em cada um desses casos, parece que se compraz em relatar esses dados. Não temos a intenção de tomar a defesa das seitas que inundaram a Europa no século XI, e que trouxeram à luz os credos mais espantosos; limitamos nossa defesa apenas às seitas cristãs cujas teorias foram com freqüência agrupadas sob o nome genérico de *Gnosticismo*. São elas aquelas que surgiram imediatamente após a pretensa crucificação e duraram até o seu extermínio sob a rigorosa execução da lei constantina. Sua grande culpa foram suas concepções sincretistas, pois em nenhum outro período da história do mundo teve a verdade uma chance mais pobre de triunfo do que nesses dias de fraude, mentira e falsificação deliberada dos fatos.

Mas antes de sermos forçados a acreditar nas acusações, não nos será permitido investigar os caracteres históricos de seus acusadores? Comecemos por perguntar sobre qual terreno firmou a Igreja de Roma a sua pretensão quanto à supremacia de suas doutrinas sobre as dos gnósticos. A sucessão apostólica, sem dúvida. A sucessão instituída tradicionalmente pelo Apóstolo Pedro. Mas, e se isso não passasse de uma ficção? Sem dúvida, todo o edifício sustentado por esse pilar imaginário rebentaria de modo violento. E quando investigamos com cuidado, descobrimos que devemos nos contentar *simplesmente* com a palavra de Irineu – de Irineu, que não forneceu uma única prova válida da afirmação que ele tão audaciosamente avançou, e cuja existência se deve a fraudes infinitas. Ele não dá a autoridade, nem para as suas datas, nem para as suas asserções. Esse digno smirnista não tem nem mesmo a fé brutal, mas, sincera, de Tertuliano, pois ele se contradiz a cada passo, e não corrobora suas afirmações senão com base em sutis sofismas. Embora fosse um homem de inteligência inegavelmente aguda, e de grande erudição, ele não teme, em algumas de suas afirmações e argumentos, passar por idiota aos olhos da posteridade, na medida em que isso lhe permite "dominar a situação". Atacado e acuado a cada passo por seus não menos agudos e eruditos inimigos, os gnósticos, ele se defende corajosamente atrás da fé cega, e, em resposta à lógica sem piedade desse últimos, incorre em tradições imaginárias inventadas por ele mesmo[94]. Assinala Reber muito a propósito: "Lendo sua deturpação das palavras e das frases, poderíamos concluir que ele era um lunático, se não soubéssemos que ele foi algo mais"[95].

Esse "santo padre" mente de tal modo em tantas circunstâncias, que é até contraditado por Eusébio, mais cauteloso, se não mais verídico do que ele. Ele foi levado a essa necessidade em face da incontestável evidência. Assim, por exemplo, Irineu afirma que Papias, Bispo de Hierápolis, foi discípulo direto de São João[96]; e Eusébio é compelido a mostrar que Papias jamais pretendeu tal coisa, mas simplesmente afirmou que havia recebido sua *doutrina daqueles que haviam conhecido João*[97].

Num ponto, os gnósticos levaram a melhor sobre Irineu. Eles o levaram, simplesmente por medo da falta de lógica, ao reconhecimento de sua doutrina cabalística da expiação; incapaz de compreender-lhe o sentido alegórico, Irineu apresentou, com o dogma cristão do "pecado original *versus* Adão", tal como o encontramos hoje, uma doutrina que encheria de piedoso horror a Pedro, se este ainda vivesse.

O paladino seguinte da propagação da Sucessão Apostólica é o próprio Eusébio. Será a palavra desse padre armênio mais confiável do que a de Irineu? Vejamos o que os críticos mais capazes dizem a seu respeito. E antes de nos voltarmos aos críticos modernos, deveríamos lembrar ao leitor os termos injuriosos com os quais Jorge Syncellus, o Vice-Patriarca de Constantinopla (século VIII) ataca Eusébio por sua audaciosa falsificação da cronologia egípcia. A opinião de Sócrates, um historiador do século V, não é mais lisonjeira. Ele acusa destemidamente a Eusébio de perverter os dados históricos, no intuito de agradar ao Imperador Constantino[98]. Em sua obra cronográfica, antes de falsificar *ele próprio* as tabelas sincrônicas, a fim de dar à cronologia das Escrituras uma aparência mais plausível, Syncellus cobre Eusébio com os epítetos monacais mais grosseiros. *O Barão Bunsen reconheceu a justeza, senão a polidez, dessa abusiva reprimenda*. Suas pacientes pesquisas para retificar a *Lista Cronológica Egípcia*, de Manetho, levaram-no a confessar que, em toda a sua obra, o Bispo de Cesaréia, "visou mutilar a história, com um espírito arbitrário e muito inescrupuloso". "Eusébio", diz ele, "é o criador dessa teoria sistemática de sincronismo que com tanta freqüência deturpou e mutilou a história em seu leito de Procusto"[99]. A isso acrescenta o autor da *History of the Intellectual Development of Europe*: "Entre aqueles que mais foram culpados dessa ofensa, o nome do célebre Eusébio, o Bispo de Cesaréia (. . .) deve figurar"![100]

Não será inoportuno lembrar ao leitor de que é a esse mesmo Eusébio que se acusa de ter interpolado o famoso parágrafo concernente a Jesus, que foi miraculosamente descoberto, em seu tempo, nos escritos de Josefo[101], tendo permanecido a sentença em questão em total desconhecimento até então. Renan, em sua *Vida de Jesus*, expressa uma opinião contrária. "Acredito" – diz ele – "que a passagem relativa a Jesus é autêntica. *Ela tem perfeitamente o estilo de Josefo*; e, *se* esse historiador fez menção a Jesus, é *então* porque ele teve de falar deste."[Introdução.]

Pedindo excusas a esse eminente erudito, devemos contraditá-lo novamente. Deixando de lado seu cauteloso "*se*", queremos simplesmente mostrar que embora o pequeno parágrafo possa possivelmente ser genuíno, e "perfeitamente no estilo de Josefo", suas diversas digressões são, sem dúvida alguma, falsificações posteriores; e "se" Josefo fez qualquer menção a Cristo, *não* é porque "teve de falar dele". Todo o parágrafo consiste de algumas poucas linhas, e reza o seguinte: "Nesse tempo, vivia Iêsous, um 'HOMEM SÁBIO'[102], se, todavia, *é correto falar dele como de um homem* [ἄνδρα], pois ele realizou obras surpreendentes e foi mestre dos homens que recebem "as verdades" com prazer (. . .) *Esse era o UNGIDO* [!!]. E, acusado pelos homens mais notórios dentre nós, após ter sido condenado à cruz por Pilatos, não cessaram eles de amá-lo, a ele que os amava, pois *ele lhes apareceu vivo no terceiro dia*, tendo os profetas dito essas e muitas outras coisas maravilhosas a seu respeito"[*].

Esse parágrafo (de dezesseis linhas no original) tem duas afirmações inequívocas e uma qualificação. Esta última é expressa na seguinte sentença: "Se é correto falar dele como de um homem". As afirmações inequívocas estão contidas no "Esse é o UNGIDO", e na frase de que Jesus "lhes apareceu vivo *no terceiro dia*". A história mostra-nos Josefo como um judeu ortodoxo, obstinado, teimoso, embora escrevesse para "os pagãos". Cabe observar a falsa posição em que tais sentenças colocariam um autêntico judeu, se ele realmente as tivesse escrito. Os judeus esperavam então o seu "Messias", como ainda hoje. O Messias é o *Ungido*, e *vice-versa*. E Josefo é forçado a admitir que os "primeiros" dentre eles acusaram e crucificaram o *seu Messias*, o Ungido!! Não é preciso fazer qualquer comentário suplementar a essa absurda incongruência[103], mesmo se apoiada por um erudito tão preparado como Renan.

Quanto a esse agitador patrístico que é Tertuliano, de quem des Mousseaux faz a apoteose em companhia de seus outros semideuses, o vêem com olhos bem diferentes

---

* Consultar a edição de *The Loeb Classical Library* de *Jewish Antiquities* de Josefo, livro XVIII, 63-4 (p. 48-51 em *Loeb*), em que, além do texto grego e da tradução inglesa, podem-se encontrar notas valiosas relativas a essa passagem e às opiniões divergentes de vários eruditos em relação à sua autenticidade. (N. do Org.)

Reuss, Baur e Schwegler. A falacidade da afirmação e a inexatidão de Tertuliano, diz o autor de *Supernatural Religion*, são amiúde ostensivas[104]. Reuss caracteriza seu cristianismo como "*âpre, insolent, brutal, ferrailleur*. Carece de unção e de caridade, e às vezes mesmo de *lealdade*, quando se vê diante de uma oposição (. . .) Se no século II, todos os partidos, com exceção de alguns gnósticos, eram intolerantes, Tertuliano era o mais intolerante de todos"![105]

O obra iniciada pelos primeiros padres foi completada pelo bombástico Agostinho. Suas especulações supratranscendentais sobre a Trindade; seu diálogo imaginário com o Pai, o Filho e o Espírito Santo, e as *revelações* e as veladas alusões a seus ex-irmãos, os maniqueus, levaram o mundo a cobrir o gnosticismo de opróbrio, e lançou em profunda sombra a insultada majestade do Deus único, adorado em reverente silêncio por todos os "pagãos".

Eis por que toda a pirâmide de dogmas do Catolicismo romano repousa, não sobre provas, mas sobre suposições. Os gnósticos haviam colocado os padres na parede com muita habilidade, *e a única salvação destes foi recorrer à fraude.* Durante quase quatro séculos, os grandes historiadores quase contemporâneos de Jesus não tiveram a menor notícia seja de sua vida, seja de sua morte. Os cristãos espantam-se com uma omissão tão incompreensível do que a Igreja considera o maior evento da história universal. Eusébio venceu essa batalha. Tais são os homens que caluniaram os gnósticos.

A primeira e a mais importante seita de que ouvimos falar é a dos Nicolaitenses, de quem João, no *Apocalipse*, faz a voz em sua visão dizer que odeia sua doutrina[106]. Esses Nicolaitenses eram os seguidores, contudo, de Nicolau de Antioquia, um dos "sete" escolhidos pelos "doze" para distribuir os fundos comuns aos prosélitos de Jerusalém (*Atos*, II, 44, 45; VI, 1-5), algumas semanas, ou talvez meses, depois da Crucificação[107]; e um homem "de bom nome, *cheio do Espírito Santo e de sabedoria*" (versículo 3). Parece, pois, que o "Espírito Santo e a sabedoria" vindos do alto garantiam tão pouco contra as acusações de "heresia", como se os "eleitos" dos apóstolos jamais os houvessem protegido.

Seria fácil descobrir que espécie de heresia era essa que ofendia, mesmo se não tivéssemos outras fontes de informação mais autênticas, nos escritos cabalísticos. A acusação e a natureza precisa da "abominação" figuram no segundo capítulo do *Apocalipse*, versículo 14, 15. O pecado era simplesmente – o *matrimônio*. João era "virgem"; vários padres atestam o fato com base na autoridade da tradição. Mesmo Paulo, o mais liberal e o mais nobre de todos, encontra dificuldades para reconciliar a posição de um homem casado, com a de um fiel servo de Deus. Há também "uma diferença entre uma esposa e uma virgem". Esta última cuida "das coisas do Senhor", e a outra apenas "de como pode agradar ao esposo"[108]. "Se alguém julga agir de modo inconveniente para com a sua virgem (. . .) que se casem. Mas aquele que, no seu coração tomou firme propósito (. . .) e tem a força de vontade, e assim decidiu (. . .) conservar *sua virgem*, esse procede bem." Portanto, aquele que se casa "age bem" (. . .) mas aquele que não a dá em casamento procede melhor ainda"[109]. "Estás ligado a uma mulher?" pergunta ele. "Não procures mulher. Não estás ligado a uma mulher? Não procures mulher." (27) E assinalando que, de acordo com seu julgamento, ambos serão mais felizes se não se casarem, acrescenta, como grave conclusão: "E julgo que possuo o Espírito de Deus" (40). Muito longe desse espírito de tolerância estão as palavras de João. Segundo sua visão, há "apenas cento e quarenta e quatro mil que foram *resgatados* da terra", "esses são os que não se contaminaram com mulheres: são virgens"[110]. Isso parece conclusivo; pois, exceto Paulo, nenhum desses primitivos *Nazari*, "apartados" e devotados a Deus, parece fazer uma grande diferença entre "pecado" com o relacionamento do matrimônio legal e a "abominação" do adultério.

Com tais opiniões e com tal estreiteza de espírito, é perfeitamente natural que esses fanáticos tenham começado por lançar essa *iniqüidade* como uma mácula à face dos irmãos, prosseguido em suas acusações. Como já mostramos, é apenas Epifânio que dá minuciosos detalhes dos "toques" e outros sinais de reconhecimento entre os gnósticos. Ele havia pertencido outrora a esse grupo, e por conseguinte era fácil para ele fornecer detalhes. Somente nesse ponto podemos acreditar nas afirmações desse digno Bispo. Não é preciso descer na natureza humana para reconhecer que raros são os traidores e renegados que, tendo denunciado seus cúmplices, num momento de perigo não mintam tão sem ressentimentos quanto o foi sua traição. Os homens jamais esquecem ou perdoam aqueles a quem injuriaram. Odiamos nossas vítimas na proporção do mal que fazemos a elas. Essa é uma verdade tão velha quanto o mundo. Por outro lado, é absurdo acreditar que pessoas como os gnósticos – que, de acordo com Gibbon[111], eram os homens mais ricos, mais orgulhosos, mais polidos e mais sábios dentre os que "se chamavam cristãos" – fossem culpados das ações reprováveis e libidinosas com que Epifânio se compraz em acusá-los. Mesmo se eles fossem como esse "grupo de maltrapilhos, quase nus, de rostos ferozes", que Luciano descreve como os seguidores de Paulo[112], hesitaríamos em acreditar em tal infame história. É muito menos provável que homens que eram não apenas platônicos, mas também cristãos, tenham sido culpados de ritos tão absurdos.

R. Payne Knight não parece suspeitar do testemunho de Epifânio. Ele pretende que "se levamos em conta os exageros propositais do ódio religioso, e o conseqüente preconceito popular, a convicção geral de que esses sectários tinham ritos e práticas de um caráter licencioso parece forte demais para ser desconsiderada"[113]. Se ele traça uma honesta linha demarcatória entre os gnósticos dos três primeiros séculos e os das seitas medievais cujas doutrinas "se assemelhavam mais ao moderno comunismo", nada temos a dizer. Mas, pediríamos apenas aos críticos para se lembrarem de que se os templários foram acusados desse "abominável crime" de aplicar o "santo beijo" na base da cauda de Baphomet[114], Santo Agostinho também é suspeito, e com boas razões, por ter permitido a sua comunidade afastar-se da maneira primitiva de administrar o "santo beijo" na festa de Eucaristia. O santo bispo parece preocupado demais com os detalhes da toalete das damas para que seu "beijo" seja de uma natureza estritamente ortodoxa[115]. Onde quer que se esconda um verdadeiro e sincero sentimento religioso, não há aí lugar para detalhes mundanos.

Considerando a extraordinária repulsa exibida desde o início pelos cristãos contra todos os hábitos de higiene, não devemos nos surpreender com a estranha solicitude da parte do santo Bispo para com suas paroquianas, a menos que tenhamos que escusá-lo com base numa remota reminiscência dos ritos maniqueístas!

Seria injusto acusar qualquer autor de nutrir tais suspeitas de imoralidade como as descritas acima, quando os registros de muitos historiadores estão prontos a nos dar auxílio para uma investigação imparcial. Os "heréticos" são acusados de crimes em que a própria Igreja incorreu mais ou menos abertamente desde o início de nosso século. Em 1233, o Papa Gregório IV promulgou duas bulas contra os stedingers "por várias práticas mágicas e *pagãs*"[116], e estes, naturalmente, foram exterminados em nome de Cristo e de sua Sagrada Mãe. Em 1282, um padre da paróquia de Inverkeithing de nome

João realizou ritos no dia de Páscoa muito piores do que os dos "mágicos". Reunindo um grupo de donzelas, ele as forçou a entrar em "êxtase divino" e fúria bacanal, dançando a antiga dança circular das amazonas em torno da imagem de um "deus pagão dos jardins". Não obstante a demanda de alguns paroquianos, graças à qual foi citado diante de seu bispo, ele manteve seu cargo porque provou que *esse era um costume do país*[117]. Os waldenses, esses "protestantes primitivos", foram acusados dos horrores mais anormais. Queimados, trucidados e exterminados por calúnias lançadas contra eles por seus acusadores. Entrementes, estes últimos, em aberto triunfo, formaram suas procissões pagãs de "Corpus Christi", com emblemas modelados com base nos de Baal-Peor e "Osíris", e todas as cidades do sul da França levaram, até o ano de 1825, nas procissões anuais do dia da Páscoa, pães e bolos semelhantes aos conhecidíssimos emblemas dos sivaítas e vishnuítas hindus![118]

Não podendo mais seguir sua antiga tática de caluniar as seitas cristãs, cujas concepções religiosas diferem das suas, é agora a vez de os "pagãos", os hindus, os chineses e japoneses partilharem com as antigas religiões a honra de levarem no rosto as denúncias de "práticas libidinosas".

Sem buscar muito longe as provas de uma imoralidade igual, se não superior, lembraremos aos escritores católicos certos baixo-relevos nas portas da Catedral de São Pedro. Eles são tão desavergonhados quanto a própria porta; mas menos do que a autora que, sabendo de tudo isso, finge ignorar os fatos históricos. Uma longa sucessão de Papas baixou seus olhares pastorais sobre essas imagens de bronze da mais vil obscenidade, através de muitos séculos, sem nem mesmo encontrar a menor necessidade de removê-las. Muito ao contrário; pois poderíamos declinar o nome de certos Papas e Cardeais que gastaram toda uma existência de estudos para copiar essas sugestões pagãs dos "deuses da Natureza", tanto na prática como na teoria.

Na Podólia polonesa, havia, até há alguns anos, numa Igreja católica romana, uma estátua de Cristo de mármore negro. Acreditava-se que ela realizava milagres em certos dias, como, por exemplo, crescer os cabelos e a barba à vista do público, e permitir-se a outras maravilhas *menos* inocentes. Esse espetáculo foi finalmente proibido pelo Governo russo. Quando em 1585 os protestantes tomaram Embrum (Departamento dos Alpes Superiores), encontraram nas igrejas dessa cidade relíquias de tal caráter que, como o afirma a Crônica, "os velhos soldados huguenotes ruborizavam, várias semanas depois, à simples menção da descoberta". Num dos cantos da Igreja de São Fiacre, perto de Monceaux, na França, havia – e ainda há, se não nos enganamos – um trono que chamavam de "cadeira de São Fiacre", que tinha a reputação de conferir a fecundidade a mulheres estéreis. Uma rocha nas vizinhanças de Atenas, não muito longe do chamado "Túmulo de Sócrates", passava por possuir a mesma virtude. Quando, há uns vinte anos, a Rainha Amélia, da Grécia, talvez num momento de facécia, tentou o experimento, um padre católico, em seu caminho através de Sira para alguma missão, permitiu-se lançar-lhe os insultos mais grosseiros. A Rainha, declarou ele, era uma "herética supersticiosa"! uma feiticeira abominável"! "Jezebel que empregava artes mágicas"! E muito mais teria dito o zeloso missionário se não tivesse, no meio de suas vituperações, sido lançado num poço de lama através da janela. O virtuoso orador foi forçado a isso pelo poderoso braço de um oficial grego que aconteceu entrar na sala nesse exato momento.

Todas as grandes reformas religiosas foram puras em seu início. Os primeiros seguidores de Buddha, assim como os discípulos de Jesus, eram homens da mais alta moralidade. A aversão pelo vício experimentada pelos reformadores de todas as idades está comprovada nos casos de Ŝâkyamuni, Pitágoras, Platão, Jesus, São Paulo, Amônio Saccas. Os maiores líderes gnósticos – se tiveram menos sucesso – não foram menos virtuosos na prática, nem menos puros moralmente. Marcion, Basilides, Valentino[119] eram famosos por suas vidas ascéticas. Os nicolaitenses, que, se não pertenciam ao grande corpo dos ofitas, contavam entre as pequenas seitas que foram por ele absorvidas no início do século II, devem sua origem, como já mostramos, a Nicolau de Antioquia, "um homem de bom renome, cheio do Espírito Santo e de Sabedoria". Que absurda a idéia de que tais homens teriam instituído "ritos libidinosos"! Seria o mesmo que acusar Jesus de ter promovido os ritos similares que vemos praticados com tanta freqüência pelos cristãos medievais *ortodoxos* atrás da segura proteção dos muros monásticos.

Se, contudo, devemos dar crédito a uma tal acusação contra os gnósticos, acusação transferida com dez vezes mais acrimônia, séculos depois, para as cabeças desafortunadas dos Templários, por que não devemos acreditar o mesmo dos cristãos ortodoxos? Minucius Felix afirma que "os primeiros cristãos foram acusados pelo mundo de induzir durante a cerimônia da "Páscoa Perfeita" cada neófito em sua admissão a mergulhar uma faca no corpo de uma criança oculta sob um monte de farinha, servindo então esse corpo a um banquete de toda a congregação. Quando chegaram ao poder, eles [os cristãos] transferiram essa acusação aos seus próprios adversários"[120].

O crime real da heterodoxia é claramente indicado por João em suas *Epístolas* e em seu *Evangelho:* aquele "que não confessa a Jesus Cristo encarnado (...) é um sedutor e *um anticristo*" (II João 7). Em sua *Epístola* anterior, ele ensina a seu rebanho que há *duas* trindades (I *João*, V, 7, 8) – em suma, o sistema nazareno.

A inferência a extrair de tudo isso é que o cristianismo dogmático e fabricado do período constantino é simplesmente um rebento das numerosas seitas conflitantes, elas mesmas meias-castas, nascidas de pais pagãos. Cada uma delas poderia reivindicar seus representantes convertidos ao chamado corpo *ortodoxo* de cristãos. E como todo dogma recém-nascido tinha de ser aceito por maioria de votos, toda seita coloria a substância principal com a sua própria nuança, até o momento em que o imperador impunha ao mundo, como a *religião de Cristo*, essa miscelânea, de que ele evidentemente não entendia uma palavra. Fatigado por seus vãos esforços para aprofundar esse pântano insondável de especulações internacionais, incapaz de apreciar uma religião baseada na pura espiritualidade de uma concepção ideal, o Cristianismo entregou-se à adoração da força bruta representada pela Igreja edificada por Constantino. Desde então, entre os milhares de ritos, dogmas e cerimônias copiados do Paganismo, a Igreja só pode reivindicar uma única invenção, absolutamente original, a saber, a doutrina da condenação eterna, e um costume, o do anátema. Os pagãos rejeitavam a ambos com horror. "Uma execração é uma coisa temerária e terrível", diz Plutarco. "Por tal razão, a sacerdotisa de Atenas foi condenada por ter recusado a amaldiçoar Alcebíades [por profanação dos mistérios], quando o povo lhe pedia para fazê-lo; *pois*, disse, ela era uma *sacerdotisa de preces, não de maldições*"[121].

"Pesquisas aprofundadas mostrariam" – diz Renan – "que quase tudo no

Cristianismo é mera bagagem trazida dos mistérios pagãos. O culto cristão primitivo nada é senão um *mistério*. Toda a política interna da Igreja, os graus de iniciação, o imperativo do silêncio, e a mesma de frases da linguagem eclesiástica, não têm outra origem. A revolução que sufocou o Paganismo *parece* à primeira vista (...) uma ruptura absoluta com o passado (...) mas *a fé popular salvou seus símbolos mais populares do naufrágio*. O Cristianismo introduziu, de início, tão poucas modificações nos hábitos da vida privada e social que para muitos, nos séculos IV e V, é incerto se se deve contá-los entre os pagãos ou entre os cristãos; muitos parecem ter trilhado um caminho indeciso entre os dois cultos." Falando mais adiante da *Arte*, que formou uma parte essencial da religião antiga, diz ele que "*foi difícil quebrar uma de suas tradições*. A arte cristã primitiva não passa, na verdade, de arte pagã em sua decadência, ou de natureza inferior. O Bom Pastor das catacumbas em Roma é uma cópia do Aristeu, ou do Apolo Nomios, que figura na mesma postura dos sarcófagos pagãos, e ainda traz a flauta de Pan no meio das quatro estações. Na tumba cristã do Cemitério de São Calixto, Orfeu encanta os animais. Noutro lugar, o Cristo como Júpiter-Plutão, e Maria como Proserpina, recebem as almas que Mercúrio, portando um elmo de largas bordas e trazendo na mão o caduceu do condutor de almas (*psychopompos*), lhes leva, na presença das três parcas. Pégaso, o símbolo da apoteose; Psychê, o símbolo da alma imortal; o Céu, personificado por um homem velho; o rio Jordão, e Vitória, representada em inúmeros monumentos cristãos."[122]

Como já mostramos alhures, a comunidade cristã primitiva era composta de pequenos grupos espalhados por toda parte, e organizados em sociedades secretas, com senhas, toques e sinais. Para evitar as incessantes perseguições de seus inimigos, eles eram obrigados a buscar segurança e a se reunirem em catacumbas abandonadas, em locais inacessíveis das montanhas, e em outros esconderijos seguros. Toda reforma religiosa depara, em seu início, com tais dissabores. Desde a sua primeira aparição, vemos Jesus e seus doze discípulos reunindo-se à parte, em refúgios seguros no deserto, e entre os amigos de Betânia. Se a cristandade não se tivesse composto de "comunidades secretas" desde o início, a história teria mais *fatos* para relatar sobre seu fundador e seus discípulos do que aqueles que agora dispõe.

É verdadeiramente surpreendente constatar a pouca importância que a personalidade de Jesus exerceu sobre seu próprio século. Renan mostra que Fílon, que morreu por volta do ano 50, e nasceu muitos anos antes de Jesus, vivendo na Palestina, onde a "boa nova" era pregada por todo o país, segundo os *Evangelhos*, jamais ouviu falar dele![*] Josefo, o historiador, que nasceu três ou quatro anos após a morte de Jesus, menciona a sua execução numa breve sentença, e mesmo essas poucas palavras foram alteradas "*por mão cristã*", diz o autor da *Vida de Jesus*[123]. Escrevendo no final do século I, quando Paulo, o erudito propagandista, conforme se alega, havia fundado tantas igrejas, e Pedro, estabelecido a sucessão apostólica, que a cronologia irinaico-eusebiana pretende já contar com três bispos de Roma[124], Josefo, o cuidadoso enumerador e minucioso historiador mesmo das seitas mais insignificantes, ignora inteiramente a existência de uma seita cristã. Suetônio,

---

* Essa afirmação, infelizmente, é errada. Fílon, o Judeu, residiu principalmente em Alexandria, "a morada favorita dos judeus cultos" (Yonge, *The Works of Philo Judaeus*, Prefácio), mas visitou Jerusalém pelo menos uma vez. (N. do Org.)

secretário de Adriano, escrevendo na primeira quadra do século II, sabe tão pouco de Jesus ou de sua história a ponto de dizer que o Imperador Cláudio "baniu todos os judeus, que causavam contínuas perturbações, por instigação de um tal *Chrêstos*", ou seja, Cristo, segundo podemos supor[125]. O próprio Imperador Adriano, escrevendo ainda mais tarde, estava tão pouco impressionado com os dogmas ou com a importância da nova seita que, numa carta a Serviano, mostra acreditar que os cristãos eram adoradores de Serapis[126]. "No século II", diz C. W. King, "as seitas sincréticas que haviam surgido em Alexandria, o berço do gnosticismo, encontraram em Serapis um tipo profético de Cristo como Senhor e Criador de tudo, e Juiz da vida e da morte". Portanto, ao passo que os filósofos "pagãos" jamais haviam considerado Serapis, ou antes a idéia abstrata que nele se encarnava, senão como uma representação da *anima mundi*, os cristãos antropomorfizaram o "Filho de Deus" e seu "Pai", não encontrando modelo melhor para ele do que o ídolo de um mito pagão! "Não há dúvida" – assinala o mesmo autor – "que a cabeça de Serapis, marcada como é sua face por uma grave e pensativa majestade, forneceu a primeira idéia para as imagens convencionais do Salvador"[127].

Nas notas tomadas por um viajante – cujo episódio com os monges do Monte Athos foi mencionado acima – encontramos que, durante sua juventude, Jesus havia tido freqüentes contatos com os essênios pertencentes à escola pitagórica, e conhecidos como *koinobioi*. Acreditamos que Renan se equivoca quando afirma dogmaticamente que Jesus "ignorava por completo os nomes de Buddha, Zoroastro e Platão"; que ele jamais havia lido um livro grego ou budista, "embora mais de um elemento de sua doutrina procedesse do Budismo, do Parsismo e da sabedoria grega"[128]. Isso é conceder um meio-milagre, e dar muita oportunidade ao acaso e à coincidência. É um abuso de privilégio quando um autor, que afirma escrever fatos históricos, tira deduções convenientes de premissas históricas, e então chama sua biografia de – uma *Vida* de Jesus. Assim como qualquer outro compilador das lendas relativas à história problemática do profeta nazareno, não tem ele uma polegada de terreno seguro em que se apoiar; não se pode afirmar o contrário, exceto por vias dedutivas. No entanto, ao passo que Renan não tem um único fato solitário para mostrar que Jesus jamais havia estudado os dogmas metafísicos do Budismo e do Parsismo, ou tido conhecimento da filosofia de Platão, seus oponentes têm as melhores razões do mundo para suspeitar o contrário. Quando eles acreditam que – 1, todas as suas máximas têm um espírito pitagórico, quando não repetições *verbatim*; 2, seu código de ética é puramente budista; 3, seu modo de vida e seus atos são essênios; e 4, sua maneira mística de expressão, suas parábolas, e seus hábitos são os de um iniciado, seja grego, caldeu ou mágico (pois os "Perfeitos", que falaram da sabedoria *oculta*, pertenciam à mesma escola de saber arcaico em todo o mundo), é difícil escapar à conclusão lógica de que ele pertencia ao mesmo corpo de iniciados. É um pobre tributo pago ao Supremo, essa tentativa de impingir-Lhe quatro evangelhos, nos quais, contraditórios como são, não há uma única narrativa, sentença ou expressão peculiar, cujo paralelo não possa ser encontrado em alguma doutrina ou filosofia mais antiga. Na verdade, o Todo-Poderoso – não fosse apenas para poupar às gerações futuras a sua atual perplexidade – poderia ter trazido Consigo, em Sua *primeira e única* encarnação na Terra, algo original – algo que traçasse uma linha distinta de demarcação entre Ele e os numerosos outros deuses encarnados pagãos, que haviam nascido de virgens, e todos salvadores, mortos ou sacrificados para o bem da Humanidade.

Concessões demais foram feitas ao lado emocional da história. O que o mundo precisa é uma concepção menos exaltada, porém mais fiel, de uma personagem por cuja adoração aproximadamente metade da cristandade destronou o Todo-Poderoso. Não contradizemos o erudito mundialmente famoso, quando em sua *Vida de Jesus*, aduz com afirmações *históricas*. Contestamos apenas umas poucas asserções injustificáveis e insustentáveis que o narrador emotivo deixou escapar nas páginas, por outro lado tão belas, de sua obra – uma vida construída sobre meras probabilidades, mas de alguém que, se aceito como personagem histórica, tem maiores direitos ao nosso amor e à nossa veneração, falível como é em toda a sua grandeza, do que se o representamos como um Deus onipotente. É apenas neste último caráter que Jesus pode ser visto por todo espírito reverente como um fracasso.

Não obstante a escassez das obras filosóficas de que agora dispomos, poderíamos apresentar inúmeros exemplos da perfeita identidade entre as máximas pitagóricas, as hindus e as do *Novo Testamento*. Não há dúvidas a esse respeito. O que é necessário é um público cristão que examine o que lhe for mostrado, e que dê seu veredicto de maneira honesta. A fraude já teve sua hora, e cometeu o que havia de pior. "Não devemos nos assustar", diz o Prof. Müller, "se descobrirmos traços de verdade, traços mesmo da verdade cristã, entre os sábios e os legisladores de outras nações."[129]

Após a leitura dos seguintes aforismos filosóficos, quem poderá acreditar que Jesus e Paulo jamais leram os filósofos gregos e indianos?

MÁXIMAS DE SEXTO, O PITAGÓRICO, E DE OUTROS PAGÃOS	VERSÍCULOS DO NOVO TESTAMENTO[130]
1. "Possui apenas as coisas que ninguém te possa roubar."[131]	1. "Não ajunteis para vós tesouros na terra, onde a traça e o caruncho os destroem, e onde os ladrões arrombam e roubam" (*Mateus*, VI, 19).
2. "É melhor queimar uma parte do corpo do que deixá-la no estado em que está, assim como é melhor para um homem depravado morrer do que viver."[132]	2. "E se tua mão te escandalizar, corta-a; é melhor para ti entrares mutilado *para a vida*, do que, tendo duas mãos, ir para o inferno", etc. (*Marcos*, IX, 43).
3. "Tendes em vós algo *semelhante a Deus*; portanto, considerai-vos *como o templo de Deus*."[133]	3. "Não sabeis que sois um *templo de Deus*, e que o Espírito de Deus habita em vós?" (1 *Coríntios*, III, 16).
4. "A melhor honra que se pode prestar a Deus é conhecê-lo e imitá-lo."[134]	4. "Deste modo vos tornareis filhos de vosso Pai que está no Céu (. . .) sede perfeitos como o vosso *Pai* que está no céu *é perfeito* (*Mateus*, V, 45-8).
5. "O que não desejo que os homens me façam, eu também não faço para os homens" (*Analetos de Confúcio*, cap. V, XV; ver Max Müller, *Chips*, I, pp. 304 e s.).	5. "Fazei ao próximo o que desejais que o próximo vos faça."
6. "A Lua brilha mesmo na casa do pecador" (*Manu*).	6. "Ele faz nascer o seu Sol igualmente sobre maus e bons, e cair a chuva sobre justos e injustos" (*Mateus*, V, 45).
7. "Dá-se àqueles que dão; rouba-se aqueles que roubam" (*Ibid.*).	7. "Pois àquele que tem, lhe será dado (. . .) ao que não tem, mesmo o que tem lhe será tirado" (*Mateus*, XIII, 12).
8. "Só a pureza da mente permite ver a Deus" (*ibid.*) – ainda hoje uma máxima popular na Índia.	8. "Bem-aventurados os puros de coração, porque verão a Deus" (*Mateus*, V, 8).

Platão não escondeu o fato de que extraiu suas melhores doutrinas filosóficas de Pitágoras, e que ele foi simplesmente o primeiro a reduzi-las a uma ordem sistemática, mesclando-as ocasionalmente com suas próprias especulações metafísicas. Mas o próprio Pitágoras obteve suas recônditas doutrinas, primeiro dos descendentes de Mochus, e depois dos brâmanes da Índia. Ele foi também iniciado nos mistérios dos hierofantes de Tebas, os magi persas e caldeus. Assim, podemos traçar, passo por passo, a origem de muitas de nossas doutrinas na Ásia Menor. Retirai do Cristianismo a personalidade de Jesus, tão sublime graças à sua incomparável simplicidade, e o que resta? A História e a Teologia comparada nos dão a melancólica resposta: "Um esqueleto esfarelado constituído dos mitos pagãos mais antigos"!

Enquanto o nascimento mítico e a vida de Jesus são uma cópia fiel do Krishna bramânico, seu caráter histórico de reformador religioso na Palestina, é o que mais se assemelha a Buddha, na Índia. Em mais de um sentido, sua grande semelhança nas aspirações filantrópicas e espirituais, assim como nas circunstâncias externas, sendo tudo verdadeiramente impressionante. Embora filho de um rei, ao passo que Jesus era apenas um carpinteiro, Buddha não pertencia por nascimento à alta casta dos brâmanes. Como Jesus, ele se sentiu insatisfeito com o espírito dogmático da religião de seu país, a intolerância e a hipocrisia do clero, sua exibição externa de devoção, e suas cerimônias e orações inúteis. Assim como Buddha rejeitou violentamente as leis e as regras tradicionais dos brâmanes, Jesus declarou guerra contra os fariseus e os orgulhosos saduceus. O que o nazareno fez como conseqüência de seu nascimento e de sua posição humilde, Buddha o fez como uma penitência voluntária. Ele viajava como um mendigo; e – ainda como Jesus –, no curso da vida, procurava de preferência a companhia dos publicanos e dos pecadores. Ambos tinham em mente tanto uma reforma social, como uma reforma religiosa; e, dando o golpe de misericórdia à antiga religião de seus países, ambos se tornaram o fundador de uma nova religião.

"A reforma de Buddha", diz Max Müller, "teve na origem muito mais um caráter social do que um caráter religioso (...) O elemento mais importante da reforma budista sempre foi o seu código social e moral, não suas teorias metafísicas. *Esse código moral (...) é um dos mais perfeitos de que o mundo tem notícia (...)* e aquele cujas meditações procuravam libertar a alma do homem da miséria e do medo da morte, libertaram o povo da Índia da servidão degradante de uma tirania sacerdotal." Ademais, o conferencista acrescenta, por outro lado, que, se fosse diferente, "Buddha poderia ter ensinado a filosofia que lhe aprouvesse, e dificilmente lhe teríamos ouvido o nome. O povo não lhe teria notado a existência, e seu sistema cairia como uma gota no oceano da especulação filosófica, pelo qual a Índia tem sido inundada por todos os tempos"[135].

Ocorreu o mesmo com Jesus. Enquanto Fílon, que Renan chama de irmão mais velho de Jesus, Hillel, Shammai e Gamaliel, são raramente mencionados – Jesus tornou-se um Deus! No entanto, puro e divino como era o código moral ensinado por Jesus, ele jamais poderia ser comparado com o de Buddha, não fosse a tragédia do Calvário. O que propiciou a deificação de Jesus foi sua morte dramática, o sacrifício voluntário de sua vida, que foi feito, como se pretende, para o bem da Humanidade, e o posterior dogma conveniente da expiação, inventado pelos cristãos. Na Índia, onde não se dá nenhum valor à vida, a crucificação teria produzido pouco efeito, se algum. Num país em que – como o sabem todos os indianistas – os fanáticos se condenam à morte lenta, em penitências que duram anos; em que as macerações mais terríveis são auto-inflingidas pelos faquires; em que jovens e delicadas viúvas, num espírito de bravata contra o governo, assim como por causa do fanatismo religioso, sobem à pira funerária com um sorriso nas faces; em que, para citar as palavras do grande conferencista, "os homens na flor da idade se jogam sob o carro de Jaggernâth, para serem esmagados até a morte pelo ídolo em que acreditam; em que o querelante que não consegue justiça se deixa morrer de fome à porta de seu juiz; em que o filósofo que pensa que aprendeu tudo que este mundo lhe pode ensinar, e que aspira pela absorção na Divindade, se joga tranqüilamente no Ganges, a fim de chegar à outra margem da existência"[136], em tal país, mesmo uma crucificação teria passado despercebida. Na Judéia, e mesmo entre nações mais bravas que os judeus – os romanos e os gregos –, em que todos eram mais ou menos apegados à vida, lutando desesperadamente para conservá-la, o fim trágico do grande reformador deveria ter produzido uma profunda impressão. Os nomes de heróis menores como Mucius Scaevola, Horatius Cocles, a mãe dos Gracchi, e outros, chegaram à posteridade; e, durante nossos anos de escola, e mesmo depois na vida, suas histórias despertaram nossa simpatia e granjearam uma reverente admiração. Mas poderemos jamais esquecer o sorriso de desprezo de certos hindus em Benares, quando uma senhora inglesa, esposa de um clérigo, tentou impressioná-los com a grandeza do sacrifício de Jesus, ao dar *sua* vida para nós? Foi então que pela primeira vez ficamos impressionados com o papel que o grande drama do Calvário exerceu nos eventos subseqüentes da fundação da cristandade. Mesmo o imaginativo Renan foi impelido por esse sentimento a escrever, no último capítulo de sua *Vida de Jesus*, umas poucas páginas de singular e delicada beleza[137].

Apolônio, contemporâneo de Jesus de Nazaré, foi, como ele, um entusiasta fundador de uma nova escola espiritual. Talvez menos metafísico e mais prático do que Jesus, menos terno e perfeito em sua natureza, ele, não obstante, inculcou a mesma quintessência de espiritualidade, e as mesmas elevadas verdades morais. Seu grande erro consistiu em confiná-las por demais às classes superiores da sociedade. Enquanto o pobre e humilde Jesus pregava "Paz na terra e boa vontade para com os homens", Apolônio era o amigo dos reis, e privava com a aristocracia. Nasceu no seio desta, e era um homem de riquezas, ao passo que o "Filho do Homem", representando o povo, "não tinha onde repousar a cabeça"; não obstante, os dois "fazedores de milagre" exibiam uma impressionante similaridade de propósitos. Já antes de Apolônio havia aparecido Simão, o Mago, denominado "o grande Poder de Deus". Seus "milagres" são mais extraordinários, mais variados e mais bem atestados do que os dos apóstolos ou os do próprio filósofo galileu. O materialismo nega o fato em ambos os casos, mas a história o comprova. Apolônio seguiu a ambos; e quão grandes e renomados foram seus atos miraculosos em comparação com os do pretenso fundador do Cristianismo, conforme afirmam os cabalistas, temos novamente a história e Justino, o Mártir, para comprová-lo[138].

Como Buddha e Jesus, Apolônio foi um intransigente inimigo de toda a ostentação exterior de piedade, de toda a exibição de cerimônias religiosas inúteis e de toda a hipocrisia. Se, como o Salvador cristão, o sábio de Tyana tivesse, por preferência, buscado a companhia do pobre e do humilde; e se, ao invés de morrer confortavelmente, e com mais de cem anos de idade, tivesse sido um mártir voluntário, proclamando a verdade divina de uma cruz[139], seu sangue se teria provado tão eficaz para a subseqüente disseminação das doutrinas espirituais, como o do Messias cristão.

As calúnias atiradas contra Apolônio foram tão numerosas como falsas. Mesmo dezoito séculos depois de sua morte, ele foi caluniado pelo Bispo Douglas em sua obra contra os milagres. Nisso o justo Rev. Bispo colidiu contra os fatos históricos. Se estudarmos o assunto com um espírito imparcial, perceberemos rapidamente que as éticas de Gautama Buddha, Platão, Apolônio, Jesus, Amônio Saccas, e seus discípulos, baseavam-se todas na mesma filosofia mística; que todos reverenciavam um Deus, seja O considerando como o "Pai" da Humanidade, que vive no homem como o homem vive nele, seja como o Incompreensível Princípio Criador; todos viveram vidas sublimes. Amônio, falando de sua filosofia, ensinava que sua escola datava dos dias de Hermes, que trouxe sua sabedoria da Índia. Tratava-se da mesma contemplação mística do iogue: a comunhão do Brahman com seu próprio Eu luminoso – o "Âtman". E esse termo hindu é cabalístico *par excellence*. O que é o Eu? – pergunta-se no *Rig-Veda;* "O Eu é o Senhor de todas as coisas (...) todas as coisas estão contidas nesse Eu; todos os eus estão contidos nesse Eu. O próprio Brâhman não é senão Eu"[140], é a resposta. Diz *Idrah Rabbah:* "Todas as coisas são Ele, e em todas as partes Ele está *oculto*[141]. O Adão-Cadmo dos cabalistas contém em si todas as almas dos israelitas, e está em todas as almas", diz o *Zohar*[142]. Os princípios fundamentais da Escola Eclética eram portanto idênticos às doutrinas dos iogues, os místicos hindus, e do Budismo primitivo dos discípulos de Gautama. E quando Jesus assegurava a seus discípulos que "o espírito da verdade, que o mundo não pode receber porque *não O vê*, nem O conhece", está *com eles* e *neles*, que "estão nEle e Ele neles"[143], ele apenas expunha a mesma doutrina que reconhecemos em toda filosofia digna desse nome.

Saint-Hilaire, o erudito e cético sábio francês, não acredita numa palavra da parte miraculosa da vida de Buddha; não obstante, ele é franco ao dizer que Gautama só é excedido por Cristo na grande pureza de sua ética e de sua moralidade pessoal. Por ambas essas opiniões, ele é respeitosamente censurado por des Mousseaux. Vexado por ver suas acusações de demonolatria contra Gautama Buddha cientificamente contraditadas, ele assegura a seus leitores que "ce savant distingué n'avait point étudié cette question"[144].

"Não hesito em dizer", assinala Barthélemy Saint-Hilaire, "que, com exceção apenas de Cristo, não há, entre os fundadores de religiões, uma figura mais pura ou mais tocante do que a de Buddha. Sua vida é imaculada. Seu heroísmo constante iguala suas convicções (...) Ele é o modelo perfeito de todas as virtudes que prega; sua abnegação, sua caridade, a doçura inalterável de seu caráter não o abandonam em nenhum momento. Ele abandonou, aos vinte e nove anos, a corte de seu pai para tornar-se um monge e um mendigo (...) e quando morreu nos braços de seus discípulos, foi com a serenidade de um sábio que praticara a virtude por toda a vida, e que morre convencido de ter encontrado a verdade[145]. Esse merecido panegírico não é mais vigoroso do que aquele que o próprio Laboulaye pronunciou[146], e que despertou a ira de des Mousseaux. "É mais do que difícil", acrescenta este último, "compreender como homens não assistidos pela revelação subiram tão alto e se aproximaram tão perto da verdade."[147] É curioso que haja tantas almas elevadas "não assistidas pela revelação"!

E por que deveríamos nos espantar com o fato de que Gautama morreu com serenidade filosófica? Como afirmam corretamente os cabalistas: "A morte não existe, e o homem jamais abandona a vida universal. Aqueles que pensamos estarem mortos ainda vivem em nós, assim como nós vivemos neles (...) Quanto mais se vive para os seus semelhantes, menos se deve temer a morte"[148]. E, poderíamos acrescentar, aquele que *vive* para a Humanidade faz muito mais por ela do que aquele que morre.

O *Inefável Nome*, em busca do qual tantos cabalistas – que não conheciam nenhum adepto oriental, ou mesmo europeu – consumiram em vão seus conhecimentos e suas vidas, repousa latente no coração de todos os homens. Esse nome mirífico que, de acordo com os mais antigos oráculos, "se lança nos mundos infinitos ἀκοιμήτῳ στροφάλιγγι "[149], pode ser obtido de duas maneiras: pela iniciação regular, e através da "pequena voz" que Elias ouviu na caverna de Horeb, a montanha de Deus. E "quando Elias a ouviu, *cobriu o rosto com o manto*, e saiu, e pôs-se à entrada da caverna. E veio-lhe uma voz (...)"[150].

Quando Apolônio de Tiana desejava ouvir a "sigilosa voz", ele costumava envolver-se dos pés à cabeça com um manto de fina lã, após ter feito alguns passes magnéticos, e pronunciava, não o "nome", mas uma invocação bem-conhecida de todo adepto. Então, lançava o manto sobre a cabeça, e seu espírito translúcido ou astral se libertava. Nas ocasiões ordinárias, ele não trajava nenhuma veste de lã. A posse da combinação secreta do "nome" conferia ao hierofante o poder supremo sobre qualquer ser, humano ou não, inferior a ele em força de alma. Portanto, quando Max Müller[151] nos fala da "Majestade Oculta" quíxua, que jamais devia ser aberta por mãos humanas, o cabalista compreende perfeitamente qual o sentido da expressão, e não se surpreende ao ouvir a exclamação desse erudito filólogo: "Ignoramos do que se trata!"

Não podemos repetir suficientemente que é apenas através das doutrinas das filosofias mais antigas que se pode entender a religião pregada por Jesus. É através de Pitágoras, Confúcio e Platão que podemos compreender a idéia que subjaz ao termo "Pai" no *Novo Testamento*. O ideal platônico da Divindade, que ele chama de Deus eterno e invisível, o Criador e Pai de todas as coisas[152], é o próprio "Pai" de Jesus. Esse Ser Divino de quem o sábio grego diz que não pode ser nem invejoso, nem o criador do mal, pois não pode produzir senão o que é bom e justo[153], não é com certeza o Jeová mosaico, o "Deus ciumento", mas o Deus de Jesus, que "só é bom". Ele louva Seu poder divino que a tudo abarca[154], e Sua onipotência, mas insinua que, por ser imutável, Ele não pode jamais alterar suas leis, *i. e.*, extirpar o mal do mundo através de um milagre[155]. Ele é onisciente, e nada escapa de Seu olhar vigilante[156]. Sua justiça, que descobrimos encarnada na lei da compensação e da retribuição, não deixará um crime sequer sem punição, uma virtude sequer sem recompensa[157]; e portanto declara que o único meio de honrar a Deus é cultivar a pureza moral. Ele rejeita por completo não apenas a idéia antropomórfica de que Deus teria um corpo material[158], mas rejeita com repulsa as fábulas que atribuem paixões, querelas e crimes de toda sorte aos deuses menores[159]. Ele nega com indignação que Deus Se permite ser propiciado, ou antes subornado, por preces e sacrifícios[160].

O *Fedro* de Platão expõe tudo o que o homem foi uma vez, e o que ainda pode vir a ser. "Antes de o espírito do homem cair na sensualidade e nela ser incorporado pela perda de suas asas, ele vivia entre os deuses do mundo aéreo espiritual, onde tudo é verdadeiro e puro." No *Timeu*, ele diz que "houve um tempo em que a Humanidade não se perpetuava, mas vivia na forma de espíritos puros." No mundo futuro, diz Jesus, "nem eles se casam, nem elas são dadas em casamento", mas "são como os anjos de Deus no Céu"[161].

As pesquisas de Laboulaye, Anquetil-Duperron, Colebrooke, Barthélemy Saint-Hilaire, Max Müller, Spiegel, Burnouf, Wilson, e tantos outros lingüistas, trouxeram algumas verdades à luz. E agora que as dificuldades do sânscrito, do tibetano, do singalês, do zend, do pehlevi, do chinês, e mesmo do burmês, foram em parte superadas, tendo sido traduzidos os *Vedas*, o *Zend-Avesta*, os textos budistas, e mesmo os *Sûtras* de Kapila, uma porta foi aberta, que, uma vez ultrapassada, deverá fechar para sempre atrás de si os caluniadores especulativos ou ignorantes das velhas religiões. Mesmo no presente, o clero, para empregar as palavras de Max Müller – "geralmente acusa as diabruras e orgias do culto pagão (...) mas raramente, ou jamais, procurou descobrir o caráter verdadeiro e original das estranhas formas de culto que atribui à obra do demônio"[162]. Quando lemos a verdadeira história de Buddha e do Budismo escrita por Müller, e as entusiásticas opiniões expressas por Barthélemy Saint-Hilaire e Laboulaye; e quando, finalmente, um missionário papal, uma testemunha ocular, e alguém que pode ser acusado de tudo, menos de parcialidade para com os budistas – queremos falar do Abade Huc –, não consegue senão expor a sua admiração pelo elevado caráter individual desses "cultores do demônio", devemos considerar a filosofia de Śâkyamuni como algo mais do que a religião de fetichismo e ateísmo que os católicos nos querem forçar a acreditar. Huc foi um missionário e seu primeiro dever consistia em considerar o Budismo como um rebento do culto de Satã. O pobre Abade foi riscado da lista de missionários em Roma[163], após a publicação de seu livro de viagens. Isto ilustra quão pouco podemos aprender da verdade sobre as religiões de outros povos através dos missionários, quando seus relatos são preliminarmente revisados pelas autoridades eclesiásticas superiores, e os viajantes severamente punidos por falar a verdade.

Quando Marco Polo perguntou a homens que recebiam, e ainda recebem, a pecha de "ascetas obscenos", em suma, os fiéis de certas seitas da Índia, geralmente chamados de "iogues", "se não tinham vergonha de andarem nus como o faziam", eles responderam ao indagador do século XIII como o fariam a um missionário do século XIX: "Andamos nus", disseram eles, "porque nus viemos ao mundo, e nada desejamos possuir que seja deste mundo. Ademais, não temos conhecimento de um pecado da carne e, por conseguinte, não temos vergonha de nossa nudez, tal como vós não tendes ao mostrar vossas mãos e vossos rostos. Vós que conheceis os pecados da carne, vós tendes razão em vos envergonhar, e em cobrir vossa nudez"[164].

Poderíamos fazer uma curiosa lista das desculpas e explicações do clero para expor as semelhanças diariamente descobertas entre o catolicismo romano e as religiões pagãs. No entanto, o conjunto se reduziria a uma única conclusão: As doutrinas do Cristianismo foram plagiadas pelos pagãos em todo o mundo! Platão e sua velha Academia roubaram as idéias da revelação cristã – disseram os padres alexandrinos!! Os brâmanes e Manu fizeram empréstimos aos missionários jesuítas, e a *Bhagavad-Gîtâ* foi obra do padre Calmet, que transformou Cristo e João em *Krishna* e Arjuna para adaptá-los à mente hindu!! O fato insignificante de que o Budismo e o Platonismo são anteriores ao Cristianismo, e de que os *Vedas* já se haviam degenerado em Bramanismo, antes dos dias de Moisés, não faz nenhuma diferença. O mesmo vale para Apolônio de Tiana. Embora seus poderes taumatúrgicos não possam ser negados em face do testemunho dos imperadores, de suas cortes e da população de várias cidades; e embora poucas destas tenham ouvido falar do profeta nazareno cujos "milagres" foram testemunhados apenas por uns poucos apóstolos, cujas personalidades até hoje permanecem um problema histórico, é preciso aceitar Apolônio como o "imitador de Cristo".

Se existem homens verdadeiramente piedosos, bons e honestos, entre os sacerdotes católicos, gregos e protestantes, cuja fé sincera leva a melhor sobre seus poderes de raciocínio, e que, não tendo jamais vivido entre as populações pagãs, são injustos apenas por causa da ignorância, não se dá o mesmo com os missionários. O subterfúgio invariável destes consiste em atribuir à demonolatria a vida realmente cristã dos ascetas hindus e budistas e de muitos lamas. Anos de estada entre as nações "pagãs", na China, na Tartária, no Tibete e no Indostão lhes forneceram as provas da injustiça com que os pretensos idólatras foram caluniados. Os missionários não têm nem mesmo a desculpa da fé sincera para enganar o mundo; e, com raríssimas exceções, podemos parafrasear a observação feita por Garibaldi, e dizer que: *"Um padre sabe que é um impostor, a não ser que seja um tolo, ou que tenha aprendido a mentir desde a infância".*

NOTAS

1. Situado atualmente na parte sudeste do Iraque.

2. Os missionários budistas penetraram não apenas no vale mesopotâmico, mas também em regiões tão distantes a oeste, como a Irlanda. O Rev. Dr. Lundy, em sua obra *Monumental Christianity* (p. 255), referindo-se a uma Torre Redonda irlandesa, observa: "Henry O'Brien explica que o crucifixo dessa Torre Redonda é o de Buddha; que os animais como o elefante e o touro, consagrados a Buddha, eram aqueles pelos quais sua alma passava após a morte; que as duas figuras que estão ao lado da cruz são a virgem mãe de Buddha, e Râma, seu discípulo favorito. Toda a imagem tem uma estreita semelhança com o crucifixo do cemitério do Papa Júlio, exceto os animais, que são a prova conclusiva de que não se trata de uma imagem cristã. Ele veio do Extremo-Oriente à Irlanda, com os colonos fenícios, que edificaram as Torres Redondas como símbolos da Força do homem e da Natureza para transmitir a vida e preservá-la, e da maneira pela qual a vida é produzida através do sofrimento e da morte." [Cf. *The Round Towers of Ireland*, 1ª ed., p. 301.]

Quando um clérigo protestante é assim forçado a confessar a existência pré-cristã do crucifixo na Irlanda, o seu caráter budista, e a penetração dos missionários dessa fé até mesmo nessa remota porção da Terra, não devemos nos surpreender com que nas mentes dos contemporâneos nazarenos de Jesus e seus descendentes ele tenha sido associado a esse emblema universalmente conhecido no caráter de um Redentor.

Ao fazer alusão a essa notícia do Dr. Lundy, Charles Sotheran observou, numa palestra diante da Sociedade Filológica Americana, que as lendas e os vestígios arqueológicos se unem para provar sem sombra de dúvida "que a Irlanda, como todas as outras nações, ouviram outrora os propagandistas de Siddhârta-Buddha."

3. "A religião dos batismos múltiplos, a cisão da seita ainda existente denominada "Cristãos de São João", ou Mandeus, que os árabes chamam *al-Mughtasilah*, os baptistas. O verbo aramaico *seba*, origem do nome *sabiano*, é um sinônimo de $\beta\alpha\pi\tau\iota\zeta\omega$'' (Renan, *Vida de Jesus*, cap. VI).

4. Foh-tchou significa literalmente, em chinês, o senhor de Buddha, ou o mestre das doutrinas de Buddha – Foh.

5. Essa montanha situa-se a sudoeste da China, quase entre a China e o Tibete.

6. O SOL, por estar situado, no diagrama, exatamente no centro do sistema solar (conhecimento que os ofitas parecem ter partilhado) – portanto, sob o raio vertical direto do Sol Espiritual Superior – esparge seu brilho sobre todos os outros planetas.

7. Falando de Vênus, Placidus de Titis, o astrólogo, sempre afirmava que "seu brilho azulado denota calor". Quanto a Mercúrio, era uma estranha fantasia dos ofitas representá-lo como um espírito de água, quando astrologicamente ele é considerado como "uma estrela quente, seca, terrestre e melancólica".

8. O nome que Norberg traduz, em seu *Onomasticon* ao *Codex nazaraeus*, como Ferho, figura no original como *Par'ha Rabba*. Na *Vida de Manes*, dada por Epifânio, em seu *Panarion* [livro II, t. II, *Haer*. LXVI, III], menciona-se um certo sacerdote de Mithras, amigo do grande Heresiarca Manes, de nome Parchus.

9. Sua descrição acha-se num dos livros mágicos do Rei egípcio Nechepso, o qual prescreve o seu emprego sobre pedras de jaspe verde como um potente amuleto. Galeno a menciona em sua obra, *De simplicium medicamentorum facultatibus*, IX; cf. King, *The Gnostics*, etc., p. 74; ou p. 220, 2ª ed.

10. Comparai essas duas doutrinas diametralmente opostas – a católica e a protestante; uma, pregada por Paulo, o semiplatônico; a outra, por Tiago, o talmudista ortodoxo.

11. O lado mau, material, de Sophia-Akhamôth, que emana dela mesma Ialdabaôth e seus seis filhos.

12. Ver a tradução de Norberg do *Codex nazaraeus*, Prefácio. Isto prova uma vez mais a identificação de Jesus com Gautama Buddha, nas mentes dos gnósticos nazarenos, pois *Nebu* ou Mercúrio é o planeta consagrado aos Buddhas.

13. *Gnostics and their Remains*.

14. *Nous*, a designação dada por Anaxágoras à Divindade Suprema, foi tomada do Egito, onde o chamavam NOUT.

15. Por um pequeno número, todavia, pois os criadores do universo material sempre foram considerados como divindades subordinadas ao Deus Supremo.

16. J. Lydus, *De mensibus*, IV, 38, 74, 98; Cedrenus, *Compendium historiarum*, I, p. 296.

17. [J. Fürst, *A Hebrew and Chaldee Lexicon to the Old Testament*. Trad. de S. Davidson, 4ª ed., Londres, 1871.]

18. *Erân das Land zwischen dem Indus und Tigris*, Berlim, 1863; *Avesta*, I, p. 9.

19. *Asi* significa, ademais, "tu és", em sânscrito, e também "espada", *Asi*, sem acento sobre a primeira vogal.

20. Prof. A. Wilder.

21. "The Veda" *in Chips*, etc., vol. I, p. 79.

22. Esses anagramas sagrados eram chamados *Zeruph*.

23. *Livro de números*, ou *Livro das chaves*.

24. O *Sepher Yetzîrah*, o Livro da Criação, foi escrito pelo Rabino A'qîbah, que era o mestre e instrutor de Shimon ben-Yohai, o príncipe dos cabalistas e autor do *Zohar*. Franck afirma que *Yetzîrah* foi escrito no século I a. C. (*La Kabbale*, 1843, p. 91); mas outros juízes igualmente competentes lhe conferem uma maior antiguidade. De todo modo, está hoje provado que Shimon ben-Yohai viveu *antes* da segunda destruição do templo.

25. *Sepher Yetzîrah*, I, § 8.

26. *Ibid*., I § 11. Ver a constância com que Ezequiel se apega em sua visão às "rodas" das "criaturas vivas" (cap. I, *passim*).

27. Era um neoplatônico alexandrino que viveu sob o primeiro dos Ptolomeus.

28. *Chips*, etc., vol. I, p. 158.

29. [*De nobilitatae et praecellentia foeminea sexus*, Coloniae, 1532.]

30. *Chips*, etc., vol. II, p. 286.

31. *Ibid.*
32. King, *The Gnostics*, etc., Prancha XIII, G.
33. *Pythagorae vita.*
34. 608 a. C.
35. Essa cidade foi construída em 332 a. C.
36. *Metaphysics*, XII, VIII; XIII, VIII.
37. [Ver a Prancha IX *in* Maurice, *Hist. of Hindostan*, vol. I.]
38. Ver os desenhos do Templo de Râma, Prancha III, *in* Coleman, *The Mythology of the Hindus*, Nova York, J. W. Bouton, Editor.
39. Ver Hargrave Jennings, *The Rosicrucians*, 1870, p. 252.
40. [Theodoret, *Quaest. XV in Exodum.*]
41. [Diodorus, Siculus, *Bibl. hist.*, I, 94. Cf. *Gesenius, A Hebrew and English Lexicon*, s. v. יחוה.]
42. K. O. Müller, *A Hist. of the Literature of Anc. Greece*, p. 238. Movers, *Die Phönizier*, vol. I, p. 547-553; Dunlap, *Söd, the Mysteries of Adoni*, p. 21.
43. *A Universal History*, vol. V, p. 301; Londres, 1747-66.
44. Dunlap *op. cit.*, p. 21.
45. *Epigramas*, XLVIII.
46. Ver *Levítico*, XVI, 8-10, e outros versículos relativos ao bode bíblico nos textos originais.
47. *La Sacra Scrittura*, etc., e *Paralipomeni*, etc.
48. Artigo "Bode", p. 257.
49. Nott e Gliddon, *Types of Mankind*, p. 600.
50. Mosheim, *An Eccl. History*, séc. IV, parte II, cap. III, § 16. É preciso ler toda a seção para apreciar a doutrina em seu conjunto.
51. [De Alexandria.]
52. *Adv. Haer.*, II, XXII, § 4, 5, 6.
53. *Anacalypsis*, vol. I, p. 731.
54. [E. Rebold, *Histoire générale de la Franc-Maçonnerie*, p. 23, nota de rodapé.]
55. [Ammianus Marcellinus, *Roman History*, XXIII, VI, 32, 33.]
56. Defendemos a idéia – que se torna auto-evidente quando se considera o *imbroglio* zoroastrista – de que houve, mesmo nos dias de Dario, duas castas sacerdotais distintas de magi: os iniciados e aqueles que só podiam oficiar nos ritos populares. O mesmo ocorria nos mistérios eleusinos. Vinculados a cada templo, havia os "hierofantes" do santuário *interior*, e o clero secular que não era instruído nos mistérios. É contra os absurdos e as superstições deste último que Dario se revoltou, "esmagando-os", pois a inscrição de sua tumba mostra que ele próprio era um "hierofante" e um mago. Foram apenas os ritos exotéricos dessa classe de magi que chegaram à posteridade, pois o segredo com que se preservavam os "mistérios" dos verdadeiros magi caldeus jamais foi violado, sejam quais forem as suposições que se façam a esse respeito.
57. [Amm. Marc., *op. cit.*, XXIII, VI.]
58. *The Gnostics and their Remains*, p. 185 [p. 415 na 2ª ed.].
59. Tais são as verdades que não podem deixar de se impor ao espírito dos pensadores sinceros.
    Ao passo que os ebionitas, os nazaritas, os hemerobatistas, os lampseanos, os sabianos e muitas outras seitas primitivas hesitaram mais tarde entre os diferentes dogmatismos que as parábolas *esotéricas* e mal-interpretadas do mestre nazareno lhes sugeria, mestre a quem consideravam como um profeta, houve homens, cujos nomes procuraríamos em vão na história, que preservaram as doutrinas secretas de Jesus tão puras e imaculadas como foram recebidas. No entanto, mesmo todas essas seitas conflitantes foram muito mais ortodoxas em seu cristianismo, ou antes cristismo, do que as Igrejas de Constantino e de Roma. "Estranha foi a sorte desse desafortunado

povo" (os ebionitas), diz Lord Amberley, "quando, afogado pelo dilúvio de paganismo que invadiu a Igreja, foi condenado como herético. No entanto, não há prova de que se tenha afastado das doutrinas de Jesus, ou dos discípulos que o haviam conhecido em vida. O próprio Jesus havia sido circuncidado (. . .) reverenciava o templo de Jerusalém como "uma casa de orações para todas as nações" (. . .) Mas a torrente do progresso passou pelos ebionitas, e os deixou abandonados à deriva" (*An Analysis of Religious Beliefs*, do Viscount Amberley, 1876, vol. I, p. 446).

60. O que talvez espantará ainda mais os leitores americanos é o fato de que nos Estados Unidos existe uma fraternidade mística que reclama um íntimo relacionamento com uma das mais antigas e poderosas Irmandades orientais. Ela é conhecida como Irmandade de Luxor, e seus fiéis membros têm a custódia de importantíssimos segredos da Ciência. Suas ramificações se estendem por toda a grande República ocidental. Embora essa irmandade trabalhe já há muito, e duramente, o segredo de sua existência tem sido zelosamente guardado. MacKenzie a descreve tendo "uma base rosacruciana, e compreendendo muitos membros" (*Royal Masonic Cyclopaedia*, p. 461). Mas, quanto a isso, o autor está equivocado; sua base não é rosacruciana. O nome Luxor derivou originalmente da antiga cidade de Lukhsur, do Beluquistão, que se acha entre Bela e Kedje, e que também deu seu nome à cidade egípcia.

61. [Jacolliot, *Le Spiritisme*, etc., p. 78.]

62. Esse povo não aceita o nome de drusos, e considera tal denominação um insulto. Eles se autodenominam "discípulos de H'amza", seu Messias, que lhes veio, no século XI, oriundo da "Terra da Palavra de Deus", e, juntamente com seu discípulo, Mokshatana Boha-eddin, pôs essa *Palavra* por escrito, e a confiou aos cuidados de uns poucos iniciados, com a injunção do mais profundo segredo. Dá-se-lhes amiúde o nome de unitarianos.

63. Os *'Uqqâls* (do árabe aql – inteligência ou sabedoria) são os iniciados, os homens sábios dessa seita. Eles ocupam, em seus mistérios, a mesma posição que os hierofantes de outrora, nos mistérios de Elêusis e outros.

64. [*Royal Masonic Cyclopaedia*, p. 165.]

65. [*Eccl. Hist.*, séc. XVI, seção III, parte I, cap. II, § 19.]

66. Essa é a doutrina dos gnósticos, que afirmava que Christos é o Espírito imortal do homem.

67. Os dez Messias ou avatâras lembram novamente os cinco avatâras búdicos de Buddha, e os dez bramânicos de Krishna.

68. Ver, mas adiante, a carta de um "Iniciado".

69. Nesta coluna, os primeiros números são os dados no artigo sobre os *drusos*, na *New American Cyclopaedia* (de Appleton), vol. VI, p. 631. Os números entre parênteses assinalam a seqüência a que os mandamentos obedeceriam se dados na ordem correta.

70. Essa doutrina nefasta pertence à antiga política da Igreja Católica, mas é certamente falsa no que concerne aos drusos. Eles afirmam que é correto e leal *ocultar a verdade* sobre suas próprias doutrinas, visto que ninguém fora da seita tem o direito de intrometer-se em sua religião. Os *'Uqqâls* jamais apóiam a mentira deliberada sob qualquer forma, embora os leigos em muitas ocasiões se tenham livrado dos espiões enviados pelos cristãos no propósito de descobrir-lhes os segredos, enganando-os com falsas iniciações. (Ver adiante a carta do Prof. Rawson endereçada à autora.)

71. Esse mandamento não figura no ensino da escola libanesa.

72. Não existe esse mandamento, mas a sua prática sim, por acordo mútuo, como nos dias da perseguição gnóstica.

73. Cf. Cel. C. H. Churchill, *Mount Lebanon*, vol. II, p. 255-56; Londres, 1853.

74. Todos os templos da Índia são cercados por esses cintos de árvores sagradas. E, como o Kumbum de Kansu (Mongólia), ninguém, exceto o iniciado, pode delas se aproximar.

75. *Notes on the Scientific and Religious Mysteries of Antiquity*, p. 7-8. Nova York, 1878.

76. Esse "Eu", que os filósofos gregos chamam *Augoeides*, o "Brilhante", é descrito de maneira impressionante e verdadeiramente bela no *Veda* de Max Müller. Mostrando que o *Veda* é o primeiro livro das nações arianas, o professor acrescenta que "temos nele (. . .) um período da vida intelectual do homem que não tem nenhum paralelo em qualquer outra parte do mundo. Nos hinos do *Veda* vemos o homem abandonado a si mesmo para solucionar o enigma

deste mundo. (...) Ele invoca [os deuses a seu redor], ele os venera, ele os cultua. No entanto, com todos esses deuses (...) acima e abaixo dele (...) o poeta primitivo parece completamente à vontade consigo mesmo. Em seu próprio peito ele descobriu um poder (...) que nunca se cala, nunca se ausenta, quando ele tem medo e treme. Esse poder parece inspirar-lhe as orações, e no entanto ouvi-las; parece viver nele, e no entanto sustentá-lo, e a tudo que o cerca. O único nome que ele pode encontrar para esse misterioso poder é 'Brâhman'; pois *brâhman* significa originalmente força, vontade, desejo e o poder propulsor da criação. Mas esse *brâhman* impessoal, assim que é nomeado, transforma-se em algo estranho e divino. Termina por ser um dos muitos deuses, participa da grande tríada, e é reverenciado até hoje. E no entanto o pensamento nele embutido não tem nenhum nome real; esse poder que não é nada a não ser ele mesmo, que mantém os deuses, os céus, e todo ser vivo, flutua diante de sua mente, concebido mas não expresso. Por fim ele o chama de 'Âtman'; pois âtman, originalmente sopro ou espírito, passa a significar Eu, e apenas Eu; *Eu*, divino ou humano; Eu, criador ou sofredor; Eu, um ou tudo; mas sempre Eu, independente e livre. 'Quem viu o primogênito', pergunta o poeta, 'quando aquele que não tem ossos (*i. e.* formas) lhe deu o que tinha ossos? Onde estava a vida, o sangue, o Eu do mundo? Quem o perguntou a quem o sabia?' (*Rig-Veda*, I, 164, 4). Uma vez expressa a idéia de um Eu divino, tudo deve reconhecer-lhe a supremacia; '*Eu* é o Senhor de todas as coisas, Eu é o Rei de todas as coisas. Assim como todos os raios de uma roda estão contidos no centro e na circunferência, todas as coisas estão contidas nesse Eu; todos os eus estão contidos nesse Eu (*Brihad-âranyaka*, IV, 5, 15, ed. Roer, p. 487). O próprio Brâhman não é senão Eu' (*Ibid.*, p. 478. *Chhandogya-Upanishad*, VIII, 3, 3-4).″ – *Chips*, etc., vol. I, p. 69-70.

77. João, X, 34, 35.

78. 2 *Cor.*, VI, 16.

79. Jacolliot, *Voyage au pays des éléphants* (1876), p. 252.

80. Sumo-sacerdotes budistas no Ceilão.

81. Sâmanêra é aquele que estuda para obter o ofício supremo de um *Upasampadâ*. É um discípulo e o sumo-sacerdote o considera como um filho. Suspeitamos que o seminarista católico deve atribuir aos budistas o parentesco desse título.

82. Jacolliot declara em *Les fils de Dieu*, p. 349, 352, que copiou essas datas do *Livro dos Zodíacos Históricos*, preservado no pagode de Villianûr.

83. Fomos informados de que há aproximadamente 20.000 de tais livros.

84. Lepsius, *Königsbuch*, b. 11, tal. i dyn. 5, h. p. Na *Iª Epíst. de Pedro*, II, 3, Jesus é chamado de "Senhor Chrêstos".

85. MacKenzie, *Royal Masonic Cyclopaedia*, p. 206-07.

86. [*Christna*, etc., p. 357.]

87. [*Eccl. Hist.*, II, XVII.]

88. [*Histoire des Juifs*, etc., II, cap. 20-3.]

89. [*De vita contemplativa.*]

90. [*Hist. of the Decline*, etc., XV, nota 163.]

91. *Adv. Haer.*, III, II, 2.

92. *Geschichte der Arzneikunde*, vol. II, p. 200.

93. [Diog. Laert., *Vidas*, etc., "Platão", §1; Plutarco, *Sympos.*, livro VIII, I, 2.]

94. Irineu, *Adv. Haer.*, III, III, 3.

95. *The Christ of Paul*, p. 188; Nova York, 1876.

96. *Adv. Haer.*, V, XXXIII, § 4.

97. *Eccl. Hist.*, III, XXXIX.

98. Socrates Scholasticus, *Eccles. Hist.*, I, I.

99. Bunsen, *Egypt's Place*, etc., vol. I, p. 206; vol. II, p. 438.

100. Draper, *op. cit.*, cap. VI.

101. *Antiquities*, XVIII, 63-4.

102. "Homem sábio" sempre significou para os antigos um cabalista. Significa astrólogo e mágico. (Jost, *The Israelite Indeed*, III, p. 206.) Hakîm é um médico.

103. O Dr. Lardner rejeita-a como espúria, e dá *nove* razões para isso. [Cf. *The Credibility of the Gospel History*.]

104. Vol. II, parte II, cap. VII, p. 89-90.

105. [*Revue de théologie*, XV, 1857, p. 67 e s.]

106. [*Apocalipse*, II, 6, 15.]

107. [Filipe, o primeiro mártir, era um dos sete, e foi lapidado por volta do ano 34.]

108. *1 Cor.*, VII, 34.

109. *Ibid.*, 36-7.

110. *Apocalipse*, XIV, 3, 4.

111. [*Hist. of the Decline*, etc., I, XV.]

112. *Philopatris*, em R. Taylor, *The Diegesis*, etc., 376; Boston, 1832.

113. [*A Discourse on the Worship of Priapus*, etc., Londres, 1865, p. 175-76.]

114. King, *The Gnostics*, etc., p. 420, nota [2ª ed., 1887].

115. *Sermones*, CLII. Ver R. P. Knight, *op. cit*, p. 107.

116. Baronius, *Annales Ecclesiastici*, vol. XXI, Anno 1233, § 41.

117. *Chronicon de Lanercost*, 1201-1346, etc.; ed. J. Stevenson, Edinb., 1839, p. 109.

118. Dulaure, *Histoire abrégée des différents cultes*, vol. II, p. 285; Martezzi, *Pagani e Cristiani*, p. 78.

119. Tertuliano afirma que Valentinus era platônico. [*De praescr. haer.*, VII.]

120. C. W. King, *The Gnostics and Their Remains*, p. 197, nota de rodapé 1 [p. 124, 334, na 2ª ed., 1887.]

121. Plutarco, *Alcebíades*, § 22; *Questões Romanas*, § 44.

122. [Renan, "Des religions de l'antiquité, etc.", in *Revue des Deux Mondes*, 15 de maio de 1853.]

123. [Introd. e cap. XXVIII.]

124. Lino, Analecto e Clemente.

125. Lives of the Caesars, "Claudius", §25.

126. F. Vopiscus, *Vita Saturnini, in Scriptores historiae Augustae*, VIII.

127. King, *The Gnostics*, etc., p. 68 [p. 161-62 na 2ª ed.]. Em *Symbolical Language of Ancient Art and Mythology*, de R. Payne Knight, Serapis é representada com longos cabelos, "penteados para trás e dispostos em madeiras que caem sobre seus ombros como os da mulher. Todo seu corpo está sempre envolvido num traje que lhe desce até os pés" (§ CXLV). Essa é a imagem convencional de Cristo.

128. *Vida de Jesus*, cap. XXVIII.

129. [*Chips*, etc., vol. I, p. 55.]

130. Ver *Mishnah Pirke Aboth*, coleção de Provérbios e Sentenças dos antigos Mestres Judeus, na qual se acham muitas máximas do *Novo Testamento*. [Ed. Strack, Karlsruhe, 1882.]

131. T. Taylor, *Iamblichus' Life of Pythagoras*, "Select Sentences of Sextus the Pythagorean", p. 271.

132. *Ibid.*, extraído do *Protreptics*, de Jâmblico, p. 279.

133. *Ibid.*, extraído de Sextus, p. 269.

134. *Ibid.*

135. *Chips*, etc., "Budismo", p. 219-220.

136. Max Müller, "Christ and other Masters" *Chips*, vol. I, p. 58.

137. *Das Leben Jesu*, de Strauss, que Renan chama "un livre commode, exact, spirituel et consciencieux" (um livro cômodo, exato, espiritual e consciencioso), rude e iconoclasta como é; e, não obstante, de muitas maneiras, é preferível à *Vida de Jesus*, do autor francês. Deixando de lado o valor intrínseco e histórico das duas obras – que não nos diz respeito –, assinalaremos simplesmente o esboço distorcido da vida de Jesus por Renan. Não podemos atinar com o que levou Renan a tal desenho errôneo de caráter. Poucos dentre aqueles que, embora rejeitando a divindade do profeta nazareno, ainda acreditam que ele não é um mito, podem ler a obra sem experimentar um sentimento de inquietude e mesmo de cólera em face de tal mutilação psicológica. Ele transforma Jesus numa espécie de imbecil sentimental, um tolo teatral, enamorado de suas próprias falas e divagações poéticas, que espera que todos o adorem, e que finalmente caiu no laço dos inimigos. Assim não era Jesus, o filantropo judeu, o adepto e místico de uma escola agora esquecida pelos cristãos e pela Igreja – se é que jamais a conheceu; o herói, que preferiu antes morrer a ocultar algumas verdades que acreditava benéficas para a Humanidade. Preferimos Strauss, que o chama abertamente de impostor e hipócrita, duvidando ocasionalmente até mesmo de sua existência, mas que pelo menos espana dele essa ridícula cor de sentimentalismo com que Renan o pinta.

138. Ver o cap. III deste volume.

139. Numa obra recente, chamada *The World's Sixteen Crucified Savior* (do Sr. Kernsey Graves), que nos chamou a atenção por causa de seu título, ficamos deveras impressionada ao ler no prefácio que encontraríamos provas *históricas*, que não se acham nem na história, nem na tradição. Apolônio, que é representado como um dos dezesseis "salvadores", teria sido, segundo o autor, finalmente *"crucificado"* (. . .) tendo ressuscitado dos mortos (. . .) aparecido aos seus discípulos após a sua ressurreição, e "– novamente como Cristo – convencido um *Tomas* [?] Didymus a tocar-lhe as marcas dos cravos nas mãos e nos pés" (p. 305, ed. 1875). Em primeiro lugar, nem Filostrato, o biógrafo de Apolônio, nem a história diz qualquer coisa nesse sentido. Embora a época precisa de sua morte seja desconhecida, nenhum discípulo de Apolônio jamais disse que ele foi crucificado ou que apareceu à sua frente. Isto no que concerne a um "Salvador". Depois disso, somos informados de que Gautama Buddha, cuja vida e morte foram descritas com tanta minúcia por várias autoridades, Barthélemy Saint-Hilaire inclusive, foi também *"crucificado por seus inimigos ao pé das montanhas do Nepal"* (ver p. 120), ao passo que os livros budistas, a história e a pesquisa científica nos contam, através dos lábios de Max Müller e um exército de orientalistas, que Gautama Buddha (Sâkya-muni) morreu nas proximidades do Ganges. "Ele havia alcançado a cidade de Kuśinâgara, quando sua força vital começou a falhar. Parou numa floresta, e, estando sentado sob uma árvore *sâl*, rendeu a alma" (Max Müller, *Chips from a German Workshop*, vol. I, p. 216). As referências do Sr. Graves a Higgins e a Sir W. Jones, em algumas de suas arriscadas especulações, nada provam. Max Müller mostra como algumas antiquadas autoridades escreveram elaborados livros "para provar que Buddha era na realidade o Thoth dos egípcios; que era Mercúrio, ou Wodan, ou Zoroastro, ou Pitágoras. Mesmo Sir W. Jones identificou Buddha, primeiro com Odin, e depois com Shishak" (*Chips*, I, p. 222). Estamos no século XIX, não no XVIII; e embora escrever livros com base na autoridade dos primeiros orientalistas possa ser considerado, num sentido, como um sinal de respeito para com a antiguidade, não é sempre seguro tentar a experiência em nossos tempos. É por essa razão que esse volume altamente instrutivo carece de um traço importante que o teria tornado mais interessante. O autor deveria ter acrescentado à lista, após Prometeu, o "Romano", e Alcides, o *deus egípcio* (p. 300), um décimo sétimo "Salvador crucificado", "Vênus, deus da guerra", apresentado a um mundo admirado por Artemus Ward, o *"showman"*!

140. *Chhandogya-Upanishad*, VIII, 3, 3-4; Max Müller, *Chips*, etc., vol. I, p. 70.

141. *Idrah Rabbah*, §171.

142. Rosenroth, *Kabbalah denudata*, vol. II, pp. 304 e s.

143. *João*, XIV, 17.

144. *Les hauts phénomènes de la magie*, p. 74. rodapé.

145. J. Barthélemy Saint-Hilaire, *Le Bouddha et sa religion*, Paris, 1860, Introd., p. V.

146. [Cf. M. Müller, *Chips*, etc., vol. I, p. 220-21.]

147. *Journal des Débats*, 4 de abril de 1853.
148. É. Lévi, *Dogme et rituel de la haute* magie, vol. II, cap. XIII.
149. [Proclo, *On the Cratylus of Plato*.]
150. [*1 Reis*, XIX, 13.]
151. [*Chips*, etc., vol. I, p. 340.]
152. Platão, *Timeu*, 28 C, 34 A, 37 C; *Polit.*, 269 E.
153. *Timeu*, 29 E; *Fedro*, 182, 247 A; *República*, II, 379 B.
154. *Leis*, IV, 715 E; X, 901 C.
155. *República*, II, 381 C; *Teteto*, 176 A B.
156. *Leis*, X, 901 D.
157. *Leis*, IV, 716 A; *República*, X, 613 A.
158. *Fedro*, 246 D.
159. E. Zeller, *Plato and the Older Academy*.
160. *Leis*, X, 905 D.
161. *Mateus*, XXII, 30.
162. Max Müller, *Chips*, etc., vol. I, p. 184.
163. Sobre o Abade Huc, assim escreveu Max Müller em suas *Chips from a German Workshop*, vol. I, p. 189: "O falecido Abade Huc assinalou as semelhanças entre as cerimônias budistas e católicas romanas com tal *naîveté*, que, para sua surpresa, viu sua deliciosa *Travels in Tartary, Thibet*, etc., colocada no *Index*. 'Não podemos deixar de nos impressionar', escreve ele, 'com a sua grande semelhança com o Catolicismo. O báculo episcopal, a mitra, a dalmática, o chapéu redondo que os grandes lamas trajam quando em viagem (. . .) a missa, o coro duplo, a salmodia, os exorcismos, o turíbulo com cinco correntes, que se abre e fecha à vontade, a bênção dos lamas, que estendem a mão direita sobre a cabeça dos fiéis, o rosário, o celibato do clero, as penitências e os retiros, o culto dos Santos, o jejum, as procissões, as litanias, a água benta; eis as semelhanças que existem entre os budistas e nós'. Ele poderia ter acrescentado a tonsura, as relíquias e a confissão."
164. J. Crawfurd, *Journal of an Embassy to the Courts of Siam*, etc. p. 182; 1830. [Cf. *Travels of Marco Polo*, vol. II, p. 352; ed. 1875.]